Hesse/Schrader

W0251700

Testtraining Polizei und Feuerwehr

Hesse/Schrader

Testtraining Polizei und Feuerwehr

Schutz- und Kriminalpolizei, Bundeswehr, Bundespolizei, Verfassungsschutz und Feuerwehr

Einstellungs- und Eignungstests erfolgreich bestehen

STARK

Die Autoren

Jürgen Hesse,
Jahrgang 1951, Diplom-Psychologe und geschäftsführender Gesellschafter im *Büro für Berufsstrategie*, Berlin.

Hans Christian Schrader,
Jahrgang 1952, Diplom-Psychologe in Baden-Württemberg.

Anschrift der Autoren

Büro für Berufsstrategie
Hesse/Schrader
Oranienburger Straße 4–5
10178 Berlin
Tel. 030/28 88 57-0
Fax 030/28 88 57-36
info@berufsstrategie.de

Zu allen Aufgaben in diesem Buch finden Sie im Internet ausführliche Lösungswege und -erklärungen:
www.testtraining-spezial.de

Foto: © mauritius / Alamy Images

ISBN 978-3-86668-388-4

© 2012 by Stark Verlagsgesellschaft mbH & Co. KG
www.berufundkarriere.de
1. Auflage 2009

Das Werk und alle seine Bestandteile sind urheberrechtlich geschützt.
Jede vollständige oder teilweise Vervielfältigung, Verbreitung und Veröffentlichung bedarf der ausdrücklichen Genehmigung des Verlages.

Inhalt

Vorwort

Liebe Leserin, lieber Leser,

herzlich willkommen zur Neuausgabe von *Testtraining Polizei und Feuerwehr*. Dieses Buch gibt Ihnen einen guten Überblick über die gängigen Testverfahren für Berufe bei der Polizei, der Bundespolizei, der Bundeswehr, der Feuerwehr und in der Justiz. Als besondere Vorbereitungshilfe haben wir die aktuellsten Auswahl- und Eignungstestverfahren aufgenommen. Die intensive Bearbeitung der Aufgabentypen und gründliches Üben werden Ihnen beim erfolgreichen Überwinden der Testbarriere, bei der »Eroberung« eines Ausbildungs- und Arbeitsplatzes helfen.

Die Testverfahren der einzelnen Bundesländer unterscheiden sich deutlich voneinander, auch wenn die angestrebte Position die gleiche ist. Fragen Sie deshalb Ihren zuständigen Einstellungsberater, welche Grundvoraussetzungen Sie für eine Bewerbung überhaupt mitbringen müssen. Am Ende, vor dem Lösungsverzeichnis (Seite 537 ff.), finden Sie einen ausführlichen Report zu den Einstellungsbedingungen und Anforderungen der verschiedenen Einstellungsbehörden. Die Testaufgaben in diesem Buch sind nicht nach den Eignungstestverfahren der Bundesländer sortiert. Hinzu kommt, dass man Sie einer ausgiebigen sportlichen und medizinischen Prüfung unterziehen wird. Hierfür können wir Ihnen nur begrenzt Hinweise geben: Zur Orientierung haben wir Ausschnitte aus Sporttests in einem gesonderten Kapitel zusammengefasst. Zusätzlich finden Sie am Ende des Buches einige Bewerberberichte, die Ihnen einen eindrucksvollen Vorgeschmack auf Ihren möglichen Test geben sollen.

Bitte versäumen Sie nicht, uns nach Ihrem Einstellungstest von Ihren Erfahrungen zu berichten. Unsere Bücher leben davon, dass Bewerber sich gegenseitig austauschen. Gerne können Sie auch über das Internet mit uns Kontakt aufnehmen. Auf unserer Homepage *www.testtraining-spezial.de* finden Sie Wissenswertes zu den verschiedenen Berufsbereichen der Testtraining-Buchreihe von Hesse/Schrader.

Die CD-ROM

In dieser Ausgabe finden Sie erstmals auch eine CD-ROM. Sie haben die Möglichkeit, Tests aus 15 Wissensgebieten zusätzlich zum Buch auch am Bildschirm zu üben.

Im Übungsmodus gehen Sie der Reihe nach alle Aufgaben durch und bekommen direkt ein Feedback, ob Ihre Lösung korrekt ist. Im Testmodus bekommen Sie keine inhaltliche Rückmeldung, sondern am Ende des Tests eine Auswertung. Der Testmodus läuft zeitgesteuert, Sie können also das Testverfahren »in Echtzeit« üben.

Wir wünschen Ihnen für Ihre Berufswahl und für Ihren Test viel Erfolg!

P.S.: Sollten Sie glauben, auf einen Fehler gestoßen zu sein, schauen Sie unter *www.testtraining-spezial.de* nach. Dort finden Sie Hinweise und können selbst Kritik, Anregungen oder Hilfestellungen einbringen. Danke für Ihre Mithilfe.

Geleitwort des Vorsitzenden der DPolG

Die Anforderungen an den Berufsalltag der Polizei sind vielfältig und anspruchsvoll. Körperliche Fitness und eine stabile Gesundheit sind unerlässlich, um im harten Dienst durchzuhalten. Aber Intelligenz, Auffassungsgabe, Kombinationsfähigkeiten und soziale Kompetenzen sind mindestens ebenso wichtige Voraussetzungen an alle Kolleginnen und Kollegen. Polizist zu werden, ist für viele junge Menschen ein Traum – und sie haben Recht. Ungeahnte Möglichkeiten der Berufsentwicklung und unzählige Verwendungsmöglichkeiten machen aus dem Polizeiberuf eine faszinierende Tätigkeit, die stets hohe gesellschaftliche Anerkennung erfährt.

Dieses Buch enthält viele Möglichkeiten, sich auf das schwierige Einstellungsverfahren vorzubereiten und seine Chancen auf den Traumberuf zu verbessern. Die Polizei braucht junge und engagierte Menschen, die sich dem Schutz unserer Bevölkerung und unserer gesellschaftlichen Ordnung verpflichtet fühlen und sich dafür einsetzen wollen. Viel Glück!

Rainer Wendt, Vorsitzender der Deutschen Polizeigewerkschaft DPolG

Einleitung

Zum Einstieg ein Erfahrungsbericht

Um Sie mit Einstellungstestverfahren vertraut zu machen, wollen wir dieses Buch mit dem Erfahrungsbericht einer Teilnehmerin an einem Polizeitest beginnen:

»Zwei Tage lang wurden wir auf Herz und Nieren geprüft. Es begann mit einem 35-minütigen Intelligenztest, der 80 Fragen aus den Bereichen Mathematik (Dreisatz und Prozentrechnung), logisches Denken (Figuren- und Zahlenreihen ergänzen) und Sprachverständnis (Wortanalogien) enthielt.

Nach einer kurzen Pause wurde uns ein Film gezeigt – aber gemütliches Zuschauen war nicht angesagt. Wir mussten anschließend einen Bericht anfertigen, in dem wir die Ereignisse wiedergaben und dazu Stellung nahmen. Dafür hatten wir 40 Minuten Zeit.

Schließlich war noch ein Diktat zu schreiben. Nach der Mittagspause wurde uns mitgeteilt, wer nach Ansicht der Prüfer den Ansprüchen genügte und weitermachen ›durfte‹. 23 von 35 Teilnehmern kamen so in die zweite Runde. Für die anderen war es das Aus.

Weiter ging es mit zwei Persönlichkeitstests, fünf Tests (!) zur Überprüfung des logischen Denkens (Dominostein- und Figurenreihen ergänzen, Schlussfolgerungen, Zahlensymbole und Flussdiagramme) und einem Gedächtnistest (42 Wörter aus sechs Geschichten in sechs Minuten auswendig lernen und in sechs Minuten in der richtigen Reihenfolge wieder aufschreiben).

Um 15.30 Uhr hatten wir den ersten Prüfungstag überstanden.

Zweiter Tag: Um 7.30 Uhr füllten wir zuerst Formulare aus, die Aufschluss über persönliche und familiäre Krankheiten geben sollten. Danach ging's zum Onkel Doktor. Zähne zählen, Lungenkapazität vorführen, in die Augen schauen lassen, Blut und Urin einreichen und beweisen, dass das Herz gut pumpt. Erst dann durften die Geprüften und für okay Befundenen in der Hauptuntersuchung prüfen lassen, ob ihre Wirbelsäule in Ordnung ist, Zähne und Lunge keinen Fleck haben und ob die Gelenke und Füße gesund sind.

Danach waren wir nur noch 16 Bewerber, auf die als nächste Hürde der Sporttest wartete. Die Vorgaben für Frauen lauteten: Medizinballwurf 5 ½ Meter, 18 Meter Pendellauf in 18,3 Sekunden, Dreisprung aus dem Stand (mindestens 5 ½ Meter) und ein 2000-Meter-Lauf in höchstens 10 Minuten.

Am Ende blieben 14 übrig, also zwei weitere Kandidaten auf der Strecke. Wer wie ich bestanden hatte, wurde zwei Wochen später zu einem dritten Testtag eingeladen.

Wieder ging es zur altbewährten Uhrzeit um 7.30 Uhr los. An diesem Tag dachte ich, dass ich vielleicht doch besser Schauspielerin hätte werden sollen: Es standen drei Rollenspiele und ein Vortrag auf dem Programm. Aus einer Lostrommel zog man sein Glück (oder Unglück) zu politischen, religiösen und gesellschaftlichen Themen, und musste dann das Rollenspiel sofort ohne Vorbereitung mit einem Polizeirollenspielpartner beginnen und fünf Minuten durchhalten.

Den Vortrag durfte man zehn Minuten vorbereiten und konnte ihn mit notierten Stichworten vortragen (fünf Minuten). Wichtigste Beurteilungskriterien in allen Situationen waren: Inhalt, Argumente, Einfallsreichtum, Durchsetzungsvermögen, Mimik, Gestik und überhaupt Kommunikationsfähigkeit (wie auch immer ein Computer so etwas letztendlich auswerten mag ...).

Was dann noch folgte, waren ein Stressinterview und die Konfrontation mit den Ergebnissen. Wer da keine Nerven wie Drahtseile hatte, mit Provokationen nicht umgehen und sich nicht angemessen ausdrücken konnte, der hatte wirklich schlechte Karten.

Ich will gerechterweise sagen: Bewusst in die Pfanne hauen wollte einen da vielleicht niemand, aber hart war die Testserie allemal. Mir hat der Computer einen Platz ganz oben auf der Warteliste fürs nächste Jahr zugewiesen. Er befand, dass meine Punktezahl noch nicht ausreichend sei.«

Einstellungstests – ausgefragt und abgeblitzt

Einstellungstests sind der Horror eines jeden Bewerbers. Sie entscheiden häufig über ein ganzes (Berufs-)Leben. Es ist klar, dass man sich Gedanken macht, was passiert, falls man durchfällt. Im einfachsten Fall kann man den nicht bestandenen Test als Erfahrung verbuchen und lernt aus den Fehlern. Im schlimmsten Fall jedoch – und auch das kommt häufiger vor – darf man sich nicht mehr ein zweites Mal für die gleiche Position bewerben, und die Erfüllung des Berufstraumes rückt in weite Ferne.

Tests begleiten unser Leben. Dies beginnt nach der Geburt mit dem APGAR-Index, einem Test bzw. Schema zur Ermittlung der Lebenstüchtigkeit eines Neugeborenen, und endet eventuell mit der Bewertung, ob es nach unserem Ableben in »Himmel oder Hölle« geht. Dazwischen liegen Schultests in vielen verschiedenen Fächern, die Führerscheinprüfung und nicht zuletzt die Zugangstests zu Universitäten und zum Einstieg ins Berufsleben. Während Tests in Illustrierten (»Bin ich ein guter Liebhaber?«) noch unterhaltsam sein können, ist das Antreten zum Doping- oder Aids-Test eher eine Tortur.

In der Berufswelt versucht man den richtigen Bewerber auf den richtigen Posten zu setzen. Dies geschieht mit Hilfe von Testverfahren, die angeblich objektive Aussagen über einen Kandidaten treffen sollen, diese Erwartung jedoch häufig nicht erfüllen können. Diese Tests können z. B. sein:

- Intelligenztests (mit den Abteilungen
  Logik, Kreativität, Gedächtnis etc.)
- Konzentrations-Leistungstests
- Persönlichkeitstests
- Assessment-Center-Tests

Dazu kommen noch eine Reihe weiterer Tests, die teilweise von den Anwendern selbst gestrickt wurden und als höchst zweifelhaft angesehen werden dürfen.

»Gibt es in der Antarktis Eisbären?« oder »Kann man in Afrika Jaguare antreffen?« sind Fragen aus dem so genannten Mannheimer Intelligenztest, der z. B. auch Ausbildungsplatzbewerbern immer wieder vorgelegt wird.

Obskure Testaufgaben und Fragensammlungen entscheiden über Berufswünsche und Bewerberschicksale.

Testkritik

Aus psychologischer, pädagogischer und juristischer Sicht muss diese durch Einstellungstests gesteuerte Auswahlpraxis bei der Vergabe von Ausbildungs- und Arbeitsplätzen entschieden kritisiert werden.

So ist aus psychologischer Sicht die Ableitung bzw. Vorhersehbarkeit von Testerfolg auf Berufserfolg wissenschaftlich unhaltbar. Häufig werden sogar noch Tests aus den Sechzigerjahren eingesetzt, die nicht oder nur unzureichend dem heutigen Wissen angepasst wurden. Was hat die Frage nach der Länge eines Zehn-Euro-Scheines mit Intelligenz zu tun? Wenn ich es weiß, bin ich dann erfolgreicher im Beruf? Wir glauben, nein. Dies ist aber z. B. eine Aufgabe aus dem Intelligenz-Struktur-Test. Begriffe wie *soziale Kompetenz* oder *emotionale Intelligenz* kommen in diesen Auswahlverfahren nicht vor. Gerade diese Faktoren werden jedoch in der heutigen Zeit immer wichtiger.

Aus pädagogischer Sicht führt die gängige Testpraxis mit ihren Ablehnungsbescheiden bei jungen Bewerbern häufig zu einer erheblichen Beeinträchtigung des Selbstwertgefühls. Oft wird dem Bewerber der Eindruck vermittelt, er sei zu dumm, diesen Beruf auszuüben. Dies wird durch die Argumentation der Firmen und die Pseudoobjektivität der Tests noch verstärkt.

Auch Fragen im Vorstellungsgespräch wie »Sind Sie Jungfrau?« an eine Bewerberin (»Nein, mein Sternzeichen ist Skorpion«) tragen nicht dazu bei, Vertrauen in die Auswahlverfahren zu bekommen. Eine junge Frau, Bewerberin für eine Ausbildung zur Altenpflegerin, schrieb uns folgende Fragen aus ihrem Vorstellungsgespräch auf:

- Träumen Sie nachts von Sex?
- Unterhalten Sie gleichgeschlechtliche Beziehungen?
- Ist einer Ihrer Freunde schwul?

Was will man dazu noch sagen? Sicherlich ein Extremfall, aber nur wer sich (geistig) erfolgreich gegen solcherlei Auswahlverfahren wehrt – beispielsweise mit einer intensiven Testvorbereitung –, hat die Chance zu bestehen. Ein gewisses schauspielerisches Talent und ein gesundes Selbstvertrauen sind dabei sicher von Vorteil.

Bei juristischer Betrachtung der Testverfahren muss man immer wieder feststellen, dass auch rechtliche Grenzen deutlich überschritten werden. Laut Gesetzgebung ist es nur erlaubt, Fragen zu stellen, die direkt den

Arbeitsplatz oder die angestrebte Tätigkeit betreffen. Fragestellungen, ob man demnächst heiraten möchte oder eines Tages Kinder haben will, sind unzulässig. Hierzu gleich eine Anmerkung: Notlügen sind in einem solchen Fall nicht nur moralisch, sondern auch juristisch erlaubt!

Testanwender argumentieren immer wieder gerne:

- Einstellungstests lassen mehr Aussagen über einen Bewerber zu als die reine Bewertung von Zensuren und Zeugnissen.
- Tests sind objektiv. Alle Bewerber haben die gleichen Chancen.
- Tests helfen auch dem Bewerber, Fehlentscheidungen zu vermeiden. Dieser kann am Testergebnis selbst feststellen, dass er für einen bestimmten Beruf einfach nicht geeignet ist (eines der beliebtesten, wenn nicht *das* beliebteste Argument der Tester: »Es ist nur für sie gut, damit sie nicht einen Beruf ergreifen, mit dem sie ihr Leben lang unglücklich sind!«).
- Einstellungstests werden regelmäßig aktualisiert, also immer der Zeit angepasst.

Kommen Ihnen bei diesen Aussagen nicht auch Zweifel? Wenn Tests so gut wären, warum werden immer nur junge Menschen getestet? Haben Sie schon einmal davon gehört, dass Professoren oder gar der Bundeskanzler getestet wurden, ob sie in der Lage sind, ihr Amt auszuüben?

Unserer Meinung nach ist der Einstellungstest mit einem Foto vergleichbar. Auch dieses kann verwackelt sein. Kann man dann Rückschlüsse ziehen, dass es bei der Aufnahme ein Erdbeben gegeben hat? Oder kann ich bei einem Urlaubsfoto Rückschlüsse ziehen, ob der Fotografierte sich im Urlaub gut erholt hat? Wohl eher nicht. Und genauso verhält es sich bei einem Einstellungstest. Habe ich Kopfschmerzen, bin ich diesen Tag in der Testbearbeitung nicht so gut wie jemand, der gesund ist und sich bereits vorher intensiv mit den Aufgaben vertraut gemacht hat. Und was ist mit denen, die Prüfungsangst haben? Sind da die Chancen noch gleich und die Rückschlüsse transparent? Wohl kaum.

Testvorbereitung

Auch wenn man Ihnen von Testanwenderseite bisweilen einzureden versucht, sich besser nicht vorzubereiten, sollten Sie diesen Ratschlag auf keinen Fall beherzigen. An dieser Stelle wollen wir Ihnen noch ein paar Tipps geben, die Ihnen helfen werden, besser klarzukommen:

1. Machen Sie sich rechtzeitig mit den Testaufgaben vertraut. In diesem Buch finden Sie nahezu alle Aufgabentypen, die Sie unter Umständen bearbeiten müssen. Alle hier vorgestellten Tests beginnen mit einer je nach Schwierigkeitsgrad kurzen oder längeren Einleitung und Beschreibung des Testverfahrens. Verdeutlichen Sie sich grundsätzlich vor dem Teststart die Aufgabenstellung. Starten Sie niemals in den Test mit der Hoffnung, Sie würden das Prinzip im Laufe der Bearbeitung verstehen.
2. Lassen Sie sich möglichst nicht aus der Ruhe bringen. Arbeiten Sie zügig, aber immer mit dem nötigen Maß an Sorgfalt. Die meisten Aufgaben – auch in diesem Buch – sind so konzipiert, dass Sie sie selten alle vollständig lösen werden.
3. Üben Sie die hier vorgestellten Aufgaben und fangen Sie rechtzeitig damit an. Gerne neigt man dazu, unangenehme Tätigkeiten aufzuschieben. Nur indem Sie intensiv üben, können Sie Ihre Chancen deutlich erhöhen. Fangen Sie zu kurz vor einem Test mit der Vorbereitung an, fehlt meist die Zeit, sich gründlich mit den Aufgaben zu befassen. Das menschliche Gehirn lernt in der Regel doch recht langsam und hat die gewünschten »Daten« nicht wie ein Computer nach einmaliger Eingabe sofort griffbereit. Aus der Schule sollte jeder wissen, wie und wann er am effektivsten lernt.
4. Üben Sie, wann immer es geht, mit einem Helfer. Dieser soll die Aufgabenbearbeitung überwachen, die Zeit nehmen und die Tests korrigieren. Bei der Testbesprechung kann er Ihnen vielleicht noch wertvolle Hinweise geben, wenn Sie selbst nicht auf die richtige Lösung kommen.
5. Nutzen Sie Übungsangebote der Ausbildungsplatzanbieter. Was das heißt? Senden Sie auch Bewerbungen los, um Testerfahrung zu sammeln. Fangen Sie also nicht gleich mit einer Bewerbung bei Ihrem Traumarbeitsplatzanbieter an. Es wäre schade, würden Sie dort durchfallen, nur weil Ihnen eine gewisse Testerfahrung fehlt.
6. Versuchen Sie auch, die mündliche Prüfungssituation vorzubereiten. Bitten Sie einen Helfer, sich in die Rolle des Personalchefs zu versetzen und mit Ihnen ein Bewerbungsgespräch durchzuführen. Dabei soll er ruhig

etwas provokant mit Ihnen umgehen und Ihnen das Wort im Mund umdrehen. So eine Übung macht Spaß und trainiert zugleich. Denn: Auch in einem mündlichen Gespräch sollten Sie mit Provokationen gelassen umgehen können. Antworten Sie nett und freundlich, zeigen Sie Ihrem Gegenüber aber auch Grenzen auf. Man muss sich nicht alles gefallen lassen und darf durchaus auch mal in die Offensive gehen. Verlassen Sie aber niemals den Raum! Dieses Verhalten würde man als Flucht interpretieren.

Sollte es trotz aller Vorbereitung nicht gleich klappen, so lassen Sie den Kopf nicht hängen. Einstellungstests haben nur eine wirklich sehr begrenzte Aussagekraft. Rückschlüsse auf Sie als Mensch sind völlig abwegig. Glauben Sie an sich, und verfolgen Sie hartnäckig Ihre Ziele. Manchmal muss man, um diese zu erreichen, durchhalten und kämpfen. Bedenken Sie aber auch: Wir sind nicht auf der Welt, um so zu sein, wie andere uns haben wollen.

Übrigens: Viele Leserinnen und Leser haben uns nach Erscheinen des Buches gefragt, worin sich die Tests in den einzelnen Bundesländern unterscheiden. Für alle Polizei-Anwärter haben wir eine ausführliche Übersicht für jedes Bundesland zusammengestellt, Sie finden sie auf Seite 484 ff.

Einfallsgeschwindigkeit und Kreativität

Wörter finden

1. Teil

Bei diesem Test sollen Ihre Sprachschöpfungsfähigkeiten ausgelotet werden. Sie bekommen einen Buchstaben genannt und sollen innerhalb von 10 Sekunden alle Hauptwörter (Substantive) aufschreiben, die Ihnen spontan mit diesem Anfangsbuchstaben einfallen.

Ein Beispiel:

Es wird Ihnen der Buchstabe »G« genannt. Nun haben Sie 10 Sekunden Zeit, alle mit »G« beginnenden Hauptwörter aufzuschreiben, die Ihnen einfallen. Diese könnten z. B. sein:

- Gans
- Gänserich
- Gruppe
- Geld
- Gefahr

Bitte üben Sie diesen Test mit der Unterstützung eines Helfers, der sich für Sie die Buchstaben ausdenkt und die Zeit misst. Für diesen Test finden Sie keine Lösung, da Sie leicht nach Testende Ihre Ergebnisse selbst überprüfen können. Es gilt: Je mehr Wörter (richtig geschrieben!) Sie vorweisen können, desto besser.

Noch ein Tipp: Versuchen Sie möglichst kurze Wörter aufzuschreiben. Das spart Zeit und erhöht Ihr Ergebnis!

Bei den folgenden Übungsaufgaben haben Sie pro Buchstabe 30 Sekunden Zeit.

1. Alle Hauptwörter (Substantive) mit den Anfangsbuchstaben

a)	G	f)	W
b)	H	g)	A
c)	K	h)	F
d)	U	i)	P
e)	L	j)	I

2. Eine kleine Abwandlung: Nun sollen nur Verben gefunden werden. Wieder haben Sie 30 Sekunden Zeit!

a)	A	f)	G
b)	D	g)	F
c)	I	h)	M
d)	L	i)	N
e)	H	j)	B

2. Teil

Eine weitere Variante ist, Ihnen nicht nur den Anfangs-, sondern auch den Endbuchstaben vorzugeben. Denken Sie sich z. B. Wörter mit dem Anfangsbuchstaben S und Endbuchstaben N aus (z. B. sagen, Süden, Südwesten etc.).

Alle Wortklassen (Haupt-, Eigenschaftswörter etc.) und ihre Abwandlungen sind erlaubt. Auch Eigen- und Städtenamen gelten. Wörter, wie sie in Zeitungen und Büchern Verwendung finden, gelten als richtige Lösung. Nicht zugelassen sind Fremdsprachen, Wortneubildungen und Dialekte.

Für jede Aufgabe haben Sie nun 1 Minute Zeit.

1.	Anfangsbuchstabe	B	Endbuchstabe	E	(z. B. Blase)
2.	Anfangsbuchstabe	M	Endbuchstabe	N	
3.	Anfangsbuchstabe	A	Endbuchstabe	N	
4.	Anfangsbuchstabe	S	Endbuchstabe	T	
5.	Anfangsbuchstabe	E	Endbuchstabe	L	
6.	Anfangsbuchstabe	K	Endbuchstabe	R	
7.	Anfangsbuchstabe	G	Endbuchstabe	N	
8.	Anfangsbuchstabe	M	Endbuchstabe	E	
9.	Anfangsbuchstabe	S	Endbuchstabe	D	
10.	Anfangsbuchstabe	T	Endbuchstabe	E	

3. Teil

Eine weitere Aufgabe, mit der Ihre Sprachkenntnisse und Ihr Assoziationsvermögen getestet werden, ist die Variante, Ihnen nur Wortanfänge zu präsentieren, die Sie möglichst vielfältig ergänzen sollen.

Beispiel:

Der vorgegebene Wortanfang lautet »Teil...«

- Teil*ung*
- Teil*haber*
- Teil*weise*

Analog unserem Beispiel sollen Sie nun die folgenden Wortanfänge sinnvoll ergänzen. Dabei ist es egal, um welche Wörter es sich handelt (Substantive, Verben, ...).

Für die folgenden Wortanfänge haben Sie pro Wort nur 30 Sekunden Zeit.

1. Auto ______ Auto ______ Auto ______
Auto ______ Auto ______ Auto ______
Auto ______ Auto ______ Auto ______

2. Fern ______ Fern ______ Fern ______
Fern ______ Fern ______ Fern ______
Fern ______ Fern ______ Fern ______

3. Wasch ______ Wasch ______ Wasch ______
Wasch ______ Wasch ______ Wasch ______
Wasch ______ Wasch ______ Wasch ______

4. Haus ______ Haus ______ Haus ______
Haus ______ Haus ______ Haus ______
Haus ______ Haus ______ Haus ______

→

5. Wein ______________ Wein ______________ Wein ______________
Wein ______________ Wein ______________ Wein ______________
Wein ______________ Wein ______________ Wein ______________

6. Nach ______________ Nach ______________ Nach ______________
Nach ______________ Nach ______________ Nach ______________
Nach ______________ Nach ______________ Nach ______________

7. Schm ______________ Schm ______________ Schm ______________
Schm ______________ Schm ______________ Schm ______________
Schm ______________ Schm ______________ Schm ______________

8. Da ______________ Da ______________ Da ______________
Da ______________ Da ______________ Da ______________
Da ______________ Da ______________ Da ______________

9. Geschm ______________ Geschm ______________ Geschm ______________
Geschm ______________ Geschm ______________ Geschm ______________
Geschm ______________ Geschm ______________ Geschm ______________

10. Lau ______________ Lau ______________ Lau ______________
Lau ______________ Lau ______________ Lau ______________
Lau ______________ Lau ______________ Lau ______________

Eigenschaften benennen

Dieser Test leitet über zu den Kreativtests. Hier geht es wirklich nur um Ihre Einfälle. Trotzdem: Man versucht eventuell auch etwas über Ihre Einstellung zu bestimmten Themen zu erfahren. Der Unterschied zu althergebrachten Tests liegt darin, dass Ihnen keine Fragen gestellt werden, sondern Sie Ihre Assoziationen frei aufschreiben sollen. Gewollt oder nicht, Sie verraten unwillkürlich etwas über Ihr Weltbild, wie Sie bestimmte Verhaltensweisen, Personen oder Berufsgruppen beurteilen.

Ein Beispiel:

Zählen Sie bitte möglichst verschiedene Eigenschaften auf,
die ein *guter Autoverkäufer* haben sollte.

- ehrlich
- zuverlässig
- konkret
- ehrgeizig ...

Achten Sie bei der Beantwortung der Fragen auch in der Kürze der Zeit darauf, was Sie über sich selbst oder über andere aussagen. Bedenken Sie beispielsweise, wie es wirken kann, wenn Sie einen idealen Polizisten als zu freundlich und nachgiebig beschreiben. Ebenso ist auch das genaue Gegenteil natürlich nicht gerade ideal.

Versuchen Sie sich nun an den folgenden Aufgaben. Pro Aufgabe haben Sie 1 Minute Zeit.

Zählen Sie bitte möglichst viele Eigenschaften auf,
die ein *guter Polizist* haben sollte.

____

____

____

____

→

Notieren Sie bitte möglichst viele Eigenschaften,
die ein *guter Politiker nicht* haben sollte.

Zählen Sie bitte möglichst viele Eigenschaften auf,
die ein *guter Lehrer nicht* haben sollte.

Zählen Sie bitte möglichst viele Eigenschaften auf,
die ein *guter Freund* haben sollte.

Lösungen

Leider können wir Ihnen keine pauschale Lösung anbieten, die hundertprozentig richtig ist. Überprüfen Sie jetzt noch einmal Ihre Aussagen und die Fragestellung.

- Worauf zielt die Frage ab? (Persönliche Meinung, Meinung vieler Menschen ...)
- Welche Rückschlüsse lassen meine Antworten auf die Fragestellung zu?
- Was sage ich mit meiner Antwort über mich selbst aus? (Tendiere ich mehr zu Extremen, oder bin ich relativ ausgeglichen in meinen Anschauungsweisen?)

Erklärungsmöglichkeiten ausdenken

Bei diesem Test handelt es sich weniger um eine Art versteckter Psycho-Test, als Sie vielleicht glauben. Sie müssen zu einem Sachverhalt möglichst viele Erklärungen finden. Dabei sollen Sie natürlich spontan antworten – mit anderen Worten: unter einem extremen Zeitdruck.

Beispiel:

»Frau X achtet sehr auf ihr äußeres Erscheinungsbild.«

Mögliche Erklärungen, die einem dazu einfallen könnten:

- Sie möchte mehr verkörpern, als sie ist.
- Sie investiert ihr Geld in Mode.
- Sie versucht sympathisch zu wirken.
- Sie ist eitel.
- Sie will um jeden Preis attraktiv sein.

Finden Sie für die folgenden Sachverhalte möglichst viele Erklärungen.
Sie haben dafür jeweils 1 Minute Zeit. Stichwörter sind ausreichend.

»Viele Menschen finden Autorennen spannend.«

____

____

____

____

»Erwachsene Männer spielen gerne mit Spielzeugeisenbahnen.«

____

____

____

____

→

»Viele Menschen bewundern den Popstar XY.«

»Viele Menschen ernähren sich ungesund.«

Lösungen

Haben Sie spontan geantwortet oder gleich versucht, Antworten zu geben, die auch die Prüfer erfreuen? Üben Sie diesen Test mehrfach. Lassen Sie sich von einem Helfer dazu neue Aufgaben ausdenken, die Sie beantworten. Vermeiden Sie, immer wieder Aussagen zu treffen, die in die gleiche positive oder negative Extremrichtung gehen. Gar nicht so einfach.

Nur Mut, mit der Zeit werden Sie es schon schaffen!

Firmenlogos erstellen

Beim folgenden Test geht es um die Erstellung werbewirksamer Firmenlogos. Dabei sollten Sie beachten, dass Sie möglichst viele verschiedene Logos erstellen, bei denen aber immer ganz deutlich die zu verkaufende Ware und der Firmeninhaber zu erkennen sind.

Beispiel:

Erstellen Sie möglichst viele Werbelogos für das Taschengeschäft des Herrn Fritz.

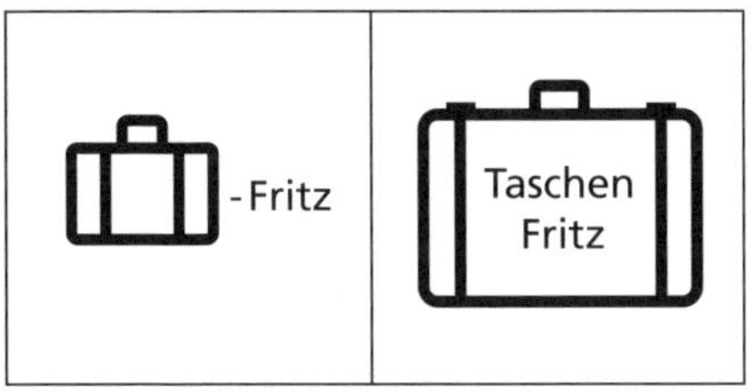

Bitte bearbeiten Sie nun die folgenden Übungsaufgaben.
Pro Aufgabe haben Sie 3 Minuten Zeit. Es reichen einfache Skizzen.

1. Bitte erstellen Sie möglichst viele verschiedene Werbelogos für *Trudes Autozubehör.*

→

2. Bitte erstellen Sie möglichst viele verschiedene Werbelogos für *Harrys Fischrestaurant.*

3. Bitte erstellen Sie möglichst viele verschiedene Werbelogos für *Foto-Walter.*

4. Bitte erstellen Sie möglichst viele verschiedene Werbelogos für *Ralfs Blumenladen.*

Lösungen

Wie so häufig bei kreativen Tests, können wir Ihnen an dieser Stelle leider keine definitive Lösung anbieten. Trotzdem einige Ratschläge:

- Achten Sie darauf, möglichst unterschiedliche Logos zu entwerfen. Minimale Unterschiede werden u.U. nicht gewertet.
- Obwohl es nur um skizzenhafte Zeichnungen geht, sollten Sie ein gewisses Maß an Sorgfalt walten lassen. Schludrige Zeichnungen lassen leicht auch auf eine schlampige Arbeitsweise schließen.
- Egal ob Blumen, Tiere, Hüte, Müller, Kaiser oder Schmidt – Übung macht hier den Meister.

Figuren erstellen

Bei diesem Test geht es weiter um Ihre Kreativität und Fantasie: Sie bekommen eine Zeichnung aus Strichen und/oder Kreisen präsentiert, aus der Sie reale Gegenstände bzw. Symbole zeichnen müssen. Entscheidend für die Bewertung sind dabei nur Vielfalt und Menge der Lösungen – nicht die perfekte Grafik.

Beispiel:

Ausgangsfigur:

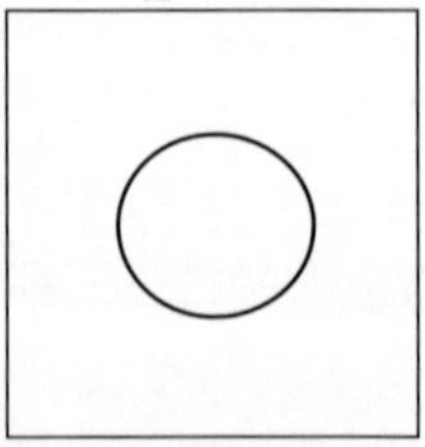

Mögliche Lösungsfiguren:

Bitte ergänzen Sie die nun folgenden Bilder zu realen Gegenständen oder Symbolen. Pro Block haben Sie jeweils insgesamt 1 Minute Zeit.

1. Block

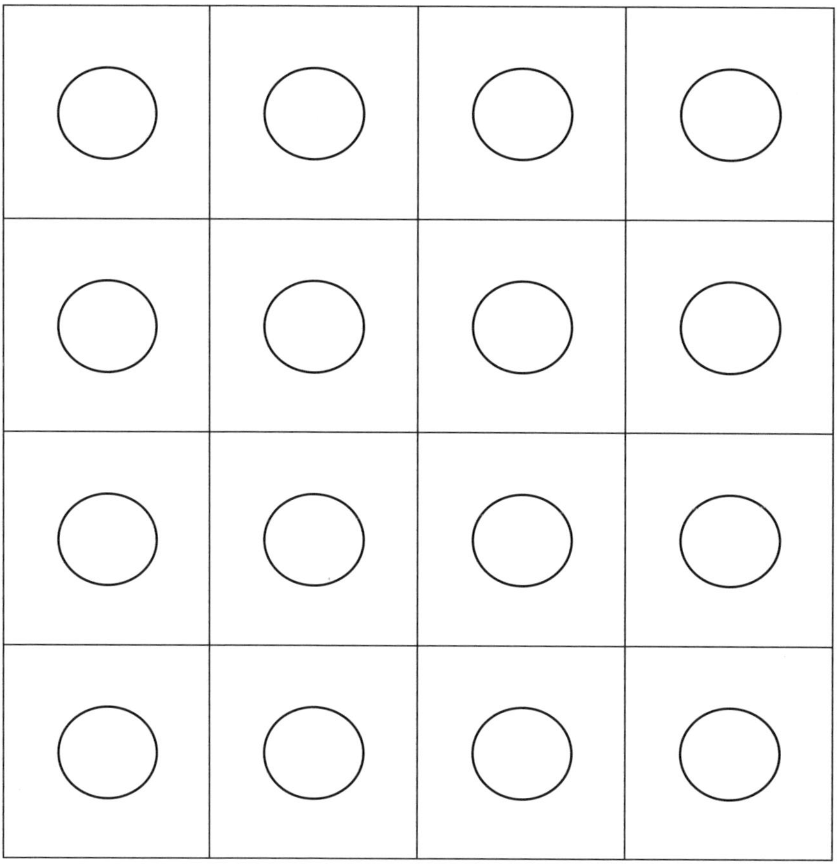

→

2. Block

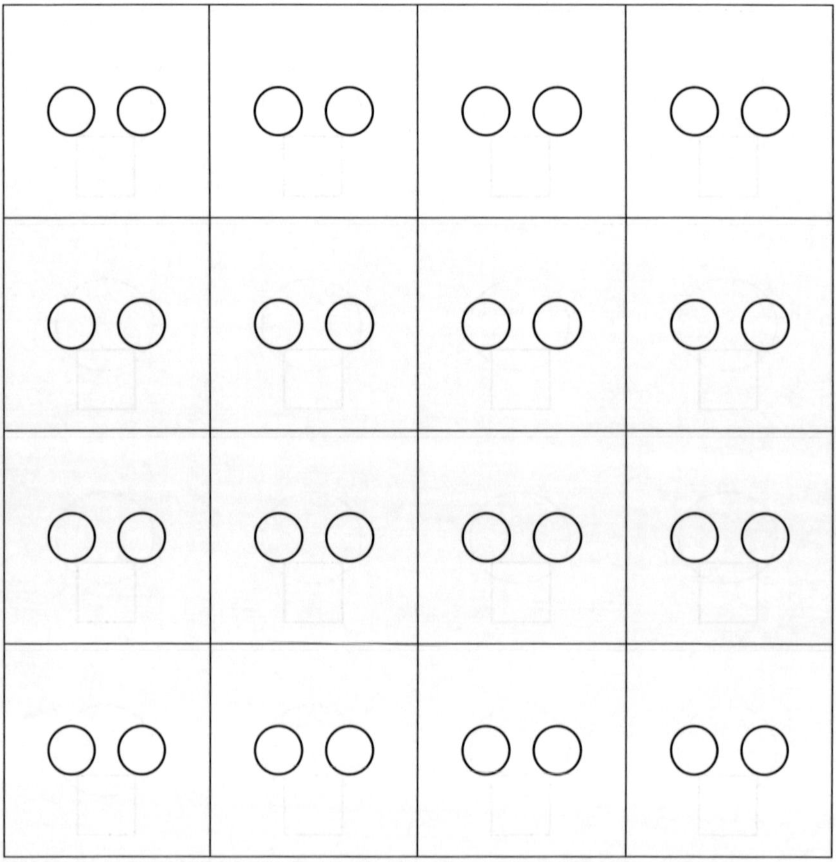

3. Block

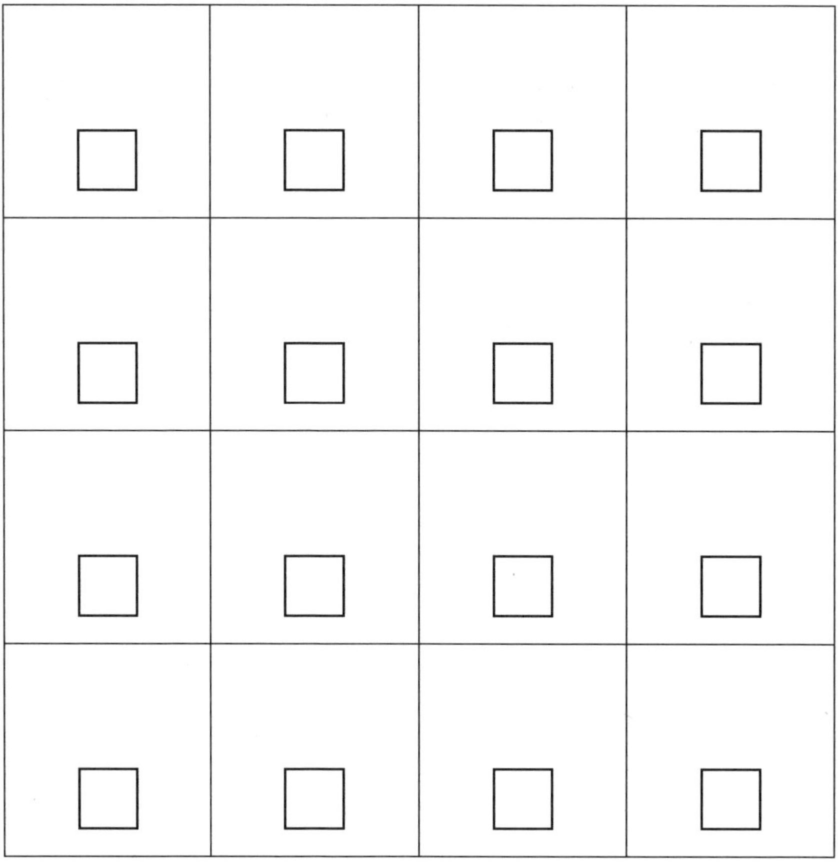

Lösungen

Auch hier können wir Ihnen keine pauschale Lösung anbieten. Überlegen Sie sich aber selbst weitere Übungsaufgaben, z. B. mit einem Quadrat, Dreieck, Raute, Ellipse etc. Übung macht auch hier wieder den Meister.

Einige Symbole oder Gegenstände können Sie in fast alle Ausgangsfiguren einzeichnen, beispielsweise ein Gesicht, Fahrrad, Baum, Fisch, Person oder Männchen, Blume, Sonne, Frucht o. Ä.

Figuren konstruieren

Ihre Aufgabe ist es, aus vorgegebenen Einzelfiguren eine neue Figur zu erstellen. Dabei darf es sich auch um eine Fantasiefigur handeln. Als einzige Regel dürfen Sie dabei jede der Ausgangsfiguren nur einmal benutzen. Auch die Größenverhältnisse sollten in etwa stimmen.

Beispiel:

Bitte erstellen Sie aus den im Folgenden abgebildeten Einzelfiguren möglichst viele verschiedene neue Figuren. Dabei kommt es nicht auf exakte Zeichnungen, sondern nur auf Vielfalt und Menge an.

Ausgangsfiguren:

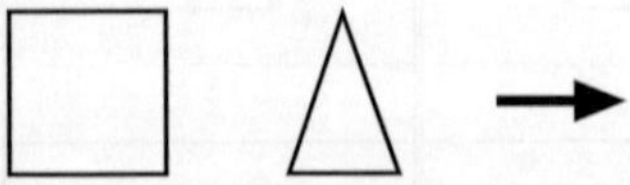

Mögliche neue Figuren:

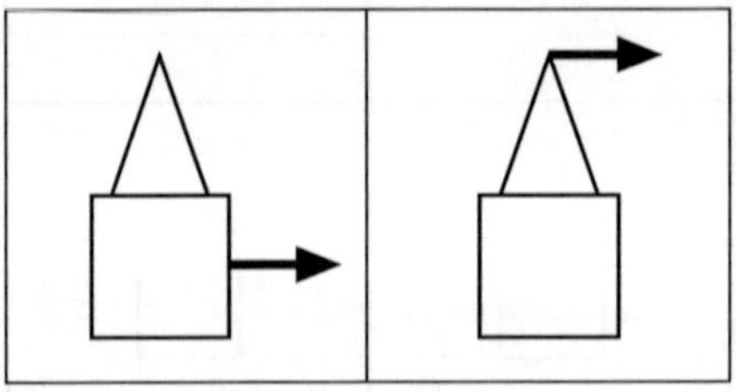

Bitte bearbeiten Sie die nun folgende Aufgaben.
Pro Block haben Sie 2 Minuten Zeit.

1. Block

Ausgangsfiguren:

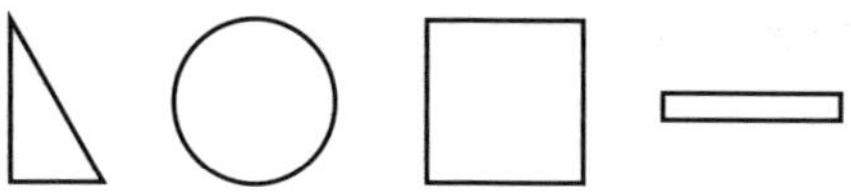

→

2. Block

Ausgangsfiguren:

3. Block

Ausgangsfiguren:

Bitte betrachten Sie jetzt Ihre Bilder. Je mehr Sie erstellt haben, desto besser. Eine echte »Lösung« gibt es bei diesem Test nicht.

Figuren konstruieren und benennen

Diesmal bekommen Sie mehrere Einzelfiguren präsentiert, aus denen Sie eine neue, reale Figur erstellen sollen. In allen von Ihnen neu komponierten Figuren *müssen* alle Einzelteile enthalten sein. Diese dürfen aber auf keinen Fall doppelt benutzt werden; jedes Teil also nur einmal. Zum Schluss schreiben Sie bitte unter die Figur in das Kästchen, was die Figur darstellt.

Beispiel:

Bitte erstellen Sie aus den im Folgenden abgebildeten Einzelfiguren möglichst viele verschiedene neue Figuren. Dabei kommt es nicht auf exakte Zeichnungen, sondern nur auf Vielfalt und Menge an. Die Größenverhältnisse sollten in etwa stimmen. Abschließend schreiben Sie bitte unter die Figur, um was es sich handelt.

Ausgangsfiguren:

Mögliche neue Figuren:

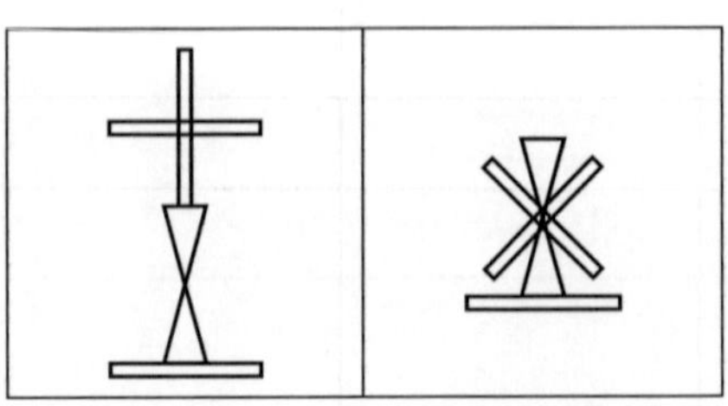

Sendemast Windmühle

Bearbeiten Sie die nun folgenden Aufgaben.
Pro Block haben Sie jeweils insgesamt 2 Minuten Zeit.

1. Block

Ausgangsfiguren: 

→

2. Block

Ausgangsfiguren: 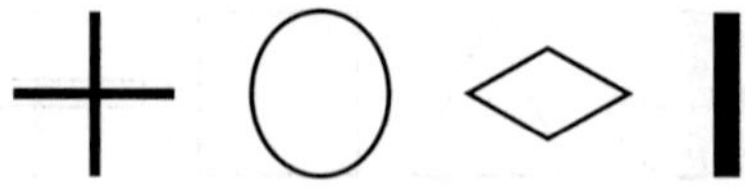

3. Block

Ausgangsfiguren: 

Betrachten Sie jetzt Ihre Bilder. Je mehr Sie erstellt haben, desto besser. Eine echte »Lösung« gibt es bei diesem Test nicht.

Telefonnummern erstellen

Zurück in die Zahlenwelt. Auch bei diesem Test ist wieder Ihre Kreativität gefragt. Ihre Aufgabe wird es nun sein, sich Telefonnummern in unterschiedlicher Länge auszudenken, die man sich besonders leicht merken kann. Dabei geht es nicht nur um die Vielzahl der Nummern, diese müssen auch nach bestimmten Regeln aufgebaut sein, die möglichst unterschiedlich sein sollen.

Ein Beispiel für vierstellige Telefonnummern:

- 1234 (Vorzahl +1)
- 2468 (Vorzahl +2)
- 1221 (+1 +0 –1)
- 0369 (Vorzahl +3)

Bitte denken Sie sich nun möglichst verschiedene *fünfstellige* Telefonnummern aus, die durch eine bestimmte Regel besonders leicht zu merken sind. Variieren Sie diesen Test, indem Sie sich danach z. B. vierstellige, sechsstellige oder siebenstellige Nummern ausdenken. Sie haben insgesamt pro Aufgabe 2 Minuten Zeit.

______	______	______
______	______	______
______	______	______
______	______	______
______	______	______
______	______	______
______	______	______
______	______	______
______	______	______
______	______	______

Zahlenmuster aufstellen

Bei diesem Test wird Ihr logisches Denkvermögen gefordert. Sie sollen nun möglichst verschiedene Zahlenmuster erstellen, die nach möglichst unterschiedlichen Rechenregeln aufgebaut sind.

Hierzu zwei Beispiele:

2	4	6	8
4			6
6			4
8	6	4	2

4	5	6	7
5			6
6			5
7	6	5	4

Bei diesem Test ist es wichtig, dass Sie möglichst viele unterschiedliche Zahlenfolgen erstellen. Diese sollten, um Zeit zu sparen, möglichst einfach aufgebaut sein. Nehmen Sie z. B. immer erst alle geraden, dann alle ungraden Zahlen (wie im obigen Beispiel), bevor Sie sich kompliziertere Reihen ausdenken. Da wir Ihnen bei diesem Test keine Lösung anbieten können, üben Sie vorher, um bei Ihrem Einstellungstest schon »ein paar Reihen« im Kopf griffbereit zu haben.

Erstellen Sie nun möglichst viele verschiedene Zahlenreihen für die folgenden Kästchen. Für 9 Aufgaben haben Sie 3 Minuten Zeit.

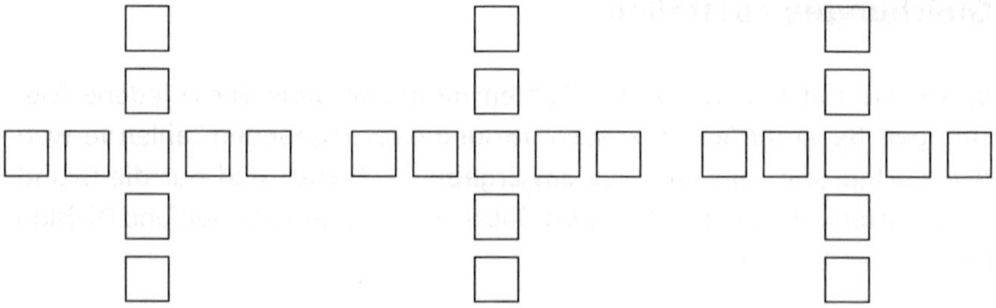

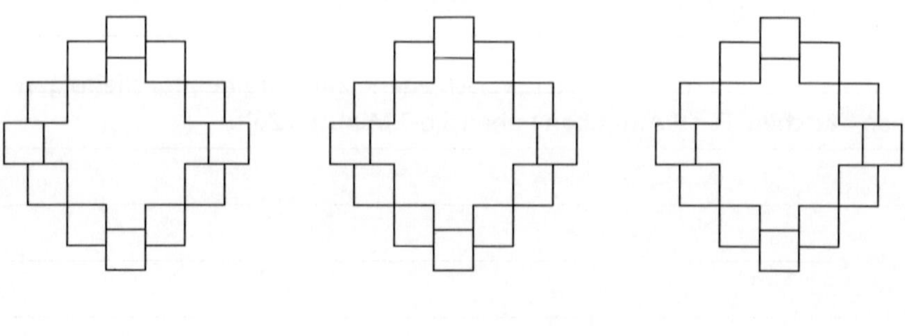

Gleichungen aufstellen

Bilden Sie mit den folgenden Zahlen möglichst viele verschiedene Gleichungen. Beachten Sie dabei, dass Sie nur die vorgegebenen Zahlen verwenden dürfen (dies gilt auch für das Ergebnis!). Ferner sind nur die Grundrechenarten erlaubt, d. h. Addition, Subtraktion, Multiplikation und Division.

Beispiel:

Vorgegebene Zahlen: 2, 3, 4, 5, 6

$2 + 3 = 5$
$6 - 2 = 4$
$3 + 3 = 2 \times 3$
$2 + 2 = (3 + 5) : 2$

Erstellen Sie anhand der oben vorgestellten Regeln nun möglichst viele verschiedene Gleichungen mit folgenden Zahlen:

2, 3, 4, 5, 6, 10, 12, 15, 18, 20

Sie haben 2 Minuten Zeit.

Lösungen

Leider können wir Ihnen hier wieder einmal keine definitive Lösung anbieten. Bitte kontrollieren Sie Ihre Rechenaufgaben selbst

- auf Richtigkeit
- auf eventuell doppelt vorgestellte Aufgaben
- auf Vielfalt in den Rechenarten
- auf Menge der Aufgaben
- auf Einhaltung der Aufgabenregeln

Grundsätzlich gilt: Je mehr Aufgaben Sie »richtig« haben, desto besser ist Ihr Ergebnis. Üben Sie auch diesen Test regelmäßig. Sie werden sehen, wie schnell Sie Fortschritte machen, also mehr Aufgaben in gleicher Zeit erstellen können.

Verwendungsmöglichkeiten finden

Haben Sie sich schon einmal überlegt, was man alles mit einem alten Autoreifen machen kann? In diesem Test sollen Sie möglichst viele verschiedene Verwendungsmöglichkeiten für Gegenstände finden. Dabei haben Sie pro Gegenstand nur 30 Sekunden Zeit – Sie sollten sich also in Ihren Ausführungen möglichst kurz fassen.

Ähnlich wie bei anderen Tests, z. B. »Wörter finden«, werden Sie merken, dass Sie bei häufigerem Testtraining immer besser werden. Ein Tipp: Suchen Sie möglichst kurze Beschreibungen, das spart Zeit!

Beispiel:

Zählen Sie möglichst viele verschiedene Verwendungsmöglichkeiten für alte Autoreifen auf!

- Sitz
- Rodelschlitten
- Schwimmhilfe-Ring
- Blumenkübel

Für die folgenden Gegenstände haben Sie pro Begriff 30 Sekunden Zeit, möglichst viele verschiedene Verwendungsmöglichkeiten aufzuzählen.

1. Büroklammer
2. Ziegelstein
3. Holzlatte
4. Besen
5. Computerbildschirm
6. Bleistift
7. Weinglas
8. Autowrack
9. Kissen
10. Schirm

Da es zu diesem Test keine eindeutigen Lösungen gibt, empfehlen wir Ihnen, die Anzahl Ihrer Ergebnisse zu notieren und mit späteren Testdurchgängen zu vergleichen. Dabei sollten Sie sich pro Testdurchgang etwas steigern.

Sätze ausdenken

Erstellen Sie nun möglichst viele, inhaltlich verschiedene Sätze mit Ihnen vorgegebenen Wörtern. Benutzen Sie dabei die Wörter in beliebiger Reihenfolge, aber *auf keinen Fall* in der Mehrzahl. Arbeiten Sie so schnell wie möglich, und achten Sie auch auf die Rechtschreibung.

Beispiel:

Wörter: a) Hund b) Knochen c) Garten

Mögliche Sätze:

- Der Hund mag den Knochen und viel Auslauf im Garten.
- Der Hund versteckt den Knochen im Garten.
- Der Hund fand einen Knochen im Garten.

Zum Üben dieses Tests haben wir Ihnen insgesamt 10 Aufgaben zusammengestellt. Sollten Ihnen diese nicht reichen, so können Sie sich problemlos selbst weitere Aufgaben ausdenken. Noch effektiver üben Sie, wenn dies für Sie ein Helfer vornimmt, da die Wörter und Wortzusammenstellungen dann für Sie überraschender auftauchen.

Bilden Sie aus den nun folgenden Wörtern möglichst viele, inhaltlich verschiedene Sätze. Pro Aufgabe haben Sie 30 Sekunden Zeit.

1. Hund	Mensch	Freund
2. Hut	Garderobe	Winter
3. Ball	Abendkleid	Auto
4. Computer	Scanner	Drucker
5. Korruption	Spende	Politiker
6. Kreditkarte	Mann	Kasse
7. Mensch	Zukunft	Technik
8. Zug	Gleis	Bahnhof
9. Flugzeug	Steward	Arbeitsplatz
10. Rasen	Ball	Stadion

Vergleichen Sie nach dem Test, ob Sie bei allen Ihren Sätzen die Regeln eingehalten haben. Achten Sie auch auf die Rechtschreibung!

Logik und Abstraktion

Figurenreihen fortsetzen

Mit welcher Auswahlfigur unten (a, b, c, d oder e) kann man die Figurenreihe oben richtig fortsetzen?

1. Beispiel:

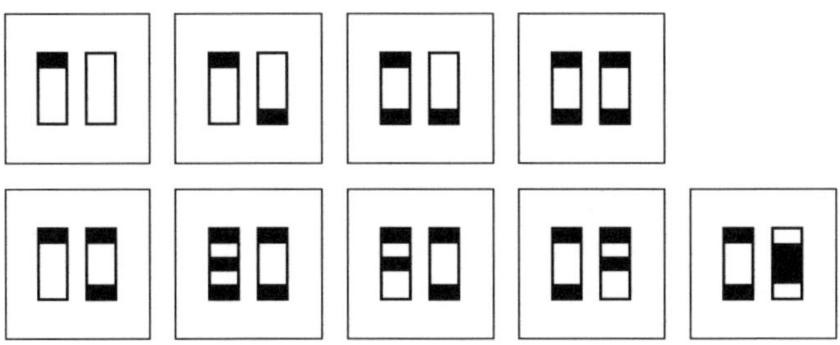

a b c d e

Lösung: b

Erklärung: Hier werden in die Rechtecke schwarze Balken eingefügt: erst in das linke oben, dann in das rechte unten, dann in das linke unten und im vierten Bild rechts oben. Die Fortsetzung kann nur wie bei Lösungsvorschlag b erfolgen.

2. Beispiel:

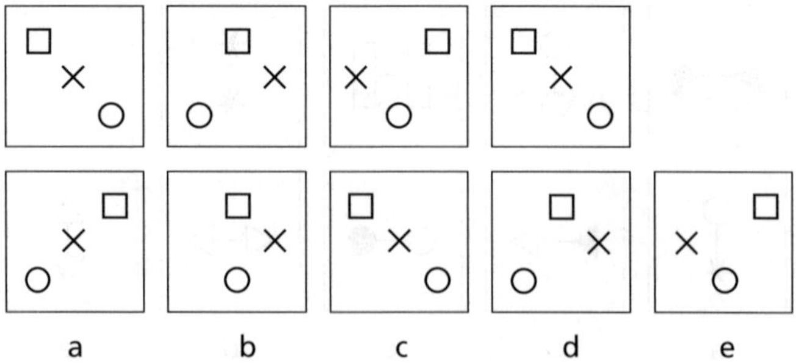

Lösung: d

Erklärung: Die Reihe hat bereits ab dem vierten Bild von vorne angefangen und setzt sich jetzt mit dem zweiten Bild fort.

Für die folgenden 12 Aufgaben haben Sie 6 Minuten Zeit.

1.

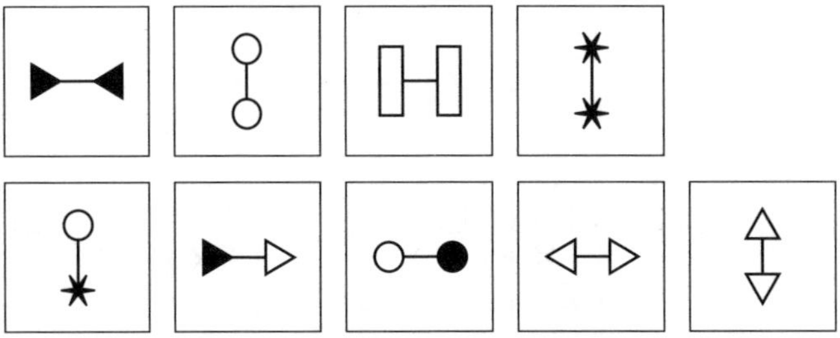

a b c d e

2.

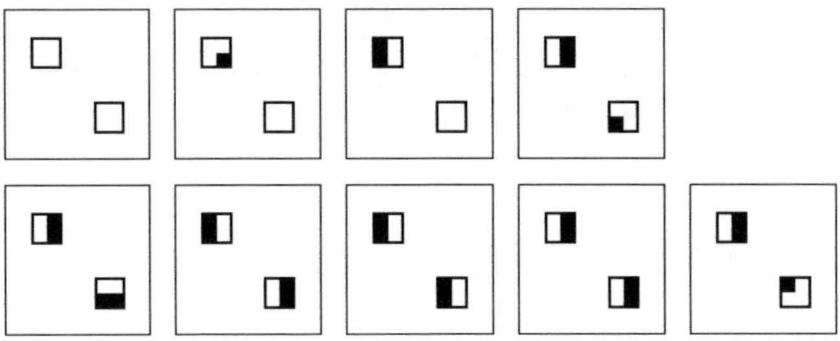

a b c d e

3.

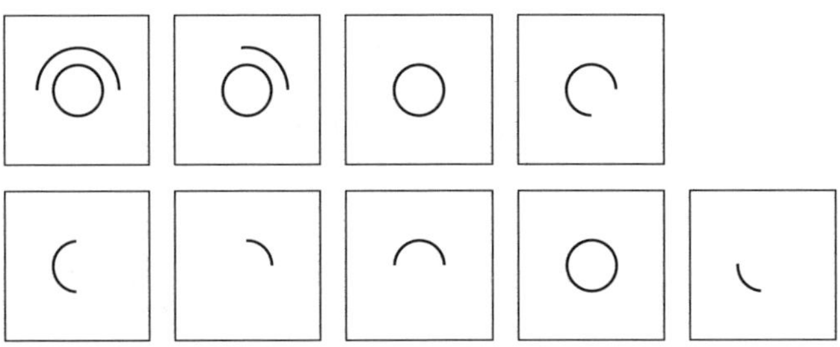

a b c d e

4.

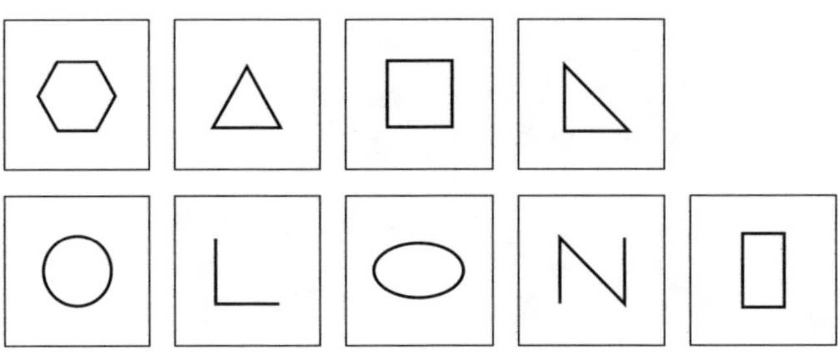

a b c d e

→

5.

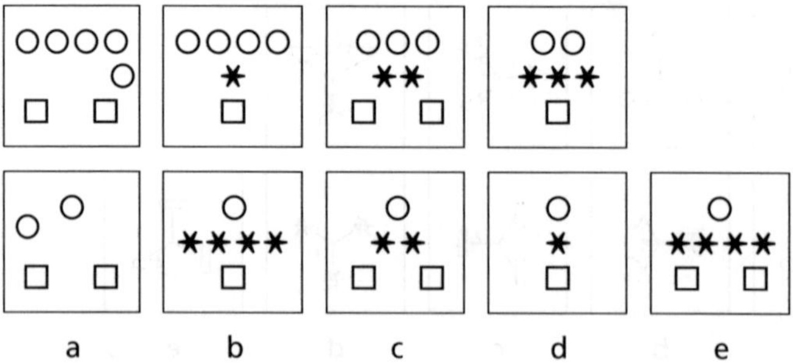

6.

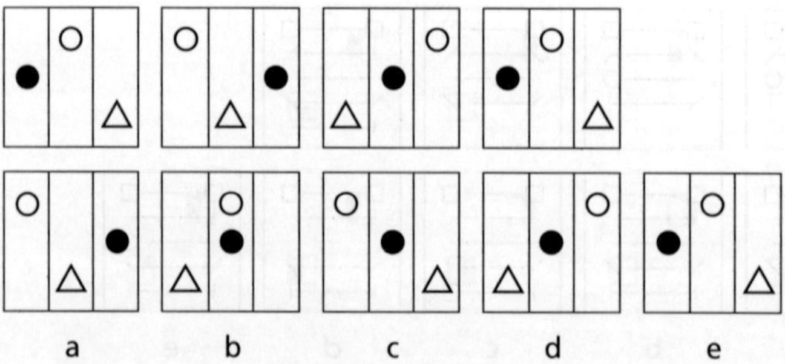

7.

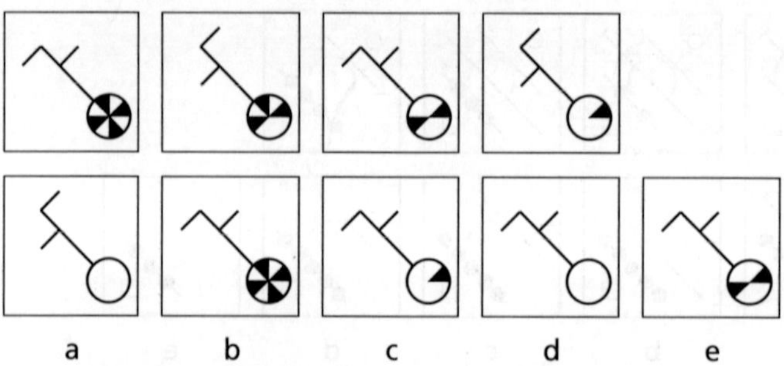

8.

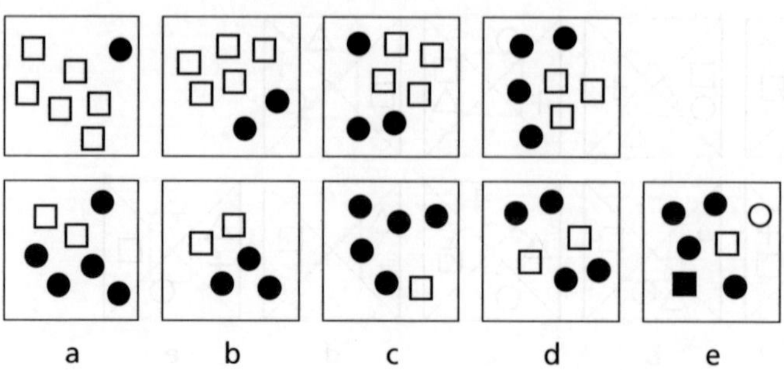

9.

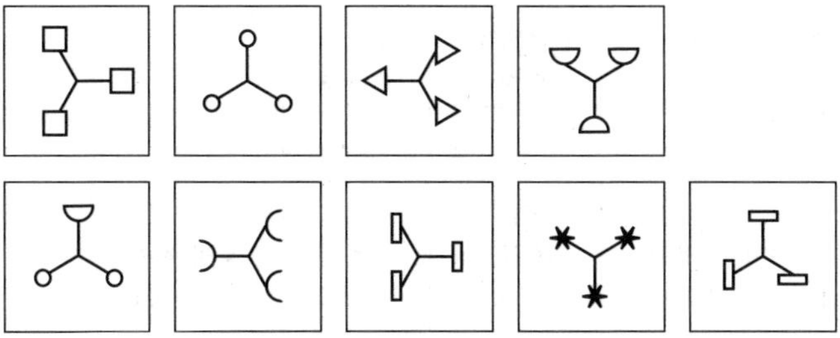

a b c d e

10.

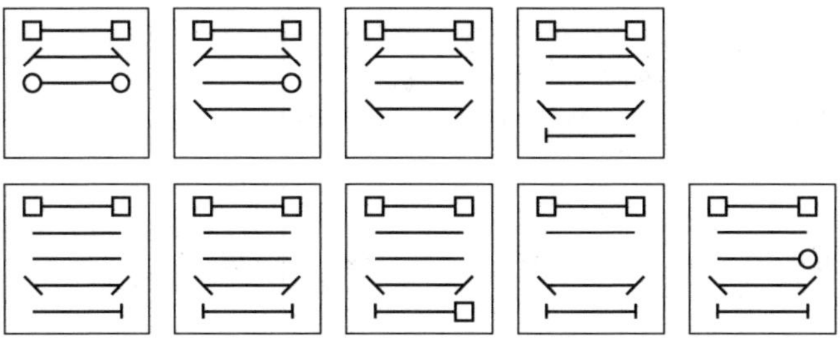

a b c d e

11.

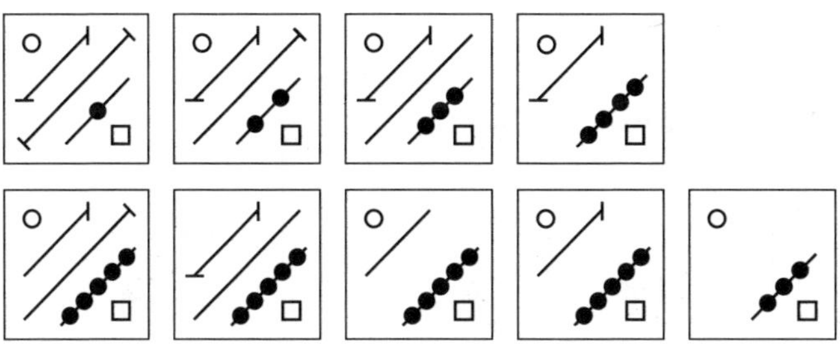

a b c d e

12.

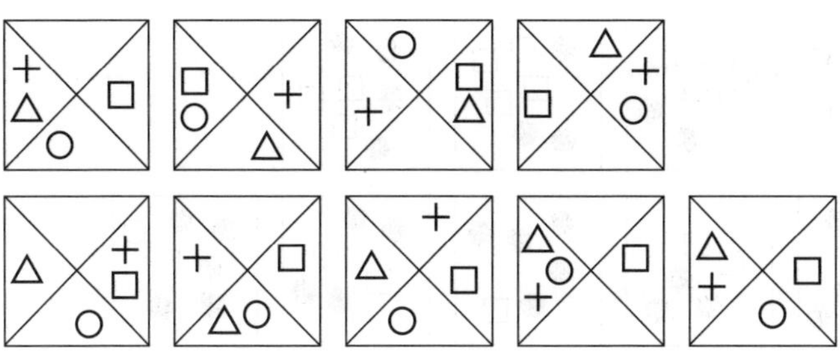

a b c d e

Lösungen Seite 537

Zugehörigkeiten identifizieren

Bei diesem Test bekommen Sie zwei Gruppen, A und B, vorgestellt sowie 5 Auswahlbilder. Sie sollen nun die jeweilige Gemeinsamkeit der Gruppe A und der Gruppe B herausfinden und dann die 5 Auswahlbilder den jeweiligen Gruppen zuordnen.

1. Beispiel:

Gruppe A Gruppe B

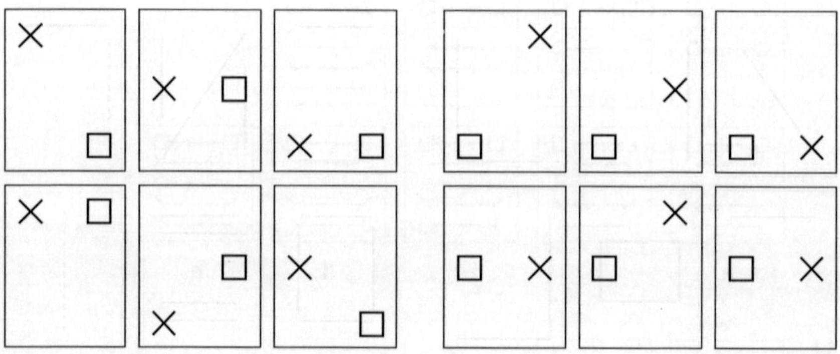

Auswahlbilder:

1. 2. 3. 4. 5.

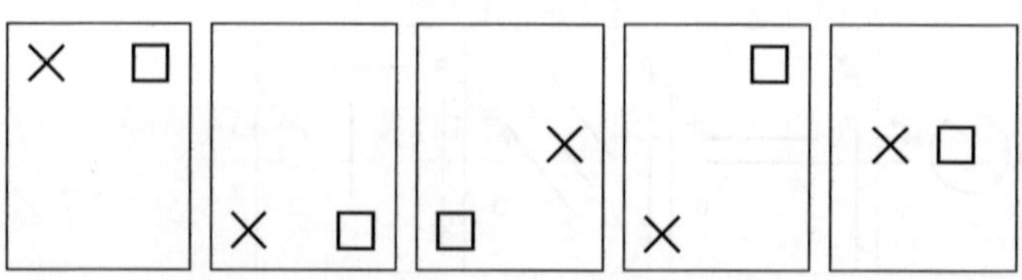

Welches der 5 Auswahlbilder gehört in Gruppe A, welches in Gruppe B?

Lösung:
1 A, 2 A, 3 B, 4 A, 5 A

Begründung:
In Gruppe A steht das X immer links vom Quadrat, in Gruppe B immer rechts.

2. Beispiel:

Gruppe A

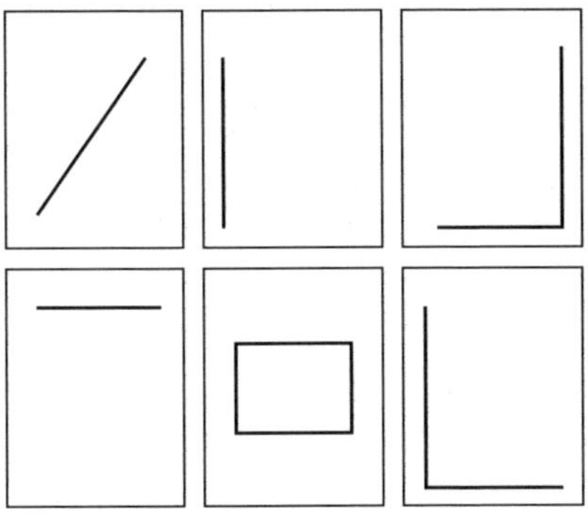

Gruppe B

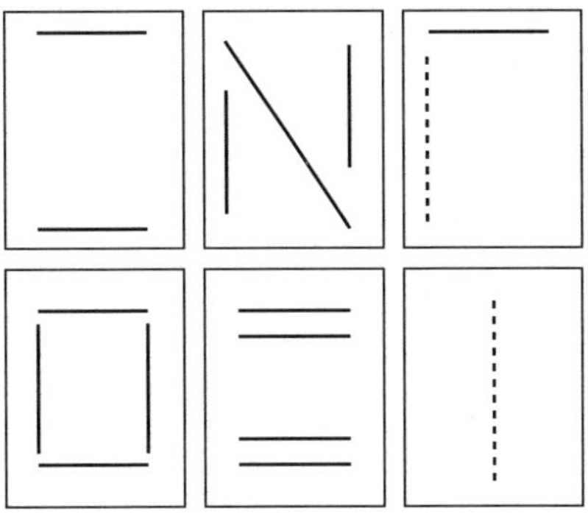

Auswahlbilder:

1. 2. 3. 4. 5.

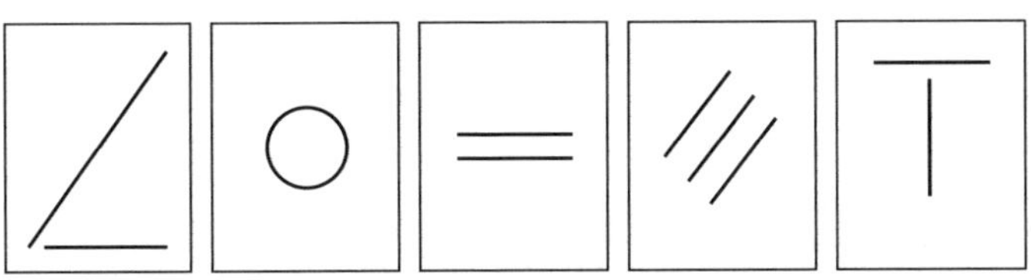

Welches der 5 Auswahlbilder gehört in Gruppe A, welches in Gruppe B?

Lösungen:
1 B, 2 A, 3 B, 4 B, 5 B

Begründung:
In Gruppe A gibt es immer nur eine Linie, in Gruppe B zwei oder mehr.

Lösen Sie nun die folgenden 3 Aufgaben. Sie haben 5 Minuten Zeit.

1. Aufgabe

Gruppe A

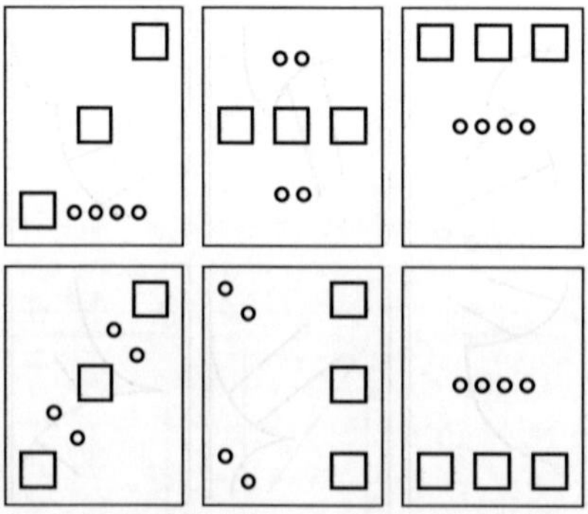

Gruppe B

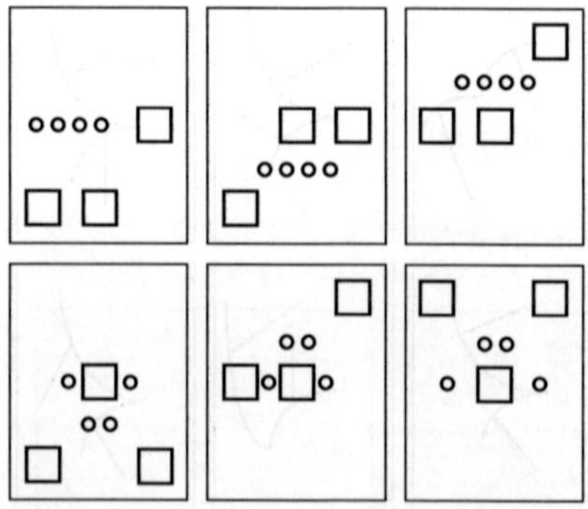

Auswahlbilder:

1. 2. 3. 4. 5.

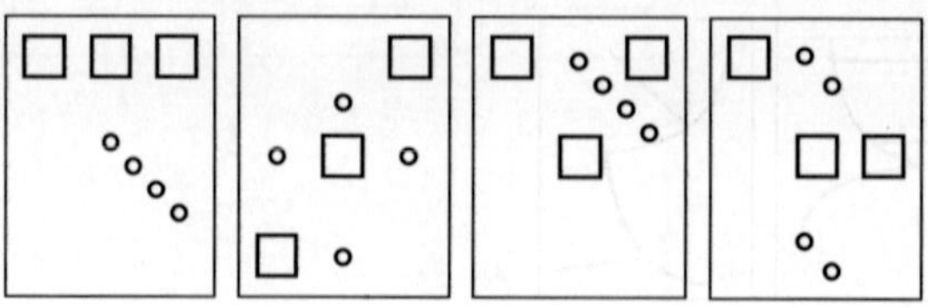

2. Aufgabe

Gruppe A

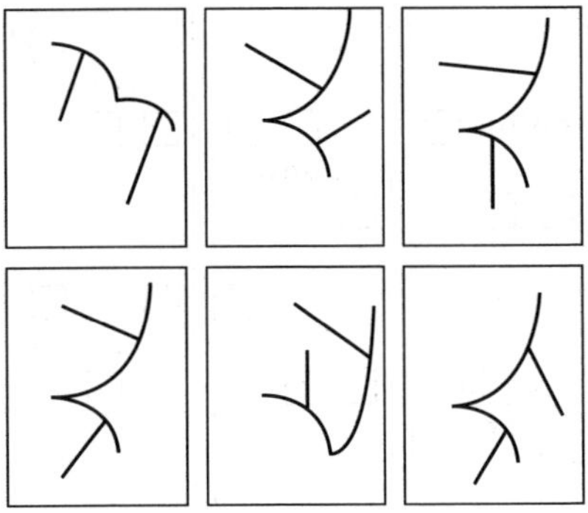

Gruppe B

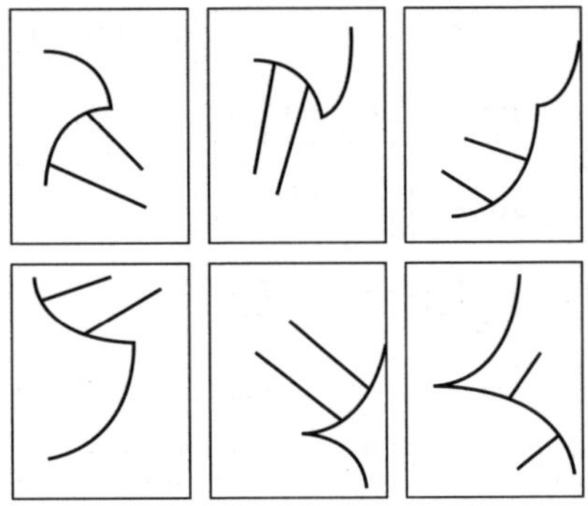

Auswahlbilder:

1. 2. 3. 4. 5.

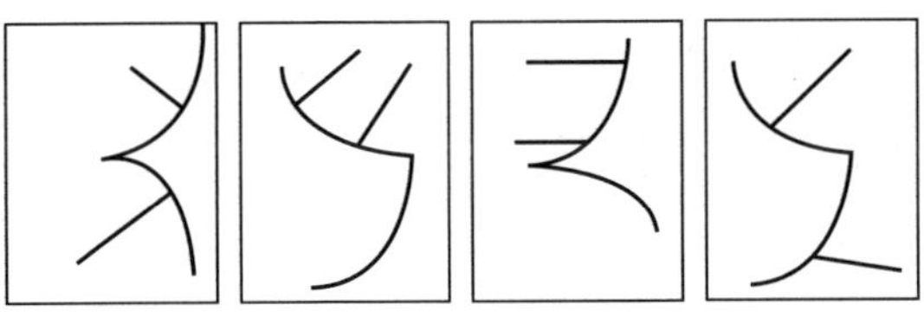

→

3. Aufgabe

Gruppe A

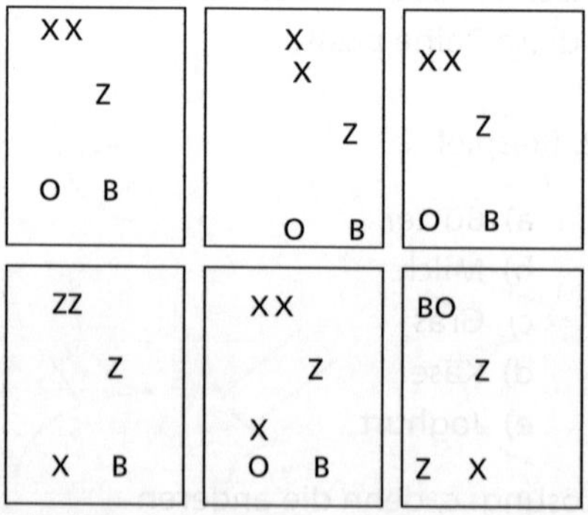

Gruppe B

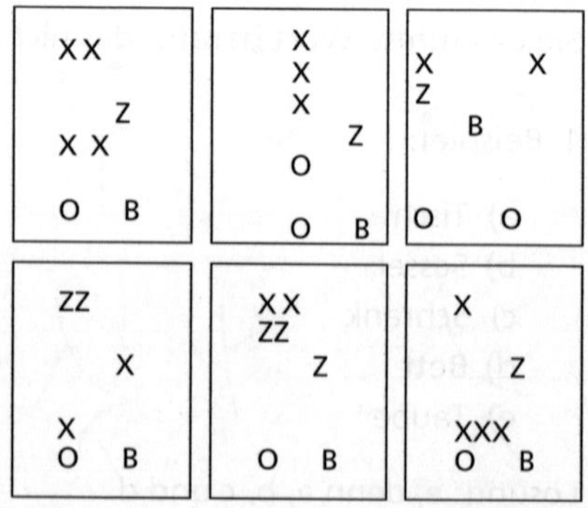

Auswahlbilder:

1. 2. 3. 4. 5.

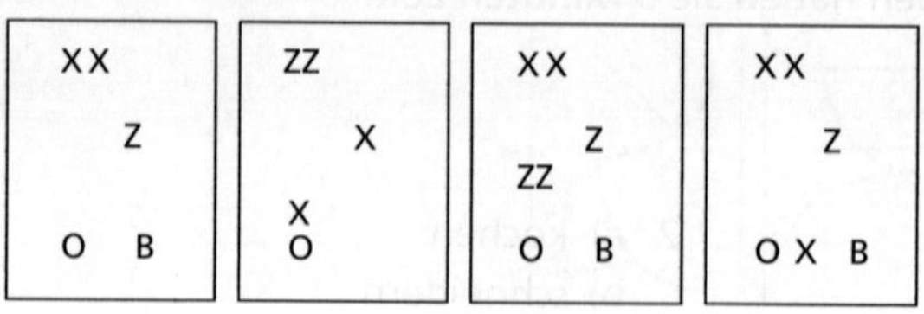

Lösungen Seite 537

Sprachgefühl

1. Teil

Von fünf Wörtern sind vier in einer gewissen Weise einander ähnlich. Finden Sie das fünfte Wort heraus, das nicht in diese Reihe passt.

1. Beispiel:

a) Tisch
b) Sessel
c) Schrank
d) Bett
e) Taube

Lösung: e, denn a, b, c und d sind Möbelstücke.

2. Beispiel:

a) Butter
b) Milch
c) Gras
d) Käse
e) Joghurt

Lösung: c, denn die anderen Begriffe sind Lebensmittel.

Für die nächsten 19 Aufgaben haben Sie 5 Minuten Zeit.

1. a) Betrug
   b) Unterschlagung
   c) Schwindel
   d) Fälschung
   e) Trugschluss

2. a) kochen
   b) schneidern
   c) brauen
   d) schmieden
   e) lernen

3. a) sofort
   b) bald
   c) demnächst
   d) in Kürze
   e) übermorgen

4. a) Patient
   b) Klient
   c) Mandant
   d) Kunde
   e) Freund

→

5. a) Mikroskop
   b) Fenster
   c) Glas
   d) Fernglas
   e) Sonnenbrille

6. a) identisch
   b) kongruent
   c) gleich
   d) ähnlich
   e) symmetrisch

7. a) gefettet
   b) gepflegt
   c) gebohnert
   d) geschmirgelt
   e) gewaschen

8. a) Ansprache
   b) Abstimmung
   c) Monolog
   d) Rede
   e) Diskussion

9. a) verängstigt
   b) verunsichert
   c) beunruhigt
   d) bedroht
   e) verstimmt

10. a) Entwicklungsprozess
    b) Steigerung
    c) Fortschritt
    d) Reifungsprozess
    e) Wachstum

11. a) beispielhaft
    b) ausgezeichnet
    c) hervortretend
    d) mustergültig
    e) vorbildlich

12. a) Herberge
    b) Hotel
    c) Pension
    d) Restaurant
    e) Gasthof

13. a) überreichen
    b) übergeben
    c) übereignen
    d) überlassen
    e) aushändigen

14. a) Flugzeug
    b) Lift
    c) Treppe
    d) Fallschirm
    e) Leiter

15. a) Eheverbindung
    b) Gemeinschaft
    c) Brücke
    d) Grenze
    e) Fusion

16. a) windig
    b) regnerisch
    c) kalt
    d) bewölkt
    e) neblig

17. a) entscheiden
    b) quittieren
    c) planen
    d) beurteilen
    e) werten

18. a) gebohrt
    b) gehobelt
    c) geschliffen
    d) poliert
    e) gewalzt

19. a) Türschloss
    b) Wasserhahn
    c) Reißverschluss
    d) Schraubenzieher
    e) Korkenzieher

Lösungen Seite 537

2. Teil

Ihre Aufgabe ist es, aus vorgegebenen Lösungsvorschlägen das Wort auszuwählen, das ein fehlendes Element in einer Wortgleichung sinnvoll ergänzt. Anders ausgedrückt: Drei Wörter sind vorgegeben, bei denen zwischen dem ersten und dem zweiten eine gewisse Beziehung besteht. Sie sollen nun das Wort herausfinden, welches ähnlich dem ersten Wortpaar mit dem zweiten Wort in einer Beziehung steht.

1. Beispiel:

Dach verhält sich zu Keller
wie Decke zu ...?

a) Teppich
b) Leuchter
c) Wand
d) Boden
e) Tisch
f) Stuhl

Lösung: d

2. Beispiel:

Gerade / Viereck = Kurve / ...

a) Fläche
b) Kugel
c) Quadrat
d) Kreis
e) Laufbahn
f) Kegel

Lösung: d

Für die folgenden 25 Aufgaben haben Sie 12 Minuten Zeit.

1. Auto / Räder =
Flugzeug / …
   a) Motor
   b) fliegen
   c) Tragflächen
   d) Pilot
   e) Turbinen
   f) Kerosin

2. Muster / Entwurf =
Maschine / …
   a) Antrieb
   b) kaputt
   c) Räder
   d) Arbeit
   e) Konstruktion
   f) Kraft

3. manchmal / oft =
etwas / …
   a) mehr
   b) viel
   c) immer
   d) meistens
   e) wenig
   f) alles

4. Leder / Eisen =
zäh / …
   a) flexibel
   b) schwer
   c) hart
   d) haltbar
   e) biegsam
   f) fest

5. Telegramm / Brief =
Stichwort / …
   a) Nachricht
   b) Erzählung
   c) Zeile
   d) Information
   e) Satz
   f) Telefonat

6. Reportage / Dichtung =
Foto / …
   a) Kunst
   b) Zeichnung
   c) Lyrik
   d) Gedicht
   e) Aquarell
   f) Gemälde

7. gestehen / verhören =
diagnostizieren / …
   a) heilen
   b) Krankheit
   c) untersuchen
   d) Befund
   e) Behandlung
   f) vernehmen

8. Haus / Stein =
Pflanze / …
   a) Zweig
   b) Blatt
   c) Samen
   d) Baum
   e) Zelle
   f) Wurzel

9. werben / verkaufen =
Sport treiben / …
   a) trainieren
   b) jung bleiben
   c) Ehrgeiz
   d) gesund bleiben
   e) turnen
   f) siegen

10. Kanal / Fluss =
Park / …
   a) Anlage
   b) Bäume
   c) Sträucher
   d) Landschaft
   e) Rasen
   f) Garten

11. gehen / schlendern =
sprechen / …
   a) lallen
   b) plaudern
   c) schwafeln
   d) stottern
   e) springen
   f) weinen

12. Stoffwechsel / Natur =
Verbrennung / …
   a) Maschine
   b) Kraft
   c) Motor
   d) Antrieb
   e) Kohle
   f) Leben

13. Wind / Sturm =
rinnen / …
   a) strömen
   b) tröpfeln
   c) einsickern
   d) brausen
   e) duschen
   f) fließen

14. Ton / Melodie =
Farbe / …
   a) Brillanz
   b) Kunstobjekt
   c) Gemälde
   d) Farbkasten
   e) Palette
   f) Foto

15. Molekül / Atom =
Pfund / …
   a) Menge
   b) Last
   c) Zentner
   d) Gramm
   e) Gewicht
   f) viel

16. Gramm / Gewicht =
Stunde / …
   a) Minuten
   b) Zeit
   c) Uhr
   d) Tag
   e) Jahr
   f) Monat

→

17. Wasser / Erosion =
Alter / …
a) Jugend
b) Kindheit
c) Falten
d) Lebenszeit
e) Pubertät
f) Rente

18. chronisch / akut =
dauerhaft / …
a) ständig
b) öfter
c) zeitweilig
d) langwierig
e) schnell
f) langsam

19. Flut / Damm =
Regen / …
a) Tropfen
b) Schirm
c) Wasser
d) feucht
e) kühl
f) nass

20. liberal / radikal =
gemäßigt / …
a) gleichgültig
b) verständnisvoll
c) extrem
d) engagiert
e) plus
f) fix

Bei den nun folgenden Wortgleichungen fehlen das Anfangs- und das Endwort. Die Sätze sind aus den vorhandenen Lösungsmöglichkeiten so zu ergänzen, dass sie einen Sinn enthalten.

Beispiel:

… verhält sich zu Blindheit wie Ohr zu …

a) Auge	1. hören
b) Sehfähigkeit	2. Gehör
c) Brille	3. Taubheit
d) Blindenhund	4. Schwerhörigkeit

Lösung: a) 3
(Auge verhält sich zu Blindheit wie Ohr zu Taubheit.)

21. … verhält sich zu Länge wie Gramm zu …

a) Entfernung	1. Waage
b) Geschwindigkeit	2. Gewicht
c) Zentimeter	3. abwiegen
d) Abstand	4. Kilo

22. … verhält sich zu niemand wie alles zu …

a) manche	1. mehr
b) jeder	2. immer
c) viele	3. nichts
d) einige	4. nie

23. … verhält sich zu Kreis wie Würfel zu …

a) Kegel	1. Quadrat
b) rund	2. sechs
c) Kugel	3. Rechteck
d) Kuppel	4. Rhombus

24. … verhält sich zu Herz wie Takt zu …

a) Pumpe	1. Dirigent
b) Pulsschlag	2. Komposition
c) Gesundheit	3. Musik
d) Leben	4. Musiker

25. … verhält sich zu Krankheit wie Schweiß zu …

a) Arzt	1. Erfolg
b) Tablette	2. Anstrengung
c) Fieber	3. Lob
d) Thermometer	4. Chef

Lösungen Seite 537

Grafik-Analogien

Ging es bei der vorigen Aufgabe darum, bestimmte Begriffe auf rein sprachlicher Ebene miteinander in Bezug zu setzen, ist jetzt die gleiche Aufgabenstellung auf grafischer Ebene zu bewältigen.

1. Beispiel:

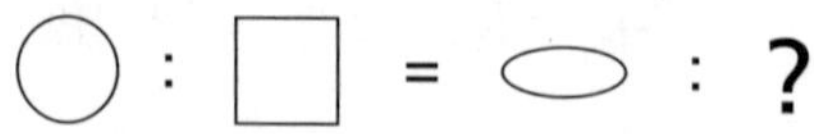

Lösungsvorschläge:

a b c d e

Lösung: e
Der Kreis verhält sich zum Quadrat wie die Ellipse zum Rechteck.

2. Beispiel:

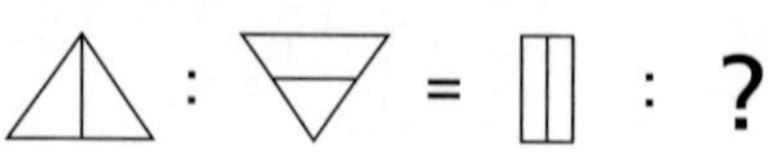

Lösungsvorschläge:

a b c d e

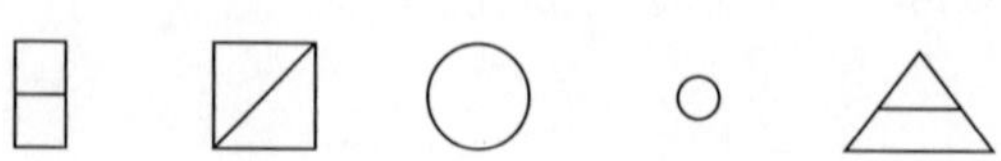

Lösung: a

Für die folgenden 24 Aufgaben haben Sie 10 Minuten Zeit.

a b c d e

1. 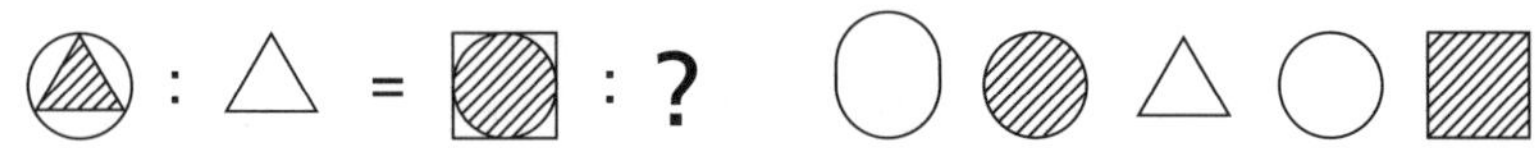

2. 

3. 

4. 

5. 

6. 

7. 

8. 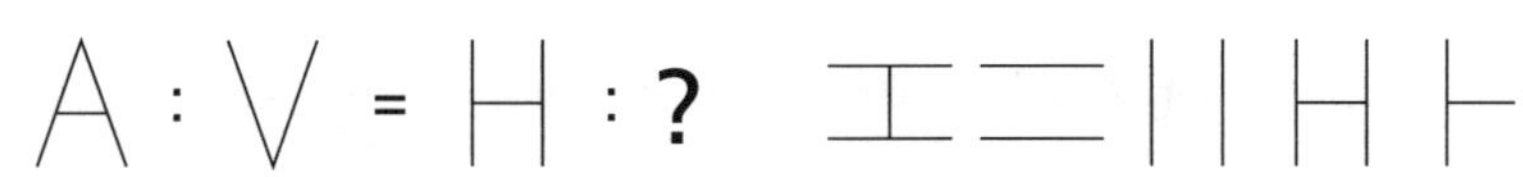

→

a b c d e

9. 

10. 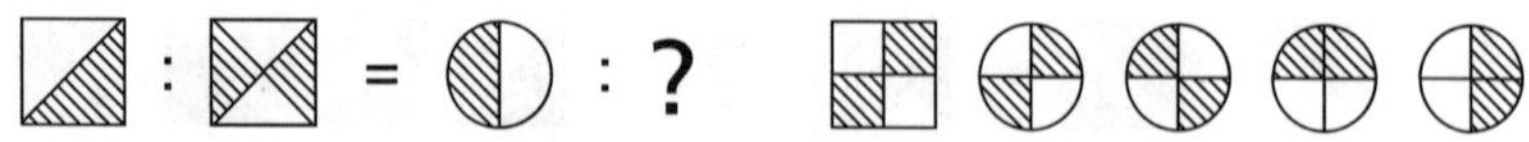

11. 

12. 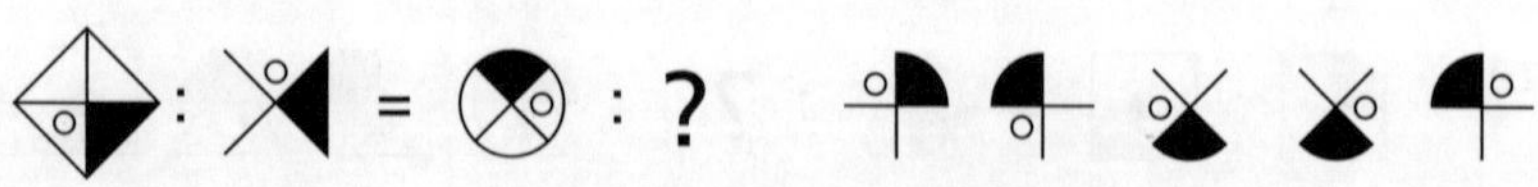

13. 

14. 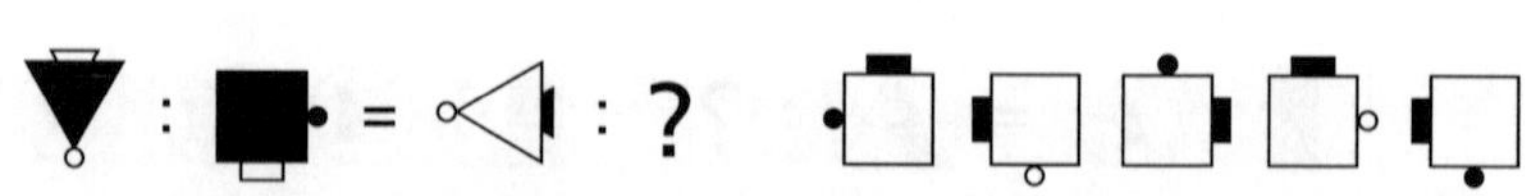

15. 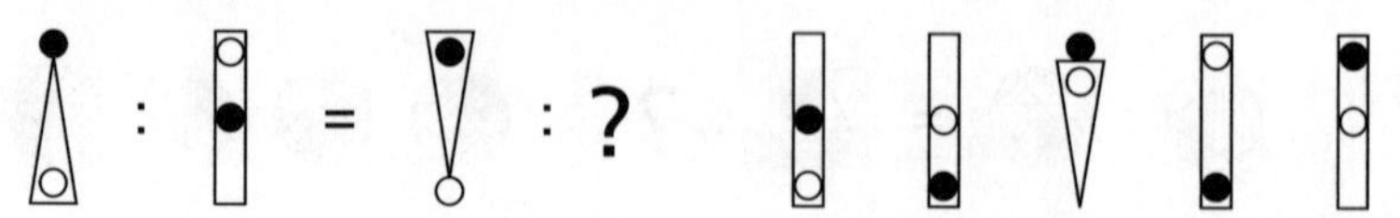

16. 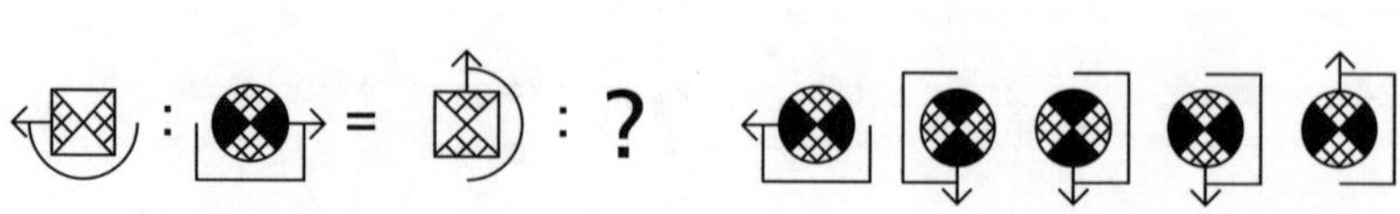

a b c d e

17.

18.

19.

20.

21.

22.

23.

24.

Lösungen Seite 537

Schlussfolgerungen

1. Teil

Beantworten Sie bitte die folgenden Fragen unter Berücksichtigung der Informationen, die Sie bekommen.

1. Beispiel:

Welches Auto ist am schnellsten?

Auto A ist langsamer als Auto C.
Auto D ist langsamer als Auto B, aber schneller als Auto C.

Lösung: Auto B ist am schnellsten.

Erklärung:
1. Aussage: $A < C$ → A ist kleiner/langsamer als C.
2. Aussage: $C < D < B$
Daraus folgt: $A < C < D < B$ → Auto B ist am schnellsten.

2. Beispiel:

Welche Lampe ist die hellste?

Lampe A ist dunkler als Lampe B.
B ist heller als C.
C ist gleich hell wie D.
B ist heller als D.
D ist heller als A.

Lösung: Lampe B ist die hellste.

Es kann aber auch bei unseren Aufgaben vorkommen,
dass keine eindeutige Aussage möglich ist.

Für 5 Aufgaben haben Sie 10 Minuten Zeit.

1. Schüler

Paul wäre der beste Schüler, wenn Robert nicht wäre.
Friederike und Simone haben immer die gleichen Noten.
Anna ist nicht besser als Simone.
Friederike ist ein bisschen besser als Anna.

Wer ist der/die schlechteste Schüler/in?

a) keine Lösung möglich
b) Friederike und Simone
c) Robert
d) Paul
e) Anna

2. Währungen

Der Jenn ist sehr stabil, aber nicht so wie das Fund.
Die Drachmän sind nicht so stabil wie die Rubbels.
Die Schillings sind zwar stabiler als das Fund,
die Drachmän sind jedoch noch fester.
Der Fronk ist nicht die stärkste Währung, aber doch recht begehrt.

Welche Währung ist die stärkste (= stabilste, festeste)?

a) Jenn
b) Fund
c) Drachmän
d) Rubbels
e) Fronk
f) keine Lösung möglich

3. Edelsteine

Topazine werden nicht am häufigsten gefunden,
jedoch häufiger als Diamantine.
Rubintine und Turkisine findet man gleich oft,
Ametistine werden allerdings häufiger gefunden.
Jedoch werden Ametistine seltener als Topazine gefunden.
Topazine sind viel schöner als Ametistine.
Granatine findet man nicht so oft wie Diamantine.

Welche Edelsteine findet man am seltensten?

a) Topazine
b) Rubintine und Turkisine
c) keine Lösung möglich
d) Turkisine
e) Diamantine
f) Granatine
g) Rubintine
h) Ametistine

→

4. Hunde

Rambo ist nicht der schnellste Hund, wenn es um die Wurst geht.
Waldi und Bonzo sind gleich schnell.
Ringo ist schneller als Bonzo, jedoch langsamer als Fiffi.
Rikki ist langsamer als Waldi, aber bedeutend schneller als Hektor.
Rambo ist schneller als Rikki, und Hektor ist ein guter Futterverwerter.

Welcher Hund kriegt die Wurst (am schnellsten)?

a) Rikki
b) Waldi
c) keine Lösung möglich
d) Fiffi
e) Rambo
f) Bonzo
g) Hektor
h) Ringo

5. Mahlzeit

Sechs Freunde haben eine Abmachung getroffen: Immer, wenn einige von ihnen gemeinsam essen gehen, wird für alle das gleiche Gericht bestellt. Da ihre Lieblingsgerichte sehr unterschiedlich sind, muss sich jeweils ein Freund nach dem anderen richten. Bernd zum Beispiel isst gern Suppen, aber zusammen mit Klaus isst er Braten. Emil und Detlef entscheiden sich zusammen immer für Fisch, wenn aber Andreas mitessen soll, bestellen die drei Salat. Klaus isst zusammen mit Detlef Spaghetti, obwohl er eigentlich lieber etwas anderes essen würde. Franz, der am liebsten Eierspeisen isst, richtet sich immer nach Bernd.

Was wird bestellt, wenn alle sechs Freunde zusammen essen gehen?

a) Hühnchen
b) Braten
c) Salat
d) Spaghetti
e) Fisch
f) keine Lösung möglich
g) Eierspeisen
h) Suppe

Lösungen Seite 538

2. Teil

Welche der Schlussfolgerungen ergeben sich Ihrer Meinung nach aus dem Text, ohne dass Sie Zusatzvermutungen anstellen müssen? Beachten Sie, dass auch mehrere Aussagen richtig sein können. Daher müssen Sie jede Aussage genau überprüfen.

Bitte schreiben Sie vor die Lösung ein »stimmt« (s), wenn Sie die Aussage für richtig halten.
Schreiben Sie vor die Lösung ein »stimmt nicht« (sn), wenn die Aussage Ihrer Meinung nach falsch ist.

1. Beispiel:

Feststellung: Von der Beantragung eines Kabelanschlusses bis zur tatsächlichen Ausführung liegt oft eine große Zeitspanne.

Schlussfolgerungen:

sn Manchmal kann es bei der Ausführung zu Engpässen kommen, da sehr viele Menschen gleichzeitig einen Kabelanschlussauftrag erteilen. (stimmt nicht)

s Einige der Antragsteller müssen lange auf ihren Kabelanschluss warten. (stimmt)

2. Beispiel:

Feststellung: Die Pferde der deutschen Springreiter sind für die Weltmeisterschaft in bester Form.

Schlussfolgerungen:

sn Die Pferde der deutschen Springreiter bekommen sehr hochwertiges Futter, damit sie gute Leistungen bringen.

s Die deutschen Springreiter haben gute Siegchancen, da ihre Pferde in bester Form sind.

Bitte bearbeiten Sie nun die folgenden 5 Aussagen.
Dafür haben Sie 5 Minuten Zeit.

1. Im Frühjahr werden mehr Ferienreisen zu Sonnenzielen gebucht als im Herbst oder Winter.

   a) Viele Urlauber glauben, sich im Sommer besser erholen zu können, als sie dies im Winter, z. B. im Skiurlaub, tun könnten.
   b) Es ist auffällig, dass die Häufigkeit, mit der Urlaub zu Sonnenzielen gebucht wird, von der Jahreszeit abhängig ist.
   c) Insgesamt haben mehr Menschen Lust, Ferienreisen zu Sonnenzielen zu buchen als zu Winterzielen.
   d) Mehr Menschen wollen im Sommer auch zu Sonnenzielen fliegen als im Winter.

2. Die statistische Häufigkeit von Unfällen im Straßenverkehr steigt jährlich kontinuierlich an.

   a) Das Straßennetz müsste erweitert werden, weil es zu viele Autos gibt.
   b) Vor zehn Jahren gab es weniger Unfälle im Straßenverkehr als heute.
   c) Die negativen Auswirkungen für das Bruttosozialprodukt werden durch immer mehr Unfälle immer größer.
   d) Die Zahl der Autos im Straßenverkehr ist heute größer als vor zehn Jahren.

3. Obwohl die Gefahren von gesundheitlichen Schäden durch Alkohol allen Menschen hinlänglich bekannt sein müssten, steigt der Alkoholkonsum weiter an.

   a) Viele der Alkohol trinkenden Menschen glauben den Warnungen der Wissenschaftler nicht.
   b) Da Alkoholmissbrauch zu den Suchtkrankheiten zählt, bringen Warnungen keine Besserung.
   c) Viele Alkohol trinkende Menschen sterben an Leberschäden.
   d) Viele verdrängen ihre Probleme mit dem Griff zur Flasche.

4. Viele Menschen fahren auch kurze Wege mit dem Auto, obwohl Sie wissen, dass dadurch am meisten Abgase entstehen, der Kraftstoffverbrauch am höchsten ist und die Umwelt am meisten geschädigt wird.

   a) Viele Menschen haben kein Interesse an einer sauberen Umwelt.
   b) Hoher Kraftstoffverbrauch bedeutet hohe Umweltbelastungen.
   c) Autofahrer brauchen sich über die Umwelt keine Gedanken zu machen, da sie Kraftfahrzeugsteuern zahlen.
   d) Kurze Wege mit dem Auto zurückzulegen, belastet die Umwelt.

5. Die Frankfurter Messen ziehen jedes Jahr Millionen von Besuchern an.

   a) Die Frankfurter Messen sind qualitativ sehr gut, da sie viele Besucher haben.
   b) Viele Menschen reisen jedes Jahr nach Frankfurt, um eine Messe zu besuchen.
   c) Wenn in Frankfurt eine Messe stattfindet, ist auf den umliegenden Autobahnen meistens Stau.
   d) Die Frankfurter Messen haben auf das Jahr gerechnet viele Besucher.

Lösungen Seite 538

Absurde Schlussfolgerungen

Jetzt geht es darum zu überprüfen, ob Schlussfolgerungen, die aufgrund bestimmter Behauptungen gezogen werden, formal richtig oder falsch sind. Die »reale Wirklichkeit« spielt dabei überhaupt keine Rolle, was die Sache erheblich erschwert und – wie so oft in Tests – Verwirrung stiftet.

1. Beispiel:

Alle Schnecken haben Häuser. Alle Häuser haben Schornsteine.
Schlussfolgerung: Deshalb haben alle Schnecken Schornsteine.
a) stimmt
b) stimmt nicht

Lösung: a

2. Beispiel:

Alle Schnecken sind Rennfahrer. Alle Rennfahrer können fliegen, weil sie Fische sind. Fische haben zwei Beine.
Schlussfolgerung: Schnecken haben zwei Beine.
a) stimmt
b) stimmt nicht

Lösung: a

3. Beispiel:

Alle Mäuse essen Fisch. Fisch kann miauen.
Schlussfolgerung: Alle Mäuse können miauen.
a) stimmt
b) stimmt nicht

Lösung: b
(Essen und können ist nicht das gleiche. Es gibt Menschen, die zwar Fisch essen, aber deshalb noch lange nicht wie ein Fisch schwimmen können!)

Für die folgenden 16 Aufgaben haben Sie 15 Minuten Zeit.

1. Teil

Frage jeweils: Stimmt die Behauptung, oder stimmt sie nicht?

1. Alle Bleistifte können lesen. Bücher können schreiben.
   Behauptung: Bleistifte können Bücher schreiben.
   a) stimmt
   b) stimmt nicht

2. Bücher können schreiben, aber nicht lesen. Bleistifte können lesen, aber nicht schreiben. Brillen können lesen und schreiben.
   Behauptung: Brillen sind intelligenter als Bücher und Bleistifte.
   a) stimmt
   b) stimmt nicht

3. *Weitere Behauptung zu 2:* Bleistifte können von Brillen nicht zum Schreiben benutzt werden.
   a) stimmt
   b) stimmt nicht

4. Spione tauchen gerne unter. U-Boote auch.
   Behauptung: Spione sind U-Boote.
   a) stimmt
   b) stimmt nicht

5. *Weitere Behauptung zu 4:* U-Boote tauchen gerne.
   a) stimmt
   b) stimmt nicht

→

2. Teil

6. Einige Löwen sind aus Pappe.
   Pappe ist steif, brüllt aber nicht.

	a	b
a) Es gibt Löwen, die steif sind.	stimmt	stimmt nicht
b) Was steif ist, brüllt nicht.	stimmt	stimmt nicht
c) Einige Löwen brüllen nicht.	stimmt	stimmt nicht
d) Löwen, die nicht aus Pappe sind, brüllen.	stimmt	stimmt nicht
e) Pappe brüllt nicht.	stimmt	stimmt nicht
f) Einige Löwen sind steif.	stimmt	stimmt nicht

7. Alle Professoren sind Fliegen.
   Alle Fliegen können tauchen.

	a	b
a) Wer tauchen kann, ist ein Professor.	stimmt	stimmt nicht
b) Alle Fliegen sind Professoren.	stimmt	stimmt nicht
c) Alle Professoren können tauchen.	stimmt	stimmt nicht
d) Wer nicht tauchen kann, ist kein Professor.	stimmt	stimmt nicht
e) Einige Fliegen sind Professoren.	stimmt	stimmt nicht
f) Wer nicht tauchen kann, ist keine Fliege.	stimmt	stimmt nicht
g) Jeder Professor ist eine Fliege.	stimmt	stimmt nicht
h) Jede Fliege kann tauchen.	stimmt	stimmt nicht

8. Katzen können schwimmen,
   weil sie Flossen haben.
   Fische haben keine Flossen.

	a	b
a) Fische können schwimmen.	stimmt	stimmt nicht
b) Katzen haben Flossen.	stimmt	stimmt nicht
c) Katzen können mit Flossen schwimmen.	stimmt	stimmt nicht
d) Man kann ohne Flossen nicht schwimmen.	stimmt	stimmt nicht
e) Katzen und Fische haben nichts Gemeinsames.	stimmt	stimmt nicht
f) Katzen mögen Fische.	stimmt	stimmt nicht
g) Fische sind keine Katzen.	stimmt	stimmt nicht
h) Alle Fische können nicht schwimmen.	stimmt	stimmt nicht
i) Alle Fische sind Katzen.	stimmt	stimmt nicht

3. Teil

Welche Aussage ist logisch zulässig? Es können auch mehrere Aussagen richtig sein. Es ist ebenfalls möglich, dass keine einzige Aussage innerhalb einer Aufgabe logisch richtig ist.

9. Alle Schnürsenkel sind leer.
   Was nicht voll ist, kann kein Schnürsenkel sein.
   a) Nur volle Schnürsenkel sind leer.
   b) Leere Schnürsenkel sind alles andere als voll.
   c) Nicht volle Schnürsenkel sind leer.
   d) Man kann sagen, dass einige Schnürsenkel leer sind.
   e) Es gibt keine Schnürsenkel, die nicht voll sind.

10. Es ist bekannt, dass Waschmaschinen brüllen können.
    Was nicht brüllen kann, kann auch nicht waschen.
    a) Alle Waschmaschinen können nicht waschen.
    b) Einige Waschmaschinen können brüllen.
    c) Einige Waschmaschinen können waschen.
    d) Wenn Waschmaschinen nicht brüllen könnten, könnten sie auch nicht waschen.
    e) Was wäscht, kann auch brüllen.

11. Im Winter heizen Telefone nur dienstags.
    Jeden Dienstag fällt Schnee.
    a) Wenn Schnee fällt, heizen Telefone.
    b) Jeden Dienstag im Winter heizen Telefone.
    c) Telefone heizen immer dienstags.
    d) Dienstags im Winter fällt Schnee.
    e) Wenn im Winter dienstags Schnee fällt, heizen Telefone.

12. Alle Bäume tragen ausschließlich dicke Kronen.
    Wer dicke Kronen trägt, war beim Zahnarzt.
    Wer beim Zahnarzt war, kennt Schmerz.
    a) Bäume kennen Schmerz.
    b) Bäume kennen keinen Schmerz.
    c) Wer dicke Kronen trägt, ist kein Baum.
    d) Wer Schmerz kennt, ist kein Baum.
    e) Kronen tragen Bäume, weil sie beim Zahnarzt waren.

→

13. Morgens sind immer alle Stühle blau.
Morgens ist Blau unmöglich.
Was morgens unmöglich ist, kann stehen.
a) Alle Stühle sind unmöglich.
b) Alle Stühle können stehen.
c) Abends ist Blau möglich.
d) Was nicht unmöglich ist, kann morgens stehen.
e) Morgens kann man auf Stühlen sitzen.

14. Nur schlechte Menschen betrügen oder stehlen.
Elfriede ist gut.
a) Elfriede betrügt.
b) Elfriede stiehlt.
c) Elfriede stiehlt nicht.
d) Elfriede betrügt und stiehlt.
e) Elfriede betrügt nicht.

15. Manche Menschen sind Europäer.
Europäer haben drei Beine.
a) Manche Menschen haben drei Beine.
b) Europäer, die Menschen sind, haben manchmal drei Beine.
c) Menschen mit zwei Beinen sind keine Europäer.
d) Europäer sind Menschen mit drei Beinen.
e) Europäer mit zwei Beinen sind manchmal Menschen.

16. Jedes Quadrat ist rund. Alle Quadrate sind rot.
Manche Ecken sind rund.
a) Es gibt Quadrate mit roten Ecken.
b) Es gibt Quadrate mit runden Ecken.
c) Es gibt runde rote Ecken.
d) Ecken in Quadraten sind rund und rot.
e) Rote Quadrate haben runde Ecken.

Lösungen Seite 538

Tatsache oder Meinung

Als Nächstes sollen Sie überprüfen, ob es sich bei den gemachten Aussagen um eine Tatsache oder um eine Meinung handelt. Handelt es sich um eine Tatsache, so sollen Sie das »T« unterstreichen, handelt es sich um eine Meinung, so markieren Sie bitte das »M«.

Beispiele:

- Die Sonne geht im Osten auf und im Westen unter. **<u>T</u>** **M**
- Früher war alles besser. **T** **<u>M</u>**

Bitte bearbeiten Sie die folgenden Sätze. Lassen Sie dabei keinen Satz aus. Sie sollen keine inhaltliche Bewertung vornehmen! Sie haben 2 Minuten Zeit.

1. Fliegen macht Spaß. **T** **M**
2. Frauen sind durchschnittlich kleiner als Männer. **T** **M**
3. Mit viel Geld lässt es sich leicht leben. **T** **M**
4. Die Diktatur ist besser als die Demokratie. **T** **M**
5. Es gibt Menschen, die Vorurteile gegenüber Ausländern haben. **T** **M**
6. In Amerika herrschte lange Zeit die Sklaverei. **T** **M**
7. Im Alter nimmt die Hörfähigkeit des Menschen ab. **T** **M**
8. Viele Politiker sind korrupt. **T** **M**
9. Das menschliche Gehirn kann Informationen besser speichern als der Computer. **T** **M**
10. In zehn Jahren gibt es selbstlenkende Autos. **T** **M**

→

11. Die Welt ist rund. **T M**

12. Selten ist der Nutzen eines Krieges größer als der Schaden. **T M**

13. Fernsehen bildet. **T M**

14. Ramstein war eine große Flugzeugkatastrophe. **T M**

15. Hunde in einem Zwinger zu halten, ist Tierquälerei. **T M**

16. Die Kluft zwischen Arm und Reich wird auch in wohlhabenden Ländern immer größer. **T M**

17. In China leben mehr Menschen als in Deutschland. **T M**

18. Kernkraft ist die Energie der Zukunft. **T M**

19. Heute verbrauchen Autos im Durchschnitt weniger Kraftstoff als früher. **T M**

20. Die größte Gefahr eines neuen Weltkrieges geht von Russland aus. **T M**

Lösungen Seite 538

Buchstabenreihen fortsetzen

Sicherlich haben Sie schon von einem Test gehört, bei dem Sie Zahlenreihen fortsetzen sollen. Dieser Test ist ähnlich aufgebaut, jedoch sind es jetzt Buchstabenreihen. Die Schwierigkeit liegt darin, dass sich bei Zahlenreihen schnell Regelmäßigkeiten erkennen lassen. Bei Buchstabenreihen lässt sich nicht so schnell erkennen, nach welcher Reihenfolge diese aufgebaut sind. Um sich diesen Test zu vereinfachen, sollten Sie sich bei Ihrem Einstellungstest als Erstes das gesamte Alphabet aufschreiben und darunter die jeweils zugehörige Position im Alphabet. Zum Üben haben wir Ihnen dies abgenommen.

A	B	C	D	E	F	G	H	I	J	K	L	M	N	O	P	Q	R	S	T	U	V	W	X	Y	Z
1	2	3	4	5	6	7	8	9	10	11	12	13	14	15	16	17	18	19	20	21	22	23	24	25	26

Hier ein Beispiel, wie solch ein Test aufgebaut sein kann:

Bitte setzen Sie die Buchstabenreihe um *einen* Buchstaben fort!

A B C D E F G H I J __

Lösung: K
Die Buchstabenreihe wird immer um den nächsten Buchstaben im Alphabet fortgesetzt.

Ein weiteres Beispiel:

B D F H J L N P R __

Lösung: T
Die Buchstabenreihe wird immer um den übernächsten Buchstaben im Alphabet ergänzt.

Rechnen Sie bei diesem Test auch wieder mit Abwandlungen. So kann es durchaus sein, dass Sie die Buchstabenreihe um zwei, drei oder sogar mehr Buchstaben ergänzen sollen. Es ist auch denkbar, dass Sie *in* einer Buchstabenreihe Buchstaben ergänzen sollen.

Bitte ergänzen Sie die folgenden Buchstabenreihen um je *zwei* Buchstaben. Für 10 Reihen haben Sie 2 Minuten Zeit.

1.	M	K	I	G	E	_	_			
2.	F	L	H	F	L	H	_	_		
3.	A	D	G	J	M	O	_	_		
4.	E	J	H	M	K	P	_	_		
5.	H	D	F	L	H	J	_	_		
6.	T	R	W	U	S	X	_	_		
7.	P	N	R	P	N	R	P	_	_	
8.	J	T	W	V	G	N	Q	_	_	
9.	E	C	A	G	J	E	C	I	_	_
10.	D	G	A	C	I	L	E	G	_	_

Bitte ergänzen Sie den fehlenden Buchstaben.
Sie haben für 10 Aufgaben 2 Minuten Zeit.

11.	A	C	F	J	O	V	_	D	G	K
12.	C	D	B	_	F	D	G	H	F	I
13.	K	F	B	L	G	C	M	_	D	N
14.	L	_	H	K	M	I	K	E	H	J
15.	_	S	M	O	K	F	Z	B	X	S
16.	E	F	H	K	O	E	F	H	K	_
17.	G	D	I	C	_	G	L	F	M	J
18.	B	F	K	A	G	K	P	F	_	P
19.	_	E	B	H	F	C	I	G	D	J
20.	G	H	C	E	H	_	M	H	J	M

Lösungen Seite 539

Zahlenreihen knacken

Ein Klassiker unter den Einstellungstests sind Zahlenreihen, die nach einer bestimmten Regel aufgebaut sind und die Sie ergänzen sollen. Eine Regel vorab: Es wird immer nur addiert, subtrahiert, dividiert und multipliziert. Andere Rechenarten kommen nicht vor. Für diesen Test dürfen Sie Papier und Bleistift zu Hilfe nehmen!

1. Beispiel:

2 4 6 8 10 ?

Lösung: 12 (Vorzahl immer + 2)

2. Beispiel:

2 4 8 16 32 ?

Lösung: 64 (Vorzahl × 2)

Für die folgenden 20 Aufgaben haben Sie 10 Minuten Zeit.

a)	1	3	5	7	9	11	?
b)	1	2	4	7	11	16	?
c)	10	15	12	17	14	19	?
d)	2	7	3	8	4	9	?
e)	10	9	11	10	12	11	?
f)	100	90	81	73	66	60	?
g)	100	102	51	53	26,5	28,5	?
h)	100	200	100	200	100	200	?

→

i)	60	15	19	76	19	23	**?**
j)	23	27	33	41	51	63	**?**
k)	13	4	16	8	32	25	**?**
l)	360	120	113	108	36	29	**?**
m)	52	13	39	41	40	10	**?**
n)	99	97	291	294	292	876	**?**
o)	67	64	32	96	93	46,5	**?**
p)	14	21	17	17	24	20	**?**
q)	16	13	39	35	140	135	**?**
r)	33	23	28	48	38	43	**?**
s)	200	100	105	35	40	10	**?**
t)	289	240	198	163	135	114	**?**

Lösungen Seite 539

9 Fehler

Wörter erkennen

Hier eine Übungsaufgabe, bei der Sie Ihr Abstraktionsvermögen trainieren. Sie bekommen eine Vielzahl von Wörtern, bei denen die Buchstaben durcheinander gewürfelt worden sind. Ihre Aufgabe ist nun, diese Wörter zu erkennen (nur in Gedanken!) und den *Anfangsbuchstaben* zu unterstreichen.

Zwei Beispiele:

G L D O (Gold)

E I N W (Wein)

Für die folgenden 24 Wörter haben Sie 5 Minuten Zeit.

1. G N Ö I K
2. S A S W R E
3. F F A K E E
4. P S U E P
5. Z L I P
6. L A B L N O
7. R E F E U H E R W
8. T T D S S T U G R E N N E I
9. N K R A
10. K R E R Ü H A R F N
11. G Z U
12. I Z I E L O P
13. H C R I K E
14. R E H C E R P S T U A L
15. P U T M O E R C
16. T O A U
17. S S A R E N T S B A N H
18. S C H I T
19. G A E R L
20. A B M U
21. T S R H U H L A F
22. P E M L A
23. H H H C A U S O
24. G Z F L E U U G

Lösungen Seite 539

Aufsteigertest für den gehobenen Polizeidienst (Case Study)

Hier ein Aufsteigertest für das Prüfungsfach Kriminalistik. Einsteiger brauchen diesen Teil nicht zu üben. Bitte lösen Sie die Fragen zum nachfolgenden Sachverhalt ausformuliert innerhalb der nächsten 90 Minuten. Begründen Sie Ihre Maßnahmen und vergleichen Sie sie anschließend mit der Lösungsskizze. Hilfsmittel sind keine zugelassen.

Sachverhalt

Am 23. Juli meldet gegen 5 Uhr morgens ein Lokführer des Güterzuges 45978 von München nach Stuttgart, dass er in Höhe des Bahnhofes »Altstadt« auf den Gleisen eine grüne Jacke und einen Schuh beim Durchfahren gesehen habe. Eine sofort dorthin entsandte BPol-Funkstreifenwagenbesatzung findet im anliegenden Gebüsch, unmittelbar neben dem Gleiskörper, eine erheblich deformierte männliche Leiche. Den ersten Vermutungen nach ist die Person nachts von einem durchfahrenden Zug erfasst worden, ohne dass das Fahrpersonal davon etwas mitbekommen hat.

Auffällig erscheint eine kreisrunde rötliche Verfärbung um den Hals des Toten, die eigentlich nicht beim Aufprall entstanden sein kann. Aus diesem Grund wird die Mordbereitschaft hinzugezogen, und es stellen sich einige kriminalistische Fragen:

1. Wie kann die ungefähre Todeszeit ermittelt werden? Geben Sie dazu einige kurze Erläuterungen.
2. Wie kann festgestellt werden, ob die Person tot oder lebend auf die Bahngleise gekommen ist?
3. Welche Vermutungen haben Sie bezüglich der rötlichen kreisrunden Verfärbung am Hals? Nach welchen weiteren Zeichen würden Sie suchen?
4. Würde Ihre Vermutung aus Frage 3 zutreffen, wäre dann (fallunabhängig) ein Suizid möglich?

Lösungsskizze Seite 540

Bearbeitungsgeschwindigkeit und Konzentration

Buchstaben ergänzen

Hier werden Testverfahren eingesetzt, von denen sich die Anwender versprechen, etwas über das allgemeine Konzentrations- und Leistungsvermögen des Probanden zu erfahren.

Beliebt bei den Testanwendern sind das Prüfen von abgeschriebenen Adressen auf Richtigkeit oder das Lösen von einfachen Rechenaufgaben über einen längeren Zeitraum.

Der folgende Test wird von den meisten Bewerbern als sehr einfach eingestuft. Einziger Haken: Die Zeit zum Bearbeiten des Tests reicht hinten und vorne nicht, Sie werden nur im seltensten Fall alle Aufgaben lösen können.

Ihre Aufgabe wird nun sein, Wörter, in denen ein Buchstabe fehlt, zu ergänzen, also den fehlenden Buchstaben einzufügen.

Beispiele:

Ke*t*te
Rad*i*o
Co*m*puter

Für die folgenden Wörter haben Sie 30 Sekunden Zeit.

1. Ra_ar
2. Tel_fon
3. H_t
4. L_utsprecher
5. Fer_seher
6. Bi_chof
7. _chreibtisch
8. Han_y
9. Sp_rt
10. B_s
11. Tasta_ur
12. H_rd
13. Schu_lade
14. P_pier
15. Tre_pe
16. R_upe
17. Ge_anke
18. _erlag
19. _ogel
20. Bilderra_men
21. Kug_lschreiber
22. Ki_che
23. Ha_s
24. V_trine
25. M_us
26. Te_t
27. Feder_alter
28. Kab_l
29. Me_ster
30. Sch_ff
31. Festp_atte
32. Kal_nder
33. Schlü_sel
34. Kas_en
35. Fortb_ldung
36. U_laub
37. U_rmacher
38. Gol_schmied
39. Ret_ungswagen
40. Hu_schrauber
41. Ra_ete
42. Ellen_ogen
43. Stra_e
44. Flu_zeug
45. C_uch
46. Vid_o
47. Hausar_t
48. Lat_rne
49. Bu_g
50. F_sch
51. T_blett
52. Mu_ik
53. Fer_weh
54. Mo_orroller
55. Ant_nne
56. Schi_d
57. Dru_ker
58. Was_hmaschine
59. Ba_k
60. Fri_ur

Lösungen Seite 541

Zugehörigkeiten erkennen

Gleich werden wir Ihnen eine Reihe von scheinbar wahllos zusammengewürfelten Wörtern präsentieren. Ihre Aufgabe wird es sein, immer das Wort mit einem vorangestellten x zu markieren, welches einen Überbegriff des folgenden Begriffs darstellt. Zur Verdeutlichung ein Beispiel:

Bearbeiten Sie die Spalten von oben nach unten.

	Hut	x	Radio
	Fallschirm		Antenne
	Mauer	x	Dackel
x	Regenschirm		Rute
	Griff		Flugzeug

Der Regenschirm hat einen Griff, muss also markiert werden.
Das Radio hat eine Antenne, ist also auch richtig.
Der Dackel hat eine Rute (einen Schwanz). Also muss auch er mit einem x markiert werden.

Bitte bearbeiten Sie die nun folgenden 78 Wörter.
Sie haben 1 Minute Zeit.

	T-Shirt		Computer		Regal
	Baumwolle		Festplatte		Farbe
	Fisch		Kassette		Dose
	Schuppen		Arzt		Pudding
	Lager		Kittel		Milch
	Radio		Flasche		Feld
	Fernseher		Auto		Blume
	Radar		Kühlschrank		Flugzeug
	Heizung		Teppich		Tragflächen
	Wasser		Türklinke		Fenster
	Hut		Bär		Gardine
	Eimer		Fell		Nagel
	Sense		Auge		Schuhe
	Schere		Linse		Schlips
	Messer		Bett		Bild
	Klinge		Fenster		Bahn
	Wasser		Trockner		Schiene
	Tisch		Eis		Karte
	Tür		Strom		Mensch
	Pullover		Decke		Flohmarkt
	Kissen		Motor		Hose
	Treppe		Arbeit		Gemüse
	Ampel		Buch		Obst
	Wolken		Seite		Mop
	Uhr		Frosch		Schloss
	Urlaub		Markt		Schlüssel

Lösungen Seite 542

Genaues Beobachten

Besonders für einen Polizeibeamten ist es wichtig, auch kleinste Unterschiede schnell zu erkennen. Schauen Sie sich bitte die folgenden drei Beispielaufgaben mit jeweils drei Gesichtern genau an. Zwei der drei Gesichter sind identisch, das dritte unterscheidet sich von den beiden anderen deutlich in einem Detail.

Beispiele:

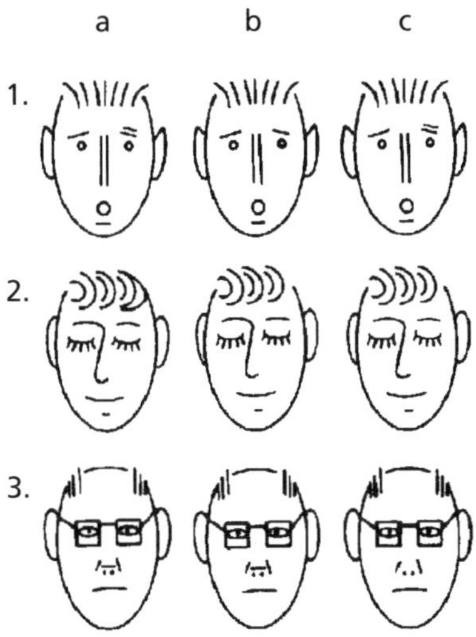

Lösungen:

1 b (Augenbraue)
2 a (Haar)
3 c (Nase)

Beachten Sie bitte, dass sich das gesuchte Gesicht von den beiden anderen deutlich unterscheiden muss. Etwas wurde verändert, hinzugefügt oder weggelassen. Minimale Unterschiede in der Zeichnung, z. B. Strichlänge oder Form, haben keine Bedeutung.

Für die nun folgenden 80 Aufgaben haben Sie 12 Minuten Zeit.

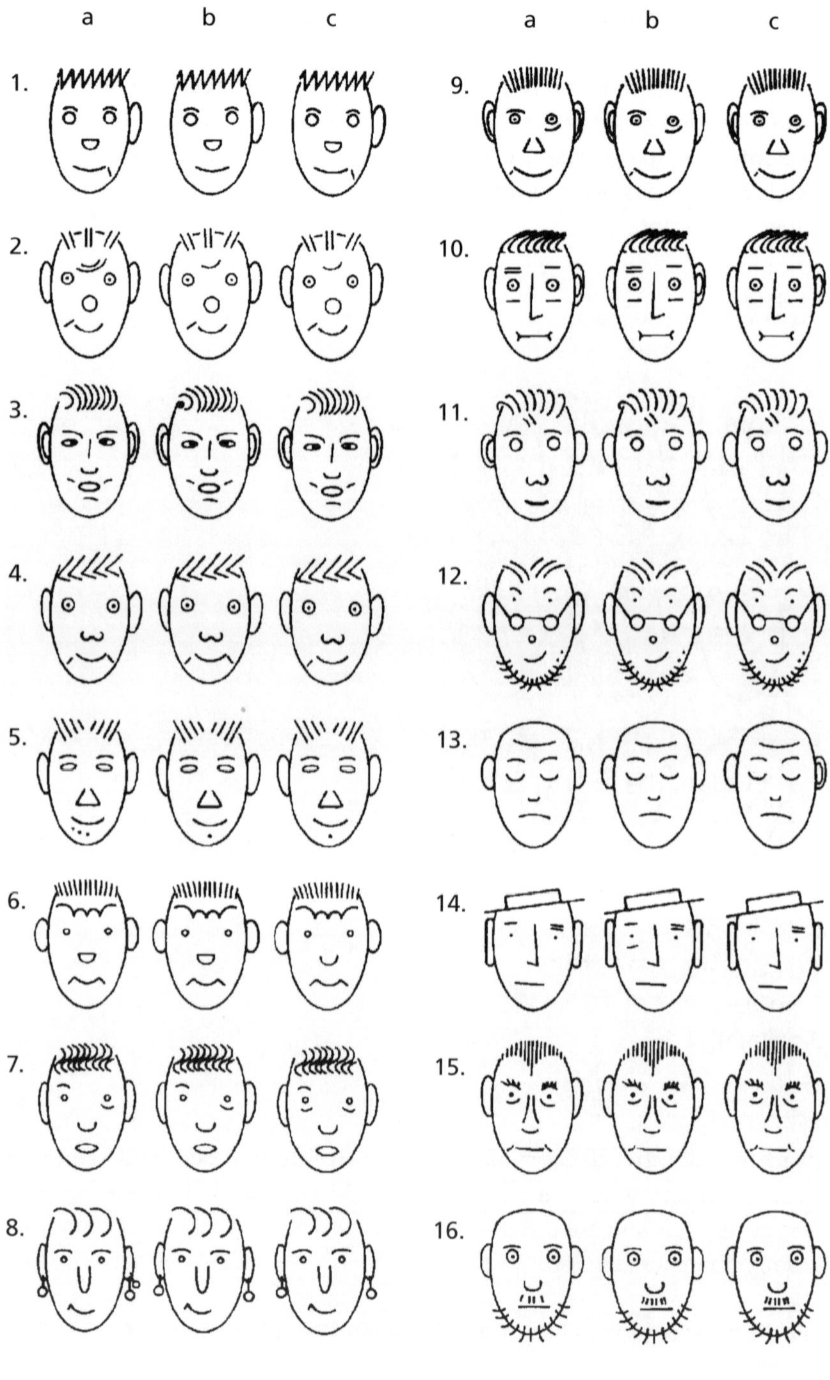
a b c
a b c
1.
2.
3.
4.
5.
6.
7.
8.
9.
10.
11.
12.
13.
14.
15.
16.

a b c

17.

18.

19.
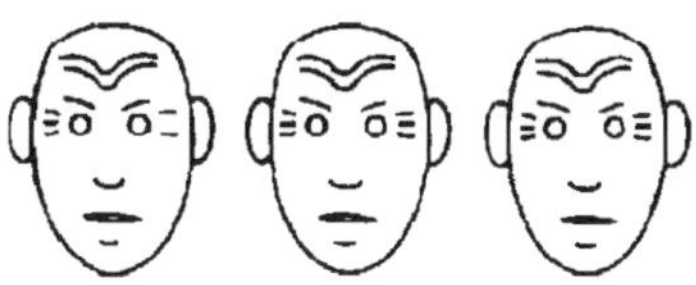

20.

21.
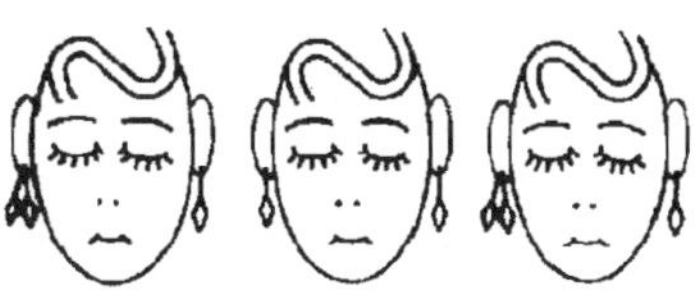

22.
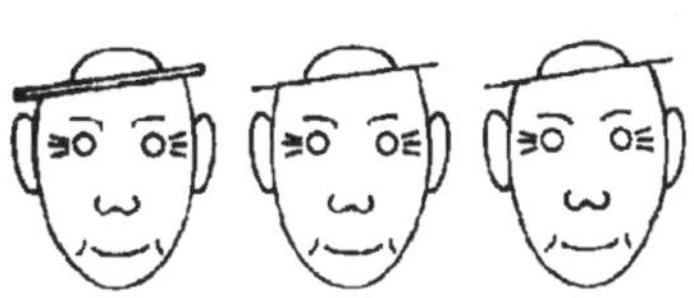

23.

24.

a b c

25.
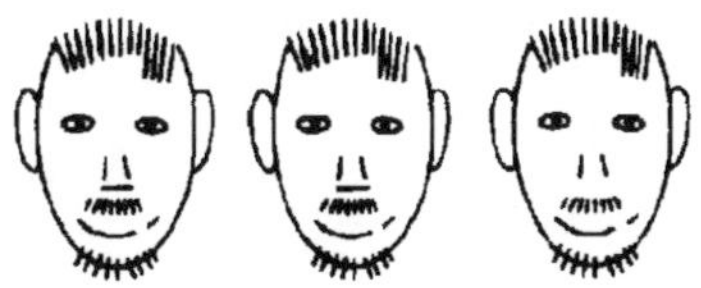

26.

27.
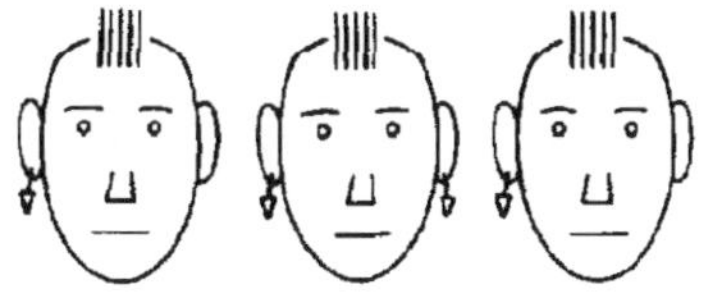

28.

29.
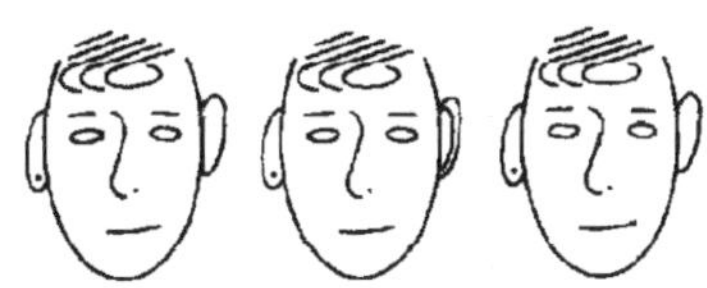

30.

31.
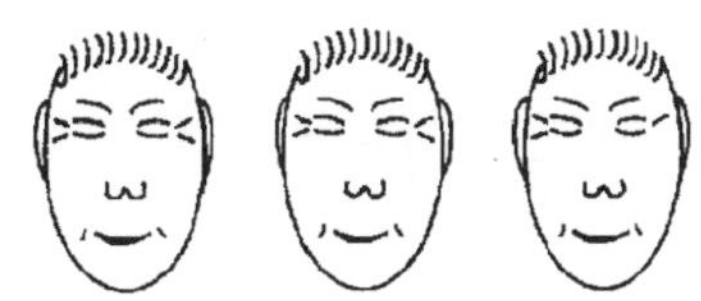

32.
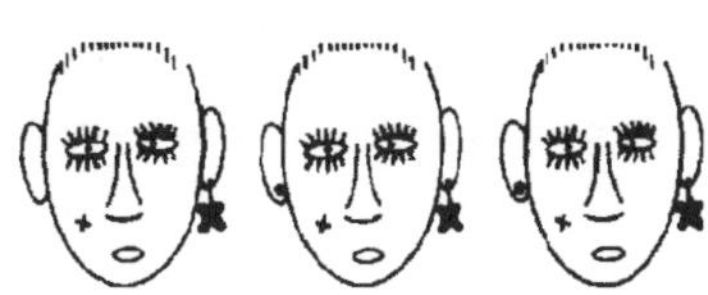

→

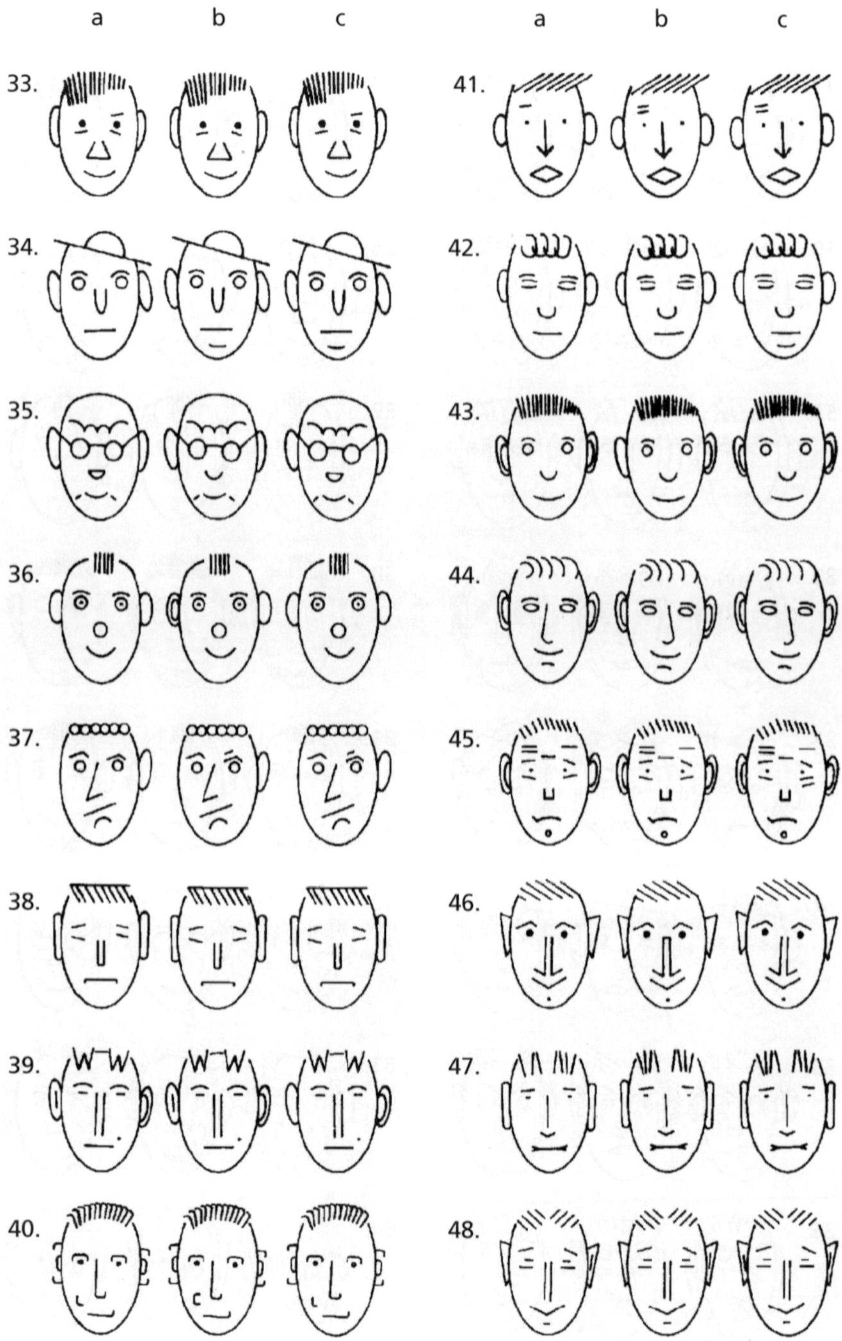
a b c a b c
33.
34.
35.
36.
37.
38.
39.
40.
41.
42.
43.
44.
45.
46.
47.
48.

a b c a b c

49.

50.

51.

52.
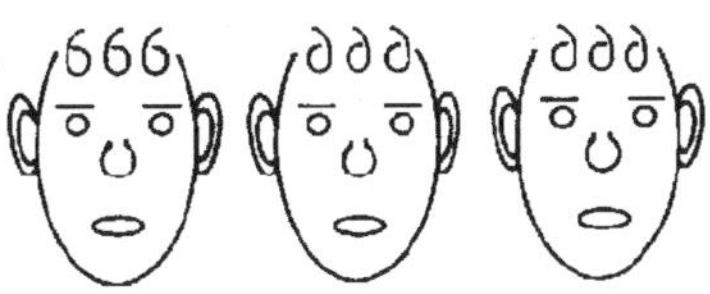

53.

54.

55.

56.

57.
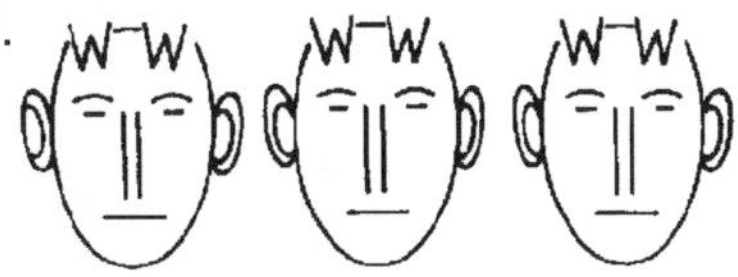

58.

59.

60.
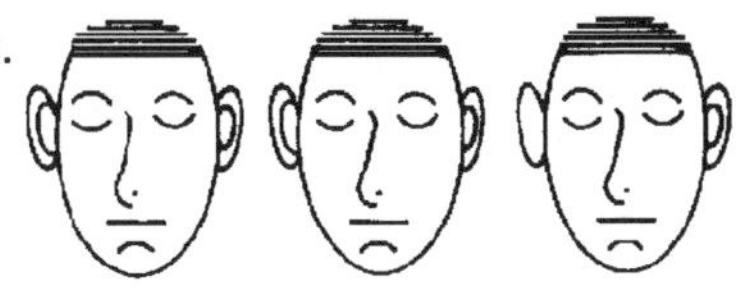

61.

62.

63.

64.

a b c

65. 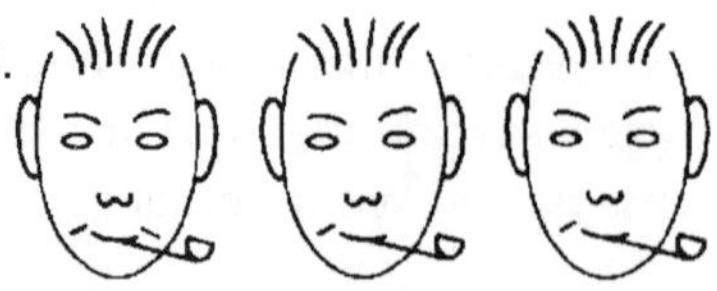

66. 

67. 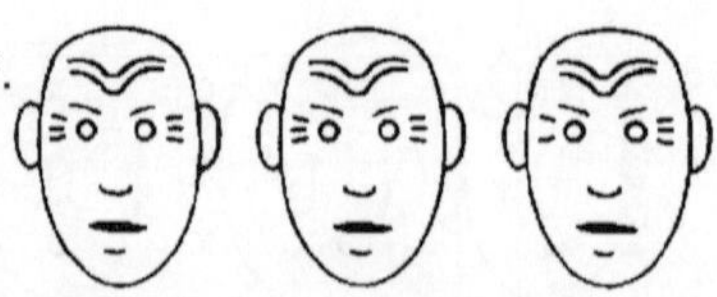

68. 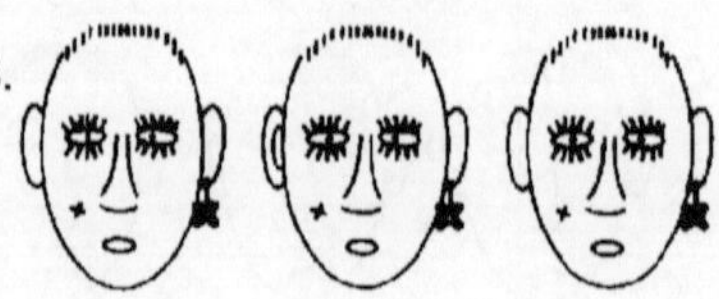

69. 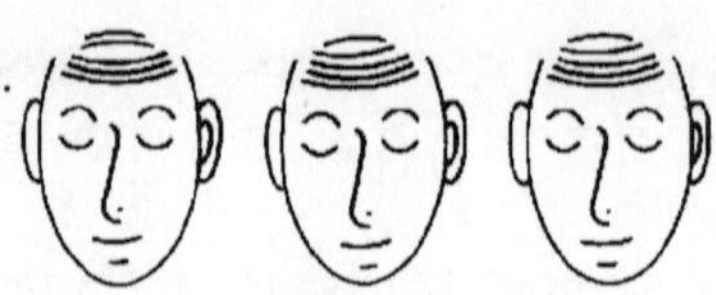

70. 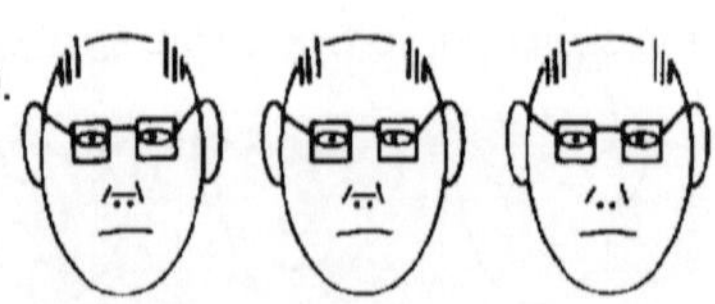

71. 

72. 

a b c

73. 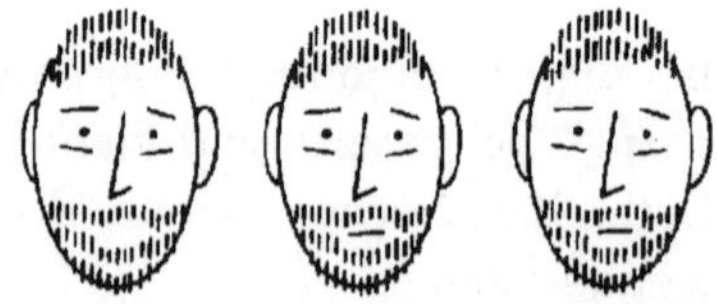

74. 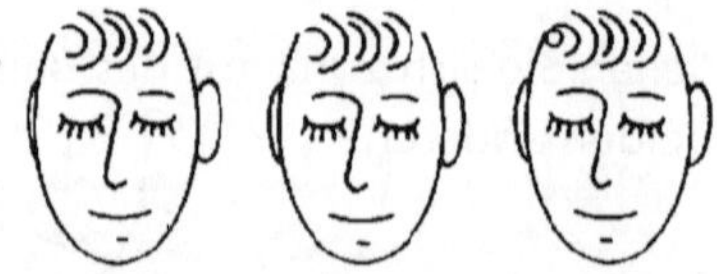

75. 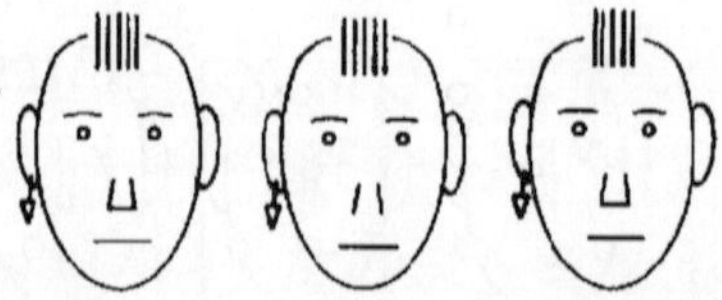

76. 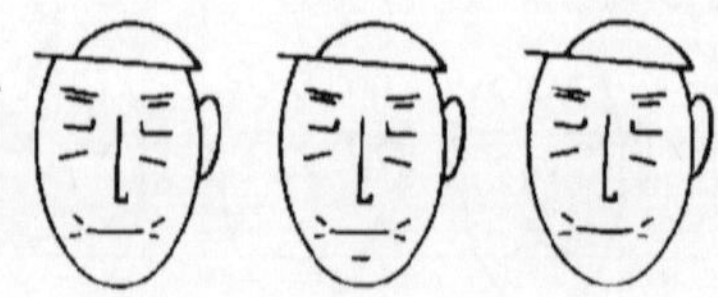

77. 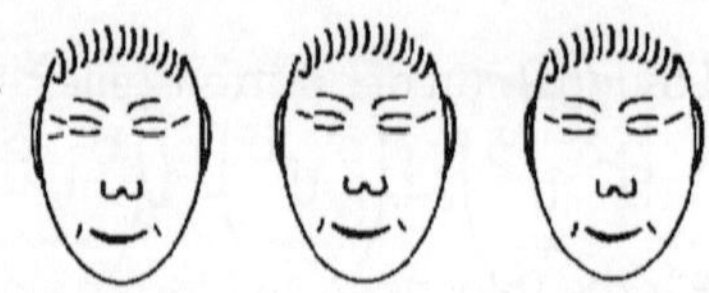

78. 

79. 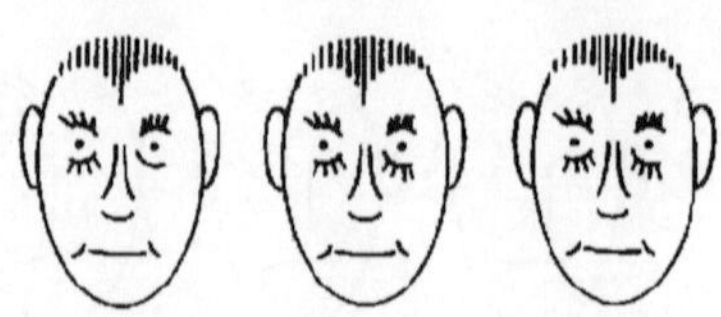

80. 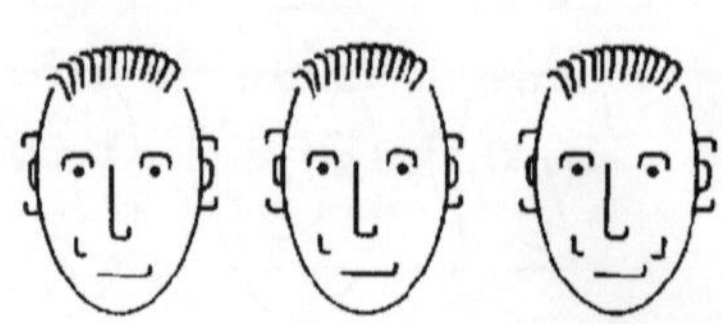

Lösungen Seite 543

Muster vergleichen

Bei dieser Aufgabenstellung müssen Sie drei Muster miteinander vergleichen. Zwei Muster sind identisch, das dritte unterscheidet sich in einem Detail. Ein Zeichen (Kreuz, Kreis oder Schrägstrich) wurde ergänzt oder weggelassen.

Sehen Sie sich zunächst das Beispiel an. Welches Muster ist anders als die beiden anderen?

a

	/	x	o		x	
/		o	x	x	o	
	o		x		o	o
o	/	x		/	o	
	x		/	/	x	o
x	/		x	o		
x		x		x		x

b

	/	x	o		x	
/		o	x	x	o	
	o	/	x		o	o
o	/	x		/	o	
	x		/	/	x	o
x	/		x	o		
x		x		x		x

c

	/	x	o		x	
/		o	x	x	o	
	o		x		o	o
o	/	x		/	o	
	x		/	/	x	o
x	/		x	o		
x		x		x		x

Lösung: b (in der dritten Zeile)

Für die folgenden 16 Musterreihen haben Sie nur 7 Minuten Zeit. Ein Tipp: Sollten Ihnen diese Reihen zum Üben nicht ausreichen, so finden Sie ähnliche Aufgabentypen in jeder Rätselzeitung.

1.

a

/	x		x	o	/	x
x	/	o	o		x	o
	x	/	x	o	/	/
	o		o	/	/	o
x	/	x		/	x	x
	/	/	o	x	o	x
	x	x	o	x		o

b

/	x		x	o	/	x
x	/	o	o		x	o
	x	/	x	o	/	/
	o		o	/	/	o
x	/	x		/	x	x
	/	/	o	x	o	x
	x	x	o	x		o

c

/	x		x	o	/	x
x	/	o	o		x	o
	x	/	x	o	/	/
	o		o	/	/	o
x	/			/	x	x
	/	/	o	x	o	x
	x	x	o	x		o

2.

a

	o		/			/
x		x		o	x	x
	o	o	o	x		/
x	x		x	/	o	o
		/	o	/		x
x	/	x	o	x		x
	/		o		/	o

b

	o		/			/
x		x		o	x	x
	o	o	o	x		/
x	x		x	/	o	o
		/	o	/		x
x	/	x	o	x		x
	/		o		/	o

c

	o		/			/
x		x		o	x	x
	o	o	o	x	o	/
x	x		x	/	o	o
		/	o	/		x
x	/	x	o	x		x
	/		o		/	o

3.

a

/		/	o	o	/	
x	o	/		x	o	x
/	x	o	o		/	o
o	x	x	/	x	o	x
o		/	/	x	/	o
o	x	o	x	o	x	x
		x		o	x	o

b

/		/	o	o	/	
x	o	/		x	o	x
/	x	o	o		/	o
o	x	x		x	o	x
o		/	/	x	/	o
o	x	o	x	o	x	x
		x		o	x	o

c

/		/	o	o	/	
x	o	/		x	o	x
/	x	o	o		/	o
o	x	x		x	o	x
o		/	/	x	/	o
o	x	o	x	o	x	x
		x		o	x	o

4.

a

	x	x			x	
x	/		o	o	x	/
	/	x	x		x	
	x	x	/	o	/	
	/		x	o		/
x	x	x		o	x	/
		/	/	/	x	

b

	x	x			x	
x	/		o	o	x	/
	/	x	x		x	
	x	x	/	o	/	o
	/		x	o		/
x	x	x		o	x	/
		/	/	/	x	

c

	x	x			x	
x	/		o	o	x	/
	/	x	x		x	
	x	x	/	o	/	
	/		x	o		/
x	x	x		o	x	/
		/	/	/	x	

5.

a

x	/	/	o		x	x
	x		/	/		o
	o	x	/	x	o	
o		x	/	o	/	o
o		o		x	x	
/	o	/	/	o	/	o
	x		x	x		o

b

x	/	/	o		x	x
	x		/	/		o
	o	x	/	x	o	
o		x	/	o	/	o
o		o		x	x	
/	o	/	/	o	/	o
	x		x	x		o

c

x	/	/	o		x	x
	x		/	/		o
	o	x	/	x	o	x
o		x	/	o	/	o
o		o		x	x	
/	o	/	/	o	/	o
	x		x	x		o

6.

a

x			o			/
	x	/	x	o	x	o
		x	/	/	o	
o		o	x			/
	o		/	x	/	
x	/	o			x	
	/		o			x

b

x			o			/
	x	/	x	o	x	o
		x	/	/	o	
o			x			/
	o		/	x	/	
x	/	o			x	
	/		o			x

c

x			o			/
	x	/	x	o	x	o
		x	/	/	o	
o			x			/
	o		/	x	/	
x	/	o			x	
	/		o			x

7.

a

	o	x	/	o	/	
/	o	/	o	x	o	o
/	o	/	x		x	/
	x	x	/	x		/
o	x		o	o	o	/
o	x	o		x	x	
		x	/	/	/	

b

	o	x	/	o	/	
/	o	/	o	x	o	o
/	o	/	x		x	/
	x	x	/	x		/
o	x		o	o	o	/
	x	o		x	x	
		x	/	/	/	

c

	o	x	/	o	/	
/	o	/	o	x	o	o
/	o	/	x		x	/
	x	x	/	x		/
o	x		o	o	o	/
o	x	o		x	x	
		x	/	/	/	

8.

a

	/	/	/	o	/	x
/	x		x	/	o	o
	/	/	o	o	o	x
o	o	x		/	x	
	x	/	x		/	/
o	o		x	x	/	
x	o	o	/	/	x	o

b

	/	/	/	o	/	x
/	x		x	/	o	o
	/	/	o	o	o	x
o	o	x		/	x	
	x	/	x		/	/
o	o			x	/	
x	o	o	/	/	x	o

c

	/	/	/	o	/	x
/	x		x	/	o	o
	/	/	o	o	o	x
o	o	x		/	x	
	x	/	x		/	/
o	o			x	/	
x	o	o	/	/	x	o

9.

a

	x	x	/	x	x	/
/	/	o	/		o	/
x	/	o	x	o	/	x
o	x	o	o	x	o	/
o	/	/	x	o	x	o
	x	x	x		o	x
o	o	x	/	/	x	

b

	x	x	/	x	x	/
/	/	o	/		o	/
x	/	o	x	o	/	x
o	x	o	o	x	o	/
o	/	/	x	o	x	o
	x	x	x		o	x
o	o	x	/	/	x	

c

	x	x	/	x	x	/
/	/	o	/		o	/
x	/	o	x	o	/	x
o	x	o		x	o	/
o	/	/	x	o	x	o
	x	x	x		o	x
o	o	x	/	/	x	

10.

a

	/	/	o	/	/	o
	o	x	o	x	o	/
x	x	o	/	o	/	/
	o	/	x	x	x	o
	/	/	o	/	/	o
x		x	/	x	o	x
	o	o		o		x

b

	/	/	o	/	/	o
	o	x	o	x	o	/
x	x	o	/	o	/	/
	o	/	x	x	x	o
	/	/	o	/	/	o
x		x	/	x	o	x
	o	o		o		x

c

	/	/	o	/	/	o
	o	x	o	x	o	/
x	x	o	/	o	/	/
	o	/	x	x	x	o
	/	/	o	/	/	o
x	/	x	/	x	o	x
	o	o		o		x

11.

a

	/	/	/	o	/	
x		o	x	o	o	o
	x	x	o	x	/	o
/		/	o	o	x	
/	x	o		x	/	o
/		/	x	/	o	/
	/	x		/	x	o

b

	/	/	/	o	/	
x		o	x	o	o	o
	x	x	o	x	/	o
/		/	o	o	x	
/	x	o		x	/	o
/	o	/	x	/	o	/
	/	x		/	x	o

c

	/	/	/	o	/	
x		o	x	o	o	o
	x	x	o	x	/	o
/		/	o	o	x	
/	x	o		x	/	o
/	o	/	x	/	o	/
	/	x		/	x	o

12.

a

x	x	/	x	/	o	x
	x		/	o	x	x
	/	x	/	/	o	/
	/		x		o	x
/	o	x		o	x	o
	x	o	x		/	o
	/	o		x		/

b

x	x	/	x	/	o	x
	x		/	o	x	x
	/	x	/	/	o	/
	/		x		o	x
/	o	x		o	x	o
	x	o	x		/	o
	/	o		x		/

c

x	x	/	x	/	o	x
	x		/	o	x	x
	/	x	/	/	o	/
	/		x	o	o	x
/	o	x		o	x	o
	x	o	x		/	o
	/	o		x		/

13.

a

o	o	x	/	o	/	x
	x		x	x	/	x
o		/	/	x	o	
	x		x	o	/	x
o	/	x	/		o	/
	/	/	x	o	o	/
	o	o		/	/	

b

o	o	x	/	o	/	x
	x	/	x	x	/	x
o		/	/	x	o	
	x		x	o	/	x
o	/	x	/		o	/
	/	/	x	o	o	/
	o	o		/	/	

c

o	o	x	/	o	/	x
	x		x	x	/	x
o		/	/	x	o	
	x		x	o	/	x
o	/	x	/		o	/
	/	/	x	o	o	/
	o	o		/	/	

14.

a

o		/	/		o	x
/	/	x	o	/	o	x
/	/	x	x	/	x	/
o	x	/		o	/	x
	x	/	x	o	x	/
o	x	/	o	o	x	
	x	x	o	x		/

b

o		/	/		o	x
/	/	x	o	/	o	x
/	/	x	x	/	x	/
o	x	/		o	/	x
	x	/	x	o	x	/
o	x	/	o		x	
	x	x	o	x		/

c

o		/	/		o	x
/	/	x	o	/	o	x
/	/	x	x	/	x	/
o	x	/		o	/	x
	x	/	x	o	x	/
o	x	/	o		x	
	x	x	o	x		/

15.

a

		/		/	o	
x		o	o	/	/	
		o			x	o
/			o	x	x	
/		o			x	o
/	/		o	x	/	
	o			x		

b

		/		/	o	
x		o	o	/	/	
		o			x	o
/			o	x	x	
/		o			x	o
/	/		o	x	/	
	o			x		

c

		/		/	o	
x		o	o	/	/	
		o			x	o
/			o	x	x	
/		o		o	x	o
/	/		o	x	/	
	o			x		

16.

a

/	x	o	/	x	o	
		x	/			/
o	o	/	o	o	/	
x		x	o		o	x
/		/		x		x
	x				/	o
	/	o	o	/		

b

/	x	o	/	x	o	
		x	/			/
o	o	/	o	o	/	
x		x	o		o	x
/		/		x		x
	x			x	/	o
	/	o	o	/		

c

/	x	o	/	x	o	
		x	/			/
o	o	/	o	o	/	
x		x	o		o	x
/		/		x		x
	x			x	/	o
	/	o	o	/		

Lösungen Seite 543

Zwei-d/bq-Test

Ihnen wird ein Blatt mit 72 Buchstabenreihen vorgelegt. Alle »d« mit zwei Strichen sollen markiert werden. Es geht dabei also um folgende Buchstaben »d«:

d d d

Alle »d«, die mehr oder weniger als zwei Striche haben (oben/unten), dürfen nicht markiert werden, ebenso wenig wie alle »b« und »q«.

Es empfiehlt sich, diesen Test unbedingt vorher zu üben. Sie werden sehen: Je öfter Sie dies machen, desto schneller und besser werden Sie.

Für die kommenden 30 Zeilen haben Sie 10 Minuten Zeit. Bitte notieren Sie am Zeilenrand jeweils die Anzahl der markierten »d«.

1. d b q d q d q d q b b b d b d b d b dbdbdbdbdbd
2. b q d q d q d q d q d q b d d d d d bddddddddbq
3. d d d d d q d b q d d d d d d d b q dbqdddddddd
4. d d d d q d q d q d d d d d b b d b dbqdbqdbddb
5. b d d d q q d d d d d b d d d d d d dddbdbdbdqq
6. b d b d b d b d q d q d q b d b d d ddbdbdbdbqd

7. b d b d b d b d b d b d b b d d d b dbdbdbdbdqd

8. q d q d q d b d q d q d q d b d q d qdqddddbdqd

9. d b q d q d q d q b b b d b d b d b dbdbdbdbdbd

10. b q d q d q d q d q d q b d d d d d bdddddddbq

11. d d d d d q d b q d d d d d d d b q dbqddddddd

12. d d d d q d q d q d d d d d b b d b dbqdbqdbddb

13. b d d d q q d d d d d b d d d d d d dddbdbdbdqq

14. b d b d b d b d q d q d q b d b d d ddbdbdbdbqd

15. b d b d b d b d b d b d b b d d d b dbdbdbdbdqd

16. b b d d q d d d q b b b d b d b d b dbdbdbdbdbd

17. q d d b d q d q d q d q b d d d d d bdddddddbq

18. b q d d b q d b q d d d d d d d b q dbqddddddd

19. q d q b q d b d d d d d d d b b d b dbqdbqdbddb

→

20. q d d d q q d d d d d b d d d d d d dddbdbdbdqq

21. q d b d q d b d q d q d q b d b d d ddbdbdbdbqd

22. q d d d b d b d b d b d b b d d d b dbdbdbdbdqd

23. b d b d q d b d q d q d q d b d q d qdqdddbdqd

24. b q d d q d q d q b b b d b d b d b dbdbdbdbdbd

25. q d b q d q d q d q d q b d d d d d bddddddbq

26. q b d d b q d b q d d d d d d d b q dbqdddddd

27. d d d d q d q d q d d d d d b b d b dbqdbqdbddb

28. q d d d q q d d d d d b d d d d d d dddbdbdbdqq

29. q d q d b d b d q d q d q b d b d d ddbdbdbdbqd

30. q d q d b d b d b d b d b b d d d b dbdbdbdbdqd

Lösungen Seite 543

12 Fehler!

Buchstaben zählen

Aus einem Buchstabenfeld müssen Sie sich bestimmte Buchstaben merken und deren Häufigkeit in einem Lösungsfeld angeben.

Beispiel:

	A	B	H	K	U
1. J H Z C K P J U H J R F B N P O I J O O U B B M	0	3	2	1	2
2. G U J N B V C D G H T R E W Q A J L A J O L F C	2	1	1	0	
3. O I P U H N Z T V N J I N G A R E A U R T S W T					

In der ersten Zeile ist der Buchstabe A nicht enthalten. Aus diesem Grund müssen Sie im Lösungsfeld die 0 eintragen. Der Buchstabe B ist insgesamt dreimal vorgekommen. Bei den anderen Buchstaben verfahren Sie entsprechend. Beachten Sie auch plötzlich auftauchende kleingeschriebene Buchstaben.

Sie müssen wissen, dass einige Tests in der vorgegebenen Zeit nicht zu schaffen sind. Versuchen Sie trotzdem, so zügig und genau wie möglich zu arbeiten. Da dieser Test sehr wichtig ist, haben wir Ihnen mehrere Blöcke zum Üben bereitgestellt.

Für die nun folgenden 2 Blöcke haben Sie jeweils 10 Minuten Zeit.

1. Block

	A	G	C	T	U
1. E J T Z G B N K L I H T R D S B V G J O K H T Z					
2. Z R E T F G H F B N K L O U I T G V F D S O P K					
3. I J N H Z G B T R F V H Z U J D E F R F R T G U					
4. O K N H Z T F G G G H J F D S O P L A A T Z U C					
5. M N B V C X S D C F R U A W A S C F S A I O J K					
6. P I J N H T G B J U I T R T F R C T Q A E R F C					
7. F C V C B N Q A R T F D G C V G I O J H T G F D					
8. O K N H T G F V B H N J U T R D F C S W D F G H					
9. R H G T H O R B E N J N H G F D E R Z T G K I J					
10. G H J R I L L E D B G F V J U T H H B G O K L D					

→

Nr.	Zeichenfolge	S	G	E	T	Q	A	F
11.	D B H g T U b O L l O G q a s D W N b a F							
12.	N H B G f r t g H J k l u Z T g v f d S W							
13.	D C f b h g F R T j N C x s Q A z t g B V							
14.	u h g B V f d C R g F d s q A W A q j Q I							
15.	s T g b n j U H g p L M k l u Q A s x Y D							
16.	U H b n J g F d S A w e R T j N B h G T I							
17.	U h G b V n B G t R f D c f C D c f D c S							
18.	i j K P o L K m n Y A q W E d R f V c d S							
19.	I J h Z g b T f r u J K i L o P g b V c D							
20.	Q a d S A i J H g f V A q V F r S Q a j N							

2. Block

Nr.	Zeichenfolge	D	E	S	A	H
1.	E A a Z h B N H L D j R R u v S c A J E a H T Z					
2.	z r E T r s G F v N H L a b D T g V F D S O P K					
3.	I J a h d G B D R F e H B U H D A F r F H t g U					
4.	O K N H Z A F S G h h h F j S B p D A j z D S C					
5.	M n F J V v f G K i u p a V B c w H B b I O J K					
6.	p i J h H T G B j t I T w T f R v T Q a E h f C					
7.	F c f C a N Q A x T f d G C r g i O J I T y p D					
8.	O k n m f G F V q H n m U T r d F C m W h k G H					
9.	r H G d t O w B a m J N h G F r e R z T G k I J					
10.	G h d R e L I E t B g v V e U T f H B d O K p D					

Nr.	Zeichenfolge	S	K	T	D	A	L	F
11.	D c H s T e b w L I O G q a s D W N b a F							
12.	N H B G f r t g H J k t u Z T g v f d S W							
13.	D C f A h S F R T q N C x e Q N z P g B V							
14.	u h v B S f d N R g n d s a A W K q O Q y							
15.	s g g a n j Z H v p P M k e u Q s s x n D							
16.	U H c n x g n d S A y e R D j N a h G d I							
17.	U h I b V a B J t R f D c X C D c O D c b							
18.	i J k P o L d m n Y A q s E d I f V k d S							
19.	I J K Z g a T f r S J K Y L o P g G V c D							
20.	p a d S d i J h g F V A Z V F r S J a j N							

Lösungen Seite 543/544

Zahlen suchen

Bei dieser Aufgabe geht es darum, alle (aus zwei Zeilen bestehenden) Zahlenblöcke herauszusuchen, die folgende Bedingungen erfüllen:

obere Zeile im Intervall von 0,1600 bis 0,3350
untere Zeile > 240

Beispiel:

a	b	c	d	e	f	g
0,1434 (131)	2,4773 (140)	0,5540 (245)	0,8555 (222)	0,2156 (450)	0,2320 (231)	3,1843 (220)

Lösung: e

Die Lösungen sind entsprechend der Position
in das Lösungsschema einzutragen.

a	b	c	d	e	f	g
○	○	○	○	⊗	○	○

Bitte lösen Sie die folgenden 20 Aufgaben in 7 ½ Minuten.

	a	b	c	d	e	f	g
1.	0,1124 (243)	1,2260 (134)	0,8920 (326)	0,2572 (673)	1,1502 (215)	0,7221 (451)	9,6600 (534)
2.	1,1576 (345)	0,2456 (267)	0,3051 (904)	0,1050 (762)	0,8060 (267)	0,4562 (156)	0,8742 (450)
3.	0,1995 (135)	0,2950 (945)	0,2456 (456)	0,1670 (229)	0,2458 (192)	0,5470 (235)	0,2245 (210)
4.	0,4672 (256)	0,2178 (230)	0,1645 (674)	0,1296 (236)	0,6281 (456)	0,7239 (330)	0,2980 (506)
5.	0,2113 (845)	0,1565 (103)	1,1452 (506)	0,1672 (220)	0,1990 (206)	0,2147 (298)	0,2001 (245)
6.	0,1750 (556)	0,7810 (348)	0,3450 (453)	0,1240 (249)	0,2361 (335)	0,6712 (863)	0,1265 (437)
7.	0,1602 (215)	0,1279 (349)	0,2107 (317)	0,1456 (268)	0,1562 (654)	0,1376 (159)	0,7619 (560)
8.	0,2789 (229)	0,5623 (658)	0,2935 (123)	0,3250 (569)	0,3103 (437)	0,2956 (216)	0,3345 (231)
9.	0,3859 (299)	0,2217 (115)	1,1355 (564)	0,2459 (209)	0,3102 (158)	0,1925 (211)	0,2376 (391)
10.	0,2568 (075)	0,3127 (213)	0,2547 (192)	0,1934 (298)	3,2458 (545)	1,2983 (875)	0,2884 (739)
11.	0,1995 (135)	0,2950 (945)	0,2456 (456)	0,1670 (229)	0,2458 (192)	0,5470 (235)	0,2245 (210)
12.	0,4672 (256)	0,2178 (230)	0,1645 (674)	0,1296 (236)	0,6281 (456)	0,7239 (330)	0,2980 (506)
13.	0,2003 (845)	0,1560 (103)	0,1452 (506)	0,1672 (220)	0,1990 (206)	0,2147 (298)	0,2001 (245)
14.	0,1750 (556)	0,7810 (348)	0,3450 (453)	0,1240 (249)	0,2361 (335)	0,6712 (863)	0,1265 (437)
15.	0,1708 (125)	0,1279 (349)	0,2107 (317)	0,1456 (268)	0,1562 (654)	0,1376 (159)	0,7619 (560)
16.	0,2789 (229)	0,5623 (658)	0,2935 (123)	0,3250 (569)	0,3103 (437)	0,2956 (216)	0,3345 (231)
17.	0,3456 (298)	0,3210 (215)	1,2354 (514)	0,2557 (219)	0,3232 (168)	0,1445 (215)	0,2571 (341)
18.	0,2568 (175)	0,3127 (213)	0,2547 (192)	0,1934 (298)	3,2458 (545)	1,2983 (875)	0,2884 (739)
19.	0,1111 (240)	2,7878 (239)	1,7878 (676)	0,0001 (141)	0,2121 (889)	0,8988 (545)	0,1454 (666)
20.	0,1711 (241)	3,7878 (229)	0,7878 (626)	1,0001 (121)	2,2121 (882)	0,8288 (525)	0,1464 (666)

	a	b	c	d	e	f	g
1.	○	○	○	○	○	○	○
2.	○	○	○	○	○	○	○
3.	○	○	○	○	○	○	○
4.	○	○	○	○	○	○	○
5.	○	○	○	○	○	○	○
6.	○	○	○	○	○	○	○
7.	○	○	○	○	○	○	○
8.	○	○	○	○	○	○	○
9.	○	○	○	○	○	○	○
10.	○	○	○	○	○	○	○
11.	○	○	○	○	○	○	○
12.	○	○	○	○	○	○	○
13.	○	○	○	○	○	○	○
14.	○	○	○	○	○	○	○
15.	○	○	○	○	○	○	○
16.	○	○	○	○	○	○	○
17.	○	○	○	○	○	○	○
18.	○	○	○	○	○	○	○
19.	○	○	○	○	○	○	○
20.	○	○	○	○	○	○	○

Lösungen Seite 544

Symbole zuordnen

Jede Zahl ist einem spezifischen Symbol zugeordnet. Sie bekommen eine Zahlenreihe präsentiert, in der die Symbole fehlen. Sie sollen jeder Zahl wieder deren spezifisches Symbol zuordnen (einzeichnen). Beachten Sie, dass Sie nur in der vorgegebenen Reihenfolge arbeiten dürfen. Im Test müssen Sie so schnell wie möglich arbeiten und werden meist nicht alle Aufgaben in der zur Verfügung stehenden Zeit bearbeiten können.

Beispiel:

Symbolleiste

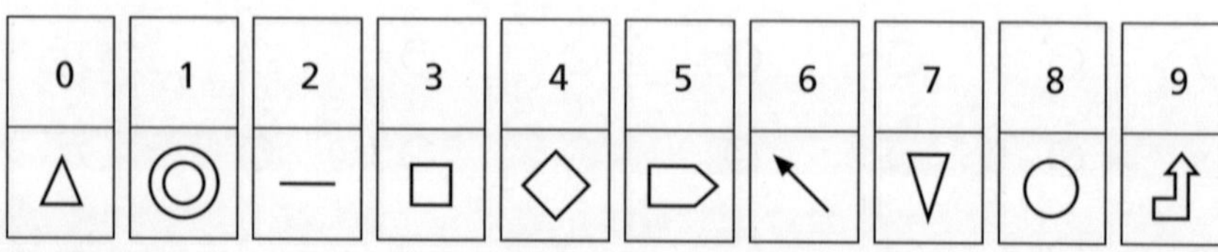

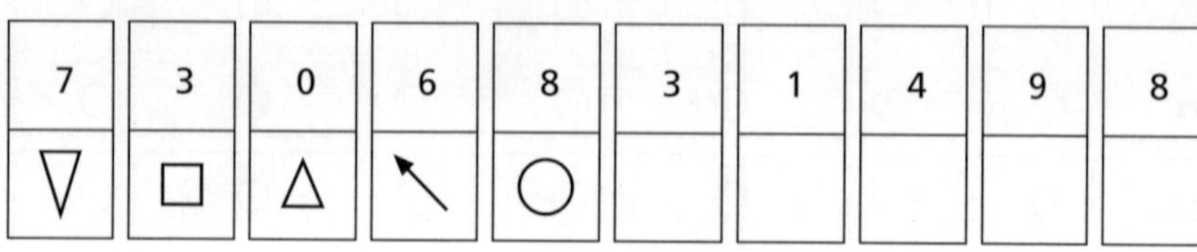

Bearbeiten Sie die nun folgenden vier Symbolreihen in der vorgegebenen Reihenfolge und so schnell wie möglich. Sie haben 1 Minute Zeit!

Symbolleiste

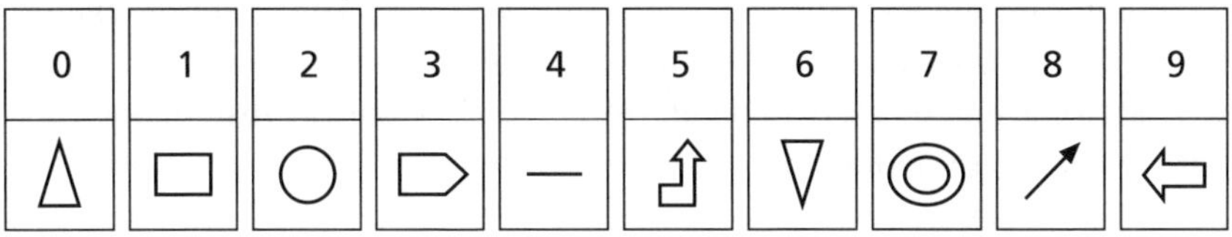

4	8	0	6	2	1	5	7	9	3

9	3	7	5	0	6	8	4	1	2

6	2	3	0	8	4	5	7	1	9

7	1	0	3	4	9	6	2	8	5

Lösungen Seite 544

Zahlen markieren

Dieser Test lässt sich sowohl in den Bereich der mathematischen als auch in den der Konzentrationstests einordnen.

Ihnen wird ein Zahlenfeld präsentiert, bei dem Sie bestimmte Zahlen mit einem geraden, waagerechten Strich markieren müssen. Dies können z. B. alle Primzahlen sein (Zahlen, die nur durch 1 und sich selbst teilbar sind) oder auch alle Zahlen, die nur durch 3 teilbar sind (und dabei jeweils eine ganze Zahl das Ergebnis ist).

Arbeiten Sie immer in der vorgegebenen Pfeilrichtung.

Beispiel:

Unterstreichen Sie alle Zahlen, *die durch 7 teilbar sind* (Ergebnis dabei: nur ganze Zahlen).

→	44	41	77	88	112	19	49	45	23	87	55
	67	2	64	96	73	266	643	76	13	56	134

1. Aufgabe

In dem nun folgenden Zahlenblock unterstreichen Sie bitte alle Zahlen, *die durch 3 teilbar sind*. Für 10 Reihen haben Sie 1 ½ Minuten Zeit!

→	66	32	97	85	345	132	654	87	934	6321	74
	264	74	56	3	24	21	98	77	64	4265	75
	47	876	654	87	232	897	32	54	234	8776	76
	76	45	23	67	98	9	33	33	562	6	21
	345	15	96	476	3	983	74	853	74	24	27
	65	35	96	46	24	653	625	9734	63	254	426
	74	245	753	32	56	886	563	875	97	755	764
	43	54	332	657	878	976	65	232	465	8756	87
	785	458	9876	342	76	875	9754	426	74	845	65
	865	54	3258	908	5	754	425	854	54	32	9

2. Aufgabe

In dem nun folgenden Zahlenblock unterstreichen Sie bitte alle Zahlen, *die um 6 größer sind als die vorige Zahl*. Für 10 Reihen haben Sie 1 ½ Minuten Zeit!

→	56	62	54	5	77	83	88	54	2	9	12
	55	60	66	72	78	83	89	5	10	15	20
	20	37	40	64	45	33	39	46	55	62	66
	44	50	55	78	84	132	137	143	150	6	12
	56	34	56	42	48	87	34	65	71	56	62
	78	84	43	67	43	324	30	334	340	345	632
	561	647	653	687	695	701	864	870	887	892	900
	67	765	534	540	755	770	785	790	796	800	806
	6453	6559	6564	6670	6673	6679	6680	6758	6764	6453	6754
	7777	7778	7784	8534	8550	8566	4099	4104	4111	4117	4212

Selbstverständlich sind auch noch Varianten dieser Aufgaben denkbar. Einmal müssen Sie alle Zahlen markieren, die um eine bestimmte Zahl größer sind als die vorherige, ein anderes Mal um eine bestimmte Zahl kleiner, mal alle Zahlen, die nur durch bestimmte Zahlen teilbar sind usw. Wollen Sie noch mehr dieser Aufgaben üben, so können Sie sich leicht selbst Aufgaben dieses Typs zusammenstellen.

Lösungen Seite 545

Postporto berechnen

Von Hamburg, dem Tor der Welt, aus sind verschiedene Postsachen (Briefe, Telegramme, Pakete etc.) zu verschicken. Ihre Aufgabe besteht darin, die Post- bzw. Frachtgebühr anhand von Tabellen zu ermitteln. Durch unterschiedliche Beförderungsarten (z. B. Eilzustellung) wird alles etwas schwieriger. Hinzu kommt noch, dass gerade in dem Augenblick, in dem Sie an die Arbeit gehen wollen, eine Tarifänderung ins Haus steht. Aber sehen Sie selbst:

Beförderungsgegenstände

	Tarifwert
Drucksache	1
Postkarte	2
Brief	3
Telegramm	4
Päckchen (bis 2000 g)	5
Paket (bis 5000 g)	6
(über 5 kg – 10 kg)	7
(über 10 kg – 15 kg)	8

Bestimmungsorte

A	10 km von Hamburg aus
B	20 km
C	50 km
D	100 km
E	150 km
F	180 km
G	200 km
H	400 km
I	900 km
J	1000 km
K	1500 km
L	2500 km

Beförderungsart / Zuschläge

Einschreiben	5
Luftpost	3
Eilzustellung	5
Auslandszuschlag	4
Versicherungszuschlag bei Wertsachen	8

Kilometer-Tarife

Entfernung	Tarifwert
0 – 10 km	1
10 – 50 km	2
50 – 100 km	3
100 – 500 km	4
500 – 1000 km	5
über 1000 km	6

Tarife

Tarifwert	bis 31.12.	ab 1.1.
1	0,50 GE	0,70 GE
2	0,90	1,00
3	1,20	1,50
4	2,20	2,50
5	2,50	2,80
6	3,00	3,40
7	3,50	3,90
8	4,00	4,50
9	4,70	5,00
10	5,10	5,60
11	5,90	6,10
12	6,80	7,10
13	7,50	7,90
14	8,10	8,50
15	8,90	9,70
16	10,00	10,40
17	10,50	10,80
18	12,50	13,00
19	15,00	18,00
20	18,50	18,90
21	19,20	19,60
22	20,40	20,90
23	21,70	22,00
24	22,20	22,60
25	22,90	23,10

(GE = Gebühreneinheit)

1. Beispiel:
Ein Brief soll am 31.12. von Hamburg aus nach D geschickt werden.
Wie hoch ist die anfallende Gebühreneinheit?

Brief	Tarifwert	3
nach D 100 km		+ 3
		= 6 am 31.12. = 3,00 GE

2. Beispiel:
Ein Telegramm soll am 1.1. von Hamburg nach I geschickt werden.

Telegramm	Tarifwert	4
nach I 900 km		+ 5
		= 9 am 1.1. = 5,00 GE

Für 17 Aufgaben haben Sie 5 Minuten Zeit.
Wie hoch sind jeweils die Gebühreneinheiten?

1. Eine Postkarte ist am 29.12. auf dem Weg nach G.
2. Ein Telegramm wird am 13.1. nach J ins Ausland (Zuschlag) geschickt.
3. Nach D soll ein Luftpost-Brief am 4.1. versandt werden.
4. Ein Brief soll per Luftpost nach E am 30.12. geschickt werden.
5. Ein 1.100 g schweres Päckchen soll ins Ausland nach H geschickt werden (vor dem 1.1.).
6. Ein Paket muss per Eilzustellung am 30.12. in C sein. Es wiegt 4,9 kg.
7. Eine Postkarte wird am 2.1. ins Ausland nach J geschickt.
8. Ein Telegramm soll nach H ins Ausland am 30.12. geschickt werden.
9. Ein 5,5 kg schweres Einschreiben-Paket soll per Luftpost ins Ausland am 5.1. nach J versandt werden.
10. Eine Drucksache soll mit Auslandszuschlag am 2.1. nach E geschickt werden.
11. Ein Luftpost-Eilzustellungspäckchen von 800 g soll ins Ausland geschickt werden, am 3.1. nach H.
12. Am 1.1. soll eine Postkarte nach B per Eilzustellung den Empfänger erreichen. Die Postkarte muss vor dem 1.1. abgeschickt werden.
13. Ein Eilzustellungs-Luftpostpaket (15 kg) soll am 30.12. ins Ausland nach G versandt werden.
14. 6000 g wiegt ein Paket, das per Einschreiben ins Ausland nach I geht und noch vor dem 30.12. eintreffen soll.
15. Per Luftpost wird ein Päckchen nach F am 2.1. versandt.
16. Ein versichertes Wertpaket (10 kg) wird am 1.12. ins Ausland nach L verschickt.
17. Ein Wertbrief soll per Einschreiben am 30.1. nach K versandt werden.

Lösungen Seite 545

Rechenarten einfügen – I

Rechenarten kennen Sie sicherlich viele. In diesem Test bekommen Sie verschiedene Zahlen und ein Endergebnis präsentiert. In die Lücken zwischen den Zahlen müssen Sie die Rechenoperationen eintragen, die am Schluss das angegebene Endergebnis ergeben. Dabei wird jeweils nur addiert und subtrahiert. Multiplikationen oder Divisionen finden nicht statt.

1. Beispiel:

5 __ 5 __ 10 = 20

Um die Aufgabe richtig zu lösen, müssen sie jeweils im ersten und im zweiten Feld addieren, also ein »+« einfügen.

5 + 5 + 10 = 20

2. Beispiel:

25 __ 10 __ 2 = 17

Um die Aufgabe richtig zu lösen, müssen sie erst subtrahieren, danach addieren.

25 – 10 + 2 = 17

Bitte lösen Sie die folgenden 20 Aufgaben innerhalb von 1 Minute.
Arbeiten Sie so schnell Sie können!
Beachten Sie bitte, dass Sie bei diesem Test vermutlich nicht alle Aufgaben lösen können. Das ist so beabsichtigt. Lassen Sie sich nicht verunsichern.

a) 2 __ 4 __ 10 = 16	b) 25 __ 6 __ 1 = 20
c) 7 __ 7 __ 10 = 4	d) 19 __ 7 __ 2 = 14
e) 20 __ 30 __ 7 = 57	f) 17 __ 9 __ 2 = 6
g) 13 __ 1 __ 5 = 9	h) 6 __ 4 __ 3 = 7
i) 4 __ 3 __ 3 = 10	j) 9 __ 7 __ 11 = 13
k) 6 __ 6 __ 2 = 10	l) 11 __ 7 __ 3 = 1
m) 17 __ 5 __ 3 = 9	n) 13 __ 7 __ 3 = 9
o) 4 __ 8 __ 5 = 7	p) 13 __ 4 __ 5 = 22
q) 9 __ 3 __ 3 = 15	r) 17 __ 17 __ 20 = 14
s) 12 __ 3 __ 7 = 8	t) 8 __ 4 __ 2 = 14

Lösungen Seite 546

Rechenarten einfügen – II

Nachdem Sie im vorigen Test bereits mittels Addition und Subtraktion eine korrekt gelöste Gleichung erstellen sollten, kommen in der verschärften Variante auch die Multiplikation und Division hinzu. Gleichzeitig werden die auszuführenden Operationen erweitert; und es gilt nun die Regel »Punktrechnung vor Strichrechnung«.

1. Beispiel:

2 __ 3 __ 5 = 17

Um die Aufgabe richtig zu lösen, müssen Sie zuerst 3 x 5 rechnen (Punkt vor Strich) und danach die 2 addieren, also ein „+" einfügen. Korrekt geschrieben erhalten Sie nun die Lösung

$2 + 3 \times 5 = 17$

2. Beispiel:

8 __ 4 __ 2 = 10

Rechnen Sie hier zunächst 4 : 2 und addieren dann die 8, so erhalten Sie als richtige Lösung

$8 + 4 : 2 = 10$

Theoretisch kann es vorkommen, dass es verschiedene Wege gibt, mit den gegebenen Zahlen zum gesuchten Ergebnis zu kommen. In diesem Fall werden auch unterschiedliche Lösungen als korrekt gewertet.

Beachten Sie bitte, dass Sie bei diesem Test vermutlich nicht alle Aufgaben lösen können. Das ist so beabsichtigt. Lassen Sie sich nicht verunsichern.

Lösen Sie die nun folgenden 20 Aufgaben bitte innerhalb der nächsten 15 Minuten.

a) 2 _ 3 = 5

b) 2 _ 3 = 6

c) 6 _ 4 _ 4 = 14

d) 4 _ 2 _ 4 = 12

e) 15 _ 3 _ 5 = 9

f) 26 _ 3 _ 2 = 156

g) 12 _ 3 _ 4 _ 2 = 6

h) 17 _ 3 _ 10 _ 2 = 0

i) 25 _ 6 _ 2 _ 33 = 46

j) 20 _ 12 _ 5 _ 10 = 26

k) 8 _ 3 _ 5 _ 2 _ 8 = 35

l) 3 _ 5 _ 6 _ 2 _ 2 = 32

m) 5 _ 8 _ 7 _ 4 _ 22 = 48

n) 17 _ 5 _ 2 _ 17 _ 7 = 3

o) 89 _ 45 _ 8 _ 2 _ 7 = 106

p) 17 _ 7 _ 30 _ 12 _ 2 = 95

q) 5 _ 7 _ 2 _ 7 _ 8 _ 17 = 76

r) 2 _ 5 _ 4 _ 6 _ 10 _ 4 = 11

s) 7 _ 8 _ 4 _ 40 _ 2 _ 3 = 120

t) 45 _ 45 _ 9 _ 10 _ 40 _ 76 = 59

Lösungen Seite 546

Speed-Rechnen – I

Beim Speed-Rechnen bekommen Sie ganz leichte Rechenaufgaben gestellt, bei denen nur addiert oder subtrahiert werden muss. Eine Testaufgabe besteht eigentlich aus zwei Rechenaufgaben. Ihre Aufgabe ist es, beide Aufgaben zu lösen und dann das kleinere Ergebnis vom größeren abzuziehen. Das dann ermittelte Ergebnis müssen Sie in einem Lösungsbogen notieren. Wichtig: Sie dürfen keine Nebenrechnungen vornehmen oder sich Notizen machen. Alles muss in Ihrem Kopf passieren!

Beispiel:

3 + 6 + 5
2 + 7 + 4

Lösung:

3 + 6 + 5 = 14
2 + 7 + 4 = 13

14 – 13 = 1

In Ihrem Lösungsbogen müssen Sie nun die 1 als richtige Lösung markieren. Hier schreiben Sie Ihr Ergebnis bitte separat auf und vergleichen später die Lösungen.

Für den 1. Block haben Sie 3 Minuten Zeit.
Für den 2. Block haben Sie 4 Minuten Zeit.

→

1. Block

a) 5 + 10 6 + 10	b) 3 + 5 6 + 5	c) 6 + 5 2 + 7	d) 3 + 7 3 + 1
e) 6 + 7 1 + 8	f) 7 + 6 2 + 7	g) 6 + 7 2 + 9	h) 6 + 8 4 + 4
i) 2 + 8 4 + 9	j) 3 + 8 4 + 5	k) 4 + 6 2 + 6	l) 8 + 5 7 + 8
m) 6 + 8 6 + 6	n) 7 + 5 4 + 2	o) 4 + 3 2 + 3	p) 3 + 4 3 + 4
q) 5 + 7 8 + 3	r) 9 + 9 3 + 4	s) 7 + 6 5 + 2	t) 5 + 4 3 + 5

2. Block

a) 4 + 8 – 2 5 + 1 + 2	b) 9 – 5 + 1 8 – 4 + 4	c) 3 + 3 + 5 6 – 4 + 7	d) 8 – 2 – 6 7 – 2 + 3
e) 2 + 5 + 4 5 + 5 + 6	f) 8 – 9 + 3 8 – 7 – 1	g) 3 – 2 + 7 4 + 5 + 7	h) 5 – 5 + 6 2 – 5 + 6
i) 2 + 3 + 4 9 – 5 + 2	j) 4 + 5 + 6 8 – 6 + 4	k) 7 + 8 + 9 2 – 3 + 4	l) 4 – 7 + 9 7 + 6 – 8
m) 8 + 7 – 2 2 + 2 + 2	n) 5 + 8 – 9 5 – 4 + 8	o) 2 + 5 – 4 7 + 7 – 9	p) 9 + 8 – 4 8 + 7 + 9
q) 4 + 2 – 4 2 + 4 + 8	r) 7 + 4 – 9 7 – 4 + 2	s) 2 + 7 – 4 4 + 7 – 9	t) 7 – 5 + 9 7 + 8 – 9

Lösungen Seite 546

Speed-Rechnen – II

In der zweiten Variante des Speed-Rechnens bittet man Sie, auch noch eine andere Lösungsmöglichkeit auszuprobieren. Ist das Ergebnis der oberen Rechenoperation nun kleiner oder gleich dem Ergebnis der unteren Rechnung, so werden in diesem Fall beide Ergebnisse addiert, ansonsten wieder das kleinere Ergebnis vom größeren subtrahiert. Zur Verdeutlichung zwei Beispiele.

Beispiel 1:

4 + 5 + 8
2 + 8 + 8

Beispiel 2:

2 + 2 + 2
1 – 1 + 2

Lösung 1:

4 + 5 + 8 = 17
2 + 8 + 8 = 18

Lösung 2:

2 + 2 + 2 = 6
1 – 1 + 2 = 2

In Beispiel 1 rechnen Sie nun 17 + 18 = 35. Im Beispiel 2 würden Sie 6 – 2 = 4 als richtige Lösung erhalten.

Bitte bearbeiten Sie nun die Übungsaufgaben auf der nächsten Seite. Für den 1. Block haben Sie 3 Minuten Zeit, für den 2. Block sind es 4 Minuten.

1. Block

a) 5 + 6 8 + 4	b) 6 + 6 5 + 5	c) 5 + 6 2 + 4	d) 8 + 3 3 + 9
e) 5 + 2 9 + 8	f) 4 + 3 7 + 5	g) 2 + 3 5 + 3	h) 5 + 8 8 + 5
i) 7 + 5 9 + 9	j) 6 + 3 8 + 6	k) 9 + 7 5 + 4	l) 8 + 7 8 + 9
m) 9 + 9 1 + 1	n) 8 + 4 5 + 6	o) 2 + 5 6 + 2	p) 4 + 1 1 + 2
q) 5 + 6 8 + 9	r) 7 + 7 5 + 9	s) 2 + 3 9 + 6	t) 9 + 0 6 + 6

2. Block

a) 4 + 7 – 5 7 – 5 + 8	b) 5 + 6 – 7 1 + 1 + 2	c) 4 – 2 + 8 6 – 5 + 7	d) 4 – 7 + 6 4 – 6 + 8
e) 4 – 7 + 6 5 + 8 – 9	f) 8 + 9 – 3 9 – 4 – 1	g) 4 – 2 + 7 2 + 2 – 1	h) 6 – 4 + 2 8 – 9 + 5
i) 5 – 4 + 3 5 + 3 – 4	j) 4 + 1 – 5 1 – 4 + 7	k) 7 + 9 – 4 5 + 7 – 2	l) 2 + 3 + 4 5 – 1 – 3
m) 2 – 3 + 7 7 + 5 – 9	n) 8 – 7 + 5 9 – 4 – 3	o) 2 – 7 + 5 9 – 5 – 3	p) 3 + 4 + 6 2 + 2 + 2
q) 4 + 2 + 1 5 - 3 + 7	r) 4 – 2 + 8 6 + 4 - 8	s) 8 – 1 + 2 1 + 3 - 2	t) 3 + 4 + 7 5 + 5 + 5

Lösungen Seite 547

Ergebnisse erreichen

Der nächste Test wird mehr Ihre Konzentration als Ihre Rechenkünste fordern. Gegeben sind bei diesem Testverfahren lediglich *Endergebnisse*, die Sie durch zweimalige Subtraktion erreichen sollen. Varianten können natürlich auch zweimalige Addition, Addition und Subtraktion, Multiplikation usw. sein. Dies ist ganz der Fantasie der Tester überlassen. Aus diesem Grund empfehlen wir Ihnen auch, den Test selbst einmal abzuwandeln, d. h. mit anderen als den hier vorgestellten Aufgaben zu üben.

Ziel des Tests ist es, in sehr kurzer Zeit möglichst viele Aufgaben zu erstellen. Da es bei diesem Test mehrere richtige Ergebnisse gibt, bitten wir Sie, die Aufgaben nach Testende selbst Korrektur zu lesen:

- Wie viele Aufgaben haben Sie geschafft?
- Haben Sie neue Aufgaben erstellt, oder sind welche doppelt?
- Sind die Rechnungen richtig ausgeführt worden?

Beispiel:

Erstellen Sie möglichst viele Rechenaufgaben, die nach zweimaliger Subtraktion das Ergebnis 12 haben:

36 – 12 – 12 = 12	48 – 24 – 12 = 12	96 – 48 – 36 = 12
20 – 4 – 4 = 12	40 – 20 – 8 = 12	usw.

Zur Hilfestellung, ob und, wenn ja, um wie viel Sie besser werden, sollten Sie sich die Anzahl der richtigen Aufgaben notieren und später, bei einem erneuten Durchgang, vergleichen. Mit der Zeit werden Sie sich steigern ...

Bitte bearbeiten Sie nun die folgenden Übungsaufgaben.

1. Erstellen Sie möglichst viele verschiedene Rechenaufgaben, die nach zweimaliger Subtraktion das Ergebnis 28 ergeben. Sie haben 30 Sekunden Zeit.

– – = 28	– – = 28	– – = 28
– – = 28	– – = 28	– – = 28
– – = 28	– – = 28	– – = 28
– – = 28	– – = 28	– – = 28

2. Erstellen Sie möglichst viele verschiedene Rechenaufgaben, die nach aufeinander folgender Addition und Division das Ergebnis 40 ergeben. Sie haben 30 Sekunden Zeit.

+ : = 40	+ : = 40	+ : = 40
+ : = 40	+ : = 40	+ : = 40
+ : = 40	+ : = 40	+ : = 40
+ : = 40	+ : = 40	+ : = 40

3. Erstellen Sie möglichst viele verschiedene Rechenaufgaben, die nach aufeinander folgender Subtraktion und Multiplikation das Ergebnis 48 ergeben. Sie haben 30 Sekunden Zeit.

– × = 48	– × = 48	– × = 48
– × = 48	– × = 48	– × = 48
– × = 48	– × = 48	– × = 48
– × = 48	– × = 48	– × = 48

4. Erstellen Sie möglichst viele verschiedene Rechenaufgaben, die nach aufeinander folgender Addition und Multiplikation das Ergebnis 36 ergeben. Sie haben 30 Sekunden Zeit.

___ + ___ × ___ = 36	___ + ___ × ___ = 36	___ + ___ × ___ = 36
___ + ___ × ___ = 36	___ + ___ × ___ = 36	___ + ___ × ___ = 36
___ + ___ × ___ = 36	___ + ___ × ___ = 36	___ + ___ × ___ = 36
___ + ___ × ___ = 36	___ + ___ × ___ = 36	___ + ___ × ___ = 36

5. Erstellen Sie möglichst viele verschiedene Rechenaufgaben, die nach aufeinander folgender Addition und Subtraktion das Ergebnis 47 ergeben. Sie haben 30 Sekunden Zeit.

___ + ___ − ___ = 47	___ + ___ − ___ = 47	___ + ___ − ___ = 47
___ + ___ − ___ = 47	___ + ___ − ___ = 47	___ + ___ − ___ = 47
___ + ___ − ___ = 47	___ + ___ − ___ = 47	___ + ___ − ___ = 47
___ + ___ − ___ = 47	___ + ___ − ___ = 47	___ + ___ − ___ = 47

6. Erstellen Sie möglichst viele verschiedene Rechenaufgaben, die nach zweimaliger Addition das Ergebnis 99 haben. Sie haben 30 Sekunden Zeit.

___ + ___ + ___ = 99	___ + ___ + ___ = 99	___ + ___ + ___ = 99
___ + ___ + ___ = 99	___ + ___ + ___ = 99	___ + ___ + ___ = 99
___ + ___ + ___ = 99	___ + ___ + ___ = 99	___ + ___ + ___ = 99
___ + ___ + ___ = 99	___ + ___ + ___ = 99	___ + ___ + ___ = 99

Kopfrechnen

Der Kopfrechentest wird von den Testteilnehmern in der Regel als relativ einfach empfunden. Es erwarten Sie bis zu 50 Aufgaben, deren Lösungszeit je nach Schwierigkeitsgrad variiert. Bereits im Vorfeld sollten Sie intensiv das große Einmaleins lernen. Dies spart wertvolle Zeit und beruhigt die Nerven. Sollten Sie mal eine Aufgabe nicht lösen können, so lassen Sie diese einfach aus. Falsche Lösungen können Minuspunkte einbringen.

Lassen Sie sich nun die folgenden 48 Übungsaufgaben von einem Helfer vorlesen. Dieser soll je nach Aufgabenschwierigkeit die Zeit zum Lösen etwas ausdehnen oder verkürzen. Da Sie die Aufgaben nur vorgelesen bekommen, sollten Sie sie *nicht* der Einfachheit halber alleine üben. Vorgelesen, müssen Sie sich die Aufgaben merken (trainiert auch das Gedächtnis); sehen Sie sie, so können Sie eventuell einmal getroffene Ergebnisse korrigieren. Diese Möglichkeit gibt es in einer Bewerbungssituation nicht.

Achtung: Die sonst übliche Regel »Punktrechnung vor Strichrechnung« gilt hier ausdrücklich *nicht*!

Bitte lassen Sie sich nun die folgenden Aufgaben von einem Helfer vorlesen. Veranschlagen Sie pro Aufgabe ca. 10 bis 15 Sekunden Bearbeitungszeit.

1. 1070 + 390
2. 49 – 56
3. 56 × 44
4. 92,5 : 2
5. 3. Wurzel aus 64
6. 2 + 3 × 5
7. 4 × 3 × 2 × 19
8. 258 : 3
9. 93 × 3 × 12
10. 12 × 13
11. 93 + 10 × 5
12. 11 × 13
13. 13 × 17
14. Wurzel aus 49
15. 47,5 × 3
16. 81 – 210 + 500
17. 372 : 3
18. 56 × 3 + 13
19. 81 : 9
20. 48 : 6
21. 10 + 3 – 5
22. 19 – 5 + 6 × 3
23. 706 + 105
24. 168 : 8
25. 13 × 13
26. 12 × 12
27. 327 × 5
28. 89 × 2 – 100
29. 509 – 217
30. 22 × 3
31. 84 : 2 – 5
32. 17 × 17
33. 3^3
34. 24^2
35. 89 – 17 × 2
36. 144 : 12
37. 2 × 3 × 4 × 5
38. 13 + 5
39. 13 × 17
40. 11 × 2 – 15
41. 16 : 4
42. 64 : 4
43. 56 × 2
44. 13 × 4
45. 9 × 9
46. 4 × 4 × 4 × 2
47. 100 + 12 – 16
48. 49 + 11 – 56

Lösungen Seite 547

Kurzzeitgedächtnis und Merkfähigkeit

Wörter merken

Bei diesem Test wird Ihr Kurzzeitgedächtnis gefordert. Sie haben jetzt eine halbe Minute Zeit, sich die folgenden Wörter einzuprägen. Bitte blättern Sie erst danach um.

Zahl	Straßenbahn
Zeit	Schnaps
Zierfisch	Hut
Haus	Foto
Himmel	Chemie
Kiste	Turbodiesel
Radar	Treppe
Spaceshuttle	Schublade
Schlüsselbein	Uhr
Rotwein	Tonne
Headhunter	Eisenbahn

→

Schreiben Sie jetzt alle Wörter auf, die Sie sich eben gemerkt haben. Sie haben für 22 Wörter 2 Minuten Zeit.

1. ____________________
2. ____________________
3. ____________________
4. ____________________
5. ____________________
6. ____________________
7. ____________________
8. ____________________
9. ____________________
10. ____________________
11. ____________________
12. ____________________
13. ____________________
14. ____________________
15. ____________________
16. ____________________
17. ____________________
18. ____________________
19. ____________________
20. ____________________
21. ____________________
22. ____________________

Vergleichen Sie jetzt Ihre Wörter mit den Ausgangswörtern.

Türkische Vokabeln

In einem Zeitfenster von 2 Minuten sollen Sie sich 20 türkische Vokabeln merken. Alternativ könnten es z. B. auch Fantasiewörter sein. Die Abfrage der Vokabeln findet in einem Multiple-Choice-Verfahren statt.

Sie haben 2 Minuten Zeit, sich die nachfolgenden Vokabeln zu merken.

Deutsches Wort	**Türkische Übersetzung**	**Deutsches Wort**	**Türkische Übersetzung**
Gehen	Gitmek	Flugzeug	Ucak
Tag	Gün	Essen	Yemek
Lernen	Ögrenmek	Geld	Para
Flugkapitän	Kaptan pilot	Radio	Radyo
Technik	Teknik	Test	Deney
Arbeiten	Calismak	Schlafen	Uyumak
Auto	Otomobil	Fliegen	Ucmak
Flughafen	Havaalani	Nacht	Gece
Deutschland	Almanya	Schule	Okul
Triebwerk	Mekanizma	Flug	Ucus

→

Bitte ordnen Sie nun den deutschen Wörtern ihre türkische Übersetzung zu:

Deutsches Wort	A	B	C	D
1. Flug	Ucus	Locus	Carus	Drus
2. Arbeiten	Calismak	Dschürgun	Ucak	Ögrenmec
3. Flughafen	Airomobil	Hava flag	Havaalani	Yemek
4. Gehen	Gün	Gitmek	Para	Ulko
5. Tag	Yemek	Hugago	Gün	Gece
6. Schule	Mekanizma	Erfo	Havaalani	Okul
7. Flugzeug	Ucak	Yemek	Para	Deney
8. Radio	Ucmak	Teknik	Radyio	Radyo
9. Flugkapitän	Kaptan Yemek	Kaptan Para	Kaptan Ucac	Kaptan pilot
10. Lernen	Para	Ögrenmek	Gün	Uyumak
11. Nacht	Gece	Hamide	Ucmak	Calide
12. Triebwerk	Eknis	Mekanizma	Hugago	Drus
13. Fliegen	Jugo	Haljaro	Ucmak	Rawad
14. Auto	Motomobil	Kotomobil	Rabomobil	Otomobil
15. Deutschland	Almanya	Alamagne	Almaja	Almayia
16. Essen	Hajo	Grobi	Yemek	Gece
17. Geld	Haja	Para	Lara	Gara
18. Test	Ikom	Radar	Jugio	Deney
19. Schlafen	Uyumak	Ugugu	Yumogo	Ujugomi
20. Technik	Tecnic	Tecnak	Tecna	Teknik

Lösungen Seite 548

Einzelheiten merken

Wieder geht es um Ihre Merkfähigkeit. Lesen Sie sich bitte den nun folgenden Text in Ruhe durch. Merken Sie sich möglichst viele Einzelheiten. Später werden Sie nach dem Textinhalt gefragt und sollten auch Details beantworten können.

Zum Durchlesen des Textes haben Sie 1 Minute Zeit.

> Mario Biewald, Direktor einer Gummibärchenfabrik, ging nach fast 50 Jahren Betriebszugehörigkeit am 30.06.2009 in Rente. Aus diesem Anlass bekam er Glückwünsche von einer befreundeten Schokoladenwarenfabrik, einem Schuhladen, einer Bierbrauerei, einer Spedition und seinem Autohaus Stellmann.
>
> Seine Abschiedsfeier fand im Parkhotel Bremen statt und ging bis in die frühen Morgenstunden. Diese Feier wurde von seinem Prokuristen und seinen beiden Sekretärinnen (Frau Hela Roelecke und Frau Marion Räßler) organisiert. Selbst der Bürobote, Herr Carsten Dressler, hatte mitgeholfen.
>
> Aus der Familie des Direktors waren seine Ehefrau, seine Tochter, sein Schwager und eine Enkeltochter bis 2 Uhr nachts anwesend. Am 01.07.2009 flog Herr Biewald mit seiner engsten Familie für 3 Wochen in den Sommerurlaub auf die Malediven. Dort erholte er sich hervorragend.

Bitte beantworten Sie jetzt die Fragen auf der nächsten Seite.

→

Erinnern Sie sich an möglichst viele Einzelheiten aus dem vorigen Textfeld. Schreiben Sie bitte die Ihrer Meinung nach richtige Antwort rechts neben die Frage in das zugehörige Feld.

1. Wie hieß der Direktor der Fabrik mit Vornamen? ____________
2. Was produzierte die Fabrik? ____________
3. Welche Firmen gratulierten dem Direktor? ____________

____

____

____

____

4. Welchen Beruf hat Carsten Dressler? ____________
5. Wie lange war der Direktor in der Firma tätig? ____________
6. Wo fand die Abschiedsfeier statt? ____________
7. Wie hießen die beiden Sekretärinnen? ____________

____

8. Wie viele Familienmitglieder waren außer ihm bei der Feier? ____________
9. Welche Familienmitglieder waren es? ____________

____

____

____

____

10. Wie lange war die Familie bei der Feier anwesend? ____________
11. Wohin flog der Direktor in den Urlaub? ____________
12. Für wie lange flog der Direktor in den Urlaub? ____________

Lösungen Seite 548

Zahlen merken

Jetzt ist Ihr Kurzzeitgedächtnis für Zahlen gefragt. Bitte prägen Sie sich nun die folgenden zweistelligen Zahlen ein. Sie haben insgesamt 1 Minute Zeit!

44	34	21	85	73	79	75	41
53	84	32	12	14	19	98	67

Bitte verdecken Sie nun die oberen Zahlen mit einem Blatt und tragen Sie die gemerkten Zahlen in beliebiger Reihenfolge in die Lösungsfelder ein. Wieder haben Sie 1 Minute Zeit.

1. ________	9. ________
2. ________	10. ________
3. ________	11. ________
4. ________	12. ________
5. ________	13. ________
6. ________	14. ________
7. ________	15. ________
8. ________	16. ________

Geschafft! Vergleichen Sie nun Ihre Zahlen mit denen aus der Aufgabe. Wie viele konnten Sie sich merken? Alles über zehn ist schon sehr gut.

Zahlen wiedererkennen

Wieder geht es darum, sich Zahlen zu merken und diese nach einer kurzen Einprägphase in einem Zahlenfeld zu identifizieren.

Bitte merken Sie sich die folgenden Zahlen. Sie haben 1 Minute Zeit!

63456	32847
93857	98432
83522	23452
78634	34534
28378	74554

Bitte verdecken Sie nun die oberen Zahlen mit einem Blatt und markieren Sie in dem Zahlenfeld alle Zahlen, die Sie sich eben gemerkt haben, mit einem geraden, waagerechten Strich. Sie haben dafür 2 Minuten Zeit.

73362	98964	76453	75637	97842	65432
54216	76532	74554	43197	64113	32345
98643	75982	53213	54321	76642	54227
98432	23455	75652	42114	28378	76543
85643	87654	43678	63212	63323	42578
98664	36325	45232	67432	25335	43527
98965	54323	74346	86532	74554	42313
93857	78634	83522	32534	53425	52532
86754	36355	35744	53426	63425	54226
87644	74346	63525	67578	93857	33433

Lösungen Seite 548

Zahlenpaare merken

Sollten Sie sich nach den Testaufgaben überhaupt noch konzentrieren können, erwartet Sie nun eine weitere Herausforderung. Bitte merken Sie sich jetzt die folgenden 12 Zahlenpaare. Nach 2 Minuten Merkzeit werden wir Sie bitten, an Hand der linken Zahl die richtige rechte Zahl aus einem Zahlenfeld von 5 Zahlen wiederzuerkennen. Diese Zahl markieren Sie dann mit einem geraden, waagerechten Strich.

Beispiel:

Zu merkende Zahlenpaare:

12 – 345

43 – 840

Rekapitulierung:

12 –	532	865	612	097	<u>345</u>
43 –	<u>840</u>	765	836	234	965

Bitte merken Sie sich die jetzt folgenden Zahlenpaare.
Sie haben 2 Minuten Zeit.

45 – 743	28 – 329
83 – 012	46 – 783
11 – 085	96 – 474
77 – 358	82 – 001
13 – 999	16 – 248
84 – 629	66 – 911

→

Unterstreichen Sie nun bitte rechts die richtige Zahl, die ursprünglich zur linken Zahl gehörte. Sie haben 2 Minuten Zeit.

84 –	745	628	112	452	629
83 –	012	678	565	637	986
96 –	845	474	666	132	087
16 –	976	667	248	452	811
11 –	111	723	810	894	085
45 –	743	734	853	642	841
82 –	001	765	932	010	764
66 –	911	752	134	532	671
13 –	643	965	245	999	535
77 –	947	532	358	865	614
46 –	252	521	783	445	245
28 –	564	643	329	642	532

Lösungen Seite 549

Geometrische Figuren und Zahlen merken

Auch hier haben Sie wieder eine neue Art von einem Merkfähigkeitstest vor sich. Diesmal sollen Sie sich Zahlen merken, die in bestimmten grafischen Symbolen abgebildet sind. Später müssen Sie Zahlen und Figuren wieder einander zuordnen. Natürlich ist es auch möglich, dass man diesen Test leicht abwandelt. So wäre es auch denkbar, dass Sie sich statt Zahlen Buchstaben oder andere Symbole wie ein Fahrrad, ein Auto u.Ä. merken sollen.

Bitte prägen Sie sich nun die folgenden Figuren und Zahlen gut ein.
Sie haben dazu 2 Minuten Zeit.

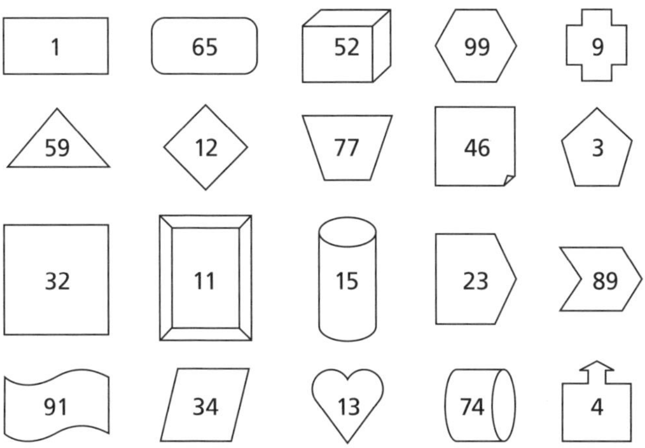

→

Tragen Sie jetzt in die geometrischen Figuren die zugehörigen Zahlen ein und vergleichen diese anschließend mit den Originalzahlen. Sie haben für diese Aufgabe 1 Minute Zeit.

Stadtplantest

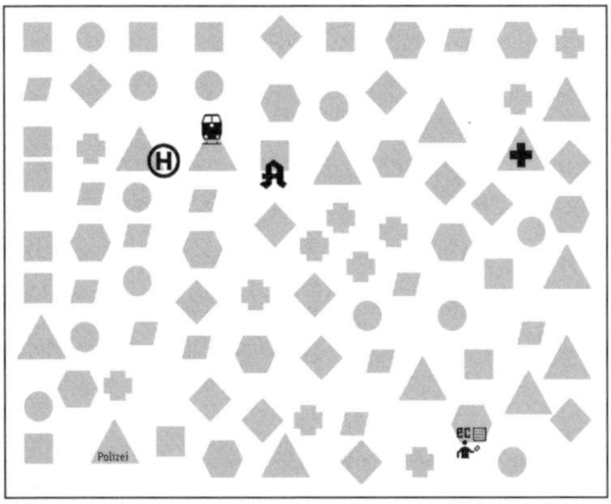

Auf dem Bildschirm wird Ihnen ein Stadtplan gezeigt, auf dem verschiedene Gebäude mit Symbolen markiert sind. Ihre Aufgabe ist es, sich die Lage der Symbole genau zu merken und anschließend deren Position möglichst exakt widerzugeben. Es gibt einen gewissen Toleranzbereich, in dem Ihre Eingaben noch als richtig gewertet werden.

Rechnen Sie damit, dass die Einprägezeit für die Symbole zunächst etwas länger ist (ca. 15 Sekunden) und anschließend kontinuierlich verkürzt wird. Gleichwohl werden Sie zu Beginn mit nur wenigen Symbolen beginnen, die in der Anzahl dann stetig zunehmen werden.

Bewerbertipp: Die Symbole sind meist auf einer Art Kreisbahn angeordnet und können so im Uhrzeigersinn leichter gemerkt werden. Ab und zu kommt es auch zu einer Ansammlung von Symbolen auf einem Haufen. Hier lohnt es sich, auf Lücke zu setzen, sich die außerhalb liegenden Symbole besonders einzuprägen und beim Rest auf den Toleranzbereich zu hoffen.

Bitte lösen Sie die nun folgenden Aufgaben. Zum Merken stehen Ihnen je 15 Sekunden, zum Eintragen der Lösungen je Aufgabe 60 Sekunden zur Verfügung. Zur einfacheren Korrektur der Aufgaben finden Sie die Lösungsfelder direkt im Anschluss an die Aufgabe. Zum Eintragen müssen Sie nur die obere Aufgabe mit einem Blatt Papier abdecken. Aber beschummeln Sie sich nicht selbst!

1.

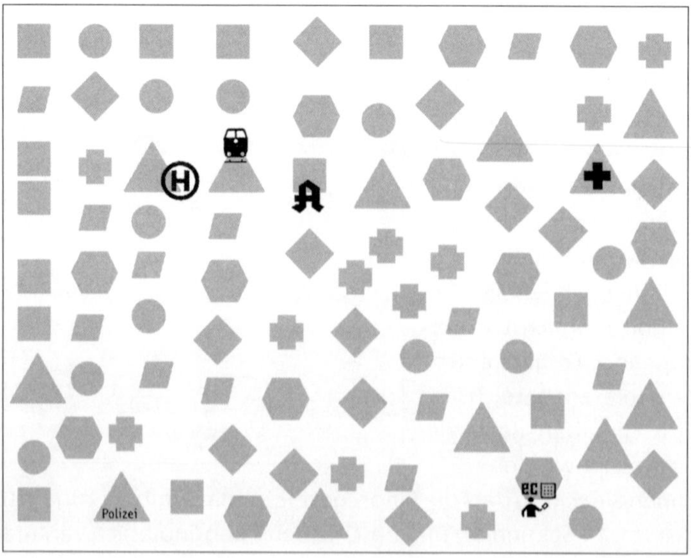

Bitte zeichnen Sie hier Ihre Lösung ein:

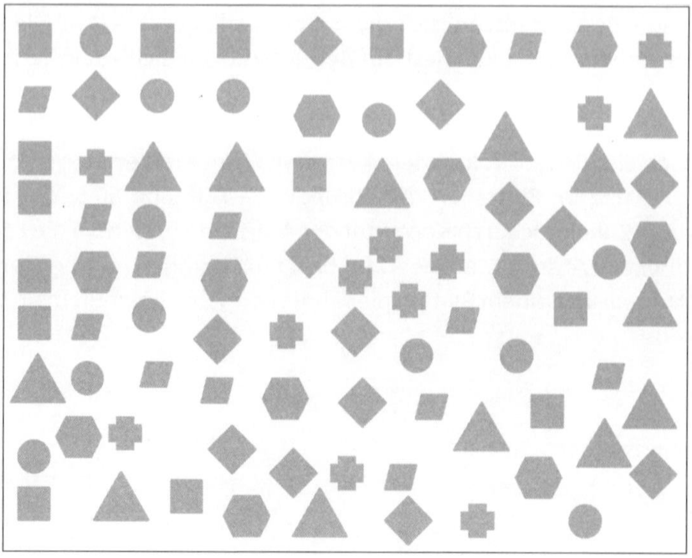

2.

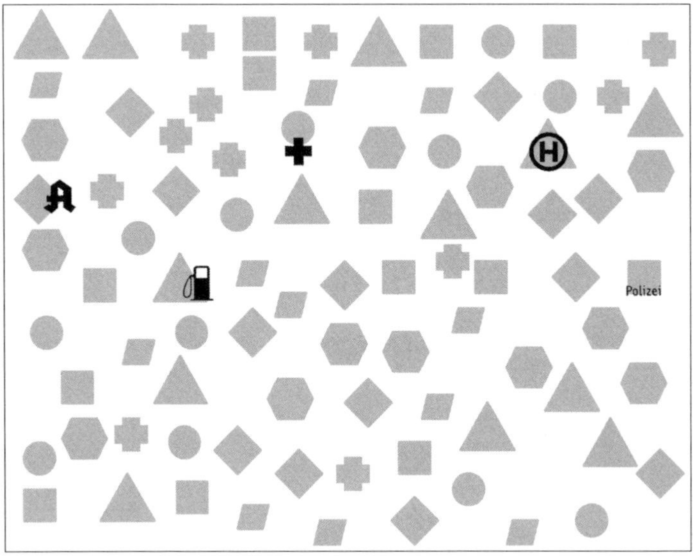

Bitte zeichnen Sie hier Ihre Lösung ein:

→

3.

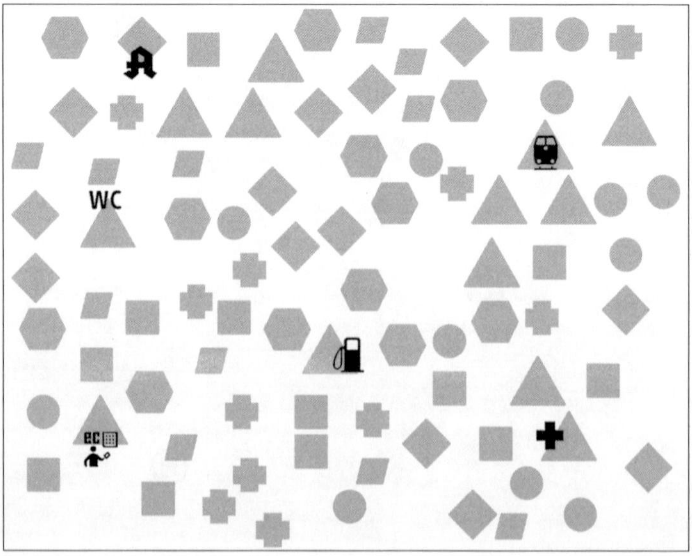

Bitte zeichnen Sie hier Ihre Lösung ein:

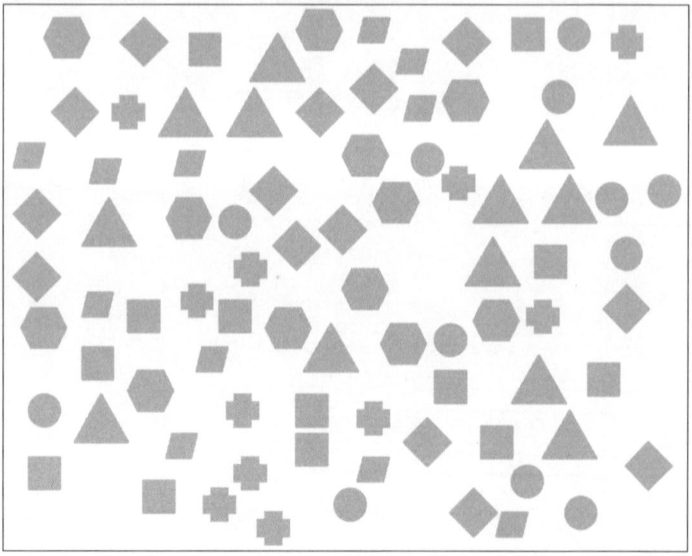

4.

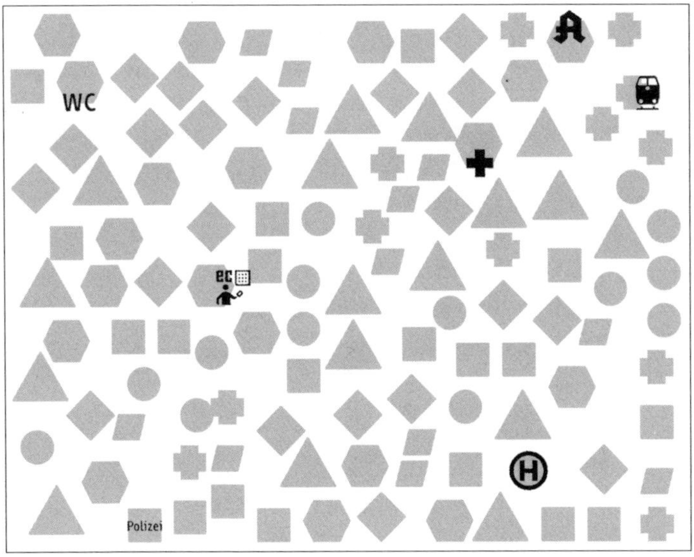

Bitte zeichnen Sie hier Ihre Lösung ein:

→

5.

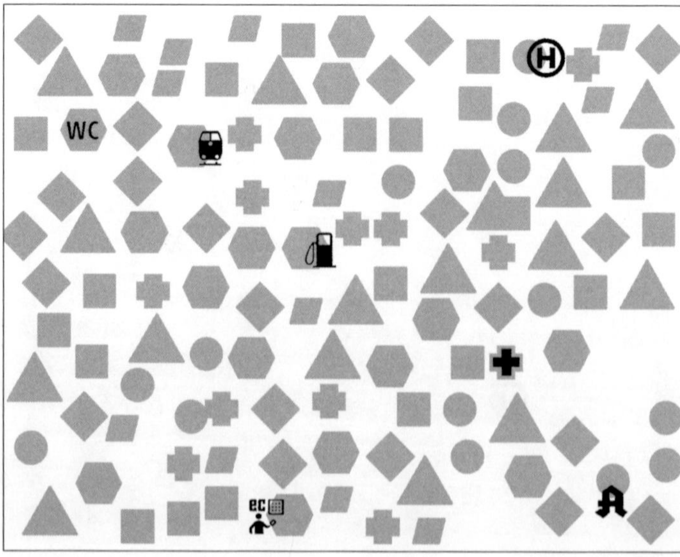

Bitte zeichnen Sie hier Ihre Lösung ein:

6.

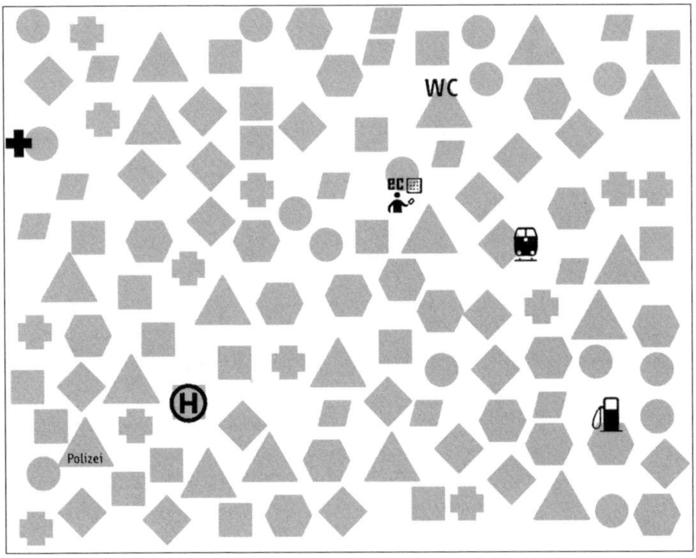

Bitte zeichnen Sie hier Ihre Lösung ein:

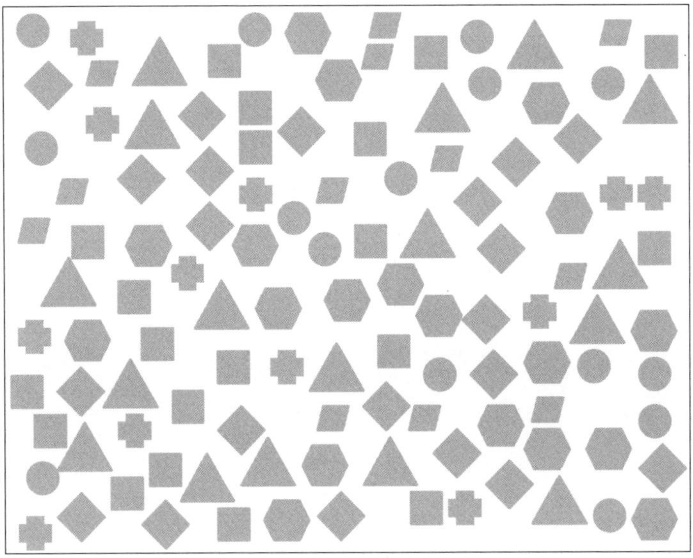

→

7.

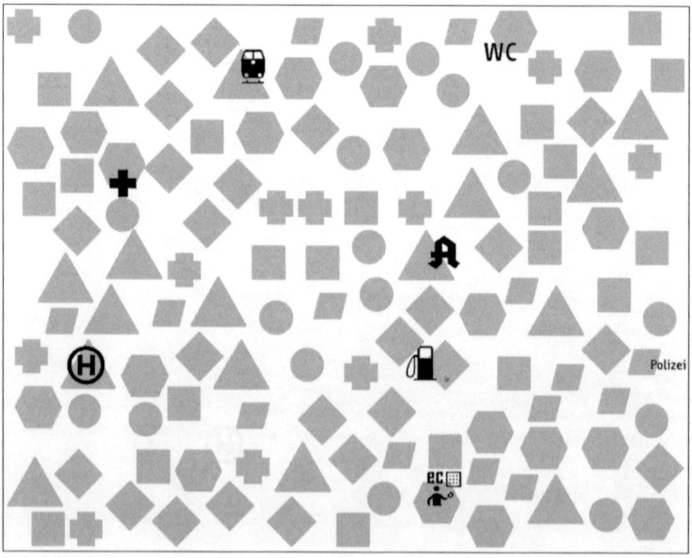

Bitte zeichnen Sie hier Ihre Lösung ein:

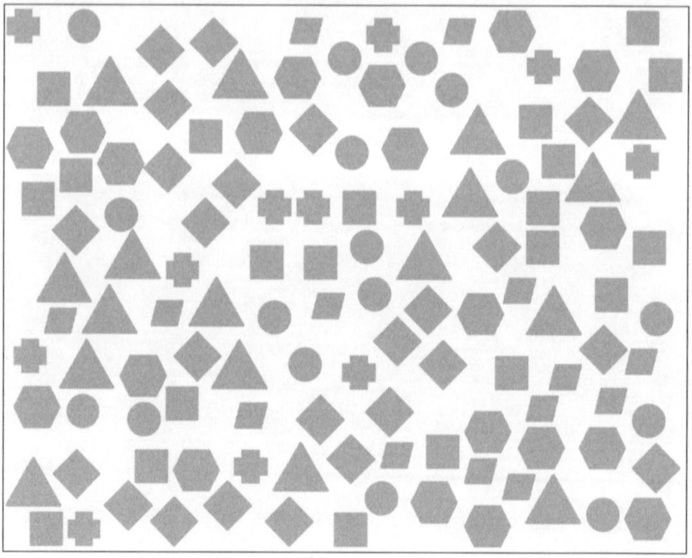

8.

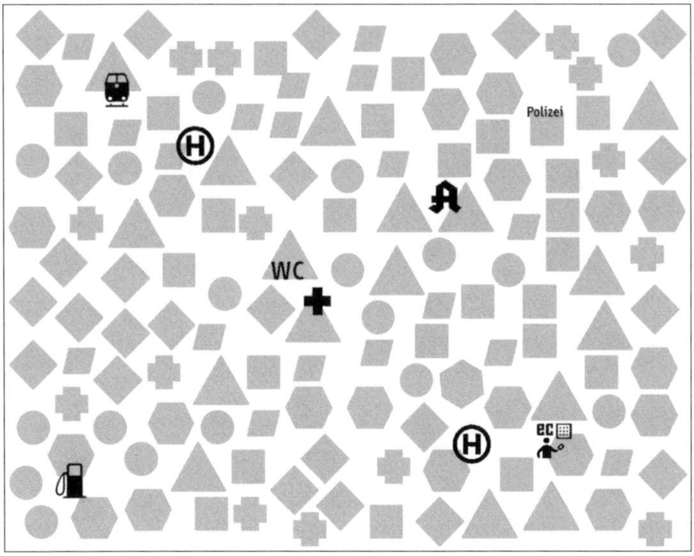

Bitte zeichnen Sie hier Ihre Lösung ein:

→

9.

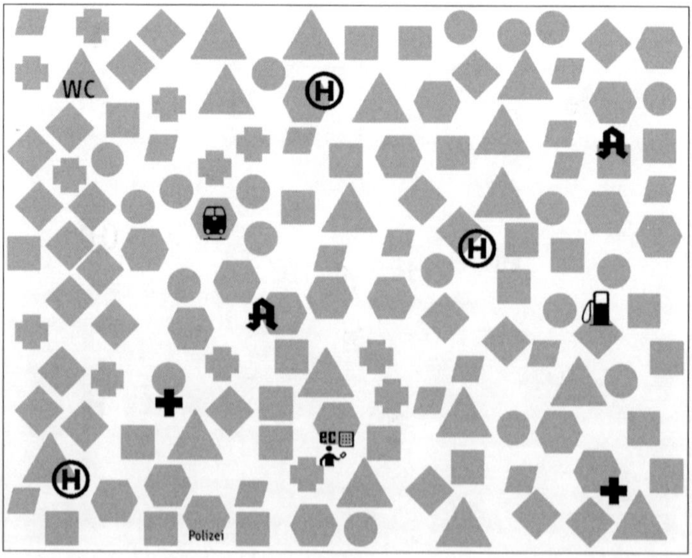

Bitte zeichnen Sie hier Ihre Lösung ein:

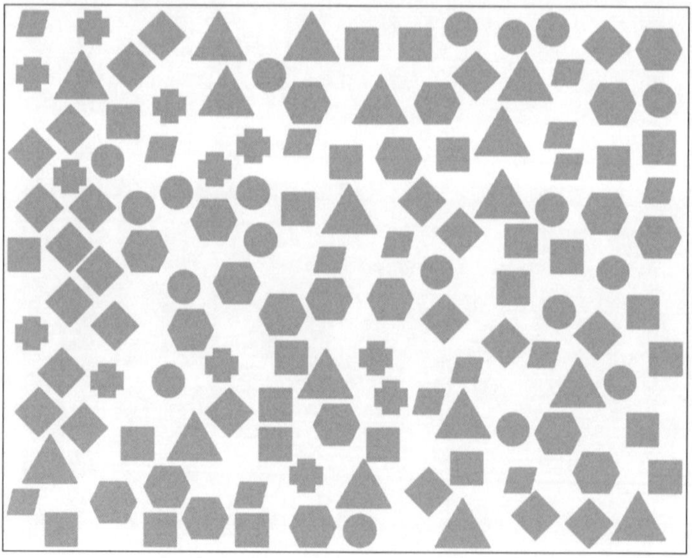

10.

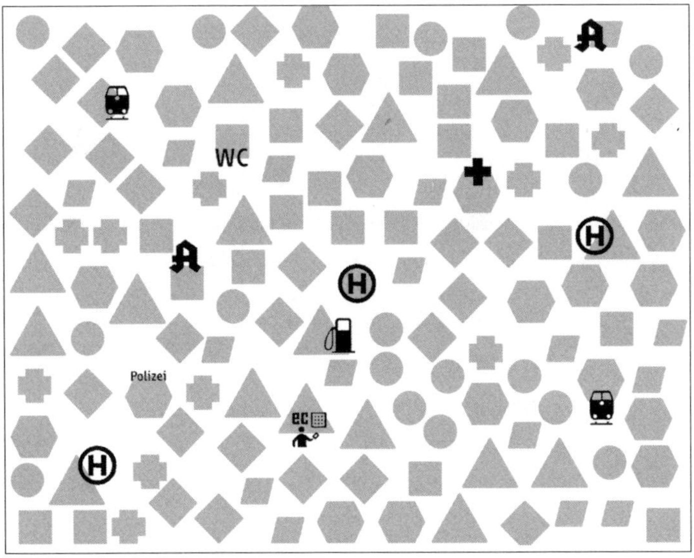

Bitte zeichnen Sie hier Ihre Lösung ein:

Buchstaben merken

Hier wird Ihre akustische Merkfähigkeit überprüft. Sie bekommen Buchstaben genannt, die Sie sich merken sollen. Sofort danach präsentiert man Ihnen eine Kopfrechenaufgabe. Erst nach Lösen der Aufgabe dürfen Sie einen Stift zur Hand nehmen und die Buchstaben und das Rechenergebnis auf einem Lösungsbogen notieren. Der zeitliche Rahmen zum Lösen der Kopfrechenaufgaben ist vollkommen ausreichend. Der Schwierigkeitsgrad sollte bei einem soliden Grundwissen in Mathematik – alle Aufgaben sind auch wirklich im Kopf lösbar! – keine Probleme bereiten.

Beispiel:

Ihnen wird der Buchstabe »A« angesagt. Nach etwa 3 Sekunden bekommen Sie die Aufgabe »7 × 7«. Nun dürfen Sie einen Stift nehmen und im Lösungsfeld unter der ersten Aufgabe »49« und »A« eintragen.

Tipp: Versuchen Sie, die Buchstaben zu »Wörtern« zusammenzufassen. So lassen diese sich, gerade wenn es mehrere werden, leichter merken.

Lassen Sie sich nun die folgenden Aufgaben von einem Helfer vorlesen. Kopieren Sie vorher den abgebildeten Lösungsbogen aus diesem Buch und nutzen Sie ihn, um Ihre Lösungen einzutragen.

1. A	3 × 4
2. G H	56 – 6
3. J U R	90 – 4
4. K G U F	5 × 8
5. U G R P K	12 – 6
6. U F G W A K	40 – 2
7. P I B Y W Q U	12 + 12
8. Z T Z T R E W G	3 + 14
9. Z G S O P H J F	34 + 12

10. R D H K U I R G 19 – 7

11. Z G B K J H N F 3 × 3

12. H A B E R V A W 16 × 4

13. I O P E T U F G 50 + 49

14. U T R F W A S X 44 : 4

15. R E G F U J I O 1 × 13

16. T U Z H P O L O 34 – 17

17. O P L H U S T A 36 : 2

18. Z U N F R E H G 54 : 9

19. K L J H U G M N 34 + 2

20. R U S T F A S T 99 – 88

Lösungsbogen

Aufgabe	1	2	3	4	5	6	7	8	9	10	11	12	13	14	15	16	17	18	19	20
Ergebnis																				
Buchstaben																				

Lösungen Seite 549

Lebensdaten einprägen

Die nachfolgenden beiden Lebensgeschichten sowie die Fotos der handelnden Personen prägen Sie sich bitte gut ein. Dafür stehen Ihnen nach dem ersten Durchlesen 5 Minuten Zeit zur Verfügung.

Lebensgeschichte A

Emil Koll
geboren am 11.3.1959 in Sääs
Wohnort: Labonn
Telefon: 321 64 00

Emil Koll war der Älteste von fünf Geschwistern und musste schon früh seinen Eltern in der Gaststätte helfen. In seiner Freizeit bewies er ein beachtliches Zeichentalent. Mit 19 Jahren heiratete er eine junge, vorwärts strebende, aber leichtsinnige Reisende für Spirituosen, Frau Wepp. Schon nach zweieinhalb Jahren musste er einsehen, dass seine Ehe verfehlt war. Nach der Scheidung ging er zunächst zu seinen Eltern zurück und bildete sich durch den täglichen Besuch von Kursen in der Nachbarstadt Bulo als Modezeichner fort. Bald hatte er viel Erfolg in dieser Tätigkeit. Als er seine zweite Frau, Vera Puschmann, eine Kinderärztin, kennen lernte, gab er seine Tätigkeit auf.

Emil Koll

Vater von Emil Koll

Frau Wepp

Lebensgeschichte B

Adele Notzell
geboren am 8.12.1966 in Cann
Wohnort: Rantrum
Telefon: 723 45 00

Adele Notzell wollte, wie ihr Vater, den Lehrerberuf ergreifen. Von Jugend an interessierte sie sich für Technik. Nach einem vierjährigen Studium wurde sie Ingenieurin. Zunächst beschäftigte sie sich mit der Entwicklung neuzeitlicher Kühlmaschinen. Mit ihrer Kollegin, Fräulein Luna, erfand sie eine verbesserte Eiszubereitungsmaschine. Sie entwarf außerdem einen neuartigen und sehr preisgünstigen Seifenspender, der sehr sparsam im Stromverbrauch war. Später wechselte sie ihre Arbeitsstelle und kam in einen Großbetrieb für Motorräder in Dagblitz. Sie wurde Chefkonstrukteurin und arbeitete mit ihrem Mitarbeiterstab an Plänen für einen neuartigen Lärmschutz für Auspuffanlagen. Auf einer längeren Geschäftsreise lernte sie in Venedig ihren Mann kennen. Sie haben zwei Mädchen und zwei Jungen und sind glücklich verheiratet.

Mutter von Adele Notzell

Fräulein Luna

2. Mann von Adele Notzell

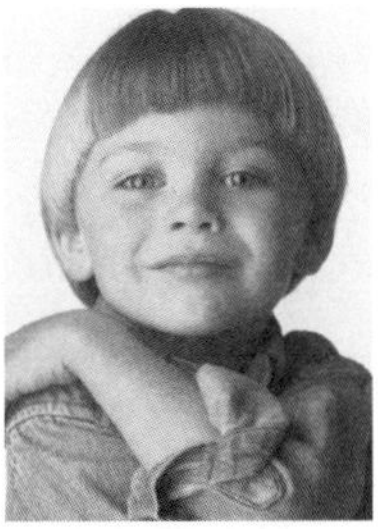

Tochter Notzell

Bearbeiten Sie jetzt bitte die folgenden Aufgaben,
bis Sie zu den Lebensgeschichten befragt werden.

Zahlenreihen merken

Kleine Abwechslung! Für die nächste Aufgabe benötigen Sie einen Mitspieler, der Ihnen bei der Durchführung eines Zahlengedächtnistests hilft. Bitten Sie ihn, Ihnen die folgenden 10 Zahlenreihen vorzulesen. Ihre Aufgabe besteht darin, nach dem einmaligen deutlichen und lauten Vorlesen (ohne Versprecher) einer Zahlenreihe diese auswendig hinzuschreiben. Wir beginnen:

A 6 4 5 4 2
B 3 4 6 7 9 0
C 5 4 2 1 3 6
D 7 4 1 2 4 6 7
E 8 9 0 3 4 6 7 8
F 9 7 4 2 3 4 9 7 0
G 1 3 7 9 0 7 3 1 0 3
H 2 3 7 6 9 0 1 4 8 9 0
I 7 8 7 6 4 3 2 2 8 9 7
J 2 8 4 2 3 6 7 1 8 4 6

Auswendig lernen

Folgende Wörter sollen Sie in 3 Minuten auswendig lernen:

a) Berufe: Eismann – Imker – Nachtwächter – Pfarrer – Uhrmacher
b) Städte: Aachen – Cuxhaven – Oldenburg – Quellbach – York
c) Bauwerke: Funkturm – Jagdhaus – Liederhalle – Scheune – Viadukt
d) Lebensmittel: Butter – Kartoffeln – Reis – Teigwaren – Wurst
e) Sport: Hockey – Golf – Marathonlauf – Degenfechten – Zehnkampf

Achtung! Bitte nicht umblättern,
bevor die Auswendiglernzeit beendet ist!

Das ist jetzt Ihre Aufgabe:

In welche Gruppe gehörte das Wort
mit dem Anfangsbuchstaben V?
a) in die Berufsgruppe
b) in die Städtegruppe
c) in die Bauwerkegruppe
d) in die Lebensmittelgruppe
e) in die Sportgruppe

Lösung: c (Viadukt – Bauwerke)

Für die nun folgenden Fragen haben Sie 5 Minuten Bearbeitungszeit.

1. In welche Gruppe gehörte das Wort mit dem Anfangsbuchstaben A?
   a) in die Berufsgruppe
   b) in die Städtegruppe
   c) in die Bauwerkegruppe
   d) in die Lebensmittelgruppe
   e) in die Sportgruppe

2. In welche Gruppe gehörte das Wort mit dem Anfangsbuchstaben B?
   a) in die Berufsgruppe
   b) in die Städtegruppe
   c) in die Bauwerkegruppe
   d) in die Lebensmittelgruppe
   e) in die Sportgruppe

3. In welche Gruppe gehörte das Wort mit dem Anfangsbuchstaben C?
   a) in die Berufsgruppe
   b) in die Städtegruppe
   c) in die Bauwerkegruppe
   d) in die Lebensmittelgruppe
   e) in die Sportgruppe

→

4. In welche Gruppe gehörte das Wort mit dem Anfangsbuchstaben D?
   a) in die Berufsgruppe
   b) in die Städtegruppe
   c) in die Bauwerkegruppe
   d) in die Lebensmittelgruppe
   e) in die Sportgruppe

5. In welche Gruppe gehörte das Wort mit dem Anfangsbuchstaben E?
   a) in die Berufsgruppe
   b) in die Städtegruppe
   c) in die Bauwerkegruppe
   d) in die Lebensmittelgruppe
   e) in die Sportgruppe

Bitte führen Sie die Aufgabe für die restlichen Buchstaben des Alphabets (außer X) fort:

6. F in a b c d e
7. G in a b c d e
8. H in a b c d e
9. I in a b c d e
10. J in a b c d e
11. K in a b c d e
12. L in a b c d e
13. M in a b c d e
14. N in a b c d e
15. O in a b c d e
16. P in a b c d e
17. Q in a b c d e
18. R in a b c d e
19. S in a b c d e
20. T in a b c d e
21. U in a b c d e
22. V in a b c d e
23. W in a b c d e
24. Y in a b c d e
25. Z in a b c d e

Überprüfen Sie Ihre Lösungen, und blättern Sie zurück auf Seite 160.

Erinnern und identifizieren

Erinnern Sie sich noch an die Aufgabe »Lebensdaten einprägen« – die unsäglichen Lebensschicksale von Emil Koll und Adele Notzell? Nun sollen Sie feststellen, welche Details in der folgenden nacherzählten Lebensgeschichte unserer beiden Helden falsch wiedergegeben oder neu hinzugefügt worden sind (natürlich ohne irgendwelche Rückblätteraktionen).

Beispiel:
Welches Detail ist falsch?

Seit seiner Jugend interessierte sich Emil Koll
a b c
für die Gaststätte seiner Eltern.
d

Lösung: Detail b ist falsch, denn Emil Koll interessierte sich nicht für die Gaststätte, sondern musste da helfen.

1. Bitte notieren Sie, welche Details in dem folgenden Text falsch sind, und arbeiten Sie dann weiter (insgesamt zu dieser Thematik 10 Minuten):

Emil Koll musste nach drei Jahren erkennen, dass seine
a b
Ehe gescheitert war, und ging deshalb nach der Scheidung zurück
c d
zu seinen fünf Geschwistern. Er bildete sich zum Modezeichner fort
e f
und hatte in dieser Tätigkeit viel Erfolg, als er seine Frau, eine Tierärztin,
g h
kennen lernte.

Vera Notzell entwickelte mit ihrer Kollegin, Frau Luna,
i j
einen neuen, verbesserten Seifenspender und lernte in Venedig
k l
ihre zwei Kinder kennen ...
m

→

(Man möge uns verzeihen, aber dieser Schwachsinn ist einfach nicht zu ertragen. Uns ging es darum, Ihnen das System zu erklären.)

Weitere Fragen:

2. Wie viele Kinder hatten die Eltern von Emil Koll?
3. Welchen Beruf hat die zweite Frau von Emil Koll?
4. Welchen Beruf erlernte Emil Koll?
5. In welchem Alter heiratete Emil Koll zum ersten Mal?
6. Wie heißt Emil Kolls Frau aus erster Ehe?
7. Was besaßen die Eltern von Emil Koll?
8. In welchem Beruf arbeitete der Vater von Adele Notzell?
9. Wie lange studierte Adele Notzell Ingenieurwissenschaft?
10. Wie viele Kinder hat sie zusammen mit ihrem Ehemann?

Noch nicht genug: Welche der folgenden Einzelheiten kommt in einer der beiden Geschichten vor?

11.	a) Sass	b) Saß	c) Säs	d) Sääs
12.	a) Labonn	b) Bonn	c) Laboe	d) Labohn
13.	a) Nizza	b) Cann	c) Kahn	d) Kannes
14.	a) Rantrum	b) Rantram	c) Rant	d) Radebold
15.	a) 321 64 01	b) 321 64 00	c) 322 00 64	d) 328 12 89
16.	a) 723 45 00	b) 714 35 00	c) 676 76 76	d) 777 27 00
17.	a) 8.12.1961	b) 12.8.1966	c) 8.12.1966	d) 9.12.1973
18.	a) 3.11.1959	b) 29.3.1941	c) 11.3.1951	d) 11.3.1959

Erinnern Sie sich noch an die Fotos, können Sie noch die richtigen Namen zuordnen? Ordnen Sie bitte der folgenden Namenliste die richtige Foto-Nummer zu.

1. Emil Koll
2. Bruder von Emil Koll
3. Frau Wepp
4. Vera Puschmann
5. Adele Notzell
6. Vater von Adele Notzell
7. Kollegin Luna
8. Herr Notzell
9. Tochter Notzell
10. Eduard Zimmermann

1

2

3

4

5

6

7

8

9

10

11

12

13

14

15

16

17

18

19

20

Lösungen Seite 549

Polizeiorientierte Merkfähigkeit (Case Study)

Im Folgenden finden Sie einen (polizeilichen) Sachverhalt, zu dem Sie sich möglichst viele Details einprägen sollen. In einem Einstellungstest für den Polizeivollzugsdienst wird Ihnen bei einem solchen Test zumeist ein Video gezeigt oder eine Situationsbeschreibung ausgeteilt bzw. vorgelesen. Im Gegensatz zu einem realen Polizeieinsatz dürfen Sie sich hier keine Notizen machen.

Bitte merken Sie sich nun aus der folgenden Sachverhaltsschilderung möglichst viele Details. Nach einer Einprägephase von 10 Minuten haben Sie 20 Minuten Zeit, diesen Sachverhalt in Form eines Berichts so genau wie möglich zu schildern.

Raubüberfall

Am 23.07. werden Sie um 11.50 Uhr im Streifenwagen 4116 zu einem Raubüberfall auf dem Gelände der Oregon-Tankstelle an der Hamburger Str./Münchener Str. gerufen. Vor Ort treffen Sie auf eine Zeugin, die Ihnen auf Befragen Folgendes schildert: »Ich war gerade dabei, meinen Wagen zu betanken, als mich ein junger Mann angesprochen hat, ob ich ihm etwas Kleingeld geben könnte. Ich habe zu ihm gesagt, dass ich im Moment kein Kleingeld habe, ihm aber, nachdem ich zu Ende getankt und bezahlt habe, etwas geben würde. Daraufhin ist er weggegangen, und ich habe weiter getankt. Irgendwie hatte ich mich unwohl gefühlt und deswegen auch meine Handtasche über die Schulter gehängt. Plötzlich hat dieselbe Person mich von hinten umgestoßen und mir meine Tasche weggerissen. Ich habe noch versucht, sie festzuhalten, hatte aber keine Chance.«

Bei der Zeugin/dem Opfer handelt es sich um:
Anke Udluft
* 01.05.1972 in Bremtal
Eschendorfer Ring 12
68814 Bremtal
Tel. 06197/9624

Die Handtasche wird wie folgt beschrieben:

Eine gelbe Damenhandtasche, schon recht alt, mit schwarzem Zebramuster. In der Tasche befanden sich die Haustürschlüssel, der Personalausweis und der Führerschein des Opfers, ein Portemonnaie mit ca. 230,– Euro, eine Packung Taschentücher und eine American-Express-Kreditkarte.

Der Täter wird vom Opfer wie folgt beschrieben:

Männlich, ca. 18 bis 26 Jahre alt, ca. 170 bis 180 cm groß, schwarze Hautfarbe, ungepflegtes Äußeres mit wuschigen, schwarzen Haaren und einem abstehenden, ebenfalls wuschigen Bart. Die Haare sind recht lang. Getragen hat er eine Jeans. Über eine mögliche Bewaffnung kann die Dame nichts sagen und sich auch nicht an weitere Einzelheiten erinnern.

Im Zuge der von Ihnen eingeleiteten Nahbereichsfahndung treffen Sie um 12.02 Uhr in der Nürnberger Straße, ca. 300 m vom Tatort entfernt, auf den Tatverdächtigen (TV)

Timo Fisch
* 05. 04. 1988 in Kirchwalsede
Krügerstraße 3
28199 Fischerhude

auf den die vom Opfer abgegebene Personenbeschreibung ziemlich genau passt.

Eine Durchsuchung des Tatverdächtigen (TV) fördert 244,– Euro zutage. Fisch gibt nach erfolgter Belehrung an, er habe so viel Geld bei sich, da er sich gerade ein Fahrrad in der Stadt kaufen wollte. Zur fraglichen Tatzeit wäre er auf dem Weg zum Bus gewesen. Im Übrigen sage er jetzt gar nichts mehr.

Das Geld wird von Ihnen sichergestellt und der TV mit zur Wache genommen. Dort nehmen Sie von ihm Fingerabdrücke und machen Lichtbildaufnahmen. Ihr Kollege überprüft, ob der TV zur Fahndung ausgeschrieben und/oder er als Täter schon mal in Erscheinung getreten ist.

Nachdem der Bericht von Ihnen am PC geschrieben und Ihre handschriftlichen Notizen im Datenshredder vernichtet wurden, stürzt Ihnen leider der PC ab, ohne dass Sie gesichert hatten. Bitte verfassen Sie zu dem von

Ihnen erlebten Sachverhalt innerhalb der nächsten 20 Minuten einen ausführlichen Bericht und vergleichen anschließend Ihre Darstellung des Sachverhalts mit der obigen Schilderung.

Hinweise Seite 534

Allgemeinwissen und Sozialwissen

Satzergänzung

Ihnen werden Sätze vorgegeben, die durch eines der Lösungswörter a–f zu ergänzen sind. Nur ein Lösungswort ist richtig.

1. Beispiel:

Am meisten Ähnlichkeit haben Kaninchen mit ...

a) Hasen
b) Katzen
c) Eichhörnchen
d) Füchsen
e) Igeln
f) Frettchen

Lösung: a) Hasen

2. Beispiel:

Vor allem aus Mangel an ... sind Hochhäuser entstanden.

a) Sauerstoff
b) Bauholz
c) Baugrund
d) ästhetischem Empfinden
e) Architekten
f) Wohnungen

Lösung: c) Baugrund

Für die folgenden 49 Satzergänzungsaufgaben haben Sie 20 Minuten Zeit.

1. Beim Autofahren benötigt man besonders ...

a) Vorsicht	d) Kraft
b) Ausdauer	e) Aufmerksamkeit
c) Geschick	f) Rücksicht

2. Am wichtigsten am Fernseher ist/sind ...

a) die Antenne	d) die Bildröhre
b) der Abstellknopf	e) der Kontrastregler
c) die Transistoren	f) der Lautstärkeregler

3. ... ist keine Wettererscheinung.

a) der Nebel	d) das Erdbeben
b) das Gewitter	e) der Orkan
c) der Hagel	f) der Sturm

4. Als Verkehrsmittel ist das Flugzeug das ...

a) unsicherste	d) größte
b) leichteste	e) vernünftigste
c) teuerste	f) schnellste

5. Letztlich werden Entscheidungen ...

a) diskutiert	d) geplant
b) überlegt	e) befolgt
c) getroffen	f) vermieden

6. Am ehesten zu Lebzeiten muss der Ruf eines ... begründet sein.

a) Komponisten	d) Schauspielers
b) Malers	e) Dichters
c) Bildhauers	f) Schriftstellers

7. Am wenigsten kann man über längere Zeit auf das ... verzichten.

a) Fernsehen	d) Trinken
b) Schlafen	e) Essen
c) Sprechen	f) Gehen

8. Quecksilber ist ...

a) eine Legierung
b) ein Metall
c) ein Mineral
d) eine Lösung
e) ein Gemisch
f) eine Mixtur

9. Man kann sagen: Väter sind ... erfahrener als ihre Söhne.

a) nie
b) immer
c) gewöhnlich
d) grundsätzlich
e) selten
f) manchmal

10. ... gehört/gehören immer zu einer Prüfung.

a) Fragen
b) Antworten
c) Wissen
d) Fähigkeiten
e) ein Programm
f) ein Prüfender

11. Hat man Geld, hat man immer ...

a) Freude
b) Freunde
c) Sicherheit
d) Macht
e) Besitz
f) Konten

12. Am besten löst man ein Problem durch ...

a) Einfühlung
b) Verstand
c) Ausprobieren
d) Konzentration
e) Nachdenken
f) Aufgeben

13. Etwa ... beträgt der Anteil der Bundesrepublik Deutschland an der Festlandoberfläche der Erde.

a) 0,2 %
b) 0,5 %
c) 1,5 %
d) 2,3 %
e) 2,8 %
f) 3,2 %

14. Man braucht ..., wenn man arbeitet.

a) Verstand
b) Intelligenz
c) Werkzeuge
d) Chefs
e) Aufgaben
f) Ehrgeiz

→

15. … ist eine der häufigsten Ursachen eines Hochwassers.

a) Unglück
b) Katastrophe
c) Kälteeinbruch
d) Dammbruch
e) Wetterwechsel
f) Eisschmelze

16. Mit Menschen sollte man … im Umgang sein.

a) abwartend
b) vergnügt
c) aufgeschlossen
d) zurückhaltend
e) vorsichtig
f) gewandt

17. Man benötigt viel …, um tiefe Töne zu erzeugen.

a) Verstand
b) Gefühl
c) Übung
d) Kraft
e) Schwung
f) Konzentration

18. Eine mit Inhalten aus der Tierwelt gestaltete kurze Erzählung, die häufig eine Belehrung enthält, bezeichnet man als …

a) Anekdote
b) Roman
c) Fabel
d) Legende
e) Gleichnis
f) Symbol

19. Eine/ein … dient nicht der Regelung des Verkehrs auf der Straße.

a) Parkverbot
b) Bahnschranke
c) Einbahnstraße
d) Ampelanlage
e) Scheinwerfer
f) Verkehrspolizist

20. Die Differenz zwischen so genanntem bürgerlichem und astronomischem Jahr wird ausgeglichen durch das/die …

a) Schaltjahr
b) Kalenderjahr
c) Jahreszeiten
d) Monatslängen
e) Kirchenjahr
f) Sabbatjahr

21. Ein Gradierwerk wird eingesetzt zur …

a) Landvermessung
b) Stromgewinnung
c) Wasserverdunstung
d) Flussregulierung
e) Landgewinnung
f) Städteplanung

22. … gibt ein subjektives Gefühl der Sicherheit, obwohl objektiv die Reaktionszeiten länger werden.

a) Trauer
b) Freude
c) Koffein
d) Erfolg
e) Alkohol
f) Tein

23. Wassertürme haben die Funktion, das Wasser …

a) zu reinigen
b) zu kontrollieren
c) zu sammeln
d) unter Druck in die Wasserleitung zu leiten
e) aufzufangen
f) kühl zu halten

24. Mit dem Wort Unruh bezeichnet man einen Teil aus …

a) einer Uhr
b) einem Kompass
c) einem Motor
d) der menschlichen Seele
e) einem Seismographen
f) einem Computer

25. Generell gilt: Wasser ist immer … als Fett.

a) weicher
b) schwerer
c) härter
d) leichter
e) wärmer
f) kühler

26. Generell gilt: Eis ist immer … als Wasser.

a) flexibler
b) leichter
c) reiner
d) schwerer
e) klarer
f) unruhiger

27. Das Phänomen der … basiert auf der Tatsache, dass die Rotationsachse der Erde nicht senkrecht zur Erdbahnebene ist.

a) Gezeiten
b) Jahreszeiten
c) Mondfinsternis
d) Sonnenfinsternis
e) Erdabspaltung
f) Vulkanausbrüche

28. Grönland gehört zu …

a) Island
b) Kanada
c) Großbritannien
d) Dänemark
e) Niederlande
f) Schweden

→

29. Ein Byte hat … Bit.

a) 1	d) 100
b) 8	e) 1000
c) 10	f) 1 Mio.

30. Alkohol (Ethanol) enthält … Wasserstoffatome.

a) keine	d) 6
b) 1	e) 10
c) 3	f) 100

31. Der/das … ist kein Säugetier.

a) Katzenhai	d) Delfin
b) Nilpferd	e) Pottwal
c) Seehund	f) Walross

32. Rom wurde … gegründet.

a) etwa 1000 v. Chr.	d) 200 v. Chr.
b) 753 v. Chr.	e) 100 v. Chr.
c) 333 v. Chr.	f) alles falsch

33. Das Zeichen Σ steht für …

a) Eis	d) Wurzel
b) Energie	e) Summe
c) Synergie	f) Vorsicht

34. Die beiden Zeichen Α und Ω stehen für …

a) Achtung	d) IST und SOLL
b) Alpha und Omega	e) Anfang und Ende
c) Asterix und Obelix	f) Vollkommenheit

35. Ein Gigabyte hat ca. …

a) 1 Mio. Byte	d) 10 Megabyte
b) 1 Mio. Kilobyte	e) 100 Kilobyte
c) 1 Mio. Megabyte	f) alles falsch

36. Eine konstante Größe in der Relativitätstheorie ist die …

a) Zeit
b) Geschwindigkeit
c) Masse
d) Beschleunigung
e) Menge
f) Lichtgeschwindigkeit

37. Das Zeichen für »unendlich« ist …

a) O
b) U
c) ©
d) ∞
e) α
f) ϑ

38. Die Oper … stammt nicht von Mozart.

a) *Der Freischütz*
b) *Don Giovanni*
c) *Cosi fan tutte*
d) *Die Zauberflöte*
e) *Die Hochzeit des Figaro*
f) *Die Entführung aus dem Serail*

39. Der Begriff … steht nicht für ein Computer-Betriebssystem.

a) DOS
b) Windows 2000
c) Perl
d) OS/2
e) Unix
f) MAC-OS

40. … trat das erste deutsche Parlament in der Paulskirche zusammen.

a) 1640
b) 1718
c) 1789
d) 1848
e) 1919
f) 1945

41. Der Roman *Der Steppenwolf* wurde geschrieben von …

a) Grass
b) Böll
c) Hesse
d) Schrader
e) Rilke
f) Zweig

42. Die *Titanic* sank …

a) 1900
b) 1910
c) 1912
d) 1920
e) 1933
f) 1945

→

43. Nur die … sind ein germanischer Stamm.

a) Hunnen	d) Basken
b) Cherusker	e) Gallier
c) Etrusker	f) Slawen

44. 10 Zentimeter entsprechen … Millimetern.

a) 10	d) 10.000
b) 100	e) 100.000
c) 1.000	f) 1.000.000

45. Mit dem Begriff … bezeichnet man Kalkablagerungen in den Arterien.

a) Ödeme	d) Arthritis
b) Thrombosen	e) Mongolismus
c) Gastritis	f) Arteriosklerose

46. Schwefelsäure enthält … Sauerstoffatome.

a) keine	d) 2
b) unzählige	e) 4
c) 1	f) 5

47. Die Inka stammen aus dem heutigen …

a) Nordamerika	d) Argentinien
b) Brasilien	e) Nicaragua
c) Peru	f) Mexiko

48. Die Stadt … trug früher auch die Namen Alexandria, Byzanz und Konstantinopel.

a) Paris	d) Athen
b) Prag	e) Kairo
c) Rom	f) Istanbul

49. Berlin hat aktuell etwa … Einwohner.

a) 1,5 Mio.	d) deutlich über 4,5 Mio.
b) knapp 2 Mio.	e) 6 Mio.
c) etwa 3,5 Mio.	f) 7 Mio.

Lösungen Seite 551

Einzelne Wissensgebiete

Gerne überprüfen Institutionen das Allgemeinwissen eines Bewerbers. Für Polizei, Feuerwehr und Justiz sind dabei folgende Bereiche von Bedeutung: Staat und Politik, Geschichte, Wirtschaft, Geographie, Physik, Biologie und Chemie. Versuchen Sie nun die Fragen zu lösen. Eine Zeitbegrenzung gibt es nicht, jedoch sollten Sie die Aufgaben zügig bearbeiten.

Staat und Politik

1. Die Staatsform der Bundesrepublik Deutschland heißt …
   a) Volksdemokratie
   b) parlamentarische Volksrepublik
   c) parlamentarische Demokratie
   d) Bundesstaat

2. Wer wurde als erster Ministerpräsident von Sachsen gewählt?
   a) Lothar de Maizière
   b) Manfred Stolpe
   c) Oskar Lafontaine
   d) Kurt Biedenkopf

3. Wie viele neue Bundesländer hat die Bundesrepublik Deutschland am 3. Oktober 1990 hinzubekommen?
   a) 4
   b) 5
   c) 6
   d) 7

4. Von wem wird der Bundeskanzler der Bundesrepublik Deutschland gewählt?
   a) durch das Volk
   b) durch die Bundesversammlung
   c) durch den Bundesrat
   d) durch den Bundestag

→

5. Wie lautet die richtige Abkürzung für die Vorläuferorganisation der EU?
   a) ETA
   b) EFTA
   c) EG
   d) EVA

6. Für welchen Zeitraum wird der deutsche Bundestag gewählt?
   a) für 2 Jahre
   b) für 3 Jahre
   c) für 4 Jahre
   d) für 5 Jahre

7. Von wem wird der Bundespräsident gewählt?
   a) vom Bundestag
   b) vom Bundesrat
   c) vom Volk
   d) von der Bundesversammlung

8. Mit welchem Alter erlangt man das passive Wahlrecht?
   a) mit 18 Jahren
   b) mit 21 Jahren
   c) mit 23 Jahren
   d) mit 25 Jahren

9. Unter dem Begriff der Gewaltenteilung versteht man …
   a) einen Fachausdruck aus dem Wirtschaftsrecht
   b) einen Begriff des Eherechts
   c) Kurzbezeichnung für die Aufgaben der Polizei
   d) Trennung der Funktionen der Rechtsprechung, Regierung und Gesetzgebung

10. Wenn in der Bundesrepublik Deutschland ein neues Gesetz entstanden ist, wird es zuletzt gegengezeichnet vom/von …
    a) Bundeskanzler
    b) Bundespräsidenten
    c) Bundestagspräsidenten
    d) Bundesministern

11. Wo ist der Sitz des Bundesverfassungsgerichts?
    a) Berlin
    b) Bonn
    c) Karlsruhe
    d) Den Haag

12. Bei welchem Amt wird ein Neugeborenes angemeldet?
    a) Ordnungsamt
    b) Standesamt
    c) Regierungspräsidium
    d) Einwohnermeldeamt

13. Ein Bürger hat nicht nur Rechte, sondern auch Pflichten. Was stellt keine Pflicht dar?
    a) Schulbesuch
    b) zu wählen
    c) das Schöffenamt wahrzunehmen
    d) sich beim Einwohnermeldeamt registrieren zu lassen

14. Welches Gericht übt keine Strafjustiz aus?
    a) Landgericht
    b) Amtsgericht
    c) Bundesverfassungsgericht
    d) Oberlandesgericht

15. Wer hat kein Streikrecht?
    a) Pilot
    b) Polizist
    c) Bankangestellter
    d) Arzt

16. Wann wurde die Bundesrepublik gegründet?
    a) 1945
    b) 1946
    c) 1949
    d) 1947

→

17. Wann wurde die Bundeswehr aufgestellt?
    a) 1945
    b) 1949
    c) 1950
    d) 1956

18. Was bedeutet Föderalismus?
    a) Zentrale Regierungsform
    b) Zusammenfassung von Einzelstaaten zu einem Bundesstaat
    c) Planwirtschaft
    d) Zentralwirtschaft

19. Wie viele Bundesländer hat die Bundesrepublik?
    a) 10
    b) 15
    c) 12
    d) 16

20. Welches Ministerium ist nicht auf Bundesebene vertreten?
    a) Wirtschaft
    b) Finanzen
    c) Kultur
    d) Arbeit und Soziales

Lösungen Seite 551

Geschichte

1. Wann endete der Zweite Weltkrieg in Europa?
   a) März 1945
   b) April 1945
   c) Mai 1945
   d) Juni 1945

2. Wann erfolgte die Proklamation der Menschen- und Bürgerrechte in Frankreich?
   a) 1776
   b) 1789
   c) 1813
   d) 1850

3. In welcher Zeitspanne ereignete sich der Erste Weltkrieg?
   a) 1913–1917
   b) 1913–1919
   c) 1914–1917
   d) 1914–1918

4. Wann fand die Oktoberrevolution statt?
   a) 1920
   b) 1918
   c) 1917
   d) 1896

5. Die Entente Cordiale wurde geschlossen zwischen …
   a) England und Russland
   b) England und Frankreich
   c) Frankreich und Russland
   d) Frankreich und Deutschland

6. Wann wurde Deutschland in den Völkerbund aufgenommen?
   a) 1924
   b) 1926
   c) 1928
   d) 1945

→

7. Julius Cäsar adoptierte seinen Großneffen. Er hieß ...
   a) Crassus
   b) Oktavian
   c) Cäsario
   d) Augustus

8. Der Spartakusaufstand 1919: Wer versteckte sich hinter dem Pseudonym »Spartakus«?
   a) Karl Liebknecht
   b) Rosa Luxemburg
   c) Ernst Thälmann
   d) Wilhelm Pieck

9. Der Gedanke der kommunalen Selbstverwaltung stammt von ...
   a) Stresemann-Severins
   b) Wilhelm von Humboldt
   c) Stein-Hardenberg
   d) August Bebel

10. Woher kamen die Goten ihrer Stammessage nach?
    a) aus Skandinavien
    b) vom Balkan
    c) aus Vorderasien
    d) aus Lettland

11. Die Schlagworte der Französischen Revolution hießen ...
    a) Freiheit, Gleichheit, Brüderlichkeit
    b) Frieden, Freiheit, Wohlstand
    c) Frieden, Freiheit, Gerechtigkeit
    d) Einigkeit, Recht und Freiheit

12. Wer gründete das Deutsche Reich?
    a) Hitler
    b) Bismarck
    c) Hindenburg
    d) Stresemann

13. Welches Geschehen besiegelte den Untergang des spanischen Weltreichs?
    a) Entdeckung Amerikas
    b) Erbstreitigkeiten im spanischen Herrscherhaus
    c) Vernichtung der spanischen Flotte
    d) die Schlacht bei Waterloo

14. Welches kleine, aber wichtige europäische Land hat seit 1815 keine Kriege geführt?
    a) Niederlande
    b) Schweiz
    c) Dänemark
    d) Österreich

15. Wer zerstörte Karthago?
    a) die Ägypter
    b) die Athener
    c) die Römer
    d) die Mohammedaner

16. In welchem Jahrhundert fand die Reformation statt?
    a) 15. Jahrhundert
    b) 17. Jahrhundert
    c) 14. Jahrhundert
    d) 16. Jahrhundert

17. Zum Christentum trat als erster römischer Kaiser über …
    a) Nero
    b) Konstantin
    c) Diokletian
    d) Augustinus

18. Welcher amerikanische Präsident beendete den Krieg zwischen den Süd- und Nordstaaten des Landes und schaffte die Sklaverei weitgehend ab?
    a) Jefferson
    b) Lincoln
    c) Washington
    d) Roosevelt

→

19. Nachdem China viele Jahrhunderte hindurch ein feudalistisches Kaiserreich war, wurde die nationale Revolution zu Anfang des 20. Jahrhunderts von folgendem Politiker eingeleitet:
    a) Mao Tse-tung
    b) Chiang Kai-shek
    c) Sun Yat-sen
    d) Lin Piao

20. Welche Nationalität hatte Kolumbus?
    a) Italiener
    b) Spanier
    c) Grieche
    d) Portugiese

Lösungen Seite 551

Wirtschaft

1. Die von einem Kreditnehmer zu zahlenden Kosten für einen Kredit bezeichnet man als …
   a) Dividende
   b) Zinsen
   c) Devisen
   d) Prämie

2. Was charakterisiert u. a. eine inflationäre Entwicklung?
   a) abnehmende Exporte
   b) Flucht in die Sachwerte
   c) Wachsen der Kaufkraft
   d) das Ansteigen der Sparneigung

3. Was versteht man unter dem Nettogewicht?
   a) das Gewicht einer Ware zum Zeitpunkt der Verpackung
   b) den Wert einer Ware inklusive Mehrwertsteuer
   c) das Gewicht einer Ware ohne Verpackung
   d) das Gesamtgewicht einer Ware

4. Was sind Subventionen?
   a) staatliche Zuschüsse
   b) indirekte Steuern
   c) eine Art Schutzzoll
   d) eine Art Investitionsabgabe

5. Bei einer Rezession (Verschlechterung der wirtschaftlichen Lage) steigen besonders die Ausgaben der …
   a) Invalidenversicherung
   b) Arbeitslosenversicherung
   c) Rentenversicherung
   d) Krankenversicherung

→

6. Was charakterisiert am ehesten die Marktwirtschaft?
   a) die Produktion ist staatlich gelenkt
   b) die freie Konsumwahl wird durch staatliche Maßnahmen eingeschränkt
   c) die Produktionsmittel gehören überwiegend dem Staat
   d) die Unternehmen betreiben ihre Planentscheidungen individuell

7. Wie bezeichnet man die gesamtwirtschaftliche Größe der in einem Jahr produzierten Sachgüter und Dienstleistungen?
   a) Sozialvermögen
   b) Sozialprodukt
   c) Volksvermögen
   d) Volkseinkommen

8. Was versteht man unter einer Investition?
   a) Geldentwertung
   b) eine Art Kredit
   c) die langfristige Geldanlage eines Unternehmens in Sachgütern
   d) einen staatlichen Zuschuss

9. Wie bildet sich der tägliche Aktienkurs an der Börse?
   a) durch Angebot und Nachfrage
   b) durch Prognosen der Börsenmakler
   c) durch staatliche Festsetzung
   d) aufgrund der Konjunkturlage

10. Was versteht man unter der Liquidität eines Unternehmens?
    a) die Zahlungsfähigkeit eines Unternehmens
    b) die Auflösung und Beendigung
    c) die Kreditwürdigkeit
    d) eine Form der Unternehmensfinanzierung

Lösungen Seite 551

Geographie

1. Wo liegt Melbourne?
   a) USA
   b) Australien
   c) Afrika
   d) Großbritannien

2. Welches Land grenzt nicht ans Schwarze Meer?
   a) Russland
   b) Rumänien
   c) Bulgarien
   d) Tschechien

3. Wo steht die Sonne am 21. Juni im Zenit?
   a) nördlicher Wendekreis
   b) südlicher Wendekreis
   c) Äquator
   d) Südpol

4. Was ist die Tundra?
   a) eine gebirgige Landschaft
   b) eine wüstenähnliche Landschaft
   c) eine steinige Graslandschaft
   d) eine baumlose Kältesteppenlandschaft

5. Was ist im Süden von Südamerika?
   a) der Ärmelkanal
   b) Kap der Guten Hoffnung
   c) Cape Canaveral
   d) Kap Horn

6. Wo liegt die Apenninen-Halbinsel?
   a) Spanien
   b) Portugal
   c) Griechenland
   d) Italien

→

7. Europas längster Fluss ist der/die …
   a) Rhein
   b) Wolga
   c) Rhône
   d) Donau

8. Welches der folgenden Länder hat die längste Küste?
   a) Italien
   b) Frankreich
   c) Norwegen
   d) Griechenland

9. Wie alt ist in etwa die Erde?
   a) eine Million Jahre
   b) 10 Millionen
   c) mehr als 100 Millionen
   d) weniger als eine Million

10. Welche der folgenden Ländergruppen enthält ein Land bzw. Länder, die keine gemeinsame Grenze mit der Bundesrepublik Deutschland haben?
    a) Tschechien, Österreich, Schweiz
    b) Österreich, Liechtenstein, Polen
    c) Dänemark, Belgien, Luxemburg
    d) Niederlande, Luxemburg, Frankreich

11. Wie viele Einwohner hat Deutschland?
    a) ca. 65 Millionen
    b) ca. 82 Millionen
    c) ca. 90 Millionen
    d) ca. 95 Millionen

12. Belgrad ist die Hauptstadt von …
    a) Tschechien
    b) Rumänien
    c) Serbien
    d) Bulgarien

13. Bei welcher Stadt fließt die Elbe in die Nordsee?
    a) Hamburg
    b) Cuxhaven
    c) Heiligenhafen
    d) Bremerhaven

14. Wie heißt die Hauptzwischenstation auf dem Weg von New Orleans nach Japan?
    a) Kuba
    b) Antillen
    c) Hawaii
    d) Neuseeland

15. Welches Gebirge liegt (am Rhein) dem Taunus gegenüber?
    a) Harz
    b) Hunsrück
    c) Eifel
    d) Teutoburger Wald

Lösungen Seite 551

Physik

1. Was ist ein Ion?
   a) chemisches Element
   b) elektrisch geladenes Atom bzw. Molekül
   c) physikalische Maßeinheit für Elektrizität
   d) eine Maßeinheit für Schwingungen

2. Was ist ein Episkop?
   a) Gerät zum Projizieren von Bildern
   b) Untersuchungsgerät für Schallwellen
   c) Gerät zum Messen von Erdbeben
   d) Gerät zum Messen von Hörschädigungen beim Menschen

3. Was versteht man unter einem Faradayschen Käfig?
   a) historischer Blitzableiter
   b) geschlossene Hülle aus Blech oder Maschendraht, in die von außen kein elektrisches Feld eindringen kann
   c) physikalische Experimentierbox für Röntgenstrahlen
   d) spezieller Käfig für Papageien

4. Erklären Sie den Unterschied zwischen konvex und konkav.
   a) konvex = nach außen gewölbt / konkav = nach innen
   b) umgekehrt
   c) beides falsch
   d) konvex = nach oben gebogen / konkav = nach innen gekehrt

5. Wie hoch ist die Temperatur des Drahtes in der Glühlampe?
   a) über 2.000 °C
   b) 1.000 °C
   c) 100 °C
   d) unter 100 °C

6. Kann sich Schall im luftleeren Raum ausbreiten?
   a) ja
   b) nein
   c) kommt darauf an
   d) nur bei Vorhandensein von Elektrizität

7. Kann sich Schall in festen Stoffen ausbreiten?
   a) ja
   b) nein
   c) kommt darauf an
   d) nur bei Vorhandensein von Elektrizität

8. Was ist ein Kondensierungsprozess?
   a) ein Verdichtungsprozess
   b) ein Entladungsprozess
   c) ein Entstehungsprozess
   d) eine Art, Rohöl in Benzin umzuwandeln

9. Welches ist der beste Wärmeleiter?
   a) Wasser
   b) Diamant
   c) Eisen
   d) Lammwolle

10. Bei welcher Temperatur liegt der absolute Nullpunkt?
    a) bei 0 °C
    b) bei etwa – 333 °C
    c) bei etwa – 273 °C
    d) bei etwa – 400 °C

Lösungen Seite 551

Biologie

1. Welchen wichtigen Stoff enthalten Düngemittel?
   a) Stickstoff
   b) Kohlenstoff
   c) Sauerstoff
   d) Helium

2. Welche Tiere haben Facettenaugen?
   a) Säugetiere
   b) Insekten
   c) Fische
   d) Pferde

3. Welcher Teil der Zelle spielt bei der Fortpflanzung die Hauptrolle?
   a) Cytoplasma
   b) Zellmembran
   c) Zellkern
   d) Mitochondrien

4. Wie viele Chromosomen hat die menschliche Zelle?
   a) 38
   b) 46
   c) 58
   d) 60

5. Welcher Stoff sorgt dafür, dass der Rasen grün ist?
   a) Chlorophorm
   b) Chlorophyll
   c) Chloräthylen
   d) Chamäleon

6. Welche der folgenden Pflanzen gehören zu den einkeimblättrigen?
   a) Primeln
   b) Veilchen
   c) Lilien
   d) Erdbeeren

7. Welcher Teil des Auges ist für das Sehen hauptverantwortlich?
   a) Netzhaut
   b) Pupille
   c) Linse
   d) Regenbogenhaut

8. Die Mücke legt ihre Eier ab in/auf …
   a) Müll
   b) Sand
   c) Wasser
   d) Wirten

9. Wie viele Zähne hat der Mensch (normalerweise)?
   a) 28
   b) 32
   c) 42
   d) 36

10. Wie viel Liter Blut hat der Mensch ungefähr?
    a) 4–5
    b) 5–6
    c) 6–7
    d) 7–8

Lösungen Seite 551

Chemie

1. Auf welchem Grundstoff basiert die organische Chemie?
   a) Kohlenstoff
   b) Wasserstoff
   c) Stickstoff
   d) Edelgase

2. Woraus wird Benzin gewonnen?
   a) Erdöl
   b) Gas
   c) Mineralien
   d) Stein

3. Was ist Quecksilber?
   a) ein Edelmetall
   b) ein Element
   c) ein Kunstharz
   d) Edelgas

4. Haben Flüssigkeiten ein Volumen und ein spezifisches Gewicht?
   a) ja
   b) nein
   c) teils-teils
   d) nur bei 20 °C Lufttemperatur

5. Was versteht man unter Oxidation?
   a) Verbindung eines Stoffes mit Stickstoff
   b) Verbindung eines Stoffes mit Sauerstoff
   c) Verbindung eines Stoffes mit Kohlenstoff
   d) Verbindung eines Stoffes mit Helium

6. Was sind Moleküle?
   a) Gruppe von Atomen
   b) Gruppe von Zellkernen
   c) Gruppe von Kühlstoffen
   d) Gruppe von Wärmeleitern

7. Was ist eine Pipette?
   a) ein Rührstab
   b) ein Saugheber
   c) ein Zerstäuber
   d) eine Schleuder

8. Wann wird Lackmuspapier rot?
   a) in Kontakt mit Säuren
   b) in Kontakt mit Basen
   c) in Kontakt mit Sauerstoff
   d) in Kontakt mit Haschisch

9. Wie viele Elemente kennt die Chemie?
   a) weniger als 100
   b) unzählige
   c) mehr als 100
   d) weniger als 90

10. Was ist eine Emulsion?
   a) scharfes Reinigungsmittel
   b) feinverteilte Lösung eines Stoffes in einer Flüssigkeit
   c) eine hochexplosive Mixtur
   d) »saurer Regen«

Lösungen Seite 551

Deutsch und Mathematik

Aufsatz

In einem Zeitraum von 45 Minuten sollen Sie einen Aufsatz mit etwa 10 vorgegebenen Wörtern schreiben. Dabei kommt es nicht nur auf den Inhalt an – dieser darf nicht zu fantasievoll sein –, sondern vor allem auf die Rechtschreibung, Grammatik und Zeichensetzung. Ferner dürfen die vorgegebenen Wörter nicht verändert werden oder zwei der vorgegebenen Wörter in einem Satz vorkommen.

Beispiel:

- Zinksarg
- Totengräber
- Nordfriedhof
- Beerdigung
- Pastor

Richtig:
Die Trauerfeier fand auf dem Nordfriedhof statt. Eine bedrückende Stille beherrschte die Beerdigung.

Falsch:
Der Tote wurde beerdigt. *Beerdigt zählt nicht als vorgegebenes Wort!*

Bitte beachten Sie, dass bei diesem Test bereits die Mehrzahl der Teilnehmer auf Grund von Regelverletzungen oder übermäßiger Rechtschreibfehler durchfällt! Sie haben nun insgesamt 45 Minuten Zeit, um aus den hier dargebotenen Wörtern einen sinnvollen Aufsatz von mindestens eineinhalb Din-A4-Seiten Länge zu schreiben:

1. Banküberfall
2. Bankräuber
3. Geisel
4. Telefon
5. Toilette
6. Panzerglas
7. Bargeld
8. Zinnsoldat
9. Rettungsdienst
10. Panik

Ein weiterer Hinweis:
Gerade bei einer Bewerbung für den gehobenen oder höheren Dienst kann es sein, dass Sie sich in einem Aufsatz zu einem aktuellen politischen oder gesellschaftlichen Thema äußern sollen. Es empfiehlt sich, regelmäßig (!) vor den Einstellungstests die Tageszeitung bzw. Wochenzeitschriften zu lesen.

Texte korrigieren

Wer schon immer einmal Lehrer spielen wollte, wird bei diesem Test seine Erfüllung finden. Hier geht es um Ihre Rechtschreibung. Sie bekommen einen Text vorgesetzt, der nur so vor Rechtschreib- bzw. Kommafehlern strotzt. Unter jeder Textzeile befindet sich eine weitere Zeile, in der Sie die Wörter richtig schreiben bzw. die Kommasetzung korrigieren sollen.

Beispiel:

Der Diep brach um mitternacht, in daß Kassenhäuschen des Karuselgeschäfts ein.
Dieb *Mitternacht#* *das* *Karussellgeschäfts*

Die falsch geschriebenen Wörter sind auf der unteren Zeile korrigiert. Das falsch gesetzte Komma können Sie zur Korrektur einkreisen. Hier haben wir es zur Verdeutlichung mit einem #-Zeichen kenntlich gemacht.

Auch bei diesem Test haben Sie ausreichend Zeit zur Verfügung, alle Fehler zu korrigieren. Achten Sie sowohl auf die Schreibweise, Groß- und Kleinschreibung, als auch auf die Kommasetzung. Gerne wird auch die Kommasetzung beim erweiterten Infinitiv mit »zu«, also
, um ... zu
, anstatt ... zu
, ohne ... zu
, als ... zu usw. überprüft.

Bitte korrigieren Sie in dem nun folgenden Text alle Ihnen auffälligen Fehler. Wie in der Realität, haben wir Ihnen keine zeitliche Begrenzung gesetzt. Brauchen Sie zu lange, müssten Sie einen Teil Ihrer Pause opfern.

»Der Bankreuber betrat gegen 10 uhr die filale der Bank Bremen. Allen wurde angst und Bange als sie die grohze Pistohle in seiner Hand sahen. Erst allmehlich kehrte wieder Leben in die steifen Glieder der Kunden. Andree der Filialleiter, erkannte sofort den ernst der Lage. Währent die Kassiererin das Geld in den rhododhendronfarbenen Leinenbeutel des Reubers packte drückte der Filialleiter heimlich den Alarmknopf. Schon kurze Zeit später rasten fier Streifenwagen der Polizei und drei Wagen des Sondereinsatzkomandos vor die Bank. Die Scharfschuetzen gingen in Bereitstellung , und auch ein Rettungswagen hielt sich bereit. Viele Schaulustige versammelten sich möglichst nah an den Polizeiabspärrungen um besser sehen zu können. Erst drei Stunden nach dem sich der Räuber in der Bank verschanzt hatte, konnte er von einem Polizeipsüchologen zur Aufgahbe überredet werden. Alle Gaiseln konnten unverletzt befreit werden.«

Lösungen Seite 552

Richtige Schreibweise

Ein weiterer beliebter Test ist es, Ihnen eine Vielzahl an Wörtern zu präsentieren, bei denen Sie die jeweils richtige Schreibweise ankreuzen sollen.

Hierzu zwei Beispiele:

Bitte kreuzen Sie die richtige Schreibweise an.

1. a) Lavastrom
   b) Lawastrom
   c) Lahvastrom
   d) Lahvastrohm

Lösung: a

2. a) neuhlich
   b) neulich
   c) näulich
   d) näuhlich

Lösung: b

Für die folgenden 25 Aufgaben haben Sie 10 Minuten Zeit, die richtige Schreibweise anzustreichen.

1. a) Gewißensbiß
   b) Gehwissensbiss
   c) Gewissensbiß
   d) Gäwissensbiss
   e) Gewissensbiss

2. a) Drehorgel
   b) Drähorgel
   c) Drehorgäl
   d) Dreeorgel
   e) Dreorgel

3. a) Plazierung
   b) Blazierung
   c) Platzirung
   d) Platzierung
   e) Plahzierung

4. a) Karrussell
   b) Karusel
   c) Karussell
   d) Karrusell
   e) Karrussel

5. a) Musikapele
   b) Musikkapelle
   c) Musickapelle
   d) Muhsikkapele
   e) Musihkkapele

6. a) Labyrinth
   b) Labürindt
   c) Labirinth
   d) Lahbyrindth
   e) Labyrynth

→

7. a) fleischfresssend
   b) flaischfressend
   c) fleischfrässend
   d) fleischfressend
   e) Fleisch fressend

8. a) Anäkdote
   b) Anekdohte
   c) Annekdote
   d) Anekdote
   e) Aneckdote

9. a) Kanallotse
   b) Kannallotze
   c) Kanallotze
   d) Kahnallotze
   e) Kanalllotse

10. a) räpräsentativ
    b) repräsentativ
    c) reprähsentatif
    d) repräsentatif
    e) räprähsentativ

11. a) Manöver
    b) Mannöver
    c) Manöwer
    d) Mahnöwer
    e) Mannöwer

12. a) Towabohu
    b) Toouwabo
    c) Towabo
    d) Tohuwabohu
    e) Tovabohu

13. a) Apetit
    b) Appetitt
    c) Apetiht
    d) Appettit
    e) Appetit

14. a) Zilinder
    b) Zillinder
    c) Zylindär
    d) Zylinder
    e) Zylinnder

15. a) Brennessel
    b) Brennnessel
    c) Brenesel
    d) Brännessel
    e) Brennässel

16. a) Idäntivizierung
    b) Idendivizierung
    c) Identifizierung
    d) Idehntifizirung
    e) Identifiezierung

17. a) Nämaschiene
    b) Nehmaschine
    c) Neemaschine
    d) Nähmaschiene
    e) Nähmaschine

18. a) überschwännglich
    b) überschwenglich
    c) überschwänglich
    d) ühberschwenglich
    e) überschwennglig

19. a) Gelenkigkeit
    b) Gelengigkeit
    c) Gelänkigkeit
    d) Gelenkikkeit
    e) Gelengickeit

20. a) Witalitet
    b) Vitallitet
    c) Witalited
    d) Vitalited
    e) Vitalität

21. a) Laubsegeblätter
    b) Laubsägeblätter
    c) Lauhbsegebläter
    d) Laupsägeblätter
    e) Lauppsägeblätter

22. a) Kruzifixx
    b) Krußifix
    c) Kruzzifix
    d) Kruhzifix
    e) Kruzifix

23. a) Quadrat
    b) Quahdrad
    c) Quatrad
    d) Quadraht
    e) Quadrahdt

24. a) grähen
    b) krähän
    c) Krähen
    d) grähän
    e) Krähhen

25. a) Revormvorschlag
    b) Revormforschlag
    c) Refformforschlag
    d) Reformvorschlag
    e) Reform Vorschlag

Lösungen Seite 553

Laut-Buchstaben-Zuordnung

Korrigieren Sie den Text innerhalb von 5 Minuten nach der aktuellen neuen Rechtschreibung.

Christian kaufte sich einen neuen Komputer. Als er zuhause ankam, öffnete er

zuerst behende die Verpackungskartons und stellte die gesamte Hardwär auf

seinen Schreibtisch. Dann begann er damit, die Programme zu instalieren. Es war

viel aufwendiger, als er zuerst gedacht hatte. Zu allem Überfluß bekam er auch

plötztlich einen Schnupfenanfall und mußte sich dauernd schneuzen. Aber wie

immer hatte er ein Quentchen Glück, und bald funktionierte der Komputer.

Um dieses Ereignis zu feiern, ging er mit seiner Freundin in eine Schenke und

trank ein Glas Wein mit ihr. Bei einem Rosenverkäufer erstand er eine duftende

Blume, die er ihr schänkte. Leider aber faßte sie den Stengel ungeschickt an und

verletzte sich an den Dornen.

Lösungen Seite 553

Getrennt- und Zusammenschreibung (Einzelfälle)

Wenn bei bestimmten Bestandteilen eines Wortes die ursprüngliche Wortform, Wortart oder Bedeutung nicht mehr klar zu erkennen sind, dann schreibt man das Wort bevorzugt zusammen. Man kann aber manche Fügungen in adverbialer Verwendung sowohl zusammen als auch getrennt schreiben. Deshalb sind bei der folgenden Übung, für die Sie 5 Minuten Zeit haben, manchmal zwei Schreibweisen richtig. Bitte notieren Sie die zweite jeweils mögliche Schreibvariante unter der bereits im Text aufgeführten.

Johannes sah sich völlig außerstande, außer Landes zu gehen, obwohl ihm irgend

---

jemand gesagt hatte, überall woanders wäre es schöner als hier. Aber er war

---

einfach nicht imstande, an einem anderen Punkt auf der Erde irgend etwas

---

zustandezubringen. Wenn er sich nicht in seinem kleinen Heimatdorf aufhielt,

---

war ihm gar nicht gut zumute. Auch mithilfe eines kleinen Ratgebers, den er sich

---

extra zu diesem Thema gekauft hatte, kam er nicht zurande. Deshalb blieb er

---

am liebsten, auch wenn es zu Ungunsten seiner Karriere sein mochte, zu Hause.

Er sagte immer: »So kann ich mir wenigstens nichts zuschulden kommen lassen.«

Lösungen Seite 553

Multiple-Choice-Übung

Markieren Sie bitte die nach der neuen Rechtschreibung richtige Schreibweise. Sie haben dafür 5 Minuten Zeit.

1. a) Im Wesentlichen war alles klar.
   b) Im wesentlichen war alles klar.
   c) Im wesentlichen war Alles klar.
   d) Im Wesentlichen war alles Klar.

2. a) Beinahe jeder sechste ist Allergiker.
   b) Beinahe jeder Sechste ist Allergiker.
   c) Beinahe jeder sechste ist Alergiker.
   d) Beinahe jeder Sechste ist Allergicker.

3. a) Im Dschungel kann einem Turisten alles Mögliche passieren.
   b) Im Dschungel kann einem Touristen alles mögliche passieren.
   c) Im Dchungel kann einem Touristen alles Mögliche passieren.
   d) Im Dschungel kann einem Touristen alles Mögliche passieren.

4. a) Sein Verhalten war das letzte; das habe ich ihm mitgeteilt.
   b) Sein Verhallten war das Letzte; das habe ich ihm mitgeteilt.
   c) Sein Verhalten war das Letzte; das habe ich ihm mitgeteilt.
   d) Sein Verhallten war das letzte; das habe ich ihm mitgeteilt.

5. a) Er hat mich mit seiner unkorrektheit bis aufs äußerste gereizt.
   b) Er hat mich mit seiner Unkorrektheit bis aufs Äußerste gereizt.
   c) Er hat mich mit seiner Unkorrektheit bis aufs Äusserste gereizt.
   d) Er hat mich mit seiner Unkorrektheit bis aufs Äußerste gereitzt.

6. a) Er konnte die Rechnungen nicht begleichen und ging pleite.
   b) Er konnte die Rechnungen nicht begleichen und ging Pleite.
   c) Er konnte die Rechnungen nicht begleischen und ging pleite.
   d) Er konnte die Rechnungen nicht begleichen, und ging pleite.

7. a) Diese Begegnung hat mich völlig durcheinandergebracht.
   b) Diese Begegnung hat mich föllig durcheinander gebracht.
   c) Diese Begegnung hat mich völlig durch einander gebracht.
   d) Diese Begegnung hat mich völlig durcheinander gebracht.

Lösungen Seite 553

Laut-Buchstaben-Zuordnung: aufeinander treffende Konsonanten

Bitte korrigieren Sie den folgenden Text innerhalb von 5 Minuten. Welche Wörter sind nach der gültigen Rechtschreibung falsch geschrieben und wie lauten die richtigen Schreibungen (teilweise sind mehrere Lösungen möglich)?

Sabine ist in einer grossen Flanellappenfirma tätig. Sie hat es durchgesetzt,

____

ihre Arbeit zu Hause zu erledigen. So kann sie sich nebenbei ihre Wohnung

____

renowieren lassen. Die Wände wurden mit Dämmaterial abgedichtet und dann

____

mit einer Kunstoffolie überklebt. Dann kam der Elektriker und machte sich

____

mit einem Stemmeißel an die Arbeit, um die Leitungen neuverlegen zu können.

____

Als Sabine ihm einen Café anbot, lente er dankend ab. Er sagte, er würde nur

____

Kaffeersatz aus seiner über alles geliebten und zudem auch noch griffesten

____

Kunststofflasche trinken. Sabine, die selbst keinen Kaffee trinkt, bereitete für sich

____

allein einen Brennesseltee zu.

____

Lösungen Seite 554

Laut-Buchstaben-Zuordnung: ss- beziehungsweise ß-Schreibung

Bitte korrigieren Sie den folgenden Text nach der gültigen Rechtschreibung und achten Sie dabei besonders auf die s-Laute. Sie haben 5 Minuten Zeit.

Tina und Ernst haben einen überaus wißbegierigen Sohn. Der kleine Sproß setzt

sich immer bei seiner Mutter oder seinem Vater auf den Schoss und fragt ihnen

buchstäblich Löcher in den Bauch. Er gibt noch nicht einmal Ruhe, wenn sie ihm

sagen, daß sie müde sind oder ihnen seine Fragerei aus anderen Gründen nicht

paßt. Er will zum Beispiel, daß seine Eltern ihm erklären, wie viel Wasser die Spree

vor 100 Jahren hinunter floß, warum ein Mörder einen Mann erschoß, warum

Klöse rund sind oder warum ihm früher eine Hose noch paßte und heute nicht

mehr. Obwohl sich Tina und Ernst darüber freuen, daß ihr Sohn so interessiert

an allem ist, bereiten ihnen seine Fragen doch manchmal im Überfluß Verdruß,

und sie sagen: »Jetzt ist Schluß!«

Lösungen Seite 554

Rechtschreibung allgemein

Korrigieren Sie den folgenden Text bitte nach der aktuell gültigen Rechtschreibung, und zwar möglichst innerhalb von 5 Minuten.

Elisabeth ist Metrologin und arbeitet für das Fernsehen. Trotz ihres qualifizierten

Studiums fällt es ihr manchmal schwer, exakte Wetterproknosen zu erstellen. Das

Schlimme ist, daß sie nach kurzer Zeit niemand mehr Ernst nimmt, wenn sie mit

ihren ernstgemeinten Vorhersagen einmal nicht ins schwarze trifft. An einem

Abend sagte sie aus Spass, es würde ein Unwetter aufkommen, dessen Wogen das

ganze Land überschwemmen würden. Die Zuschauer nahmen den Scherz für Ernst

und rüsteten sich für die Katastrophe. Allen ernstes beschwerten sie sich bei ihr,

als am nächsten Tag kein Tröpfchen Regen fiel. Als Elisabeth sich rechtfertigte und

sagte, es sei doch der Erste April gewesen und ihr Beitrag sei deshalb nicht ernst

gemeint gewesen, drohte man ihr im vollen Ernst ein gerichtliches Verfahren an.

Lösungen Seite 553

Getrennt- und Zusammenschreibung (Text)

Bei dieser Übung geht es ausschließlich um die Getrennt- beziehungsweise Zusammenschreibung von Wörtern. Ansonsten hat sich der Fehlerteufel ausnahmsweise einmal zurückgehalten. Sie haben 5 Minuten Zeit.

In einer Mond beschienenen Nacht machte der aufsichtführende Museums-

____

wächter eine Folgen reiche Entdeckung: Bis dahin hatte er immer gedacht, dass es

____

sich bei den Legenden, die sich um bei Vollmond ihr Unwesen treibende Gestalten

____

rankten, um reine Fantasiegebilde handelte. Nun aber sah er plötzlich auf einer

____

dem Firmengelände naheliegenden Wiese ein bläulich-grün schimmerndes Wesen,

____

das ganz offensichtlich eine ernst-zunehmende Bedrohung für die gesamte

____

Menschheit darstellte. Obwohl er den Außerirdischen genau genommen nicht

____

wirklich klar erkennen konnte, war er doch imstande, die weitreichenden Folgen

____

dieser Erscheinung sofort zu erkennen.

____

Lösungen Seite 555

Getrennt- und Zusammenschreibung (Multiple-Choice)

Bitte markieren Sie die jeweils richtige(n) Lösung(en) nach der gültigen Rechtschreibung. Sie haben 5 Minuten Zeit.

1. a) Sie hat ihren Sohn imma kurzgehalten.
   b) Sie hat ihren Sohn immer kurz gehalten.
   c) Sie hat ihren Sohn immer kurzgehalten.

2. a) Am Telefon ist er immer kurz angebunden.
   b) Am Telefon ist er immer kurzangebunden.

3. a) Kurz entschlossen schrieb er einen langen Brief.
   b) Kurzentschlossen schrieb er einen langen Brief.
   c) Kurz entschlossen schrieb er einen Langenbrief.
   d) Kurzentschlossen schrieb er einen Langen-Brief.

4. a) Sie trägt wieder sehr kurzgeschnittene Haare.
   b) Sie trägt wieder sehr kurz geschnittene Haare.

5. a) Sie zog immer wieder den kürzeren.
   b) Sie zog immer wieder den Kürzern.
   c) Sie zog immer wieder den kürzern.
   d) Sie zog immer wieder den Kürzeren.

6. a) Sein Zustand zwang ihn dazu, kurz zu treten.
   b) Sein Zustand zwang ihn dazu, kurzzutreten.

7. a) Ich möchte mir mit meinen Tantiemen einen langgehegten Wunsch erfüllen.
   b) Ich möchte mir mit meinen Tantiemen einen lang gehegten Wunsch erfüllen.
   c) Ich möchte mir mit meinem Tantiemen einen langgehegten Wunsch erfüllen.
   d) Ich möchte mir mit meinen Tanthiemen einen lang gehegten Wunsch erfüllen.

→

8. a) Auf einem feinen kleinen Grundstük errichtete er ein sehr lang gestrecktes Gebäude.
   b) Auf einem feinen kleinen Grundstück errichtete er ein sehr langgestrecktes Gebäude.
   c) Auf einem feinen kleinen Grundstück errichtete er ein sehr lang gestrecktes Gebäude.
   d) Auf einem feinen kleinen Grundstück erichtete er ein sehr langgestrecktes Gebäude.

9. a) Wer mag wohl dahinterstecken?
   b) Wer mag wohl dahinter stecken?

10. a) Er liebt es sehr, einfach so vor sichdahinzudämmern.
    b) Er liebt es sehr, einfach so vor sich dahin zudämmern.
    c) Er liebt es sehr, einfach so vor sich dahin zu dämmern.
    d) Er liebt es sehr, einfach so vor sich dahinzudämmern.

Lösungen Seite 555

Schreibung von Fremdwörtern

Bitte markieren Sie nun alle nach der aktuellen Regelung richtigen Schreibvarianten innerhalb von 15 Minuten.

1. a) Delfin
   b) Delphin
   c) Dellfien
   d) Delphien

2. a) Frisör
   b) Friesör
   c) Friseur
   d) Frisöhr

3. a) Katar
   b) Kattar
   c) Katarr
   d) Katarrh

4. a) Myrre
   b) Mürre
   c) Myhrre
   d) Myrrhe

5. a) Katermaran
   b) Kattermaran
   c) Katamaran
   d) Cuttermaran

6. a) Facetten
   b) Fazetten
   c) Fassetten
   d) Fatzetten

7. a) Geografi
   b) Geographie
   c) Geografie
   d) Geograffie

8. a) Saksofon
   b) Saksophon
   c) Saxophon
   d) Saxofon

9. a) Mettaffa
   b) Metapher
   c) Metafer
   d) Mettafa

10. a) Phänomen
    b) Fenomen
    c) Phenomän
    d) Fänomän

11. a) Exposee
    b) Eksposee
    c) Ekspoße
    d) Exposé

12. a) Necessaire
    b) Nessessär
    c) Neccessaire
    d) Nesesär

13. a) Gettho
    b) Getto
    c) Ghetto
    d) Geto

14. a) Schickorre
    b) Chicorée
    c) Schikoree
    d) Chiccore

15. a) Negligé
    b) Negglige
    c) Negligée
    d) Negligee

16. a) Creme
    b) Krem
    c) Kreme
    d) Crem

17. a) Shrimps
    b) Schrimps
    c) Schrimmps
    d) Shrimpps

18. a) Sufflee
    b) Soufflé
    c) Soufflee
    d) Sufflé

→

19. a) Suffleur
    b) Souffleur
    c) Sufflör
    d) Suflör

20. a) Happyend
    b) Happy end
    c) Happy End
    d) Happy-end

21. a) Maläs
    b) Malaise
    c) Maläse
    d) Maylayse

22. a) Oferte
    b) Offertte
    c) Offerte
    d) Ofertte

23. a) Obbelisk
    b) Ohberlisk
    c) Obellisk
    d) Obelisk

24. a) Stagnation
    b) Stacknation
    c) Stagnazion
    d) Staknation

25. a) Tybräk
    b) Tybreak
    c) Tiebreak
    d) Tie-Break

26. a) Rushour
    b) Rush-Hour
    c) Rushhour
    d) Raschaua

27. a) Fantasie
    b) Phantasie
    c) Fanta Sie
    d) Fantersie

Lösungen Seite 555

Zeichensetzung

Entscheiden Sie bitte überall dort, wo sich Klammern befinden, ob an der betreffenden Stelle ein Komma möglich – nicht unbedingt nötig – ist. Sie haben 5 Minuten Zeit.

1. Für eine verbindliche Antwort ( ) wäre ich Ihnen äußerst zu Dank verpflichtet.
2. Er sattelte das Pferd ( ) und ritt nach Hause.
3. Er sang ( ) und sang ( ) immer tiefer ( ) bis es nicht mehr weiterging.
4. Bei Vertragsabschluss ( ) ist es am sichersten ( ) alle Vereinbarungen schriftlich festzuhalten.
5. Im Zusammenhang mit der steigenden Kriminalität ( ) nehmen die Verdächtigungen ( ) insbesondere was Ausländer anbetrifft ( ) beträchtlich zu.
6. Der Mannheimer Drehorgelmann ( ) von Hause aus mit der Rechtschreibung auf Kriegsfuß ( ) machte sein Instrument zu ( ) schloss den Wagen ein ( ) und fühlte den unwiderstehlichen Drang ( ) ein Bier trinken zu müssen ( ) oder wenigstens ( ) in ein Gasthaus einzukehren.
7. »Ich darf es nicht vergessen« ( ) dachte der Mann bei sich ( ) bevor er endlich einschlief ( ) und schon klingelte das Telefon.
8. Sie ist keine zart besaitete Maid ( ) dachte er ( ) und nahm noch eine Beruhigungstablette ( ) bevor er sich weiter mit ihr unterhielt.
9. Ohne es zu wollen ( ) kam er der Lösung des Rätsels fast schon auf die Spur ( ) als er durch das Telefon abgelenkt wurde.
10. Er fuhr ( ) ohne zu gucken ( ) geradewegs ( ) mit seinem schönen neuen Fahrrad ( ) in die Hecke.
11. Für eine baldige Zusage ( ) wäre ich Ihnen sehr verbunden.
12. Aus diesem Grund ( ) sind gerade Pinguine geeignete Testobjekte ( ) für das Studium von Ausmaß ( ) Dauer ( ) und Bedingungen der Kältegewöhnung.
13. In der Bundesregierung hält sich leider niemand ( ) nicht einmal der Bundeskanzler ( ) für kompetent genug ( ) um eine derartige Prognose zu wagen.
14. Seine einzige Unterstützung bestand in dem Funkgerät ( ) falls dieses überhaupt funktionieren würde.
15. Am Aktienmarkt überwogen die Gewinne ( ) was namentlich für die Autopapiere und Chemiewerte galt.

→

16. Bei Vertragsabschluss ist es am besten ( ) sich alle gewünschten Zusätze schriftlich bestätigen zu lassen.
17. Die unmittelbare Nähe des Meeres ( ) garantierte immer eine frische Brise ( ) und versprach bei starker Hitze Kühlung.
18. In Zusammenhang mit den steigenden Produktionszahlen ( ) können auch die inländischen Unternehmen ( ) allen voran unsere Firma ( ) größere Aufträge verbuchen.
19. Wir hoffen ( ) mit diesem Buch ( ) ein deutlicheres Bewusstsein für die Lage der Auszubildenden geschaffen zu haben.
20. Wir hoffen sehr ( ) nun allseits ( ) Unterstützung zu finden.

Lösungen Seite 555 f.

Grundrechnen

Bei den folgenden Aufgaben sollen Sie Ihre Rechenfähigkeit unter Beweis stellen. Sie haben 6 Minuten Zeit.

1. 33,24 + 1.725,11 + 845,23 + 2.936,12 =
   a) 5.529,70
   b) 5.539,71
   c) 5.439,70
   d) 5.539,70
   e) 4.539,70

2. 12.176,11 – 2.181,32 =
   a) 9.994,79
   b) 10.994,79
   c) 9.894,79
   d) 9.994,69
   e) 9.993,79

3. 11 × 13,125 =
   a) 144,365
   b) 143,375
   c) 134,375
   d) 144,375
   e) 14,375

4. 102,5 : 1,25 =
   a) 83
   b) 8,2
   c) 81
   d) 82
   e) 72

5. Welche Zahl ist um 1.000 kleiner als 177.909.483?
   a) 177.809.483
   b) 177.919.483
   c) 177.908.483
   d) 177.909.383
   e) 177.819.483

6. 14 × 8 = 7 × ?
   a) 14
   b) 16
   c) 15
   d) 18
   e) 22

7. –11 + 23 – (–1) =
   a) 10
   b) 11
   c) 12
   d) 13
   e) 33

8. 12 × (–4) =
   a) 48
   b) –48
   c) –38
   d) 38
   e) 0

Lösungen Seite 556

Dezimal- und Bruchrechnung

Für 15 Aufgaben haben Sie 17 Minuten Zeit.

1. $0{,}04 \times 0{,}02 =$
   a) 0,08
   b) 0,0008
   c) 0,008
   d) 0,006
   e) 0,6

2. $0{,}021 : 0{,}3 =$
   a) 0,063
   b) 0,07
   c) 0,7
   d) 0,007
   e) 0,63

3. $\frac{9}{4} : 0{,}025 =$
   a) 90
   b) 9.000
   c) 0,9
   d) 0,09
   e) 9

4. Wie oft ist 0,6 in 48 enthalten?
   a) 800-mal
   b) 40-mal
   c) 400-mal
   d) 8-mal
   e) 80-mal

5. $1\frac{3}{4} \times 2\frac{1}{4} =$
   a) $3\frac{15}{16}$
   b) $1\frac{1}{16}$
   c) 4
   d) $2\frac{3}{16}$
   e) $2\frac{1}{2}$

6. Wandeln Sie $3\frac{2}{3}$ in eine Dezimalzahl um.
   a) 3,67
   b) 2,67
   c) 3,13
   d) 2,13
   e) 2,25

7. $4\frac{5}{8} - 1\frac{3}{4} =$
   a) $3\frac{1}{4}$
   b) $3\frac{2}{4}$
   c) $2\frac{7}{8}$
   d) $3\frac{2}{32}$
   e) $3\frac{7}{8}$

8. $\frac{3}{4} : \frac{1}{5} =$
   a) $2\frac{1}{2}$
   b) $\frac{4}{9}$
   c) $\frac{3}{20}$
   d) $3\frac{3}{4}$
   e) $3\frac{1}{4}$

9. $\frac{2}{3} + \frac{1}{2} =$
   a) $\frac{7}{6}$
   b) $5\frac{7}{8}$
   c) $\frac{3}{5}$
   d) $1\frac{1}{3}$
   e) $\frac{3}{4}$

10. $1\frac{3}{4} + 4\frac{1}{8} =$
    a) $5\frac{1}{3}$
    b) $5\frac{7}{8}$
    c) $5\frac{1}{2}$
    d) $5\frac{3}{4}$
    e) $5\frac{1}{8}$

11. $\frac{4}{4} \times \frac{1}{3} =$
    a) $\frac{4}{12}$
    b) $\frac{5}{8}$
    c) $2\frac{2}{5}$
    d) $\frac{5}{3}$
    e) 1

12. $\frac{5}{8} - \frac{1}{3} =$
    a) $\frac{1}{2}$
    b) $\frac{6}{24}$
    c) $\frac{4}{8}$
    d) $\frac{4}{5}$
    e) $\frac{7}{24}$

13. $0{,}05 - 0{,}005 =$
    a) 0,010
    b) 0,015
    c) 0,45
    d) 0,045
    e) 0,0045

14. $0{,}25 + \frac{1}{4} =$
    a) 1
    b) 1,2
    c) 0,45
    d) 0,5
    e) 0,75

15. $3\frac{1}{5} : 0{,}08 =$
    a) 4
    b) 4,0
    c) 40
    d) 0,4
    e) 0,04

Lösungen Seite 556

Maße und Gewichte

Für 6 Aufgaben haben Sie 5 Minuten Zeit.

1. 4 Pfund und 30 Gramm sind wie viel Gramm?

a) 430
b) 4.030
c) 203
d) 20,3
e) 2.030

2. Ein Kanister hat folgende Innenmaße: Länge: 80 cm, Breite: 40 cm, Höhe: 60 cm. Wie viele Kubikdezimeter Wasser kann er enthalten?

a) 0,192
b) 192.000
c) 1,92
d) 192
e) 19,2

3. Schreiben Sie 90 Zentner in Tonnen.

a) 9
b) 4,5
c) 45
d) 0,45
e) 0,9

4. Ein Pflasterer benötigt für eine Fläche von 50 m^2 Platten, deren Größe jeweils 10 × 20 cm beträgt. Wie viele Platten benötigt der Pflasterer?

a) 500
b) 2.500
c) 50
d) 250
e) 5.000

5. Wie viele Stunden und Minuten sind 18.600 Sekunden?

a) 5 Std. 10 Min.
b) 3 Std. 10 Min.
c) 31 Std.
d) 5 Std.
e) 3 Std.

6. Schreiben Sie 0,55 a als m^2.

a) 550
b) 55
c) 5.500
d) 1.100
e) 5.5

Lösungen Seite 556

Textaufgaben

Die Gestaltung der Mathetests ist von Bundesland zu Bundesland sehr unterschiedlich. Überwiegend werden Sie Textaufgaben vorfinden, die sich zumeist gut in der vorgegebenen Zeit lösen lassen. Schriftliche Nebenrechnungen sind erlaubt und werden auch nicht gewertet.

Damit Sie genügend Übungsmaterial haben, sollten Sie nun versuchen, die folgenden 42 Aufgaben in 75 Minuten zu lösen (pro Aufgabe haben Sie also etwas mehr als $1\frac{1}{2}$ Minuten Zeit).

1. Ein Motorroller verbraucht 6 Liter Benzin auf 100 km. Wie viel verbraucht er auf 250 km, und wie viele km kann er mit einem 24 Liter fassenden Tank fahren?

2. Ein Malergeselle renoviert ein Zimmer von 18 m^2 an einem Arbeitstag in 8 Stunden. Der Azubi schafft in der gleichen Zeit nur $\frac{1}{3}$ dieser Arbeitsleistung. Der Meister arbeitet noch schneller als der Geselle und liegt damit 25 Prozent höher in der Arbeitsleistung. Wie hoch ist die Differenz der geleisteten Arbeit (renovierter Raum in m^2) zwischen bestem und schlechtestem Ergebnis nach $1\frac{1}{2}$ Arbeitstagen?

3. Ein Händler kauft für 10.500 Euro Gewürzpartien. An jeder verkauften Gewürzpartie verdient er 100 Euro. Nach Verkauf seines Gesamtbestandes hat er 14.000 Euro eingenommen. Wie viele Gewürzpartien hatte er?

4. Wie groß ist die monatliche Rate für die Bank bei einer jährlichen Zinsbelastung von $9\frac{1}{2}$ Prozent für eine Kreditsumme von 150.000 Euro?

5. Die Reaktionszeit eines Gefahrgutlastwagenfahrers beträgt eine Sekunde. Wie viele Meter fährt der Fahrer, wenn er mit einer Geschwindigkeit von 96 km/h fährt und plötzlich ein Stauende sieht, bevor er anfängt zu bremsen?

6. Ein Metallrohr von 90 m Länge ist so zu zerschneiden, dass das eine Stück $\frac{2}{3}$ der Länge des anderen beträgt. Wie lang ist das kürzere Stück Rohr?

7. Ein Löwe, ein Gepard und eine Hyäne fressen gemeinsam ein Zebra. Der Löwe alleine würde das Zebra in einer Stunde auffressen. Der Gepard bräuchte drei Stunden dafür und die Hyäne sechs. Wie viel Zeit brauchen sie, wenn sie das Zebra zusammen fressen?

8. Zwei Inline-Skater sehen sich zu einem Kurztreffen um 14.55 Uhr. Sie tauschen für 5 Minuten ihre Erfahrungen aus und setzen ihren entgegengesetzten Weg fort. Wie groß ist die Entfernung zwischen ihnen nach 80 Minuten, wenn der eine 12 km, der andere Inline-Skater 7,5 km in der Stunde zurücklegt?

9. Ein rechteckiges Grundstück hat eine Größe von 2.193 m^2, bei einer Front von 51 m Länge. Wie breit ist das Grundstück?

10. $1/3$ dieser Testaufgaben ist einfach, $1/6$ schwierig. Wie viel Prozent der Aufgaben sind weder schwierig noch einfach?

11. Eine Maus ist 4 Jahre alt. Nur $1/24$ hat sie von dieser Zeit außerhalb des Nestes verbracht. Wie viele Monate sind das?

12. Teilt man eine Zahl x durch 3,4 und erhält als Ergebnis 9,2, dann muss die Zahl x wie lauten?

13. Ein Trinkwasservorrat reicht für 12 Personen 16 Tage aus. Wie viele Tage könnten 6 Personen davon trinken?

14. Eine Steinsetzerfirma benötigt für einen Platz mit 500 m^2 Fläche Pflastersteine. Die gängige Größe der Steine beträgt 10 × 20 cm. Wie viele Steine müssen bestellt werden?

15. Die Maße eines Hohlraumes betragen 4 m Länge, 20 cm Breite und 15 cm Höhe. Wie viel Kubikdezimeter hat der Hohlraum?

16. Bei einem Ehepaar beträgt der Altersunterschied zwischen den beiden Partnern 5 Jahre. Das Lebensalter der beiden addiert beträgt 75 Jahre. Wie alt ist der ältere Partner?

17. Eine Erbschaft von 52.000 Euro soll unter zwei Erben so verteilt werden, dass der jüngere Erbe einen dreimal so großen Erbteil wie der ältere Erbe bekommt. Wie groß ist der kleinere Erbteil in Euro?

→

18. Ein Lottogewinn von 576.000 Euro soll im Verhältnis 4:5 aufgeteilt werden. Wie groß ist der kleinere Gewinn?

19. Von 30 Testaufgaben haben Sie 18 richtig. Wie viel Prozent sind das?

20. Wenn von 100 geborenen Kindern 63 Jungen sind, wie viele Prozent Mädchen wurden geboren?

21. Wenn man aus einem Liter Vollmilch 3 % Fett gewinnen kann, wie viel Liter Milch werden dann benötigt, um 1,5 kg Fett zu gewinnen?

22. Ein Schreibwarenhändler verkauft Schreibhefte. Für zwei verlangt er so viel, wie ihn drei gekostet haben. Wie hoch ist der Gewinn in Prozent?

23. Während sich ein großes Zahnrad 36-mal dreht, muss sich ein kleineres 108-mal drehen. Wenn sich das kleinere Zahnrad aber 432-mal gedreht hat, wie viele Male muss sich dann das größere gedreht haben?

24. Ein Bauer exportiert $^3/_4$ seiner Kartoffeln ins Nachbardorf und verkauft $^4/_5$ des verbleibenden Restes in seinem Heimatdorf. Wie viel Prozent der Produktion bleiben noch übrig?

25. Wenn eine Flasche $^7/_8$ gefüllt ist, enthält sie Champagner im Wert von 84 Euro. Wie hoch ist der Wert der Flasche, wenn sie nur noch halb voll ist?

26. Wenn Mario 50 Cent hat und 15 Cent ausgibt, wie viel behält er übrig?

27. Wie viel Kilometer fährt ein Radrennfahrer in 7 Stunden, wenn er es schafft, konstant 40 km/h zu fahren?

28. 15 Kisten Bananen wiegen 250 kg. Jede leere Kiste wiegt 3 kg. Wie viel wiegen die Bananen?

29. Ein Pferdewirt hat einen Kraftfuttervorrat, der für 7 Pferde 78 Tage reicht. Wie viele Tage reicht der Vorrat für 21 Pferde?

30. Drei Lutscher kosten 50 Cent. Wie viele Lutscher kann man für 5 Euro kaufen?

31. Ein Läufer kann 1,75 m in einer Viertelsekunde laufen. Wie viele Meter kann er in 10 Sekunden laufen?

32. Wenn eine Scheune 15 m südlich von einem Zaun steht und der Zaun sich 30 m südlich von einem Haus befindet, wie viele Meter sind es dann von der Scheune zum Haus?

33. Wenn 4,5 m Teppich 90 Euro kosten, wie viel Euro kosten dann 2,5 m?

34. Sieben Bauarbeiter können eine Arbeit in 6 Stunden beenden. Wie viele Leute braucht man, um die Arbeit in einer halben Stunde zu beenden?

35. Ein 48 cm langer Eisendraht dehnt sich beim Erwärmen auf 52 cm aus. Wie lang wird ein 72 cm langer Draht beim Erwärmen?

36. In einem Handwerksbetrieb werden 304 Kugelschreiber in 8 Stunden produziert. Wie viele werden in einer halben Stunde produziert?

37. Für eine Legierung nimmt man zwei Teile Silber und drei Teile Gold. Wie viel Gramm Silber braucht man bei der Herstellung von 15 Gramm dieser Legierung?

38. Für je 3 Euro, die Thorben hat, hat Katharina 5 Euro. Wenn sie zusammen 120 Euro haben, wie viel hat dann Katharina davon?

39. Michaela reitet mit ihrem Pferd Candy 60 m, während Yvonne mit ihrem Pferd Dusty 40 m weit reitet. Wie viele Meter reitet Michaela, wenn Yvonne 60 m reitet?

40. Inga hat $^1/_{10}$ ihres Geldes für Eis und 4-mal so viel für Süßigkeiten ausgegeben. Sie hat noch 6 Euro übrig. Wie viel Euro hatte sie vor ihrem Einkauf?

41. In zwei Kisten sind 43 Gläser Gurken verpackt. In einer Kiste sind neun Gläser mehr als in der anderen. Wie viele Gläser Gurken sind in der kleineren Kiste?

42. Eine Rolle Teppich von 60 m Länge soll so geschnitten werden, dass ein Stück $^2/_3$ der Länge des anderen beträgt. Wie lang ist das kürzere Stück?

Lösungen Seite 557

Ergebnisse schätzen

Die folgenden Rechenaufgaben sollen Sie mehr schätzen als ausrechnen. Deshalb haben Sie für 14 Aufgaben nur 5 Minuten Zeit.

1. 8.365 + 5.545 + 1.140 =
   a) 16.025
   b) 15.045
   c) 15.050
   d) 15.150
   e) 15.550
   f) 14.995

2. 7.320 + 2.675 + 7.533 =
   a) 21.155
   b) 20.150
   c) 19.995
   d) 20.005
   e) 19.555
   f) 17.528

3. 19.002 × 45.890 =
   a) 800.750
   b) 8.001.780
   c) 872.001.780
   d) 87.001.770
   e) 950.002.535
   f) 9.003.535

4. 55.455 + $\frac{5}{17}$ + 544 $\frac{2}{17}$ + 4.001 $\frac{10}{17}$ =
   a) 59.005 $\frac{1}{17}$
   b) 60.001
   c) 59.500
   d) 65.435 $\frac{2}{17}$
   e) 64.001
   f) 64.101 $\frac{1}{17}$

5. 48.825.412 – 41.940.437 =
   a) 555.555
   b) 6.884.975
   c) 38.749.750
   d) 4.950.753
   e) 4.125.655
   f) 4.002.354

6. 49 × 49 =
   a) 24.500
   b) 24.501
   c) 2.401
   d) 2.501
   e) 2.105
   f) 1.111

7. 311 × 811 + 45.501 =
   a) 25.223
   b) 101.222
   c) 220.571
   d) 297.722
   e) 350.455
   f) 400.503

8. 2,2 × 5,9 =
   a) 11,05
   b) 11,90
   c) 12,98
   d) 13,98
   e) 13,99
   f) 14,55

9. 199^2 =

a) 3.960
b) 29.507
c) 39.601
d) 49.602
e) 41.104
f) 40.201

10. $\sqrt{12.321}$ =

a) 11
b) 51
c) 111
d) 225
e) 550
f) 735

11. 17,25 + 13 + 0,75 + 0,005 =

a) 31,005
b) 310,05
c) 31,00
d) 20,00
e) 130,005
f) 30,80

12. 25,33 – 0,05 + 2 =

a) 27,38
b) 25,28
c) 25,38
d) 23,28
e) 23,38
f) 27,28

13. 7,5 – 0,025 + 11,425 =

a) –18,9
b) –3,95
c) 18,95
d) 18,9
e) 18,5
f) 19,425

14. 1.297 + ? = 9.289

a) 7.892
b) 7.998
c) 8.992
d) 7.992
e) 7.991
f) 8.121

Lösungen Seite 557

Tabellen auswerten

Dieser Test wird Ihnen wahrscheinlich noch aus der Schule bekannt vorkommen. Gleich bekommen Sie eine Tabelle präsentiert, unter der sich verschiedene Fragen befinden. Diese sollen Sie mit Hilfe der Tabelle beantworten. Beachten Sie, dass jeweils immer nur *eine* Antwort richtig ist. Als Hilfestellung dürfen Sie sich auf einem Extrablatt Notizen machen und Nebenrechnungen anfertigen.

Für die gewissenhafte Beantwortung der Fragen zur folgenden Tabelle haben Sie insgesamt 10 Minuten Zeit!

Tabelle:

Anzahl der Individuen von Maulwurfspopulationen									
	Ort X			**Ort Y**			**Ort Z**		
	Individuen		**Nachwuchs**	**Individuen**		**Nachwuchs**	**Individuen**		**Nachwuchs**
Jahr	♂	♀		♂	♀		♂	♀	
1996	103	78	102	47	23	6	342	504	432
1997	143	150	123	37	34	9	643	533	601
1998	120	170	87	67	77	43	448	400	548
1999	112	99	87	78	56	88	397	456	532
2000	167	174	199	131	158	129	664	435	653

Die Daten verstehen sich inkl. Zu- und Abwanderungen der Tiere.

1. Wie groß ist der Unterschied zwischen der niedrigsten und höchsten Individuenzahl (♂ und ♀ zusammen betrachtet)?

   a) 604   b) 723   c) 641   d) 666   e) 689

2. In welchem Jahr hat es in allen drei Orten zusammen die höchste Nachkommenzahl der Maulwurfspopulationen gegeben?

   a) 1996   b) 1997   c) 1998   d) 1999   e) 2000

3. Wie hoch war die durchschnittliche Nachkommenzahl aller Individuen in Ort X?

   a) 119,2   b) 119,3   c) 119,4   d) 119,5   e) 119,6

4. In welchem Jahr stieg die Nachkommenzahl der Individuen in welchem Ort um 50 %?

   a) Ort Y 1996/1997   b) Ort Z 1998/1999   c) Ort X 1997/1998
   d) Ort X 1999/2000   e) Ort Y 1997/1998

5. Wie groß war durchschnittlich der Unterschied in der Menge der Nachkommen zwischen Ort Y und Ort Z?

   a) 497,9   b) 498   c) 498,1
   d) 498,2   e) 498,3

Lösungen Seite 557

Interpretation von Schaubildern

A. Schöne Wirtschaft

Folgendes Wirtschaftsdiagramm zeigt die Entwicklung von Bruttosozialprodukt, Export-Import-Rate, Durchschnittseinkommen der Arbeitnehmer, Zahl der Arbeitslosen, Vorhandensein von Teilzeitarbeitsplätzen sowie die Inflationsrate für einen Zeitraum von vier Jahren (2086 bis 2089).

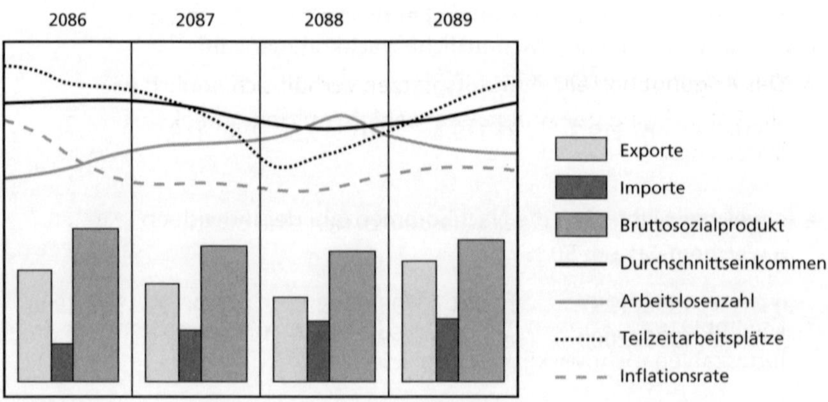

a) Dazu zunächst drei Fragen:

1. In welchem Zusammenhang stehen Zu- und Abnahme von Im- und Export in den Jahren 2086 bis 2089?

2. Wie verhält sich die Zahl der Teilzeitarbeitsplätze in Relation zu den Exportzahlen?

3. Welche Werte (maximal 3) bleiben über den dargestellten Zeitraum relativ stabil?

Lösungen Seite 557

b) Überprüfen Sie folgende Aussagen (stimmt/stimmt nicht):

1. Im Laufe der Jahre 2086 bis 2089 verändert sich das Bruttosozialprodukt nur geringfügig.

2. Die Exportzahlen fallen gegen Ende der Achtzigerjahre.

3. Die Arbeitslosigkeit hat 2087 ihren Höhepunkt.

4. Parallel mit der Arbeitslosenzahl entwickelt sich die Inflation.

5. Das Angebot an Teilzeitarbeitsplätzen verhält sich ähnlich wie die Entwicklung der Arbeitslosenzahlen, nur mit umgekehrten Vorzeichen.

6. Gegen Ende der Achtzigerjahre deutet sich eine positive Stabilisierung der Wirtschaft an.

7. Die Importeure können mit dem Verlauf ihrer Wirtschaftsentwicklungszahlen nicht wirklich unzufrieden sein.

8. Entgegen Behauptungen von Gewerkschaftsseite bleibt das Durchschnittseinkommen relativ stabil.

9. Anfang 2088 ist das Teilzeitarbeitsplatzangebot auf seinem tiefsten Stand.

10. Der Höhepunkt einer kleinen wirtschaftlichen Rezession ist 2087 bereits überschritten.

Lösungen Seite 557

→

B. Test-ament

Das Interpretieren von Todesursachenstatistiken zählt zu den »geschmackvollsten« und »einfühlsamsten« Aufgabenpräsentationen, die einem Testkandidaten in der Realität zugemutet werden. Damit Sie in der Stresssituation Test auch psychisch mit diesem belastenden Thema klarkommen, hier ein Vorabbeispiel:

Die folgende Statistik-Tabelle beschäftigt sich u. a. mit verschiedenen Todesursachen innerhalb einer nicht näher benannten Bevölkerungsgruppe über einen fiktiven Zeitraum von 2150 bis 2250. Dabei geht es u. a. um die Sterblichkeitsrate bei internistischen Krankheitsbildern insgesamt (z. B. Tod durch Nierenversagen, Leberzirrhose usw.).

Es werden aber auch einzelne Todesursachen dargestellt, z. B. die Anzahl tödlich ausgegangener Verkehrsunfälle, Tod durch Drogen sowie der Tod durch drei spezielle Krankheiten: Herzinfarkt, Krebs und Aids. Zusätzlich wird die Geburtenzahl und die Neugeborenen-Sterblichkeitsrate angegeben.

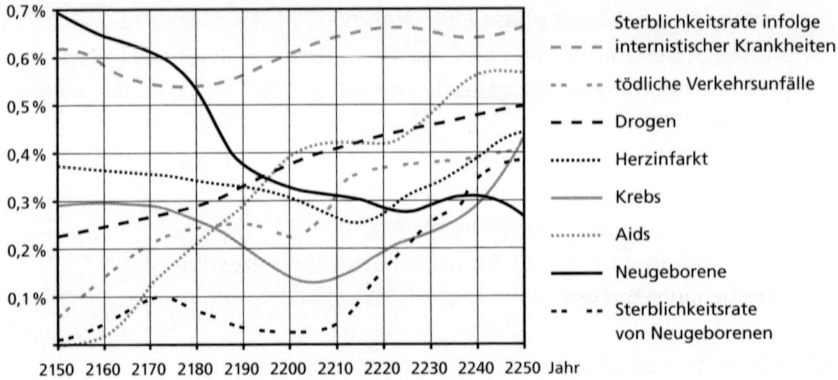

Beantworten Sie bitte zu diesem Diagramm folgende Fragen:

1. Was vermittelt das Diagramm bezüglich der Gesamtsterblichkeitsrate infolge internistischer Todesursachen in der Bevölkerung und der Geburtenrate insbesondere in den 70er- und 80er-Jahren?

2. Welche Sterblichkeitsrate steigt am stärksten innerhalb des Zeitraums von 2210 bis 2250?

3. Welche Todesarten übersteigen die Neugeborenenrate innerhalb des Zeitraums von 2180 bis 2220?

4. Zu welchem Zeitpunkt sind Krebstod, tödliche Verkehrsunfälle und Tod durch Aids auf nahezu gleich hohem Niveau?

5. Welche Todesarten bleiben über einen längeren Zeitraum (mindestens 40 Jahre) konstant und steigen um weniger als 0,03 Prozent?

6. Welche Todesursache erreicht nach einem deutlich starken Anstieg eine Plateauphase für etwa 20 Jahre, um dann nach einem Anstieg erneut in eine Plateauphase einzutreten?

7. Welche Todesursache steigt am kontinuierlichsten im Laufe der Jahre 2150 bis 2250?

8. Zu welchem Zeitpunkt ist die Sterblichkeit der nicht näher bezeichneten Bevölkerungsgruppe am größten?

9. Welche Einzeltodesursache fordert die meisten Toten?

10. Wie ist die Tendenz der Todesursachen insgesamt?

Lösungen Seite 558

Technisches Verständnis und räumliches Vorstellungsvermögen

Technisches Verständnis

Im diesem Test, der speziell für alle Bewerber bei der Feuerwehr von großer Bedeutung ist, sollen Sie komplexe Systeme erklären und auf Funktionsfähigkeit und eventuell nötigen Kraftaufwand hin überprüfen sowie technische Detailfragen beantworten. Die Tests bei Polizei und Feuerwehr werden sich nicht sonderlich unterscheiden, sodass Sie mit einiger Übung diesem Prüfungsabschnitt gelassen entgegensehen können. Trotzdem noch ein wichtiger Hinweis: Es ist möglich, dass Ihnen für falsche Antworten Punkte abgezogen werden, also Vorsicht beim Raten.

Bitte bearbeiten Sie die folgenden 120 Bildaufgaben zum technischen Verständnis innerhalb der nächsten 90 Minuten.

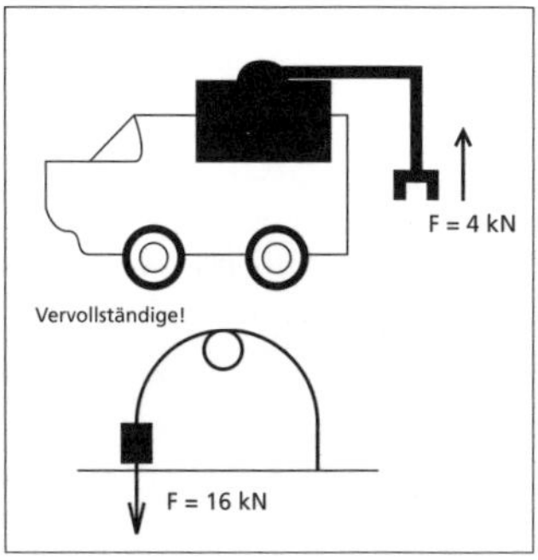

1. Zeichnen Sie eine Flaschenzugvorrichtung, bei der die hydraulische Hebeeinrichtung des Feuerwehrfahrzeugs das Gewicht von 16 kN nur noch mit 4 kN zu heben braucht.

→

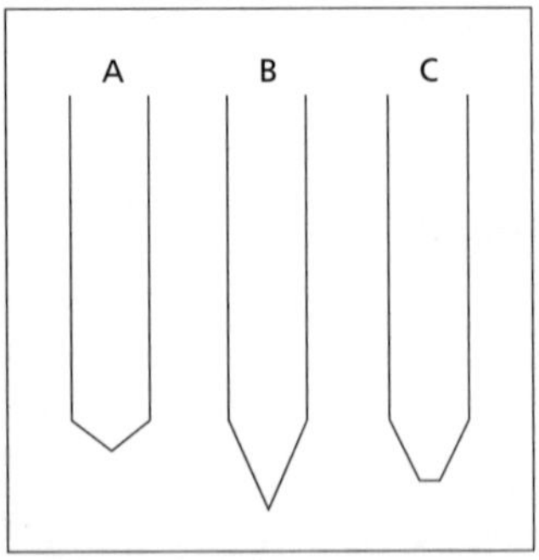

2. Welcher Bohrer ist für hartes Metall am besten geeignet?
   a) Bohrer A
   b) Bohrer B
   c) Bohrer C

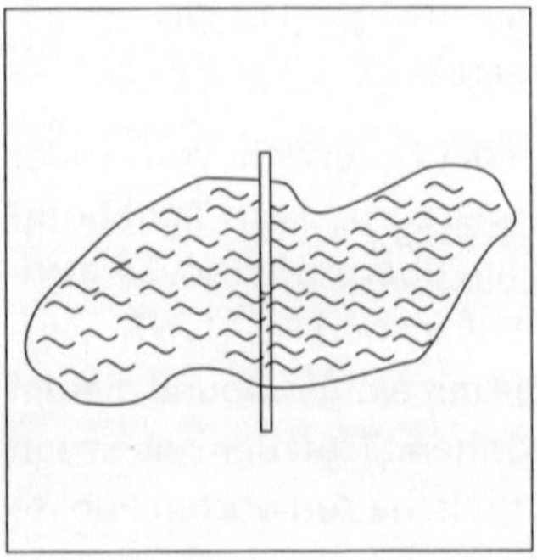

3. Ein abgebrochenes Schilfrohr schwimmt im Wasser. Ist es so richtig gezeichnet?
   a) Ja
   b) Nein

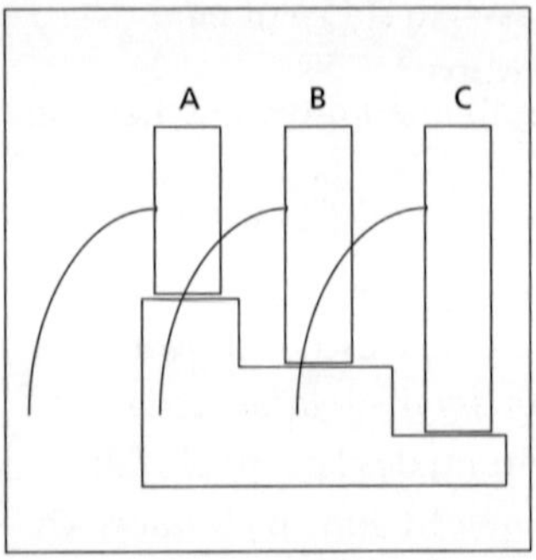

4. Welcher Wasserstrahl tritt mit dem größten Druck heraus?
   a) Strahl A
   b) Strahl B
   c) Strahl C
   d) Alle gleich

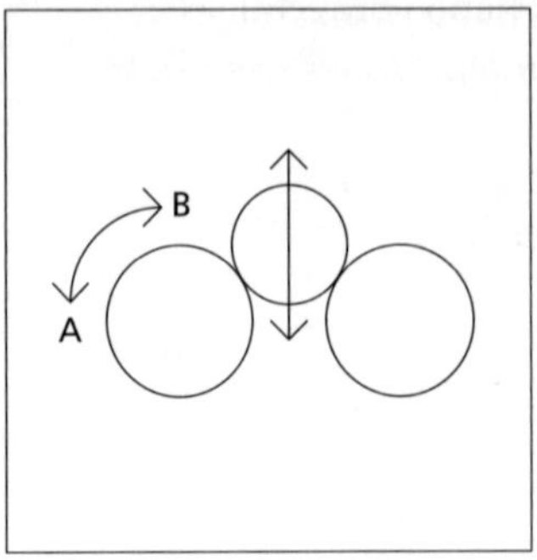

5. In welcher Richtung kann sich die Antriebswelle nur drehen?
   a) Richtung A
   b) Richtung B
   c) Dreht sich gar nicht

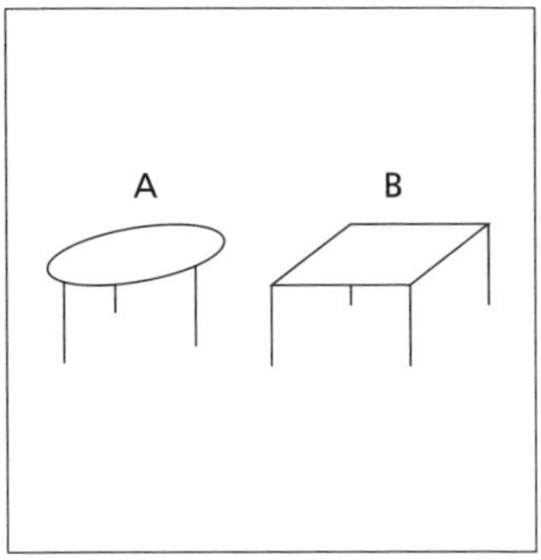

6. Welcher Tisch wackelt bei unebenem Boden?
   a) Tisch A
   b) Tisch B
   c) Kein Unterschied

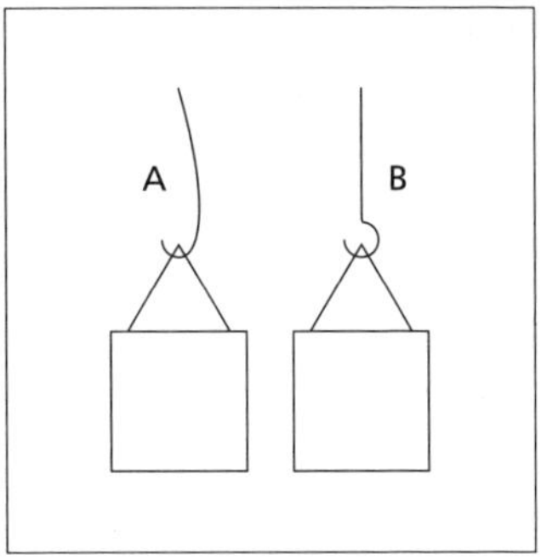

7. Welche Hebevorrichtung ist die zweckmäßigere?
   a) Haken A
   b) Haken B
   c) Kein Unterschied

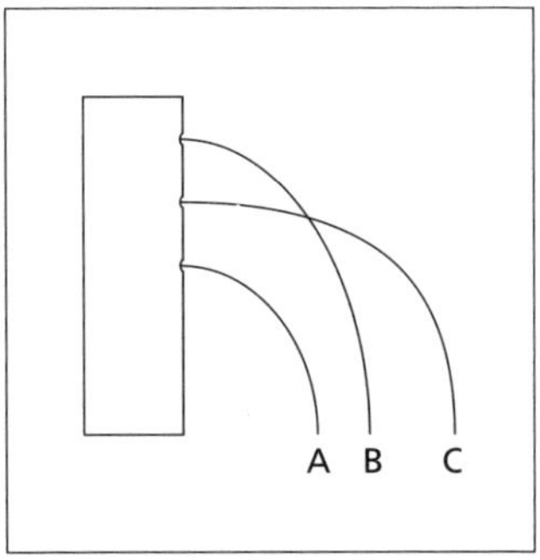

8. Welcher Wasserstrahl zeigt eine realistische Kurve?
   a) Strahl A
   b) Strahl B
   c) Strahl C
   d) Kein Unterschied

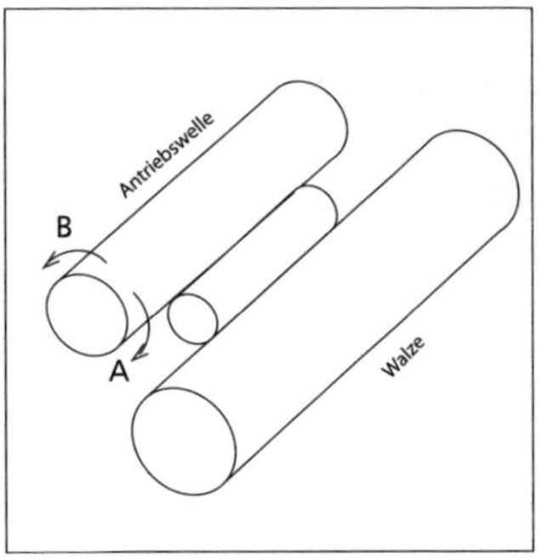

9. Welche Richtung ist als Antriebsrichtung für eine Walze geeignet?
   a) A
   b) B
   c) Beide gleich

→

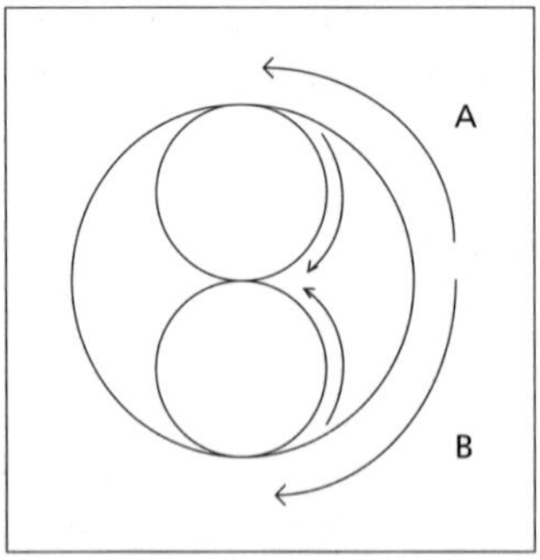

10. In welche Richtung dreht das große Rad?
    a) In Richtung A
    b) In Richtung B
    c) Dreht gar nicht

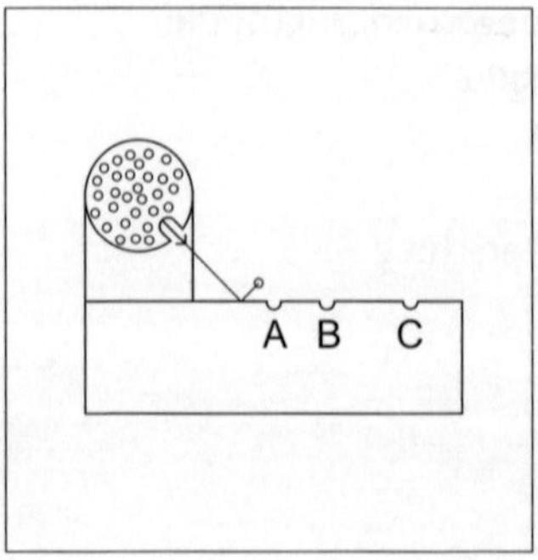

11. Aus der dargestellten Vorrichtung fällt eine harte Kugel. In welchen Behälter wird sie fallen?
    a) In Behälter A
    b) In Behälter B
    c) In Behälter C

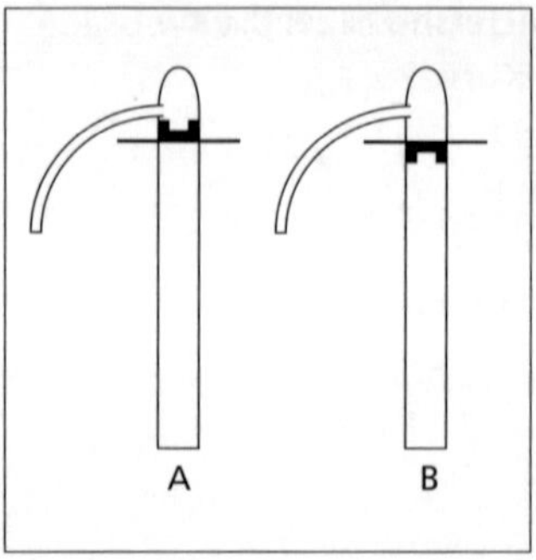

12. Die Darstellung zeigt eine Fahrradpumpe. Welcher Ventilsitz ist richtig.
    a) Ventilsitz A
    b) Ventilsitz B
    c) Kein Unterschied

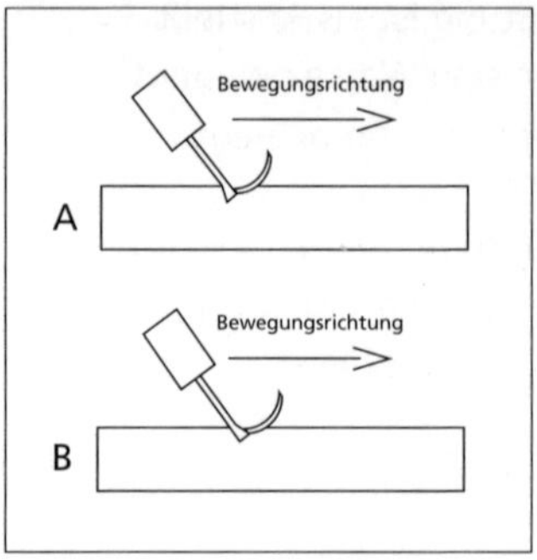

13. Was ist richtig beim Abheben eines Spanes aus einem Stück Holz?
    a) Zeichnung A
    b) Zeichnung B
    c) Kein Unterschied

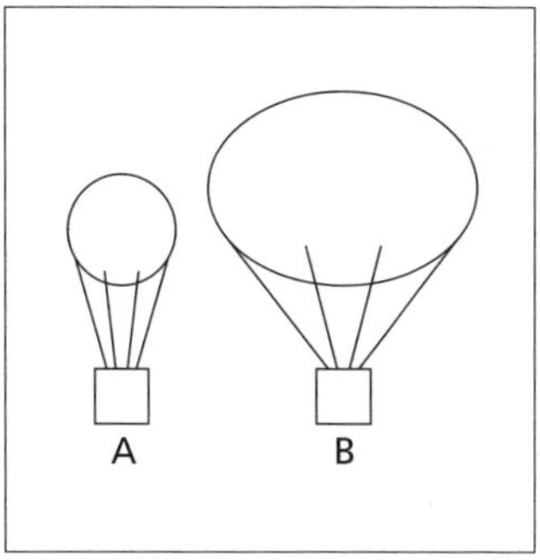

14. Mit welchem Heißluftballon kann man eine größere Höhe erreichen?
    a) Ballon A
    b) Ballon B
    c) Beide gleich

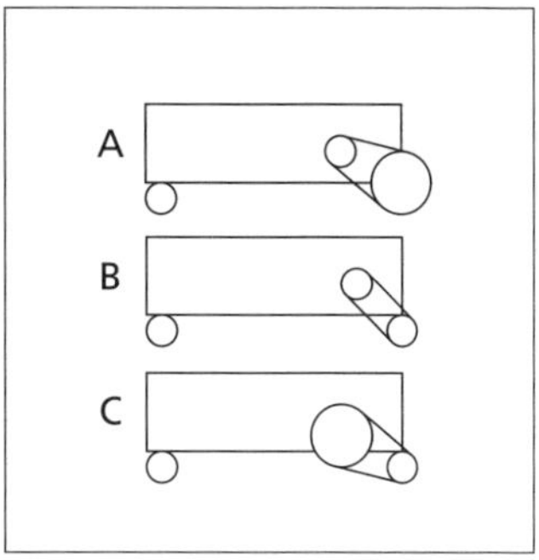

15. Welche Raupenkonstruktion ist zweckmäßig?
    a) Raupe A
    b) Raupe B
    c) Raupe C

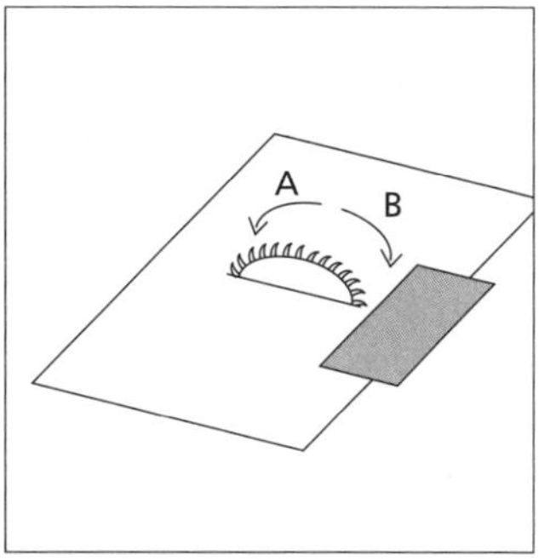

16. In welche Richtung muss die Kreissäge laufen?
    a) Richtung A
    b) Richtung B

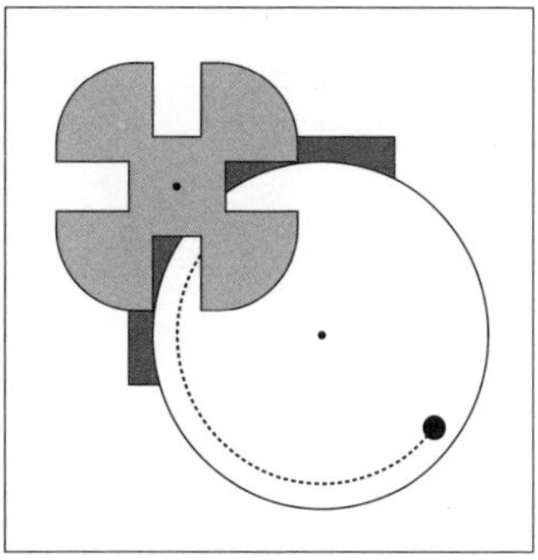

17. Welche Aussage zum Antriebssystem ist richtig?
    a) Das Mitnahmerad bewegt sich nicht.
    b) Das Mitnahmerad bewegt sich ruckartig in Gegenrichtung.
    c) Das System blockiert.

→

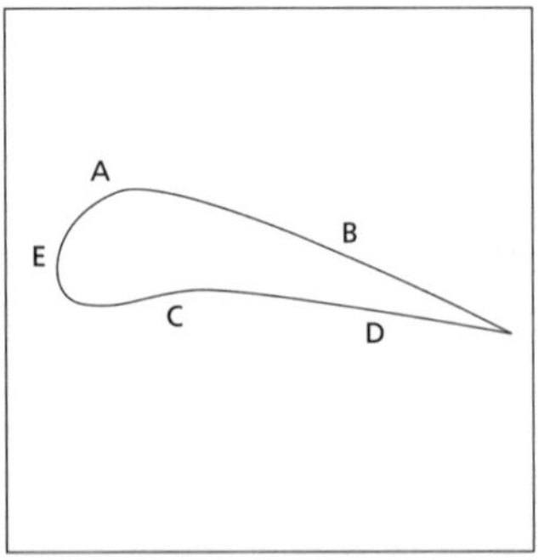

18. Folgende Abbildung zeigt einen aerodynamischen Flügel. Wo bilden sich die größten Kräfte?
    a) An Position A
    b) An Position B
    c) An Position C
    d) An Position D
    e) An Position E

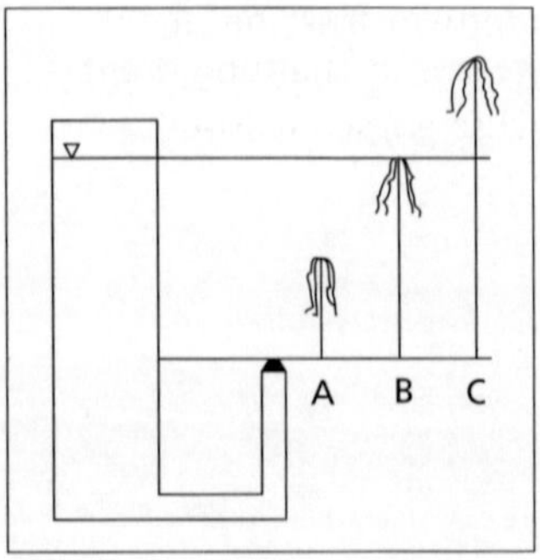

19. Welche Spritzstrahlen nach oben aus dem Wasservorratsbehälter sind bei einem vorhandenen Unterdruck richtig?
    a) Strahl A
    b) Strahl B
    c) Strahl C
    d) Kein Strahl

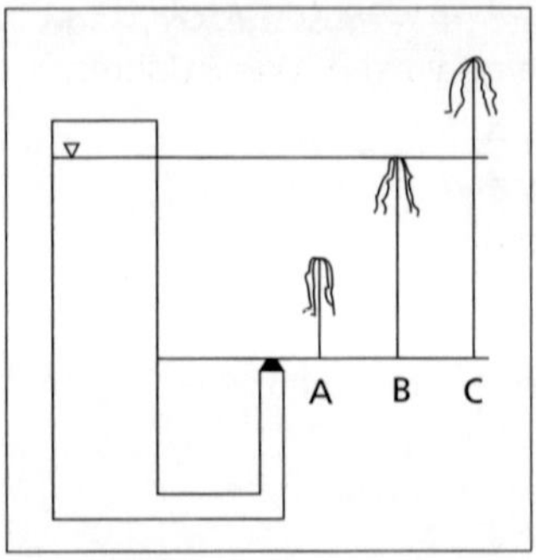

20. Welche Spritzstrahlen nach oben aus dem Wasservorratsbehälter sind bei abgebildetem Druck richtig?
    a) Strahl A
    b) Strahl B
    c) Strahl C
    d) Kein Strahl

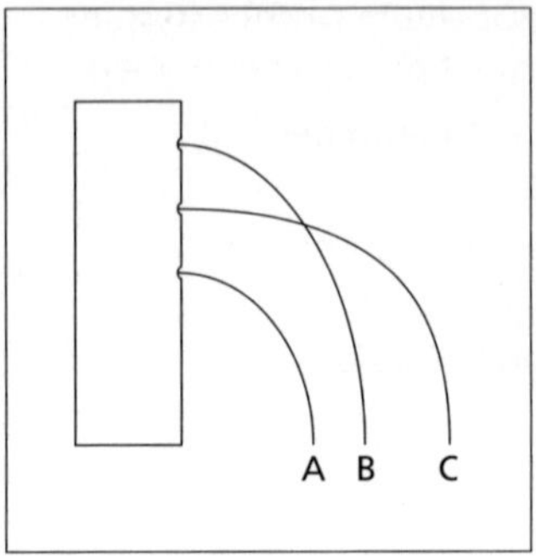

21. Welcher Wasserstrahl ist bei geringem Druck falsch gezeichnet?
    a) Strahl A
    b) Strahl B
    c) Strahl C
    d) Kein Strahl

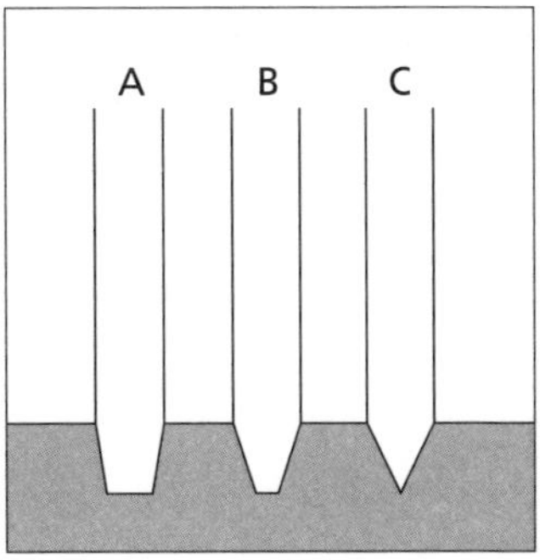

22. Welcher Pfosten steht am sichersten?
    a) Pfosten A
    b) Pfosten B
    c) Pfosten C
    d) Alle gleich

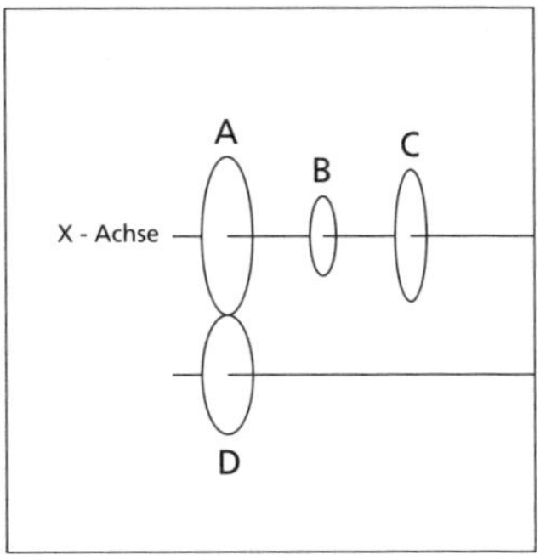

23. Bei welcher Kombination der Zahnräder dieser Fahrradschaltung dreht sich die X-Achse am schnellsten?
    a) D-A
    b) D-B
    c) D-C
    d) Alle gleich

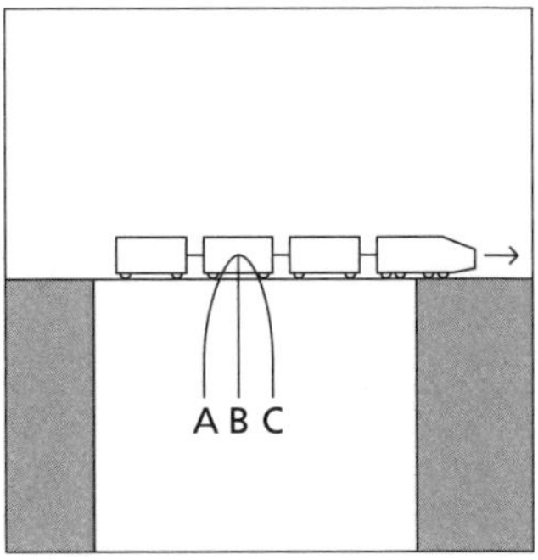

24. Aus einem fahrenden Zug wird eine Flasche geworfen. Wie ist deren Flugbahn?
    a) Richtung A
    b) Richtung B
    c) Richtung C

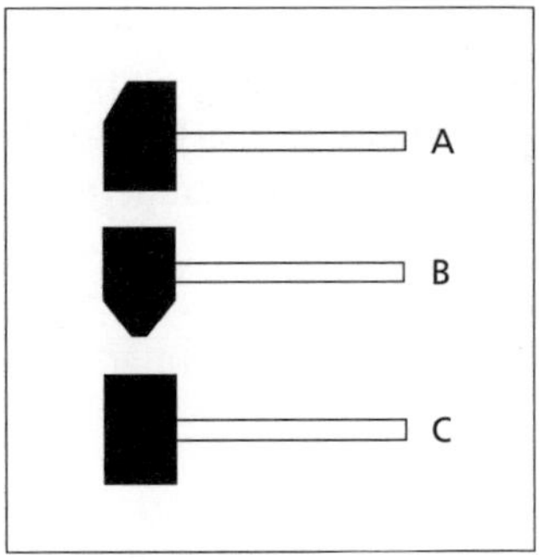

25. Mit welchem Hammer lässt sich die größte Kraft pro Flächeneinheit ausüben?
    a) Hammer A
    b) Hammer B
    c) Hammer C
    d) Alle gleich

→

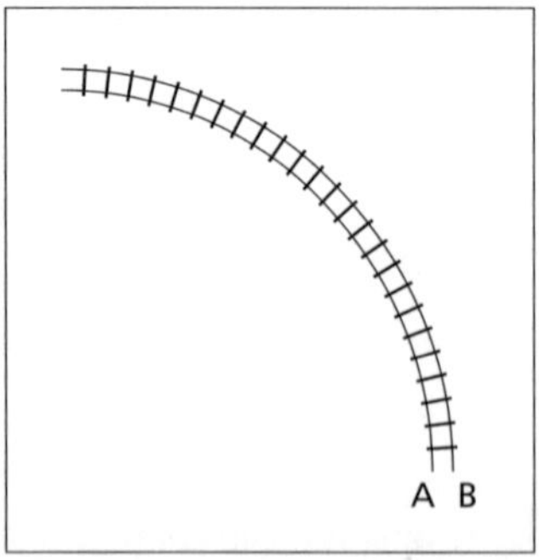

26. Welche Schiene sollte höher liegen, damit der Zug schneller durch die Kurve fahren kann?
    a) Schiene A
    b) Schiene B
    c) Kein Unterschied

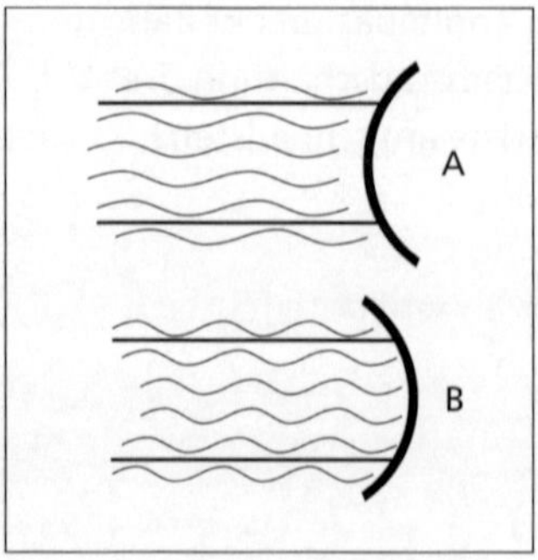

27. Welcher Damm hält das Wasser am besten?
    a) Damm A
    b) Damm B
    c) Beide gleich

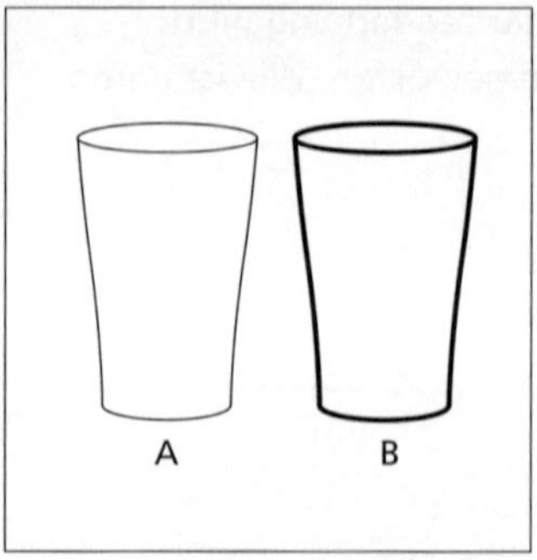

28. Welches Glas zerspringt bei Hitze eher?
    a) Glas A
    b) Glas B
    c) Kein Unterschied

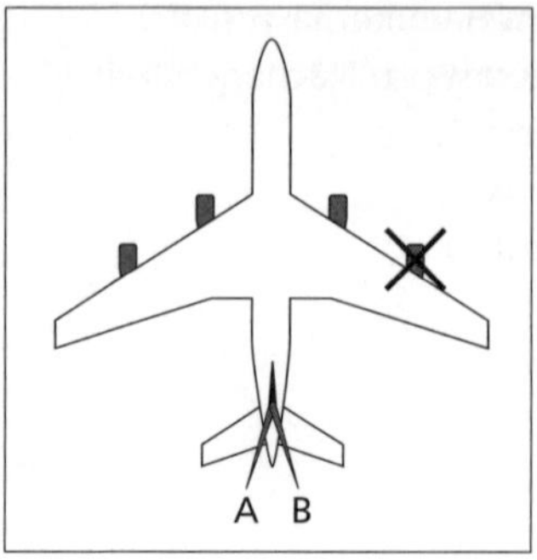

29. Das gekennzeichnete Triebwerk des Flugzeugs ist ausgefallen. Wie muss über das Seitenruder korrigiert werden, damit das Flugzeug geradeaus fliegt?
    a) Richtung A
    b) Richtung B
    c) Korrektur über das Höhenruder

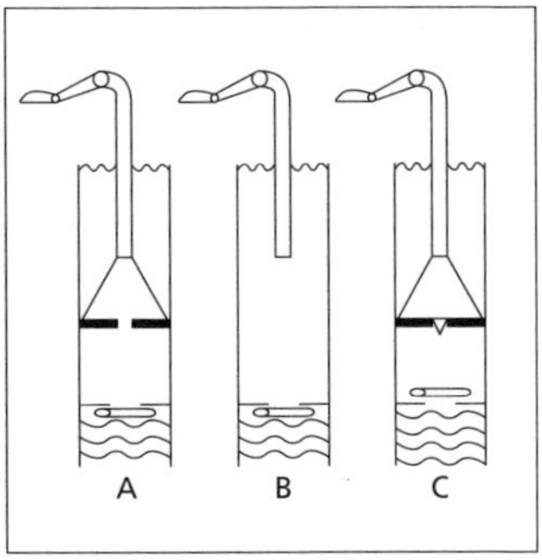

30. Welche Pumpe ist richtig konstruiert?
    a) Pumpe A
    b) Pumpe B
    c) Pumpe C
    d) Keine der Pumpen

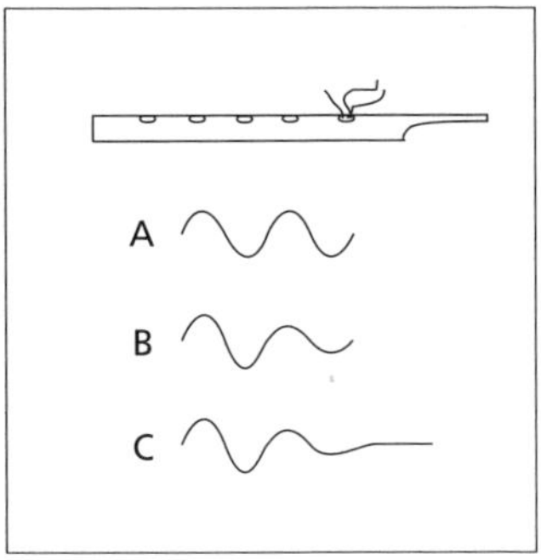

31. Abgebildet ist eine Flöte: Welche Schwingung ergibt sich bei konstantem Blasen des Tones?
    a) Schwingung A
    b) Schwingung B
    c) Schwingung C
    d) Keine der abgebildeten Schwingungen

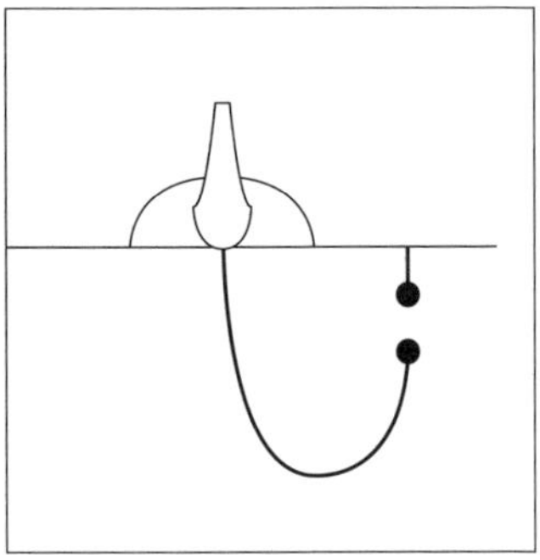

32. Realisierung eines Kippschalters. Ist der Schalter
    a) An
    b) Aus?

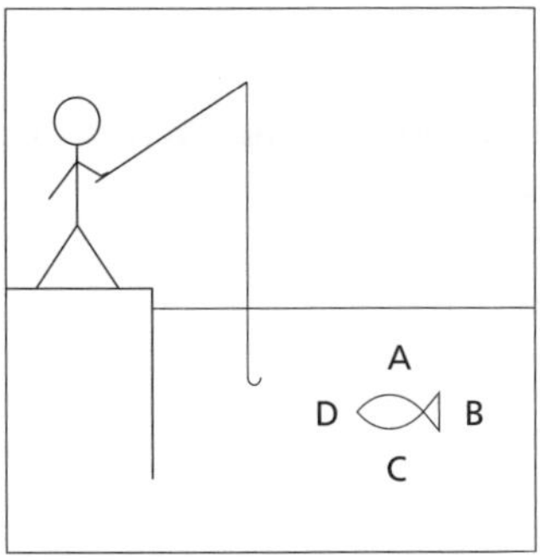

33. Wo ist der Fisch wirklich?
    a) An Position A
    b) An Position B
    c) An Position C
    d) An Position D

→

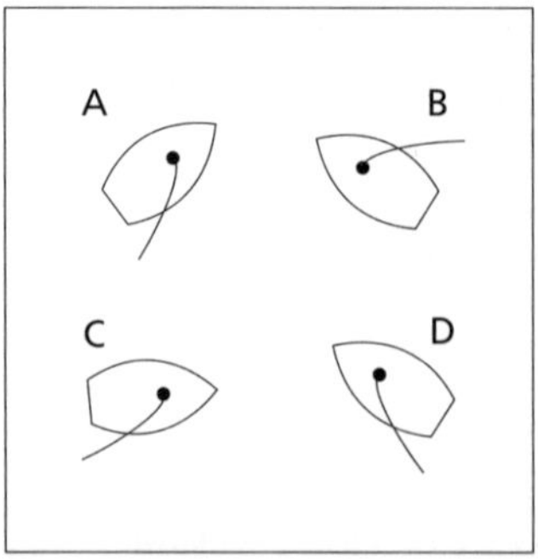

34. Welche Segelstellung ist falsch wenn der Wind von oben nach unten weht?
    a) Stellung A
    b) Stellung B
    c) Stellung C
    d) Stellung D

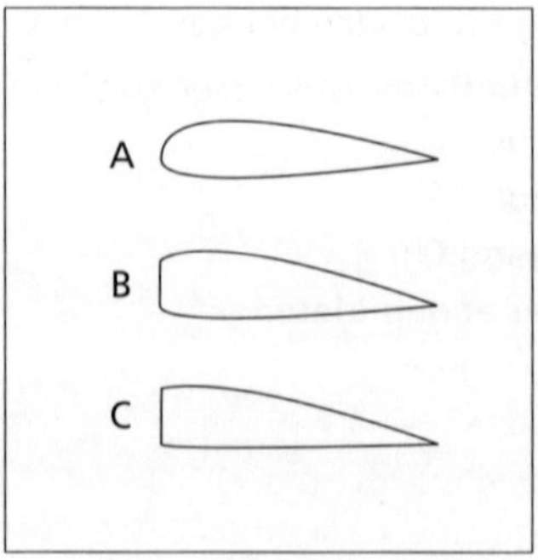

35. Mit welcher Tragfläche hebt ein Flugzeug schneller an?
    a) Tragfläche A
    b) Tragfläche B
    c) Tragfläche C
    d) Kein Unterschied

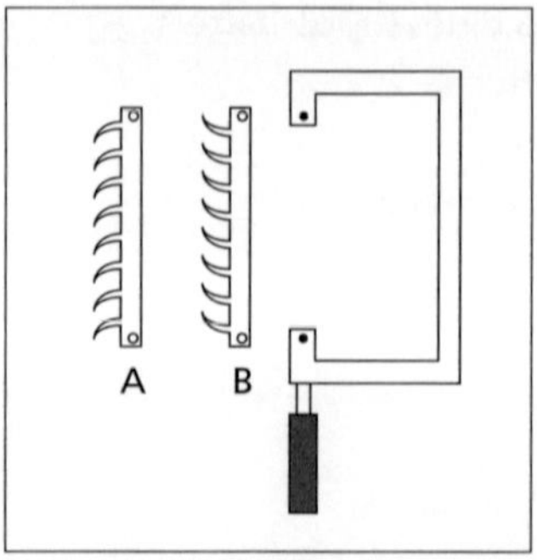

36. Wie ist die korrekte Zahnrichtung bei einem Holzsägeblatt?
    a) Richtung A
    b) Richtung B
    c) Kein Unterschied

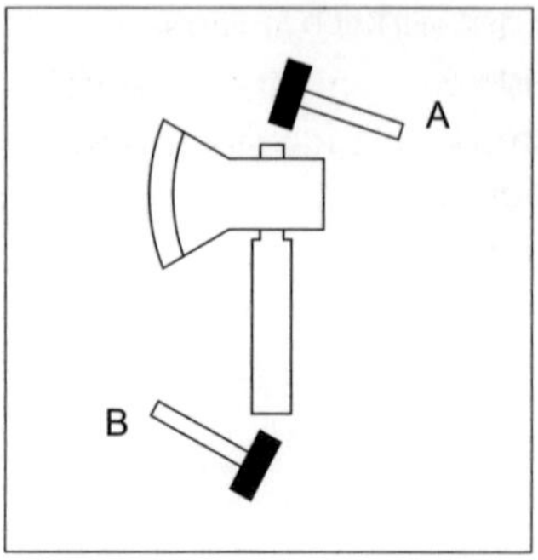

37. Welche Schlagrichtung ist am zweckmäßigsten, um den Kopf einer Axt mit einem Hammer zu befestigen?
    a) Richtung A
    b) Richtung B
    c) Kein Unterschied

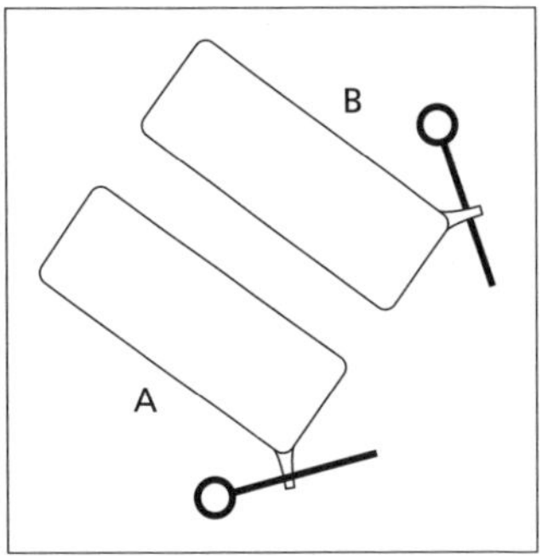

38. Bei welcher Konstruktion funktioniert der Büchsenöffner am zweckmäßigsten?
    a) Konstruktion A
    b) Konstruktion B
    c) Kein Unterschied

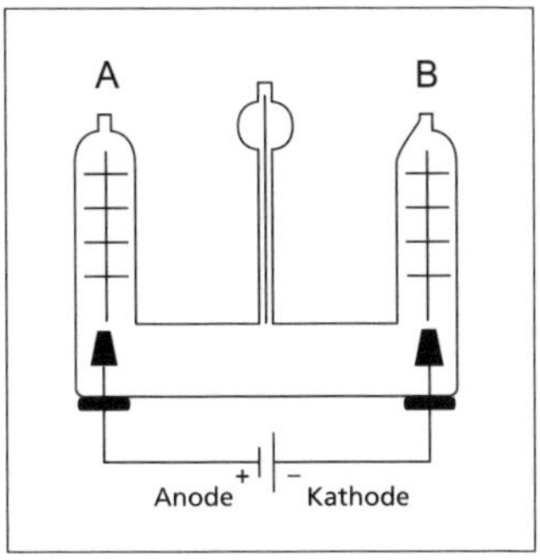

39. Dargestellt ist eine Elektrolyse: In welchem Behälter ist Wasserstoff?
    a) Behälter A
    b) Behälter B
    c) In beiden Behältern

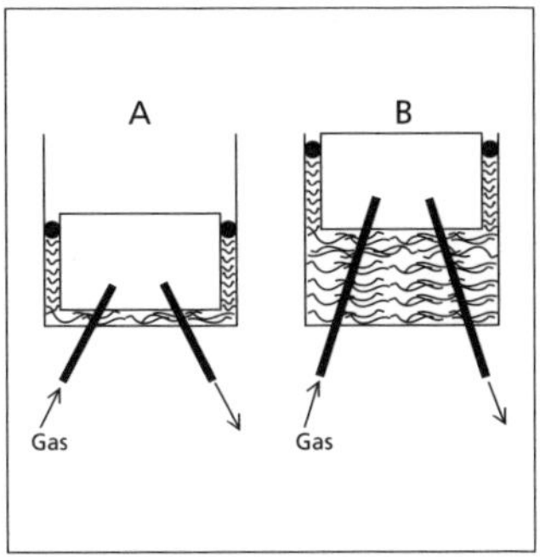

40. Welcher Behälter enthält mehr Gas?
    a) Behälter A
    b) Behälter B
    c) Kein Unterschied

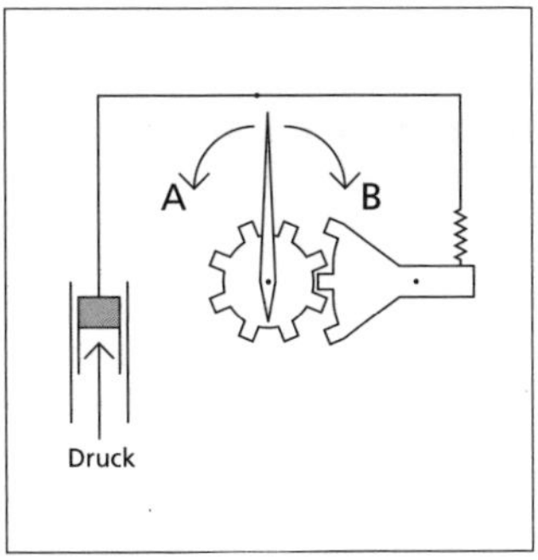

41. Realisierung einer Druckanzeige. In welche Richtung schlägt das Pendel aus, wenn Druck hinzugegeben wird?
    a) Richtung A
    b) Richtung B
    c) Kein Unterschied

→

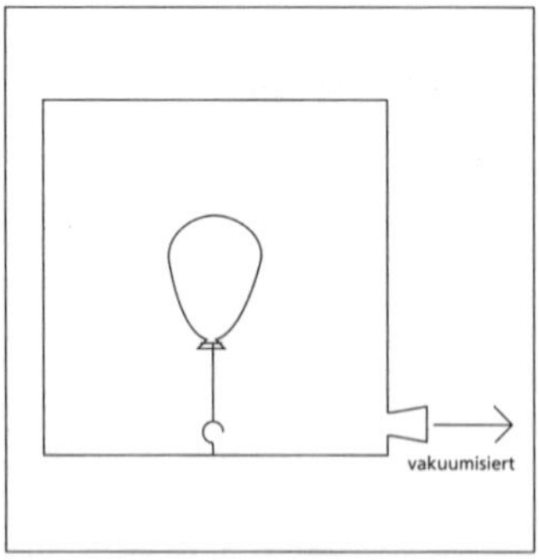

42. In einem Kasten wird ein Luftballon aufgeblasen. Nun wird im Kasten ein Vakuum erzeugt. Was passiert mit dem Luftballon?
    a) Er wird größer
    b) Er wird kleiner
    c) Keine Reaktion

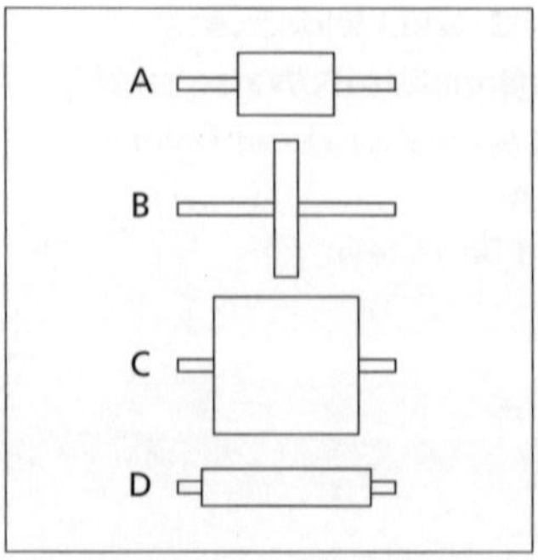

43. Welcher Generator ist ein Schnellläufer?
    a) Generator A
    b) Generator B
    c) Generator C
    d) Generator D

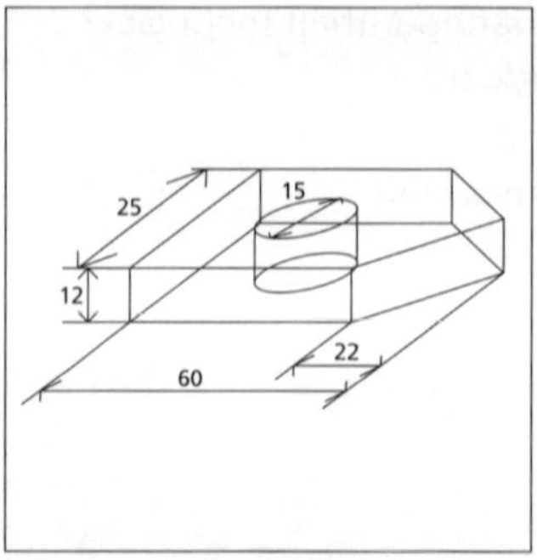

44. Berechnen Sie das Volumen der dargestellten Zeichnung.

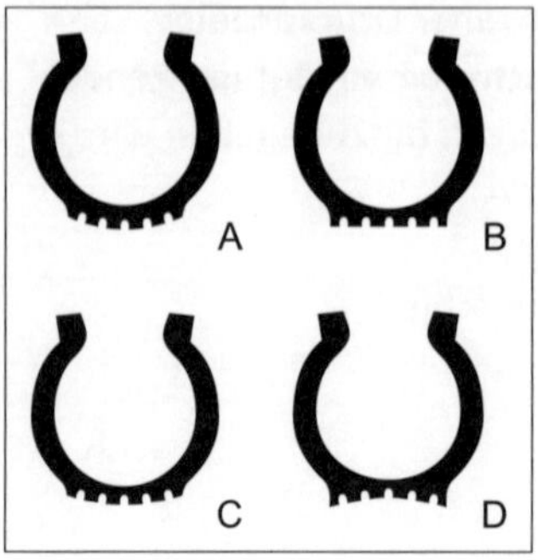

45. Welcher Autoreifen wurde mit zu hohem Luftdruck gefahren? Alle Reifen haben in der Abbildung den gleichen Druck.
    a) A
    b) B
    c) C
    d) D

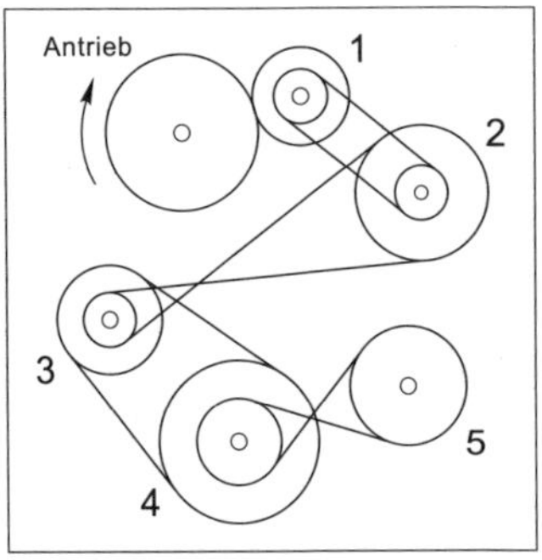

46. Welche Räder drehen sich entgegen der Antriebsrichtung?
    a) 1, 2, 4
    b) 1, 2, 5
    c) 2, 3, 4
    d) 2, 4, 5

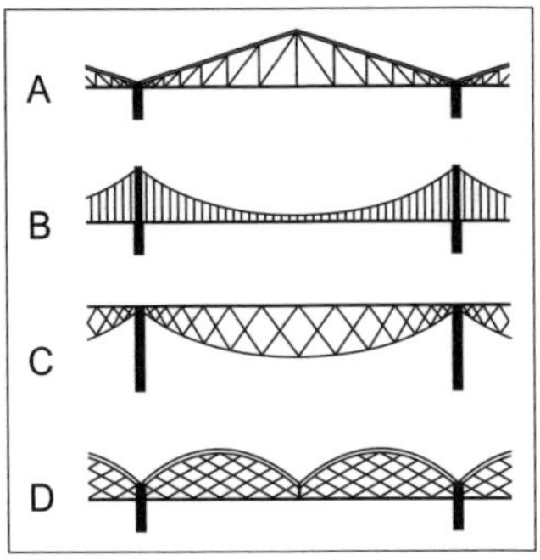

47. Mit welcher Brückenkonstruktion lässt sich eine größtmögliche Entfernung ohne Zwischenpfeiler überbrücken?
    a) A
    b) B
    c) C
    d) D

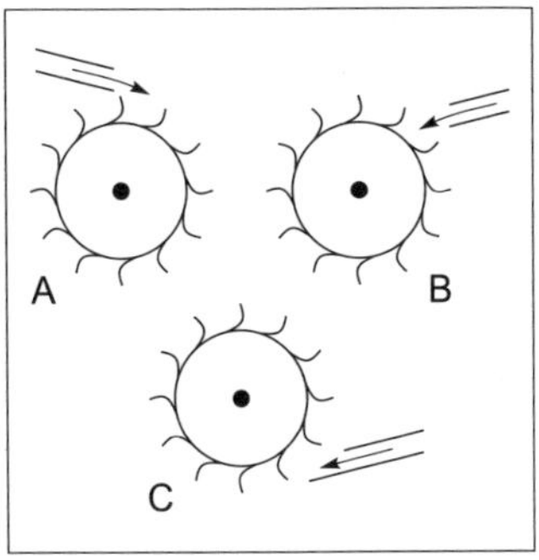

48. Welches Wasserrad liefert die größte Kraft?
    a) A
    b) B
    c) C

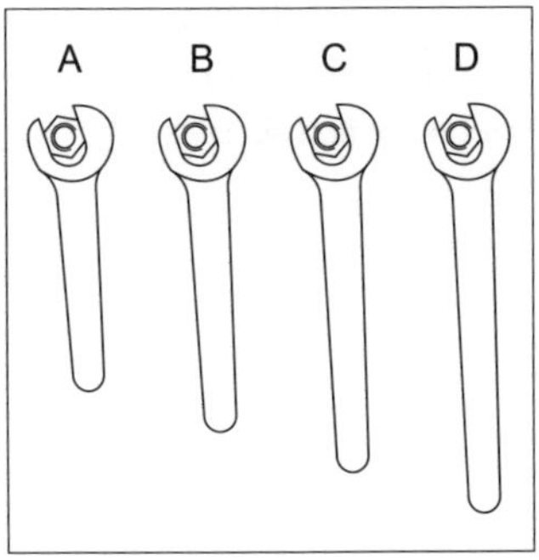

49. Mit welchem Schraubenschlüssel kann man die Mutter am festesten ziehen?
    a) A
    b) B
    c) C
    d) D

→

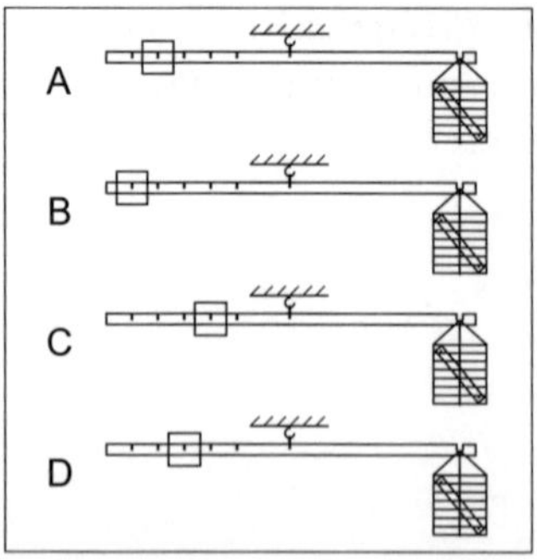

50. Welche Kiste ist die schwerste?
    a) A
    b) B
    c) C
    d) D

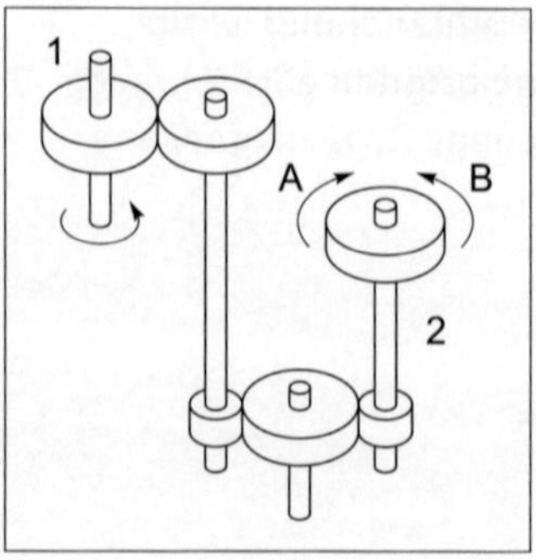

51. In welche Richtung dreht sich die Achse 2?
    a) A
    b) B
    c) in keine

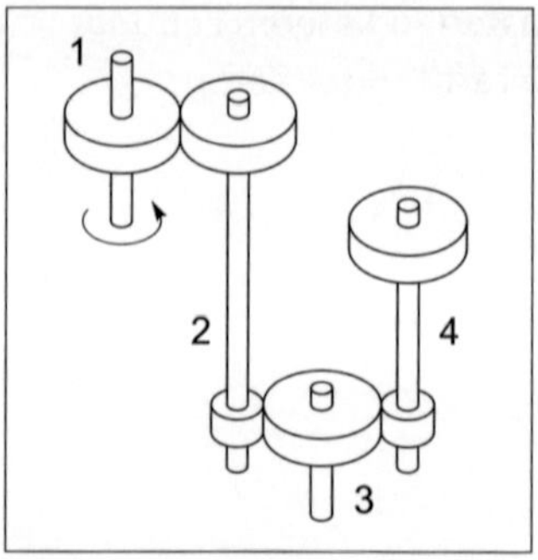

52. Wie dreht sich Achse 4 im Vergleich zu Achse 1?
    a) schnell
    b) langsamer
    c) gleich schnell

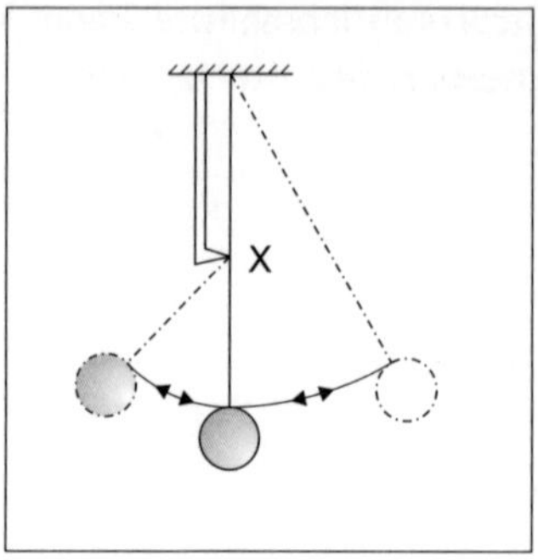

53. Am Punkt X wird die Pendellänge des Seils mit der Kugel verkürzt. Was passiert mit der Schwingungsdauer?
    a) Sie wird länger
    b) Sie wird kürzer
    c) Sie verändert sich nicht

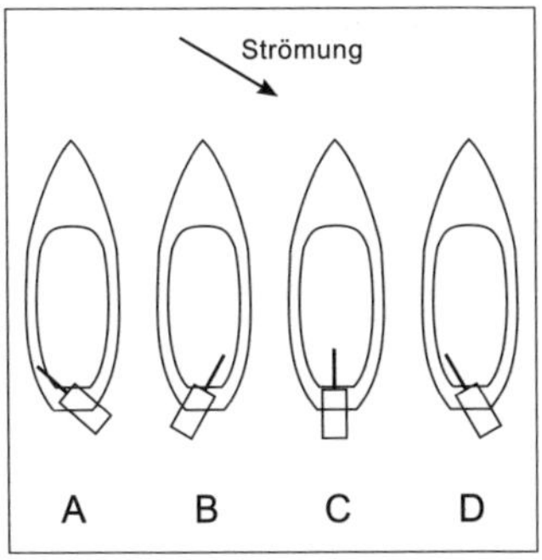

54. Wie muss bei angegebener Strömung gesteuert werden, damit das Boot geradeaus fährt?
   a) A
   b) B
   c) C
   d) D

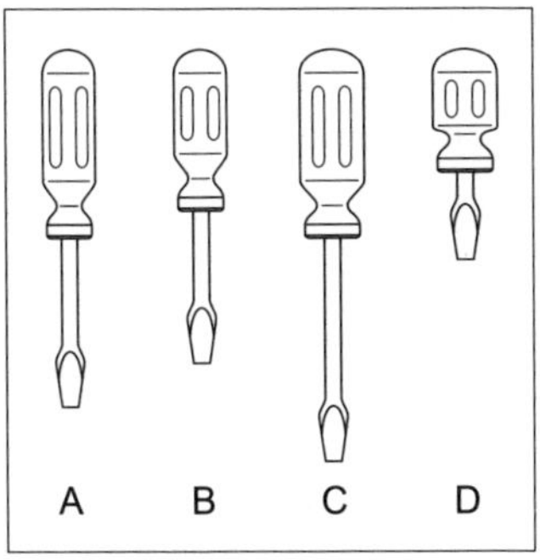

55. Welcher Schraubendreher ist am besten dazu geeignet, eine Schraube fest anzuziehen?
   a) A
   b) B
   c) C
   d) D

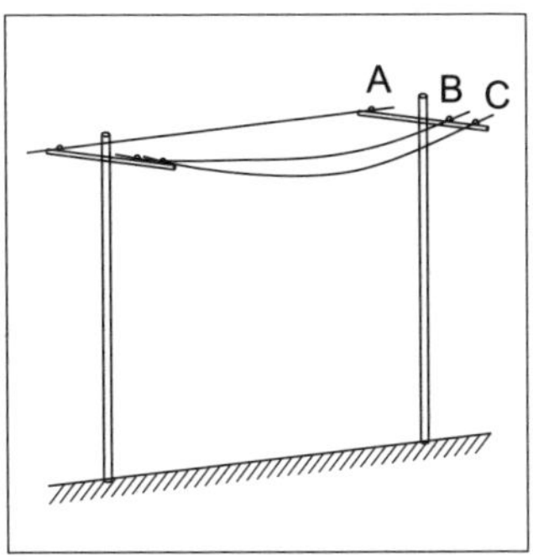

56. Welcher der (gleich langen) Leitungsdrähte ist bei klirrender Kälte dargestellt?
   a) A
   b) B
   c) C

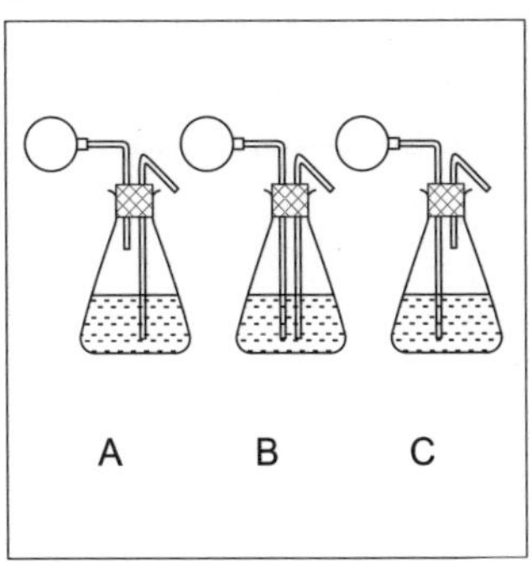

57. Welche Spritzwasserflasche ist richtig konstruiert?
   a) A
   b) B
   c) C

→

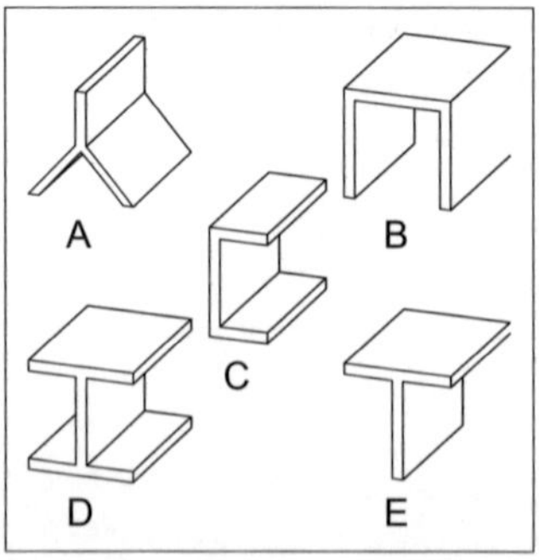

58. Welches Stahlträgerprofil hält die stärkste Belastung aus?
    a) A
    b) B
    c) C
    d) D
    e) E

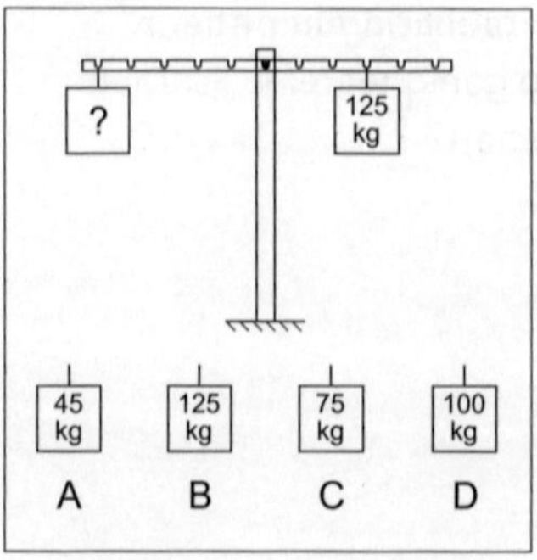

59. Welches Gewicht muss gewählt werden, damit die Waage im Gleichgewicht bleibt?
    a) A
    b) B
    c) C
    d) D

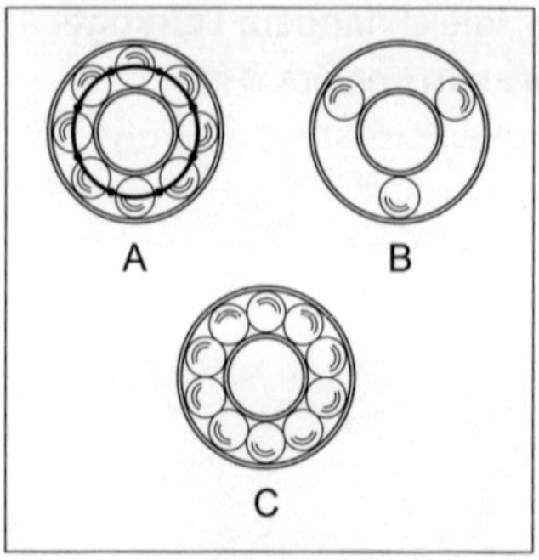

60. Welches der drei Kugellager dreht sich am besten?
    a) A
    b) B
    c) C

61. Der Angler sieht den Fisch an Punkt B. Wo befindet sich der Fisch wirklich?
    a) A
    b) B
    c) C
    d) D

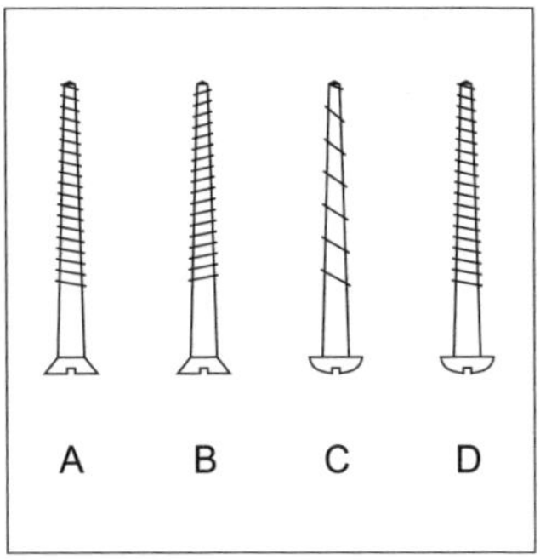

62. Welche Holzschraube ist zweckmäßig konstruiert?
    a) A
    b) B
    c) C
    d) D

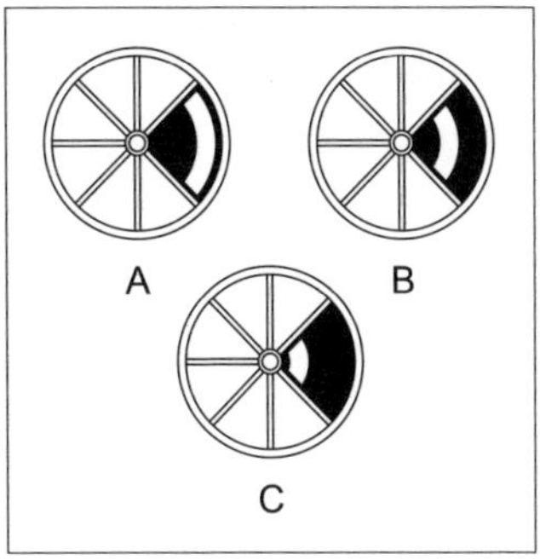

63. Welches der drei Schwungräder ist zweckmäßig konstruiert?
    a) A
    b) B
    c) C

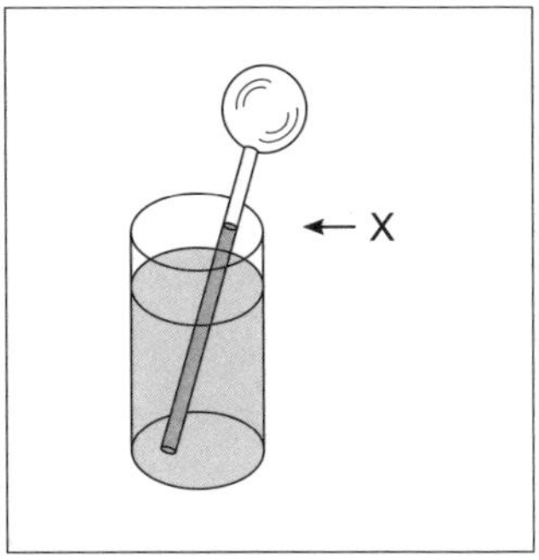

64. Was passiert, wenn man die Glaskugel einige Minuten in der Hand hält?
    a) Die Flüssigkeit steigt im Glasrohr bei X.
    b) Die Flüssigkeit verändert nicht ihre Höhe.
    c) Die Flüssigkeit sinkt im Glasrohr, steigt im Glas.

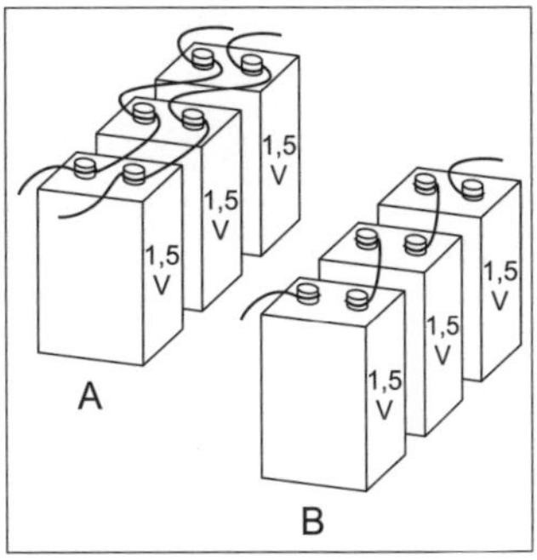

65. Welche Schaltung liefert die größte Spannung?
    a) A
    b) B
    c) Die Spannung bleibt gleich.

→

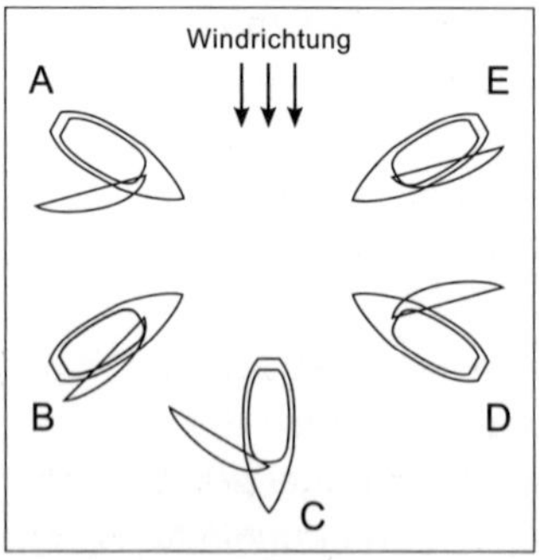

66. Welche Segelstellung ist bei angegebener Windrichtung falsch?
   a) A
   b) B
   c) C
   d) D
   e) E

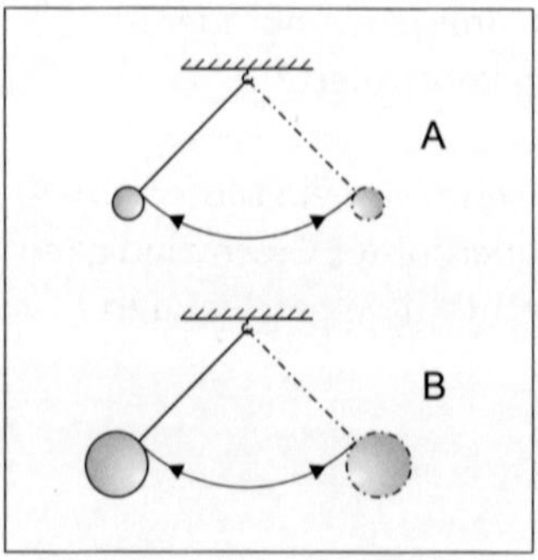

67. Welches Pendel hat die kürzere Schwingungsdauer?
   a) A
   b) B
   c) kein Unterschied

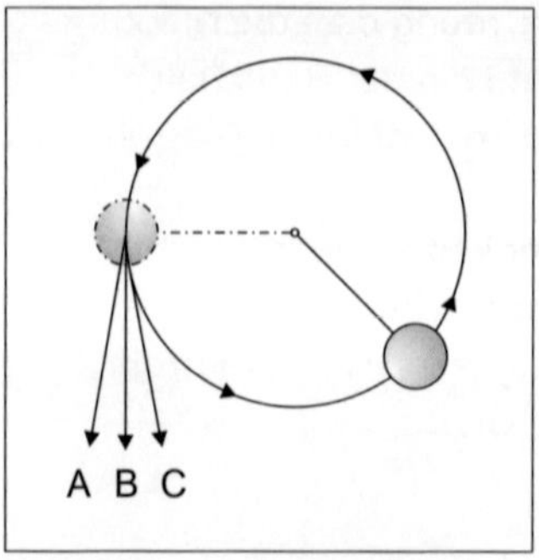

68. In welche Richtung fliegt die Kugel, wenn man sie am markierten Ort loslässt?
   a) A
   b) B
   c) C
   d) in eine ganz andere

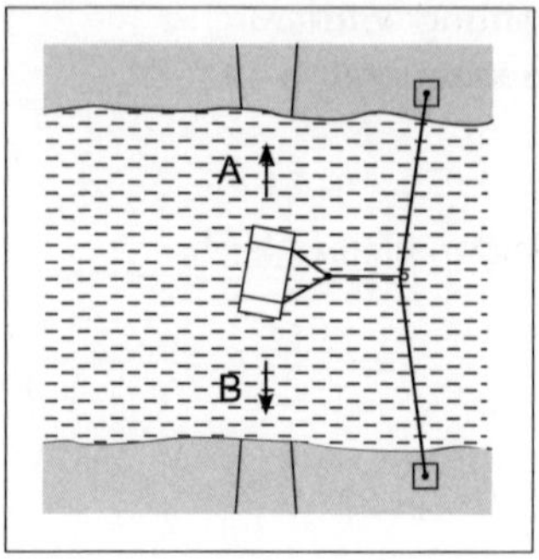

69. In welche Richtung bewegt sich die Seilfähre?
   a) A
   b) B
   c) nicht festzustellen

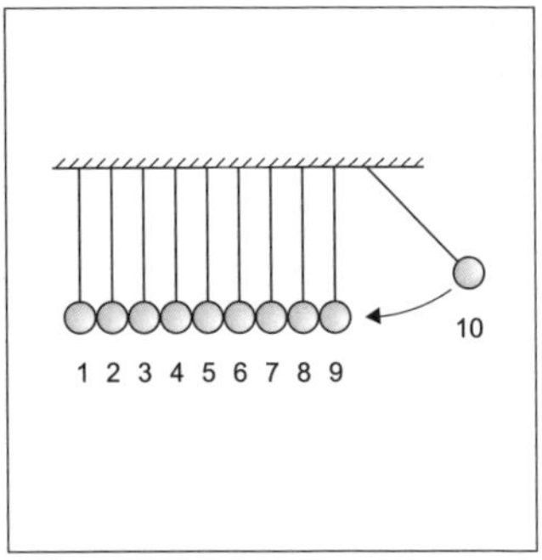

70. Was passiert, wenn die zehnte auf die neunte Kugel aufprallt?
    a) Neun Kugeln bewegen sich nicht, die zehnte prallt zurück.
    b) Nur die erste Kugel bewegt sich nach links.
    c) Alle Kugeln bewegen sich nach links.
    d) Neun Kugeln bewegen sich nach links, die zehnte Kugel prallt zurück.
    e) Nur die ersten drei Kugeln bewegen sich nach links.

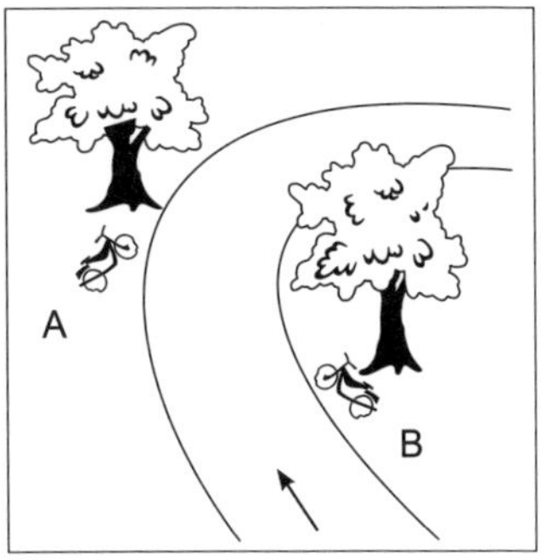

71. Zu welcher Seite wird ein Motorradfahrer wegen überhöhter Geschwindigkeit bei einer Rechtskurve geschleudert?
    a) A
    b) B

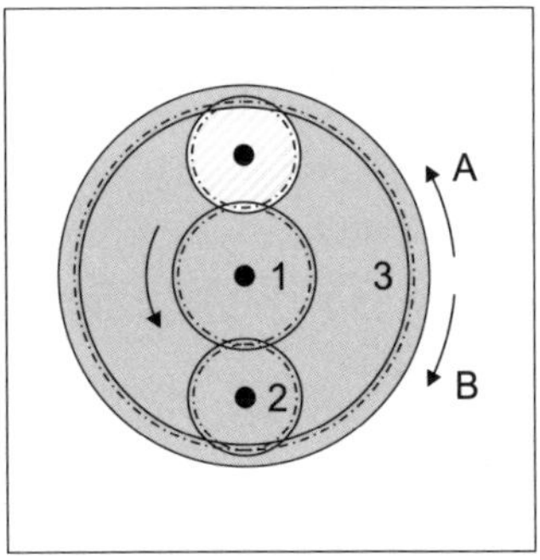

72. In welche Richtung dreht sich das Zahnrad 3?
    a) A
    b) B
    c) Die Räder können sich überhaupt nicht drehen.

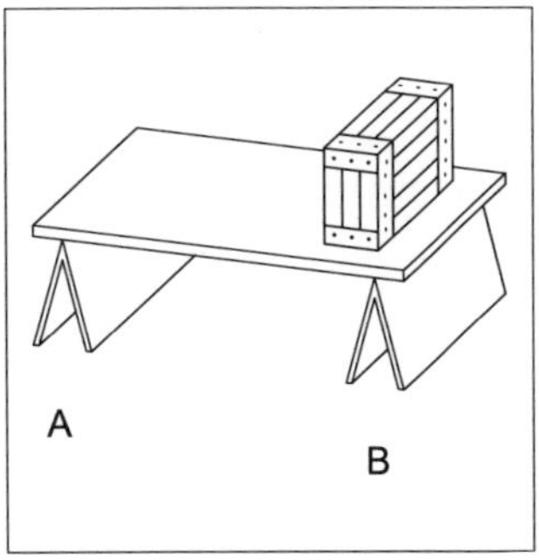

73. Welcher Tischbock wird durch die schwere Kiste mehr belastet?
    a) A
    b) B
    c) Beide gleich

→

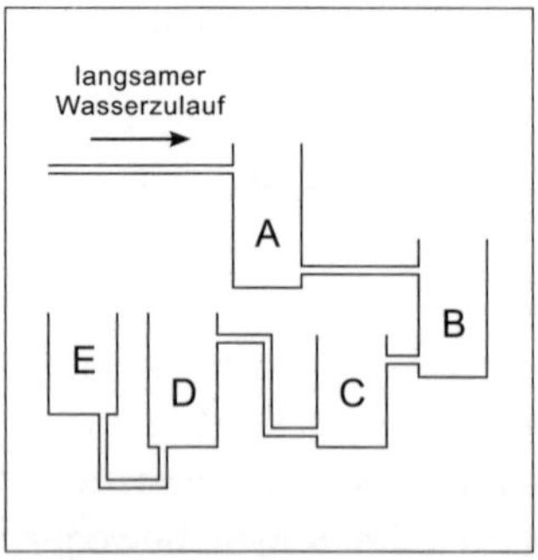

74. Welcher Behälter füllt sich zuerst?
    a) A
    b) B
    c) C
    d) D
    e) E

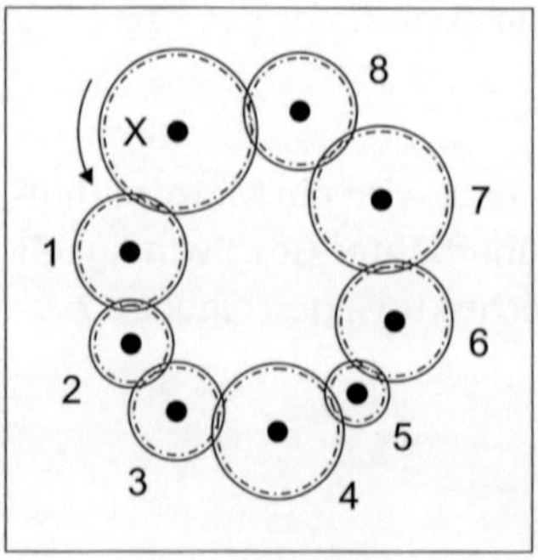

75. Welche Zahnräder drehen sich in die gleiche Richtung?
    a) alle
    b) 1, 3, 6, 8
    c) 2, 4, 6, 8
    d) Die Konstruktion funktioniert nicht.

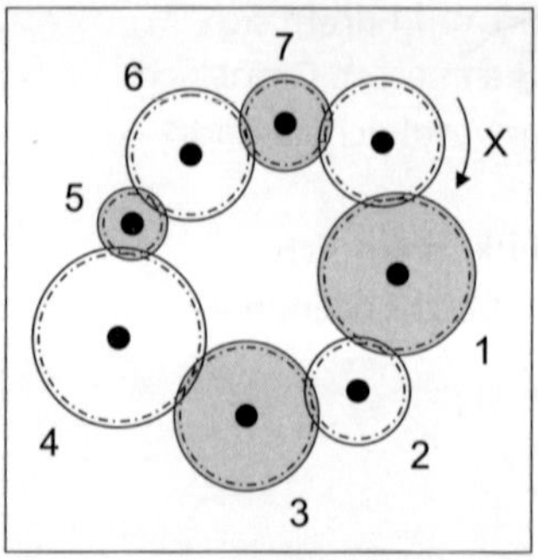

76. Welche Zahnräder drehen sich entgegengesetzt zu Rad X?
    a) 1, 2, 3, 4
    b) 1, 3, 5, 7
    c) 2, 4, 6
    d) Die Konstruktion funktioniert nicht.

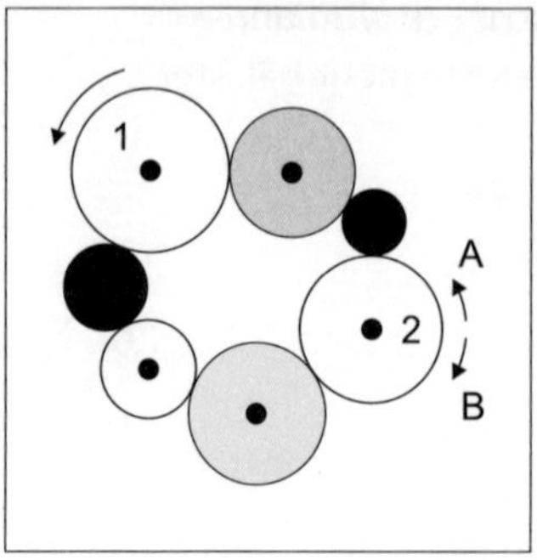

77. In welche Richtung dreht sich Rad 2?
    a) A
    b) B
    c) Die Konstruktion funktioniert nicht.

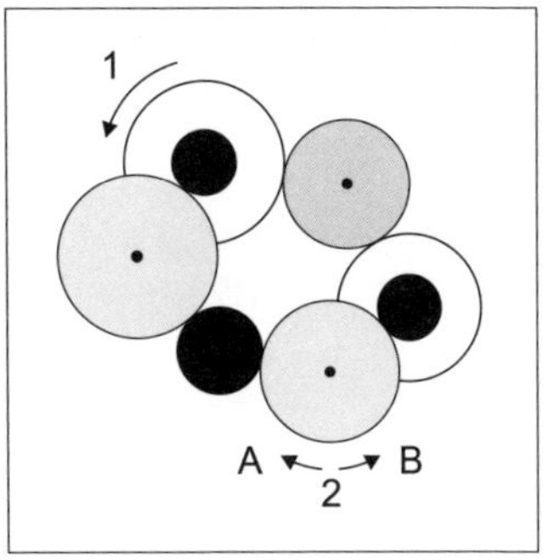

78. In welche Richtung dreht sich Rad 2?
    a) A
    b) B
    c) Die Konstruktion funktioniert nicht.

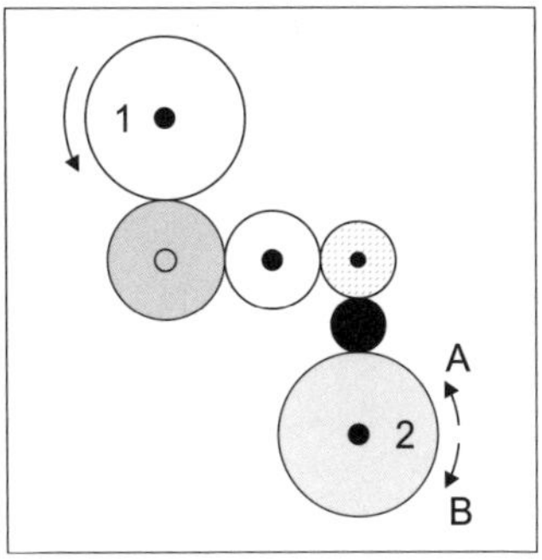

79. In welche Richtung dreht sich Rad 2?
    a) A
    b) B

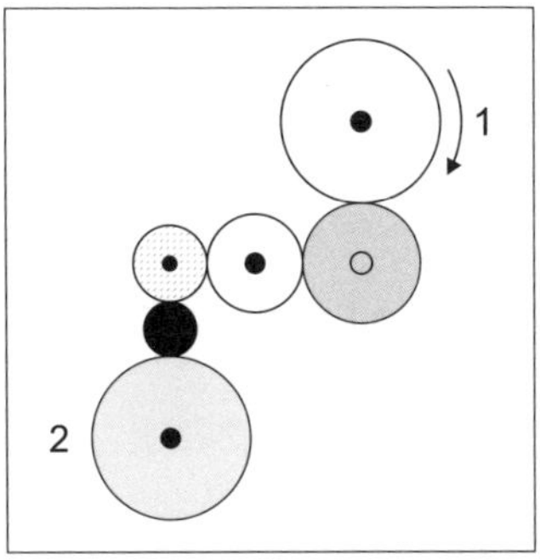

80. Die Räder 1 und 2 haben den gleichen Durchmesser. Dreht sich das Rad 2 im Vergleich zu Rad 1 …
    a) schneller
    b) langsamer
    c) gleich schnell
    d) gar nicht

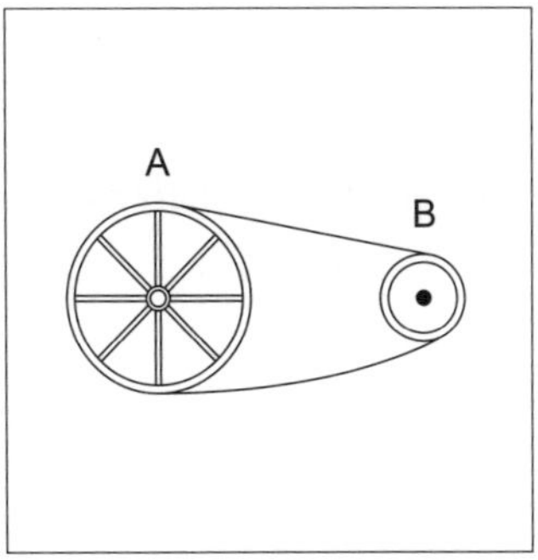

81. Welches Rad dreht sich langsamer?
    a) A
    b) B
    c) kein Unterschied

→

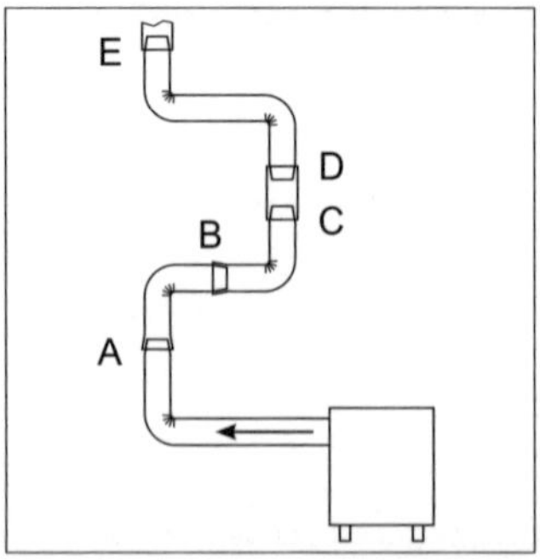

82. An welcher Stelle ist bei der Montage des Ofenrohres ein Fehler unterlaufen?
   a) A
   b) B
   c) C
   d) D
   e) E

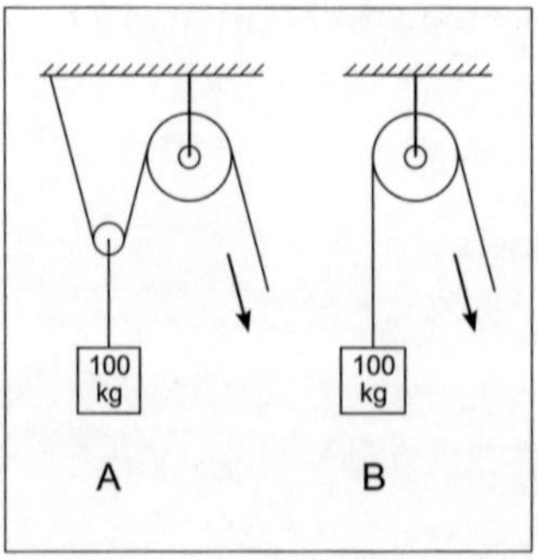

83. Mit welchem Seilzug ist es leichter, die Last zu heben?
   a) A
   b) B
   c) kein Unterschied

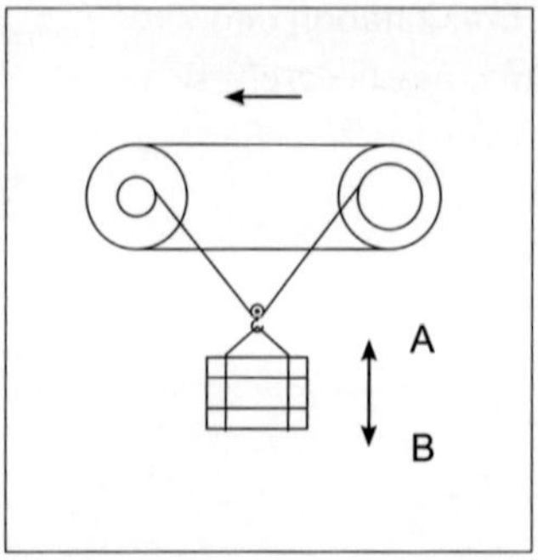

84. In welche Richtung bewegt sich die Kiste?
   a) A
   b) B
   c) in keine

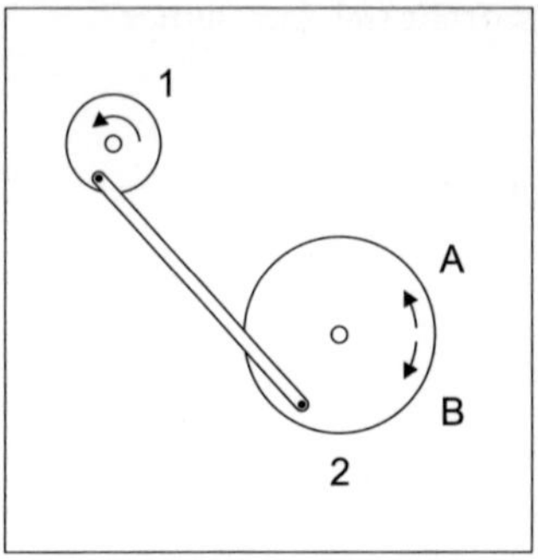

85. In welche Richtung dreht sich Rad 2?
   a) A
   b) B
   c) in beide Richtungen, hin und her

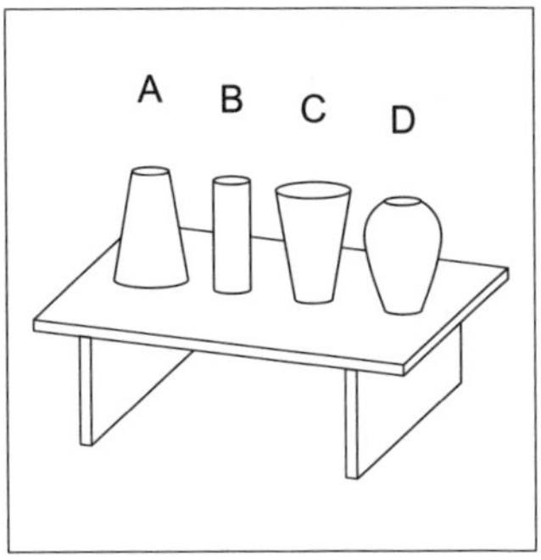

86. Welche Vase steht am sichersten?
   a) A
   b) B
   c) C
   d) D

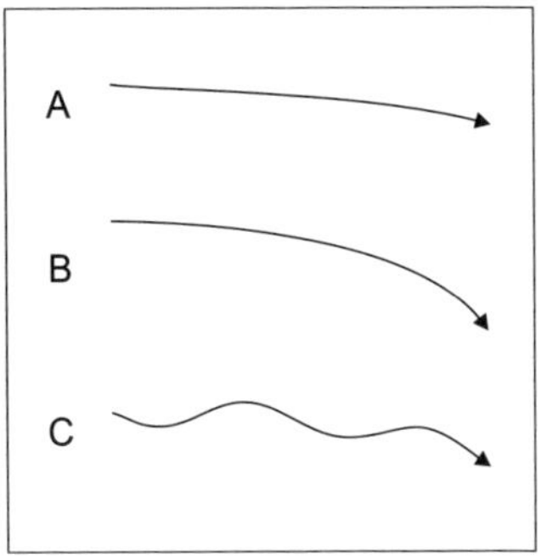

87. Ein Modellflugzeug ist schwanzlastig. Wie ist seine Flugbahn?
   a) A
   b) B
   c) C
   d) Ganz anders

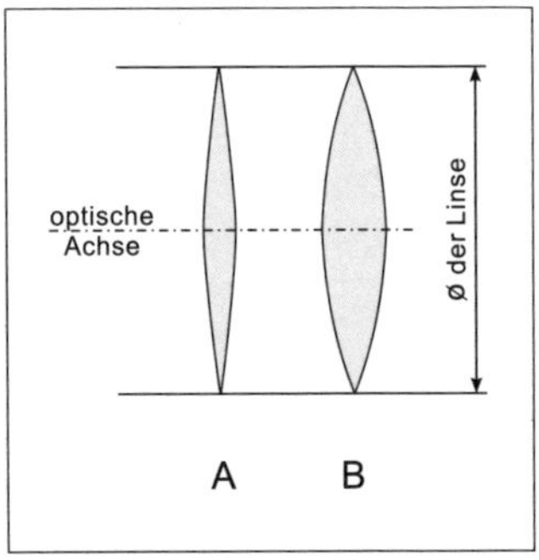

88. Welche der Linsen hat die kürzere Brennweite?
   a) A
   b) B

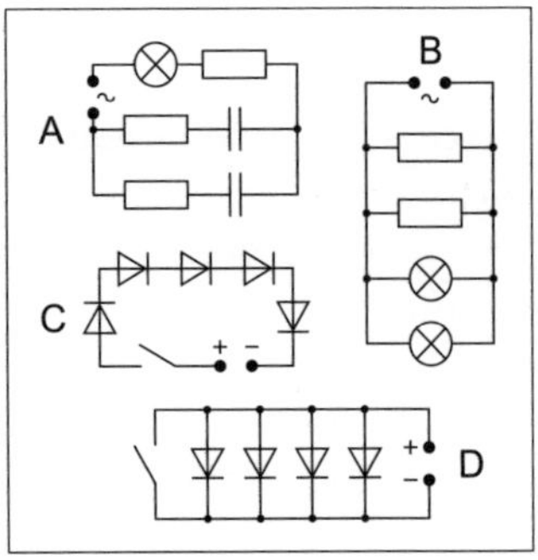

89. Welcher Stromkreis ist geschlossen?
   a) A
   b) A, B
   c) A, B, C
   d) A, B, D

→

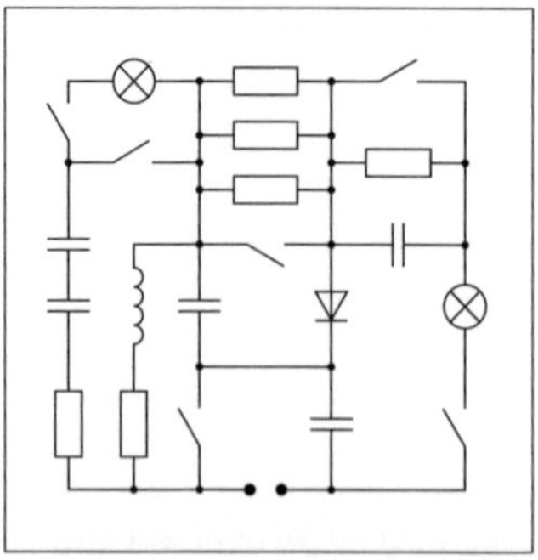

90. Ist der Stromkreis bei vorhandenem Wechselstrom offen?
    a) nein, geschlossen
    b) ja, offen
    c) keine Aussage möglich

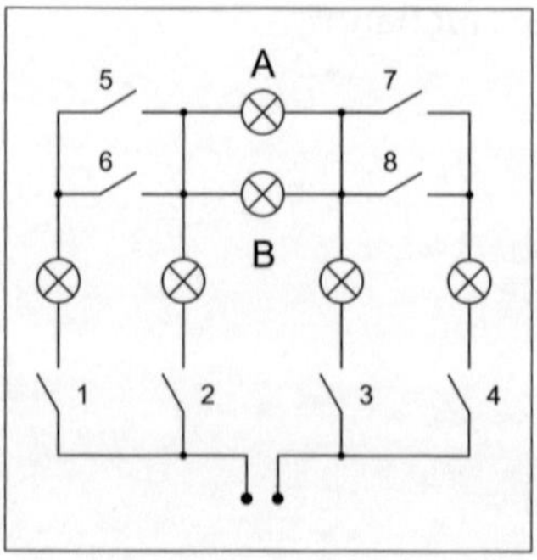

91. Welche Schalter müssen mindestens geschlossen sein, damit die Lampen A und B leuchten?
    a) 1 und 2
    b) 1 und 3
    c) 1, 2, 3 und 4
    d) 2 und 3
    e) 3 und 4

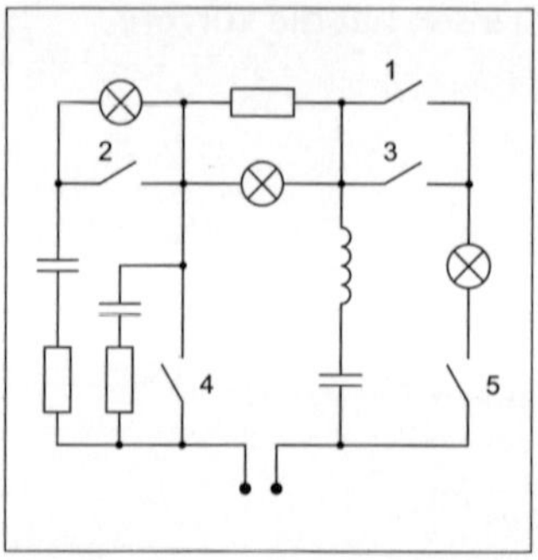

92. Welcher Schalter muss geschlossen werden, damit der Wechselstrom fließen kann?
    a) 1 und 3
    b) 2 und 4
    c) keiner
    d) alle
    e) 1, 2 und 5

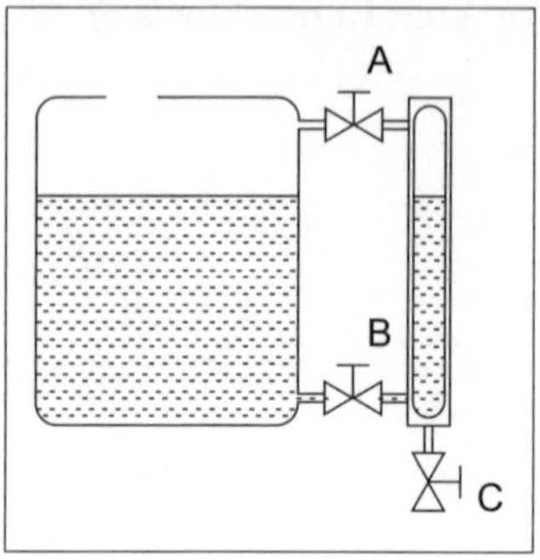

93. Wie wird die rechte Füllstandsanzeige geleert?
    a) Ventil A und B werden geschlossen, Ventil C geöffnet
    b) Ventil B wird geschlossen, Ventil A und C geöffnet
    c) alle Ventile werden geöffnet

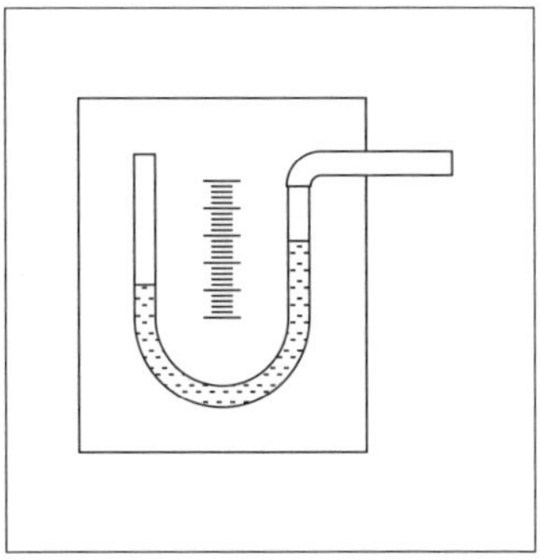

94. Was zeigt das U-Rohr an?
   a) Unterdruck
   b) Überdruck
   c) ein Vakuum

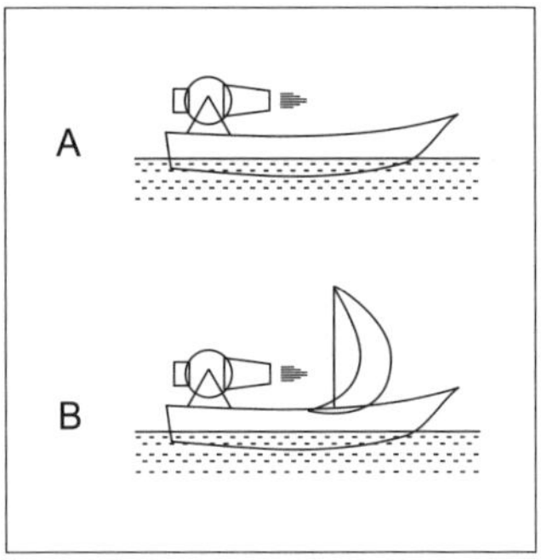

95. Welches Boot fährt vorwärts?
   a) A
   b) B
   c) keins fährt vorwärts

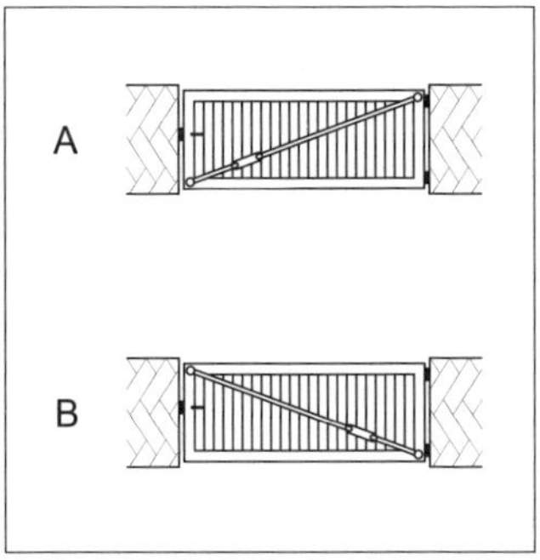

96. Welche der Abspannungen ist zweckmäßiger?
   a) A
   b) B
   c) kein Unterschied

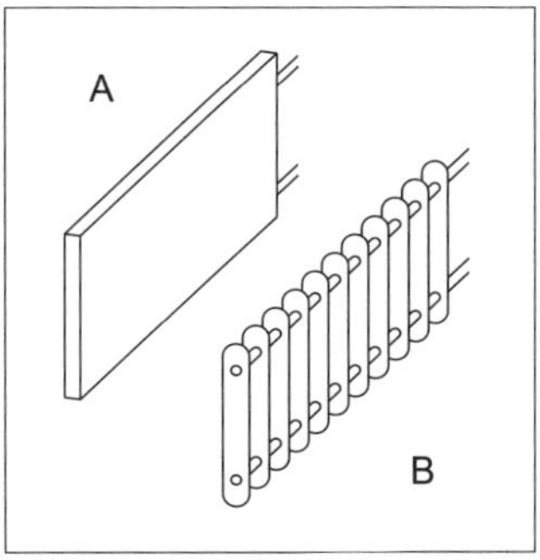

97. Welcher Heizkörper gibt mehr Wärme ab?
   a) A
   b) B
   c) kein Unterschied

→

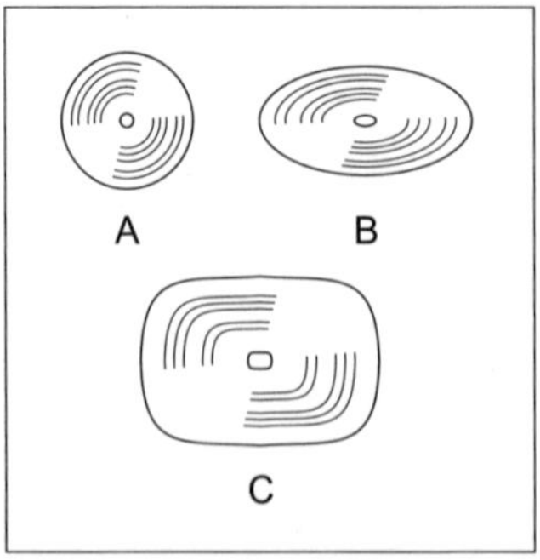

98. Welcher Lautsprecher eignet sich besser zur Übertragung tiefer Töne?
   a) A
   b) B
   c) C

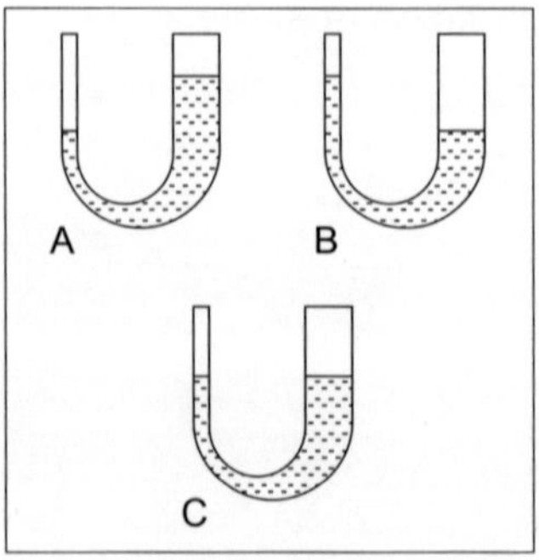

99. Wie hoch steht das Wasser bei Normaldruck in dem Rohr?
   a) A
   b) B
   c) C

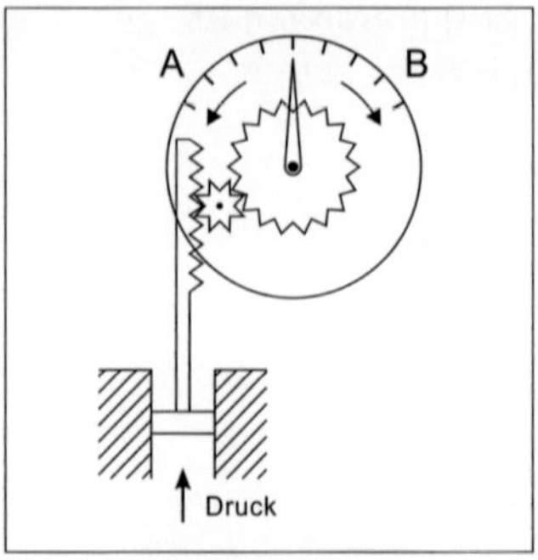

100. In welche Richtung bewegt sich der Zeiger bei Druckerhöhung?
   a) A
   b) B
   c) weder noch

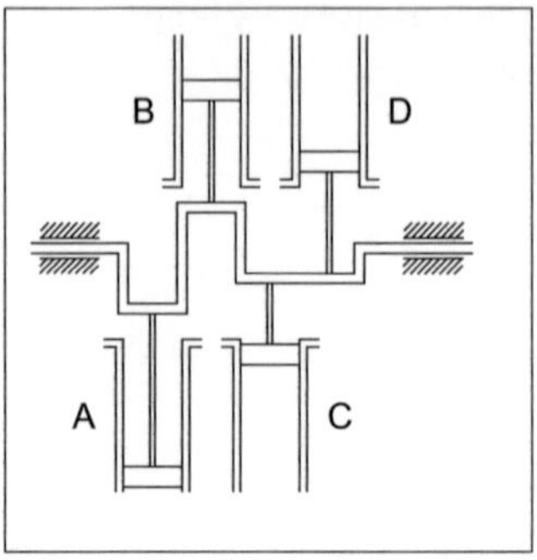

101. Welche Kolbenstellung ist falsch?
   a) A
   b) B
   c) C
   d) D

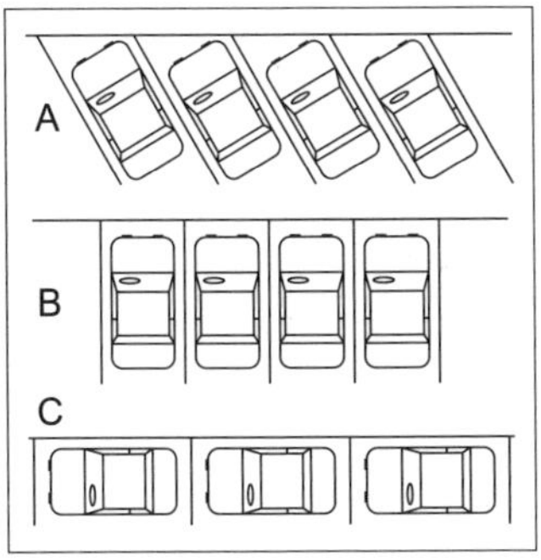

102. Welche Anordnung von Parkplätzen ist auf einer Länge von 100 Metern platzsparend?
a) A
b) B
c) C

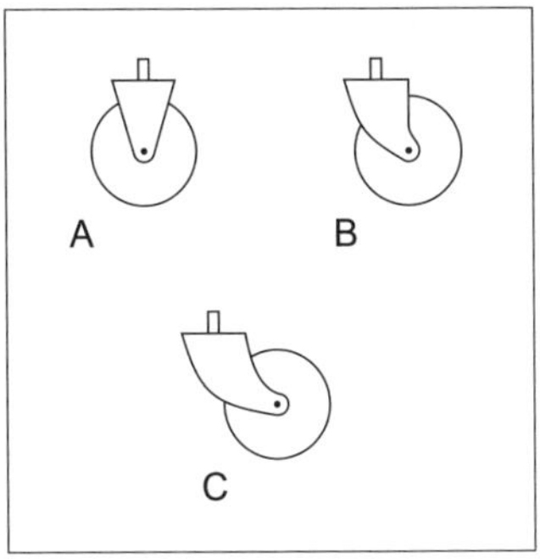

103. Mit welchen Rädern ist ein Drehstuhl beweglicher?
a) A
b) B
c) C

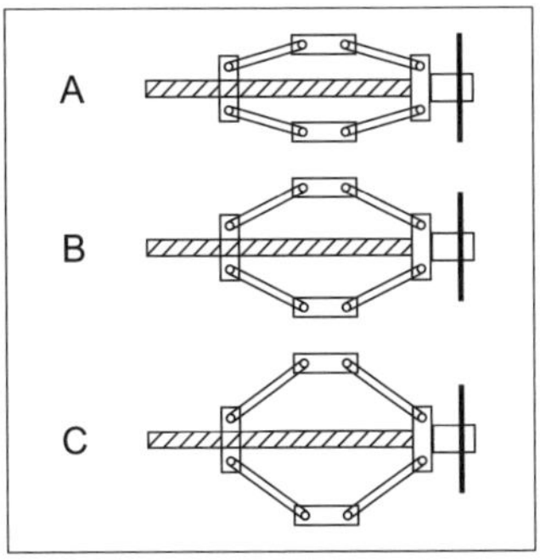

104. Welche Stellung eines Wagenhebers erfordert die größte Kraft?
a) A
b) B
c) C

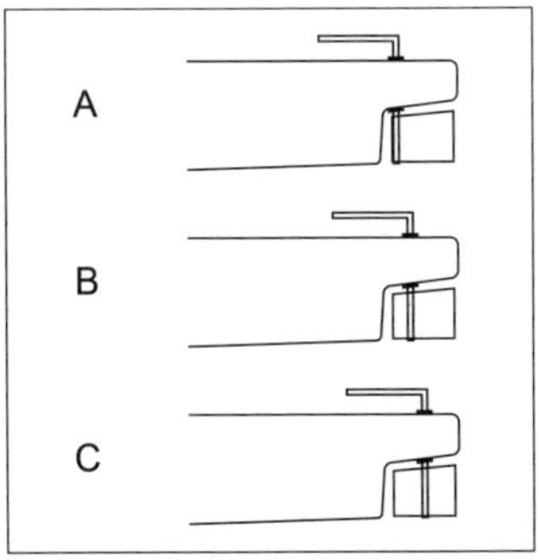

105. Mit welcher Steuereinrichtung ist ein Schiff leichter zu lenken?
a) A
b) B
c) C

→

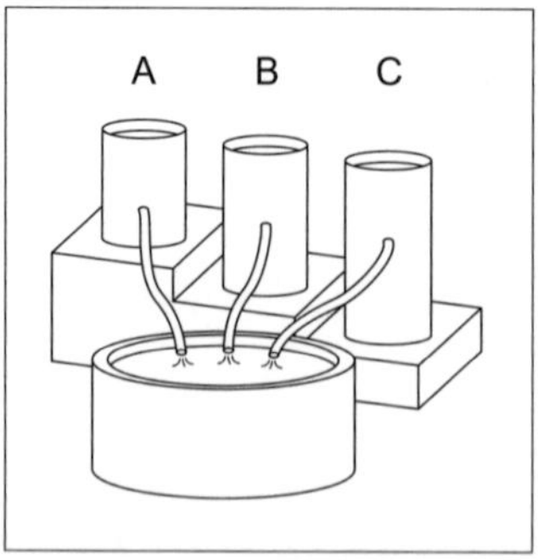

106. Aus welchem Gefäß tritt das Wasser mit dem höchsten Druck heraus?
   a) A
   b) B
   c) C
   d) kein Unterschied

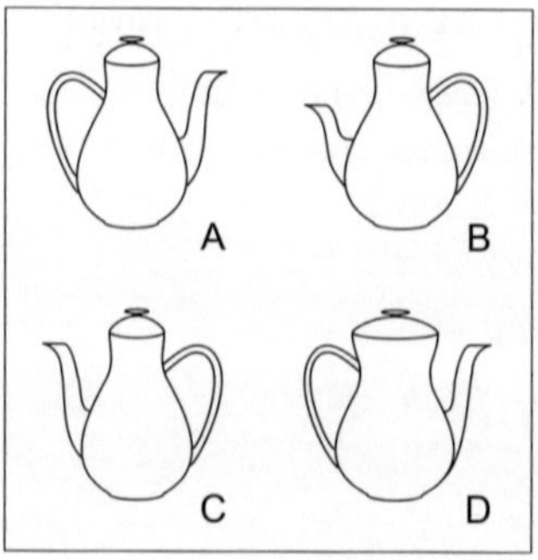

107. Welche Kanne ist unzweckmäßig konstruiert?
   a) A
   b) B
   c) C
   d) D

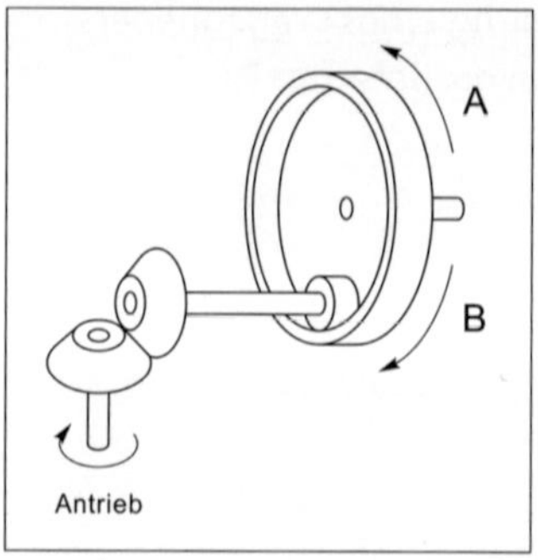

108. In welche Richtung dreht sich das große Rad?
   a) A
   b) B

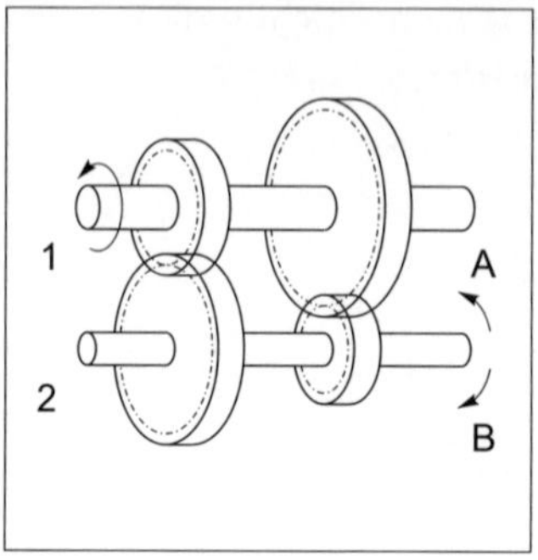

109. In welche Richtung dreht sich die Achse 2?
   a) A
   b) B
   c) dreht sich nicht

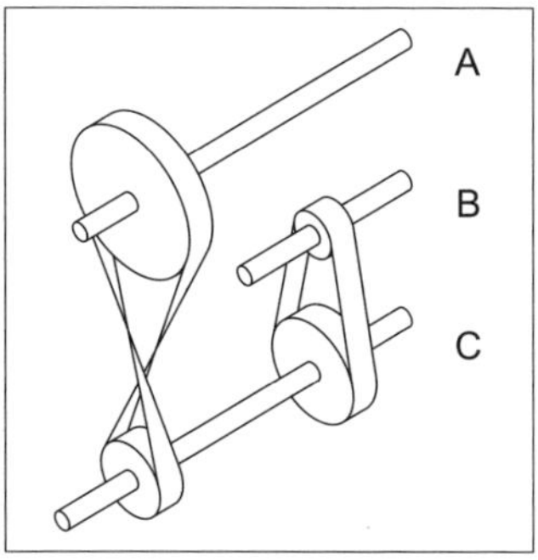

110. Welche Achse dreht sich am schnellsten?
   a) A
   b) B
   c) C

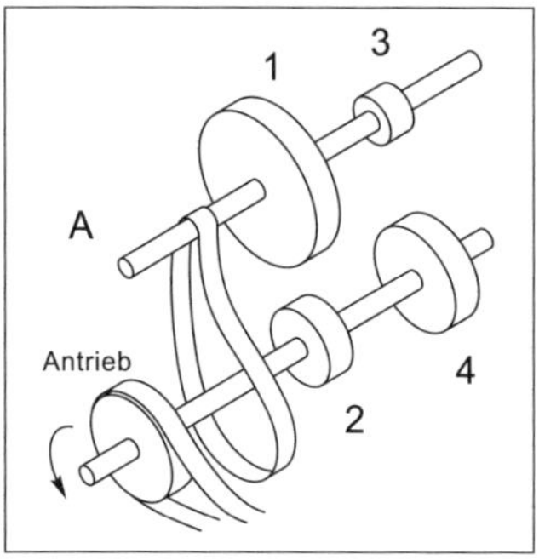

111. Wie muss der Riemen gelegt werden, damit die Achse A am meisten Umdrehungen pro Minute macht?
   a) zwischen 1 und 4
   b) zwischen 2 und 1
   c) zwischen 3 und 4

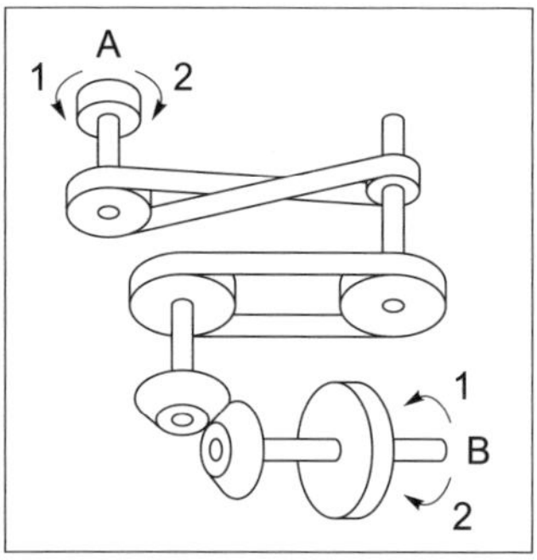

112. Was passiert, wenn sich Rad A in Richtung 2 dreht?
   a) B dreht sich nicht
   b) B dreht sich in Richtung 1
   c) B dreht sich in Richtung 2

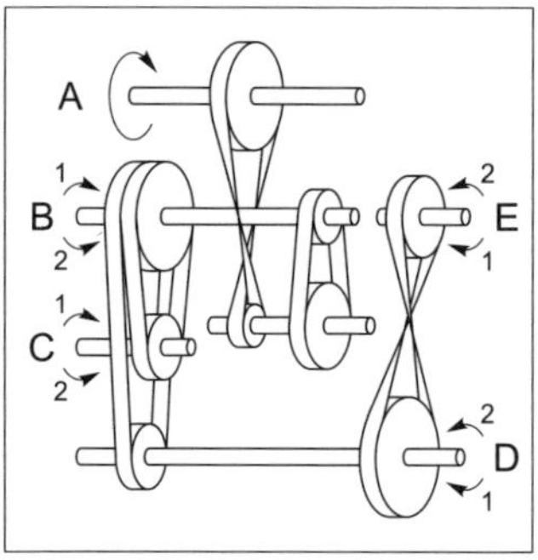

113. In welche Richtung drehen sich die Wellen B, C, D und E?
   a) in Richtung 1: A, B, C
      in Richtung 2: D, E
   b) in Richtung 2: B, C, D
      in Richtung 1: A, E
   c) in Richtung 1: D, E,
      in Richtung 2: B, C

→

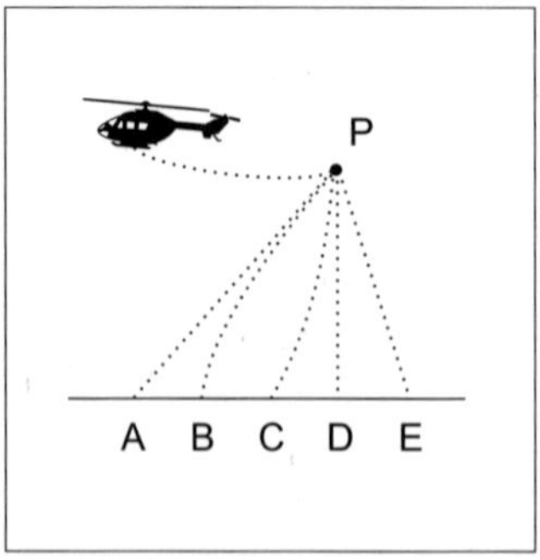

114. Auf welchem Weg fällt ein am Punkt P abgeworfener Sack vom Hubschrauber zur Erde?
   a) A
   b) B
   c) C
   d) D
   e) E

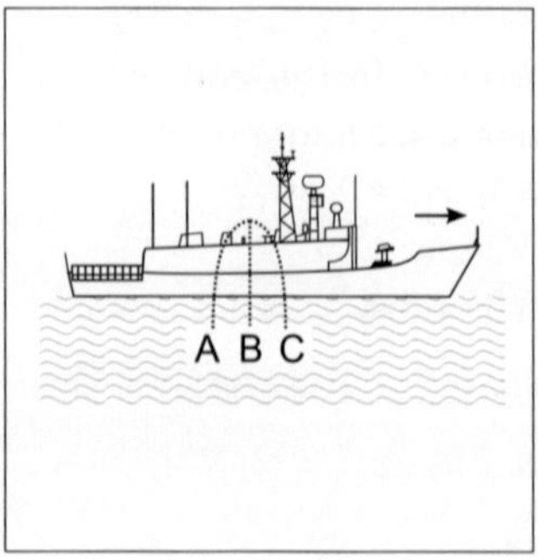

115. Wie sieht die Flugbahn einer von einem schnell fahrenden Schiff geworfenen Flaschenpost aus?
   a) A
   b) B
   c) C

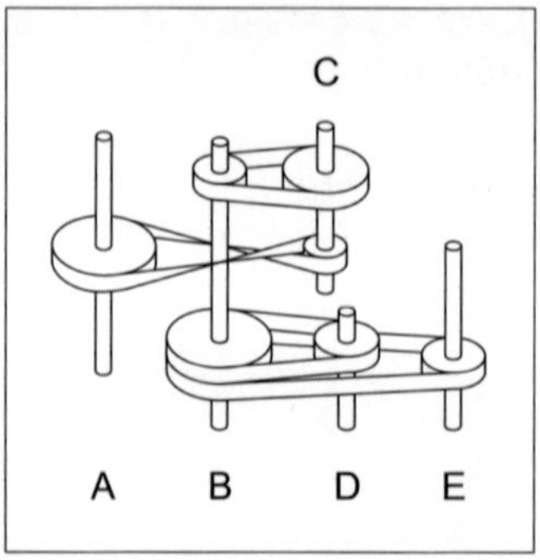

116. Welche der Wellen dreht sich am langsamsten?
   a) A
   b) B
   c) C
   d) D
   e) E

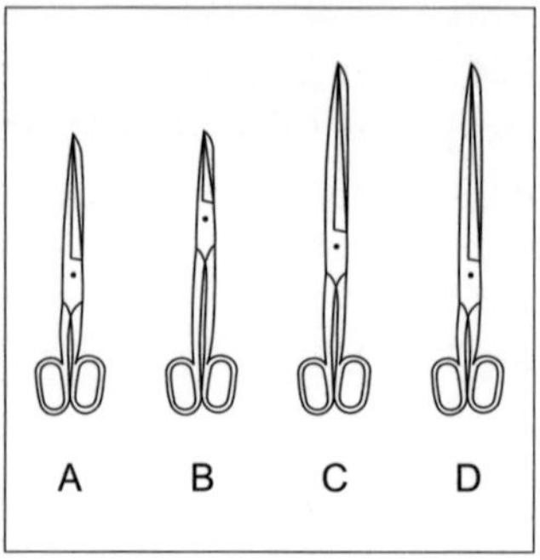

117. Mit welcher Schere kann man dicke Pappe besser schneiden?
   a) A
   b) B
   c) C
   d) D

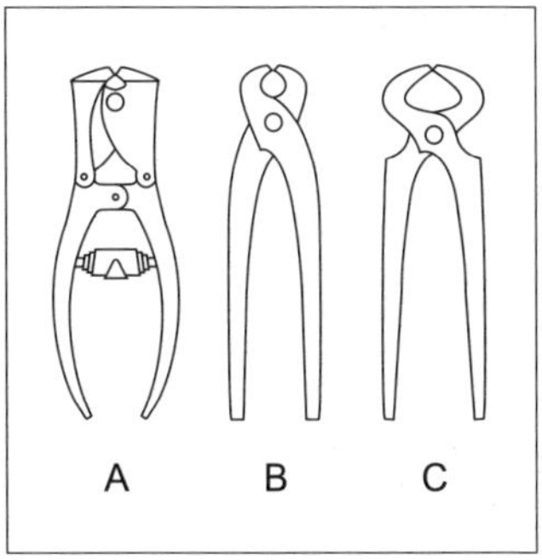

118. Mit welcher Drahtschneidezange lässt sich ein Draht am leichtesten durchschneiden?
   a) A
   b) B
   c) C

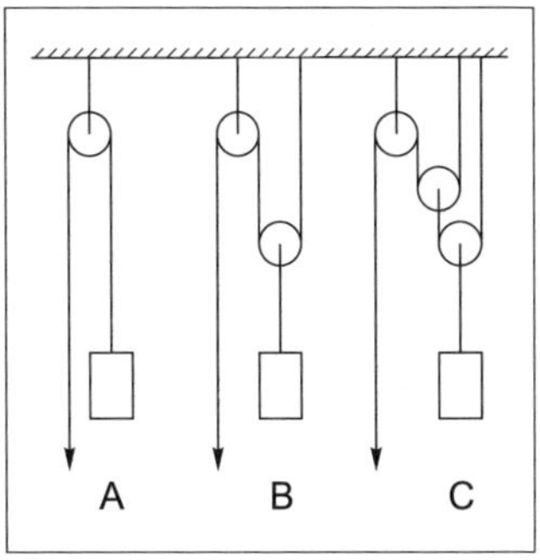

119. Mit welchem Flaschenzug benötigt man die geringste Kraftanstrengung zum Heben der Last?
   a) A
   b) B
   c) C

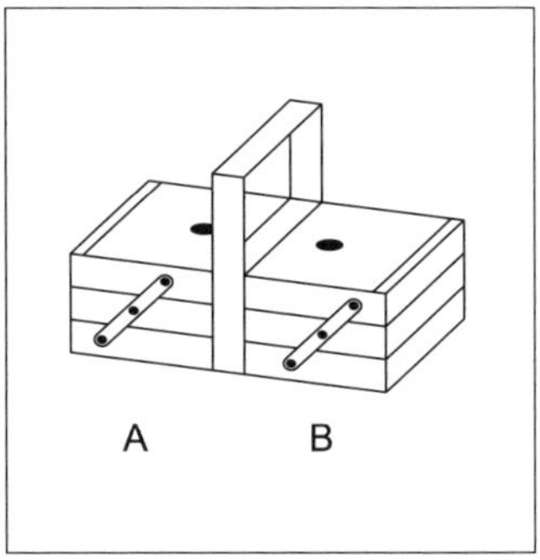

120. Welche Seite des Nähkästchens ist falsch konstruiert?
   a) A
   b) B

Lösungen Seite 559

80 Fragen aus den Naturwissenschaften

Nun folgen noch einmal 80 Fragen, dieses Mal ohne Zeichnungen, die Sie bitte innerhalb von 40 Minuten beantworten sollten.

1. Auf welchem Grundstoff basiert die gesamte organische Chemie?
   a) auf Sauerstoff
   b) auf Wasserstoff
   c) auf Kohlenstoff
   d) auf Stickstoff

2. Wie schnell breitet sich der Schall im Vakuum aus?
   a) ca. 300 m/sek
   b) ca. 1.200 m/sek
   c) ca. 150 m/sek
   d) gar nicht

3. Welches der folgenden Instrumente dient zum Messen des Luftdrucks?
   a) das Barometer
   b) das Thermometer
   c) das Hygrometer
   d) das Spektroskop

4. Was versteht man unter der Fluchtgeschwindigkeit?
   a) die Geschwindigkeit, die ein Gegenstand benötigt, um die Schallmauer zu durchbrechen
   b) als Fluchtgeschwindigkeit bezeichnet man die Geschwindigkeit, die notwendig ist, um die Anziehungskraft eines Himmelskörpers überwinden zu können; für die Erde ist dies 11,2 m/s bzw. 40.320 km/h
   c) die Geschwindigkeit, mit der ein Gas aus einem Raum mit normalen Luftdruck von 1 atm und 0 °C in ein Vakuum entweicht
   d) die Geschwindigkeit, mit der sich ein Blitz durch die Atmosphäre bewegt; sie ist keine Konstante, sondern abhängig von Luftpartikeln (Wasser, Staub)

5. Welcher der folgenden Stoffe leitet die Wärme am besten?
   a) Luft
   b) Holz
   c) Glas
   d) Metall

6. Wer war der erste Mensch, der ins All flog?
   a) Neil Armstrong
   b) Alan Shepard
   c) Frank Borman
   d) Juri Alexejewitsch Gagarin

7. Wie heißt der mechanische Teil, der die Vor- und Rückwärtsbewegung eines Kolbens in eine Drehbewegung umsetzt?
   a) Kardanwelle
   b) Zylinder
   c) Pleuelstange
   d) Schiebemuffe

8. Welche Frequenz hat Hausstrom in Mitteleuropa?
   a) 220 Hertz
   b) 110 Hertz
   c) 50 Hertz
   d) 85 Hertz

9. Was besagt der Satz von Pythagoras?
   a) das Produkt aus der Multiplikation zweier negativer Zahlen ist stets positiv
   b) eine Zahl ist niemals durch null teilbar
   c) die Oberfläche eines Würfels ist gleich dem sechsfachen Quadrat seiner Grundfläche
   d) in einem rechtwinkligen Dreieck ist die Summe der Quadrate über den Katheten gleich dem Quadrat über der Hypotenuse ($a^2 + b^2 = c^2$)

10. Welche Zeit benötigt das Licht von der Sonne zur Erde?
   a) 8 Minuten, 13 Sekunden
   b) 1 Stunde, 4 Minuten, 7 Sekunden
   c) 59,8 Sekunden
   d) 22 Sekunden

→

11. Wozu wird eine Pipette benutzt?
    a) als Rührstab
    b) als Saugheber
    c) als Zerstäuber
    d) als Voltmesser

12. Was ist ein Zyklotron?
    a) der Name des weltweiten Netzes von Wetterstationen zur Frühwarnung vor Wirbelstürmen
    b) ein dreifach positiv geladenes Teilchen, das bei der Kernspaltung von Uran freigesetzt wird
    c) eine Anlage zur Beschleunigung elektrisch geladener Teilchen durch ein starkes Magnetfeld
    d) ein Wasserkraftwerk, bei dem die Kraft des zu- und abfließenden Wassers, bedingt durch die unterschiedlichen Wasserstände bei Ebbe und Flut, als Energie genutzt wird

13. Wer war der/die Erfinder/in des Dynamits?
    a) Marie Curie 1898
    b) Joseph Monier 1848
    c) Katrin Zielke 1896
    d) Alfred Nobel 1867

14. Wie heißt das Instrument, mit dem die Erschütterungen eines Erdbebens registriert werden?
    a) Tremblograph
    b) Hygrometer
    c) Seismograph
    d) Tektoskop

15. Bei welcher Temperatur liegt der absolute Nullpunkt?
    a) bei –273,15 °C
    b) bei 0 °C
    c) bei 0 °F (Fahrenheit)
    d) bei –301,20 °C

16. Was versteht man unter einer Oxidation?
    a) die Anreicherung von Gewässern mit Sauerstoff zur Verbesserung der Lebensbedingungen darin
    b) die Abspaltung von Wasserstoff
    c) die Verbindung eines Stoffes mit Stickstoff oder Stickstoffverbindungen
    d) die Freisetzung von Sauerstoff bei bestimmten chemischen Reaktionen

17. Wie lautet die Einheit zur Angabe der elektrischen Stromstärke?
    a) Volt (V)
    b) Coulomb (C)
    c) Watt (W)
    d) Ampere (A)

18. Wo findet die Braun'sche Röhre ihre Verwendung?
    a) im Telefon
    b) im Röntgenapparat
    c) als Fernsehbildröhre
    d) als Lichtverstärker im Laserapparat

19. Was ist ein Ion?
    a) ein Molekül oder ein Atom, das fähig ist, elektrischen Strom zu leiten
    b) die antike Bezeichnung für einen vermuteten »Stromkörper«
    c) die physikalische Maßeinheit für Stromverlust durch Widerstand
    d) ein Atom, das entweder durch Anlagerung von Elektronen negativ (Anion), oder durch den Verlust von Elektronen positiv (Kation) geladen ist

20. Wer war der Erfinder der Dampfmaschine?
    a) Rudolf Diesel 1799
    b) Werner von Siemens 1866
    c) Carl Benz 1885
    d) James Watt 1765

→

21. Was versteht man unter einem Semaphor?
    a) einen Mast zur optischen Signalgebung (hauptsächlich in der Seefahrt)
    b) das Eisenbahnsignal, mit dem eine Strecke freigegeben wird
    c) beim Flugzeug das Staurohr zur Bestimmung der Geschwindigkeit
    d) die Flagge zur Zeichengebung in der Seefahrt

22. Was ist eine Primzahl?
    a) jede Zahl, die durch zehn teilbar ist
    b) eine Zahl, die nur durch sich selbst und durch eins teilbar ist
    c) eine positive ganze Zahl
    d) die Zahl, die sich ergibt, wenn eins durch sie geteilt wird

23. Wie hoch ist die Temperatur des Drahtes in der Glühlampe?
    a) ca. 1.000 °C
    b) ca. 400 °C
    c) über 2.000 °C
    d) ca. 100 °C

24. Was ist Quecksilber (Hg)?
    a) eine Legierung aus Silber und Eisen
    b) eine giftige, silberfarbige Lauge
    c) ein Element und Metall
    d) eine silberglänzende ätzende Säure

25. Woraus ist Bernstein entstanden?
    a) aus dem Harz von Nadelhölzern der Tertiärzeit
    b) aus Erdöl beim Zusammentreffen mit Lava unter Hitze- und Druckeinfluss
    c) aus fossilen Ablagerungen, ähnlich wie bei der Entstehung von Kohle
    d) aus dem Verpressen von Quarzsand durch das Gewicht eiszeitlicher Gletscher

26. Wann betrat mit Neil Alden Armstrong zum ersten Mal ein Mensch den Mond?
    a) am 17. 8. 1970
    b) am 21. 7. 1969
    c) am 30. 7. 1964
    d) am 21. 8. 1966

27. Welche der folgenden Lehren ist keine Naturwissenschaft?
    a) Astronomie
    b) Meteorologie
    c) Astrophysik
    d) Astrologie

28. Was versteht man unter dem spezifischen Gewicht?
    a) frühere Bezeichnung für das Gewicht von 1 m^3 eines Gegenstandes auf einem zweiachsigen Wagen, das von zwei Pferden in einer Minute 100 Meter weit gezogen werden konnte
    b) das Gewicht, das ein Stoff ohne jeglichen Einfluss der Erdanziehungskraft hätte
    c) das Gewicht eines Stoffes, das sich im Vergleich mit 1 dm^3 reinem Gold ergibt
    d) die Dichte eines Stoffes, also das Gewicht pro Raummaß (g/cm^3)

29. Wie lautet die Formel zur Berechnung der Fläche (A) eines Kreises?
    a) $A = \pi \times r^2$
    b) $A = 2\pi \times r$
    c) $A = \pi^2 \times r$
    d) $A = \pi \times 2r$

30. Wie viele Stunden zeigt die Skala einer Sonnenuhr an?
    a) 8 Stunden
    b) 12 Stunden
    c) 24 Stunden
    d) 10 Stunden

31. Können Diamanten verbrennen?
    a) nein, sie sind zu hart
    b) ja, ohne weitere Rückstände zu Kohlendioxid
    c) nein, aufgrund ihrer ungewöhnlichen Reinheit
    d) ja, wobei Stickstoff und Nickel entsteht

32. Wer war der/die Erfinder/in des ersten Gleitfluggerätes?
    a) die Brüder Wilbur und Orville Wright 1903
    b) Gabriele Raskopf 1888
    c) Otto Lilienthal 1891
    d) Elisabeth Boeing 1899

→

33. Was ist der Fachausdruck für »nach innen gewölbt«?
   a) konvex
   b) inkav
   c) introdux
   d) konkav

34. Was bezeichnet man als »weiches Wasser«?
   a) Wasser mit starkem Kalkgehalt
   b) Wasser ohne Kalkgehalt
   c) Wasser, das abgekocht wurde
   d) Wasser, das radioaktiv strahlt

35. Welche Funktion hat ein Transformator?
   a) die Überführung von mechanischer Energie (Bewegung) in elektrischen Strom
   b) die Vermeidung von Kurzschlüssen in einem elektrischen System
   c) die Umwandlung von niedrigen elektrischen Wechselspannungen in höhere oder umgekehrt
   d) die Speicherung von elektrischer Energie in Trafospeichern

36. Wieso ist ein schwarzes Loch (ein massereicher Reststern) schwarz?
   a) schwarze Löcher kommen nur in den äußersten Randbereichen des Alls vor, sie sind daher so lichtschwach, dass ihre Leuchtkraft von anderen Himmelskörpern überlagert wird
   b) da dieses immer der kleinere Teil eines Doppelsternes ist, wird seine Leuchtkraft immer vom lichtstärkeren Stern überlagert
   c) weil aufgrund seiner gewaltigen Masse und der daraus folgenden Gravitationskraft eine Fluchtgeschwindigkeit resultiert, die höher als die Lichtgeschwindigkeit ist, daher kann das Licht den Stern nicht verlassen, dieser ist somit nicht sichtbar
   d) ein schwarzes Loch (black hole) ist überhaupt nicht schwarz, der Name geht lediglich auf seinen Entdecker, den Astrophysiker Frank Black, zurück

37. Woraus wird Benzin gewonnen?
   a) aus Erdöl
   b) aus Steinkohle
   c) aus Erdgas
   d) aus Löschkalk

38. Welcher Stein schwimmt auf Wasser?
    a) Feuerstein
    b) Kalkstein
    c) Sandstein
    d) Bimsstein

39. Was zeigt ein Geigerzähler an?
    a) Röntgenstrahlen
    b) radioaktive Strahlung
    c) Wärmestrahlung
    d) Mikrowellen

40. Wie viele chemische Elemente sind der Wissenschaft bekannt?
    a) ca. 70
    b) deren Zahl gilt als unbegrenzt
    c) mehr als 100
    d) genau vier

41. Was versteht man in der Physik unter Entropie?
    a) ein Maß für die Ungeordnetheit in einem abgeschlossenen thermodynamischen System – je größer die Ordnung der Teilchen, desto kleiner die Entropie
    b) die Wärme, die freigesetzt wird, wenn ein Stoff von einem Aggregatzustand in einen anderen übergeht
    c) die Gesamtheit aller Moleküle, die sich an der Oberfläche eines festen Körpers befinden
    d) die Zeiteinheit, die notwendig ist, bis sich ein Gleichgewicht in einem thermodynamischen System eingestellt hat

42. Was ist ein Episkop?
    a) ein Gerät zum Messen von Schallwellen
    b) ein Apparat zur Projektion von Bildern
    c) ein Gerät zur Aufzeichnung von Erschütterungen durch Erdbeben
    d) eine Kleinstkamera, die in der Chirurgie eingesetzt wird

→

43. Was ist die Summe der drei Winkel eines Dreiecks?
   a) 360°
   b) 90°
   c) 100°
   d) 180°

44. Was versteht man unter einem Faraday'schen Käfig?
   a) eine geschlossene Hülle aus Blechen oder Maschendraht, in die von außen kein elektrisches Feld eindringen kann
   b) der Raum eines Röntgenapparates, in dem sich die Röntgenstrahlung ausbreitet
   c) die Sicherheitshülle eines Atomreaktors, die die radioaktive Strahlung von der Außenwelt abschirmt
   d) ein geschlossenes physikalisches System, aus welchem keine Moleküle entweichen können

45. Wann und wo wurde die erste Atombombe militärisch eingesetzt?
   a) am 17. Juli 1945 in Nagasaki
   b) am 22. Dezember 1944 in Osaka
   c) am 6. August 1945 in Hiroshima
   d) am 14. Oktober 1944 auf den Midway-Inseln

46. Was ist ein Molekül?
   a) der kleinste Schwebepartikel aus Wasser im Nebel
   b) die kleinste Einheit einer chemischen Verbindung aus mindestens zwei Atomen, die noch die typischen Eigenschaften dieser Verbindung besitzt
   c) ein Kühlmittel, das vor allem in Kühlschränken zum Einsatz kommt
   d) das atomare Teilchen der Atmosphäre, durch das sich Lichtwellen ausbreiten

47. Wer stellte 1905 die spezielle Relativitätstheorie auf?
   a) Werner Heisenberg
   b) Otto Hahn
   c) Albert Einstein
   d) Stephen W. Hawking

48. Was wird als Fokus bezeichnet?
   a) das Ergebnis eines naturwissenschaftlichen Experimentes
   b) der Moment beim Startvorgang einer Rakete, in dem der Motor gezündet wird
   c) ein Teleskop mit Lichtverstärker zum Beobachten weit entfernter Objekte
   d) der Punkt, im dem sich Lichtstrahlen nach Brechung oder Konzentration vereinigen

49. Wie schnell ist das Licht?
   a) ca. 300.000 km/h
   b) ca. 300.000 km/sek
   c) ca. 10.000 km/sek
   d) ca. 10.000 km/h

50. Was ist eine Emulsion?
   a) die Feinverteilung zweier nicht mischbarer Flüssigkeiten in einem Raum
   b) ein scharfes Reinigungsmittel zum Lösen von Ölfarben
   c) eine hochexplosive Mischung
   d) eine besonders harte, aber dennoch sehr elastische Kunststoffverbindung

51. Wer war der Erfinder des Buchdrucks mit beweglichen Lettern?
   a) Friedrich A. Brockhaus 1604
   b) Johannes Gutenberg 1436
   c) Wolfgang Tappeser 1557
   d) Johann Gottfried von Herder 1776

52. Wann färbt sich der Indikator Lackmuspapier rot?
   a) bei Kontakt mit Basen
   b) bei Kontakt mit Sauerstoff
   c) bei Kontakt mit Säuren
   d) beim Gefrieren

→

53. Was ist in der Naturwissenschaft ein Quark?
    a) das kleinste bekannte Elementarteilchen, aus dem sich die Materie aufbaut
    b) die theoretisch kleinste Zeiteinheit
    c) ein schnell rotierender, blinkender Stern
    d) der Teil eines Moleküls, der chemische Reaktionen ermöglicht

54. Woraus besteht Seide?
    a) aus der Kunstfaser Perlon®
    b) aus der Rindenfaser des Seidenstrauches
    c) aus fein gesponnener Edelbaumwolle
    d) aus einem proteinhaltigen Fadensekret der Seidenspinnerraupe

55. Was versteht man unter Kondensation?
    a) die Entladung elektrischer Spannung
    b) die Verdichtung von Stoffen durch Verpressen
    c) den Übergang vom gas- oder dampfförmigen in den flüssigen Aggregatzustand
    d) den Gehalt einer Lösung in einer Flüssigkeit

56. Wie lautet der binomische Satz (die Darstellung durch eine Reihe) der Potenz $(a + b)^2$?
    a) $2a + 2b$
    b) $a^2 + 2ab + b^2$
    c) $a^2 + b^2$
    d) $4\,ab$

57. Was ist die Abkürzung für das Binärzeichen in der elektronischen Datenverarbeitung?
    a) dig
    b) code
    c) log
    d) bit

58. Was bewirkt ein Katalysator in der Chemie?
   a) die Ermöglichung, Lenkung oder Beschleunigung einer chemischen Reaktion
   b) die Umwandlung organischer in anorganische Materie
   c) die Messung freigesetzter Wärmeenergie einer Reaktion
   d) die Abpufferung von Säuren

59. Wie lautet der Name des ersten Marsmobils, das am 4. 7. 1997 auf dem Mars landete?
   a) Hubble
   b) Voyager
   c) Explorer
   d) Sojourner

60. Was bedeutet in der Kernenergienutzung »GAU«?
   a) »General Atomic Union«, der US-Verband der Atomindustrie
   b) der »Gesamtverband der Atomnutzenden Unternehmen« in Deutschland
   c) der »größte anzunehmende Unfall«, eine Nuklearkatastrophe
   d) »general automatic unit«, das automatische Abschaltsystem in Kernreaktoren

61. Woraus besteht ein Schwingkreis?
   a) Kondensator und Spule
   b) Wechselstromwiderstand und Spule
   c) Kondensator und Gleichstromwiderstand
   d) Transistor und Spule

62. Wovon hängt die Induktivität einer Spule ab?
   a) von der Spannung
   b) vom Widerstand des Drahtes
   c) von der Beschaffenheit des Kernmaterials
   d) von der Kreiszahl

→

63. Die Kapazität eines Kondensators wird vergrößert. Wie verhält sich der Wechselstromwiderstand?
   a) der Wechselstromwiderstand wird größer
   b) der Wechselstromwiderstand wird kleiner
   c) es ändert sich nichts
   d) die Fragestellung ist falsch

64. Welche Spannung liegt an der Autozündkerze an?
   a) 12 V
   b) 15.000 V
   c) 120 V
   d) 24 V

65. Welche Reihenfolge nach spezifischem Gewicht ist die richtige?
   a) Titan, Kupfer, Aluminium, Stahl
   b) Kupfer, Stahl, Titan, Aluminium
   c) Stahl, Kupfer, Titan, Aluminium
   d) Aluminium, Titan, Stahl, Kupfer

66. Die Differenz zwischen Blitz und Donner beträgt 13 Sekunden. Wie weit ist das Gewitter entfernt?
   a) ½ km
   b) 12 km
   c) 2 km
   d) 4 km

67. In einem Kettenkarussell sitzen eine schwere und eine leichte Person. Wer wird weiter herausgetragen?
   a) beide gleich
   b) die leichte Person
   c) die schwere Person
   d) die Fragestellung ist falsch

68. Vorteile des V-Motors gegenüber dem Reihenmotor:
   a) mehr Leistung
   b) höheres Drehmoment
   c) kürzere Bauweise
   d) günstigerer Verbrauch

69. Zwei gleiche Pendel werden verschieden weit ausgelenkt.
Welches der Pendel schwingt schneller?
  a) beide gleich
  b) das weniger weit ausgelenkte
  c) das weiter ausgelenkte
  d) die Frage ist falsch formuliert

70. Wie oft dreht die Kurbelwelle eines 8-Zylinder-4-Takt-Motors,
bis alle Zylinder einmal gezündet haben?
  a) 1 Umdrehung
  b) 2 Umdrehungen
  c) 4 Umdrehungen
  d) 8 Umdrehungen

71. Wie viele Ventile hat ein normaler 4-Zylinder-4-Takt-Motor?
  a) 8
  b) 24
  c) 4
  d) 2

72. Ein Großkreis ist ein Kreis auf der Kugeloberfläche,
dessen Mittelpunkt mit dem Kugelmittelpunkt identisch ist.
Wie viele Großkreise gibt es?
  a) 360
  b) 1
  c) 180
  d) mehr als 360

73. Welches Bauteil lässt keinen Gleichstrom durch?
  a) Widerstand
  b) Spule
  c) Transistor
  d) Kondensator

74. Welches Bauteil verwandelt AC in DC?
  a) Transistor
  b) Gleichrichterdiode
  c) Spule
  d) Kondensator

→

75. Wie bewegen sich die Elektronen in einem Leiter?
   a) entgegen der Stromrichtung von – nach +
   b) mit der Stromrichtung von + nach –
   c) ist nicht genau definiert
   d) die Frage ist falsch formuliert

76. Womit wird ein Bleiakku gefüllt?
   a) Wasser
   b) Verdünnung
   c) Salzsäure
   d) verdünnte Schwefelsäure

77. Ein Wasserrohr hat drei unterschiedliche Bohrungen. Der Druck ist konstant 3 kp/cm^2. Welcher Wasserstrahl reicht am höchsten?
   a) der des kleinsten Loches
   b) der des größten Loches
   c) alle gleich
   d) der des mittleren Loches

78. Welche Strahlen haben die höchste Frequenz?
   a) Röntgenstrahlen
   b) elektrische Wellen
   c) Infrarotstrahlung
   d) technische Strahlen (Rundfunk, Fernsehen)

79. Woraus besteht ein Blitzableiter?
   a) Kupfer
   b) Zinn
   c) Plastik
   d) Aluminium

80. Was ergibt die Reaktion Salzsäure + Lauge?
   a) Wasser und Zucker
   b) Schwefelsäure
   c) Wasser und Salz
   d) Salzsäure

Lösungen Seite 559

Physik

Für die folgenden 68 Fragen aus dem Bereich der Physik haben Sie 60 Minuten Zeit.

1. Wie viel wiegen 100 m Kupferdraht von 2 mm Durchmesser? (Die Dichte von Kupfer beträgt d = 8,9 g/cm^3.)
   a) 2.796 kg
   b) 2,796 kg
   c) 11.184 g
   d) 27,96 kg

2. Welche physikalische Größe ist keine Basisgröße?
   a) Länge
   b) Zeit
   c) Leistung
   d) Stoffmenge

3. Bei welcher Temperatur liegt der absolute Nullpunkt?
   a) 0°C
   b) 0 K
   c) 273,15 °C
   d) –273,15 K

4. Wie lautet die Goldene Regel der Mechanik?
   a) Wird auf einen Körper eine Kraft ausgeübt, so erfährt dieser eine Beschleunigung.
   b) Energie kann weder erzeugt noch vernichtet werden, sondern nur in eine andere Energieform umgewandelt werden.
   c) Was an Arbeit gespart wird, muss an Weg zusätzlich aufgewendet werden.
   d) Was an Kraft gespart wird, muss an Weg zusätzlich aufgewendet werden.

→

5. Zwei Kräfte F1 = 800 N und F2 = 1,5 kN greifen in einem Punkt an. Der Winkel zwischen beiden Kräften ist 90°. Wie groß ist die resultierende Kraft?
   a) 1,7 kN
   b) 47,96 N
   c) 800 N
   d) Zwei senkrecht aufeinander wirkende Kräfte addieren sich zu null

6. Erklären Sie,
   a) weshalb man auf Eis Schlittschuh laufen kann.
   b) weshalb in höheren Gebirgsregionen Wasser bereits unter 100 °C siedet.

7. Welcher der genannten Vorgänge stellt eine Sublimation dar?
   a) Trennung eines Alkohol-Wasser-Gemisches
   b) Allmähliche Verteilung einer Kaliumpermanganatlösung in Wasser bis zur gleichmäßigen Violettfärbung
   c) Erhitzen einiger Iodkristalle, wobei violette Dämpfe entweichen
   d) Auftauen von Eis durch Streuen von Salz

8. Wandeln Sie die Einheit Watt in SI-Einheiten um.
   a) $kg \times m^2 : s^3$
   b) $kg \times m^2 \times s^3$
   c) $kg \times m^2 \times s$
   d) $kg \times m : s^2$

9. Ein zweiseitiger Hebel wird auf einer Seite im Abstand von 0,6 m vom Drehpunkt mit der Kraft 440 N belastet. In welchem Abstand muss ein Gewicht mit der Kraft 550 N hängen, damit der Hebel im Gleichgewicht bleibt?
   a) 0,48 cm
   b) 4,8 cm
   c) 4,8 dm
   d) 48 dm

10. Wie groß ist die Masse, die an einer festen Rolle hängt, wenn am Seilende mit einer Kraft von 250 N gezogen werden muss, damit Gleichgewicht besteht?
    a) 250 kg
    b) 125 kg
    c) 25,48 kg
    d) 12,74 kg

11. Mit einer losen Rolle, die eine Masse von 8,15 kg hat, soll eine Masse von 55 kg angehoben werden. Infolge der Reibungsverluste kann eine zusätzliche Masse von 5 % der Gesamtmasse angenommen werden. Mit welcher Kraft muss am Seil gezogen werden, damit Gleichgewicht besteht?
    a) 566,53 N
    b) 650,48 N
    c) 33,15 N
    d) 15,45 N

12. Ein LKW legt insgesamt 120 km zurück, davon 90 km mit einer Geschwindigkeit von 40 km/h und 30 km mit einer Geschwindigkeit von 60 km/h. Wie lange dauert die Fahrt?
    a) 7 h
    b) 2 h + 45 min
    c) 2 h + 75 min
    d) 2 h + 26 min

13. Ein Güterzug verringert durch gleichmäßiges Bremsen seine Geschwindigkeit von 54 km/h auf 36 km/h und legt dabei eine Strecke von 500 m zurück. Wie lange dauert der Bremsvorgang?
    a) 40 s
    b) 11,12 s
    c) 3,33 min
    d) nicht lösbar

→

14. Mit welcher Kraft zieht eine Lokomotive einen Zug der Gesamtmasse 800 t eine Strecke mit 5 % Steigung hinauf? Sehen Sie von Reibungsverlusten ab.
    a) 4.000 N
    b) 308,1 kN
    c) 39.240 N
    d) 392.400 kN

15. Wo ist die Gewichtskraft eines Körpers größer: am Äquator oder an den Polen?

16. Eine Federwaage (Gerät zur Bestimmung der Gewichtskraft) wird von einem 100-g-Wägestück um 15 mm gedehnt. Um wie viele Millimeter dehnt ein 300-g-Wägestück die Feder?

17. An der 3 cm langen Kurbel eines Büchsenöffners dreht man mit der Kraft 30 N. Wie groß ist das Drehmoment?
    a) 90 N
    b) 90 Nm
    c) 0,9 Nm
    d) 10 N/cm

18. Eine 25 kg schwere Bücherkiste wird von einem 75 kg schweren Mann in den 3 m höher gelegenen 1. Stock getragen. Dieser Weg ist insgesamt 15 m lang. Welche Arbeit verrichtet der Mann?
    a) 0,74 kJ
    b) 2,94 kJ
    c) 6,87 kJ
    d) 44,1 kJ

19. Mit welcher Geschwindigkeit hebt ein Kran mit einem 15 kW leistungsstarken Motor eine Last von 0,3 t ?
    a) 5,1 km/s
    b) 5,1 m/h
    c) 5,01 m/s
    d) 5,1 m/s

20. Welche Leistung vollbringt ein 70 kg schwerer Matrose, wenn er in 20 Sekunden auf einen 50 m hohen Mast klettert?
    a) 1,71 W
    b) 175 W
    c) 34,33 kW
    d) 1,72 kW

21. Am Kondensator einer Dampfmaschine wird ein Unterdruck von $0{,}9 \times 10^5$ Pa gemessen. Berechnen Sie den tatsächlichen Druck im Kondensator, wenn das Barometer 982 mbar anzeigt.
    a) 820 mbar
    b) 8.200 Pa
    c) 0,082 bar
    d) 0,82 Pa

22. Welche Druckkraft verschließt den Deckel eines Konservenglases (innerer Durchmesser: 80 mm), wenn von innen der Dampfdruck des Wassers mit 25 mbar und von außen der Luftdruck mit 978 mbar wirkt?
    a) 4,79 N
    b) 1.916 N
    c) 479 N
    d) 479×10^6 N

23. Der Druckkolben einer hydraulischen Presse hat einen Querschnitt von 8 mm^2. Welche Kraft ist am Druckkolben aufzuwenden, um ein 1,2 t schweres Auto zu heben, wenn der Presskolben einen Querschnitt von 550 mm^2 hat?
    a) 809,3 kN
    b) 171,2 mN
    c) 17,5 N
    d) 171,2 N

24. Wie groß ist der Druck am Boden eines 8 cm hohen, mit Öl der Dichte $d = 0{,}8\ g/cm^3$ gefüllten Gefäßes bei einem Luftdruck von 986,9 hPa?
    a) 0,993 MPa
    b) 0,993 N/m^2
    c) 993,18 kPa
    d) 993,18 mbar

→

25. Erklären Sie die Anomalie des Wassers. Welche Folgen hat die Anomalie für stehende Gewässer (z. B. für einen See)?

26. Was ist Dampf ?

27. Eine Rolle Kupferdraht mit dem Querschnitt 2 mm^2 hat die Masse 20 kg. Wie lang ist der Kupferdraht? (Dichte von Kupfer: d = 8,9 g/cm^3)
   a) 1.124 km
   b) $1{,}124 \times 10^{-3}$ m
   c) 11.236 dm
   d) unlösbar

28. Welche Masse Mineralöl (d = 0,92 g/cm^3) wird in einer Stunde durch eine Rohrleitung von 0,5 m Durchmesser gefördert, wenn es mit der Geschwindigkeit 1 m/s strömt?
   a) 650,3 t
   b) 650.309 t
   c) 180,6 kg
   d) 10,84 t

29. Welche Spannung besteht zwischen zwei um 50 cm voneinander entfernten Punkten eines 1 mm dicken Kupferdrahtes, durch den ein Strom von 6 A fließt? (Der spezifische Widerstand von Kupfer beträgt 0,0178 mm^2/m.)
   a) 68 V
   b) 0,068 mV
   c) 68 mV
   d) 17 mV

30. Welche Ladungsmenge fließt bei 4,8 A in einer Minute durch einen Leiterquerschnitt?
   a) 4,8 C
   b) 288 C
   c) 80 mC
   d) 80 MC

31. a) Welche Ladungsmenge (in Coulomb) besitzt ein einzelnes Elektron?
    b) Welche Energie erhält ein Elektron, wenn es die Spannungsdifferenz 1 V durchläuft?

32. Die Widerstände R1 = 3 Ω, R2 = 5 Ω und R3 = 8 Ω sind in Reihe geschaltet. Welche Stromstärke fließt durch die Leitung, wenn an den Enden eine Spannung von 4 V anliegt?
    a) 0,25 A
    b) 4 A
    c) 2,63 A
    d) 0,38 A

33. Sie haben vergessen, Ihr elektrisches Heizgerät im Bad (1.000 Watt) auszuschalten.
    a) Wie groß ist die Stromstärke?
    b) Wie viel Euro haben Sie dadurch in 4 Stunden vergeudet, wenn die Kilowattstunde 5 Cent kostet?

34. Welche Kapazität hat ein Kondensator, der bei einer Spannung von 500 V die Ladungsmenge 15 mC speichert?
    a) 33 kF
    b) 7,5 F
    c) 0,03 mF
    d) 30 µF

35. Ein Transformator, der auf der Primärspule 250 Wicklungen hat, erniedrigt die Spannung 220 V auf 6 V. Wie viele Windungen sind dazu auf der Sekundärspule nötig, wenn der Übertragungsverlust 14,5 % beträgt?
    a) 8
    b) 9
    c) 5
    d) 15

36. Durch die Primärwicklung einer Spule fließt bei einer Spannung von 220 V ein Strom von 1 A. Die Spannung soll auf 3 kV transformiert werden. Welcher Strom fließt durch die Sekundärspule? (Von Verlusten soll abgesehen werden.)
    a) 13,64 mA
    b) 0,073 mA
    c) 73 mA
    d) 13,64 A

→

37. Ein Lötkolben für 110 V erbringt eine Leistung von 55 W. Welchen Ohm'schen Widerstand muss man vorschalten, wenn man ihn an die Netzspannung anschließen will?
   a) 220 V
   b) 4,55 Ω
   c) 2 Ω
   d) 220 Ω

38. Welche Tonfrequenz kann das menschliche Ohr wahrnehmen?
   a) 16 Hz bis 20.000 Hz
   b) 16 kHz bis 20.000 kHz
   c) 16 MHz bis 20.000 MHz
   d) 16 GHz bis 20.000 GHz

39. Was ist eigentlich Schall?

40. Warum sieht man den Blitz, bevor man den Donner hört und nicht umgekehrt?

41. Erklären Sie den physikalischen Sachverhalt folgenden Experiments: Glucken erkennen ihre Küken am Ruf. Setzt man ein Küken unter eine Glasglocke und evakuiert es somit für eine *kurze* Zeit, reagiert die Glucke nicht auf den Ruf ihres Kükens.

42. Sie stehen vor einer Felswand und rufen »Hallo«. Nach 1,5 Sekunden hören Sie ein Echo. Wie weit sind Sie von der Felswand entfernt?
   a) 248,25 m
   b) 496,50 m
   c) 184,65 m
   d) 634,82 m

43. Ein Lichtstrahl trifft unter einem Winkel von 20° gegenüber dem Einfallslot auf eine Glasplatte. Wie groß ist sein Reflexionswinkel?
   a) 20°
   b) 10°
   c) 40°
   d) 5°

44. Die Erscheinung einer Fata Morgana beruht auf demselben physikalischen Prinzip wie die Lichtleitertechnik. Wie heißt dieses Prinzip?

45. Eine Konvexlinse erzeugt von einem 2 cm großen Gegenstand, der sich 8 cm von ihr entfernt befindet, ein reelles Bild in 20 cm Abstand. Beantworten Sie die Fragen A bis D.

A) Wie groß ist die Brennweite der Linse?
a) 0,175 cm
b) 5,7 cm
c) 13,3 cm
d) 0,075 cm

B) Wie groß ist die Brechkraft der Linse?
a) 17,54 dpt
b) 0,175 dpt
c) 17,54
d) 0,175 cm

C) Wie groß ist das von der Linse erzeugte Bild?
a) 4 cm
b) 5 cm
c) 6 cm
d) 7 cm

D) Warum ist das Bild vergrößert?

46. Welche Aussage über die Lupe ist falsch?
a) Die Lupe ist eine Sammellinse.
b) Der abzubildende Gegenstand befindet sich innerhalb der Lupenbrennweite ($g < f$).
c) Das Bild ist vergrößert und aufrecht.
d) Das Bild ist reell.

→

47. Welche Aussage über das Mikroskop ist falsch?
   a) Das Mikroskop besteht aus einem System von zwei konvexen Linsen: dem Objektiv und dem Okular.
   b) Mehr als 2 Brennweiten hinter dem Objektiv und unmittelbar vor dem Brennpunkt des Okulars entsteht ein reelles und vergrößertes Zwischenbild.
   c) Das Zwischenbild wird von dem als Lupe wirkenden Okular als Gegenstand betrachtet und zum Endbild abgebildet.
   d) Das Endbild ist virtuell, vergrößert und aufrecht.

48. Beim Durchgang durch ein Prisma wird Licht in seine Einzelbestandteile zerlegt. Welchem Wellenlängen-Intervall entspricht der – innerhalb des elektromagnetischen Spektrums sehr kleine – Bereich des sichtbaren Lichts? (pm: Pikometer = 10^{-12} m, nm: Nanometer = 10^{-9} m)
   a) 100 pm bis 1 pm
   b) 1 pm bis 10 nm
   c) 400 nm bis 760 nm
   d) 1 m bis 10 km

49. Welche Aussage über UV- und IR-Strahlen in Bezug auf das sichtbare Licht ist falsch?
   a) Ultraviolette Strahlen (UV) haben eine größere Wellenlänge als das sichtbare Licht und sind deshalb energiereicher.
   b) UV-Strahlen haben eine kleinere Wellenlänge als das sichtbare Licht und sind deshalb energiereicher.
   c) Infrarotstrahlen (IR) haben eine größere Wellenlänge als das sichtbare Licht und sind daher energieärmer.
   d) IR-Strahlen werden für Wärmebehandlungen verwendet.

50. Welche Aussage über die Farbmischung ist falsch?
   a) Die Grundfarben, die sich bei der additiven Farbmischung zu Weiß ergänzen, sind Rot, Grün und Blau.
   b) Die Grundfarben, die sich bei der subtraktiven Farbmischung zu Weiß ergänzen, sind Magenta (Purpur), Cyan (Blaugrün) und Gelb.
   c) Subtraktive Farbmischung bedeutet: Aus dem sichtbaren Licht wird ein Teil herausgefiltert.
   d) Die Grundfarben der subtraktiven Farbmischung sind die Komplementärfarben der additiven Farbmischung.

51. Zu 40 l heißem Wasser von 80°C gibt man 70 l kaltes Wasser von 15°C. Berechnen Sie die Mischungstemperatur.
   a) 16,5 °C
   b) 19,5 °C
   c) 38,6 °C
   d) 45,7 °C

52. Welches ist die Ursache jedes elektrischen Stroms?

53. Die elektrische Spannung U gemessen in Volt zwischen zwei Punkten eines Leiters ist das Verhältnis
   a) der in diesem Leiterteil verrichteten Arbeit zu dem durch den Leiter fließenden Strom: $U = W/I$.
   b) der in diesem Leiterteil wirkenden Kraft zu dem durch den Leiter fließenden Strom: $U = F/I$.
   c) der in diesem Leiterteil umgesetzten Leistung zu dem durch den Leiter fließenden Strom: $U = P/I$.
   d) der in diesem Leiterteil fließenden Ladungsmenge zum Leiterquerschnitt.

54. Den Kehrwert $1/R$ des Ohm'schen Widerstandes R nennt man
   a) Leitwert
   b) Leitfähigkeit
   c) Spezifischer Widerstand
   d) Innenwiderstand

55. Welchen Einfluss hat die Temperaturänderung auf den spezifischen Widerstand eines metallischen Leiters?
   a) Der Widerstand steigt mit steigender Temperatur.
   b) Der Widerstand sinkt mit steigender Temperatur.
   c) Der Widerstand sinkt sprunghaft auf null, wenn die Temperatur in der Nähe des absoluten Nullpunktes liegt.
   d) Die Temperatur hat überhaupt keinen Einfluss auf den Widerstand.

→

56. Zwei Ohm'sche Widerstände R1 und R2 seien parallel geschaltet. Welche Aussage ist falsch?
   a) Der Gesamtwiderstand R ist die Summe der Einzelwiderstände.
   b) Gesamtwiderstand $R = \frac{R1 \times R2}{R1 + R2}$
   c) An jedem Widerstand fällt die gleiche Spannung ab, daher gilt die Verhältnisgleichung: I1/I2 = R2/R1. Das bedeutet: Bei einer Parallelschaltung verhalten sich die Ströme entgegen der Widerstände.
   d) Bei Parallelschaltung ist der Gesamtwiderstand kleiner als der kleinste Einzelwiderstand.

57. Welche Aussage zu Spannungs- und Strommessgeräten und deren Messbereichs-Erweiterung ist nicht falsch?
   a) Strommessgeräte (Amperemeter) werden zum Ohm'schen Widerstand in Reihe geschaltet (Hauptschluss).
   b) Sollen Ströme gemessen werden, die nicht im Messbereich des Strommessgerätes liegen, so muss ein Parallelwiderstand geschaltet werden, der einen entsprechenden Teil des Stroms am Messgerät vorbeileitet.
   c) Spannungsmessgeräte (Voltmeter) werden zum Ohm'schen Widerstand parallel geschaltet (Nebenschluss).
   d) Sollen Spannungen gemessen werden, die über den Messbereich des Spannungsmessgerätes hinausgehen, so muss ein Parallelwiderstand eingeschaltet werden, der einen entsprechenden Spannungsabfall erzeugt.

58. Welche Aussage über elektrisch geladene Körper ist falsch?
   a) Gleichnamig geladene Körper stoßen sich ab, ungleichnamig geladene Körper ziehen sich an.
   b) Auch neutrale Körper werden von geladenen Körpern angezogen, den Vorgang nennt man Influenz.
   c) Ladungen leitender Körper sind gleichmäßig im Körperinneren und seiner Oberfläche verteilt.
   d) Zum Nachweis elektrischer Ladungen verwendet man das Elektrometer.

59. Wie viele Glühbirnen mit einem Einzelwiderstand von 600 Ω kann man, parallel geschaltet, maximal an eine Spannung von 220 V anschließen, ohne dass die Stromstärke 6 A überschreitet?
   a) 14
   b) 15
   c) 16
   d) 17

60. Wozu braucht man eine Diode?

61. Was gibt die Einheit Hz an?

62. Welche Frequenz besitzt der Wechselstrom des Haushalts?
   a) 220 V
   b) 220 Hz
   c) 50 Hz
   d) 88 MHz

63. Ein Drehspulmessgerät (Gerät zur Messung der Stromstärke) hat einen Eigenwiderstand von 45 Ω. Es kann Ströme bis maximal 2 mA anzeigen. Für die Messung größerer Ströme muss sein Messbereich erweitert werden. Dazu wird ein zweiter Widerstand in das Gerät eingebaut, und zwar parallel zu dessen Eigenwiderstand. Wie hoch muss der zweite Widerstand sein, um den Messbereich um das Hundertfache zu erweitern?

64. Berechnen Sie die Leistung einer Waschmaschinenheizspirale, die in der Lage ist, innerhalb von 15 Minuten 15 l Wasser von 18 °C auf 95 °C zu erhitzen.
(Die Wärmekapazität des Wassers beträgt 4,18 $\frac{j}{g \times k}$

65. Ein Metalldraht hat bei 25 °C den Widerstand 110 Ω, bei 90 °C erhöht sich dieser auf 150 Ω. Welche Aussage ist richtig?
   a) Der Temperaturkoeffizient ∂ beträgt $5{,}54 \times 10^{-3}$ K.
   b) Pro Kelvin ändert sich der Widerstand um 5,54 mΩ.
   c) Pro Kelvin ändert sich der Widerstand um 5,13 MΩ.
   d) Pro Kelvin ändert sich der Widerstand um 0,21 mΩ.

→

66. Das Wasser eines Wasserfalls stürzt aus 50 m Höhe herab. Berechnen Sie die Temperaturerhöhung unter der Annahme, dass sämtliche potentielle Energie in Wärmeenergie umgewandelt wird.
   a) 0,117 K
   b) 118 K
   c) 1,3 K
   d) 0,81 K

67. Ein völlig untergetauchter Körper mit einem Volumen von 5 m^3 erfährt unabhängig von seiner Form, seinem Material und der Wassertiefe eine Auftriebskraft. Wie groß ist diese?
   a) 49,05 N
   b) 4.905 N
   c) 490,5 kN
   d) 49,05 kN

68. Die Temperatur in einem Zimmer, das 4 m lang, 3 m breit und 2,5 m hoch ist, steigt durch Erwärmung von 10 °C auf 25 °C. Wie viel Liter Luft entweichen durch Tür- und Fensterritzen?
   a) 1.600 ml
   b) 31,6 m^3
   c) 31,6 l
   d) 1.600 l

Lösungen Seite 559 f.

Spiegelbilder wiedererkennen

Die folgenden Figuren lassen sich durch einfaches Verschieben zur Deckung bringen – bis auf eine. Diese muss man erst umklappen bzw. spiegeln, bis auch sie durch Verschieben zur Deckung mit den anderen Figuren gebracht werden kann. Welche Figur das ist, sollen Sie herausfinden.

1. Beispiel:

a b c d e f

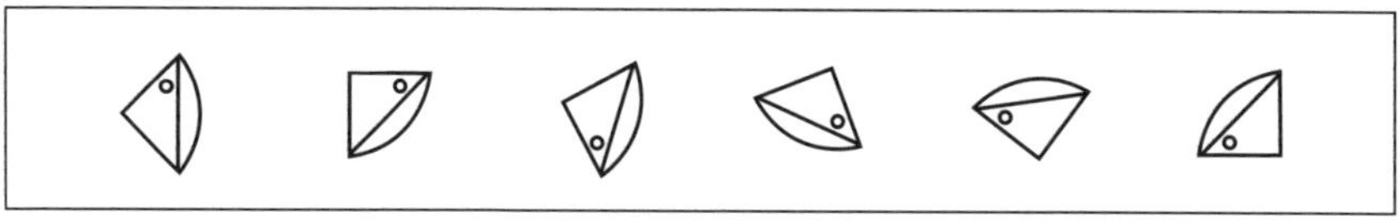

Lösung: c

2. Beispiel:

a b c d e f

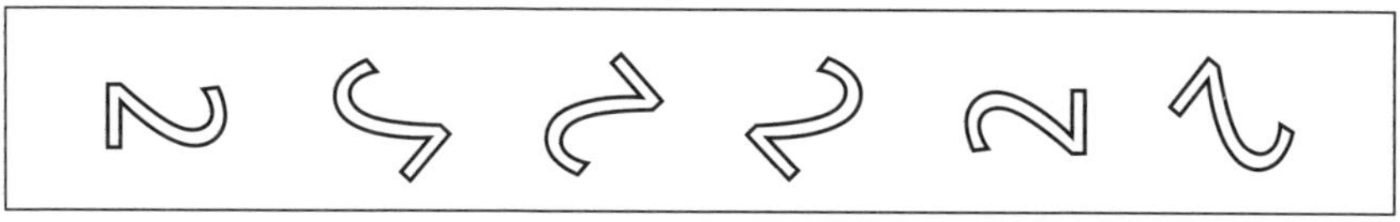

Lösung: b

3. Beispiel:

a b c d e f

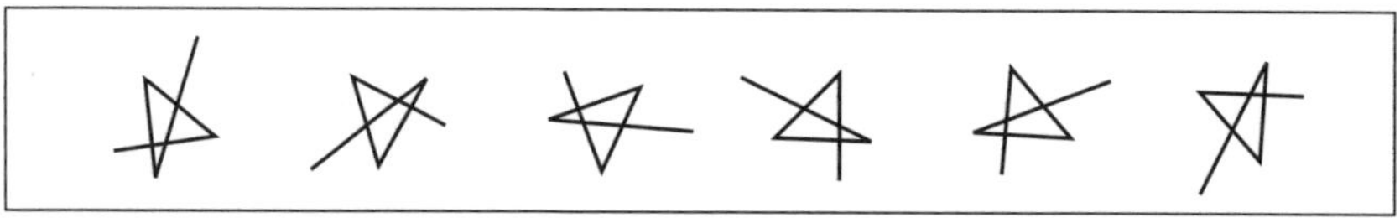

Lösung: e

Für die folgenden 50 Aufgaben haben Sie 20 Minuten Zeit.

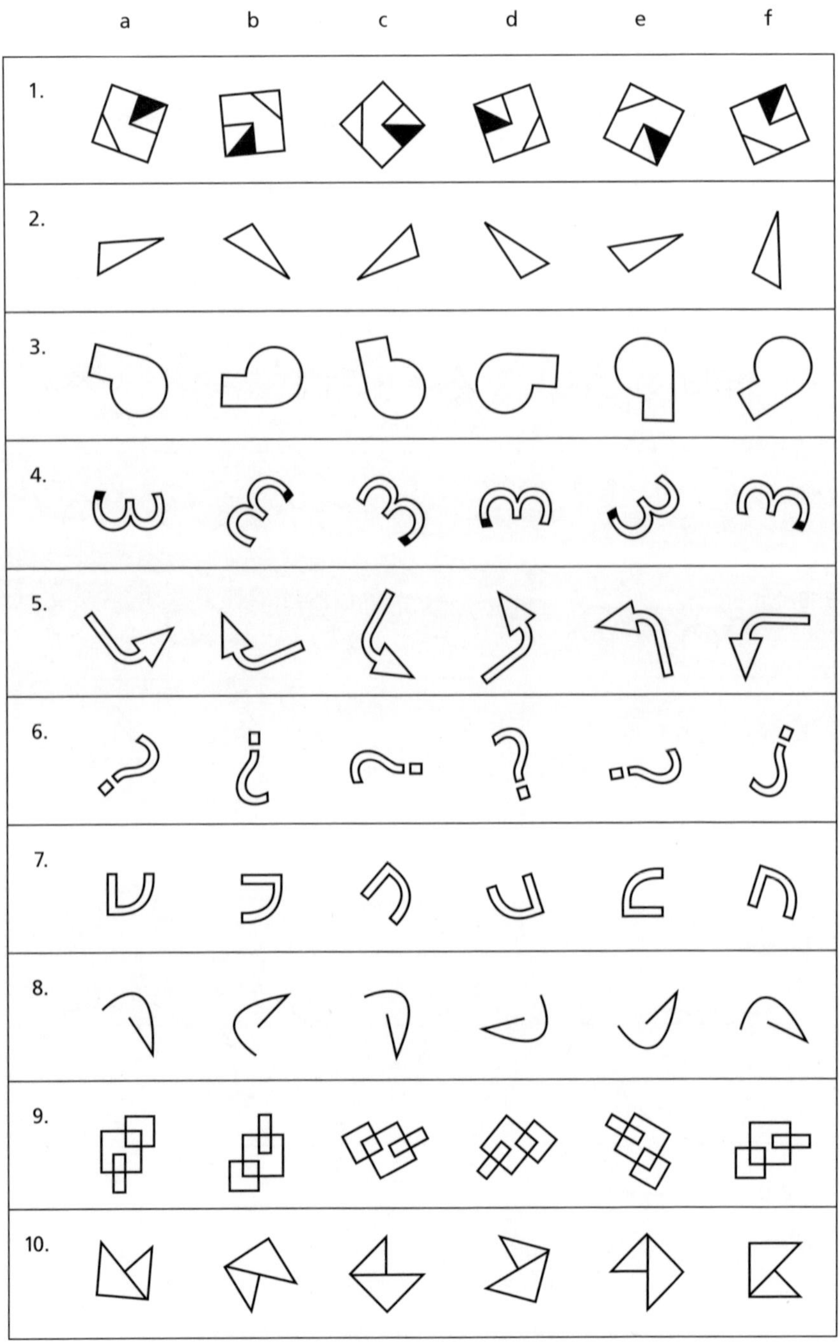
a
b
c
d
e
f
1.
2.
3.
4.
5.
6.
7.
8.
9.
10.

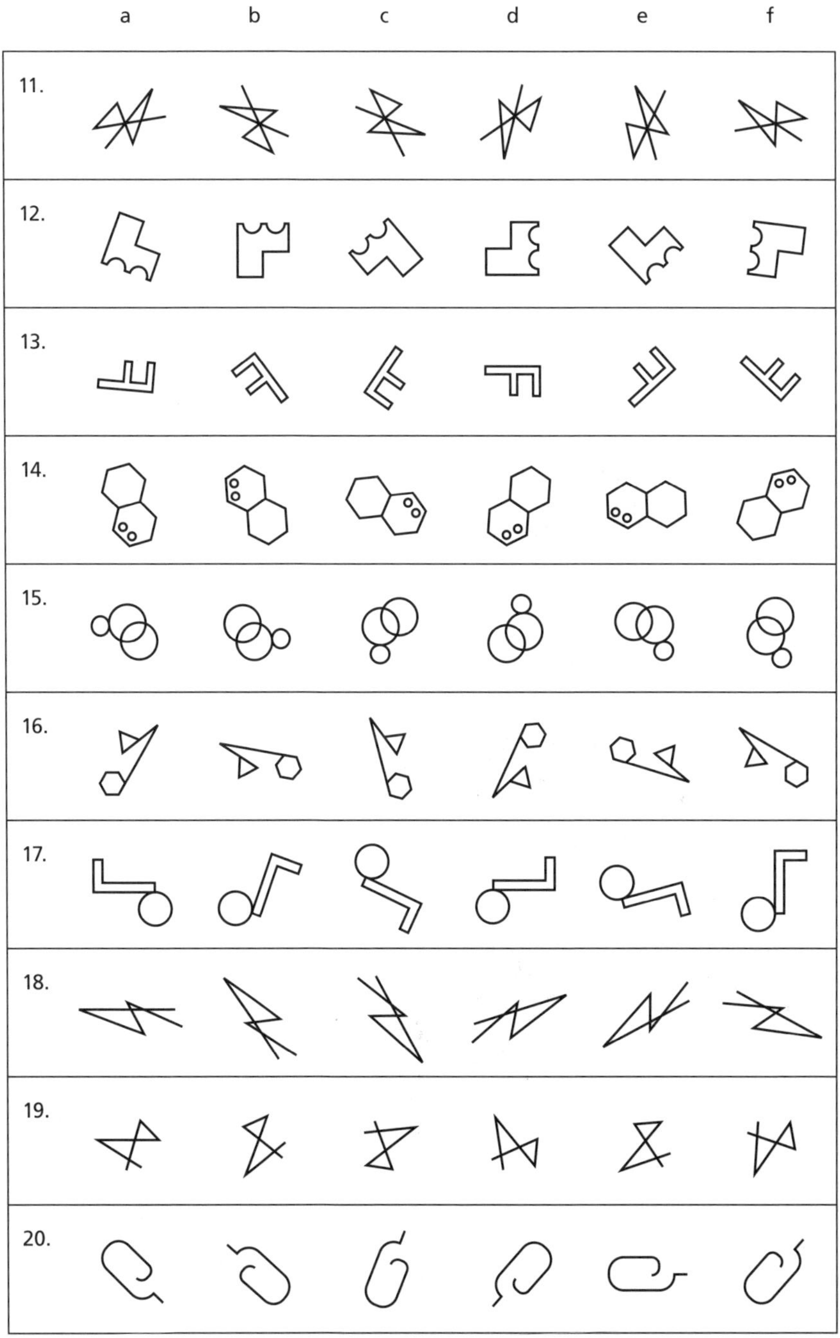
a
b
c
d
e
f
11.
12.
13.
14.
15.
16.
17.
18.
19.
20.

→

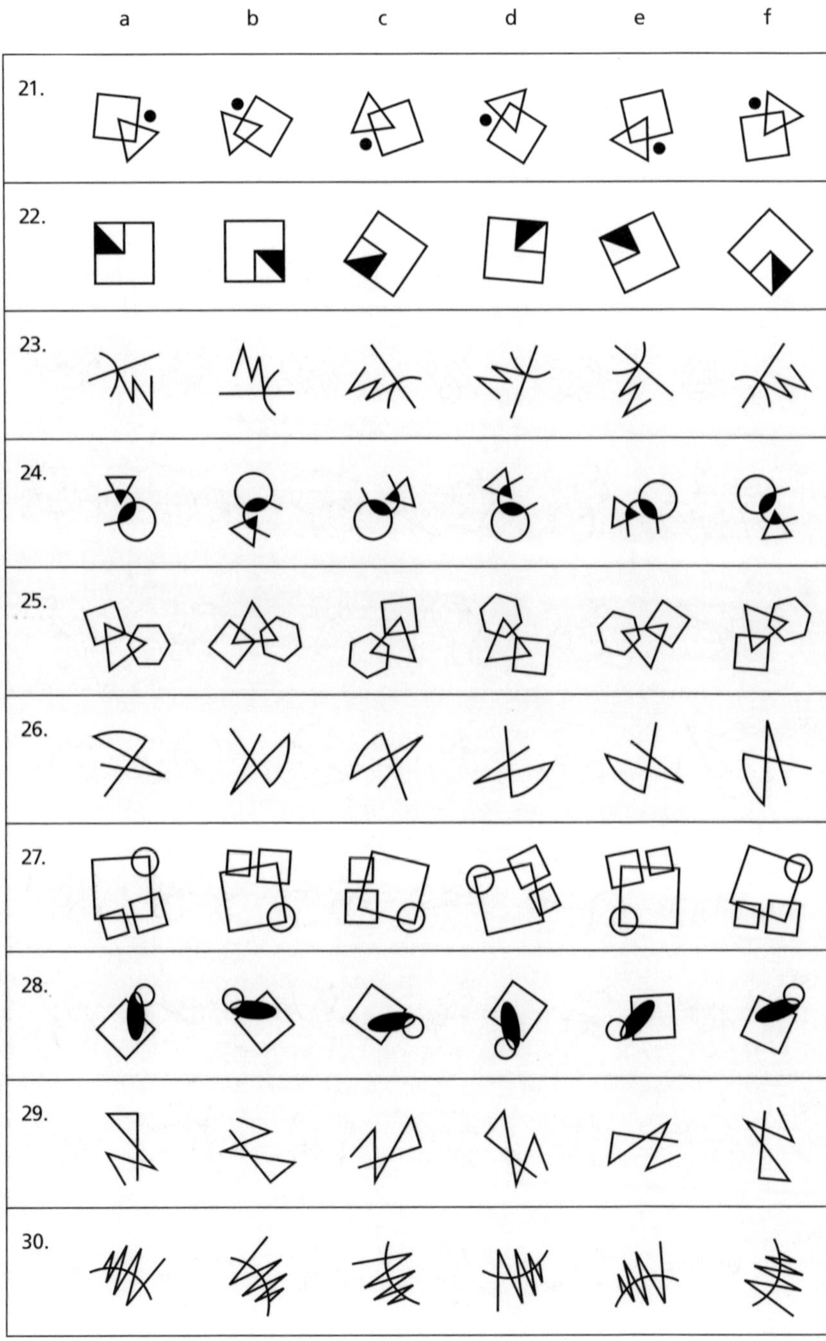
a
b
c
d
e
f
21.
22.
23.
24.
25.
26.
27.
28.
29.
30.

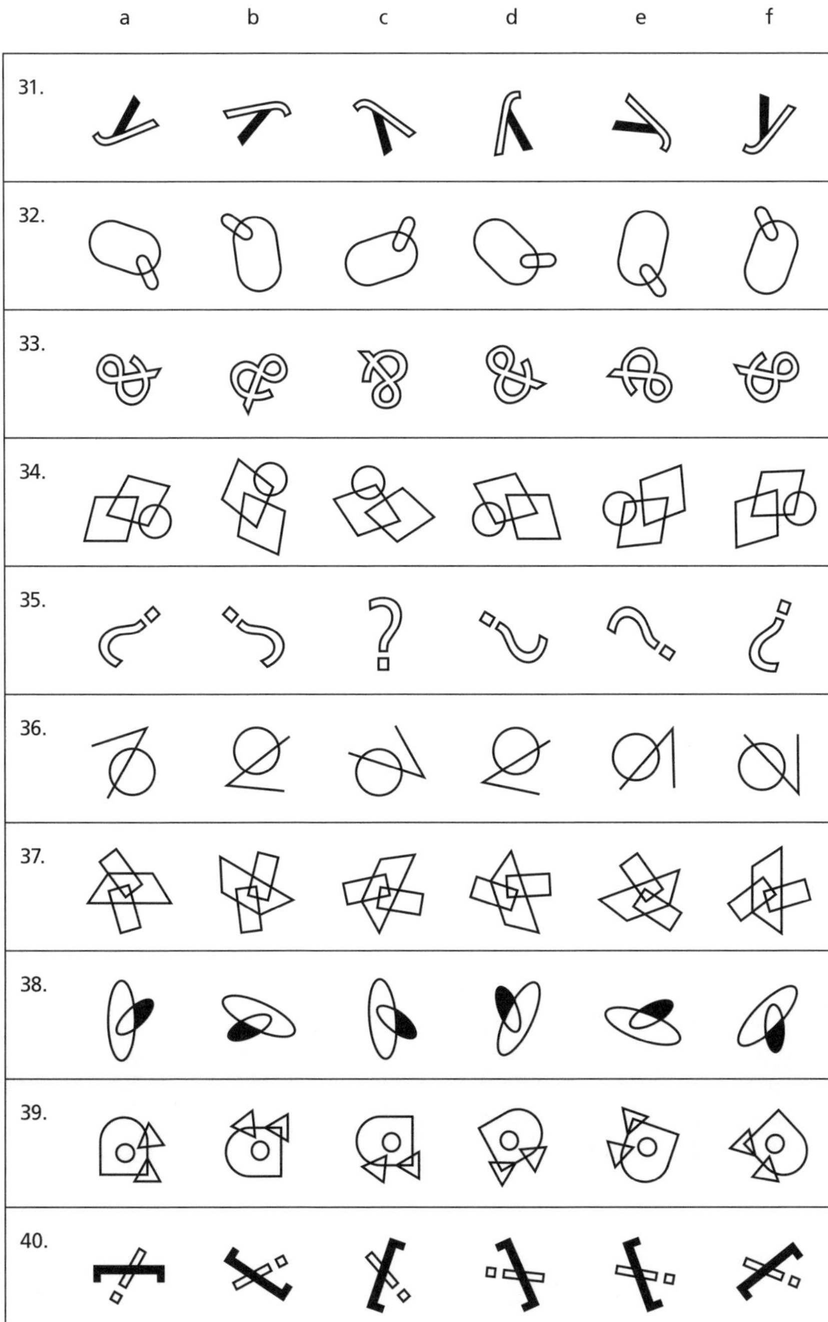
a b c d e f
31.
32.
33.
34.
35.
36.
37.
38.
39.
40.

→

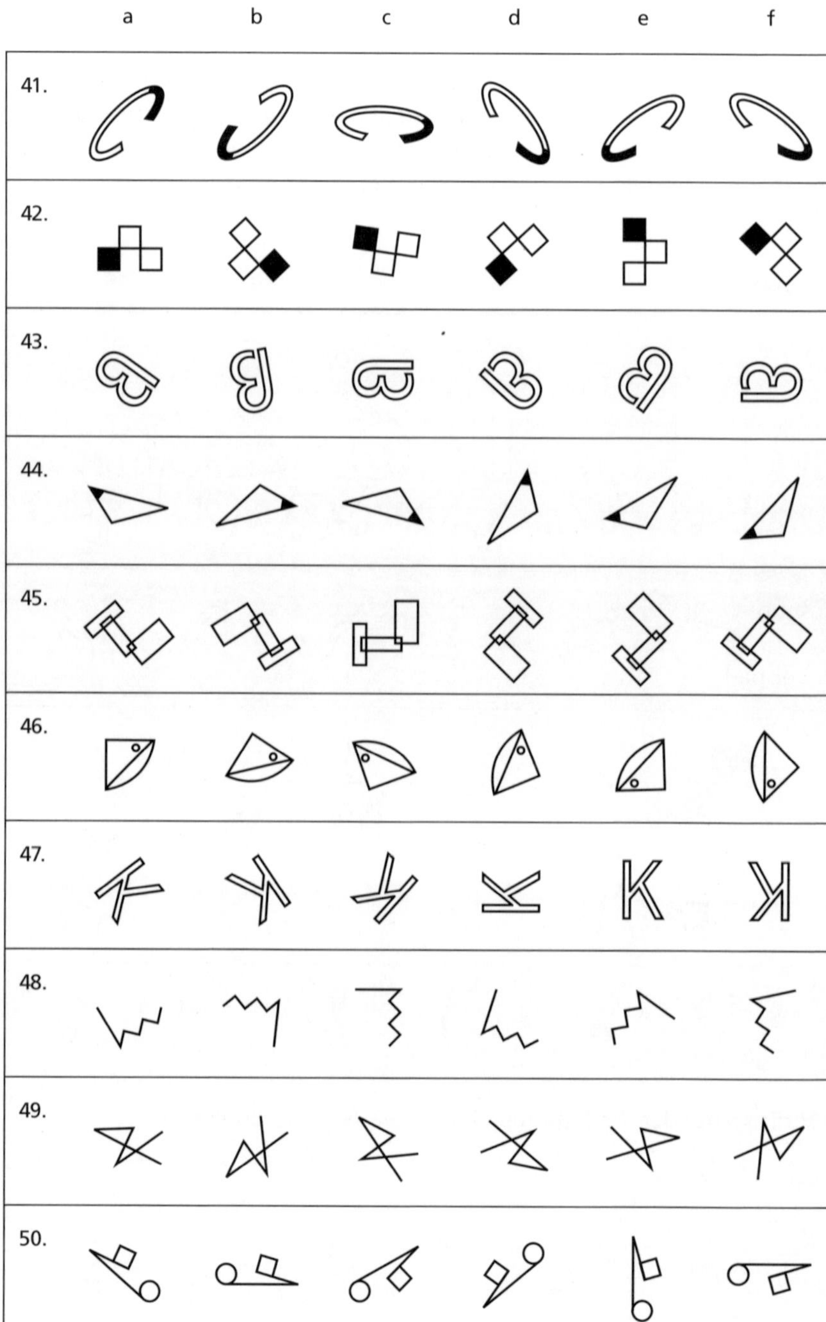

Lösungen Seite 561

Figuren abwickeln

Auch wenn Ihnen dieses Wort schon einmal in einem anderen Zusammenhang untergekommen ist, hier geht es um Fragen wie: Welcher der vier rechts dargestellten Körper kann aus der Faltvorlage links gebildet werden? Die Faltvorlage stellt immer die Außenseite des Körpers dar.

1. Beispiel:

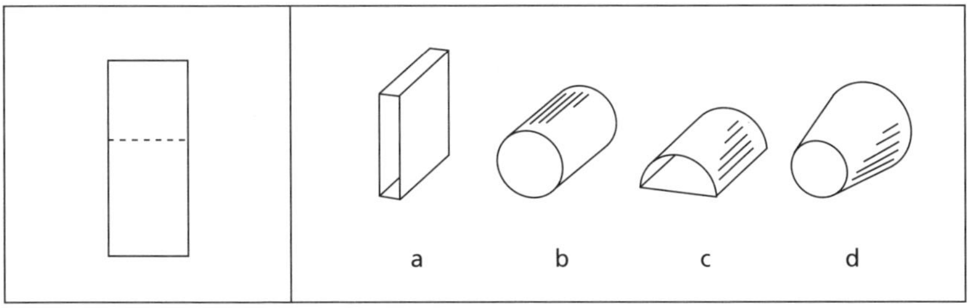

Lösung: c

2. Beispiel:

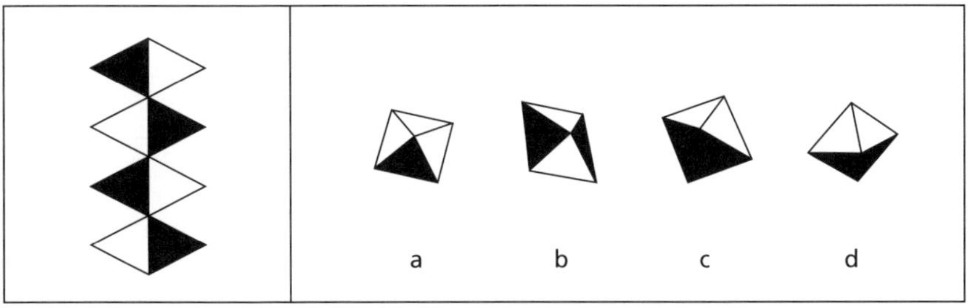

Lösung: b

Für die folgenden 20 Aufgaben haben Sie 10 Minuten Zeit.

→

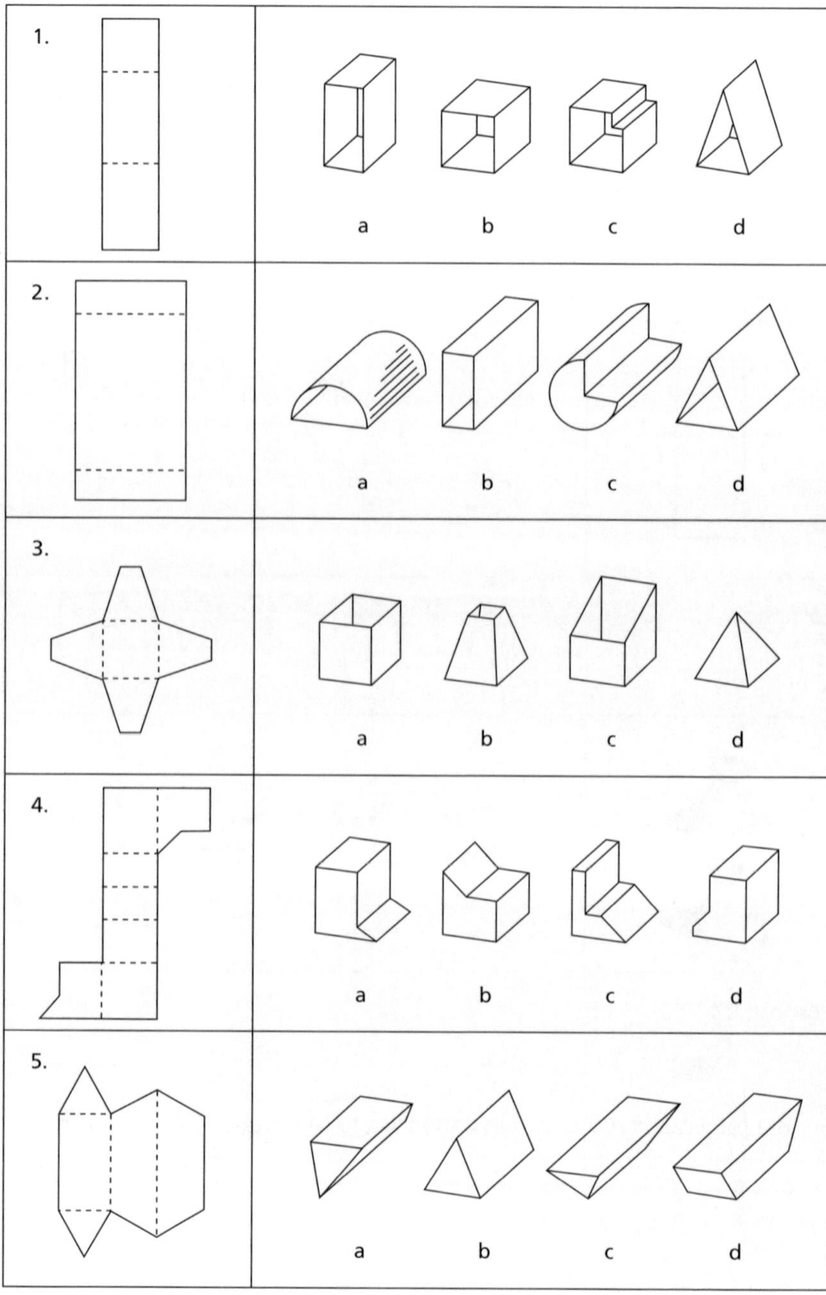
1.
a
b
c
d
2.
a
b
c
d
3.
a
b
c
d
4.
a
b
c
d
5.
a
b
c
d

6. 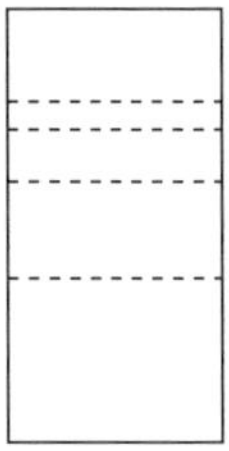	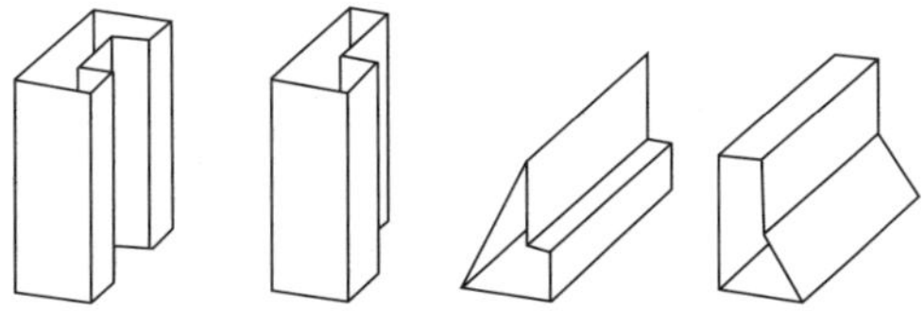 a b c d
7. 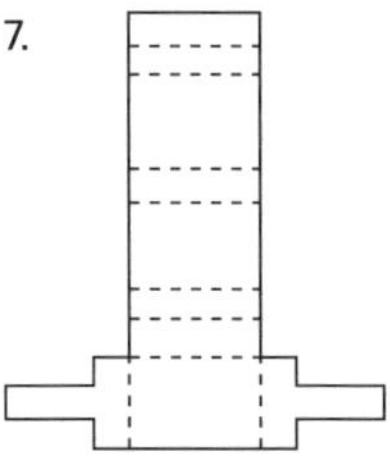	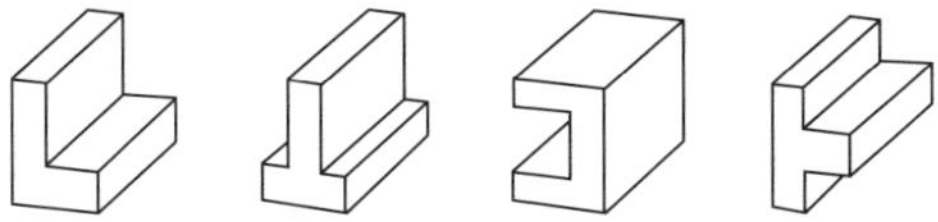 a b c d
8. 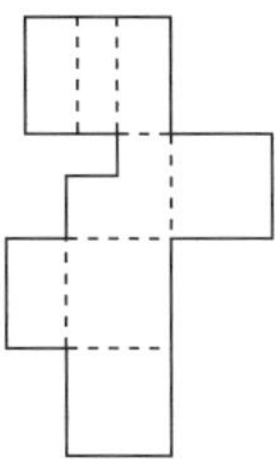	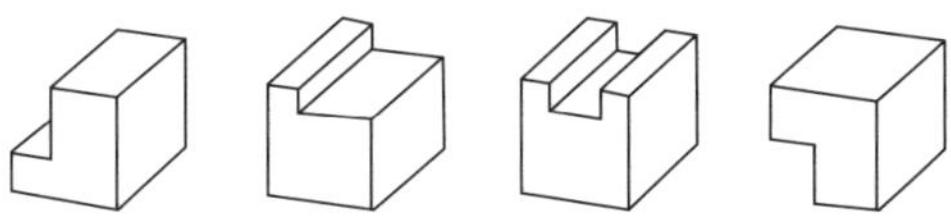 a b c d
9. 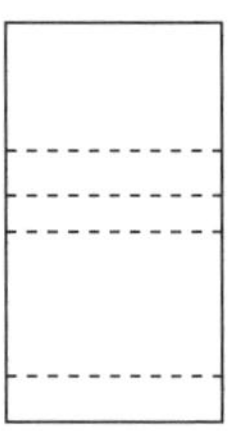	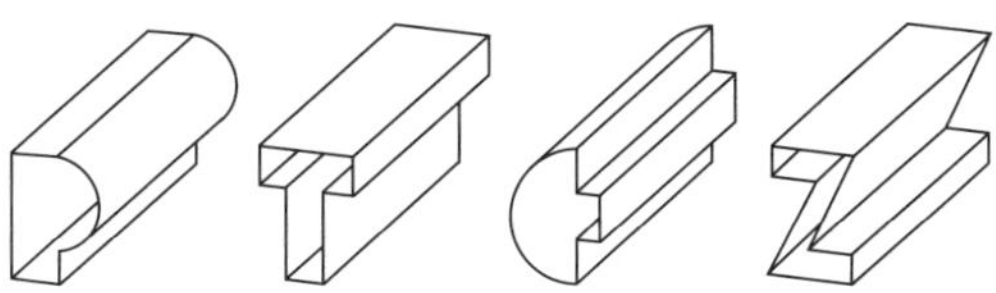 a b c d
10. 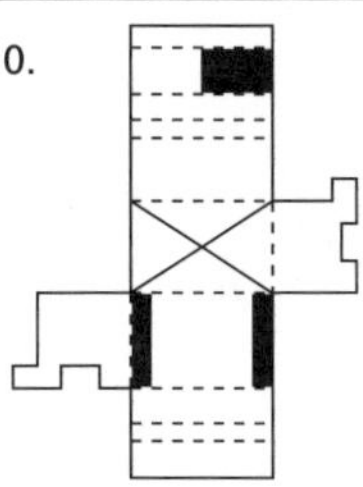	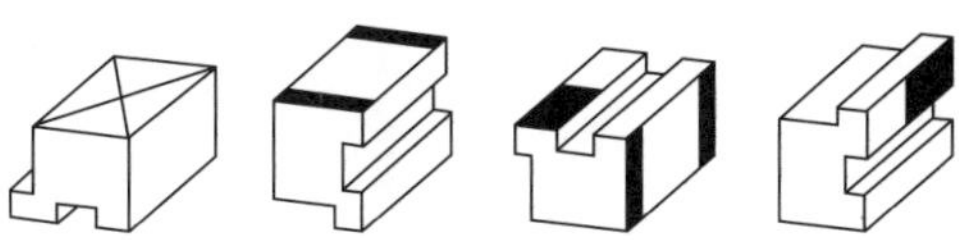 a b c d

→

11.

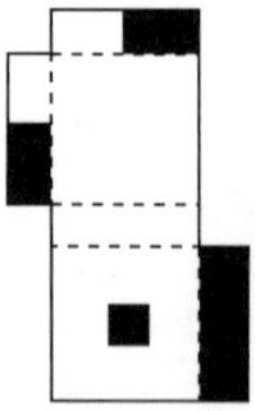

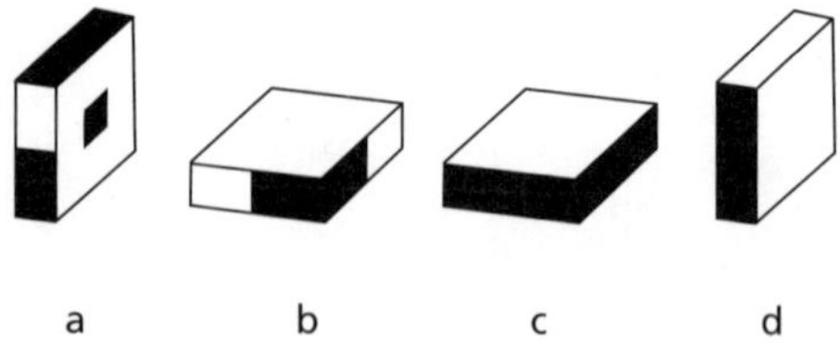

12.

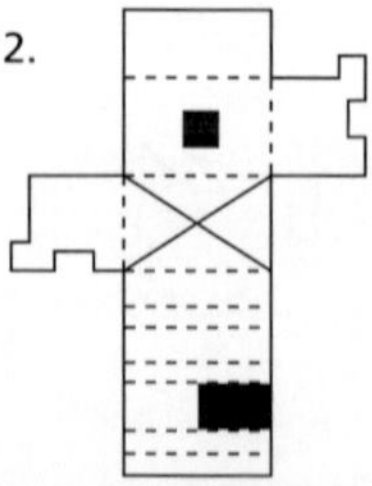

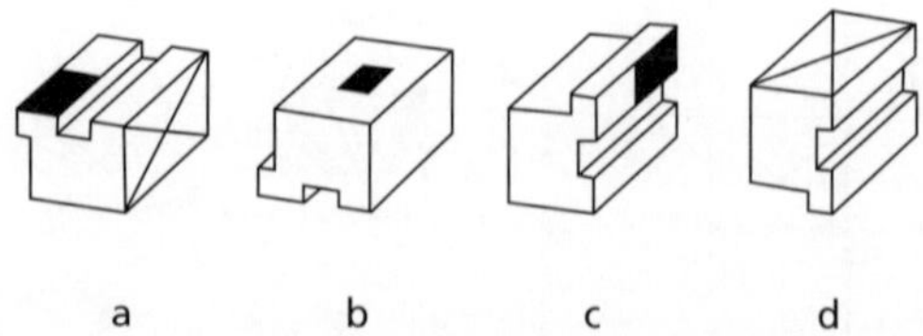

13.

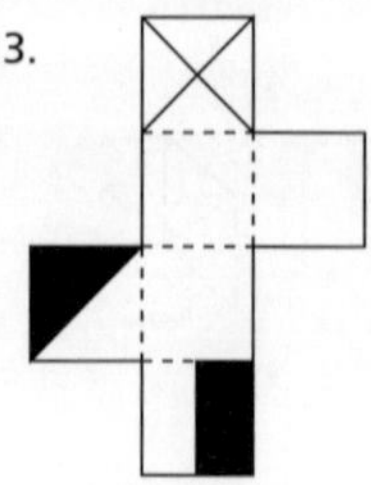

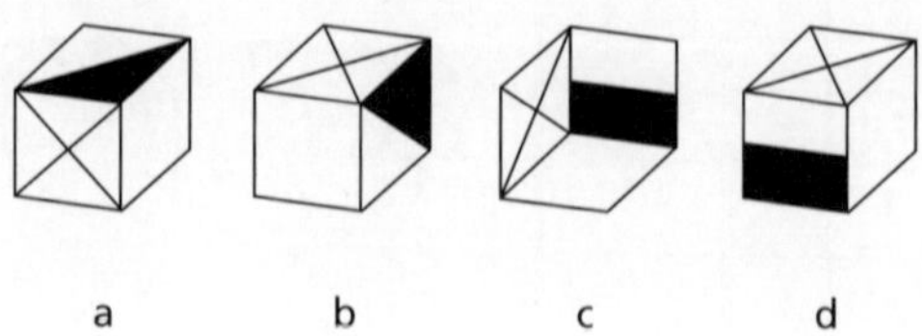

14.

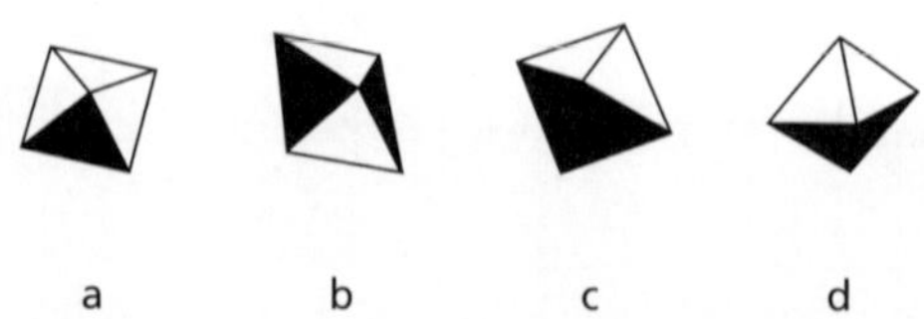

15.

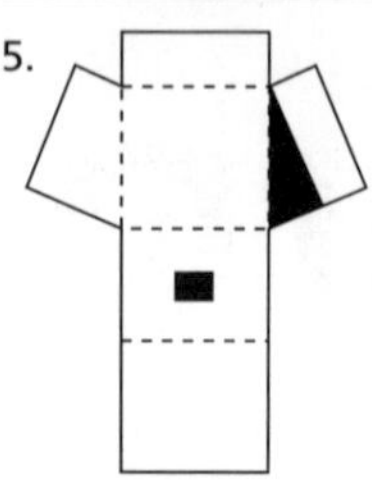

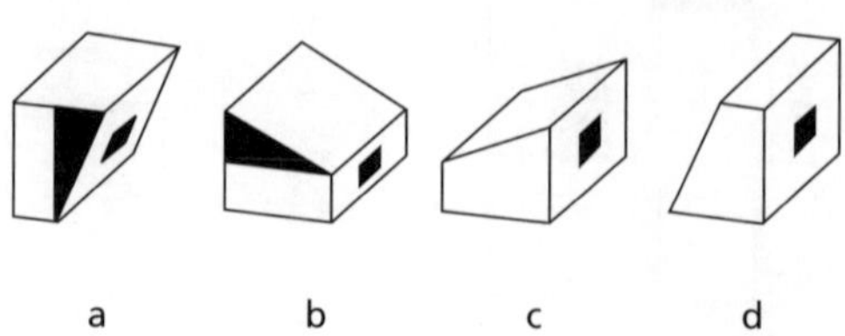

16. 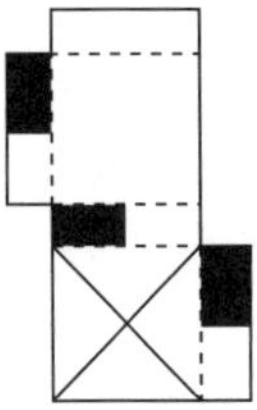	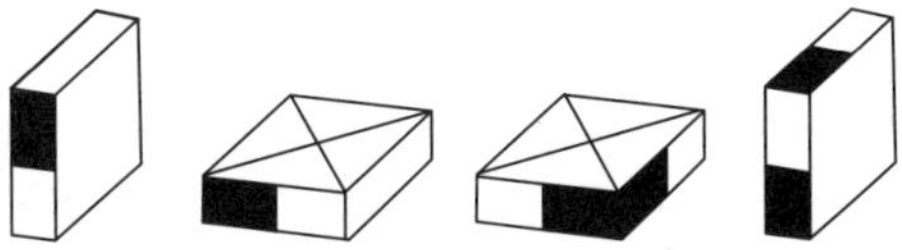 a b c d
17. 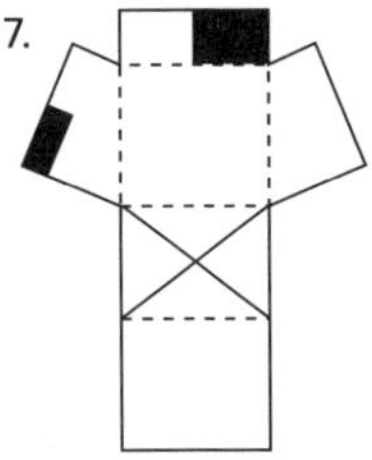	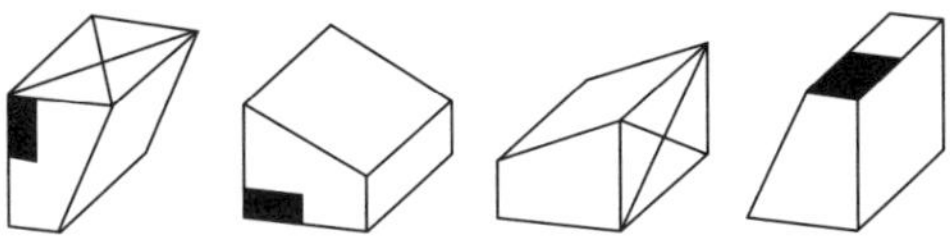 a b c d
18. 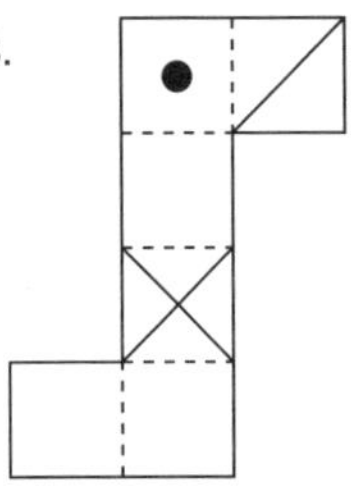	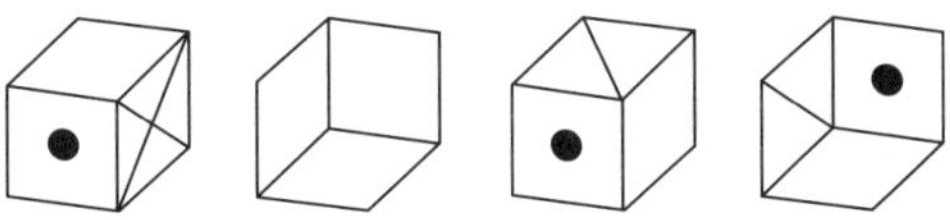 a b c d
19. 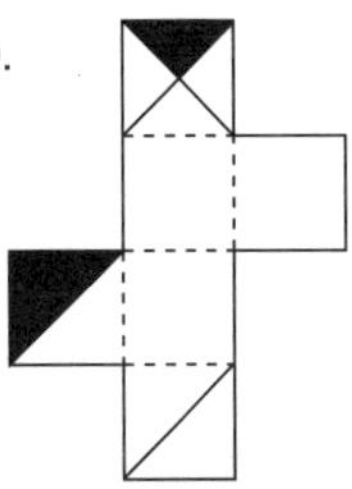	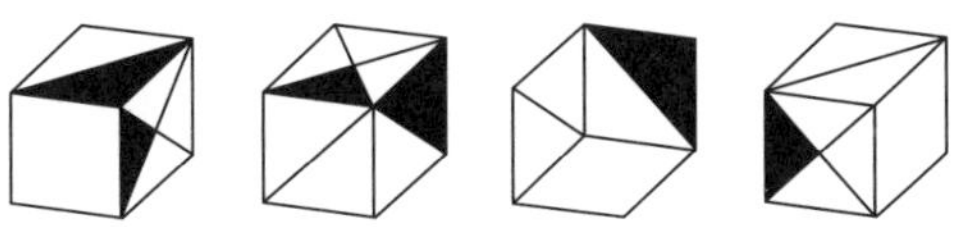 a b c d
20. 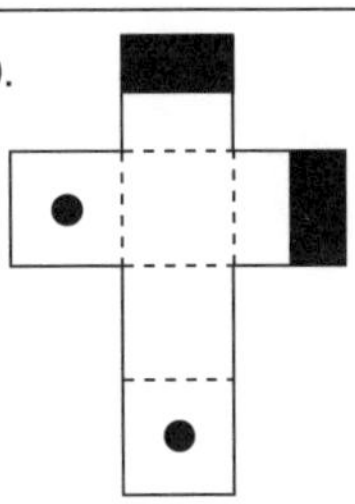	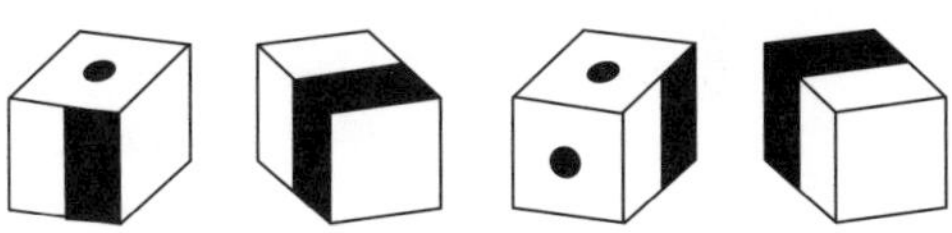 a b c d

Lösungen Seite 561

Formlegetest

Der Formlegetest wird z. B. bei der Berufsfeuerwehr Stuttgart verwendet und soll Ihr räumliches Vorstellungsvermögen testen. Hierzu bekommen Sie mehrere Einzelfiguren aus Holz, aus denen eine große Figur zusammengesetzt ist. Ihre Aufgabe ist es nun, weitere vorgegebene Figuren nachzulegen und in diesen Figuren die Umrisse der Einzelteile nachzuzeichnen.

Beispiel: Sie sehen hier die Einzelfiguren 1 bis 4. Ihre Aufgabe ist es nun, in der vorgegebenen Umrisszeichnung »Hut« die Umrisse der Einzelfiguren einzuzeichnen.

Einzelfiguren:

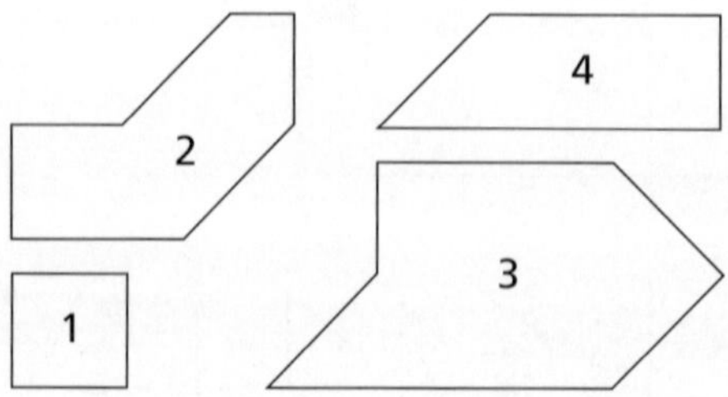

Bitte zeichnen Sie in den hier dargestellten »Hut« die Umrisse/Trennlinien der Einzelfiguren ein:

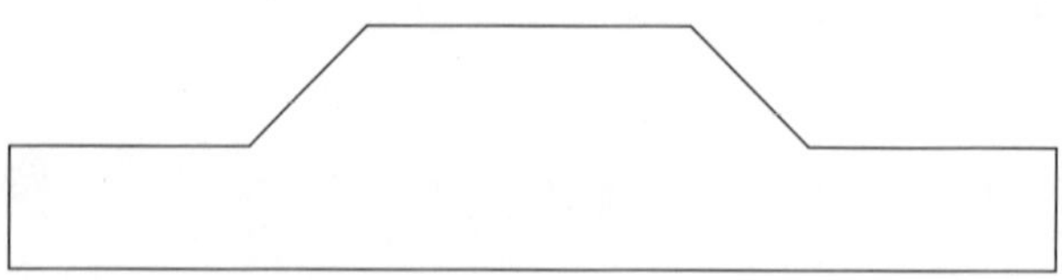

Die richtige Lösung wäre nun wie folgt:

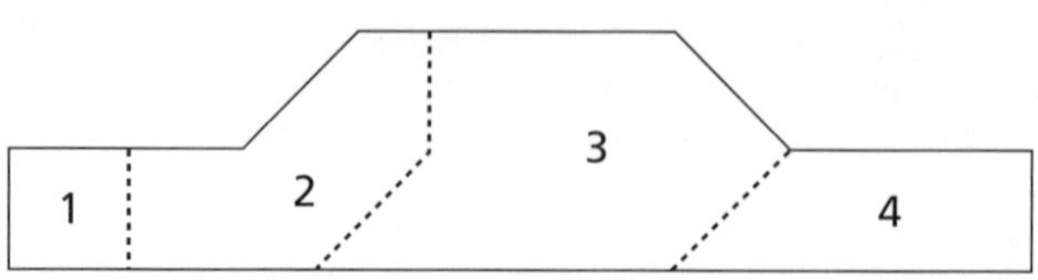

Bitte kopieren Sie die oben gezeigten Einzelfiguren, schneiden Sie diese aus und nutzen Sie sie als Hilfe für den folgenden Test. Zum Einzeichnen der Trennlinien bei den kommenden 6 Aufgaben haben Sie insgesamt 6 Minuten Zeit. Bitte beachten Sie, dass die Einzelfiguren sowohl gedreht, als auch gespiegelt werden können!

1. Aufgabe: Hering

2. Aufgabe: Pfeil

3. Aufgabe: Boot

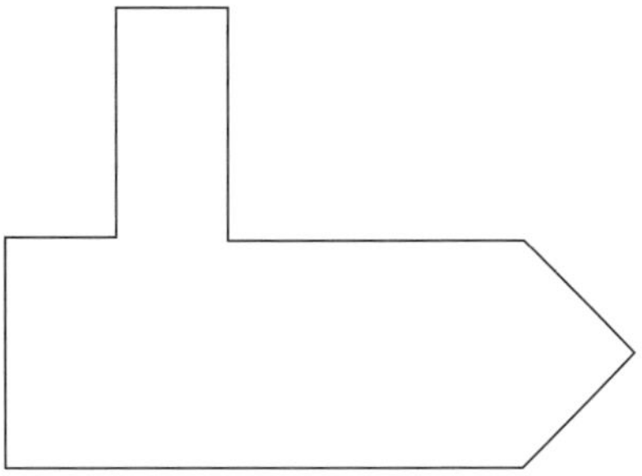

→

4. Aufgabe: Schwert

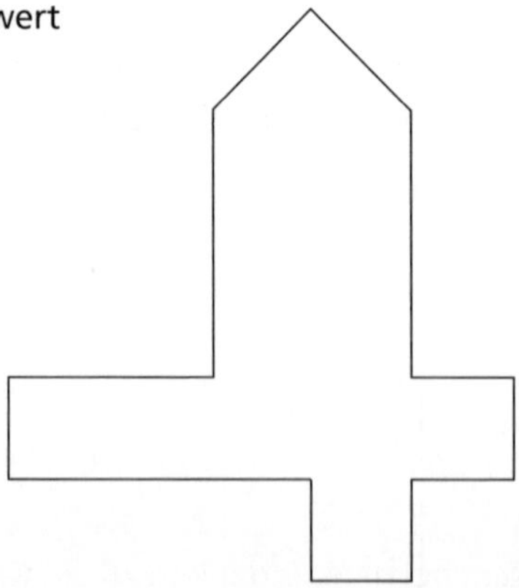

5. Aufgabe: Laserpistole

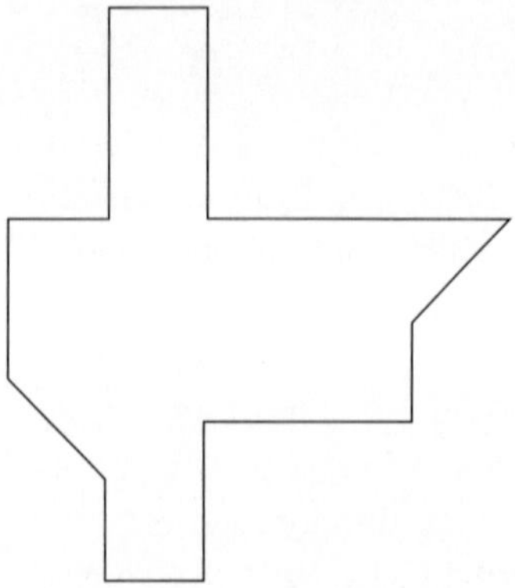

6. Aufgabe: Buchstabe »C«

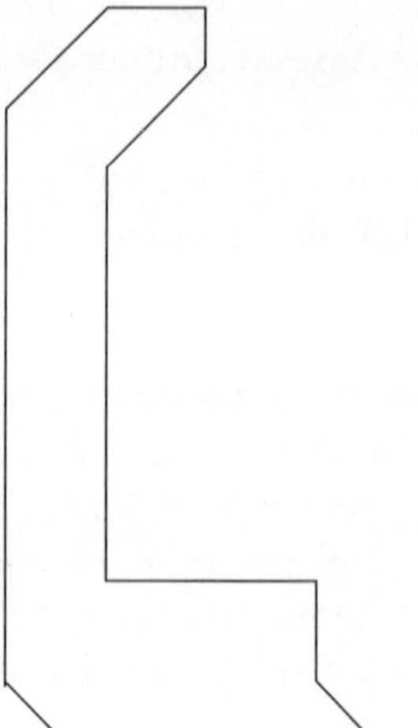

Lösungen Seite 561

Assessment Center und Persönlichkeit

Assessment Center

So manchem wird ziemlich flau bei dem Gedanken an ein Gruppenauswahlverfahren bzw. Assessment Center (Abkürzung: AC) mit all seinen typischen Aufgaben wie Intelligenz-, Konzentrations- und Logiktests, Gruppendiskussion, Einzelpräsentation, Rollenspiel und Stressinterview. Jedoch: Sie können sich auf die kniffligen Tests und Übungen hervorragend vorbereiten, ja, diese regelrecht trainieren. Dazu ist es wichtig, die Beurteilungskriterien der typischen AC-Aufgaben zu kennen. Aber zunächst:

Was ist ein Assessment Center?

Der englische Ausdruck Assessment Center (engl. to assess = einschätzen, center = Mittelpunkt) täuscht darüber hinweg, dass dieses Prüfungsverfahren eigentlich eine deutsche Erfindung ist. Damals nannte man es Heerespsychotechnik. An der Berliner Universität wurde 1920 ein psychologisches Forschungszentrum im Auftrag des Reichswehrministeriums gegründet. Ab 1927 durfte nur Offizier der Reichswehr werden, wer dieses heerespsychotechnische Auswahlverfahren erfolgreich durchlaufen hatte. Die Hauptprüfung bestand aus Intelligenz-, Persönlichkeitstests und Interviews.

In den Fünfzigerjahren entdeckte die amerikanische Wirtschaft diese Methode, um Bewerber auf ihre Eignung hin zu prüfen. Und seit den Siebzigern wird es in Deutschland immer häufiger bei der Personalauswahl eingesetzt.

Laut Definition einer der AC-Päpste ist das Assessment Center ein systematisches Verfahren »zur qualifizierten Feststellung von Verhaltensleistungen bzw. Verhaltensdefiziten, das von mehreren Beobachtern gleichzeitig für mehrere Teilnehmer in Bezug auf vorher definierte Anforderungen angewandt wird« (W. Jeserich: *Mitarbeiter auswählen und fördern*, München/Wien 1981, Seite 33). Wir möchten es lieber etwas salopper formulieren: Für uns ist das Assessment Center eine bunte Mischung aus subtilen Psychotests zur Personalauslese. Typische Aufgaben, die wir Ihnen hier im Einzelnen genauer vorstellen, sind:

- Gruppendiskussion
- Rollenspiel
- Präsentation
- Postkorb-Übung
- Interview
- Papier- und Bleistift-Tests: Persönlichkeits-, Intelligenz-, Leistungs-Konzentrationstests
- Überprüfung von Tischmanieren und Benimmregeln

Das AC kann sich von ein paar Stunden bis hin zu mehreren Tage erstrecken. Über diesen Zeitraum hinweg werden die Bewerber von so genannten Beobachtern, meist Führungskräften, manchmal auch Psychologen, genau unter die Lupe genommen. Diese drei bis sechs Beobachter entscheiden mit »Daumen nach oben oder unten« über die berufliche Zukunft der AC-Kandidaten. Bisweilen treten auch so genannte Moderatoren auf, deren Aufgabe es ist, die einführenden oder überleitenden Worte zu den AC-Aufgaben (Gruppendiskussion, Rollenspiel, Aufsatz, Einzelinterview etc.) zu finden, den organisatorischen Ablauf zu gewährleisten und – wenn sie es gut meinen – das eine oder andere Späßchen zu machen, um die angespannte Stimmung ein wenig aufzulockern.

Ob ein solches Testverfahren wirklich halten kann, was es verspricht, nämlich die zukünftig Besten und Fähigsten herauszufiltern, steht auf einem ganz anderen Blatt. Da gehen die Meinungen durchaus auseinander. Auch wir als Autoren dieses Buches haben unsere Zweifel. Nur, was nutzt es Ihnen zu wissen, dass es viele Skeptiker – wenn nicht sogar Gegner – gibt, Ihr Ausbildungsplatzanbieter aber nicht auf diese Auswahlmethode verzichten will? Deshalb soll es uns jetzt darum gehen, Ihnen zu helfen, ein solches Verfahren erfolgreich und vor allem psychisch unbeschadet zu überstehen.

Begriffsvielfalt

Wenn Ihre Bewerbung überzeugt hat und man Sie zu einem Assessment Center einlädt, muss das nicht immer so deutlich in dem Brief stehen. Manche Einladenden sprechen dann von einem Auswahl- oder Beurteilungsseminar. Etwas deutlicher sind da schon die Begriffe Eignungstest oder Auswahlverfahren. Andere Personalentscheider erfinden fast verschleiernde Begriffe, die einem zumindest auf den ersten Blick gar nicht klar machen, dass hier »ausgewählt«, also getestet wird. Da heißt es dann zum Beispiel: »Wir freuen uns, Sie zu unserem Qualifizierungs-Workshop einladen zu dürfen.« Egal wie »kreativ« man in Sachen Namensfindung ist: Wenn Sie es mit diesen oder ähnlichen Begriffen zu tun bekommen, können Sie davon ausgehen, dass eine Art AC und damit verbunden ganz bestimmte Aufgabentypen auf Sie zukommen.

Erfolgskriterien

Unter der Annahme, dass ein Ausbildungs- bzw. Arbeitsplatz ganz bestimmte Eignungs- und Persönlichkeitsmerkmale seinem Inhaber abverlangt, versucht der AC-Konstrukteur eben diese herauszufiltern und in (angeblich) realitätsgerechten Übungen zu überprüfen.

Irgendwie verständlich. Schließlich möchte der Ausbilder ganz sicher sein, wirklich gute Mitarbeiter zu finden, die zu dem Unternehmen passen, schnell lernen und möglichst wenig Probleme machen etc. Doch eigentlich sollte jedem einleuchten, dass es kaum möglich ist, Erfolgskriterien für den zukünftigen Beruf eindeutig festzuschreiben, und noch schwieriger, diese in Form von Kandidatenspielen vorführ- und überprüfbar zu machen, geschweige denn Verhaltensvorhersagen für die zukünftige Entwicklung daraus abzuleiten.

Nichtsdestotrotz sind viele Unternehmen davon überzeugt, mittels AC die Besten unter den Bewerbern zu finden. Je genauer Sie wissen, worauf AC-Beobachter und Personalentscheider achten, desto effektiver können Sie Ihre Darstellung, neudeutsch Performance, gestalten. Die Prüfer machen die Eignung der Bewerber vor allem an drei Kriterien fest:

- Persönlichkeit (Sind Sie sympathisch, anpassungsfähig? Passen Sie dazu?)
- Leistungsmotivation (Sind Sie engagiert? Haben Sie Biss? Sind Sie wirklich lern-, einsatz-, arbeitswillig? Können Sie sich mit der Aufgabe/dem Unternehmen identifizieren?)
- Kompetenz (Haben Sie bereits berufsrelevante Erfahrungen, Kenntnisse, Eigenschaften und Fähigkeiten, z. B. durch Ferienjob, Praktikum, Hobby? Verfügen Sie über so etwas wie einen »wachen, klaren Verstand«?)

Übrigens: Nicht zufällig haben wir eben Persönlichkeit und damit Sympathie an erster Stelle genannt. Denn beim AC wie überhaupt bei Bewerbungen kommt es entscheidend darauf an, ob Sie sympathisch wirken. So zählt Ihre Persönlichkeit (neben Ihrer Kommunikationsfähigkeit) zu den wichtigen globalen Einstellungs- und später auch Aufstiegskriterien – gerade wenn Sie über keine oder wenig berufliche Erfahrung verfügen.

Es geht zunächst also um den berüchtigten ersten Eindruck, in dem bei den Gesprächspartnern, die sich bisher unbekannt waren, die Weichen in Richtung einer positiven (Sympathie) oder negativen (Antipathie) Stimmung gestellt werden. Das trifft sowohl auf die Beziehung Auswähler/Auszuwählender, als auch auf die Gruppensituation unter den Kandidaten zu. Spezielle AC-Aufgaben beziehen sich sogar ganz konkret auf dieses Sympathiethema (»Wem aus der Gruppe würden Sie am ehesten ein gebrauchtes Auto, Moped oder Ähnliches abkaufen?«).

Sympathie entsteht einerseits über die Sprache und die Sprechweise. Andererseits sind es Merkmale wie Aussehen, Auftreten, Körpersprache und Kleidung. Manch einer mag glauben, dass Sympathie zwischen zwei Menschen einfach vorhanden ist, oder eben auch nicht, und dass sich daran wenig ändern lässt. Dem ist jedoch nicht so. Sympathie für sich können Sie durchaus mobilisieren. Im Folgenden eine Aufstellung der Eigenschaften und Merkmale, durch die Sympathie und/oder Antipathie geweckt werden.

Sympathie mobilisiert eher	**Antipathie mobilisiert eher**
Anpassung	mangelnde Anpassung
Charisma	fehlendes Charisma
Freundlichkeit	Unfreundlichkeit
Höflichkeit	Unhöflichkeit
Gelassenheit	Nervosität
Ruhe	Unruhe
Selbstsicherheit	Selbst-Unsicherheit
Geduld	Ungeduld
Toleranz	Intoleranz
Gleichberechtigung	Dominanz-/Machtstreben
Gewährenlassen (Freiheit)	Beherrschung (Unfreiheit)
Attraktivität	abstoßendes Äußeres
Schönheit	Hässlichsein
Gewandtheit	Unsicherheit
Entspanntheit	Gespanntheit
gleiche/ähnliche Interessen/Hobbys	stark unterschiedliche Interessen/Hobbys

Der letzte Punkt der Tabelle sei noch einmal besonders hervorgehoben: Wenn es Parallelen zwischen den Sie Beobachtenden und Ihnen gibt, steigen Ihre Chancen, als besonders sympathisch empfunden zu werden. Denn dann laufen Identifizierungsprozesse ab (»Die/Der ist ja genauso wie ich«). Auch biografische Parallelen (derselbe Geburtsort, dieselbe Schule, Verein, Hobbys, Interessen etc.) haben diesen Effekt und mobilisieren Sympathien.

Wer leistungsmotiviert und kompetent wirkt, macht sich zusätzlich sympathisch. Denn diese zugeschriebenen Eigenschaften tragen zur Realisation des Arbeitgeberbedürfnisses nach Erfolg versprechenden Mitarbeitern bei.

Leistungsmotivation und Kompetenz offenbaren sich allerdings nicht so schnell wie das zentrale, auf die Persönlichkeit bezogene und auch durch unbewusste Faktoren mit gesteuerte Sympathiegefühl. Als Bewerber muss es daher Ihr Ziel sein, diese drei Weichensteller (Persönlichkeit, Leistungsmotivation und Kompetenz) während des gesamten Ausleseverfahrens als Signale so »auszusenden«, dass sie beim AC-Veranstalter (Arbeitgeber) »ankommen«.

Auf dem Weg zu diesem Ziel können Ihnen folgende Fragen behilflich sein:

- Was für ein Mensch sind Sie, und wie präsentieren Sie sich?
- Wie bringen Sie Ihre Leistungsmotivation deutlich zum Ausdruck?
- Wie vermitteln Sie überzeugend Ihre Kompetenz?

Aufgrund noch mangelnder beruflicher Erfahrungen geht es für Sie hier natürlich weniger um so etwas wie berufliche Erfolge, sondern um Fähigkeiten, die berufliche Erfolge möglich machen können, wie z. B. eine schnelle Auffassungsgabe, ein gutes Gedächtnis, Verhandlungsgeschick etc.

Persönlichkeit, Leistungsmotivation und Kompetenz sind im AC-Verfahren also von besonderer Bedeutung. Folgende Aufstellung soll Ihnen helfen, sich darauf einzustellen, wie Sie von den Beobachtern auf das Vorhandensein dieser drei wesentlichen Merkmale und Eigenschaften hin »abgeklopft« werden. Das heißt, beim »Observieren« nehmen die Beobachter Folgendes besonders genau unter die Lupe:

A **Soziale Prozesse** wie
Kooperationsfähigkeit
z. B. Meinungen, Ideen, Vorschläge anderer aufgreifen und weiterführen
sich nicht auf Kosten anderer durchsetzen
anderen in Schwierigkeiten helfen
Erfolgserlebnisse mit anderen teilen
keine Druck- oder Machtmittel einsetzen

Kontaktfähigkeit
z. B. von sich aus auf andere zugehen, ansprechen, beginnen
Ziele, Absichten, Methoden offen für andere darlegen
Beratung, Unterstützung, Mithilfe anbieten
anderen Vertrauen entgegenbringen

Konfliktfähigkeit
Sensibilität
Integrationsvermögen
Selbstkontrolle
Informationsverhalten

B **Systematisches Denken und Handeln** wie
abstraktes und analytisches Denken
kombinatorisches Denken
Entscheidungsfähigkeit
Planungs- und Kontrollfähigkeiten
eine persönliche arbeitsorganisatorische Fähigkeit

C **Aktivität** wie
Arbeitsmotivation, Arbeitsantrieb, Initiative
Führungsmotivation und Führungsantrieb
Durchsetzungsvermögen
Selbstständigkeit/Unabhängigkeit
Selbstvertrauen
Ausdauer/Belastbarkeit
Stresstoleranz

D **Ausdrucksvermögen** wie
schriftliche und mündliche Kommunikationsfähigkeit
Flexibilität
Überzeugungsfähigkeit

Diese Übersicht ist nicht nur generell für ACs hilfreich, sondern auch für die Anforderungen, die in einem Vorstellungsgespräch zum Tragen kommen.

Der erste Eindruck

Wir wissen, dass sich der erste Eindruck, den wir von einem anderen Menschen bekommen, in den ersten Sekunden und Anfangsminuten des Zusammentreffens entwickelt. Es ist sehr schwer, ihn wieder rückgängig zu machen oder in eine andere Richtung zu lenken. Achten Sie deshalb darauf, alles zu tun, um einen positiven ersten Eindruck zu hinterlassen. Dazu gehört natürlich auch Ihre Kleidung. Sie sollte modisch, vor allem aber »berufsangemessen« sein.

Trotz aller Lässigkeit empfehlen wir Ihnen grundsätzlich, auf gewagte Dekolletés oder bis zum Bauchnabel aufgeknöpfte Hemden, die Ihr Brusthaar in voller Schönheit zeigen, zu verzichten. Informieren Sie sich, welches Outfit angesagt ist. Natürlich muss Ihre Garderobe auch zu Ihrem Typ und Ihrem Alter passen und vor allem gepflegt sein. Wenn Sie zu einem AC reisen, packen Sie auf jeden Fall noch etwas Ersatzkleidung ein, für den Fall, dass Sie sich beim Essen bekleckern oder auf der Hinreise in ein Unwetter geraten etc.

Schweißfluss kontra Parfumwolke

Keine Frage – Prüfungssituationen wie das Assessment Center regen den Schweißfluss an. Peinlich, wenn man dann riecht, sich unwohl fühlt und Angst hat, dass Prüfer und Mitstreiter dies auch bemerken könnten. Deshalb sollten Sie zum AC nur wirklich frisch gewaschene oder ausreichend gelüftete Kleidung anziehen. Sonst riecht's nach kurzer Zeit. Verzichten Sie vor der Prüfung auch auf scharfe Gewürze, die bringen die Schweißdrüsen noch mal richtig in Wallung. Außerdem gibt es spezielle Deodorants, Antitranspirants, die Schweißblocker mit Aluminiumsalzen enthalten und gegen übermäßiges Schwitzen wirken. Auch Salbeitee leistet gute Dienste. Halbärmelige Unterhemden verhindern, dass Schweißflecken im Hemd oder in der Bluse sichtbar werden.

Setzen Sie aus Angst vor Schweißgeruch aber auch nicht gleich die große Parfumkeule ein. Ein leichter Hauch ist okay, aber bitte nicht die halbe Flasche. Sie wollen ja niemanden betäuben. Ganz abgesehen davon, wird von vielen Menschen übermäßiges Parfümieren als unangenehm empfunden. Denken Sie daran, dass Sie selber Ihren bevorzugten Parfumgeruch nicht mehr so stark wahrnehmen wie Ihre Umgebung. Also: Weniger ist mehr.

Ausstrahlung und Selbstdarstellung

Ihre Wirkung auf andere – das ist es, was beim Assessment Center eine entscheidende Rolle spielt. Es geht also nicht so sehr um Ihre bereits vorhandenen fachlichen Fähigkeiten und um Ihr Wissen, sondern vor allem darum, was für ein Typ Sie sind. Sind Sie sympathisch, kann man sich vorstellen, mit Ihnen auf Dauer zusammenzuarbeiten?

Manch einem wird richtig mulmig, wenn er darüber nachdenkt, dass er mit mehreren hundert anderen Bewerbern um einen Arbeits-/Ausbildungsplatz kämpfen soll. Besser als die anderen zu sein, kann einen ganz schön unter Druck setzen. Dabei kommt es nicht immer unbedingt darauf an, wirklich besser zu sein, sondern, wie Sie vielleicht auch aus anderen Situationen im Leben erfahren haben, sich gut verkaufen zu können. Gekonnte Selbstdarstellung bringt Punkte. Das heißt, beim AC sind besonders Ihre schauspielerischen Fähigkeiten gefragt. Und diese Selbstdarstellung ist erlernbar.

Die Gruppendiskussion

Die Gruppendiskussion ist der klassische Standardbaustein eines jeden Assessment Centers. Die Gruppengröße schwankt zwischen vier, sechs und mehr Teilnehmern. Oftmals wird eine größere Bewerbergruppe, wie sie bei Auswahlverfahren um einen Ausbildungsplatz üblich ist, für diese Übung aufgeteilt.

Grob zu unterscheiden sind die so genannte führerlose Gruppendiskussion (alle Diskussionsteilnehmer sind gleichberechtigt) und die Gruppendiskussion mit Moderator bzw. Leiter, der von den Gruppenmitgliedern gewählt oder von den AC-Beobachtern vorab bestimmt wird (nach dem Motto: Jeder ist mal an der Reihe ...). Die meisten Diskussionsrunden dauern 15 bis etwa 45 Minuten.

Grundsätzlich gibt es drei verschiedene Typen (A, B, C) von Gruppendiskussionen:

Typ A: Diskussion eines (eher allgemeinen) Themas mit und ohne Zielvorgabe. Die Themenpalette reicht von Berufsbezogenem über Inhalte aus den Bereichen Politik, Schule, Umwelt, Wirtschaft, Zeitgeschehen bis hin zum privaten, persönlichen Bereich. Möglich ist auch, dass die Gruppe sich auf eines von fünf oder zehn vorgeschlagenen Themen einigen soll, um dieses dann anschließend zu diskutieren. Wichtig für Sie: Bereits der Auswahlprozess wird von den teilnehmenden Beobachtern und Einschätzern Ihrer Leistung genau registriert. Wenn Sie hier eine von den anderen Teilnehmern akzeptierte Führungsrolle übernehmen können, stehen Sie in einem sehr viel besseren Licht da, als beispielsweise der graue Mitläufer oder der ewig nörgelnde Neinsager.

Typ B: Diskussion einer speziellen Problemstellung mit der Aufgabe, gemeinsam einen Handlungsplan zu entwickeln. Hier werden Sie dann mit so prickelnden Situationen wie einer Notlandung auf dem Mond oder einer Reifenpanne in der Wüste oder umgekehrt konfrontiert ... Das heißt, bestimmte Bedingungen sind vorgegeben, und Sie müssen gemeinsam organisatorische Entscheidungen treffen.

Typ C: Diskussion eines vorgegebenen Themas, bei der die AC-Teilnehmer eine ihnen vorgegebene Rolle bzw. Position zu vertreten haben. Bei dieser Form ist jedem Diskutanten ein Standpunkt vorgegeben. Jeder hat ausschließlich diese Rolle, diese Überzeugung zu vertreten. Beispiel: Jeder ist

Mitarbeiter und braucht aus ganz unterschiedlichen Gründen den einzigen zur Verfügung stehenden Dienstwagen. Frage: Wie löst man nun das Problem? Klar, dass es hier für die Beobachter einiges zu beobachten gibt …

Nicht selten ist die dabei zu diskutierende Thematik bzw. Aufgabe so umfassend, dass das erforderte gemeinsame Ergebnis, z. B. der Gruppenkonsens, in der Kürze der vorgegebenen Zeit nicht erreicht werden kann. Dies führt häufig zu einer eher aggressiv gereizten Stimmung, weil die Diskutanten sich unter einem enormen Leistungsdruck fühlen und entsprechende Versagensängste entwickeln. Dieser zum Teil bewusst erzeugte Stress ist für die AC-Beobachter und -veranstalter einer der vielen Check-Punkte, nach denen das Verhalten der Bewerber benotet wird. Das bedeutet: Wenn Sie als AC-Kandidat in spürbare Aufregung geraten, weil die anderen Gruppenmitglieder nicht schnell genug auf ein gemeinsames Ziel einzustimmen sind, sammeln Sie fleißig Minuspunkte. Tappen Sie also nicht in diese Falle. Für Sie sollte das Motto gelten: *Keep cool* und das freundlichste Pokerface aufsetzen. Sie lassen sich doch durch solche Kleinigkeiten nicht aus der Ruhe bringen, oder?

Manchmal werden Diskussionsrunden von den AC-Veranstaltern auch mittendrin einfach abgebrochen, sehr zur Verwunderung und zum Ärger der Teilnehmer. Derjenige hat hier die Nase vorn, der sich nicht so leicht von solch äußeren Einflüssen die »gute Laune« verderben lässt.

Dies zeigt auch noch einmal deutlich, dass eben nicht so sehr auf das Ergebnis der Diskussion geachtet wird, sondern vielmehr der Umgang der Diskutanten untereinander von Bedeutung ist. Es zählt nicht das wirklich beste Argument, sondern wie Sie auf die Argumente anderer eingehen (und diese auf Ihre). Denn manchmal ist das zu besprechende Thema oder die zu lösende Aufgabe sehr »vertrackt« und es existiert wirklich keine allgemein befriedigende Lösung.

Um bei den Beobachtern gut abzuschneiden, sollten Sie sich nach folgenden Verhaltenstipps, die wir stichwortartig aufgelistet haben, richten:

Äußeres und Auftreten

- ausgeruht und gelassen wirken
- gepflegtes Äußeres
- sich freundlich, höflich, natürlich und ungezwungen geben
- weder innere noch äußere Verkrampfung zeigen

Allgemeinverhalten

- freundlich, verständnisvoll, einfühlend, hilfsbereit, rücksichtsvoll
- kompromissbereit
- andere ernst nehmen
- zuhören können
- Sympathie zeigen

Allgemeines Diskussionsverhalten

- sicher auftreten, eigene Meinung vertreten, sich selbstsicher geben (nur bedingt nachgiebig gegenüber Einwänden, aber: Aufgeschlossenheit zeigen, keinen Starrsinn)
- Anwesende gelegentlich mit Namen ansprechen
- keine deplatzierten Bemerkungen oder Fragen
- keine Monologe, eher knappe und präzise Beiträge
- oberflächliche oder fehlerhafte Argumentation reflektieren
- auf andere eingehen, eigene Interessen zurückstellen können

Sprachverhalten

- eher knapp und präzise (keine großen Ausschweifungen, Nebensächlichkeiten)
- keine Superlative
- möglichst kein Räuspern und »ähs« so wenig wie möglich
- Vermeidung von Füllwörtern (»sicherlich, letztlich« etc.)
- deutliche Aussprache, mittlere Lautstärke
- in die Runde schauen, Gesprächspartner ansehen

Beachten Sie auch die folgenden allgemeinen Verhaltensregeln:

- Vermeiden Sie es, Ihren Standpunkt als Erster ausführlich darzustellen und auf alles von anderen Diskussionsteilnehmern Gesagte spontan mit einer Gegenrede (Angriff/Verteidigung) zu reagieren.
- Viel besser: Vermitteln Sie Ihren Gesprächspartnern durch Ihre geduldige Zuhörbereitschaft das Gefühl, ernst genommen zu werden (anschauen!).
- Der häufigste Fehler in Diskussionen ist die Unfähigkeit, einander wirklich zuzuhören.
- Schauen Sie den jeweiligen Sprecher an.
- Signalisieren Sie deutliche Aufmerksamkeit.
- Kontrollieren Sie Ihre Reaktionen; keine Nervosität.
- Zeigen Sie gedämpftes (angemessenes) Engagement.

- Sprechen Sie deutlich und ruhig.
- Zeigen Sie freundliches Interesse.
- Bevorzugen Sie eine sachliche, weitestgehend affektfreie Argumentation; und vermeiden Sie alles, was die Gesprächsharmonie unnötig stören, belasten könnte.
- Gehen Sie auf Argumente ein und entwickeln Sie diese konstruktiv weiter.
- Spielen Sie sich nicht in den Vordergrund.
- Halten Sie sich nicht zu sehr zurück oder gar aus allem raus.
- Vermeiden Sie Sarkasmus, Ironie und Herabsetzungen anderer.
- Achten Sie auf ausgeglichene Rollenverteilung (z. B. nicht bei allen Themen Kontra-Beiträge).
- Vermeiden Sie es, als Nörgler oder Miesmacher rüberzukommen.
- Loben Sie auch die aufgeworfenen Fragen/Beiträge anderer (»wichtig/bemerkenswert« usw.).
- Geben Sie Mängel offen zu (»Sie sind da auf einen heiklen Punkt aufmerksam geworden!«).
- Bedenken Sie: Sie müssen nicht immer alles (besser) wissen und ständig versuchen, Patentrezepte und -lösungen zu verteilen.
- Stellen Sie auch einmal die eigene Meinung zur Diskussion (»Mich würde interessieren, wie Sie darüber denken!«).
- Bei Vielschwätzern, die gar kein Ende finden, können Sie gelegentlich »dazwischenfunken«. Natürlich auf freundliche Art und Weise, z. B.: »Entschuldigung, darf ich Sie unterbrechen? Ich würde gern wissen, ob die Gruppe das auch so sieht.«
- Möchte einer der Teilnehmer Sie durch direkte oder indirekte Angriffe verunsichern, sollte Ihre Gegenstrategie lauten: Hervorheben der Partnerrolle, Gemeinsamkeiten der Situation unterstreichen, auf das sachliche Thema zurückleiten, nicht provozieren lassen, bei anderen Unterstützung suchen.
- Und – verschießen Sie Ihr Pulver nicht zu früh: Bringen Sie das beste Argument am Schluss, das zweitbeste am Anfang usw. Für das richtige Argumentieren bietet die Fünfsatz-Technik ein gutes gedankliches Rüstzeug, praktische Hilfe und Orientierung. Sie leistet nützliche Dienste, wenn Sie Ihre Statements situativ und hörerbezogen vortragen:
  1. Benennen Sie klar und kurz Ihren Standpunkt:
     »Ich bin davon überzeugt, dass …«
  2. Präsentieren Sie Ihre Argumente:
     »Meine Erfahrungen sind …«

3. Untermauern Sie diese durch Beispiele, Beweise:
   »Ich habe mit Erfolg z. B. …
   Als Nachweis für … kann ich anführen …« usw.
4. Begegnen Sie möglichen Einwänden bzw. kommen Sie ihnen zuvor:
   »Sie werden jetzt denken … Ich versichere Ihnen …«
   (siehe auch nächsten Abschnitt)
5. Ziehen Sie das Fazit:
   »Aus diesen Gründen (1 … 2 … 3 …) plädiere ich für …«

Die vier wichtigsten Schritte für einen erfolgreichen Diskussionsverlauf

Nicht selten kommt eine Diskussion nur schleppend in Gang, weil keiner vorpreschen möchte oder eine solche Einigkeit herrscht, dass sich nur schwer unterschiedliche Positionen herauskristallisieren. Das macht die Sache nicht gerade einfach, kann aber andererseits für Sie auch die Chance sein: Wenn Sie versuchen, Struktur in die Diskussion zu bekommen und damit einen konstruktiven Beitrag für den Argumentationsaustausch zu liefern, können Sie Pluspunkte sammeln. Gehen Sie systematisch und schrittweise vor:

1. Schritt: Orientierung

Jeder Versuch, sich bereits im Anfangsstadium auf ein Diskussionsziel zu einigen, dürfte zu erheblichen Problemen führen.

Eine sinnvolle AC-Strategie kann gerade zu Beginn einer Gruppendiskussion auch darin bestehen, das Thema durch Fragen besser handhabbar zu machen. Mögliche »Eisbrecher-Fragen« sind u. a.: Wie sieht jeder Einzelne in der Gruppe die Problematik (Kurzumfrage/Meinungsbild)? Wo sind die Meinungsschwerpunkte? Wo gibt es Gemeinsames/Trennendes? (Wenn möglich, schon hier Flipchart benutzen.)

2. Schritt: Zielsetzung

Machen Sie sich davon frei, ein Thema bis in alle Facetten durchdiskutieren und am Ende mit einem perfekten, für alle Gruppenmitglieder gleichermaßen zufrieden stellenden Ergebnis aufwarten zu können. Das ist schon angesichts der knappen Zeit so gut wie unmöglich.

Mit Fragen wie »Welche Diskussionsziele sind in der Kürze der Zeit realisierbar? Kann das Thema eingegrenzt werden und ist das hilfreich?« kann man sich einen Konsens erhoffen, der der Gruppe behilflich ist, in der

Kürze der zur Verfügung stehenden Zeit ein Optimum, einen Etappensieg zu erreichen. Optimal wäre es hierbei, grafische Hilfs- und Darstellungsmittel (Flipchart usw.) einzusetzen, um das Vereinbarte anschaulich zu machen.

Das gilt übrigens für sämtliche Diskussions- und Präsentationsübungen im Assessment Center: Wenn Ihnen Medien wie Overheadprojektor, Flipchart, Tafel etc. angeboten werden, nutzen Sie diese unbedingt! So können Sie Ihren Beitrag oder Vortrag noch plastischer gestalten. In der Gruppendiskussion dürfen Sie gerne z. B. Ihre Dienste anbieten, um nach vorn zu gehen und die wichtigsten Punkte zu notieren. Aber Vorsicht: Fragen Sie vorher die anderen, ob es ihnen recht ist. Sonst sieht es so aus, als wollten Sie sich zu sehr in den Vordergrund drängen. Und das sehen die Beobachter nicht gern ...

3. Schritt: Lösungsweg

Mit den richtigen Fragen geht's am besten voran: Fragen Sie doch die anderen Teilnehmer, wie man ihrer Meinung nach am besten zu einem Ergebnis kommt oder welche Möglichkeiten sich anbieten und was davon am erfolgversprechendsten ist. Diese Fragen können helfen, dass alle in dieselbe Richtung (wenn auch mit unterschiedlichen Ergebnissen) denken und Sie ganz nebenbei von den Beobachtern Pluspunkte erhalten für Ihren Versuch, Struktur ins Gespräch, in den Ablauf zu bringen. Stellen Sie Ihre Kooperationsfähigkeit innerhalb einer Gruppe unter Beweis, indem Sie Ideen und Anregungen anderer aufgreifen und weiterentwickeln und auch passivere Teilnehmer zum Mitdiskutieren ermuntern.

4. Schritt: Ergebnisprüfung

Im Verlauf des Gesprächs (nicht erst gegen Ende) können Sie zur Ergebnisprüfung aufrufen: Fragen Sie in die Runde, wie weit man mit der Bearbeitung des Themas gekommen ist (Meinungsbild/Schwerpunkte). Was kann zusammenfassend zum jetzigen Zeitpunkt ausgesagt werden? Kann man ein Resümee ziehen? Diese Fragen sind hilfreich, um Ihnen und der Gruppe von Zeit zu Zeit zu helfen, das Hauptziel im Auge zu behalten, ergebnisorientiert vorzugehen. Außerdem machen Sie so eine gute Figur im AC-Gruppendiskussions-Spiel und sammeln Pluspunkte.

Wenn Sie die Diskussionsleitung übernehmen sollen

Möglich ist, dass Sie vor die Aufgabe gestellt werden, in einer AC-Gruppendiskussion die Gesprächsleitung zu übernehmen. Auch wenn es nur sehr selten vorkommt, wir empfehlen Ihnen folgende Strategie:

1. Einleitung

- Hinführung zum Thema; allgemeine Problemskizze entwickeln
- Versuchen, die Diskussion auf einen oder zwei Themenaspekte festzulegen
  (»Darf ich Ihr Einverständnis voraussetzen, wenn wir …?«)
- Delegation der Gesprächskompetenz
  a) Frage als Diskussionsanreiz:
  »Wie ist Ihre Erfahrung?«
  »Was sollte geschehen?«
  »Welche Möglichkeiten sehen Sie …?«
  b) These zur Diskussion stellen, evtl. in Frageform:
  »Sind Sie auch der Ansicht, dass …?«

2. Verlaufsregelung

- Versuchen, Beiträge in eine prägnante Aussage zu fassen und als These weiterzugeben; evtl. Zielfrage anfügen:
- »Wollen wir uns auf diesen Punkt konzentrieren?«
  »Ist es nicht wirklich besser, wenn wir …?«
- Möglichst keine Parteinahme; sich widersprechende Beiträge als Widersprüche stehen lassen; alle Beiträge und Positionen sind »interessant« / »überlegenswert« / »nachdenkenswert« usw.
- Ausgeglichene Rollenverteilung herstellen, auch stillere Diskussionsteilnehmer einbeziehen
- Sich einschalten, wenn »Schockpausen« eintreten (Differenzierung, Hervorheben des Positiven etc.)
- Häufig positive Verstärkung geben (»Ein interessanter Gesichtspunkt« / »Das scheint mir ein außerordentlich wichtiger Aspekt« / »Gut, dass Sie darauf eingehen!« etc.)
- Deutliches Interesse für die Beiträge zeigen (»Ich habe auch schon überlegt, ob möglicherweise …« / »Ich glaube, es lohnt sich ganz gewiss, noch mehr darüber zu wissen / zu sagen / nachzudenken« etc.)

3. Ausklang

- Vorschlag: »Vielen Dank für Ihre Diskussionsbeiträge, die ich persönlich sehr interessant fand. Sie haben uns die Vielschichtigkeit des Themas X deutlich gemacht, auch wenn einige wichtige Aspekte wegen der Kürze der Zeit nicht ausreichend behandelt werden konnten …«

Hervorheben der Partner-, nicht der Prinzenrolle

Gerade die Gruppendiskussion verlangt von den Teilnehmern eine echte Gratwanderung. Einerseits heißt das Spiel »Jeder gegen jeden«, in dem sich jeder positiv von den anderen (der Konkurrenz) abheben möchte, andererseits ist ein konstruktives Ergebnis nur durch einen sozial kompetenten Umgang miteinander möglich. Hier das richtige Maß zu finden ist – zugegebenermaßen – nicht einfach.

Bei allem Hoffen und Sich-Bemühen um ein gutes Abschneiden in der Gruppendiskussion dürfen Sie die anderen nicht vergessen. Es geht also nicht darum, die Diskutanten an die »Wand zu reden« oder Sie mit zig Superargumenten quasi mundtot zu machen, sondern sich als sozial kompetent zu erweisen, indem man immer wieder die Partnerrolle hervorhebt.

Das Rollenspiel

Klassische Rollenspiele wie »Vater, Mutter, Kind« oder die berühmten Doktorspiele kennen Sie sicher noch aus Ihrer Kindheit. Typische Rollenspiele im Assessment Center sind Situationen, die sich im Arbeitsalltag ergeben können und wobei Sie als Bewerber z. B. in die Rolle eines Vorgesetzten oder eines Mitarbeiters schlüpfen. In der Regel spielt ein AC-Beobachter oder Moderator den Gegenpart. Seltener sind Rollenspiele, die durch zwei AC-Prüflinge zu bewältigen sind.

Typisches Beispiel für ein solches Rollenspiel: das Verkaufsgespräch. Sie sind neuer Mitarbeiter in einem Fahrradgeschäft und beraten einen Kunden, der auf der Suche nach einem Geschenk für seine Tochter ist. Sie wollen sich als guter Verkäufer bewähren und natürlich den Kunden überzeugen, dass er auch künftig bei Ihnen einkauft.

Von etwas härterem Kaliber sind dann schon Rollenspiele mit Problemsituationen wie diese: Sie sind seit sechs Monaten in der Ausbildung und in diesem Augenblick auf dem Nachhauseweg. An der Ampel überquert ein Bürger bei Rot die Kreuzung. Er kommt direkt auf Sie zu. Was sagen Sie ihm bezüglich seines nicht korrekten Verhaltens?

Oder: Sie müssen eine Entscheidung fällen. Der Sohn, die Tochter eines Kollegen hat ein schlechtes Testergebnis, jedoch im persönlichen Gespräch einen sehr guten Eindruck hinterlassen. Bekommt sie wie alle anderen eine Absage oder …?

Für ein Rollenspiel hat man in der Regel 10 bis 30 Minuten Zeit. Vorher steht eine meist als zu knapp empfundene Vorbereitungszeit von 5 bis 15 Minuten zur Verfügung, in der sich der Bewerber mit einer schriftlichen Rollen- und Situationsbeschreibung vertraut machen kann.

Es liegt auf der Hand: Die Rolle, in die Sie schlüpfen müssen, ist weder leicht noch angenehm, auch dürfen Sie nicht mit allzu viel Entgegenkommen bei Ihrem Rollenspielpartner rechnen. Denn das ist dessen Geschäft, seine Rolle sieht eben vor, Ihnen das Leben schwer zu machen. Aus Ihrem gesamten Gesprächsverhalten versucht man Rückschlüsse und Prognosen zu ziehen, wie Sie sich später einmal als Mitarbeiter bewähren und ob Sie Verantwortung übernehmen, soziale Kompetenz haben und zeigen können, ob vielleicht sogar das Zeug zur zukünftigen Führungskraft in Ihnen erkennbar ist.

In jedem Fall sollte Ihr Ziel darin liegen, in diesem AC-Rollenspiel Ansätze einer Gesprächsstrategie erkennbar werden zu lassen. Gelingt es Ihnen, eine für beide Seiten akzeptable bzw. überzeugende Lösung zu erreichen?

Können Sie ein Ergebnis vorweisen, oder sind Sie in der Übung etwa nicht »zu Potte gekommen«?

Besonders wichtig ist das sich anschließende Gespräch über Ihr Verhalten im Rollenspiel: Zeigen Sie, wenn Sie von den AC-Beobachtern kritisch hinterfragt werden, dass Sie bereit sind, Verantwortung zu übernehmen. Fallen Sie also nicht beim ersten Anflug von Kritik um und geben Sie nicht zu, dass alles ein großer Fehler war. Die kritischen Einwände könnten auch ein Testversuch Ihrer Standfestigkeit sein …

Im AC-Rollenspiel kommt es auf ähnliche Anforderungsmerkmale wie bei der Gruppendiskussion an:

1. Erfassung und Steuerung von sozialen Prozesse

- Einfühlungsvermögen: Erkennen/Berücksichtigen von Bedürfnissen/Gefühlen anderer
- Kontaktfähigkeit: Beratung anbieten, Vertrauen entgegenbringen
- Kooperationsfähigkeit: anderen aus Schwierigkeiten heraushelfen
- Kein Dominanzstreben auf Kosten anderer, Verzicht auf Druck- und Machtmittel
- Informationspolitik: Zuhörfähigkeit
- Selbstdisziplin: auf Angriffe angemessen (nicht eskalierend) reagieren
- Moderat-freundlicher Umgang mit anderen

2. Vermittlung von systematischem Denken und Handeln

- Arbeitsorganisation: Überblick verschaffen
- Entscheidungsfähigkeit: Suchen/Verwerten von allen verfügbaren Informationen, Entwicklung und Beurteilung von Alternativvorschlägen, angemessene Entscheidungsfreude/kein Abschieben, Reflexion der Entscheidungskonsequenzen
- Planung und Kontrolle: Arbeitsziele setzen

3. Aktivitätspotenzial demonstrieren

- Führungspotenzial/-motivation: Initiativen zur Strukturierung/Koordination sozialer Prozesse
- Arbeitsantrieb/-motivation: schnelle Erledigung anstehender Arbeiten/Probleme
- Selbstständigkeit: erkennbares Bemühen um Optimierung eigener Arbeitsergebnisse

- Selbstwertgefühl: positiv und erfolgsorientiert, angemessene Selbstsicherheit, Durchhaltevermögen auch bei Rückschlägen
- Durchsetzungsvermögen: Zielstrebigkeit, Durchsetzungsbeharrlichkeit

4. Ausdrucksmöglichkeiten zeigen

- Flexibilität: rhetorische Fähigkeiten/Argumentationstechnik
- Überzeugungskraft: Vorschläge/Ziele/Methoden werden von anderen übernommen, Argumentation erzeugt bei anderen keinen Widerstand, Flexibilität in Ausdruck/Argumentation, die Führungsrolle wird anerkannt

Um es noch einmal in aller Kürze zu sagen: Die soziale Kompetenz ist der Schlüsselbegriff, um den sich alles dreht. Gefragt sind im Wesentlichen Kontaktfähigkeit, Einfühlungsvermögen und Verhandlungsgeschick, gepaart mit einer Mischung aus Überzeugungskraft und Durchsetzungsvermögen. Wie geschickt sind Sie im verbalen Umgang mit anderen Menschen? Wie gut können Sie sich in Ihr Gegenüber einfühlen? Sind Sie in der Lage, Verhaltenshintergründe zu erhellen und gemeinsame Lösungswege zu erarbeiten? Mit diesen Fragen entscheiden die AC-Beobachter darüber, ob die Kandidaten Plus- oder Minuspunkte sammeln. Erfolgreich schneidet ab, wer die Grundregeln der Gesprächsführung beherrscht, als da wären:

1. Aktives Zuhören
2. Konkrete, klare Aussagen zum eigenen Standpunkt machen
3. Motive und Ziele der eigenen Argumentation verdeutlichen

Beim Rollenspiel kommt es nicht auf Härte, sondern auf Feingefühl an, bei gleichzeitiger konsequenter Verfolgung des eigenen Gesprächsziels. Und dieses ist deutlich gefärbt durch Interessen des Unternehmens, das Sie im Rollengespräch zu vertreten haben.

Die (Selbst-)Präsentation

Das »Selbst« haben wir in Klammern gesetzt, denn diese AC-Aufgabe kann sich auf zweierlei Weise darstellen: Einmal, und das ist am wahrscheinlichsten, werden Sie gebeten, sich selbst vorzustellen und sich den anderen Anwesenden zu präsentieren. Sie haben dabei entweder freie Hand, können also selbst entscheiden, wie Sie was über sich erzählen wollen; oder Sie erhalten eine Vorgabe, z. B.: »Stellen Sie uns Ihre drei größten Stärken und Schwächen vor«, oder »die wichtigsten Stationen in Ihrem Lebenslauf«, oder: »Beschreiben Sie Ihren Lieblingsurlaubsort.«

Alternativ: Nicht *Sie* stellen sich selbst vor, sondern Sie übernehmen die Vorstellung eines anderen Bewerbers und dieser stellt dann später Sie vor.

Die andere Variante dieser AC-Übung ist eine reine Präsentationsaufgabe: Sie sollen beispielsweise einen Vortrag über ein vorgegebenes Thema halten oder die wichtigsten Thesen aus Aufsätzen, die man Ihnen vorher zu lesen gab, präsentieren. Möglich ist z. B. auch, dass man Sie bittet, in die Rolle eines Auswählers zu schlüpfen und zu erklären, nach welchen Kriterien Sie zukünftige Polizisten, Feuerwehrleute etc. auswählen würden.

Egal um welche Art der Präsentation es sich handelt – erklärtes Ziel ist es, ein Thema in der Kürze der Zeit inhaltlich zu erfassen und es geschickt in einem mündlichen Vortrag den Zuhörern zu vermitteln. Dabei geht es in der Regel um Standpunkte, die zu vertreten sind, oder um Überzeugungsarbeit, die von Ihnen geleistet werden muss. Auch bei der Selbstpräsentation: Schließlich gilt es dort, die anderen davon zu überzeugen, dass sie es mit einer interessanten, sympathischen Persönlichkeit zu tun haben!

Bei diesem AC-Spiel haben Sie möglicherweise nur eine sehr knappe Vorbereitungszeit von fünf bis zehn Minuten, etwa so, wie es folgende Bewerberin erlebt hat:

> »… Im Laufe des Nachmittags waren drei Aufgaben zu lösen: Die erste bestand in der Präsentation, die allerdings nicht wie allgemein üblich ablaufen sollte (Ich heiße …, meine Hobbys sind …). Vielmehr wurde jeder Bewerber aufgefordert, sich mit drei Städten zu charakterisieren. So z. B. dem Ort, an dem man geboren war, wo man jetzt wohnt, und dem bevorzugten Urlaubsort. Die ausgewählten Städte sollten dann am Flipchart mit einem Kreuz gekennzeichnet werden. Für all die Bewerber, die noch nie in ihrem Leben umgezogen waren und ein Leben lang in der gleichen Stadt wohnten, ergab sich natürlich ein Problem. Allerdings kam es bei dieser Übung anscheinend nicht

so sehr auf den Wahrheitsgehalt an, sondern darauf, wie man sich präsentiert. Peinlich werden konnte es bei dieser Übung, wenn man geographisch nicht so sattelfest war und seine drei Städte im Verhältnis zu den anderen schon eingemalten Orten am Flipchart nicht so genau lokalisieren konnte …«

Die Beobachter konzentrieren sich bei Ihrer Präsentation zunächst auf das »Wie« Ihres Vortrags und nehmen die inhaltliche Beurteilung erst später vor. Im Folgenden sehen Sie eine Aufstellung der Anforderungsmerkmale, die Ihnen Pluspunkte bringen:

1. Die Erfassung und Steuerung sozialer Prozesse

- Einfühlungsvermögen: Erkennen/Berücksichtigung von Bedürfnissen der Zuhörer
- Kooperationsfähigkeit: Aufgreifen und Weiterführung vorhandener Meinungen/Ideen

2. Das Erkennenlassen systematischen Denkens und Handelns

- Analytisches und abstraktes Denken: didaktisch sinnvoller und logischer Aufbau des Vortrages/Strukturierungsfähigkeit
- Arbeitsorganisation: Einhalten von Zeitvorgaben
- Belastbarkeit: Stressresistenz
- Entscheidungsfähigkeit: Entwicklung und Beurteilung von Alternativkonzepten, Reflexion von Entscheidungskonsequenzen
- Planung/Kontrolle: Formulierung von Zielvorstellungen

3. Das erkennbare Aktivitätspotenzial

- Selbstwertgefühl: Ausstrahlung von positivem Denken und Erfolgsorientierung
- angemessene Selbstsicherheit
- Kreativität: Einfallsreichtum
- Durchsetzungsvermögen: Erzielung von Aufmerksamkeit/Konzentration, Zielstrebigkeit

4. Die Ausdrucksmöglichkeiten

- Mündliche Formulierungsfähigkeiten: flüssige/unmissverständliche Ausdrucksfähigkeit, deutliches, verständliches Sprechen
- Überzeugungskraft: Plausibilität von Vorschlägen/Methoden/Zielen, Argumentation erzeugt keinen Widerstand

- Flexibilität: Verwendung von plastischen Vergleichen/Bildern, Variabilität der Ausdrucksmöglichkeiten, didaktischer Einsatz von optischen Hilfsmitteln

Bei der Präsentation – und das versteht sich von selbst – geht es natürlich weniger um das zwischenmenschliche Verhalten, sondern mehr um Sprachgestaltung, Form, Ausdruck, Klarheit und Sicherheit, Ausstrahlung, Überzeugungskraft und erst an letzter Stelle um Sachkompetenz. Das gilt vor allem für willkürliche, mit dem Ausbildungsplatz kaum in Bezug zu setzende Ein-Wort-Themen wie »Der Glaube« oder Allerweltsthemen wie »Tempolimit: pro und kontra«.

So gelingt Ihr Vortrag

Wenn Ihnen Lesematerial gegeben wird, aus dem Sie einen Vortrag »basteln« sollen, dann helfen Ihnen folgende Bearbeitungstipps weiter:

Notieren Sie zunächst alles – ruhig ungeordnet, aber weiträumig untereinander –, was Ihnen zu dem vorgegebenen Thema einfällt. Hilfreich sind Fragestellungen wie:

- Welchen Kernbegriff (keyword) enthält das Thema?
- Welche weiteren Begriffe stecken im Thema?
- Welche anderen Begriffe/Stichworte werden assoziiert?
  (Das können sein: vergleichbare ähnliche, gegensätzliche, Ober-/Unterbegriffe zum Kernbegriff.)

Auch die bekannten W-Fragen (Wer, wie, was, wann, wo, warum?) können dazu einen wichtigen Beitrag leisten:

- Was heißt ...? Was ist ...? Was bedeutet (für mich/ den Einzelnen/die Gesellschaft) ...?
- Wer ist mit ... befasst?
- Welche Arten von ... gibt es?
- Wann geschieht ...?
- Wo geschieht ...?
- Warum ...?
- Welche Ursache ...? Welchen Zweck ...?
  Welche Folgen, Vor-/Nachteile, Gefahren ...?
- Wem nützt/schadet ...?
- Wozu dient ...?

Schlüpfen Sie gedanklich doch einmal in andere Personen (Freunde, Mitschüler, Lehrer, Eltern, Geschwister). Wie würden die argumentieren?

Ordnen Sie die so gewonnenen Stichwörter nach Zusammengehörigkeit, nach Einordnungsmöglichkeit in die Gliederungsabschnitte:

- Einleitung
- Hauptteil
- Schluss

Für Problemstellungen, die eine Pro/Kontra-Erörterung verlangen, bewährt sich folgende Gliederung des Hauptteils:

- These (Argumente für ...)
- Antithese (Gegenargumente)
- Wenn möglich: Lösung, Entscheidung (Synthese)

Haben Sie es in Ihrem Vortrag mit einem berufstypischen Fachproblem zu tun, bietet sich eine Gliederung des problemlösungsorientierten Kurzvortrages durch folgende Fragen an:

- Worin besteht das Problem?
- Wie ist bisher damit verfahren worden?
- Welche Lösungsansätze sind praktikabel/welche nicht?
- Wie sieht meine Empfehlung aus?

Die vorgegebene Zeit für Ihren Vortrag sollten Sie unbedingt einhalten. Leider oder auch Gott sei Dank sind die fünf oder zehn Minuten Vortragszeit schneller vorbei, als der unter Prüfungsstress stehende Kandidat sich das vorstellen kann. Wenn Sie mit dem Vortrag aufhören müssen, weil die Zeit abgelaufen ist und wichtige Ihrer vorbereiteten Argumente ungesagt bleiben, haben Sie diese AC-Prüfung in den Sand gesetzt. Also: Verzichten Sie lieber auf ein paar zusätzliche, aber schwächere Argumente, und lassen sie genügend Raum für die wirklich guten.

Der Anfang Ihres Vortrags ist von besonderer Bedeutung. Denn ein Einstieg – so eine wichtige Regel im Journalismus – entscheidet oft darüber, ob man Leser oder in Ihrem Fall Zuhörer für ein Thema interessieren kann, ob sie »dranbleiben« oder nicht. Deshalb sollten Sie sich für den Anfang Ihres Vortrags ein »Lockmittel« überlegen, z. B. die knallige Headline, die spannende Einleitung, die interessante Frage, die witzige Anekdote. Machen Sie Ihre Zuhörer neugierig auf das, was nun folgt.

Beleuchten Sie das Thema von verschiedenen Seiten und Standpunkten.

Sparen Sie nicht mit sprachlichen Bildern und Vergleichen. Greifen Sie auch bei dieser Übung zu didaktischen Hilfsmitteln (Flipchart, Overheadprojektor, Tafel usw.), nach dem Motto: Ein Bild sagt mehr als tausend Worte. Zögern Sie nicht, z. B. ein Keyword an die Tafel zu schreiben, um die Bedeutung zu unterstreichen. Zusammenhänge, die Sie durch Pfeile, Kreise oder andere Symbole vor den Augen der Zuschauer, z. B. auf der Overheadfolie oder am Flipchart, verdeutlichen, werden klarer. Eine Methode, die fast immer sehr gut ankommt.

Geben Sie Ihren Zuhörern etwas zu denken, beteiligen Sie sie an Ihrem Thema, beziehen Sie sie mit ein (z. B. durch Fragen). Fassen Sie die wichtigsten Aspekte des Themas kurz und prägnant zusammen, und kommen Sie zum Schluss, der ähnlich gestrickt sein sollte wie der Anfang – gut unterhaltend.

Apropos: Es ist äußerst wichtig, dass es Ihnen gelingt, die Zuhörer zu unterhalten. Eine Prise Humor, ein Zitat, eine angemessene Provokation bringen Ihnen dabei Pluspunkte. Wenn Sie langweilen, darüber hinaus noch nuscheln, etwa mit der einen Hand verlegen vor dem Mund, mit der anderen nervös durchs Haar streichen, sammeln Sie jede Menge Minuspunkte. So gut kann Ihr Vortrag inhaltlich gar nicht sein, dass diese Schwächen wieder ausgeglichen werden (vgl. »Körpersprache«, Seite 341 ff.). Zur richtigen Körpersprache zählt auch, dass Sie von Anfang an Blickkontakt halten und diesen möglichst »gerecht« auf alle Zuhörer verteilen, insbesondere die AC-Beobachter. Sprechen Sie eher etwas langsamer als aufgeregt-schnell und nutzen Sie die Kunst der effektvoll inszenierten Pause.

Den Vortrag beenden Sie bitte nicht mit: »So, das war's.« Viel besser: »Ich danke Ihnen ...« oder einfach »Vielen Dank für Ihre Aufmerksamkeit«.

Die Postkorb-Übung

Hierbei handelt es sich um einen so genannten Paper-Pencil-Test, den jeder Teilnehmer für sich allein zu bearbeiten hat.

Worum geht es dabei? Sie bekommen eine Art Regieanweisung, die besagt, dass Sie sich in die Situation einer bestimmten Person hineinzuversetzen haben. Das Problem: Diese Person muss unter Zeitdruck unzählig viele und angeblich wichtige Entscheidungen treffen. Insgesamt hat man meist 45 bis 60 Minuten Zeit für diese Übung. Das hört sich viel an – ist es aber leider nicht.

Zunächst haben Sie eine Unmenge von Papieren durchzulesen. Schon das erfordert eigentlich den größten Teil der Bearbeitungszeit. Dann wird von Ihnen verlangt, sich in der vorgegebenen schwierigen Situation (diese ist Ihnen eingangs erklärt worden) sehr schnell für eine angemessene Vorgehensweise zu entscheiden. Und natürlich müssen Sie all Ihre Entscheidungen schriftlich kurz begründen. Manchmal wird's dann richtig gemein. Da hat man dann die Auswahl, was in welcher Reihenfolge zu erledigen ist, und bekommt eventuell etwas später schriftlich die Zusatzinformationen, die den Plan wieder über den Haufen werfen und neue Entscheidungen erfordern.

Ziel der Postkorb-Aufgabe ist es, Ihr Entscheidungsverhalten sowie Ihren Arbeitsstil und die Systematik zu beurteilen. Sind Sie in der Lage, Wichtiges von Unwichtigem zu unterscheiden und Prioritäten zu setzen? Können Sie Sachaufgaben delegieren, ohne die Dinge dabei völlig aus dem Auge zu verlieren? Im Einzelnen geht es in der Postkorb-Übung um folgende Anforderungen:

1. Erfassen und Steuerung sozialer Prozesse

- Kontaktfreudigkeit:
  aktives Zugehen auf andere
- Einfühlungsvermögen:
  Erkennen/Berücksichtigung von Bedürfnissen/Gefühlen anderer
- Integrationsfähigkeit:
  Fähigkeit zur Konfliktanalyse und -lösung
  Bündelung multipler/divergierender Interessen auf ein Ziel hin
- Kooperationsfähigkeit:
  kein Dominanzstreben auf Kosten anderer
  Verzicht auf Druck- und Machtmittel
- Informationspolitik:
  Weitergabe von Informationen

2. Das Erkennenlassen systematischen Denkens und Handelns

- Abstraktes und analytisches Denkvermögen:
  Informationsordnung nach vorgegebenen Kriterien
- Kombinationsfähigkeit im Denken:
  Übernahme/Verarbeitung von Informationen/Denkstilen anderer, die Fähigkeit, Alternativen zu entwickeln
- Entscheidungsfähigkeit:
  Aufsuchen und Verarbeiten aller Informationen
  Entscheidungsfreude/kein Abschieben
  Reflexion der Entscheidungskonsequenzen
- Arbeitsorganisation:
  Delegationsfähigkeit
  Einhalten von Zeitvorgaben
  Belastbarkeit/Stressresistenz
  Überblick verschaffen
  gewissenhafte Bearbeitung
  Konzentrationsfähigkeit
- Planung und Kontrolle:
  Strukturierungsvermögen komplexer Sachverhalte

3. Das erkennbare Aktivitätspotenzial

- Arbeitsantrieb/-motivation:
- Konstanz der Arbeitsleistung bei komplexen Aufgaben

Oft schließt sich an den Postkorb das AC-Interview an. Hier werden die Bewerber dann noch einmal nach ihren Entscheidungen in der Postkorb-Übung befragt. Schlechte Noten handelt sich ein, wer unsystematisch, eher aus dem Gefühl heraus, Entscheidungen trifft bzw. – noch schlimmer – sich vor einigen drückt.

Seien Sie tapfer, wenn aufgedeckt wird, dass Ihre Herangehensweise an die Probleme alles andere als logisch sinnvoll, geschweige denn systematisch und angemessen war. Warum? Es könnte sein, dass man Sie auch dabei nur wieder testen will, nämlich in der Hinsicht, wie schnell Sie von Ihrem Standpunkt abzubringen sind.

Im Einzelnen geht es in dem sich anschließenden Postkorb-Interview unter anderem um folgende Anforderungen:

1. Die Erfassung und Steuerung sozialer Prozesse

- Kontaktfähigkeit:
  Vertrauen/Unterstellen positiver Absichten
- Selbstdisziplin:
  auf Kritik angemessen (nicht eskalierend) reagieren,
  moderat-freundlicher Umgangsstil

2. Das Erkennenlassen systematischen Denkens und Handelns

- Abstraktes und analytisches Denkvermögen:
  Gemeinsamkeiten herausfinden
- Kombinationsfähigkeit im Denken:
  Übernahme/Verarbeitung von Informationen
- Entscheidungsfähigkeit:
  angemessene Entscheidungsfreudigkeit/kein Ab-, Aufschieben,
  Reflexion der Entscheidungskonsequenzen
- Planung und Kontrolle:
  Suchen und Sichtbarmachen von Ordnungskriterien

3. Das erkennbare Aktivitätspotenzial

- Selbstwertgefühl:
  positiv und erfolgsorientiert
  angemessene Selbstsicherheit (auch bei Kritik)
- Durchsetzungsvermögen:
  Zielstrebigkeit,
  Durchsetzungsbeharrlichkeit

4. Die Ausdrucksmöglichkeiten

- Mündliche Formulierungsfähigkeiten:
  flüssige/unmissverständliche Ausdrucksfähigkeit
- Überzeugungskraft:
  Argumentation erzeugt keinen Widerstand,
  Flexibilität in Ausdruck/Argumentation

Sowohl in der Postkorb-Übung als auch im Interview geht es um Ihre Belastbarkeit, Auffassungsgabe und Flexibilität. Können Sie vermitteln, dass Sie komplexe Aufgaben planvoll und überlegt organisieren, dass Ihre Arbeitsleistung selbst bei hohem Zeitdruck für eine längere Zeit nicht abfällt, Ihre Konzentration konstant bleibt und Sie bemüht sind, begonnene Arbeiten zügig abzuschließen?

An dieser Stelle zur Erinnerung: Nobody is perfect – und der Postkorb erst recht nicht! Jedoch: Schon allein das Wissen, worauf es ankommt, hilft ein gutes Stück bei der Bewältigung.

Der Mut zur schnellen Entscheidung

Es ist wohl richtig, dass es in der Arbeitswelt eher angebracht und gewünscht ist, Dinge gründlich zu durchdenken, nichts zu überstürzen. Im Postkorb machen Sie damit aber keine Punkte. Leider! Hier ist der Mut zur schnellen, wenn auch durchdachten, Entscheidung gefragt. Unterstreichen Sie damit Ihre Selbstsicherheit und Ihren Optimismus.

Sie gehen dabei am besten folgendermaßen vor: Verschaffen Sie sich zunächst einen Überblick über alle Ihnen vorgelegten Informationen und notieren Sie sich parallel auf einem Extrazettel wichtige Details. Dabei sollten Sie folgende Fragestellungen berücksichtigen:

- Ist ein Überblick geschaffen?
- Lässt sich ein Zeitplan aufstellen?
- Welche Vorgänge/Ereignisse sind wirklich wichtig, von Bedeutung und warum?
- Welche können zu Recht zurückgestellt, zunächst vernachlässigt werden und warum?
- Wie sind die Zusammenhänge zwischen einzelnen Vorgängen/Ereignissen?
- Welche weiteren Gemeinsamkeiten lassen sich finden?

Mit der Vier-Häufchen-Methode kommen Sie gezielt weiter: Ordnen Sie die Informationen folgenden vier Gruppen zu:

1. Kann und muss ich selber machen
2. Kann ich delegieren
3. Kann warten
4. Kann in den Papierkorb

Fragen für die Eigenbearbeitung:

- Welche Aufgaben muss man unbedingt selbst bearbeiten?
- Welche Termine müssen eingehalten werden?
- Was passiert, wenn Termine verpasst werden?
- Lässt sich ein Ordnungssystem (Unterscheidungsmerkmale) für die einzelnen Vorgänge finden?
- Wo sind Prioritäten zu setzen und aus welchen Gründen?

- Und wie ist dabei die Interessenlage?
- Wird bei der Bearbeitung, bei den Entscheidungen ein systematischer Leitfaden evident?

Fragen für zu delegierende Aufgaben:
- Was lässt sich an andere Personen delegieren und warum?
- Kontrollfrage dabei: Könnte bei den AC-Beobachtern der Eindruck entstehen, sich vor Entscheidungen, Aufgaben drücken zu wollen?
- Wie lässt sich dabei eine Effizienz- und Erfolgskontrolle gestalten?

Abschließend können Sie Ihre Entscheidungen noch einmal einer kritischen Fragenkontrolle unterziehen:
- Fließen in die Entscheidungsfindung alle verfügbaren Informationen ein?
- Welche Konsequenzen, möglicherweise Probleme ziehen bestimmte Entscheidungen nach sich?
- Gibt es dazu Alternativen?
- Wie sind Entscheidungen zu erklären, zu rechtfertigen, zu begründen?
- Sind Ihre Motive für Entscheidungen für den AC-Beobachter einsichtig zu machen?

Und denken Sie daran, während der Bearbeitung der Aufgaben möglichst gelassen zu wirken. Denn auch Ihre Körpersprache wird von den Beobachtern registriert.

Übrigens gibt es in 99 Prozent der Postkorb-Übungen keinen Königsweg bei der Lösung. Wichtig ist vielmehr, dass Sie im Interview auch begründen können, weshalb Sie sich für eine bestimmte Aufgabenverteilung entschieden haben.

Das Interview

Im Interview geht es darum, Sie mit Ihren Stärken (und auch Schwächen), mit Ihrer Interessenausrichtung, Ihren Einstellungen und Meinungen kennen zu lernen. Fragen zu Persönlichkeit, Leistungsmotivation und Kompetenz, zu Verantwortung und Führung zeigen aber bereits die Tendenz eines solchen Interviews an. Ein Bewerber berichtet:

> »... Weil wir uns so schön warmgeredet hatten, ging's dann ab auf die Couch – na ja, fast. Wir mussten abwechselnd für etwa 20 Minuten zu einer Psychologin, die mit uns Einzelinterviews führte. Weil immer nur einer dran kam, war schon klar: Geduld war angesagt ... Die Psychologin ließ uns kurz den Lebenslauf wiedergeben und fragte uns nach dem aktuellen Tagesgeschehen und der Gruppendiskussion. Außerdem wollte sie unsere Haltung zu Themen wie Verantwortung, Führung und Teamfähigkeit wissen. Auch unser Wissensstand über die Ausbildung, spätere Aufgaben und der Behördenaufbau wurden besprochen.
>
> Doch damit nicht genug. Es schloss sich ein weiteres Einzelgespräch an – diesmal mit einem Verwaltungsangestellten. Eine Dreiviertelstunde lang ging es genau um die Themen, über die man zuvor mit der Psychologin gesprochen hatte. Außerdem wurden jedem Bewerber bestimmte Fälle, mit denen man als Neuer zu tun haben kann, geschildert. Wir mussten dann erläutern, wie wir uns verhalten würden ...«

Als angehender Polizeianwärter müssen Sie im Interview mit folgenden Fragen rechnen:

- Wie kommen/kamen Sie mit Ihren Klassenkameraden zurecht?
- Haben Sie in der Schule schon einmal Führungsaufgaben oder -funktionen übernommen (z. B. als Klassen- oder Schulsprecher)?
- Sind Sie in einem Verein Mitglied?
- Treiben Sie Sport?
- Wo liegen Ihre Interessen?
- Welchen Freizeitaktivitäten gehen Sie nach?
- Wie stellen Sie sich Ihre berufliche Laufbahn vor?
- Möchten Sie einmal Vorgesetzter sein?
- Was, glauben Sie, sind die wichtigsten Eigenschaften eines Vorgesetzten?

Insgesamt kommt es auch im AC-Interview auf eine gute Portion Selbstdarstellungsfähigkeit an. Wer von sich und seinen Fähigkeiten in angemessenem Maß überzeugt und darüber hinaus in der glücklichen Lage ist, andere überzeugen zu können, hat leichtes Spiel. So einfach kompliziert ist die Sache. Der oder die Interviewer achtete/n insbesondere auf Folgendes:

Das erkennbare Aktivitätspotenzial

- Kontaktfähigkeit:
  aktives Zugehen auf andere
- Führungspotenzial/-motivation:
  Anstreben einer Führungsposition/-rolle
  Initiativen zur Strukturierung/Koordination sozialer Prozesse
- Selbstwertgefühl:
  positiv und erfolgsorientiert,
  angemessene Selbstsicherheit
- Durchsetzungsvermögen:
  Zielstrebigkeit
  Durchsetzungsbeharrlichkeit
  Stresstoleranz

Die Ausdrucksmöglichkeiten

- Mündliche Formulierungsfähigkeiten:
  flüssige/unmissverständliche Ausdrucksfähigkeit
- Überzeugungskraft:
  Vorschläge/Ziele/Methoden werden von anderen übernommen,
  Argumentation erzeugt bei anderen keinen Widerstand,
  Flexibilität in Ausdruck/Argumentation

Um das Interview gut zu bewältigen, sollten Sie sich vorher eingehend Gedanken darüber machen, wie Sie sich präsentieren wollen:

- Ihren Lebenslauf mit Ihrem persönlichen Hintergrund
- Ihre Vorstellung von dem Beruf
- Ihre langfristigen Ziele
- Ihre besondere Eignung für den angestrebten Beruf
- Ihre Leistungsmotivation

Hilfreich für die Bewältigung dieser Aufgabe ist eine gründliche Auseinandersetzung mit sich selbst und den so einfach klingenden, aber doch recht komplexen Fragen:

- Was für ein Mensch bin ich?
- Was kann ich?
- Was will ich?
- Was ist möglich?

Haben Sie das für sich geklärt, werden Sie nicht nur im AC-Interview, sondern im gesamten Bewerbungsverfahren eine selbstbewusste Haltung zeigen können, denn Sie sind sich im wahrsten Sinne des Wortes Ihrer selbst bewusst(er) und wissen, was Sie in die Waagschale zu werfen haben.

Unangenehme Fragen im Stressinterview

Bisweilen wird bei AC-Interviews mit »harten Bandagen« gekämpft. Mit Stressinterviews soll – wie der Name schon sagt – Ihre Stress- und Frustrationstoleranz getestet werden. Das Hauptziel der Veranstalter ist hierbei, Sie aus der Reserve zu locken, zu provozieren und Ihr Verhalten in einer Stresssituation zu testen. Es liegt an Ihnen, inwieweit Sie sich darauf einlassen und ob Sie vorbereitet sind. Wie schwer es ist, nicht aus der Haut zu fahren, beschreibt folgender Bewerber:

> »Zwei unbekannte Personen saßen mir gegenüber, eine dritte kannte ich bereits aus dem Kreis der AC-Beobachter. Letztere machte uns miteinander bekannt. Ich bekam als Erstes die Frage gestellt: ›Nun, Herr M., wie fühlen Sie sich denn heute?‹ Die Frage kam mit einem gewissen Unterton, der mir sofort Sorgen bereitete. Spielte man wirklich auf die am Vormittag eingestandene leichte Erkältung an? Oder war mehr der nicht gerade überzeugende Eindruck gemeint, den ich bei der Gruppendiskussion über das Thema ›Glücksspiel‹ hinterlassen hatte? Mein ›Danke der Nachfrage‹ schien ausreichend genug, denn sofort hatten sie eine neue Frage parat:
>
> Ob ich so gut sein könnte, ihnen einmal kurz meinen Werdegang zu schildern. Nach zwei Minuten wurde ich mit der Frage unterbrochen, wie denn meine beruflichen Ziele jetzt aussehen würden. Allerdings war man nur noch bereit, sich das eine knappe halbe Minute lang anzuhören. Kaum war ich in Fahrt gekommen, da brandete die Frage an, ob ich denn wirklich zufrieden sein könne mit meinen bisher gezeigten Leistungen im Assessment Center?
>
> Natürlich nicht, gab ich zähneknirschend zu, was dazu führte, dass sie nun wissen wollten, ob ich mich nicht mit der Bewerbung hier

übernommen hätte? Außer einem etwas dummen ›Wieso?‹ fiel mir vor lauter Schreck nichts ein. Mit süß-saurer Miene gaben sie zu, mein schlechtes Abschneiden aufrichtig zu bedauern. Was ich dazu zu sagen hätte, wollten sie wissen.

Das Ganze ging noch etwa fünfzehn Minuten so weiter, die mir allerdings vorkamen wie eine geschlagene Stunde. Viel habe ich nicht zu meiner Verteidigung sagen können, als plötzlich der Interviewstil kippte und man mir bedeutete, dass alles vorher Gesagte überhaupt nicht so gemeint gewesen sei. Im Gegenteil – man sei recht zufrieden und ich hätte eben bewiesen, was ich für gute Nerven habe. Ob ich schon mal was über das Stressinterview gehört hätte? Offensichtlich nicht. Ich durfte mich entfernen und ging in den Raum zurück, in dem alle Kandidaten ihren Aufsatz schrieben. Mit weichen Knien setzte ich mich wieder an das Aufsatzthema ›Vorbilder heute‹ und musste an die Irrfahrten und Prüfungen des armen Odysseus denken …«

Die oberste Regel im Stressinterview lautet: Ruhe bewahren und gelassen bleiben. Antworten Sie möglichst kurz und knapp, nötigenfalls können Sie freundlich, aber bestimmt darauf hinweisen, dass es auch für Ihre Toleranz und Geduld Grenzen gibt. Sehr beliebt bei Interviewern ist es, Schweigepausen einzulegen. Das soll Sie als Kandidaten verwirren, aus dem Konzept bringen. Aber Sie lassen sich nicht in diese Falle locken, durchschauen diesen Versuch und ertragen ihn mit freundlicher Gelassenheit. Übrigens: Sie müssen nicht alle Fragen beantworten. Intime Details, Ihre Entscheidung, wo Sie als Erstwähler Ihr Kreuzchen gemacht haben oder welche Partei Sie, wenn Sie schon wählen könnten, bevorzugen würden, gehen niemanden etwas an. Weisen Sie derartige Fragen zurück – selbstverständlich auf die bewährte freundliche Art. Zeigen Sie, dass Sie auch Grenzen setzen können.

Lassen Sie sich nicht »verführen« oder dazu hinreißen, Dinge auszuplaudern, die Sie eigentlich nicht mitteilen wollten. Das beste Rezept, aus dem Stressinterview »heil« herauszukommen, ist erstens, das Ziel Ihres Gegenübers zu durchschauen (Sie wissen ja, Stichwort Provokation), und zweitens, auf unangenehme, heikle Fragen vorbereitet zu sein. Überlegen Sie, ob es in Ihrem Lebenslauf Punkte gibt, auf die der Stressinterviewer »herumhacken« könnte (Sitzenbleiben z. B. oder eine größere Zeitspanne zwischen Schulabschluss und der Bewerbung). Es kommt für Sie darauf an, dass Sie für sich eine Strategie entwickeln, um mit diesen Situationen fertig zu werden.

Beispiele für fiese Fragen

- Was spricht gegen Sie als Bewerber?
- Was sind Ihre Schwächen, Defizite, Nachteile?
- Was war Ihr größter Misserfolg, Ihre größte Enttäuschung?
- Was tun Sie dagegen, was haben Sie daraus gelernt?
- Wovor fürchten Sie sich?
- Was kann Sie richtig ärgerlich machen?
- Was mögen Sie nicht, schätzen Sie z. B. bei Freunden, Klassenkameraden, Lehrern und Eltern nicht?
- Welche Anti-Vorbilder haben Sie, welche Personen lehnen Sie ab und warum?
- Was würden Sie in Ihrem Leben anders machen, wenn Sie noch mal von vorn anfangen könnten?
- Was wollen Sie wann und wie beruflich in Ihrem Leben erreicht haben?
- Was ist Ihr Lebensmotto?
- Wie definieren Sie die Begriffe Führung, Verantwortung, Schwäche, Leistung?
- Was machen Sie, wenn wir Sie nicht nehmen?
- Was würden Sie tun, wenn Sie im Lotto Millionen gewinnen würden?

Ein kleiner Hinweis noch: Missverstehen Sie nicht jede kritische Frage als den Beginn eines Stressinterviews, und begegnen Sie Ihrem AC-Interviewpartner nicht von vornherein »übermisstrauisch«.

Die elf wichtigsten Verhaltensregeln für das AC-Interview

1. Hören Sie aufmerksam, konzentriert-zugewandt zu.
2. Halten Sie angemessenen Blickkontakt.
3. Beobachten Sie genau (ohne zu mustern).
4. Überlegen Sie, bevor Sie antworten, nehmen Sie sich die Zeit.
5. Scheuen Sie sich nicht, nachzufragen.
6. Reden Sie lieber etwas weniger als zu viel.
7. Lassen Sie Ihren Gesprächspartner (aus-)reden.
8. Warten Sie ab, stehen Sie auch mal eine kleine Gesprächspause durch.
9. Seien Sie lieber etwas mehr zurückhaltend als zu wenig.
10. Bleiben Sie sachlich, ruhig, geduldig und vor allem gelassen.
11. Last but not least: Versuchen Sie, die wichtigsten Regeln der Körpersprache, die wir im Folgenden ausführen, zu berücksichtigen.

Körpersprache – noch eine weitere Fremdsprache

Wenn wir Ihnen in Sachen Stressinterview geraten haben, Gelassenheit an den Tag zu legen, sollten Sie nicht nur Ihre Worte mit Bedacht wählen, sondern auch andere Signale wie die Körpersprache berücksichtigen.

Erhobener Zeigefinger, hochgezogene Augenbrauen, gerümpfte Nase und eine in Falten gelegte Stirn sprechen eine deutliche Sprache. Wer die Hände im Schoß faltet oder hinter dem Kopf verschränkt, signalisiert seiner Umwelt bewusst oder unbewusst etwas. Nur was, ist die Frage. AC-Beobachter haben quasi Listen im Kopf, was eine bestimmte Haltung, Geste, Mimik usw. angeblich für eine Bedeutung hat.

Im Wesentlichen geht es um:

- Blickverhalten
- Mimik
- Gesten
- Körperhaltung
- Sprechweise
- Geruch

Bitte nehmen Sie die folgende Aufstellung nicht zu ernst, aber Sie sollten wissen, wie Ihr Verhalten – bei Gruppendiskussionen, bei Präsentationen und im AC-Interview – möglicherweise interpretiert werden könnte.

Körpersignal	Bedeutung
Blickverhalten	
Augen betont weit offen	Aufmerksamkeit, Aufnahmebereitschaft, Sympathie, Weltoffenheit signalisierend, Flirtverhalten
verengte Augenöffnung	Konzentration, Entschlossenheit, Eigensinn, Kleinlichkeit, überkritische Haltung
zugekniffene Augen	Abwehr, Unlust
gerader Blick	Offenheit, Gewissensreinheit, Vertrauen
schräger Blick	abschätzende Zurückhaltung
häufiger Blickkontakt	Sympathie
häufiges Wegsehen	mangelnde Sympathie oder Verlegenheit
auffällig häufiger Lidschlag	Unsicherheit, Befangenheit, u.U. nervöse Störung
Mimik	
offenes Lächeln	offene Heiterkeit, uneingeschränkte Freude
gequältes Lächeln	Ironie, Schadenfreude, Blasiertheit, Angst
meist geöffneter Mund	Mangel an Selbstkontrolle
zusammengepresster Mund	Zurückhaltung, Reserviertheit, Verkniffenheit, Kontaktarmut
Mundwinkel nach unten	Bitterreaktion, Pessimist, depressiver Zustand
Mundwinkel nach oben	Aktivität bis Abwehr
Heben der Augenbrauen	Ungläubigkeit oder Arroganz
Gesten	
übertrieben kräftiger Händedruck (»Knochenbrecher«)	Rücksichtslosigkeit, Angeberei
kräftiger Händedruck ohne Übertreibung	Aufrichtigkeit, Sicherheit
schlaffer Händedruck (»tote Hasenpfote«)	Unsicherheit, Kontaktarmut, leichte Beeinflussbarkeit
Hand wegziehen	Verschlossenheit
verschränkte Arme	
– bei Männern	Ablehnung, Verschlossenheit
– bei Frauen	Selbstschutz, Angst
Hand vor den Mund halten	
– während des Sprechens	Unsicherheit
– nach dem Sprechen	will das Gesagte zurücknehmen

Körpersignal	Bedeutung
Sprecher hält Armlehnen mit beiden Händen fest	Aggressivität, aber gewisse Unsicherheit, Neigung zur Weitschweifigkeit
Kopf auf Hände stützen	Nachdenklichkeit, Erschöpfung, Langeweile
Spitzdach mit den Händen formen	Arroganz, Abwehr gegen Einwände
Hände reiben	Selbstgefälligkeit, Selbstzufriedenheit
spielende Hände	Zeichen von Erregung, Nervosität, Befangenheit, Angst, Verwirrung
mit dem Finger auf den Gesprächspartner zeigen	Angriff, Wut
Hand zur Faust verkrampfen	Wut, verhaltener Zorn
Anfassen der Nase	Nachdenklichkeit, kritische Haltung, Verlegenheit
über den Hinterkopf streichen, Zupfen an den Ohren	Verlegenheit, Unbehagen, Ärger
Streichen des Kinns	Nachdenklichkeit, Zufriedenheit
Finger zum Mund nehmen	Verlegenheit, Unsicherheit
mit den Fingern trommeln	Nervosität, Ungeduld
häufiges Spielen mit dem Ring	Eheprobleme, Frustration vom häuslichen Leben
häufiges Abnehmen der Brille	Ablehnung, Angriff, Nervosität
Körperhaltung	
Achselzucken, die Handflächen nach außen gewendet	passive Hilflosigkeit
übereinander geschlagene Beine	
– zum Gesprächspartner hin	Aufbau eines Sympathiefeldes
– vom Gesprächspartner weg	Ablehnung, Unwillen
übergeschlagene Beine, Knie in die Hand gestützt	kritische Haltung, Skepsis
dicht aneinander gestellte Füße beim Sitzen	schuldhafte Ängstlichkeit, Einzelgänger, überkorrekte Grundeinstellung
breit auseinander klaffende Beine beim Sitzen	sorglose Unbekümmertheit, Rücksichtslosigkeit
friedlich ruhende Sitzhaltung	Selbstsicherheit, aber auch robuste Unbekümmertheit, seelische Erschöpfung

Körpersignal	Bedeutung
alarmbereite Sitzweise (auf dem Sprung sein)	Mangel an Selbstvertrauen und Sicherheit, auch Misstrauen, innere Unruhe, Angst
Füße um die Stuhlbeine legen	Unsicherheit, Suche nach Halt
Füße nach hinten nehmen	Ablehnung
mit den Füßen wippen	Arroganz, Ungeduld, Sicherheit, Aggressivität
steife, militärische Körperhaltung, geziert aufrecht	Unterdrückung von Angst
breitbeinig dastehen, Daumen in die Achselhöhlen	Selbstsicherheit
den Oberkörper weit nach vorn lehnen	Interesse, Sympathie, Wunsch zu unterbrechen
den Oberkörper weit zurücklehnen	Desinteresse, Ablehnung
Sprechweise	
lautstarke Stimme	Vitalität, Selbstbewusstsein, Kontaktfreude, aber auch Unbeherrschtheit, Geltungsdrang
leise, flüsternde Stimme	Schwäche, mangelndes Selbstbewusstsein, aber auch Sachlichkeit, Bescheidenheit
schnelles Sprechtempo	Impulsivität, Temperament, aber auch Ungezügeltheit, Nervosität
langsames Sprechtempo	antriebsschwach, aber auch Sachlichkeit, Besonnenheit, Ausgeglichenheit
wechselndes Sprechtempo	innere Unausgeglichenheit
ausgeprägte Pausengestaltung	Disziplin, Selbstbewusstsein
starke Akzentuierung	Lebhaftigkeit, Gefühlsstärke
schwache Akzentuierung	Uninteressiertheit, mangelnde geistige Flexibilität
Geruch	
parfümiert	werbende Haltung
überstark parfümiert	Unsicherheit, Vernebelung
Schweißgeruch	Angst, Unordentlichkeit

Mit der Körpersprache drücken wir unseren Gefühlszustand aus. Den meisten Menschen ist gar nicht bewusst, dass sie mit dem Körper genauso deutlich sprechen wie mit Worten. Sie sollten sich dessen bewusst sein und daher in der AC-Situation verstärkt auf Ihre körperlichen Signale achten. Allerdings halten wir wenig von einer durch und durch einstudierten Körpersprache – sie lässt sich auf Dauer wahrscheinlich auch nicht durchhalten, denn dazu steht sie zu sehr in Verbindung mit dem Unterbewusstsein.

Lächeln, immer nur lächeln

Auch die Mimik hat zweifelsohne ihre Bedeutung. Jedes Kind weiß, dass ein verspanntes Gesicht, ein verkniffener Mund, enge oder weit geöffnete Augen, gequältes Lächeln feistes Grinsen Alarmzeichen sind.

Ob sie aber so einfach interpretierbar sind, wie es sich manche Personalauswähler vorstellen, darf wirklich bezweifelt werden. Fest steht jedoch, dass Sie Pluspunkte sammeln, wenn Sie Ihr Gegenüber freundlich ansehen (nicht grinsen!), wenn Sie oft Augenkontakt haben – ohne dabei anzustarren. Und ein natürliches Lächeln hinterlässt mit Sicherheit eine bessere Wirkung als ständig nach unten hängende Mundwinkel, die eher auf Desinteresse, schlechte Laune oder starke Verunsicherung schließen lassen.

Die Pausen

Wahren Sie auch in den Pausen Haltung. Als angehender Azubi werden Sie wahrscheinlich kaum in die »Verlegenheit« kommen, zu einem exquisiten Mittag- oder Abendessen eingeladen zu werden. Nichtsdestotrotz können auch Sie damit rechnen, beim Essen – und sei es nur in der Pause oder in der Kantine – unter die Lupe genommen zu werden.

Sie stehen unter Beobachtung, gerade in Situationen, in denen man Sie nicht befragt. Geprüft werden vor allem Ihre soziale Kompetenz und Ihr allgemeines Kommunikationsvermögen. Deshalb wird sehr genau darauf geachtet, wie Sie sich in einer scheinbar ungezwungenen Umgebung oder Runde verhalten. Wenn Ihnen mittags schon Wein oder Bier angeboten wird, greifen Sie dann zu? Besser, Sie entscheiden sich für ein Wasser, Sie wollen doch einen klaren Kopf behalten. Worüber reden Sie? Haben Sie nur Ihren Lieblingsverein im Kopf, oder interessieren Sie sich für viele unterschiedliche Themen? Wie gehen Sie mit Messer und Gabel um? Entpuppen Sie sich als nörgelnder Mensch, der sich nicht überwinden kann, das Kantinenessen anzurühren, weil er doch Besseres gewöhnt ist? Wie verhalten Sie sich, wenn Sie gekleckert haben?

Wenn Sie in all diesen Fragen unsicher sind, empfehlen wir Ihnen die Lektüre von modernen Benimm-Ratgebern. Ansonsten gilt es, sich vor dem AC auf Fragen nach Hobbys, Lieblingslektüre, -film und tagesaktuellen Dingen vorzubereiten, damit Ihnen der Gesprächsstoff nicht ausgeht. Es geht aber nicht darum, um jeden Preis im Mittelpunkt zu stehen und die anderen gar nicht zu Wort kommen zu lassen. Natürlich ist es wichtig, den anderen aufmerksam zuzuhören.

Seien Sie also gewarnt, wenn sich die AC-Beobachter in der Pause zu Ihnen an den Tisch setzen und Sie auffordern: »Nun mal ganz ehrlich, unter uns, wie finden Sie es denn hier wirklich?« Denken Sie daran: In Pausen, auf der gemeinsamen Fahrt in das wunderschön gelegene Ausbildungszentrum, beim Mittag oder Abschlussgespräch – was immer Sie zwischen erstem und letztem Kontakt während der AC-Veranstaltung tun oder sagen: Es kann mit in die Gesamtbeurteilung Ihrer Assessment-Center-Leistung einfließen.

Die Verabschiedung

Nach der letzten Übung werden Sie als Teilnehmer eines Assessment Centers in der Regel nicht gleich nach Hause geschickt, sondern noch zu einem Abschlussgespräch gebeten – sofern Sie vorher nicht schon »aussortiert« wurden, wie es in manchen Unternehmen durchaus üblich ist. Das Abschlussgespräch soll das Auswahlverfahren abrunden und von Arbeitgeberseite aus eine gute Schlussatmosphäre schaffen. Folgende Fragen werden erfahrungsgemäß gestellt:

- Wie zufrieden sind Sie mit Ihrer Leistung hier?
- Wie haben Sie das AC-Verfahren erlebt?
- Was war in dem AC gut, was schlecht, was sollten wir ändern?
- Wo sehen Sie persönliche Stärken und Schwächen?
- Wie beurteilen Sie Ihre Mitbewerber?

Nach der Befragung gibt es in der Regel eine mehr oder minder ausführliche Einschätzung seitens der AC-Veranstalter und -Beobachter, wie man mit den Leistungen der Bewerber zufrieden ist. In der Regel wird darauf geachtet, die Kandidaten in freundlich-moderater Weise zu loben und zu verabschieden.

Übrigens – auch wenn im Abschlussgespräch bereits signalisiert wird, dass die Würfel gefallen sind, also die Entscheidung für oder gegen Sie getroffen wurde, geht auch Ihr Verhalten im Abschlussgespräch in die Bewertung ein. Halten Sie deshalb Ihre Rolle durch. Selbst auf eine noch so freundliche Aufforderung hin – nach dem Motto: »Jetzt, wo alles vorbei ist, können Sie offen sprechen, frei von der Leber weg kritisieren« – sollten Sie sich bedeckt halten. Denn Sie sitzen weiter auf dem Präsentierteller und werden genauestens beobachtet. Dies ist nicht der Moment der Entspannung oder gar der kritischen Abrechnung! Zeigen Sie weiter freundliche Aufmerksamkeit für Ihr Gegenüber. Natürlich müssen Sie sich angemessen selbstkritisch einschätzen und selbstverständlich die eine oder andere AC-Übung loben sowie eine mehr oder minder kritische Bemerkung formulieren, damit man sieht, dass Sie auch das können.

Insbesondere bei Fragen zu Ihren AC-Mitbewerbern kommt es auf Ihr diplomatisches Geschick an. Natürlich bewundern Sie die guten Leistungen, die Eloquenz des einen oder anderen, und sollte sich jemand wirklich bis auf die Knochen blamiert haben, so ist dies der Moment, wohlwollendes persönliches Mitgefühl zu demonstrieren. Machen Sie sich bloß nicht lustig bzw.

äußern Sie sich nicht verächtlich über Ihre Mitstreiter, selbst wenn Sie dazu aufgefordert werden.

Ansonsten gilt: Die Anforderungen für das Abschlussgespräch sind vergleichbar mit den unter »Das Interview« (siehe Seite 340 ff.) besprochenen; also Persönlichkeit, Leistungsmotivation, Kompetenz. Falls Ihr Gegenüber mehr spricht als zuhört und Sie kaum zum Zuge kommen, wundern Sie sich nicht. Manchmal nutzen Testdurchführer das Abschlussgespräch zur Imagepflege.

Personal-Auswahl-Center der Polizei NRW

Im Folgenden werden wir Ihnen beispielhaft Informationen über das Assessment Center bzw. den Testablauf der Polizei in NRW für den gehobenen Dienst geben. Diese Informationen sind internes Material, das wir über mehrere Umwege erhalten haben.

Verfahrensablauf

1. Tag:	Zeitansatz
• Leistungstests – Intelligenztest – Gedächtnistest	1 ¼ Stunden
• Fragebögen – Stressbewältigung und Leistungshaltung – Kooperationsfähigkeit – berufliches Entscheidungsverhalten	1 ¼ Stunden
• Fachkompetenzüberprüfung – Multiple-Choice-Verfahren	1 ½ Stunden
2. Tag:	
• Assessment Center – 2 Rollenspiele – 1 Vortrag	5 Stunden
• Abschlussinterview	20 Minuten

Leistungstests und Fragebögen

- Intelligenz- und Gedächtnistest
- Fragebogen zur Erfassung der Stressstabilität und Leistungshaltung
- Fragebogen zur Kooperationsfähigkeit
- Fragebogen zum beruflichen Entscheidungsverhalten

Assessment Center

- Rollenspiele
  - Sicherheit in der Aufgabenanalyse
  - Motivationsfähigkeit
  - Kreativität in der Aufgabenerledigung

- Sicherheit im Handeln
- Sachentscheidungen sicher treffen
- sozial verträglicher Machtgebrauch

- Vortrag
  - Qualität
  - Sprachsicherheit
  - Blickkontakt
  - Körperausdruck

Abschlussinterview

- Thematisierung individueller Testergebnisse
- Selbstdarstellung
- Rückmeldung

Rangplatzermittlung

Gewichtung der Auswahlkomponenten:

- Leistungstests, Fragebögen 29 %
- Fachkompetenz 29 %
- Assessment Center 28 %
- Abschlussinterview 14 %

Verfahrensinhalte

Mögliche Vortragsthemen:

- Die Wechselwirkung zwischen angemessenem Informationsfluss und effektiver (polizeilicher) Arbeit
- Rollenerwartung der Gesellschaft an einen Polizeibeamten
- Ermöglicht polizeiliche Arbeit einen ausreichenden Handlungs- und Entscheidungsspielraum?
- Beeinflusst der Status eines »Beamten auf Lebenszeit« die Einstellung zur Arbeitsleistung?
- Grenzen der Loyalität gegenüber Vorgesetzten und Mitarbeiterverhalten
- Öffentlicher Dienst und persönliche Selbstverwirklichung – ein Widerspruch?

1. Rollenspiel

Situationsschilderung	Polizeihauptmeister (PHM) G. hat Anzeigendienst auf dem Gruppenposten. Er nimmt gerade einen »kleinen« Diebstahl auf, der inhaltlich recht umfangreich ist. Kurz nachdem mit der Aufnahme des Diebstahls begonnen wurde, kommt eine Dame in das Zimmer, die einen Verkehrsunfall mit Unfallflucht melden will. Diese Person drängt darauf, zuerst angehört zu werden. Andere Kollegen haben wegen einer Geiselnahme keine Zeit, sich um die Angelegenheiten zu kümmern.
Angenommene Örtlichkeit	Tageswache Marktplatz
Beteiligte Personen	– PHM G. – Geschädigter des Diebstahls, Herr R. – Geschädigte des Unfalls, Frau A.
Verhaltensweise des Bewerbers	

2. Rollenspiel

Situationsschilderung	Ein Kriminalbeamter in einer ländlichen Gegend hat kurz vor seinem Jahresurlaub noch eine große Menge an Akten, die er zu bearbeiten hat. Während dieser Tätigkeit kommt ein Schutzpolizist in sein Büro und bittet ihn, bei einer Wohnungsdurchsuchung zu helfen. Trotz des Hinweises, dass der Kriminalbeamte diese Wohnung schon einmal durchsucht hat und weiß, wie mit dem Tatverdächtigen umzugehen ist, lehnt dieser seine Mitarbeit ab. Sie als Schutzpolizist bestehen aber auf seiner Teilnahme.
Angenommene Örtlichkeit	Im Büro des Kriminalbeamten
Beteiligte Personen	– Kriminalbeamter – Schutzpolizist
Verhaltensweise des Bewerbers	

Allgemeine Fragen zur Persönlichkeit

»Mit was für einem Menschen habe ich es zu tun?« lautet die wohl wichtigste Frage für einen Arbeitgeber, um festzustellen, ob Bewerber auch von der Persönlichkeit in das vorhandene Team passen. Bei Polizei, Feuerwehr und Justiz müssen Sie im Team arbeiten können – entweder zu zweit, beispielsweise im Streifenwagen, oder in einem etwas größeren Team auf einem Löschzug. Teamgeist, Stressstabilität, Verhalten in komplexen, dynamischen Situationen und weitgehende Angstfreiheit sind die Persönlichkeitsfaktoren, die für diese Berufe sicherlich unerlässlich sind. So kann es Ihnen passieren, dass man Ihre gesamten Charaktereigenschaften zu erfassen versucht. Um dies zu erreichen, wird man Ihnen Persönlichkeitstests vorlegen. Diese reichen von »wissenschaftlich fundierten Tests« bis hin zu selbst gestrickten Persönlichkeitstests, deren Aussagekraft häufig zweifelhaft ist.

An dieser Stelle wollen wir Ihnen einen Einblick in die Fragen der gängigsten Persönlichkeitstests geben. Manche Fragen haben Antworten, die nicht hundertprozentig auf Sie zutreffen. Versuchen Sie dann, die Antwort zu geben, die auf Sie noch am ehesten zutrifft. Sie haben aber auch die Möglichkeit, »teils-teils« anzukreuzen. Dies sollten Sie jedoch auf keinen Fall zu oft tun! Sie wirken u.U. unglaubwürdig, und man könnte denken, dass Sie etwas zu verheimlichen haben.

Eine Zeitvorgabe gibt es nicht, Sie sollten aber auch nicht zu lange überlegen. In maximal 20 Minuten müssten Sie diesen ersten Persönlichkeitstest mit 66 Fragen absolviert haben.

1. Gleiches Gehalt vorausgesetzt, wäre ich lieber
   a) Chemiker in einem Labor
   b) unsicher
   c) Manager in einem Hotel

2. Ich halte viel von dem Satz:
   »Erst die Arbeit, dann das Vergnügen.«
   a) stimmt
   b) teils-teils
   c) stimmt nicht

3. Ich arbeite lieber
   a) mit Zahlen und Statistiken
   b) unsicher
   c) mit Menschen zusammen

4. Karriere ist nicht alles im Leben.
   a) stimmt
   b) teils-teils
   c) stimmt nicht

5. Ich vermeide es, mit Leuten herumzustreiten.
   a) ja
   b) manchmal
   c) nein

6. Wenn Leute mit Moral argumentieren, regt mich das auf.
   a) stimmt
   b) teils-teils
   c) stimmt nicht

7. In unserer Wirtschaftsordnung sollte im Prinzip
   alles so bleiben, wie es ist.
   a) stimmt
   b) teils-teils
   c) stimmt nicht

8. Lieber ein sicherer Arbeitsplatz mit festem, aber kleinem Gehalt als das Gegenteil.
   a) stimmt
   b) teils-teils
   c) stimmt nicht

9. Wenn andere die Köpfe zusammenstecken und tuscheln, denke ich, dass sie schlecht über mich reden könnten.
   a) stimmt
   b) teils-teils
   c) stimmt nicht

10. Ich denke, dass ich Herausforderungen mutig begegne.
    a) ja, meistens
    b) manchmal
    c) selten

11. Mit einer schweren Erkältung im Bett liegend …
    a) versuche ich, die Zeit als eine Art Urlaub zu genießen
    b) teils-teils
    c) denke ich oft an die liegengebliebene Arbeit

12. Ich fühle mich oft einsam.
    a) stimmt
    b) teils-teils
    c) stimmt nicht

13. Nachts habe ich bisweilen schlechte Träume.
    a) stimmt
    b) teils-teils
    c) stimmt nicht

14. Ich lese lieber ein gutes Buch, als mich mit anderen angeregt zu unterhalten.
    a) stimmt
    b) teils-teils
    c) stimmt nicht

→

15. Wenn andere erfolgreich sind, kann ich sie schon ein bisschen beneiden.
    a) stimmt
    b) teils-teils
    c) stimmt nicht

16. Wenn es jemand verdient, kann ich sehr spöttisch sein.
    a) stimmt
    b) teils-teils
    c) stimmt nicht

17. Wenn jemand besonders freundlich zu mir ist, frage ich mich schnell, warum – und was möglicherweise dahinter steckt.
    a) stimmt
    b) teils-teils
    c) stimmt nicht

18. Auch kleinere Experimente können ein schwer kalkulierbares Risiko beinhalten.
    a) stimmt meistens
    b) teils-teils
    c) stimmt selten

19. Ich glaube nicht, dass mir jemand wirklich Schwierigkeiten wünscht.
    a) stimmt
    b) teils-teils
    c) stimmt nicht

20. Jemandem, der mein Vertrauen enttäuscht, …
    a) bin ich sehr böse
    b) teils-teils
    c) kann ich recht schnell wieder verzeihen

21. Ich habe Qualitäten, die mich vielen anderen überlegen machen.
    a) stimmt
    b) teils-teils
    c) stimmt nicht

22. Es ist mir unangenehm, andere in Verlegenheit zu bringen.
    a) stimmt
    b) teils-teils
    c) stimmt nicht

23. Ich möchte im Leben vorankommen.
    a) stimmt
    b) teils-teils
    c) stimmt nicht

24. Wenn ich mit mehreren Menschen im Fahrstuhl fahre, beschleicht mich ein unangenehmes Gefühl.
    a) stimmt
    b) teils-teils
    c) stimmt nicht

25. Wenn ich zu Bett gehe, kann ich gut schlafen.
    a) stimmt
    b) teils-teils
    c) stimmt nicht

26. Es passiert mir häufiger, dass ich die Arbeit anderer kritisiere.
    a) stimmt
    b) teils-teils
    c) stimmt nicht

27. Die Welt braucht zur Orientierung mehr …
    a) Beständigkeit und Verlässlichkeit
    b) unsicher
    c) Ideale und Utopien

28. Nur aus Angst vor Strafe verhalten sich die meisten Menschen korrekt.
    a) stimmt
    b) teils-teils
    c) stimmt nicht

29. Als Kind war ich selten anderer Meinung als meine Eltern.
    a) stimmt
    b) teils-teils
    c) stimmt nicht

→

30. Im Straßenverkehr lasse ich mich auf keinen Fall unterkriegen.
    a) stimmt
    b) teils-teils
    c) stimmt nicht

31. Jemanden, der schlecht über mich redet, …
    a) lasse ich links liegen
    b) unsicher
    c) versuche ich zu ertappen und stelle ihn zur Rede

32. Oft fällt es mir schwer, angefangene Arbeiten auch zu beenden.
    a) stimmt
    b) teils-teils
    c) stimmt nicht

33. Es macht mir Spaß, mit anderen Leuten zu reden.
    a) stimmt
    b) teils-teils
    c) stimmt nicht

34. Bei gleichem Gehalt wäre ich lieber …
    a) Lehrer
    b) unsicher
    c) Förster

35. Bei mir läuft vieles schief.
    a) stimmt
    b) teils-teils
    c) stimmt nicht

36. Tagträumereien kenne ich nicht.
    a) stimmt
    b) teils-teils
    c) stimmt nicht

37. Ziele, die ich mir gesetzt habe, erreiche ich fast immer.
    a) stimmt
    b) teils-teils
    c) stimmt nicht

38. Bei gleicher Arbeitszeit und gleichem Gehalt wäre ich in einem guten Restaurant gerne …
   a) Kellner
   b) unsicher
   c) Koch

39. In einer Fabrik wäre ich gerne verantwortlich für …
   a) den Maschinenpark
   b) unsicher
   c) die Personalabteilung

40. Das ganze Jahr über freue ich mich auf den Urlaub.
   a) stimmt
   b) teils-teils
   c) stimmt nicht

41. Lieber schreibe ich in einer schwierigen Situation einen Brief, als ein Telefonat zu führen.
   a) stimmt
   b) teils-teils
   c) stimmt nicht

42. Am liebsten gehe ich in allen Dingen meinen eigenen Weg.
   a) stimmt
   b) teils-teils
   c) stimmt nicht

43. Wer viel lächelt, meint es oft nicht gut.
   a) stimmt
   b) teils-teils
   c) stimmt nicht

44. Ein unaufgeräumter Schreibtisch stellt für mich und meinen Ordnungssinn eine Herausforderung dar.
   a) stimmt
   b) teils-teils
   c) stimmt nicht

→

45. Einen besonders ausgefallenen Wunsch zu äußern, fällt mir schwer.
a) stimmt
b) teils-teils
c) stimmt nicht

46. Das Sprichwort »Lieber den Spatz in der Hand als die Taube auf dem Dach« ist für meine Einstellung zum Leben …
a) zutreffend
b) unsicher
c) unzutreffend

47. Wenn Leute freundlich zu mir sind, denke ich, dass sie hinter meinem Rücken schlecht über mich reden.
a) stimmt
b) teils-teils
c) stimmt nicht

48. Wenn mir im Restaurant das Essen nicht schmeckt, fällt es mir schwer, beim Kellner zu reklamieren.
a) stimmt
b) teils-teils
c) stimmt nicht

49. Das Sprichwort »Was der Bauer nicht kennt, isst er nicht« gilt für mich.
a) stimmt
b) teils-teils
c) stimmt nicht

50. Ich bin dafür, dass man bei Problemlösungen …
a) auf bewährte Methoden zurückgreift
b) teils-teils
c) neue Wege und Vorschläge ausprobiert

51. Bei einer wichtigen Arbeit lasse ich mich nicht gerne unterbrechen.
a) stimmt
b) teils-teils
c) stimmt nicht

52. Wenn ich eine Geldsumme für wohltätige Zwecke zur Verfügung hätte, würde ich …
    a) den vollen Betrag der Kirche überlassen
    b) die Hälfte der Kirche, die Hälfte der Wissenschaft überlassen
    c) den vollen Betrag der Wissenschaft spenden

53. Wenn das Wetter sich verändert, spüre ich Auswirkungen auf meine Arbeitsleistung und Stimmung.
    a) stimmt
    b) teils-teils
    c) stimmt nicht

54. Ich bin lieber für mich allein als mit anderen zusammen.
    a) stimmt
    b) teils-teils
    c) stimmt nicht

55. Ich bin selten krank.
    a) stimmt
    b) teils-teils
    c) stimmt nicht

56. Oft denke ich über Möglichkeiten nach, wie man die Gesellschaft verändern müsste, damit alles besser funktioniert.
    a) stimmt
    b) teils-teils
    c) stimmt nicht

57. Wenn ich im Kaufhaus nicht so bedient werde, wie ich es für angemessen halte, lasse ich – wenn nötig – den Abteilungsleiter rufen.
    a) stimmt
    b) teils-teils
    c) stimmt nicht

58. Wenn ich mein Leben noch einmal vor mir hätte, würde ich …
    a) es ganz anders planen
    b) weiß nicht
    c) es mir ziemlich genauso wünschen

→

59. Ich bin für eine gewissenhafte Planung und Organisation bei der Arbeit.
    a) stimmt
    b) teils-teils
    c) stimmt nicht

60. Ich neige zu Stimmungsschwankungen.
    a) stimmt
    b) teils-teils
    c) stimmt nicht

61. Mir geht im Leben manches daneben.
    a) stimmt
    b) teils-teils
    c) stimmt nicht

62. Oftmals leide ich unter einem Gefühl des Alleinseins.
    a) stimmt
    b) teils-teils
    c) stimmt nicht

63. Der berufliche Aufstieg ist nicht das Wichtigste im Leben.
    a) stimmt
    b) teils-teils
    c) stimmt nicht

64. Ich streite nicht gern mit anderen Menschen.
    a) stimmt
    b) teils-teils
    c) stimmt nicht

65. Oft kann ich an Leistungen anderer kein gutes Haar lassen.
    a) stimmt
    b) teils-teils
    c) stimmt nicht

66. Am System der sozialen Marktwirtschaft gibt es viel zu reformieren.
    a) stimmt
    b) teils-teils
    c) stimmt nicht

Auswertung Seite 562 ff.

Allgemeine Anforderungen in Persönlichkeitstests

Nachdem Sie nun die 66 Fragen beantwortet haben, wollen wir uns mit den Hintergründen solcher Psychotests beschäftigen. Erschrecken Sie bei Ihrem Einstellungstest nicht. Unter Umständen werden Ihnen sogar 100 bis 250 solcher Fragen gestellt.

Im Wesentlichen möchte man Sie hinsichtlich folgender Persönlichkeitsmerkmale kennen lernen:

- Emotionale Stabilität
- Kontaktfähigkeit
- Leistungsbereitschaft

Was unter diesen Begriffen zu verstehen ist, verdeutlicht Ihnen die folgende Übersicht:

Emotionale Stabilität

- Man unterliegt nicht grundlos Stimmungsschwankungen,
- wird nicht von diffusen Ängsten und Sorgen gequält,
- kennt keine Schuldgefühle,
- neigt nicht zu Perfektionismus,
- ist nicht launenhaft und nur selten krank,
- hat keine Schwierigkeit, sich auf seine Arbeit zu konzentrieren,
- kennt keine Tagträumereien,
- ist mit seinem Leben zufrieden und würde sich ein neues Leben genauso wünschen und vorstellen,
- leidet nicht unter Platzangst,
- plant seine Arbeit und geht ihr zügig nach,
- fühlt sich selten schlecht oder elend,
- ist gewöhnlich nicht nervös, sondern ausgeglichen und nach dem Aufwachen frühmorgens frisch und munter,
- leidet nicht unter Schlafstörungen und kann gut einschlafen,
- ist nicht wetterfühlig,
- lässt sich durch Unordnung nicht stören,
- leidet weder unter Kopfschmerzen noch Migräne oder Schwindelanfällen,
- sorgt sich nur wenig um die eigene Gesundheit,
- hat auch schon als Kind mal etwas gegen den Willen der Eltern getan,

- fühlt sich den Anforderungen des Lebens gut gewachsen,
- zeigt Toleranz,
- hat Selbstvertrauen und kennt keine Minderwertigkeitsgefühle,
- handelt nicht impulsiv,
- neigt nicht zu Grübeleien,
- ist eher offen,
- kennt keine ständig wiederkehrenden »unnützen« Gedanken,
- fühlt sich nicht unverkannt, unverstanden oder im Stich gelassen,
- leidet nicht unter Appetitlosigkeit …

Kontaktfähigkeit / Kommunikationsfähigkeit

- Man ist von der Grundstimmung her Optimist,
- fühlt sich zusammen mit vielen Menschen wohl,
- trifft sich gern mit Freunden,
- schließt schnell Freundschaften,
- verfügt über einen großen Freundes- und Bekanntenkreis,
- ist aktiv, gesprächig, temperamentvoll,
- geht gerne und oft aus,
- glaubt, erfolgreich zu sein,
- fühlt sich auch in großen Gruppen unbefangen,
- ist in der Lage, vor Gesellschaften aus sich herauszugehen,
- sucht die Geselligkeit anderer Leute,
- ergreift gewöhnlich bei neuen Bekanntschaften die Initiative,
- übernimmt in Gruppen gerne eine Führungsposition,
- bevorzugt gesellige Freizeitbeschäftigungen,
- lässt sich leichter auf Risiken ein,
- bevorzugt Berufe, die einen Kontakt zu anderen Menschen verschaffen,
- telefoniert lieber, als Briefe zu schreiben,
- geht eher auf eine Party, als ein gutes Buch zu lesen,
- schätzt sich als schlagfertig ein und hat immer eine passende Antwort parat,
- erzählt auch gerne mal einen Witz,
- behält selbst in kritischen Situationen, bei Problemen und Ärger seine gute Laune,
- hält es für wichtig, allgemein beliebt zu sein,
- empfindet keine Hemmungen beim Sprechen vor größeren Gruppen …

Leistungsbereitschaft

- Man kann sich mit dem Grundsatz
  »Erst die Arbeit, dann das Vergnügen« identifizieren,
- schiebt Arbeiten nicht gerne auf,
- lässt begonnene Arbeiten nicht liegen,
- lässt sich bei der Arbeit nur schwer unterbrechen,
- arbeitet planvoll, überlegt und organisiert,
  bedenkt vorher genau, was zu tun ist,
- kann sich leicht auf seine Arbeit konzentrieren,
- bereitet sich, z. B. auf Prüfungen, intensiv vor,
- scheut einen Wettkampf nicht,
- vergleicht die eigene Leistung und Fähigkeit mit der von anderen,
- zeigt Ehrgeiz und verfolgt seine Ziele mit Entschlossenheit,
- beneidet den Erfolg anderer,
- besitzt genug Kraft, um mit eigenen Problemen fertig zu werden,
- möchte gerne eine wichtige oder berühmte Persönlichkeit sein,
- denkt selbst in den Ferien an die Arbeit,
- zeigt sich ständig bemüht, voranzukommen,
- genießt seine Freizeit erst dann, wenn die Arbeit getan ist …

Hilfen für die Testbearbeitung

Wir wollen Ihnen hier nicht alle gängigen Persönlichkeitstests auflisten und aufschlüsseln. Wichtig ist für Ihren Test, dass Sie sich verdeutlichen, für welche Stelle Sie sich bewerben. Arbeiten Sie nun noch einmal die 66 Persönlichkeitsfragen durch und überlegen Sie bei jeder Frage, in welche der vorgestellten Bereiche diese fällt. Was sollten Sie nun ankreuzen? Diese Frage ist jetzt etwas leichter zu beantworten. Natürlich sind Sie als zukünftiger Polizist kontaktfreudig und emotional gefestigt. Vorsicht aber bei Fragen zu Abenteuerlust o. Ä. Hier kann es durchaus besser sein, etwas Zurückhaltung zu demonstrieren. Risikobereitschaft und Abenteuerlust im Polizeidienst schließen sich sicherlich nicht aus, jedoch bitte nur in Maßen.

16 PF – Persönlichkeitsmerkmale im Test

Ihr möglicher neuer Arbeitgeber will Sie kennen lernen. Dies gilt sicherlich auch in umgekehrter Richtung. Sie wollen aus der Bewerbungssituation Informationen über Ihren potenziellen »Brötchengeber« mitnehmen. Nur die Methoden, die Mittel, die hier beiden, dem Arbeitgeber wie dem Bewerber, zur Verfügung stehen, sind recht ungleich. So genannte Persönlichkeitstestverfahren erfreuen sich immer größerer Beliebtheit und werden als Selektions-Instrument bewusst und gezielt gegen die Bewerber eingesetzt.

Verdeutlichen Sie sich bitte einmal, dass bereits durch die Art, wie Sie die Tür öffnen, um in das Sekretariat, ins Vorzimmer zu kommen, das Testverfahren eröffnet wird. Wie Sie Platz nehmen, ob Sie rauchen, ob Sie Kaffee trinken, wie Sie sprechen, wie Sie sitzen, fließt in das so genannte Persönlichkeitstestverfahren ein. Es soll Firmen geben, die ganz gezielt eine Anzahl von Bewerbern in einem Warteraum bis zu einer Stunde und länger warten lassen, um diese über Videokameras oder auch durch als Bewerber getarnte Mitarbeiter zu beobachten.

Solche Persönlichkeitstestverfahren als Auswahlinstrument fangen also bereits in einem ganz frühen Stadium und scheinbar harm- und bedeutunglos an. Dass sie dies nicht sind und dass es wichtig ist, sich mit ihnen bewusst auseinander zu setzen, beweisen wir Ihnen jetzt. Zu wissen, worauf es ankommt, und klar zu entscheiden, was man will, ist Anliegen dieses wichtigen Kapitels. Arbeitgeber, Personalchefs etc. werden ganz besonders vorbereitet und geschult, um diese Formen der Bewerberauswahl gezielt anwenden zu können. Dies bedeutet keinesfalls, dass es sich dabei um sinnvolle, effektive und vor allem legale Auswahlverfahren bzw. -methoden handelt.

Während die Interpretation Ihres Händedrucks, die Einschätzung Ihres Auftretens, der Versuch der Analyse Ihrer Körperhaltung etc. viel mit Intuition, subjektiven Sympathie- oder Antipathieempfindungen zu tun haben und vor allem eher der Trickkiste von Taschenpsychologen entspringen, sind die jetzt hier vorgestellten klassischen Persönlichkeitstests,

- der 16 PF,
- der FPI,

wissenschaftlich entwickelte Testverfahren. Diese lassen sehr wohl eine gewichtige Aussage über den Getesteten zu, in der Regel Probanden oder Patienten, wenn man sie im klinischen Bereich, also z. B. im Krankenhaus, anwendet. Werden sie von Personalchefs im Berufsleben eingesetzt, um bei der

Bewerberauswahl die Qual der Wahl aus Arbeitgebersicht zu erleichtern, ist dies juristisch unzulässig.

Wo aber kein Kläger ist, ist bekanntlich auch kein Beklagter, und so wird diese inhumane, gefährliche Testwaffe immer häufiger verwendet. Hier gilt es als Bewerber, das psychische Verletzungsrisiko zu erkennen und sich das Rüstzeug zum Entschärfen dieser Tests anzueignen. Ein erfolgreiches Vorgehen ist es, sich mit den hier vorgestellten Verfahren vertraut zu machen. Wer weiß, auf welchen Persönlichkeitskonzepten diese Tests basieren, was also der Hintergrund der Fragen ist, und wie diese einzuschätzen sind, der ist diesen Verfahren bei weitem nicht mehr so ohnmächtig und hilflos ausgeliefert.

Bis ins letzte Detail ausgeklügelte Ankreuzempfehlungen kann es bei diesen Verfahren nicht geben. Die Persönlichkeitsmerkmale, die ein Arbeitgeber an eine Stewardess stellt, sind naturgemäß andere als die beispielsweise an einen Manager auf der mittleren Verantwortungsebene.

Die hier nun vorgestellten Persönlichkeitstestverfahren können also an sich, richtig angewandt und eingesetzt, in einer besonderen, durch Vertrauen geprägten Beziehung zwischen Therapeut und Patient sinnvoll und hilfreich sein. Sie gehören jedoch ausschließlich in den klinischen Bereich und haben dort die Aufgabe, dem Therapeuten die Hilfe, die der Klient bzw. Patient von ihm erwartet, noch gezielter und schneller zu ermöglichen. So eingesetzt, helfen sie dem Getesteten, der sich ihnen im Gegensatz zur Bewerbungssituation nicht zwangsweise, sondern völlig freiwillig unterzieht.

Im Berufsleben werden diese Tests mit der Intention eingesetzt, allein dem Arbeitgeber oder Personalchef bei der Auswahl zu helfen. Die besondere Zwangssituation, in der sich ein Bewerber um einen Arbeitsplatz befindet, lässt eine Testverweigerung nicht zu. Diese hätte in der Regel zur Konsequenz, keine Chance mehr zu haben, den Arbeitsplatz zu bekommen.

Wichtig zu wissen deshalb: Zu den Rechten des Bewerbers gehört, dass er auf unzulässige Fragen eine unzutreffende Antwort geben darf. Das Bundesarbeitsgericht hat in Anerkennung der Notwehrsituation dem Bewerber ein Recht auf Lüge zuerkannt. Wenn der Bewerber zur Wahrung seiner Chancen unzulässige Fragen falsch – d. h. entgegen der Tatsachenlage im Sinne des vom Interviewer erkennbar erstrebten Ergebnisses – beantwortet, kann der Arbeitgeber bei der Entdeckung daraus rechtlich keine Konsequenzen ziehen (vgl. Peter Bellgardt, *Rechtsprobleme des Bewerbergesprächs*, Heidelberg 1984, Seite 39).

Der 16-PF-Test reduziert den Menschen auf 16 konträre Persönlichkeitsmerkmale:

Sachinteresse – Kontaktinteresse
Konkretes Denkvermögen – Abstraktes Denkvermögen
Emotionale Labilität – Emotionale Stabilität
Soziale Anpassung – Dominanzstreben
Besonnenheit – Begeisterungsvermögen
Flexibilität – Pflichtbewusstsein
Zurückhaltung – Selbstsicherheit
Robustheit – Sensibilität
Vertrauen – Misstrauen
Pragmatismus – Fantasie
Offenheit – Cleverness
Selbstvertrauen – Besorgtheit
Sicherheitsdenken – Veränderungsbereitschaft
Teamfähigkeit – Einzelgängertum
Spontaneität – Selbstkontrolle
Ausgeglichenheit – Angespanntheit

Weiterhin werden noch fünf Zusatzfaktoren ermittelt:

Starke Normorientierung – Geringe Normorientierung
Große Stresstoleranz – Geringe Stresstoleranz
Große Autonomie – Geringe Autonomie
Große Entscheidungsfreudigkeit – Geringe Entscheidungsfreudigkeit
Starker Kontaktwunsch – Geringer Kontaktwunsch

Nun etwas ausführlicher:

Testaussagen	in den Dimensionen	Persönlichkeitsmerkmale
1. Ich wäre lieber Förster als Lehrer. a) stimmt b) teils-teils c) stimmt nicht	von eher kühl und reserviert bis aufgeschlossen und warmherzig	Sachbezogenheit gegenüber Kontaktorientiertheit
2. Wenn der Himmel unten ist und der Winter heiß, dann ist auch ein Verbrecher … a) ein Heiliger b) eine Wolke c) ein Gangster	von weniger intelligent bis deutlich intelligent	konkretes, eher langsames Denken gegenüber abstraktem und logischem Denkvermögen
3. Wenn ich zu Bett gehe, schlafe ich meist schnell ein. a) stimmt b) teils-teils c) stimmt nicht	von sich leicht beunruhigen lassen bis stabil und gelassen bleiben	emotionale Störanfälligkeit gegenüber emotionaler Stabilität
4. Wenn ich von einer Verkäuferin nicht so bedient werde, wie ich es mir wünsche, gehe ich ohne zu zögern zum Abteilungsleiter. a) stimmt b) teils-teils c) stimmt nicht	von sich anpassen und unterordnen bis selbstbewusst und unnachgiebig auftreten	soziale Anpassung und Unterwürfigkeit gegenüber Selbstbehauptung und Dominanz
5. Ich kenne bei mir ein starkes Verlangen nach Abenteuer. a) stimmt b) teils-teils c) stimmt nicht	von schnell, wach, enthusiastisch, sorglos bis ernsthaft und nachdenklich	Begeisterungsfähigkeit gegenüber Ausdrucksarmut und Besonnenheit
6. Wenn ich mit einer Grippe im Bett liege, … a) erlebe ich dies als eine Art Urlaub b) macht mich das besorgt, weil ich nicht arbeiten kann c) teils-teils	von ungezwungen und unordentlich bis ordnungsliebend und gewissenhaft	Flexibilität oder auch Über-Ich-(Gewissens-)Schwäche gegenüber Pflichtbewusstsein, einem starken, kontrollierenden Gewissen

Testaussagen	in den Dimensionen	Persönlichkeitsmerkmale
7. Bei Partys mich unter fremde Leute zu mischen, fällt mir … a) leicht b) schwer c) teils-teils	von gehemmt, zurückhaltend und vorsichtig bis aktiv, ungehemmt, sorglos	Zurückhaltung und soziale Scheu gegenüber Initiative und Selbstsicherheit
8. Die Schönheit eines Gedichtes bewundere ich mehr als die Technik eines Computers. a) stimmt b) teils-teils c) stimmt nicht	von realistisch, rücksichtslos bis intuitiv, sensibel	Grobschlächtigkeit und Robustheit gegenüber Feinfühligkeit, Sensibilität
9. Nur die Angst vor Strafe hält die meisten Menschen davon ab, sich kriminell zu betätigen. a) stimmt b) teils-teils c) stimmt nicht	von vertrauensvoll, tolerant, vergebend bis skeptisch, kritische Haltung bewahrend, offen misstrauisch	Vertrauensbereitschaft und Vertrauensseligkeit gegenüber Argwohn und skeptischer Haltung
10. Meine Devise: a) anfangen und probieren, wird schon schief gehen b) teils-teils c) erst mal nachdenken, bloß keinen Fehler machen	von konventionell und bedacht, das Richtige zu tun bis bereit, vom Üblichen abzuweichen, unbekümmert, was andere davon halten	Nüchternheit, Pragmatismus gegenüber Unbekümmertheit, Unkonventionalität
11. Die nationale Verteidigungsmacht zu stärken, halte ich für klüger, als sich nur auf die internationale Verständigungsbereitschaft zu verlassen. a) stimmt b) teils-teils c) stimmt nicht	von natürlich, unkompliziert und direkt bis überlegt, diplomatisch, kultiviert, berechnend, ausgekocht	Unbefangenheit und Offenheit gegenüber Scharfsinn und Überlegtheit

Testaussagen	in den Dimensionen	Persönlichkeitsmerkmale
12. Wenn ich mir Gedanken über einen unglücklichen Vorfall mache, schlafe ich schwerer ein. a) stimmt b) teils-teils c) stimmt nicht	von unbekümmert und schwer zu beeindrucken bis sorgenvoll und leicht zu entmutigen	Zuversicht und Selbstvertrauen gegenüber Besorgtheit
13. Über die Möglichkeiten, wie man unsere Welt verändern müsste, damit sie besser funktioniert, denke ich gerne nach. a) stimmt b) teils-teils c) stimmt nicht	von Beständigkeit und Risikovermeidung bis zur Bereitschaft zu widersprechen, zu verändern, Risiken einzugehen	konservative Haltung und Sicherheitsinteresse gegenüber Veränderungsbereitschaft bis hin zu Radikalismus
14. Mein Bürozimmer möchte ich mit niemandem teilen. a) stimmt b) teils-teils c) stimmt nicht	von konform und bereit, sich anderen anzuschließen, bis zum Einzelgängertum, eigenbrötlerischen Verhalten	Gruppenabhängigkeit gegenüber Eigenständigkeit
15. Viele Menschen denken, dass meine Ansichten über Politik und Gesellschaft außergewöhnlich sind. a) stimmt b) teils-teils c) stimmt nicht	von spontan, unbeherrscht bis diszipliniert, zielstrebig, zwanghaft	Mangel an Willenskontrolle, Spontaneität gegenüber Selbstkontrolle
16. Bei einem Test oder einer Prüfung bin ich vorher ... a) angespannt b) teils-teils c) ganz gelassen	von locker, entspannt bis ehrgeizig, nervös, gefrustet	innere Ruhe und Ausgeglichenheit gegenüber Angespanntheit

Im Einzelnen verstehen die 16-PF-Testautoren unter Sachinteresse gegenüber Kontaktinteresse,

- wenn man sich bei gleicher Arbeitszeit und gleichem Lohn eher für den Beruf des Zimmermanns oder Kochs als für den des Kellners entscheiden würde
- wenn man lieber Chemiker in der Forschung wäre als Geschäftsführer in einem Hotel
- wenn man lieber Mitglied in einem Fotoklub wäre als in einer Diskussionsgruppe.

Kontaktinteresse signalisiert, wer mit Leuten redet, damit diese sich wohl fühlen, und lieber Versicherungsagent ist als Landwirt.

Abstraktes gegenüber *konkretem Denkvermögen* beweist, wer begreift, dass sich Hund zu Knochen wie Kuh zu Gras verhält, heiß zu warm wie Berg zu Hügel und Flamme zu Hitze wie Rose zu Duft.

Konkret und eher dümmlich ist, wer nicht darauf kommt, dass folgende Relation gilt: Besser verhält sich zu am schlechtesten wie langsamer zu am schnellsten.

Emotionale Stabilität zeichnet sich gegenüber *Labilität* dadurch aus, dass man …

- selbst gesteckte Ziele im Privatleben erreicht
- bei beruflichen und privaten Entscheidungen nie auf mangelndes Verständnis vonseiten der Familie stößt
- sich immer den Anforderungen des Lebens gewachsen fühlt
- nie Sachen macht, die schief gehen.

Als *emotional labil* gilt, wer sich ein Leben wünscht, das geschützter ist und mit weniger Schwierigkeiten aufwartet, oder wer gar sein Leben, wenn er es noch einmal zu leben hätte, anders planen würde.

Eher *Dominanzstreben* und *Selbstbehauptung* gegenüber *sozialer Anpassung bis Unterwürfigkeit* zeigt, wer …

- in einer fremden Stadt geht, wohin es ihm beliebt
- glaubt, dass es ihm besser als anderen gelingt, Herausforderungen mutig zu begegnen
- spöttische Bemerkungen macht, wenn andere Leute sie verdient haben.

Sozial angepasst ist jemand, der sich in einer Stadt verläuft und dann seinem Begleiter ohne zu murren folgt, obwohl er davon überzeugt ist, dass dieser den Weg auch nicht sicher weiß.

Wer öfter als einmal die Woche ausgeht, zeigt *Begeisterungsfähigkeit*, wer dagegen keinen Spaß dabei empfindet, Gäste einzuladen und sie zu unterhalten, zeigt *Besonnenheit*, die aber eher negativ interpretiert wird. Begeisterungsfähigkeit beinhaltet, einen Urlaub zu wählen, in dem viel unternommen wird, statt sich richtig zu entspannen.

Wer *Pflichtbewusstsein* demonstrieren will, fühlt sich von unordentlichen Menschen abgestoßen und ärgert sich über sie. Ein unordentliches Zimmer stört ihn, und er besteht darauf, dass die Moralgesetze befolgt werden. Wer zu Hause ist, über Zeit verfügt und nichts Bestimmtes macht, außer sich zu entspannen, zeigt *Flexibilität.* Wer keine starke Abneigung gegen Unordnung empfindet, ebenso.

Selbstsicher wirkt, wer nicht verlegen reagiert, wenn er plötzlich zum Mittelpunkt der Aufmerksamkeit wird, und keine Mühe hat, mit Fremden ins Gespräch zu kommen. *Zurückhaltung* und *Schüchternheit* zeichnen denjenigen aus, der mit Fremden in öffentlichen Verkehrsmitteln nicht leicht ins Gespräch kommt oder sich Schwierigkeiten vorstellen könnte, wenn er vor fremdem Publikum eine Rede zu halten hätte.

Robustheit gegenüber *Sensibilität* ist dadurch charakterisiert, dass man im Fernsehen lieber eine nützliche und informative Sendung über neue Erfindungen anschaut als einen bekannten Konzertkünstler. Auch einen Oberst halten die Testerfinder für robust im Gegensatz zu einem Bischof, der für Sensibilität steht. Wer lieber elektrische Geräte repariert als Kinderbücher schreibt, ist also im Sinne des Tests robust, vielleicht sogar grobschlächtig, andernfalls intuitiv bis sensibel.

Wer nicht gut mit eingebildeten Leuten auskommt, vor allem, wenn sie prahlen, zeigt *Misstrauen.* Wer die Aufrichtigkeit von Menschen bezweifelt, die freundlicher sind, als man erwarten könnte, ebenso. Wenn jemand das in ihn gesetzte Vertrauen enttäuscht, hat man keinen Grund, böse auf ihn zu sein – es sei denn, man möchte als misstrauisch eingestuft werden. *Vertrauen* zeigt, wer glaubt, dass niemand es wirklich gern sehen würde, wenn man in Schwierigkeiten gerät. Wer sich nichts daraus macht, wenn man heimlich schlecht über ihn redet, demonstriert ebenfalls sehr viel Vertrauensseligkeit.

Fantasie hat, wer gerne bei einer Zeitung Kritiken über Dramen, Konzerte oder Opern schreiben würde oder sich vorstellen könnte, als Bewährungshelfer mit Haftentlassenen zu arbeiten. Wer aber glaubt, dass es für einen Mann wichtiger sei, ein gutes Familieneinkommen zu sichern, als sich Gedanken über den Sinn des Lebens zu machen, beweist *Nüchternheit* bzw. *Pragmatismus.* Wer Freunde mag, die tüchtig sind und praktische Interessen haben, statt sich ernsthafte Gedanken über ihre Lebenseinstellung zu machen, bekommt wieder einen Punkt auf der Pragmatismus-Skala. Zeitungsberichte über alltägliche Gefahren und Unfälle fesseln die Aufmerksamkeit eines Pragmatikers.

Offenheit signalisiert, wer lieber mit höflichen Menschen verkehrt als mit ungeschliffenen Personen. *Clever* ist, wer das Leben eines Tierarztes, der Tiere behandelt und operiert, nicht toll findet. Wer Scherze über den Tod nicht okay findet, zählt auch zu den Cleveren, meinen die 16-PFler. Wer sich nicht bemüht, über Witze leise zu lachen, gehört zu den Offenen und Unbefangenen, die natürlich, unkompliziert und direkt sind. Wer nicht glaubt, mehr Glück als andere Menschen zu haben, ist clever und zeigt Überlegtheit, besonders dann, wenn er immer Dinge tun kann, die ihm Spaß machen.

Durch *Selbstvertrauen* zeichnet sich aus, wer sich nicht entmutigt fühlt, auch wenn er von anderen kritisiert wird. Ebenso der, der nicht übergewissenhaft ist und sich keine Gedanken über zurückliegende Handlungen oder Fehler macht. *Besorgtheit* dagegen wird bei dem entdeckt, der sich fürchtet, etwas falsch gemacht zu haben, wenn er zu seinem Chef oder Lehrer gerufen wird. Wer meint, dass seine Freunde ihn nicht so sehr brauchen wie er sie, macht auf die Tester ebenfalls einen besorgten Eindruck.

Sicherheitsdenken äußert sich in Statements wie:

- Die Welt braucht mehr beständige und verlässliche Bürger.
- Besser einen Arbeitsplatz mit festem und sicherem Gehalt.
- Lieber sich auf bewährte Methoden verlassen.
- Besser Hausmannskost als ausländische Speisen.

Veränderungsbereitschaft dokumentiert, wer ...

- auch als Jugendlicher bei seiner Meinung blieb, selbst wenn die anders war als die der Eltern
- gerne über Möglichkeiten nachdenkt, wie sich die Welt verändern müsste
- oft Menschen und deren Ansichten widerspricht.

Einzelgängertum zeichnet sich dadurch aus, dass man ...

- lieber etwas alleine aufbaut als mit anderen zusammen
- lieber Pläne alleine schmiedet
- lieber und leichter lernt durch das Lesen eines Sachbuches
- Bücher unterhaltsamer findet als Menschen.

Teamfähigkeit wird belegt durch

- Freude an gemeinschaftlichen Unternehmungen
- die Wahl, einen freien Abend gemeinsam mit Freunden bei einem Hobby zu verbringen
- die Entscheidung, eigene Probleme mit anderen zu besprechen.

Selbstkontrolle manifestiert sich darin, dass man alles plant und die Dinge nicht dem Zufall überlässt – beim Ausgehen, Essen und Arbeiten überlegt und systematisch vorgeht. (Verdammt noch mal: Wie isst man, bitteschön, »überlegt und systematisch«???) Wer beim Ausgehen, Essen, Arbeiten gern von einer Sache zur anderen wechselt, neigt zu *Spontaneität.* (Von den Kartoffeln zum Fleisch und zum Gemüse, ein Häppchen hier, ein Häppchen da ...) Selbstkontrolliert ist, wer es sich zum Prinzip macht, sich nicht ablenken zu lassen oder Einzelheiten nicht zu vergessen. Das gegenteilige Verhalten spricht angeblich dann für Spontaneität.

Angespannt wirkt, wer sich über verhältnismäßig kleine Rückschläge manchmal mehr als notwendig aufregt oder sich oft zu schnell über andere ärgert. Wer vor einem Test oder einer Prüfung gelassen bleiben kann, zeigt *Ausgeglichenheit.* Auch wer seine Gefühlsäußerung immer genau zu beherrschen weiß und wer sich für weniger reizbar hält als die meisten Menschen, dokumentiert Ausgeglichenheit.

Motiv : Motivation

Von vielen Teilnehmern bei Einstellungstestverfahren bekamen wir Berichte über einen merkwürdigen Persönlichkeitstest: Mehrere Dias mit Darstellungen von unterschiedlichen grafischen Figuren werden den Bewerbern mit der Entscheidungsaufgabe präsentiert: Welches Bild gefällt Ihnen besser?

In einer zweiten Diaserie werden – dargestellt durch ein Strichmännchen – Vorher/Nachher-Situationen gezeigt: So sieht man z. B. ein Männchen, das auf dem einen Bild einen Zaun streicht, auf dem anderen ist zu sehen, wie es den fertig gestrichenen Zaun in stolzer Pose von einem anderen Strichmännchen bewundern lässt (siehe unten).

Oder: Bild A zeigt ein Strichmännchen, am Schreibtisch mit vielen Papieren arbeitend, und Bild B ein zufriedenes Strichmännchen, das sich nach getaner Arbeit ausruht. Auch hier wird die gleiche Entscheidungsfrage gestellt (Welches Bild gefällt Ihnen besser?).

Zugegebenermaßen sind uns die genauen Auswertungskriterien bei dem hier beschriebenen Test unbekannt. Wir können uns aber vorstellen, dass eine Chance, ungeschoren davonzukommen, darin besteht, sich vorsichtig und bedeckt zu verhalten und weder das eine noch das andere Extrem (also vorher = Bild A = z. B. bei der Arbeit/bzw. nachher = Bild B = Situation der fertig gestellten Arbeit, Erholungs-, Bewunderungssituation) zu häufig anzukreuzen.

Nach unseren Informationen handelt es sich nicht um einen klassischen und wissenschaftlich diskutierten Test. Mit einiger Fantasie kann man sich aber vorstellen, dass es hier um Motivation und Leistungsbereitschaft geht (Handlungsorientierung) und dass Bewerber, die zu oft im Sinne einer sozial erwünschten Haltung entscheiden (= zu viele arbeitsorientierte Bildchen ankreuzen), sich genauso verdächtig machen wie Bewerber, die ständig Bildchen ankreuzen, auf denen Bewunderungs- und Entspannungssituationen (Ziel- und Ergebnisorientierung) präsentiert werden.

A

B

Satzergänzungs-Tests

Eine besondere Art von Persönlichkeitstests, die häufig unter dem Deckmäntelchen der Kreativitätsüberprüfung präsentiert werden, ist der so genannte Satzergänzungstest.

Man gibt Ihnen Satzanfänge und bittet Sie, den unvollständigen Satz nach Ihren Vorstellungen zu beenden, z. B.:

- Ich möchte gerne ...
- Ich fürchte ...
- Andere Leute sind ...
- Ich mag es nicht, wenn ...
- Ich wollte schon immer ...

Egal wie diese Sätze anfangen, ob mit einem Wort »Ich ...«, »Wir ...«, »Es ...« oder halb formuliert wie eben aufgeführt bzw. stärker ausformuliert wie:

- Vorgesetzte sind immer ...
- An meinen Kollegen missfällt mir in der Regel, dass ...,

es geht darum, Ihnen Gedanken, Statements, Meinungen etc. zu entlocken, die dann entsprechend interpretiert werden sollen. Dass dieses Verfahren unseriös ist und Sie sich eigentlich weigern sollten, so etwas mitzumachen, ist eine Empfehlung – wenn auch in der Zwangssituation Bewerbung oftmals nicht realisierbar.

Auch wenn es scheinbar um andere Personennamen geht, wie z. B.

- Karl ist immer ...
- Hans fürchtete sich besonders ...
- Marion mag es, wenn man ...,

immer wieder handelt es sich dabei um Sie, d. h., die Vervollständigung des Satzes soll Rückschlüsse auf Ihre Persönlichkeitsstruktur ermöglichen.

Biografische Fragebögen

Unter dem harmlosen Motto »Wir haben hier noch einige Fragen an Sie. Bitte füllen Sie doch gleich mal unseren Personalfragebogen aus ...« wird dem ahnungslosen Bewerber häufig suggeriert, er sei seinem Ziel, eingestellt zu werden, einen enormen Schritt näher. Neben den persönlichen Daten (Name, Adresse, Alter, Bildungsabschlüsse, Schuhgröße usw.) werden überwiegend Fragen aus folgenden Bereichen gestellt:

- Ursprungsfamilie (Größe, Ausbildung und Beruf der Eltern)
- eigene Familie (Größe, Alter der Kinder, Ausbildung und Beruf des Partners)
- Kindheit/Jugend (elterlicher Erziehungsstil, prägende Erfahrungen)
- schulischer Werdegang (geliebte/ungeliebte Fächer, Leistungen, Anpassung an Lehrer/Mitschüler)
- Ausbildung (Berufswahl, Ausbildungsschwerpunkte, Gründe für evtl. Fehlleistungen)
- Arbeits-/Berufserfahrung (Gründe für Arbeitsplatzwahl, besondere Kenntnisse/Fähigkeiten, Häufigkeit von Arbeitsplatzwechseln, Gründe und zeitlicher Verlauf)
- Freizeitgestaltung/Interessen (Hobbys, soziales Engagement, außerberufliche Aktivitäten)
- Selbsteinschätzung (besondere Stärken und Schwächen, Gründe für Fehl- und Rückschläge, Entwicklungs- und Verbesserungschancen)
- Lebensziele (berufliche und persönliche Ziele, auch für die Kinder, optimistische/pessimistische Zukunftseinschätzung)

Auch Fragen, die Sie angeblich ganz frei beantworten können – z. B. in Form eines Kurzaufsatzes –, können es in sich haben. Dazu Beispiele:

- Welche Menschen bewundern Sie am meisten (bitte Namen nennen)?
- Nennen Sie einige von Ihnen bevorzugte Bücher!
- Welches sind die größten Missstände Ihrer Meinung nach:
  a) in der Welt
  b) in Ihrem Land
  c) in der Stadt, in der Sie wohnen
  d) in der Schule, in der Sie derzeit lernen?
- Welchen Beruf würden Sie wählen, wenn Sie ohne Rücksicht auf Gehalt und Vorbildung frei wählen könnten?
- Welches Berufsziel haben Sie sich gestellt, und was wollen Sie in zehn Jahren erreicht haben?

Recht beliebt sind auch umfangreiche Personalfragebögen, die oftmals vorab verschickt werden.

Dabei handelt es sich um Sammlungen von Hunderten von Fragen oder zu bewertenden Statements, die ähnlich wie z. B. die Persönlichkeitstests 16 PF oder MMPI darauf abzielen, an Informationen über den Bewerber heranzukommen. Häufig wird es dem so Ausgefragten gar nicht bewusst, dass es sich hier um einen Persönlichkeitstest handelt und er mit dem Ausfüllen ein ganz spezifisches Persönlichkeitsbild von sich preisgibt.

Ein Beispiel für einen Personalfragebogen, der einem Bewerber um eine Ausbildung als Betriebswirt vorab zugesandt wurde – 150 Fragen auf 17 Seiten, hier ein Auszug:

Bei meiner Bewerbung ist mir wichtig (jeweils Ja/Nein ankreuzen):

- Sicherheit ist mir wichtiger als Arbeitsinhalte.
- Karriere ist mir wichtiger als Fachinteresse.
- Verdienst ist mir wichtiger, als selbst Ideen umsetzen zu können.
- Der Arbeitsinhalt ist mir wichtiger als der Verdienst.
- Meine Karriere ist mir wichtiger als ein gutes Arbeitsklima.
- Mein Verdienst ist mir wichtiger als die Freude an der Arbeit.
- Fachinteresse ist mir wichtiger als das Image der Firma.
- Eigene Ideen umsetzen zu können ist mir wichtiger als Karriere.
- Das Image des Arbeitgebers ist mir wichtiger als meine fachliche Weiterentwicklung.

Weiter geht es mit Fragen zu Freizeitaktivitäten (jeweils anzugeben: sehr wichtig/eher wichtig/eher unwichtig/unwichtig):

- Bücher lesen
- Fernsehen gucken
- alleine sein
- mit Freunden zusammen sein
- Sport treiben
- anderen helfen
- mit anderen Wettkämpfe machen
- spazieren gehen
- Zeitschriften lesen
- gemeinsame Probleme mit Freunden diskutieren
- Probleme diskutieren, die die Freunde haben
- mit Freunden über Probleme diskutieren, die man selbst hat

Dann wird es immer persönlicher. Unter dem Stichwort »Selbstbeschreibung« heißt es:

- Welche Art des Denkens haben Sie?
  a) ausschließlich eher rational und logisch
  b) meistens eher logisch
  c) teils gefühlsbetont – teils logisch
  d) meistens eher gefühlsbetont
  e) ausschließlich eher gefühlsbetont

- Wenn Sie sich völlig neuen Situationen gegenübersehen, welchen Grad von Unsicherheit verspüren Sie?
  a) sehr starke Unsicherheit
  b) etwas Unsicherheit
  c) teils-teils
  d) eher Sicherheit als Unsicherheit
  e) sehr große Sicherheit

- Wenn ich mir mal was vornehme, dann ...
  a) gelingt es mir meistens so gut wie anderen Menschen auch.
  b) führe ich die Dinge selten so gut zu Ende, wie ich es mir vorgestellt hatte.
  c) bemerke ich häufig, dass ich mir einfach zu viel vorgenommen habe, und gebe schließlich auf.
  d) gelingt mir das meist besser als anderen Menschen.

Weiter geht es mit einer Liste von 25 Aussagen zur Person des Bewerbers, die jeweils zu bewerten sind (stimmt/stimmt mit Einschränkungen/stimmt eher nicht/stimmt nicht). Hier einige Beispiele:

- Ich bin anpassungsfähig.
- Ich bin geduldig.
- Ich würde lieber etwas Neues erfinden, als etwas Bestehendes zu verbessern.
- Auch wenn Schwierigkeiten auftreten, fällt mir immer wieder etwas ein.
- Im Umgang mit Autoritäten bin ich vorsichtig.
- Ohne entsprechende Befugnisse handle ich nicht.
- Ich bevorzuge es, dass sich Veränderungen langsam vollziehen.
- In der Regel arbeite ich ruhig und gleichmäßig.

- Ich bin beständig.
- Ich bin gründlich.
- Ich passe mich bereitwillig an.
- Oft riskiere ich, eingefahrene Wege zu verlassen.
- Für Dinge, die unter meiner Kontrolle sind, setze ich mir selbst strenge Regeln.
- Mein Verhalten ist kalkulierbar.

Diese Vorab-Persönlichkeitstests in der Verkleidung eines scheinbar harmlosen Fragebogens verstoßen nicht nur gegen die guten Sitten, sondern stellen juristisch gesehen einen unzulässigen Eingriff in die per Grundgesetz geschützte Privatsphäre dar. Bei einem potenziellen Arbeitgeber, der sich Ihnen als Bewerber gleich zu Anfang so präsentiert, ist Vorsicht angezeigt.

Hier noch ein Kurzbeispiel für einen Persönlichkeitstest, wie er z. B. in einem Assessment Center gern eingesetzt wird. Der Kandidat berichtet:

Am Ende des zweiten AC-Tages bekamen wir es mit einem klassischen Persönlichkeitstest in Papier-und-Bleistift-Form zu tun. Mit etwa 190 Fragen versuchte man, unser Seelenleben zu durchleuchten. Ich sollte ankreuzen, welche Behauptung/Aussage jeweils für mich zutraf, z. B.:

- Wenn man mein Vertrauen enttäuscht, dann
  a) bin ich bereit, sofort zu verzeihen
  b) teils-teils
  c) werde ich sehr böse

- Von Freunden im Stich gelassen zu werden, ist mir
  a) ziemlich häufig
  b) manchmal
  c) kaum jemals passiert

- Ich fände es interessanter, in einer Fabrik verantwortlich zu sein für
  a) die Auswahl und Einstellung neuer Mitarbeiter
  b) weiß nicht
  c) für Maschinen oder die Buchhaltung

- In einem kleinen, engen Raum, z. B. in einem überfüllten Aufzug, habe ich schnell das Gefühl, eingesperrt zu sein.
  a) gelegentlich
  b) selten
  c) nie

- Ich würde mein Leben, wenn ich es noch einmal zu leben hätte,
  a) mir genauso wünschen
  b) weiß nicht
  c) ganz anders planen

- Wenn ich die Wahl hätte, wäre ich lieber
  a) ein Wissenschaftler in der Forschung
  b) teils-teils
  c) ein Manager mit vielen Besprechungen

- Ich rede mit den Leuten nur,
  a) wenn ich etwas zu sagen habe
  b) teils-teils
  c) damit die sich wohl fühlen können

- Wenn man mir freundlicher begegnet, als ich eigentlich erwartet habe, zweifle ich an der Echtheit dieser Freundlichkeit.
  a) stimmt
  b) teils-teils
  c) stimmt nicht

- Wenn Leute eine moralisch überlegene Haltung demonstrieren, regt mich das auf.
  a) nein
  b) teils-teils
  c) ja

Bewältigungsstrategien

Was kann man als Bewerber, z. B. im Rahmen eines Assessment Centers, gegen diese Art der Persönlichkeits(test)-»Notzuchtversuche« tun? Man kann sich schützen, lautet die einfache Antwort. Nur wie?

Zunächst einmal kommt es darauf an, so genannte Persönlichkeitstestverfahren als solche zu erkennen. Zweitens ist es wichtig zu wissen, wer und vor allem wie man ist, also die eigene Persönlichkeit, die eigenen Charaktermerkmale möglichst gut zu kennen. Drittens ist es unbedingt notwendig, in Erfahrung zu bringen, was die andere Seite (z. B. die AC-Beobachter, der Arbeitgeber) für Persönlichkeitsmerkmale erwartet bzw. wünscht. Und viertens muss es einem gelingen – leichter gesagt als getan –, das Übermitteln dieser Merkmale glaubhaft zu gestalten.

Persönlichkeitstestverfahren zu durchschauen, überhaupt erst einmal zu wissen, was auf einen zu- und worauf es ankommt, ist das Gebot der Bewerbungsstunde. Diese Kunst ist erlernbar.

Dazu jetzt die Auflösung zu dem im AC-Bericht geschilderten Beispiel (nummerieren Sie die Aussagen von 1 bis 9 auf den Seiten 381 f.).

Haben Sie gemerkt, worum es geht? Drei »Persönlichkeitsmerkmale« (Faktoren) sind es, die hinter diesen Fragen stehen:

1.
A Sachbezogenheit (kühl und reserviert) gegenüber
B Kontaktorientierung (aufgeschlossen und warmherzig)
Frage 3: Antwort a ist kontaktbezogen, c ist sachbezogen
Frage 6: Antwort a ist sachbezogen, c kontaktbezogen
Frage 7: Antwort a ist sachbezogen, c kontaktbezogen

Haben Sie sich zweimal oder mehr für einen der beiden Faktoren entschieden, ist Ihr Persönlichkeitsbild »festgenagelt«. Sie sind dann also z. B. ein eher kühler, bei dreimal A ein eiskalter Sachmensch ... Bei dreimaliger Kontaktorientierung sind Sie übrigens nicht bloß warmherzig, sondern bereits geschwätzig.

2.
A Vertrauensbereitschaft (vertrauensvoll) gegenüber
B Skeptische Haltung (misstrauisch)
Frage 1: Antwort a ist vertrauensvoll, c misstrauisch
Frage 8: Antwort a ist misstrauisch, c vertrauensvoll
Frage 9: Antwort a ist vertrauensvoll, c misstrauisch

Hier wären die Extrempole (dreimalige Ankreuzung) vertrauensvoll-naiv und »blöd wie ein Schaf« zu sein bzw. ekelhaft, unangenehm, verschlossen und misstrauisch.

3.
A Emotionale Störbarkeit (neurotisch) gegenüber
B Emotionale Stabilität (gelassen)
Frage 2: Antwort a ist neurotisch, c stabil
Frage 4: Antwort a ist neurotisch, c stabil
Frage 5: Antwort a ist stabil, c neurotisch

Hier geht es um die Polaritäten neurotisch-gestört oder »wurschtig«-cool.

Sollten Sie bei diesen neun Fragen mehr als zweimal die Antwortmöglichkeit b angekreuzt haben (teils-teils, weiß nicht, manchmal etc.), laufen Sie Gefahr, als Lügner und Vernebler dazustehen, der den Test nicht offen beantworten will.

Bitte verstehen Sie diesen kleinen Demonstrationstest als eine Art didaktisches Beispiel, ohne an das Ergebnis auch nur im Entferntesten zu glauben. In der Testrealität jedenfalls wird im Prinzip bei der Auswertung so wie hier vorgegangen: Man legt Ihnen die Ankreuzungen entsprechend aus und interpretiert. Dabei kann selten etwas Positives rauskommen. Auf jeden Fall sollten Sie wissen, dass es keinesfalls immer eindeutig einen »guten« und erstrebenswerten gegenüber einem »schlechten« und zu vermeidenden Persönlichkeitsfaktor gibt.

Es ist schwer, generelle Empfehlungen für das Bearbeiten von Persönlichkeitstests auszusprechen, aber achten Sie darauf, die Fragen nicht zu extrem in eine Richtung anzukreuzen. Es geht um die »richtige Mischung« aus folgenden drei Komponenten:

1. Wie stellt sich der Arbeitgeber den idealen Bewerber für diese Position/Aufgabe vor?
2. Wie glauben Sie wirklich zu sein?
3. Ausweichen auf die »teils-teils«-Position.

Wie verhalten Sie sich bei Satzergänzungstests?

Wenn Sie nicht ablehnen können, halten Sie zumindest Ihre Antworten knapp und sozial erwünscht. Bleiben Sie sachlich, vermitteln Sie den Eindruck, dass Sie sich um aufrichtige Antworten bemüht haben, und bewegen

Sie sich im sozial unverfänglichen und konfliktfreien Klischee. Hier ein Beispiel:

- Ich fürchte ... nicht den richtigen Erfolg zu haben.
- Früher war ich ... ein bisschen schüchterner als meine Freunde.
- Es ärgert mich, wenn ... man mir nicht glaubt.

Diesem Beispiel seien andere Ergänzungen gegenübergestellt:

- Ich fürchte ... mich nicht.
- Früher war ich ... ein erfolgreicher Torwart unserer Schulmannschaft.
- Es ärgert mich, wenn ... andere Menschen abergläubisch sind.

Die Gegenüberstellung macht deutlich, dass die Art und Weise der Vervollständigung der Sätze im zweiten Block unverfänglicher ist.

Wie unterläuft man diese Satzergänzungstests? Verdeutlichen Sie sich positive Verhaltensklischees, die man von Ihnen erwarten kann. Machen Sie sich klar: Es geht nicht um Wahrheit oder Ihre reale persönliche Meinung.

Hier zwei Beispiele, wie man negativ formulierte Satzanfänge handhaben sollte:

- Ich fürchte ...
  Antwort: ... in der Regel nichts.
- Ich bin besorgt, wenn ...
  Antwort: ... jemand in meiner Familie ernsthaft erkrankt ist.

Banal wirkende Sätze sind keine Gefahr, sondern eher ein Indiz dafür, dass Sie kein Neurotiker sind. Neurotiker – so die Meinung der Test-Autoren – erkennt man eher an den ernst zu nehmenden, sorgfältig ausgefeilten komplexen Sätzen. Also lieber:

- Ich kann nicht ...
  Antwort: ... klagen.
- Wenn ich einen Fehler mache, dann ...
  Antwort: ... bemühe ich mich, ihn zu korrigieren.
- Als man mir sagte, das könne ich nicht, ...
  Antwort: ... bat ich, es doch einmal versuchen zu dürfen.
- Wenn alles misslingt, dann ...
  Antwort: ... suche ich nach der Ursache und beseitige sie.

Das sind gute Beispiele für die banale, aber positive Ergänzung von negativen Satzanfängen, mit dem Resultat einer günstigen Interpretation Ihrer Persönlichkeit.

Sport und körperliches Leistungsvermögen

Egal ob Sie sich bei der Polizei, Bundespolizei, Bundeswehr, Feuerwehr oder in der Justiz beworben haben, Sie werden in jedem Fall einer ausführlichen gesundheitlichen und sportlichen Prüfung unterzogen.

Auf diese Tests können Sie sich selbst sehr einfach vorbereiten: Fast immer bekommen Sie bei Ihrer Bewerbung ein Merkblatt nach Hause geschickt, auf dem der Test in den Grundzügen – teilweise sogar sehr genau – beschrieben ist. Beginnen Sie mit dem Training für den Sporttest möglichst gleich nach dem Abschicken Ihrer Bewerbung. Kondition bekommt man nicht innerhalb von zwei Tagen. Überhaupt ist Kondition das A und O einer Überprüfung Ihrer sportlichen Fähigkeiten. Üben Sie deshalb nicht nur das, was in der Informationsbroschüre gefordert wird, sondern besser mehr! Bedenken Sie, dass es sich um einen Einstellungstest handelt, der für Sie u.U. sehr wichtig sein kann. Häufig ist man bei einem solchen Test auch aufgeregt und fühlt sich nicht richtig wohl. Da kann es nur positiv sein zu wissen, dass man die Anforderungen bereits im Training locker geschafft hat. Üben Sie mit einem Helfer, der sich für Sie die Zeit bei den entsprechenden Übungen nimmt. Teilweise ist es sogar möglich, bei der Polizei an so genannten »Informationstagen« sich einen ersten Eindruck über die spätere Arbeit zu vermitteln, sich sehen zu lassen und Interesse zu bekunden (!) – und sogar den originalgetreuen Sporttest ohne Druck zu absolvieren.

Hier einige Beispiele, was Sie in Sporttests der verschiedenen Bundesländer erwarten kann.

Polizei / Bundespolizei / Bundeswehr / Justiz

Die Sporttests für die Polizei bzw. den Justizdienst sind sich meist sehr ähnlich. Häufig ist es so, dass die jeweiligen Institutionen entweder direkt bei der Bewerbung, spätestens aber auf Nachfrage die Übungen des Sporttests bekannt geben. Einen möglichen Test haben wir aufgeführt.

Start des sportlichen Einstellungstests um 9 Uhr morgens. Der gesamte Sporttest findet in einer Sporthalle statt und dient der Überprüfung der körperlichen Fitness des Bewerbers.

Begonnen wird mit einem Sprinttest. Dabei müssen folgende Leistungen erbracht werden:

Distanz: 35 Meter
Mindestleistung: Frauen: maximal 6,2 Sekunden
Männer: maximal 5,7 Sekunden

Danach folgt ein Konditionstest:

- Überwindung eines 1,8 m hohen Sprungtisches mit Hilfe eines Kletterseils
- Durchsteigen einer Sprossenwand
- Unterschwung an einem Stufenbarren
- Balancieren mit einem Medizinball über eine umgedrehte Turnbank, in der Mitte Vollführung einer 360°-Wende
- Grätsche mit Hilfe eines Sprungbrettes über einen Bock:
  Frauen: Bockhöhe 1,2 m
  Männer: Bockhöhe 1,3 m
- Slalomlauf durch eine Pylonenbahn mit einem Basketball
- Vollführung einer Vorwärtsrolle auf einer Turnmatte
- Durchkriechen von drei auf dem Boden stehenden Kastenrahmen
- Hürdensprung
  Frauen: 1 Hürde, Höhe 0,7 m
  Männer: 2 Hürden, Höhe 0,7 m und 0,8 m
- Bankdrücken aus einer Kniebeuge – Bank ist in einer Sprossenwand etwa in Augenhöhe des Bewerbers eingehangen.
  Bank, d. h. auch die Arme, müssen ganz hochgedrückt werden
  Frauen: 6 ×
  Männer: 10 ×

Die maximale Zeit für diesen Test ist für

Frauen: 2:15 Minuten
Männer: 1:55 Minuten

Der *Prüfungsparcours* könnte in etwa wie folgt aufgebaut sein:

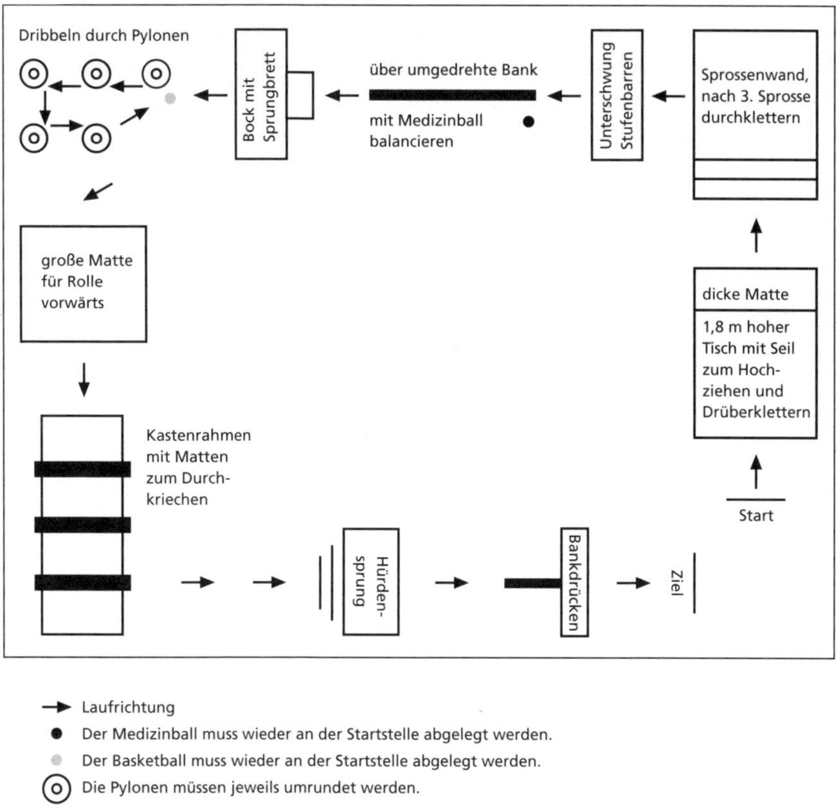

Als letzter Teil im Sporttest folgt ein *Ausdauerlauf.* Ohne Unterbrechung müssen Frauen mindestens 13 Runden, Männer mindestens 16 Runden in der Halle laufen. Die Zeit beträgt für Männer und Frauen maximal 7:30 Minuten. Eine Runde entspricht circa 90 m, d. h., insgesamt müssen 1.170 bzw. 1.440 m zurückgelegt werden.

Für alle (Sport-)Tests erhalten Sie Punkte. Sollte ein Teiltest nicht bestanden werden, so führt das häufig zum Ausschluss des Bewerbers.

Zum Testende werden alle Punkte zusammengezählt und mit den Ergebnissen Ihrer Mitbewerber verglichen. Daraus wird eine Liste erstellt, bei der die Besten deutlich bessere Chancen haben, die wenigen Ausbildungs- bzw. Studienplätze zugewiesen zu bekommen.

Feuerwehr

Hier einige Informationen zu den Sporttests bei Berufsfeuerwehren. Sollten Sie neue und andere Erfahrungen machen, informieren Sie uns bitte. Wir werden diese Informationen dann zusammenfassen und im Internet anonymisiert unter *www.testtraining-spezial.de* veröffentlichen.

Hier einige Auszüge aus unseren Informationen. Wir möchten noch mal bemerken, dass die Sporttests der Berufsfeuerwehren wesentlich anspruchsvoller sind als die bei der Polizei und im Justizdienst:

Berufsfeuerwehr Bremen

- Ausdauerlauf: 1.000 m in weniger als 3:50 Minuten
- Durchquerung eines Hindernisparcours mit Atemschutzanzug bzw. -maske, vorher und anschließend 30 Hammerschläge (ebenfalls noch unter der Atemschutzmaske)
- Erklimmen einer 30 m hohen Drehleiter bis zum Ende und herabklettern – dies soll zügig ohne Stocken erfolgen!
- 25 m Streckentauchen
- Kugelstoßen, mindestens 8 m
- 200 m Schwimmen in weniger als 6 Minuten

Berufsfeuerwehr Braunschweig

- 3 km Geländelauf, zu absolvieren in 23 Minuten
- Erklimmen einer 30 m hohen Drehleiter bis zum Ende und herabklettern – dies soll zügig ohne Stocken erfolgen!
- Demonstrieren handwerklichen Geschickes:
  Bau einer Bockleiter durch Verbinden von Stricken
- Holzbalken miteinander so verbinden, dass sie sich nicht mehr verschieben lassen

Berufsfeuerwehr Hannover

- Der Test selbst findet im K.O.-System statt.
- Weitsprung
- 100-m-Lauf
- 4.000-m-Lauf
- 1.000 m Schwimmen
- Gewichte heben
- Kugelstoßen
- Hochsprung

Auswahlverfahren der Polizei in Österreich

Die folgenden Informationen beziehen sich auf die Auswahlverfahren der Polizei in Österreich. Auch wenn sich die deutschen Einstellungstest geringfügig unterscheiden, können Sie hier einen guten Eindruck erhalten, was bei anderen Institutionen gefordert wird.

Grundvoraussetzungen

Die Grundvoraussetzungen für die Aufnahme in den sogenannten Exekutivdienst erhalten Sie automatisch, wenn Sie sich für den Polizeiberuf interessieren. Wir bieten Ihnen hier exemplarisch eine Orientierung. Bitte informieren Sie sich rechtzeitig vor einer Bewerbung, ob Sie die Zulassungsvoraussetzungen erfüllen. Für eine Aufnahme in den Exekutivdienst müssen Sie folgende Anforderungen erfüllen:

- Besitz der Österreichischen Staatsbürgerschaft
- Besitz der vollen Handlungsfähigkeit, mit Ausnahme von Alterseinschränkungen wegen einer eventuellen Minderjährigkeit
- Alter zwischen 18 und 30 Jahre
- Mindestgröße zwischen 1,63 m für Frauen und 1,68 m bei Männern
- Body-Mass-Index (BMI) zwischen 18 und 25.

  Hinweis: $\text{BMI} = \dfrac{\text{Gewicht in kg}}{(\text{Körpergröße in Metern})^2}$
- Sollte eine Sehschwäche vorhanden sein, so wird ein ärztliches Attest gefordert. Den Vordruck hierzu erhalten Sie in einem Fragebogen
- keine gesundheitlichen Einschränkungen
- Nachweis der Schwimmfähigkeit (wird im Test gefordert)
- Unbescholtenheit, d. h. insbesondere keine Vorstrafen, kein Führerscheinverlust o. Ä.
- Ableistung des Grundwehrdienstes bis zum Dienstantritt
- Besitz der Fahrerlaubnis der Klasse B
- erfolgreich bestandener Einstellungstest

Aufnahmeverfahren

Das Aufnahmeverfahren für Polizeibewerber in Österreich gliedert sich – wie auch in Deutschland und der Schweiz – in mehrere Teile. Zunächst ist ein schriftlicher Test zu absolvieren, anschließend ein Sporttest und die Untersuchung durch einen Arzt.

Schriftlicher Einstellungstest

Der schriftliche Einstellungstest dauert insgesamt ca. 4 Stunden und setzt sich aus den folgenden Teilen zusammen:

- Überprüfung der neuen Rechtschreibung in Form eines Diktats
- Grammatiktest
- Intelligenztest
- Persönlichkeitstest

Diese Testaufgaben finden Sie in diesem Buch ausführlich erklärt und mit Übungsbeispielen. Die Teilnehmer werden an Hand eines Punktesystems benotet und in eine Reihenfolge gebracht, bei der die aussichtsreichsten Bewerber zu einem Aufnahmegespräch, der sogenannten Exploration eingeladen werden. Die bei der Exploration erreichten Punktwerte werden mit denen aus dem schriftlichen Test summiert und danach erneut eine Rangliste erstellt. Die hier wieder erfolgreichsten Bewerber erhalten anschließend eine Einladung zur ärztlichen Untersuchung. Bei negativem Testergebnis erfolgt eine Absage.

Ärztliche Untersuchung

Mit einer ärztlichen Untersuchung wird bei den Bewerbern die Polizeidiensttauglichkeit, die Eignung für die Exekutive, festgestellt. Untersucht werden dabei u. a.

- die allgemeine Körperkonstitution, z. B. Größe und Gewicht
- die Seh- und Gehörleistung
- Laborwerte
- die Lungenfunktion (auch Lungenröntgen)
- die Blutwerte auf HIV

Zudem erfolgt ein schriftlicher Persönlichkeitstest, der MMPI. Nach für den Bewerber positiver Auswertung erfolgt dann der Sporttest.

Sportliche Leistungsüberprüfung

Für den Eintritt und die Ausübung des Polizeidienstes ist die körperliche Leistungsfähigkeit ein entscheidendes Kriterium. Bestimmte Grundvoraussetzungen sollten bereits zum Beginn der Ausbildung vorhanden sein, die in diesem Test abgeprüft werden.

Der Test besteht aus insgesamt vier Teilen:

1. Durchführung eines Medizinischen Bewegungskoordinationstests (MBKT) in Form eines Parcours
2. Durchführung eines Kraft-Ausdauertests in Form von Liegestützen
3. Durchführung eines 3.000-m-Lauftests
4. Durchführung eines Schwimmtests (100 m Freistil)

Um während der Ausbildung die psychische und physische Leistungsfähigkeit weiter ausbauen zu können, ist es für eine Einstellung erforderlich, eine mindestens durchschnittliche Fitness in der entsprechenden Altersgruppe vorzuweisen. Die Leistungsstufen unterscheiden sich dabei geringfügig für Männer und für Frauen.

Sporttest	**Einheit**	**Sollwert Männer**	**Sollwert Frauen**
MBKT	Sekunden	Max. 32,2	Max. 37,7
Liegestütze	Anzahl	21 und mehr	12 und mehr
3000 m Laufen	Min. : Sek.	Max. 13:42,1	Max. 18:30,0
100 m Schwimmen	Min. : Sek.	Max. 1:51,0	Max. 2:11,1

Der Medizinische Bewegungskoordinationstest (MBKT) ist ein Kraft-Ausdauer-Geschicklichkeitstest und wird in einer Sporthalle durchgeführt. Für einen ersten Eindruck schauen Sie sich bitte den exemplarisch beschriebenen Hallenaufbau auf Seite 389 an. Der Testaufbau ähnelt dem, der Sie auch in Österreich erwartet.

Beim Liegestütztest soll Ihre lokale Muskelausdauer sowie die Belastbarkeit der Arm- und Rumpfmuskulatur überprüft werden. Hierbei sollen Sie bei gestreckter Körperlinie möglichst viele Liegestütz korrekt ausführen und bei jedem Absenken des Körpers mit der Nasenspitze den Boden berühren. Ein Liegestütz wird nur als korrekt gewertet, wenn nach der Bodenberührung der Nase die Arme anschließend wieder vollständig durchgestreckt werden. Ein kurzes Verharren in der oberen Position ist erlaubt, solange keine Unterbrechung stattfindet, wie z. B. ein Abknien.

Beim nun folgenden Lauftest sollen Sie 3000 m in möglichst kurzer Zeit zurücklegen. Dieser Test ist ein Grundlagenausdauertest, der die Herzkreislaufausdauer abprüft und bestätigen soll, dass die Grundanforderungen im Polizeidienst erreicht werden. Der Test sollte in einem möglichst gleichmäßigen Tempo absolviert werden, wobei aber auch kurzes Gehen erlaubt ist, so es erforderlich ist.

Um in den Polizeidienst eintreten zu können, ist es eine Grundvoraussetzung, gewisse Schwimmfertigkeiten vorzuweisen. Immer wieder kommen Beamte in die Situation, dass sie unter hoher Eigengefährdung Menschen aus Gewässern retten müssen. Sichere Schwimmfertigkeiten sind hierfür unabdinglich. Ihre Aufgabe bei diesem Test ist es, 100 m in einem Zug in einem freien Schwimmstil durchzuschwimmen. Der Start darf dabei wahlweise von Land oder vom Wasser aus erfolgen.

Ergebnisse und Reihenfolge

Die Auswahl der Kandidaten für einen Ausbildungsplatz für den Exekutivdienst erfolgt anschließend in Summierung aller Testergebnisse und der Bildung einer Rangreihenfolge. Eingestellt werden dann die Besten im Rahmen der zur Verfügung stehenden freien Planstellen.

Spezielle Auswahlverfahren innerhalb der Polizei

Nun stellen wir Ihnen weitere Auswahlverfahren bzw. Grundvoraussetzungen vor, wenn Sie sich innerhalb der Polizei in eine spezielle Abteilung bewerben wollen.

Wiener Einsatzgruppe Alarmabteilung (WEGA)

Die WEGA, die Wiener Einsatzgruppe Alarmabteilung, nimmt spezielle ordnungsdienstliche Aufgaben wahr sowie Amtshandlungen mit höherem Gefährdungsgrad. Die Grundvoraussetzungen für einen Dienst in der WEGA sind:

- erfolgreiche Absolvierung der Grundausbildung
- einjährige exekutive Außendiensterfahrung
- aktuelle Ausschreibung eines Auswahlverfahrens
- Bereitschaft zur bundesweiten Dienstverrichtung
- Bereitschaft zur Teilnahme an speziellen Ausbildungen für den Dienst in der WEGA

Das Auswahlverfahren besteht aus folgenden Teilen, die alle für sich erfolgreich absolviert werden müssen:

- ärztliche Untersuchung für den Dienst in der WEGA
- Cooper Sporttest; Lauftest von 3.000 m in maximal 14 Minuten
  - Klimmzüge
  - Standweitsprung
  - Geschicklichkeitstest in Form eines Parcours
  - Sit-ups
  - Treppensteigen
  - Liegestütz
- Überprüfung der Schießfertigkeiten
- Aufnahmegespräch mit anschließender Gesamtbeurteilung

Bei positivem Gesamtergebnis werden die Bewerber in eine Rangreihenfolge gebracht und die Stellen entsprechend besetzt. Für die Bewerber erfolgt dann die 6-monatige Grundausbildung für den Einsatzdienst in der WEGA. Für den Verbleib in der WEGA ist ein jährlicher Leistungstest erforderlich.

Landesverkehrsabteilung

Die Landesverkehrsabteilung ist primär für die Überwachung und Lenkung des Straßenverkehrs zuständig. Sie versieht ihren Dienst bei Schwerpunktkontrollen, Lotsungen und Großveranstaltungen (im Verkehrsbereich). Zugang zur Landesverkehrsabteilung erhält man, wenn man folgende Anforderungen erfüllt:

- erfolgreich abgeschlossene Grundausbildung
- mindestens einjährige Außendiensterfahrung
- Führerscheine der Klassen A (unbeschränkt) und B
- überdurchschnittliche Leistungen im Ausbildungsfach Verkehrsrecht
- keine nachteiligen Eintragungen in der Dienstakte
- Höchstalter von 32 Jahren
- bester Gesundheitszustand
- gute Ortskenntnisse
- erfolgreich bestandener Grundausbildungslehrgang für die Landesverkehrsabteilung mit u. a. folgenden Themen:
  - Fahrtechnik und Fahrverhalten in komplexen, dynamischen Situationen
  - Kontrolle vom Schwerlastverkehr und Gefahrguttransporten
  - Ehren- und Sicherungsgeleite

Strom- und Schifffahrtspolizei

Die Aufgaben der Strom- und Schifffahrtspolizei liegen primär in der Überwachung des Motorboot- und Schiffsverkehrs. Dazu kommen Fischerkontrollen, die Überwachung des Badebetriebs, Hilfeleistungen, Grenzüberwachungen, Landgangsgenehmigungen und die Durchführung von Land- und Bootsstreifen. Bewerben kann man sich bei der Strom- und Schifffahrtspolizei unter folgenden Voraussetzungen:

- Erfolgreich abgeschlossene Grundausbildung
- Mindestens zweijährige Außendiensterfahrung
- Helferschein der Österreichischen Wasserrettung

Diensthundeeinheit

Die Diensthundeeinheit versieht im Regelfall Streifendienst unter Begleitung von speziell ausgebildeten Diensthunden. Diese erhalten neben einer Grund- auch eine Spezialausbildung, z. B. zur Erkennung von Suchtgiften, Leichen-, Sprengstoff- und Fährtensuche. Weiter werden die Hunde regelmäßig zur Durchsuchung von Objekten und bei Großveranstaltungen eingesetzt. Die Diensthunde werden grundsätzlich von der Behörde gestellt, wobei aber auch geeignete Privathunde unter bestimmten Voraussetzungen Verwendung finden können. Da der Diensthund auch in seiner dienstfreien Zeit beim Hundeführer verbleibt, muss dieser über eine geeignete Unterbringungsmöglichkeit für das Tier verfügen. Zugang zur Diensthundeeinheit erhält man unter folgenden Voraussetzungen:

- Erfolgreich abgeschlossene Grundausbildung
- Mindestens 2-jährige Außendiensterfahrung
- Möglichkeit einer artgerechten Hundehaltung beim Beamten
- Erfolgreich absolvierter Grundlehrgang. Dieser ist in mehrere Abschnitte untergliedert, wobei der erste Abschnitt 10 Wochen dauert und mit einer Zwischenprüfung endet. Danach folgt der zweite Abschnitt mit einer 6-monatigen Verwendung auf verschiedenen Polizeiinspektionen. Anschließend folgte der letzte Ausbildungsabschnitt, der nach drei Wochen mit der Prüfung zum Diensthundeführer endet.

Aufstiegsmöglichkeiten

Nach mehrjähriger Dienstzeit besteht grundsätzlich für alle Beamten die Möglichkeit, sich für spezielle Tätigkeiten zu bewerben. Die Aufstiegskurse werden je nach Verfügbarkeit der Planstellen ausgeschrieben und im Rahmen einer Bestenauslese besetzt.

Ausbildung zum dienstführenden Exekutivbeamten (E2a)

Die Ausbildung zum dienstführenden Exekutivbeamten dauert 4 Monate. Voraussetzungen für eine Teilnahme sind:

- erfolgreich abgeschlossene Grundausbildung
- mindestens dreijährige Verwendung im Exekutivdienst nach Ernennung in die Verwendungsgruppe E2b
- erfolgreich absolvierte Aufnahmeprüfung

Nach Abschluss des Kurses erfolgt die Verwendung als Dienststellenleiter bzw. mit vorwiegend kriminalpolizeilichen Tätigkeiten im Landespolizeikommando Wien.

Ausbildung zum leitenden Exekutivbediensteten (Offizier)

Für eine Ausbildung zum leitenden Exekutivbediensteten ist der Fachhochschul-Bachelor-Studiengang »Polizeiliche Führung« erforderlich. Die Zugangsvoraussetzungen unterscheiden sich, ob Matura vorhanden ist oder nicht.

Mit Matura:

- mindestens einjährige Dienstverwendung als Dienstführender Exekutivbeamter
- erfolgreich absolvierte Aufnahmeprüfung
- Höchstalter 42 Jahre

Ohne Matura:

- Mindestens dreijährige Dienstverwendung als Dienstführender Exekutivbeamter

Die Kursdauer beträgt 6 Semester. Dabei ist ein Semester anrechenbar aus dem Grundausbildungslehrgang für Dienstführende und das 6. Semester beinhaltet nur geringe Anwesenheitszeiten wegen der zu erstellenden Abschlussarbeiten. Das Studium endet mit dem Abschluss: Bachelor of Arts »Polizeiliche Führung«.

Hinweise zum Erscheinungsbild

Exekutivbeamte haben ihr Erscheinungsbild so zu wählen, dass das Vertrauen der Bürger in die besondere Stellung des Organs und der Uniform jederzeit gewährleistet ist. Aus diesem Grund sollte schon bei den Einstellungstests auf auffällige Kleidung, Haare (Schnitt, Länge, Färbung etc.) oder Schmuck verzichtet werden. Tätowierungen sollten sich von Kleidung bedecken lassen und können ggf. ein Ausschlusskriterium darstellen.

Test-Bearbeitungshilfen

Worauf es ankommt

Worauf kommt es wirklich an, wenn Sie sich mit Testaufgaben, wie sie in unserem Buch präsentiert werden, auseinander setzen müssen? Zunächst einmal auf die richtige Vorbereitung. Und da sind Sie mit der Lektüre dieses Buches ja mittendrin.

Drei Aspekte sind zu berücksichtigen:
- die emotionale
- die intellektuelle und
- die organisatorische Vorbereitung.

Was heißt das? Machen Sie sich mit der Prüfungssituation »Test« bereits im Vorfeld vertraut. Größtmögliche Gelassenheit ist anzustreben. Das bedeutet einerseits die Bereitschaft, wirklich etwas dafür zu tun, damit es klappt. Andererseits darf man seine Enttäuschung nicht zu groß werden lassen, wenn es nicht auf Anhieb gelingt, den angestrebten Arbeitsplatz zu bekommen.

Machen Sie Ihr Selbstwertgefühl nicht vom Testergebnis abhängig. Das Testresultat ist kein »Gottesurteil« und sagt absolut nichts über Ihren Wert als Mensch und über Ihre angebliche (Nicht-)Eignung für einen speziellen Beruf bzw. für eine bestimmte Hierarchieebene aus.

Bauen Sie Ihre Test-, Autoritäts- und Wissenschaftsgläubigkeit ab und versichern Sie sich der unterstützenden Solidarität wichtiger Personen in Ihrer Umgebung. Zeigen Sie einfach den Besserwissern und Meckerern ein paar Testaufgaben, und das mit der Aufforderung, diese doch selbst einmal zu lösen …

Ganz wichtig ist das Sammeln von Informationen über Tests und Bewerbungsverfahren bei den für Sie interessanten Arbeitgebern. Tests kann man – wie vieles im Leben – sehr gut üben (auch wenn man aus verständlichen Gründen von Testanwenderseite versucht, Ihnen gerade das auszureden ...).

Falls es bei Ihnen um einen beruflichen Einstieg geht: Bewerben Sie sich doch einfach mal nur unter dem Aspekt, Test- (und Bewerbungs-)Erfahrungen zu sammeln. Erste Testerfahrungen sollten Sie besser nicht bei Ihrem Traum-Arbeitsplatzanbieter sammeln!

Ohne gute Organisation ist alles mindestens doppelt so schwer, und wer zu spät kommt, den bestraft das Leben. Beruhigungsmittel etc. sind keine Lösung, sondern ein unkalkulierbares Risiko.

Bevor wir auf die wichtigsten Bearbeitungsregeln für Testaufgaben zu sprechen kommen, erscheint es uns unbedingt notwendig, noch einmal auf Folgendes hinzuweisen:

Von wissenschaftlicher Seite wird der These entschieden widersprochen, man könne vom Test- auf den Berufserfolg schließen. Es ist also, wie gesagt, enorm wichtig, sein Selbstwertgefühl nicht vom Testergebnis abhängig zu machen, sondern den daraus abgeleiteten angeblichen Vorhersagen kräftigst zu misstrauen.

Nun die wichtigsten Bearbeitungsregeln für Testaufgaben:

- Nutzen Sie die Zeit der Aufgabenerklärung zu Beginn der Tests: Verdeutlichen Sie sich das Aufgaben- und Lösungsschema, versuchen Sie, sich an ähnliche, bereits gelöste Aufgaben aus Testtrainingsbüchern zu erinnern. Fragen Sie den Testleiter bei Unklarheiten, solange dazu Gelegenheit besteht.
- Arbeiten Sie so schnell wie möglich, mit einem sinnvollen Maß an Sorgfalt.
- Beißen Sie sich nicht an schwierigen Aufgaben fest. Sie verlieren sonst wertvolle Bearbeitungszeit für andere, vielleicht viel leichtere Aufgaben. In der Regel sind Testaufgaben nach steigendem Schwierigkeitsgrad angeordnet.
- Sind verschiedene Antwortmöglichkeiten vorgegeben, wenden Sie bei Zweifeln bezüglich der richtigen Lösung die folgenden Strategien an:
  - Versuchen Sie, falsche Lösungen zu eliminieren, um so die richtige »einzukreisen« (Ausschlussstrategie). Es ist leichter, z. B. unter zwei verbleibenden Möglichkeiten auszuwählen als unter mehreren.
  - Raten Sie notfalls lieber eine Lösung, anstatt gar nichts anzukreuzen. Aber Achtung: Bei einigen Tests – wir haben in diesem Buch bereits an entsprechender Stelle darauf hingewiesen – können falsche Antworten mit Punktabzug bedacht werden.

Sollte es bei Ihrem nächsten Test nicht klappen, können Sie trotzdem zu den Gewinnern gehören, wenn Sie aus den Erfahrungen lernen und nicht aufgeben. Das mag zynisch klingen, ist aber die Realität. Denken Sie an Lotto-Spieler – die geben auch nicht gleich auf, wenn sie am Wochenende keine sechs Richtigen haben. Bei allem Verständnis für Mühe und Enttäuschungen: Das oberste Bewerbungsgebot heißt heutzutage: durchhalten, nicht aufgeben und weiter bewerben, bis es endlich klappt. Einmal mehr muss darauf hingewiesen werden: Nicht der Hauptteil der Bewerber und der Getesteten fällt durch, sondern Tests und Testanwender sind die eigentlichen Versager.

Noch ein genereller Tipp: Sie sollten nur Tests mitmachen, wenn Sie sich absolut gesund fühlen und gut ausgeschlafen haben. Zusätzliche Belastungen neben dem Teststress sind möglichst zu vermeiden oder sollten dann dazu führen, einen neuen Testtermin zu vereinbaren. Mit einer guten Begründung kann man dies in der Regel leicht erreichen.

Pünktliches Erscheinen am Testort versteht sich von selbst. Wer abgehetzt zum Testtermin kommt, verschlechtert seine Chancen. Wichtig ist die Information über die Testdauer. Manche Tests können bis zu acht Stunden dauern. Deshalb ist es ratsam, neben Schreibutensilien auch etwas Ess- und Trinkbares mitzubringen (Traubenzucker, Schokolade etc.).

In Pausen, die es hoffentlich gibt, kann ein Gespräch mit dem Nachbarn, der sicherlich genauso aufgeregt ist wie Sie, durchaus entspannend wirken. Nach dem Test- und Bewerbungsstress sollte man nicht vergessen, sich zu belohnen. (Was das sein könnte, weiß hoffentlich jeder selbst.)

Mathematische Grundregeln

Werte verschiedener Konstanten

$\pi \approx 3{,}14$

$c = 3 \times 10^8$ m/s = 300.000 km/s	(Lichtgeschwindigkeit)
$v_s = 330$ m/s	(Schallgeschwindigkeit bei Normaldruck)
$g = 9{,}81$ m/s^2	(Erdbeschleunigung)

Potenzgesetze

$a^x a^y = a^{x+y}$

$1/a = a^{-1}$

$(a^x)^y = a^{xy}$

$\sqrt[n]{a} = a^{1/n}$

$a^x b^x = (ab)^x$

$a^m/a^n = a^{m-n}$

$a^n/b^n = (a/b)^n$

Eine Zahl hoch 0 ist immer gleich 1.

Ausnahme: 0^0 ist mathematisch nicht definiert.

Wurzeln

$\sqrt{2} \approx 1{,}414$

$\sqrt{3} \approx 1{,}732$

$\sqrt{5} \approx 2{,}236$

Quadratzahlen

$2^2 = 4$	$7^2 = 49$	$12^2 = 144$	$17^2 = 289$
$3^2 = 9$	$8^2 = 64$	$13^2 = 169$	$18^2 = 324$
$4^2 = 16$	$9^2 = 81$	$14^2 = 196$	$19^2 = 361$
$5^2 = 25$	$10^2 = 100$	$15^2 = 225$	$20^2 = 400$
$6^2 = 36$	$11^2 = 121$	$16^2 = 256$	

Zweierpotenzen

n	2	3	4	5	6	7	8	9	10
2^n	4	8	16	32	64	128	256	512	1024

Zehnerpotenzen

10^n : Zahl mit n Nullen; z. B. $10^3 = 1.000$

10^{-n} : Kommazahl mit n Nullen (inkl. Null vor dem Komma); z. B. $10^{-3} = 0{,}001$

Beispiele:

$4.440.000 = 4{,}4 \times 10^6$

$0{,}05 = 5 \times 10^{-2}$

Logarithmus (Zehnerlogarithmus)

$\lg(a) = x \rightarrow 10^x = a$

$\lg(100) = 2 \rightarrow 10^2 = 100$

$\lg(42) \approx 1{,}62 \rightarrow 10^{1{,}62} \approx 42$

Dreieck

Grundseite: eine beliebige Seite des Dreiecks, die als Bezugsseite genommen wird.
Höhe: steht senkrecht auf einer Seite und geht durch den gegenüberliegenden Dreieckspunkt.
Seitenhalbierende: halbiert eine Seite und geht durch den gegenüberliegenden Dreieckspunkt. Die drei Seitenhalbierenden teilen sich gegenseitig im Verhältnis 1 zu 2. Der Schnittpunkt der Seitenhalbierenden ist der Schwerpunkt eines (gleichmäßig mit Masse belegten) Dreiecks.

Fläche eines Dreiecks: $A = \frac{1}{2} g \times h$ (g = Grundseite, h = Höhe)

Rechtwinkliges Dreieck

Katheten sind Dreiecksseiten, die aufeinander senkrecht stehen.
Die *Hypotenuse* ist die Seite, die dem rechten Winkel gegenüberliegt.

Satz des Pythagoras im rechtwinkligen Dreieck

$(\text{Hypotenuse})^2 = (\text{Kathete } 1)^2 + (\text{Kathete } 2)^2$

$$c^2 = a^2 + b^2$$

Trigonometrie

$\sin \alpha$ = Gegenkathete / Hypotenuse
$\cos \alpha$ = Ankathete / Hypotenuse
$\tan \alpha$ = Gegenkathete / Ankathete

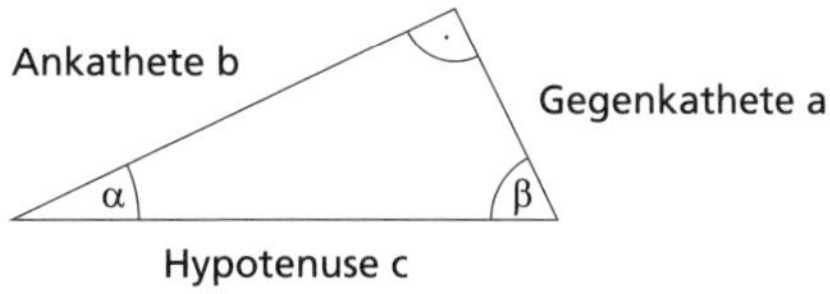

Spezielle Werte für Sinus- und Cosinusfunktionen

$\sin 0° = \sqrt{\frac{0}{2}} = 0 = \cos 90°$

$\sin 30° = \sqrt{\frac{1}{2}} = 0{,}5 = \cos 60°$

$\sin 45° = \sqrt{\frac{2}{2}} \approx 0{,}71 = \cos 45°$

$\sin 60° = \sqrt{\frac{3}{2}} \approx 0{,}86 = \cos 30°$

$\sin 90° = \sqrt{\frac{4}{2}} = 1{,}0 = \cos 0°$

Parallelogramm *(Viereck mit genau zwei parallelen Seiten)*
Fläche: $A = g \times h$

Raute *(Viereck mit vier gleich langen Seiten)*
Die Diagonalen der Raute schneiden sich immer rechtwinklig.

Kreis
Umfang: $U = 2\pi r$
(r = Radius)
Fläche: $A = \pi r^2$

Kugel
Volumen: $V = \frac{4}{3}\pi r^3$
Oberfläche: $O = 4\pi r^2$

Kegel
Volumen: $V = \frac{1}{3}\pi r^2 h$
(h = Höhe des Kegels,
r = Radius der Grundfläche)

Längenmaße

		mm	cm	dm	m	km
Millimeter (mm)	=	1	0,1	0,01	0,001	0,000001
Zentimeter (cm)	=	10	1	0,1	0,01	0,00001
Dezimeter (dm)	=	100	10	1	0,1	0,0001
Meter (m)	=	1.000	100	10	1	0,001
Kilometer (km)	=	1.000.000	100.000	10.000	1.000	1

Flächenmaße
Metrisch:

1 cm^2	=	1 Quadratzentimeter	=	100 mm^2
1 dm^2	=	1 Quadratdezimeter	=	100 cm^2
1 m^2	=	1 Quadratmeter	=	10.000 cm^2
1 km^2	=	1 Quadratkilometer	=	1.000.000 m^2
1 a	=	1 Ar	=	100 m^2
1 ha	=	1 Hektar	=	10.000 m^2

Nicht metrisch:
1 Morgen = 2553 m^2 (Quadrat mit 50,53 m Seitenlänge)

Gewichte und Stückmaße

		mg	cg	g	kg
Milligramm mg	=	1	0,1	0,001	0,000001
Zentigramm cg	=	10	1	0,01	0,00001
Gramm g	=	1.000	100	1	0,001
Kilogramm kg	=	1.000.000	100.000	1.000	1

100 kg = 1 Doppelzentner (dz)
1.000 kg = 1 Tonne (t)

Körper- und Hohlmaße

1 Kubikzentimeter cm^3 = 1.000 Kubikmillimeter
1 Kubikdezimeter dm^3 = 1.000 Kubikzentimeter
1 Kubikmeter m^3 = 1.000 Kubikdezimeter

		dl	l	hl	m^3
Deziliter dl	=	1	0,1	0,001	0,0001
Liter l	=	10	1	0,01	0,001
Hektoliter hl	=	1.000	100	1	0,1
Kubikmeter m^3	=	10.000	1.000	10	1

Raummaße

Metrisch:

1 m^3	=	1 Kubikmeter	=	1.000 Liter
1 l	=	1 Kubikdezimeter	=	1.000 cm^3
1 cm^3	=	1 Kubikzentimeter	=	1.000 mm^3
1 mm^3	=	1 Kubikmillimeter		
1 hl	=	1 Hektoliter	=	100 Liter

Regeln zur Bruchrechnung

Addieren und Subtrahieren von Brüchen:

Beispiel: $\frac{1}{4} + \frac{1}{5}$

1. Suchen Sie den gemeinsamen Hauptnenner:
   $4 \times 5 = 20$
   Es gibt keine Zahl < 20, die sich sowohl durch 4 als auch durch 5 dividieren lässt, ohne dass wir die Menge der positiven ganzen Zahlen verlassen müssten.
2. Überlegung: Wenn wir im Nenner von $1/4$ nun den Nenner 20 stehen haben, müssen wir auch den Zähler mit 5 multiplizieren; also 1 mal 5.
   $\rightarrow \frac{5}{20}$
   Dasselbe tun wir mit $\frac{1}{5}$ mal 4 = $\frac{4}{20}$
3. Nun haben wir auszurechnen:
   $\frac{5}{20} + \frac{4}{20} = \frac{5+4}{20} = \frac{9}{20}$

Multiplizieren von Brüchen:

$\frac{8}{9} \times \frac{7}{16}$

$\frac{\text{Zähler mal Zähler}}{\text{Nenner mal Nenner}} \quad \frac{8 \times 7}{9 \times 16} = \frac{56}{144}$

→ Kürzen (das heißt durch eine Zahl dividieren, damit wir einen echten Bruch erhalten)

Man kann durch 8 kürzen:

$\frac{56}{144} = \frac{7}{18}$

$\frac{7}{18}$ können wir nun nicht mehr verändern!

Dividieren von Brüchen:

$\frac{5}{2} : \frac{8}{11}$

Brüche werden dividiert, indem man ihren Kehrwert multipliziert.

Der Kehrwert von $\frac{8}{11}$ ist $\frac{11}{8}$

→ $\frac{5}{2} \times \frac{11}{8}$ (siehe oben) = $3\,\frac{7}{16}$

Hilfe zu Textaufgaben

Hier zur Wiederholung die fünf häufigsten Arten von Textaufgaben und deren Lösungsschemata:

a) *Aufgaben nach dem Schema a × b = c × ?*

Beispiel: Ein Essensvorrat reicht für 12 Leute insgesamt 36 Tage aus. Wie lange würde er für 8 Leute reichen?

Lösung:

12 × 36 = 8 × ?

432 = 8 × ?

432 : 8 = 54

Der Essensvorrat reicht insgesamt 54 Tage.

b) *Aufgaben mit zwei Unbekannten*

Beispiel: Zwei Brüder sind zusammen x Jahre alt.

Wie alt ist der jüngere Bruder, wenn der ältere y Jahre älter ist?

Lösung: A = (x – y) : 2

c) *»km«-Aufgaben*

Beispiel: Ein Mann macht mit seiner Frau eine Fahrradtour. Er fährt ab einer bestimmten Stelle, an der beide auf gleicher Höhe sind, 25 km/h. Seine Frau fährt weiterhin konstant mit 15 km/h. Nach 1,2 km hält er an und wartet auf seine Frau. Wie lange muss er warten?

Lösung:
25 km = 60 Minuten
1 km = 2,4 Minuten → 1,2 km = 2,88 Minuten
15 km = 60 Minuten
1 km = 4 Minuten → 1,2 km = 4,8 Minuten
4,8 Minuten – 2,88 Minuten = 1,92 Minuten
Er muss 1,92 Minuten (= 1 Minute, 56 Sekunden) auf seine Frau warten.

d) *Mengen-Aufgaben*
Beispiel: Carsten hat 8 Murmeln, Inga 4 und Jürgen hat gar keine.
Wie viele Murmeln müssen Carsten und Inga abgeben, damit alle gleich viele Murmeln haben?

Lösung:
8 + 4 + 0 = 12
12 : 3 = 4
Für Carsten: 8 – x = 4
Carsten muss 4 Murmeln an Jürgen abgeben.
Für Inga: 4 – x = 4
Inga muss 0 Murmeln abgeben.

e) *Prozentrechnen*
Beispiel: Eine Firma kauft 60 neue Server für 736.000 Euro und erhält dabei einen Mengenrabatt von 8 Prozent. Wie viel hätte die Firma ohne Rabatt zahlen müssen?

Lösung:
x = 100 %
736.000 = (100 – 8) %
736.000 : 92 × 100 = 800.000
Die Firma hätte insgesamt 800.000 Euro zahlen müssen.

Physikalische Grundlagen und Gesetze

Im Folgenden finden Sie die gängigsten physikalischen Grundlagen und Gesetze, die für Ihren Einstellungstest von Bedeutung sein können.

Mechanik

Dichte	$\rho = \frac{m}{V}$	ρ Dichte ($kg/dm^3 = kg/l = g/cm^3$) m Masse (kg) V Volumen ($l = dm^3$ oder cm^3)
Kraft	$F = m \times a$	F Kraft ($N = kg\ m/s^2$) m Masse (kg) a Beschleunigung (m/s^2)
Gewicht	$F_g = m \times g$	F_g Kraft ($N = kg\ m/s^2$) m Masse (kg) g Erdbeschleunigung (m/s^2)
Impuls	$p = m \times v$	p Impuls (kg m/s) m Masse (kg) v Geschwindigkeit (m/s)
Kin. Energie	$E_{kin} = \frac{1}{2} m \times v^2$	E Energie ($J = Nm = kg\ m^2/s^2$) m Masse (kg) v Geschwindigkeit (m/s)
Lageenergie (potenzielle Energie der Lage)	$E_{pot} = m \times g \times h$	E Energie ($J = Nm = kg\ m^2/s^2$) m Masse (kg) g Erdbeschleunigung (m/s^2) h Höhe (m)
Arbeit	$W = F \times s$	W Arbeit ($J = Nm = kg\ m^2/s^2$) F Kraft ($N = kg\ m/s^2$) s Strecke (m)

Leistung	$P = \frac{W}{t}$	P Leistung ($W = J/s = kg\ m^2/s^3$) W Arbeit ($J = Nm = kg\ m^2/s^2$) t Zeit (s)
Druck	$p = \frac{F}{A}$	p Druck (1bar = 10^5 Pa = $10^5 N/m^2$) F Kraft ($N = kg\ m/s^2$) A Arbeit ($J = Nm = kg\ m^2/s^2$)
Weg-Zeit-Gesetz bei konstanter Geschwindigkeit	$s = v \times t$	s Weg (m) v Geschwindigkeit (m/s) t Zeit (s)
Weg-Zeit-Gesetz bei konstanter Beschleunigung	$s = \frac{1}{2} a \times t^2$	s Weg (m) a Beschleunigung (m/s^2) t Zeit (s)

1 m/s entspricht genau 3,6 km/h. Um den Zahlenwert der Einheit m/s in km/h umzurechnen, muss dieser mit 3,6 multipliziert werden.

Kraft

- Die Kraft F ist die Ursache dafür, dass ein Körper seinen Bewegungszustand ändert. Die Einheit wird in Newton angegeben:

  $N = kg \times m/s^2$

- Um die Geschwindigkeit eines Körpers mit der Masse m mit der Beschleunigung a zu erhöhen, bedarf es einer Kraft F oder anders ausgedrückt: Wirkt auf einen Körper der Masse m eine Kraft F, so erfährt dieser Körper eine Beschleunigung. Es gilt dann die Grundregel der Mechanik:

  $F = m \times a$ F = Kraft, m = Masse, a = Beschleunigung

- Gemäß dem Trägheitsprinzip bleibt ein Körper in Ruhe oder bewegt sich mit konstanter Geschwindigkeit weiter, solange die Summe aller auf ihn einwirkenden Kräfte gleich null ist.

- Jeder Körper, der auf einen anderen Körper eine Kraft ausübt, erfährt auch von diesem Körper eine eigene Kraft, sodass auf jeden der beiden Körper eine Kraft wirkt.

Die beiden Kräfte sind gleich groß und entgegengesetzt gerichtet. Dies wird auch als Wechselwirkungsprinzip bezeichnet und es gilt:

$$\vec{F_1} = -\vec{F_2} \quad \text{bzw.} \quad |\vec{F_1}| = |\vec{F_2}|$$

- Ein Körper übt aufgrund seiner Masse immer eine Kraft, die sog. Gewichtskraft, Richtung Erde aus (F_G). Diese lässt sich wie folgt berechnen:

$$F_G = m \times g$$

m = Masse, g = Ortsfaktor, Erde: Ø 9,81 N/kg = 9,81 m/s² (Erdbeschleunigung)
Aufgrund der mit der Erdrotation verbundenen Zentrifugalkraft sind g und damit sämtliche Gewichte in großer Höhe bzw. am Äquator geringfügig geringer als in Meereshöhe bzw. an den Polen.

- Die Summe aller Kräfte ergibt sich gemäß:

$$\overrightarrow{F_{Ges}} = \vec{F_1} + \vec{F_2}$$

Man spricht hierbei auch von der sog. Kraftaddition. Beispiel: Es ist unerheblich, ob ein Gegenstand von einer Quelle oder von mehreren bewegt wird. Die Kraft, die hierzu notwendig ist, bleibt immer gleich, auch wenn sich bei mehreren Quellen die Einzellast verringert.

Drehmoment

- Das Drehmoment M ist das Produkt aus Kraftbetrag F und Hebelarm s:

$M = F \times s$ (Einheit: Newtonmeter **Nm**)

- An einem Hebel herrscht Gleichgewicht, wenn die Summe aller rechtsdrehenden Drehmomente gleich der Summe aller linksdrehenden Drehmomente ist.

Gleichgewicht: $F_1 \times s_1 = F_2 \times s_2$
hier: $s_1 > s_2$, $F_1 < F_2$

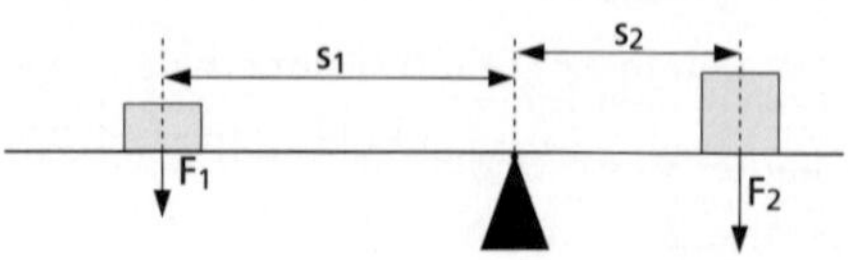

- Jeder Körper verhält sich so, als würde die ganze Gewichtskraft in einem Punkt angreifen. Dieser Punkt wird als Schwerpunkt bezeichnet.

Impuls

- Jeder Körper trägt einen Impuls, den er beim Auftreffen/durch Wechselwirkungen auf einen anderen Körper ganz oder teilweise überträgt. Ein Impuls p ist das Produkt aus Masse m und Geschwindigkeit v:

  $$p = m \times v \text{ (Einheit: kg} \times \text{m/s)}$$

- Die Summe der Impulse vor einem Stoß ist gleich der Summe der Impulse nach dem Stoß. Dies wird Impulserhaltung genannt:

  $$\vec{p}_1 + \vec{p}_2 = \vec{p}_1' + \vec{p}_2'$$

- Ein Stoß bezeichnet allgemein das Zusammenprallen zweier Körper. Ist ein Stoß *elastisch*, so stoßen sich die Körper aufgrund ihrer Elastizität wieder voneinander ab und bewegen sich im Allgemeinen mit unterschiedlichen Geschwindigkeitsbeträgen. Sind die an einem Stoßvorgang beteiligten Körper *unelastisch*, so deformieren sich ihre Berührungsstellen. Sie verbinden sich dadurch zu einem Körper und bewegen sich dann mit gemeinsamer Geschwindigkeit weiter. Der Impulserhaltungssatz gilt beim elastischen und unelastischen Stoß.

  Beispiel: Welchen Impuls p hat ein Körper der Masse m = 2 kg bei einer Geschwindigkeit von 36 km/h?

  $$p = 2\,\text{kg} \times 36\,\text{km/h} = 2\,\text{kg} \times 10\,\text{m/s} = 20\,\text{kg} \times \text{m/s}$$

- Stößt eine Kugel der Masse m mit der Geschwindigkeit v_1 elastisch auf eine zweite, ruhende Kugel mit der gleichen Masse, übernimmt diese den Impuls der ersten. Der Impuls bleibt in seiner Größe erhalten, denn $p_1 = p_2$. Die erste Kugel bleibt stehen, die zweite bewegt sich mit der Geschwindigkeit $v_2 = v_1$ ($p_2 = m \times v_2$) weiter.

Flaschenzug

- Der Betrag einer Kraft bleibt erhalten, auch wenn deren Angriffspunkt durch Rollen verändert wird. Mithilfe eines Flaschenzuges wird die Zugkraft auf die Anzahl der tragenden Seile aufgeteilt:

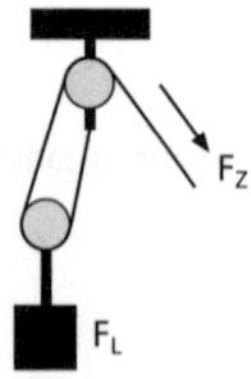

F_Z = Erforderliche Zugkraft am Seilende F_L = Gewichtskraft der angehängten Masse n = Anzahl der Verbindungen zwischen den unteren und oberen Rollen. Die Einheit wird in Newton N angegeben. Beim abgebildeten Flaschenzug gibt es zwei tragende Seile, sodass die erforderliche Zugkraft F_Z halb so groß ist wie die Gewichtskraft F_L der Masse.

- Die goldene Regel der Mechanik besagt, dass man mit Maschinen Kräfte einsparen kann. Dafür ist der Weg, den man zurücklegen muss, länger. Das Produkt aus Kraft und Weg (Arbeit) bleibt jedoch konstant. Für das abgebildete Flaschenzugbeispiel bedeutet dies, dass am Seilende doppelt so lange gezogen werden muss, wie das Gewicht angehoben wird.

- Die Strecke für die Höhenänderung beim Flaschenzug berechnet sich nach der Formel:

  $s = n \times h$ — s = Strecke, die das Seil zurücklegt, n = Anzahl der Verbindungen zwischen den unteren und oberen Rollen, h = Höhenänderung der angehängten Masse

Arbeit

- Mechanische Arbeit W ist das Produkt aus einer Kraft F und einem Weg s, in dessen Richtung die Kraft wirkt:

  $W = F \times s$ (Einheit: Joule J = Nm)

- Arbeit ist eine Größe, durch die Energieänderungen von Systemen erfasst werden. Sie kann zu Ortsveränderungen von Körpern führen (Hubarbeit) oder die Beschleunigung von Körpern bewirken (Beschleunigungsarbeit).

Hubarbeit	Beschleunigungsarbeit
$W_{Hub} = F_g \times h = m \times g \times h$	$W_B = \frac{1}{2} m \, (v^2 - v_o^2)$

F_g = Gewichtskraft, g = Erdbeschleunigung (9,81 m/s), h = Hubhöhe, m = Masse, v = Endgeschwindigkeit, v_o = Anfangsgeschwindigkeit

Beispiel: Welche mechanische Arbeit ist notwendig, um ein Fahrrad (m = 10 kg) aus dem Stand auf 10 km/h zu beschleunigen?

$W_B = \frac{1}{2} \times 10\,kg \times [(10\,km/h)^2 - (0\,km/h)^2] = \frac{1}{2} \times 10\,kg \times (2{,}78\,m/s)^2$
$W_B = 38{,}6\,J$

Leistung

- Diese Größe drückt aus, wie schnell eine mechanische Arbeit in einer bestimmten Zeit verrichtet werden kann:

$$P = \frac{\text{Arbeit W}}{\text{Zeit t}} \text{ (Einheit: Watt W)}$$

- Die Leistung eines punktförmigen Körpers bei einer Bewegung wird durch folgende Formel ermittelt:

$$P = F \times v$$

F = Kraft, v = Geschwindigkeit, mit der die Bewegung stattfindet

- Der Wirkungsgrad bezeichnet das Verhältnis zwischen abgegebener und aufgenommener Leistung. Er berechnet sich nach

$$\eta = \frac{\text{P (abgegeben)}}{\text{P (aufgenommen)}}$$

Energie

- Unter Energie wird die Fähigkeit verstanden, Arbeit zu verrichten. Energie kann immer nur umgewandelt, nicht aber erzeugt oder vernichtet werden. Der Energieerhaltungssatz besagt, dass das die Gesamtenergie in einem energetisch geschlossenen System immer konstant ist.

- Beispiele für verschiedene Energieformen: Bewegungsenergie, Lageenergie, Spannungsenergie und thermische Energie.

- Bewegungsenergie bezeichnet eine Masse m, die sich mit der Geschwindigkeit v bewegt. Die kinetische Energie berechnet sich wie folgt:

$$E_k = \frac{1}{2} \times m \times v^2$$

E_k = Kinetische Energie, m = Masse, v = Geschwindigkeit

- Die Lageenergie oder auch potenzielle Energie der Lage berechnet sich nach der Formel:

  $$E_{pot} = m \times g \times h$$

  E_{pot} = potenzielle Energie, m = Masse, g = Ortsfaktor (9,81 m/s²), h = Höhe

  Ein Körper hat somit durch die Anziehungskraft der Erde, bezeichnet durch den Ortsfaktor g, bei einer Masse m und Höhe h eine bestimmte, berechenbare potenzielle Energie.

- Die Spannungsenergie bezeichnet die Energie, die eine Feder mit der Federkonstante D über die Strecke S in einem gespannten Zustand besitzt. Sie berechnet sich durch

  $$E_S = \frac{1}{2} \times D \times s^2$$

  E_S = Spannungsenergie, D = Federkonstante, s = Strecke

- Die thermische Energie bezeichnet den in einem Medium gebundenen Energiebetrag. Sie wird oftmals auch fälschlich Wärmeenergie genannt. Die thermische Energie beruht auf der Bewegungsenergie der Atome in einem Medium.

- Masse und Energie sind äquivalent:

  $$E = m \times c^2$$

  E = Energie, m = Masse, c = Lichtgeschwindigkeit (ca. $0{,}3 \times 10^9$ m/s)
  Diese Formel wurde durch Albert Einstein aufgestellt.

Fadenpendel

- Bei einem Pendel wechseln sich Bewegungsenergie und Ladeenergie ab.

- Die Schwingungsdauer T und die Elongation (Auslenkung des Körpers) eines Fadenpendels sind von der Masse des angehängten Körpers unabhängig. Sie wächst aber mit der Länge l des Fadens nach dem Gesetz:

  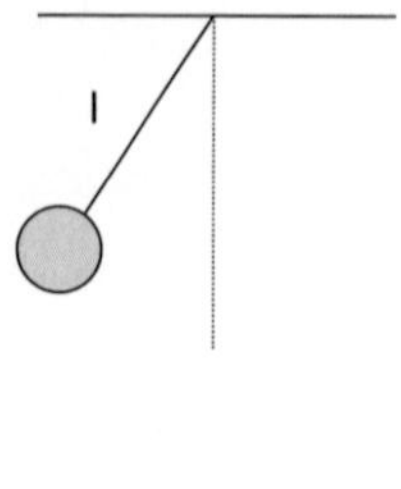

  $$T = 2\pi \times \sqrt{\left(\frac{l}{g}\right)}$$

  Hieraus folgt grob: $T \sim \sqrt{l}$

Hydraulik, Pneumatik, Thermodynamik

- Übt man auf eine eingeschlossene Flüssigkeit eine Kraft aus, entsteht ein Druck p (Einheiten bar und Pascal). Der Druck wirkt in alle Richtungen auf das die Flüssigkeit einschließende Gefäß sowie auf die in der Flüssigkeit befindlichen Objekte. Die Druckgröße p ergibt sich aus dem Quotienten der Druck erzeugenden Kraft F und ihrer Wirkungsfläche A:

$$p = \frac{F}{A}$$

- Flüssigkeiten lassen sich nicht komprimieren, übertragen aber Kräfte mittels Druck.

- Da der untere Teil eines eingetauchten Körpers einem größeren Schweredruck ausgesetzt ist als der obere Teil, entsteht ein Auftrieb.

- Die Auftriebskraft, die ein eingetauchter Körper erfährt, ist so groß wie die Gewichtskraft auf die vom Körper verdrängte Flüssigkeit (Archimedisches Prinzip).

- Ein Körper sinkt, wenn die Auftriebskraft kleiner ist als seine Gewichtskraft.

- Ein Körper schwebt, wenn die Auftriebskraft gleich seiner Gewichtskraft ist.

- Ein Körper steigt, wenn die Auftriebskraft größer ist als seine Gewichtskraft.

- Alle drei Fälle lassen sich vorhersagen, wenn man die Flüssigkeitsdichte und die mittlere Dichte des Körpers kennt.

- Satz von Bernoulli: Die Summe von statischem Druck und dynamischem Druck (Staudruck) ist konstant. Wichtig: Der statische Druck wirkt in alle Richtungen, der dynamische Druck nur in Richtung der Strömung.

- Anders als Flüssigkeiten, kann man Gase komprimieren. Dabei erhöht sich der Druck.

Elektrik

Ohmsches Gesetz	$U = R \times I$	U	elektr. Spannung (V)
		R	ohmscher Widerstand (Ω)
		I	elektr. Stromstärke (A)
Elektr. Leistung	$P = U \times I$	P	elektr. Leistung (W = V × A)
		U	elektr. Spannung (V)
		I	elektr. Stromstärke (A)
Elektr. Arbeit	$W = U \times I \times t$	W	elektr. Arbeit (Einheit: Wattsekunde)
		U	elektr. Spannung (V)
		I	elektr. Stromstärke (A)
		t	Zeit

seriell geschaltete Widerstände

$R_{ges} = R_1 + R_2 + \dots$	R_{ges}	Gesamtwiderstand (Ω)
	R_1, R_2	Einzelwiderstände (Ω)

parallel geschaltete Widerstände

$1/R_{ges} = \frac{1}{R_1} + \frac{1}{R_2} + \dots$	R_{ges}	Gesamtwiderstand (Ω)
	R_1, R_2	Einzelwiderstände (Ω)

Wellenlänge	$\lambda = \frac{c}{f}$	λ	Wellenlänge (m)f
		c	Ausbreitungsgeschwindigkeit (m/s)
		f	Frequenz (Hz = 1/s)
Transformator	$\frac{U_p}{U_s} = \frac{N_p}{N_s}$	U_p	Primärspannung (V)
		U_s	Sekundärspannung (V)
		N_p	Anzahl der Wicklungen Primärseite
		N_s	Anzahl Wicklungen Sekundärseite
	$U_p \times I_p = U_s \times I_s$	I_p	Stromstärke (A) Primärseite
		I_s	Stromstärke (A) Sekundärseite

- Die Stromstärke I bezeichnet die Ladung Q, die in einer Zeit t durch einen elektrischen Leiter fließt:

  $I = \frac{Q}{t}$ (Einheit: Ampere)

- Die Spannung U ist die Potenzialdifferenz zwischen den beiden Polen eines Stromkreises. Sie gibt an, welche Arbeit nötig ist, um die Ladung Q von dem einen Kontaktpunkt zu dem anderen Kontaktpunkt zu transportieren. Sie ist die Ursache des elektrischen Stroms. U definiert sich als Quotient aus der Leistung P der Quelle, die zum Antreiben der Elektrizität nötig ist, und der Stromstärke I:

  $U = \frac{P}{I} = \frac{W}{q}$ (Einheit: Volt V)

- Die Leistung wird als Produkt von Spannung und Stromstärke definiert:

  $P = U \times I$

- Eine Diode ist ein Schaltelement, das einen Stromfluss in nur eine Richtung ermöglicht. In die andere Richtung wird der Strom bis zur sog. Durchbruchspannung blockiert.

Widerstände

- Die Eigenschaft eines Stromleiters, die einen Stromfluss hemmt, wird als Widerstand bezeichnet.

- Der Widerstand R gibt an, welche Spannung man beispielsweise an ein elektrisches Gerät legen muss, um einen Strom I durch das Gerät zu erhalten. R ist also der Quotient aus Spannung U und Stromstärke I:

  $R = \frac{U}{I}$ (Einheit: Ohm Ω)

- Das ohmsche Gesetz besagt, dass in einem Leiter die Stromstärke der Spannung direkt und dem Widerstand umgekehrt proportional ist.

  $I \sim U$

- Grundschaltung:
  Reihenschaltung von R, U und I

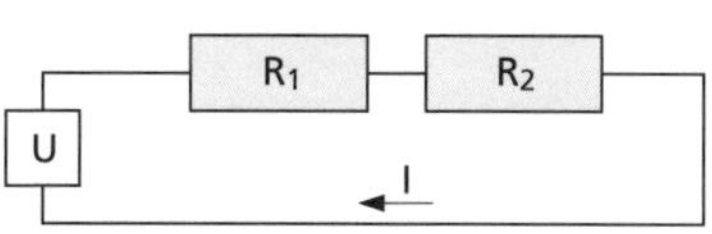

- Da bei der Reihenschaltung alle Widerstände zusammen zu einem unverzweigten Stromkreis gehören, fließt durch alle der gleiche Strom. Man misst überall die gleiche Stromstärke:

  $I = I_1 = I_2 = I_3$ usw.

- Die Spannung der Quelle verteilt sich auf die einzelnen Widerstände. Die Summe der Teilspannungen ist genauso groß wie die Spannung der Quelle:

  $U = U_1 + U_2 + U_3$ usw.

- In Reihe geschaltete Widerstände hemmen die Bewegung der Elektronen wie ein einziger Ersatzwiderstand, der genauso groß ist, wie die Summe der Teilwiderstände:

  $R = R_1 + R_2 + R_3$ usw.

- Grundschaltung:
  Parallelschaltung von R, U und I

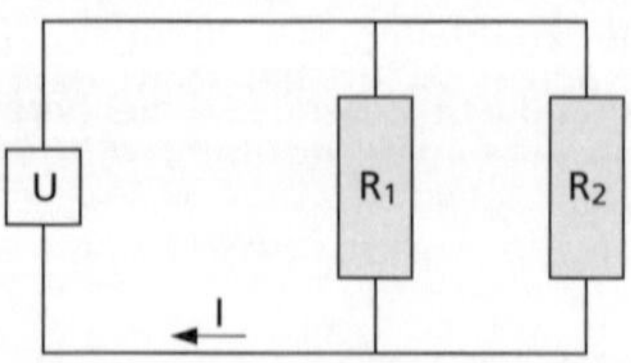

- Bei der Parallelschaltung ist der Gesamtstrom durch die Spannungsquelle genauso groß wie die Summe der Teilströme durch die einzelnen Widerstände, da der Stromfluss auf die einzelnen Widerstände aufgeteilt wird:

  $I = I_1 + I_2 + I_3$ usw.

- Weil jeder Widerstand unmittelbar mit der Spannungsquelle verbunden ist, misst man an jedem Widerstand die gleiche Spannung wie an der Quelle:

  $U = U_1 = U_2 = U_3$ usw.

- Ein einzelner Widerstand, der mehrere parallel geschaltete Widerstände ersetzt, muss kleiner sein als jeder der Teilwiderstände. Für den Ersatzwiderstand gilt:

  $\frac{1}{R} = \frac{1}{R_1} + \frac{1}{R_2} + \frac{1}{R_3}$ usw.

Elektrische Leistung, Kondensatoren, Transformatoren, Schwingkreise

- Die elektrische Leistung P eines elektrischen Verbrauchers ergibt sich aus der verrichteten elektrischen Arbeit pro Zeiteinheit. Nach den obigen Definitionen kann man Leistung als Produkt von Stromstärke und Spannung ausdrücken.

$$P = \frac{W}{t} = \frac{Q \times U}{t} = \frac{I \times t \times U}{t} = U \times I \text{ (Einheit: Watt W)}$$

- Ein Kondensator speichert elektrische Energie. Die gespeicherte Ladung Q ist dabei proportional zur Spannung. Mittels Ladung Q und Spannung I lässt sich die Kapazität C berechnen. Die Einheit wird in Farad (F) angegeben.

$$C = \frac{Q}{U} = \frac{I \times t}{U}$$

C = Kapazität, Q = Ladung, U = Spannung, I = Stromstärke, t = Zeit

- Werden Kondensatoren hintereinander in Reihe geschaltet, so wird die Gesamtkapazität durch folgende Formel berechnet:

$$\frac{1}{C} = \frac{1}{C_1} + \frac{1}{C_2} + \frac{1}{C_3} \text{ usw.}$$

- Bei der Parallelschaltung von Kondensatoren werden die Einzelkapazitäten zur Gesamtkapazität aufsummiert:

$$C = C_1 + C_2 + C_3 \text{ usw.}$$

- Mit einem Transformator können ohne Energieverlust Spannung und Stromstärke verändert werden. Er funktioniert nach dem Prinzip der Induktion und muss daher mit Wechselstrom betrieben werden. Er besteht aus zwei Spulen, die durch einen geschlossenen Eisenkern miteinander verbunden sind:

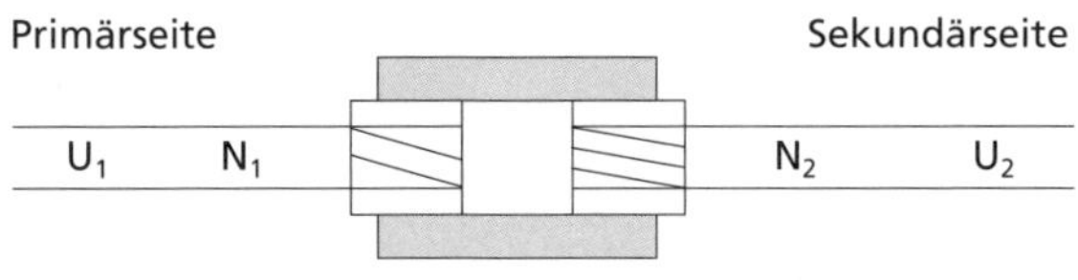

Zwischen den Anschlüssen der Induktionsspule wird die Sekundärspannung U_2 erzeugt. Sie hängt von U_1 an der Primärspule und den Windungszahlen der Spulen ab. Ist an die Induktionsspule kein Verbraucher angeschlossen, gilt:

$$\frac{U_1}{U_2} = \frac{N_1}{N_2}$$

Ist am Trafo ein Gerät/Verbraucher angeschlossen, so wird Energie verbraucht und der Primärstrom I_1 nimmt zu. Um wie viel, hängt von I_2 und den Windungszahlen ab. Der Sekundärstrom bestimmt den Primärstrom. Bei belastetem Trafo gilt:

$$\frac{I_2}{I_1} = \frac{N_1}{N_2}$$

Weiter gilt:

$$U_1 \times I_1 = U_2 \times I_2$$

- Im Kraftwerk wird mit Generatoren Wechselstrom erzeugt. Mittels Trafos wird dieser für den Haushaltsgebrauch auf 230 Volt gesenkt. Der Wechselstrom hat eine Frequenz von 50 Hertz.

- Ein elektrischer Schwingkreis besteht aus einer Parallelschaltung von Spule und Kondensator. Dabei wird periodisch Energie ausgetauscht. Ist der Kondensator vollständig geladen, so wird die Energie im elektrischen Feld gespeichert. Die Entladung findet über die Spule statt, wobei der Strom maximal anliegt und die Energie ins Magnetfeld der Spule geleitet wird. Die Induktion sorgt zudem dafür, dass die Energie anschließend aus dem Magnetfeld entnommen wird und den Kondensator in umgekehrter Polung wieder auflädt. Es ist somit wieder der Ausgangszustand erreicht, diesmal jedoch in umgekehrter Polung. Anschließend wiederholt sich der Vorgang. Die Frequenz eines elektrischen Schwingkreises berechnet sich nach

$$f = \frac{1}{2\pi \sqrt{L \times C}}$$

f = Frequenz, L = Induktivität der Spule, C = Kodensatorkapazität

Die Einheit der Frequenz wird in Hertz (Hz) angegeben. 1 Hz = 1/s. Beim o.a. Vorgang entweicht i.d.R. etwas Energie, z.B. durch Wärme. Dies verursacht eine Dämpfung des Schwingkreises.

Optik

- Von einer Reflexion wird gesprochen, wenn ein Lichtstrahl von der Oberfläche einer Masse zurückgeworfen wird. Dabei gilt das Reflexionsgesetz

  Einfallwinkel = Ausfallwinkel

- Licht wird gebrochen, wenn es auf die Grenzfläche zwischen zwei lichtdurchlässigen Stoffen trifft. Dabei bricht der Lichtstrahl in Richtung des Einfalllots bei einem Übergang von einem optisch dünneren in einen optisch dichteren Stoff. Vom Einfalllot weggebrochen wird der Lichtstrahl bei einem Übergang von einem optisch dichteren in einen optisch dünneren Stoff.

- Die Größe der Ablenkung eines Lichtstrahls ist abhängig von der Wellenlänge des Lichts. Licht höherer Frequenzen, z. B. violettes Licht, wird stärker gebrochen als Licht niedriger Frequenz, wie z. B. rotes Licht. Mit einem Prisma lässt sich weißes Licht in seine Bestandteile zerlegen:

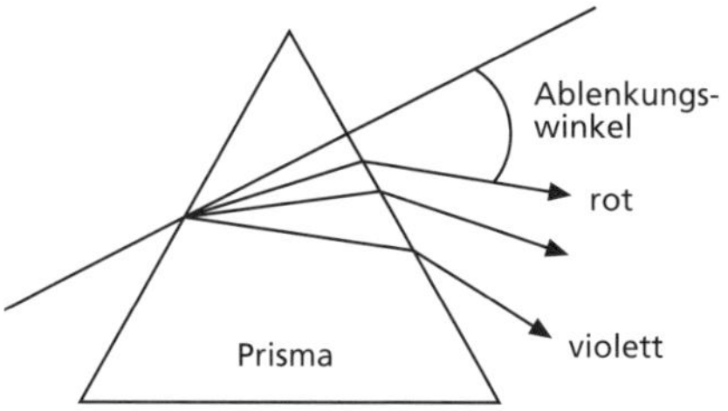

- Bei einem Regenbogen brechen sich die Lichtstrahlen an den Wassertropfen; es entsteht das gleiche Farbspektrum wie beim Prisma. Der Farbverlauf eines Regenbogens ist rot – orange – gelb – grün – blau – indigo – violett.

- Man stellt sich vor, dass ein Gegenstand aus unzähligen Punkten besteht. Im Idealfall erhält man bei einer optischen Abbildung zu jedem Gegenstandspunkt einen Bildpunkt. Daraus folgt, dass man sich auch das Bild eines Gegenstandes aus einzelnen Punkten zusammengesetzt vorstellen muss:

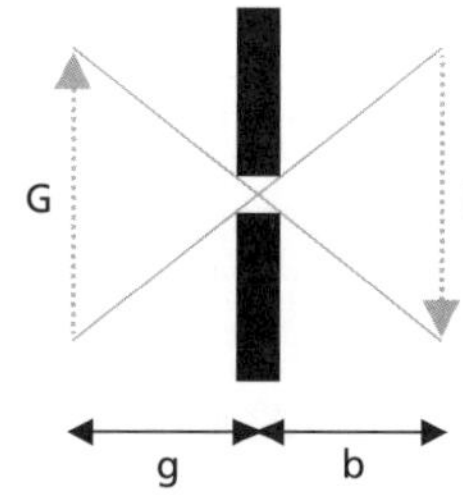

- Das Verhältnis der Bildgröße B zur Gegenstandsgröße G ist genauso groß wie das der Bildweite b zur Gegenstandsweite g. Dieses Verhältnis heißt Abbildungsmaßstab A:

$$A = \frac{B}{G} = \frac{b}{g}$$

Konvexe und konkave Linsen

- Konvexe Krümmungen vergrößern Gegenstände oder ziehen sie in die Länge, wenn sich diese näher an der Linse befinden, als die Brennweite groß ist (g < f). Sie stellen Gegenstände auf den Kopf, wenn die Brennweite größer als die Gegenstandsweite ist.

  Bei einer Konvexlinse/Sammellinse wird ein einfallender Lichtstrahl zweimal gebrochen:

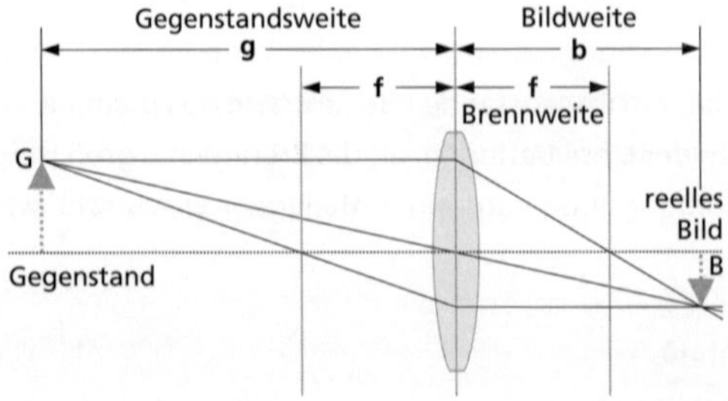

Je stärker, dicker eine Linse ist, desto kürzer ist die Brennweite, da das Licht stärker gebrochen wird.

- Bei bekannter Gegenstands- und Brennweite errechnet sich die Bildweite, bei der das Bild scharf abgebildet wird, über folgende Formel:

$$\frac{1}{g} + \frac{1}{b} = \frac{1}{f}$$

- Ein Bild kann man sich aus einzelnen Punkten zusammengesetzt vorstellen. Von jedem Punkt des Objektes gehen gestreute Lichtreflektionen aus, die von der Linse zu einem Punkt auf der anderen Seite zusammengelenkt werden. Liegt das Objekt vor F_0 (g > f), entsteht ein vergrößertes, reelles Bild, das auf dem Kopf steht.

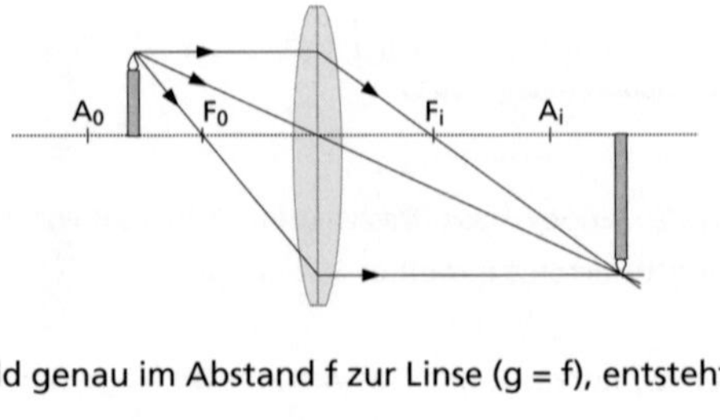

- Liegt das Bild genau im Abstand f zur Linse (g = f), entsteht kein Bild:

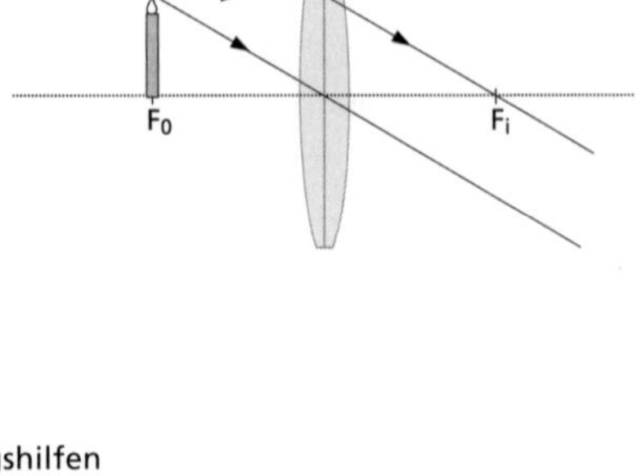

- Liegt das Objekt zwischen F_0 und Linse ($g < f$), entsteht ein vergrößertes, virtuelles Bild, das aufrecht steht:

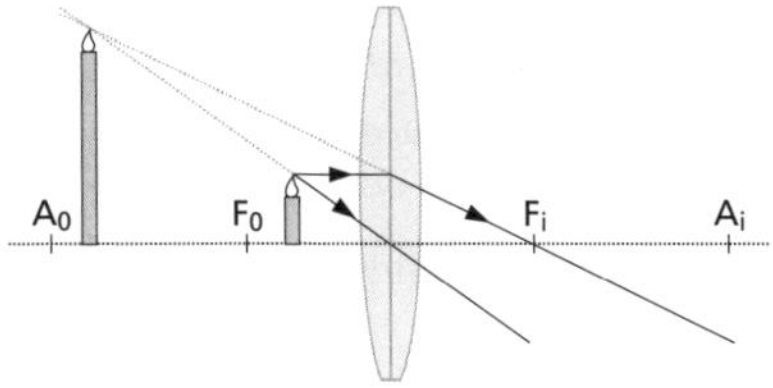

- Konkave Krümmungen verkleinern Gegenstände oder drücken sie zusammen, wenn sich diese weiter entfernt von der Linse befinden, als die Brennweite groß ist ($g > f$). Bei einer Konkavlinse/Zerstreuungslinse wird ein einfallender Lichtstrahl zweimal gebrochen.

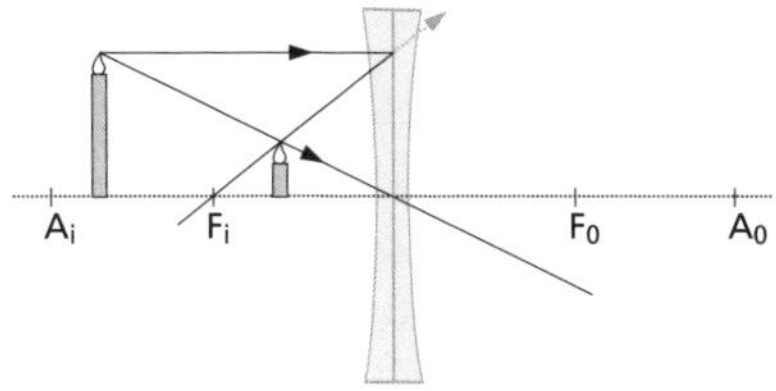

- Ein normales Fernrohr besitzt im Okular und im Objektiv Sammellinsen. Das Bild steht auf dem Kopf:

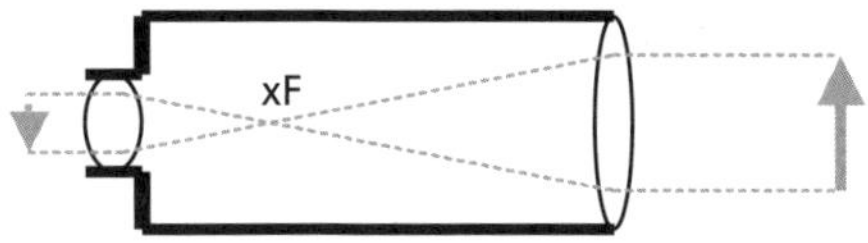

- Kurzsichtige haben ein zu langes Auge. Das virtuelle Bild liegt vor der Netzhaut und ist unscharf. Die Korrektur erfolgt mit einer Streulinse.

- Weitsichtige haben ein zu kurzes Auge. Das virtuelle Bild läge hinter der Netzhaut. Das Bild ist damit ebenfalls unscharf. Die Korrektur erfolgt mit einer Sammellinse.

Wellenlehre

- Eine Welle ist eine Schwingung, die sich mit endlicher Geschwindigkeit in einem Raum ausbreitet. Es wird zwischen Transversalwellen und Longitudinalwellen unterschieden. Bei Transversalwellen stehen Ausbreitungsrichtung und -auslenkung senkrecht aufeinander. Ein Beispiel sind hierfür Seilwellen. Bei Longitudinalwellen verlaufen Ausbreitungsrichtung und -auslenkung parallel. Ein Beispiel hierfür sind Schallwellen.

- Die Wellenlänge λ bezeichnet den Abstand zwischen zwei phasengleichen Schwingungen. Die Wellenlänge λ wird wie folgt berechnet:

  $$\lambda = \frac{2\pi}{k}$$

  λ = Wellenlänge, π = Kreiszahl, k = Wellenzahl

- Als Phasengeschwindigkeit u wird die Geschwindigkeit bezeichnet, mit der sich die Welle ausbreitet. Die Schwingungsdauer T ist dabei indirekt proportional zur Frequenz der Welle. Sie ist die Zeit, in der sich die Welle um λ fortbewegt:

  $$u = \lambda \times f,\ f = \frac{1}{T}$$

  u = Phasengeschwindigkeit, λ = Wellenlänge, f = Frequenz, T = Schwingungsdauer

- Interferenzen treten auf, wenn sich mehrere Transversalwellen überlagern. Dabei werden die Auslenkungen an den Überlagerungspunkten addiert. Zwei Wellenberge verschmelzen somit zu einem noch größeren Berg, ein Berg und ein Tal bedeuten eine Verringerung des Berges bzw. dessen Auslöschung.

- Mit einem Polarisationsfilter können Transversalwellen so gefiltert werden, dass sich nur noch bestimmte Schwingungen einer Achse fortsetzen können. Eine Welle, die nur in eine Richtung auf- und abschwingt, wird als linear polarisiert bezeichnet.

- Verändert ein Beobachter seine Position zum Wellenträger, so nimmt er eine veränderte Wellenlänge war. Nähert er sich, so erscheint ihm die Frequenz höher. Entfernt er sich, so erscheint sie niedriger. Dieser Effekt wird als Doppler-Effekt bezeichnet und wird im Alltag oft bei Sonderfahrzeugen wahrgenommen, die sich mit Blaulicht/Martinshorn annähern und anschließend wieder entfernen.

- An einem Hindernis werden Wellen »gebeugt«. Sie breiten sich dann im Schattenraum des Hindernisses (z.B. einem Spalt) aus.

Wärmelehre

- Körper erwärmen sich bzw. kühlen ab abhängig von ihrem Material in unterschiedlichen Geschwindigkeiten. Diese Eigenschaft wird als spezifische Wärmekapazität c bezeichnet:

$$c = \frac{Q}{m \times \Delta T}$$

  c = spezifische Wärmekapazität, Q = Wärmearbeit, m = Masse,
  ΔT = Temperaturdifferenz
  Die Einheit der Wärmekapazität wird in $\frac{J}{kg \times K}$ angegeben.

- Wärme wird von einem Körper abgestrahlt, wenn dieser eine höhere Temperatur besitzt als seine Umgebung.

- Der absolute Nullpunkt liegt bei –273,15 °C = 0 K.

- Die Siedetemperatur einer Flüssigkeit hängt vom Druck ab, der über der Flüssigkeit herrscht. Bei Wasser liegt diese bei 100 °C. Wird der Druck, z. B. durch einen Schnellkochtopf, erhöht, so steigt die Siedetemperatur des Wassers auf 120 °C.

Radioaktivität

- Radioaktivität bezeichnet die Eigenschaft instabiler Atomkerne, sich unter Energieabgabe spontan umzuwandeln. Die dabei freiwerdende Energie wird in Form ionisierender Strahlung emittiert.

- Alphastrahlung ist eine Teilchenstrahlung. Die Alphateilchen (Heliumkerne) besitzen eine positive Ladung und eine relativ große Masse. Alphastrahlung ist eine für den Menschen gefährliche Strahlung: Zwar besitzt sie nur eine sehr geringe Eindringungstiefe in Materie (ein dickeres Blatt Papier reicht z. B. zur Abschirmung aus); gelangen Alphateilchen aber z. B. durch Nahrungsaufnahme oder über die Atemwege in den Körper (sog. Inkorporation), können sie aufgrund ihres großen Ionisationsvermögens starke Gewebeschäden hervorrufen.

- Betastrahlen bestehen aus Elektronen oder Positronen, die mit hoher Energie den Zellkern verlassen. Sie lassen sich relativ leicht abschirmen.

- Gammastrahlen sind für Mensch und Umwelt ebenfalls schädliche Strahlen. Sie besitzen eine sehr kurze Wellenlänge und bestehen aus energiereichen Protonen. Da es sich um eine elektromagnetische Strahlung handelt, lassen sich die Gammastrahlen nicht einfach ablenken. Zur Abschirmung werden massive Materialen mit einer hohen Dichte, z.B. Bleiplatten, benötigt. Bei gezieltem Einsatz (z.B. Strahlentherapie) können sie auch hilfreich sein.

- Kosmische Strahlung gelangt aus dem Weltraum zur Erde und wird durch die Atmosphäre stark abgeschwächt. Sie besteht aus hoher Energie und größtenteils aus Protonen. Nur ein kleiner Teil von ihr gelangt an die Erdoberfläche.

- Terrestrische Strahlung geht von der Erde selbst aus. Es handelt sich hauptsächlich um Gammastrahlung, die von Radionukliden im Boden ausgesandt wird, u. a. von Radium und Uran.

- Die Halbwertszeit bezeichnet die Zeit, in der sich die Menge eines strahlenden Stoffes halbiert hat

Aerodynamik

Der Luftwiderstand kann durch Stromlinienförmigkeit eines Körpers minimiert werden. Der Luftwiderstand wächst mit dem Quadrat der Geschwindigkeit. Im Reiseflug dient z.B. der Triebwerksschub eines Flugzeuges lediglich der Überwindung des Luftwiderstands

Bewerberberichte

Legen Sie nun den Stift beiseite und lesen Sie sich die folgenden Erfahrungsberichte in Ruhe durch. Wenn Sie schon einen Einstellungstest gemacht haben, wird Ihnen bestimmt einiges bekannt vorkommen. Aber auch wenn Sie noch keinen Test absolviert haben, werden Ihnen die Berichte helfen, sich bei Ihrem ersten Eignungstest besser zurechtzufinden. Die Berichte schildern Erfahrungen aus den verschiedenen Berufen, die in diesem Buch bereits ausführlich behandelt worden sind. Natürlich können sich die Testverfahren jederzeit ändern, und nicht immer kommt der gleiche Fragenpool zum Einsatz. Die unzensierten Berichte geben Ihnen aber einen Anhaltspunkt, wie die Tests ablaufen.

Wir würden uns sehr freuen, wenn auch Sie uns von Ihren Erfahrungen kurz berichten könnten. Lassen Sie uns Ihren Bericht per Post, Fax oder E-Mail zukommen (Adresse siehe vorne im Buch). Selbstverständlich werden wir Ihre Daten anonymisieren und Zeitdaten verändern, so dass Sie keinerlei Nachteile im Berufsleben befürchten müssen.

Nun wünschen wir Ihnen viel Spaß beim Lesen der Berichte!

Exekutivdienst Polizei Wien

Ich hatte mich Anfang Januar dazu entschlossen, mich bei der Exekutive Wien zu bewerben. Vom Landespolizeikommando wurden mir nach einem Anruf die Anmeldeformulare übersandt. Darin stand, dass man ziemlich rasch, ca. nach einer Woche, Antwort erhalten würde. Das geschah tatsächlich: Nach nur 6 Tagen erhielt ich einen Termin zur schriftlichen Prüfung.

Ich hatte mir zwischenzeitlich die beiden Bücher »Testtraining Polizei und Feuerwehr« und »Der Testknacker« besorgt, da diese Bücher auf der Polizei-Homepage angeführt waren. 3 Tage hatte ich bereits darin gelernt, doch als die Einladung zur Prüfung da war, bekam ich Angst und lernte wie eine Blöde 10 bis 12 Stunden täglich. Ich hatte einfach die Zeit – meinen Bürojob hatte ich sausen lassen, weil ich mit 25 Jahren mein Leben verändern wollte. Insgesamt hatte ich genau 17 Tage Zeit, zu lernen.

Laut Testinformation sollten folgende Gebiete abgeprüft werden:

- Diktat
- Grammatik
- Intelligenztest
- Persönlichkeitstest

Ich habe beide Bücher (Testtraining und Testknacker) insgesamt drei Mal durchgearbeitet. Zusätzlich habe ich mir einen Rechtschreibduden und eine Grammatik-CD gekauft sowie mit einer Studentin Diktate geübt. Mehr konnte ich nicht lernen. Ich fühlte mich gut, und ohne die beiden Bücher wäre mir der Gang zur Prüfung sehr schwer gefallen.

Dann war der Tag gekommen. Viel geschlafen hatte ich nicht. Ich grübelte die ganze Nacht, ob ich denn genug gelernt hätte. Mehr ging aber nicht. Aufregung pur.

7.30 Uhr war Treffpunkt in Wien, 3. Bezirk. Ich betrat um 7.15 Uhr das Gebäude. Ein paar andere Prüflinge waren schon dort. Die Stimmung war gefühlt total am Boden. Jeder war nervös und keiner sprach nur ein Wort … Um 7.35 Uhr wurden wir von zwei Polizeibeamten abgeholt und gingen in ein Nachbargebäude. Bevor jedoch die Prüfung begann, wurde unsere Körpergröße genau gemessen.

Nun ging es los, wir wurden in alphabetischer Reihenfolge in einen Raum gerufen und jeder erhielt eine Kennzahl. Diese diente der Anonymität bei der Auswertung, damit keine »Schiebung« möglich wäre.

Die erste Aufgabe war, einen Lückentext auszufüllen. Die Wörter, die eingefügt werden sollten, hörten wir über ein Tonband, je zwei pro Satz. Dieser Test hatte nichts mit neuer Rechtschreibung zu tun, dennoch waren es Wörter, die nicht im alltäglichen Gebrauch verwendet werden, zumindest nicht im österreichischen Dialekt. Mir fällt jetzt nur mehr ein Wort ein: »Abonnement«. Und da war sie auch schon, die erste Frage in meinem Kopf: ein n oder zwei n? Ich entschied mich für zwei, viele andere sagten mir später »Nein, nur ein n ...« Zum Glück hatte ich mich richtig entschieden. Man wird so nervös, dass man die einfachsten Sachen vergisst. Die Wörter in den Lücken mussten übrigens in Lateinschrift (Schreibschrift) eingesetzt werden, da es ansonsten nicht anerkannt wurde. Zeitlich war überhaupt kein Druck da. Wir hatten genug Zeit, um alles auszufüllen.

Der nächste Punkt war der Intelligenztest. Jeder Zweite erhielt das gleiche Heft, so konnte niemand abschauen. Diese Hefter mit den Übungen waren so ca. 6 Jahre alt, also noch alte Rechtschreibung. Zwei (neue) Polizisten stellten sich vor, sie sagten, sie machten solche Prüfungen freiwillig, weil es Spaß macht. Dann nannten sie uns bei jeder Übung die entsprechende Seite und erklärten alles ganz genau. Es kam nicht alles zur Prüfung, was in den Heften stand. Die Antworten waren dann auf einem extra A4-Blatt, das wir von den Prüfern bekommen hatten, anzukreuzen. Bei allen Aufgaben hatten wir mehr als genug Zeit. Wir mussten z. B. Buchstabenreihen fortsetzen, bei denen sah man aber binnen kurzer Zeit eine Logik z. B. abbcddeff ... Nicht so schwer.

Es ging locker weiter mit »Genaues Beobachten«. Super, das hatte ich genau geübt, da Fehler suchen nicht so meine Stärke war. Funktionierte tadellos!

Nächster Punkt: Lebensdaten einprägen. Wir hatten für zwei Lebensgeschichten je 3 Minuten Zeit zum Durchlesen und Merken. Diese Übung wurde erst eine Viertelstunde später abgefragt.

Erinnern und identifizieren: Dieser Punkt wurde erst nach weiteren Aufgaben abgefragt. Wir bekamen je 4 Punkte zur Auswahl. z. B. Geburtsdatum: 15.7.1925 oder 23.7.1927 ... Und wir mussten wieder die richtige Lösung ankreuzen, also wie im Buch.

Der nächste Punkt war schrecklich für mich: »Textaufgaben« kamen dran. Ich hatte mich nicht besonders auf diesen Punkt vorbereitet, da ich dachte, dass das sicher nicht drankommt.

Kam aber ... Ich machte das Bestmögliche daraus. Bei der Hälfte der Zeit fragte ein Prüfling: »Kommen Kommastellen im Ergebnis vor?« »Nein«, sagte der Prüfer. Oh Gott, bei mir waren bei zwei Aufgaben Kommastellen rausgekommen … Da wurde ich sehr nervös, aber ich machte einfach weiter, wie es in den Büchern immer steht. Es hätte mich auch zu viel Zeit gekostet, jetzt noch Fehler zu suchen.

Dann kam »Ergebnisse schätzen«. Worte des Prüfers: »Ich sage Euch, ich könnte das nicht im Kopf rechnen, also fangt damit gar nicht erst an. Denkt logisch, z. B. rechnet die Kommastellen zuerst zusammen …« Er gab uns wichtige Tipps, sonst wäre ich wahrscheinlich aufgeschmissen gewesen. Geholfen hat mir auch, dass ich die Quadratzahlen bis 25 auswendig konnte. Noch besser wäre aber wohl das große 1x1 bis 25x25 gewesen. Na ja, hinterher ist man schlauer, aber es sollte trotzdem wohl gereicht haben.

Der nächste Punkt war ebenfalls nicht so meine Stärke: Sprichwörter. Die im Buch konnte ich ja, aber es kamen andere, die ich noch nie gehört hatte. Konzentration war angesagt.

Es war 10 Uhr und wir machten eine 20-minütige Pause, die wir auch brauchten. Frisch erholt hatten wir dann noch Grammatik vor uns. Fehler ausbessern von falsch verwendeten unbestimmten Artikeln, Satzrichtigstellung und fehlende Wörter einsetzen, die uns einfielen und in den Satz passten.

Das letzte Kapitel war der Persönlichkeitstest. Die beiden Herren verabschiedeten sich von uns, da es für den Persönlichkeitstest keine zeitliche Einschränkung gab und jeder, der fertig war, gehen konnte. Es waren etwa 200 Fragen, die entweder mit »stimmt«, »oft«, »manchmal« oder »nie« beantwortet werden konnten. Die Fragen waren andere als im Testtraining Polizei. Gemerkt habe ich sie mir leider nicht, außer eine: Ich bin stolz auf meinen Körper. ›Was?‹, dachte ich, ›was ist denn jetzt los, was soll denn diese Frage bitte aussagen‹? … Habe mich für »oft« entschlossen, will ja nicht eingebildet wirken und ich dachte, dass diese Frage auf das hinaus wollte. Wir waren alle froh, als es vorbei war. Was mich so fertiggemacht hatte war, dass ich viele schwierige Aufgaben gelernt hatte, diese aber nicht drankamen. Ich konnte z. B. perfekt Figurenreihen fortsetzen, Spiegelbilder erkennen, Kopfrechnen und 3D-Würfel im Kopf zusammen stellen. Es kam ja nicht alles das, was im Heft stand, zur Prüfung. Im Heft gesehen habe ich die Aufgaben …

Ich glaube, dass jede Prüfung anders ist, aber wenn man die Aufgaben aus dem Buch »Testtraining Polizei« alle lernt, ist es kein Problem, die Prüfung zu bestehen!

Ach ja, wir waren 19 Leute (5 sind nicht erschienen), davon waren 8 Frauen und 11 Männer. Ich dachte eigentlich, wir machen einige Prüfungen am PC, doch es war alles schriftlich.

In Österreich wird man anschließend schriftlich durch das Innenministerium verständigt. Egal ob bestanden oder nicht. Wenn man bestanden hat, wird man zu einem Explorationsgespräch eingeladen. Wird dieses positiv abgeschlossen, erfolgt die medizinische Überprüfung und ganz am Schluss der Sporttest.

Die Exploration

Treffpunkt war 8.30 Uhr, Wien 1. Bezirk, Landespolizeikommando. Wir waren 3 Leute, die heute den Termin hatten. Es empfingen uns eine Frau (ca. 40 Jahre) und 1 Mann (ca. 50 Jahre). Sie sagten, dass jeder reingeholt wird und das Gespräch zwischen 30 und 45 Min. dauern wird. Meine Gefühle waren gemischt. Ich hörte, dass die Prüfer sehr nett sein würden, dennoch habe ich Prüfungsangst vor mündlichen Tests. Der Erste ging rein und kam bereits nach 30 Min. wieder raus. Ich war als nächste dran.

Wir saßen uns an einem Tisch gegenüber. Zu Hause hatte ich mir das Gespräch wie ein Verhör vorgestellt, vielleicht noch mit einem auf mich gerichteten Scheinwerfer. Zum Glück war es nicht so schlimm.

Die beiden Prüfer stellten sich kurz vor und dann musste ich mich vorstellen. Lebenslauf, Hobbys, Familie, Interessen usw. Nach der Kennenlernphase begannen die Fragen:

- Was, glauben Sie, ist Ihre Aufgabe als Polizist?
- Wie kamen Sie darauf, Polizist zu werden?
- Ist es ein Wunsch Ihrer Familie?
- Wie steht/stehen Ihre Familie/Freunde zu Ihrem Berufswunsch?
- Was sind Ihre Stärken und warum?
- Wie kamen Sie mit Ihren Vorgesetzten bis jetzt klar?
- Können Sie mit Männern zusammenarbeiten?
- Wie stehen Sie zu Ausländern?
- Wie reagieren Sie, wenn Ihre Freundin, die auch Ihre Arbeitskollegin ist, vor Ihren Augen stiehlt?
- Sie sind bereits in der Polizeischule und sehen wie zwei Klassenkameraden bei einer Rangelei ein Fenster beschädigen. Der Lehrer betritt die Klasse und fragt, wer das gewesen ist? Keiner meldet sich, der Lehrer droht einen Test für den nächsten Tag an, falls sich die Person nicht meldet! Wie reagieren Sie?
- Wie, glauben Sie, läuft ein Tag im Dienst ab?
- Hatten Sie schon mit der Polizei zu tun?

- Würden Sie als Polizist genauso reagieren und handeln, wie Sie es erlebt haben (Routinekontrolle)?
- Sie sind seit 4 Wochen bei der Polizei und fahren mit Ihrem Kollegen, der seit 25 Jahren dabei ist, Streife. Beim Aussteigen aus dem Pkw beschädigt Ihr Kollege ein fremdes Fahrzeug. Sein Statement dazu: »Ist mir ja schon öfter passiert« und geht weiter. Was machen Sie?

An mehr kann ich mich leider nicht mehr erinnern. Nach 45 Minuten war mein Explorationsgespräch vorbei. Jetzt muss wieder warten, bis ich den nächsten Termin bekomme, 2 bis 3 Wochen wird's sicher dauern. Jetzt ist nur noch der Amtsarzt angesagt und dann hoffe ich, dass ich genug Punkte erreicht habe, um im September mit der Polizeischule zu beginnen.

Trotz schiefer Wirbelsäule die Sterne gesehen

Liebe Leute, ich schreibe hier etwas über meine Gefühle oder fast schon auch Gefühlsausbrüche, denn mit diesem Beitrag kann ich vielleicht auch anderen helfen, so wie mir das Testtrainings-Buch geholfen hat.

Also zunächst: Mit Hilfe dieses Buches fühlte ich mich auf den schriftlichen Teil der Auswahlprüfung schon ziemlich gut vorbereitet. Die meisten Aufgaben konnte ich auch recht gut beantworten, weshalb ich mich vor Testbeginn relativ sicher fühlte. Doch von dieser Sicherheit war dann beim wirklichen Start leider zunächst mal nichts mehr zu spüren:

Als wir um kurz vor acht in diesen kleinen Raum voll gepackt mit Computern eintraten, wusste ich nicht mal mehr meinen Geburtstag. Aber nach der ersten anfänglichen Unsicherheit konnte ich mir ein Grinsen nicht verkneifen, als in einem Aufgabenkomplex exakt dieselbe Frage wie im Buch gestellt wurde. Da war ich dann schon wieder ziemlich ruhig.

Als der schriftliche Teil vorbei war, mussten wir erst einmal warten. Eine unerträglich lange Zeit, aber das ist wohl auch bewusst so eingesetzt. Warten, immer wieder warten.

Wir wurden gemeinsam wieder hineingerufen, und von den insgesamt 35 Mädels haben es schließlich nur neun oder zehn eine Runde weitergeschafft. Ich kann Euch sagen, als mein Name genannt wurde (die Namen wurden alphabetisch geordnet vorgelesen, und unausweichlich steuerte der Prüfer auf den Buchstaben »P« zu), das war ein Gefühl wie ... hm, einfach unbeschreiblich! Bei dem schriftlichen Test fallen nämlich die meisten Bewerber durch, und ich sagte mir, wenn ich diese Hürde erfolgreich nehme, schaffe ich den Rest auch noch. Nichts kam mir so schwer vor wie der schriftliche Test, und ich sage es noch einmal, ohne das Buch wäre es voll daneben gegangen. Aber es hat ja geklappt, und so ging es weiter ...

Nächste Prüfungsstation: Sporttest. Für ihn hatte ich eine sehr geringe Vorbereitungszeit, weshalb ich mich nicht wirklich gut einschätzen konnte. Wieder haben es nicht alle geschafft, eine Frau blieb auf der Strecke, nicht ungewöhnlich, wie es hieß.

Nach einer Stunde Mittag kam wohl der für mich persönlich dämlichste Test: die Gruppendiskussion. Acht Prüfer saßen vor acht Mädels, die sich nach kurzer (!) Einlesezeit über Probleme auf einer galaktischen Sternbasis unterhalten mussten.

Oh Mann, ich kam mir ja so doof vor... aber gut, weiter ging's. Nach dem Test und nach der Wartezeit wurden wir von bestimmten Prüfern, die uns auch während der Diskussion beobachteten, einzeln aufgerufen, um Fragen bezüglich unserer Vorstellungen bei der Polizei, Ängsten usw. preiszugeben. Ich will mich ja nicht zu weit aus dem Fenster lehnen, aber da habe ich richtig Punkte gesammelt. Das Gespräch verlief einfach super!

Nachdem alle befragt wurden, war wieder warten angesagt. Ich glaube, wir saßen über eineinhalb Stunden nur so da. Dann kam ein Prüfer und bat uns alle wieder in den Testraum. Dies deutete ich schon mal als ein gutes Zeichen, oder?

JAAA, bis auf eine hatten wir es alle geschafft! Unglaublich, dachte ich, wie man mit so viel Quatsch reden eine Prüfung besteht! (Im Vordergrund stand natürlich nicht der Inhalt, sondern die Art, wie man etwas gesagt hat.) Wie sich wohl die anderen gefühlt haben, die bestanden haben ... Puh, für diesen Tag hat es dann gereicht.

Am nächsten Morgen ging es zur polizeiärztlichen Untersuchung. Da wusste ich bereits von einem Freund, dass man es durchaus noch nicht in den Polizeidienst geschafft hatte, denn er war ebenso erfolgreich bis hier zum Arzt gekommen. Danach wurde er dann wegen seiner Wirbelsäule für nicht polizeidiensttauglich erklärt. Aber dazu habe ich auch noch eine Geschichte zu erzählen. Erst einmal wurden übliche Tests gemacht: EKG, Hörtest, Sehtest, Urinprobe ... und wenn die alle in Ordnung waren, ging es zum Röntgen. Wir sind dann »durchleuchtet« worden. Die Lenden- und Brustwirbelsäule durfte einen bestimmten Grad der Schiefheit nicht überschreiten. Ich war die Erste, und bekam somit auch das Ergebnis zuerst mitgeteilt. Der Arzt rief mich zu sich, vor ein Bild meiner Wirbelsäule. »Tja, Ihre Wirbelsäule ist schief«, meinte er mit Blick auf das Bild – *Was?* Davon wusste ich gar nichts!

Sollte es mir so gehen wie meinem Freund? »Und was heißt das jetzt?«, fragte ich, schon völlig neben mir stehend, zutiefst verunsichert. Er erklärte mir die Berechnung des Grades der Schiefheit. Zwölf Prozent durfte meine Wirbelsäule maximal schief sein. »Und? Wie ist mein Wert?«, drängelte ich. Neun Prozent. Neun Prozent. Ich realisierte es nicht. »Ich erkläre Sie trotzdem für polizeidiensttauglich.«

Ich dankte und ging zurück. Setzte mich auf die Couch zu den anderen und blätterte in einer Zeitschrift vor mich hin. Irgendwann fragte mich meine Sitznachbarin, ob ich das Ergebnis denn schon wüsste. »Ja«, sagte ich, »ich hab's geschafft.« »Ja und da sitzt du hier so ruhig herum?«, kam es zurück. Ich hatte es immer noch nicht wirklich realisiert, dass die zwei Tage Auswahlverfahren vorbei waren und ich eine von den wenigen Bewerbern war, die bis zum Schluss bewiesen haben, dass sie gut genug sind für die Polizei.

Später kam mir erst der Gedanke, dass dieser Arzt über meine Zukunft entschieden hatte. Bei allen Tests zuvor war mein Können ausschlaggebend, da hätte ich es selber verbocken können, aber meine Wirbelsäule konnte ich nicht trainieren. Da entschied zum ersten Mal ganz bewusst ein anderer über mich. Seltsames Gefühl. Nach der Untersuchung bin ich gleich nach Hause gefahren. Die anderen Mädels erfragten ihre Punktzahl direkt. Ich rief erst eine ganze Woche später an.

»760« war die magische Zahl. Viel konnte ich damit nicht anfangen. Es gab keine Auskunft darüber, ob sie ausreichend oder schlechter war. Mir wurde erklärt, dass von den Bewerbern etwa 280 definitiv genommen werden würden. Nur, war ich dabei? Angeblich bekäme man ab einer Punktzahl von 750 definitiv eine Zusage, sagte mir eines der Mädchen.

Also war wieder warten angesagt. Vier bis sechs Wochen sollte es dauern, bis eine Zusage kommt. Schon nach zwei Wochen erhielt ich Post – *Ich habe es geschafft!!!* Die Mühe hat sich gelohnt. Von Anfang an wollte ich zur Polizei, kein anderer Job wäre in Frage gekommen. Ich bin hingefahren, hab' den Test gemacht und hab' ihn bestanden, relativ gut sogar.

Ich glaube, Ihr könnt Euch das nicht vorstellen, wie geil das Gefühl war und noch ist, wenn Leute mich fragen, was ich in Zukunft mache oder wie der Test gelaufen ist und ich sagen kann: Ich gehe zur Polizei. Mein Test war erfolgreich. Ich bin genommen. GENOMMEN!!!

Um die Situation etwas bildlicher darzustellen: Man schwebt in einer Blase und wird unausweichlich von Test zu Test geflogen. Man sitzt einfach fest, gefangen und gleichzeitig auch in einem Schwebezustand, kein Festhalten, keinerlei Kontrolle. Man fühlt sich wie in einem leichten Trancezustand. Irgendwann platzt die Blase, man ist zurück in der Realität und stellt fest (in meinem Fall): Hey, geschafft!

Eins möchte ich noch anfügen: Man fährt nicht einfach mal dahin und probiert sein Glück und hat's geschafft. Das ist eine völlige Illusion. Man muss etwas dafür tun, man muss sowohl geistig als auch körperlich fit sein, und dann muss man sogar noch etwas fitter sein als die meisten anderen, um definitiv genommen zu werden. Vor allem die Vorbereitung auf den Sporttest lässt sich nicht in einer Woche üben (ich spreche da aus Erfahrung!). Falls man gleichzeitig noch andere Prüfungen wie beispielsweise das Abitur zu bestehen hat, rate ich eindringlich, den Test bei der Polizei zu verschieben. Man sollte sich wirklich darauf konzentrieren und nichts anderes im Sinn haben. So habe ich es gemacht, und so werde ich bald meine Ausbildung beginnen.

Kriminalpolizei Berlin

1. Teil: Schriftlicher Eignungstest und Sporttest

Um 6 Uhr 20 begann ich meine Hinfahrt zum schriftlichen Einstellungstest der Kriminalpolizei für den gehobenen Dienst. Um 7 Uhr 10 war ich mit viel Aufregung im Magen angekommen. Als ich den Prüfungsraum betrat, sah ich etwa 40 Prüflinge. Die Geschlechterverteilung schätze ich auf 50/50. Einige hatten schon Kontakt zu ihrem Nebenmann geknüpft, andere saßen einfach nur da und beobachteten. Ich setzte mich auf einen freien Platz und wunderte mich, dass ich fast die letzte war. Schließlich war ich viel zu früh. Alle wollten offenbar einen der wenigen Ausbildungsplätze bekommen, alle wollten ihr Bestes geben, alle waren bereit zu kämpfen.

Pünktlich, um 7 Uhr 30, begann der Einstellungstest mit einem Diktat. Dieses wurde zwei Mal, von einem Prüfer vorgelesen, der sich zuvor selbst kurz vorgestellt hatte. Er machte einen sehr freundlichen und lockeren Eindruck auf mich. Das Diktat war ein K.O.-Kriterium. Wer es nicht bestand, war sofort ausgeschieden. Der Prüfer betonte so auffällig die Stellen, an denen ein Komma gesetzt werden musste, dass man da echt nichts falsch machen konnte. Es war nicht ein einziges schwieriges Wort in diesem Diktat. Insgesamt schätze ich das Niveau auf 7. oder 8. Klasse ein. Ich freute mich, hatte neuen Mut gewonnen und die erste Aufregung abgelegt. So kann es weiter gehen, dachte ich. Tja, so einfach ging es dann aber nicht weiter ... Zunächst wurden wir jedoch in eine 10-minütige Pause entlassen.

In dieser Pause hatte ich dann auch meine ersten Kontakte zu einigen meiner Mitstreiter. Die Atmosphäre war zu diesem Zeitpunkt noch angespannt. Ich fühlte mich beobachtet. Aber so ist das mit so vielen Konkurrenten. Der Test ging weiter mit einem 30-minütigen Allgemeinwissentest. Darin wurden Fragen gestellt, wie z. B.

- Wie heißt der Premierminister des Vereinigten Königreichs von Großbritannien und Nordirland?
- Welches ist das höchste Gebirge im Harz?
- Wie heißt der kubanische Staatschef?
- Wo fand der G8-Gipfel statt?
- In welchem Bundesland ist Kurt Beck Ministerpräsident?
- Gehört Kanada zur EU?
- Welcher Künstler schuf das Album »Thriller«?
- An welchem Tag fand die Wiedervereinigung Deutschlands statt?

- Wie hieß der erste Präsident der Vereinigten Staaten von Amerika?
- Welcher US-amerikanische Präsident wurde in Texas erschossen?
- Aus welchen Ländern bestehen die Beneluxländer?

Es waren insgesamt 100 durchnummerierte Fragen. Die Antworten mussten auf einem Extrablatt notiert werden. Ich empfand die Fragen teilweise als wirklich schwierig. Etwa die Hälfte der Fragen konnte ich nicht beantworten oder die Antworten nur erraten. (Die oben genannten Beispielfragen gehörten zu den leichten Fragen). An diesem Test mussten auch diejenigen teilnehmen, die das Diktat nicht bestanden hatten, da es nicht so schnell kontrolliert werden konnte. Das Diktat wurde während des Allgemeinwissenstests kontrolliert. Wer es nicht bestanden hatten, wurden also nach diesem Allgemeinwissenstest nach Hause geschickt.

Der nächste Test war ein sogenannter »IQ«-Test und dauerte etwa 1 ½ Stunden. Der verlangte mir echt alles ab. Nicht unbedingt die Schwierigkeit der Aufgaben war das Problem, sondern die kurze Zeit, in der sie bewältigt werden mussten. Die Aufgaben waren wie zuvor in einem Hefter. Die Antworten durften nur auf einem vorgegebenen Blatt angestrichen werden. Ich fand den Aufbau komplett unübersichtlich und das hat mir auch das Genick gebrochen, denn die Kästchen sahen einfach alle gleich aus. Inzwischen hatte der Prüfer gewechselt. Uns wurde erklärt, wie wir verfahren sollten und dann ging es auch schon los. Der Prüfer bat uns die erste Seite aufzuschlagen und uns die Beispielaufgabe durchzulesen. Wir hatten ca. eine Minute Zeit. Dann wurde uns ein Signal gegeben, erst jetzt durften wir erneut umblättern und mit dem Lösen der Aufgaben beginnen. Je nach Aufgabenart hatten wir 8 bis 10 Minuten Zeit. Dann wurde uns wieder ein Signal gegeben und wir mussten aufhören zu schreiben und die Stifte hinlegen. Wer seinen Stift nicht hinlegte oder zurückblätterte, war draußen. Zum Ende hin war ich leider sehr unkonzentriert und in dieser Zeit passierte dann auch das Missgeschick. Da alle Kästchen gleich aussahen bin ich bei einer Aufgabe in ein völlig falsches Kästen gerutscht. Das wäre ja nicht so schlimm gewesen, wenn man die Ergebnisse hätte übertragen können, das war aber nicht so einfach, denn die Kästchen waren voneinander nicht zu unterscheiden. So musste ich Teile noch einmal lösen und das hat mich enorm viel Zeit gekostet. Deswegen kann ich Euch nur den Tipp geben: Achtet darauf! Ich habe wegen dieses Missgeschicks so viele Punkte verloren, dass ich fast nicht zum mündlichen Einstellungstest eingeladen werden sollte. So, und hier noch ein paar Beispiele zu den Aufgaben:

- Mathematik: Dreisatz, im Schwierigkeitsgrad ansteigend (Textaufgaben), und Zahlenreihen knacken bzw. ergänzen.
- Räumliches Vorstellungsvermögen: Vorgegebene Würfel den richtigen Abbildungen zuordnen.
- Satzergänzung (Allgemein- und Sozialwissen): In den vorgegebenen Sätzen muss eines der zur Auswahl stehenden Wörter ergänzt werden. Beispiel: Mit Menschen sollte man im Umgang ... sein. Folgende Antwortmöglichkeiten: a) abwartend, b) vorsichtig), c) aufgeschlossen, d) gewandt, e) zurückhaltend, f) vergnügt.
- Sprachgefühl: In dieser Aufgabe musste ein fehlendes Element sinnvoll in einer Wortgleichung ergänzt werden. Beispiel: Eis/Wasser = Eisen/... Folgende Antwortmöglichkeiten: a) Metall, b) Kupfer, c) Quecksilber, d) Rost, e) Legierung, f) Gold
- Kurzzeitgedächtnis und Merkfähigkeit (Auswendiglernen): Dabei wurden fünf Gruppen genannt, die jeweils fünf Unterbegriffe hatten. Diese waren in zwei Minuten auswendig zu lernen. Nach den zwei Minuten mussten wir umblättern und beantworten, in welche Gruppe z. B. das Wort mit dem Anfangsbuchstaben »F« gehört.

Nach diesem Test hatten wir eine 30-minütige Pause. In der tauschte ich mich mit meinen Mitstreitern aus. Ich war sehr erleichtert, dass auch andere nicht mit den Aufgaben fertig geworden waren. Allerdings waren da auch solche, z. B. mein Vordermann, die sich nach der Hälfte der Zeit gemütlich zurückgelehnt haben. Die Konkurrenz ist hart!

Als ich wieder in den Raum zurückkehrte, versuchte ich entspannt zu lächeln. Bloß nichts von der Nervosität anmerken lassen, lautete die Devise. Funktionieren heißt es. Danach suchen die hier. Der Prüfer holte dann einen Zettel heraus, auf dem die Namen von den Leuten standen, die jetzt gehen mussten. Meine Hände wurden immer kälter. Ich saß steif auf meinem Platz und war ziemlich sicher, jetzt auszuscheiden. Total angespannt wartete ich darauf, meinen Namen zu hören. Der Prüfer verlas die Namen ... Mein Name fiel nicht. Ich schaute etwas ungläubig in die Runde und glaube, dass mir zu diesem Zeitpunkt die Gesichtszüge etwas entglitten sind. Als ich dann begriff, dass ich weiter dabei bin, freute ich mich total und das muss wohl ganz schön doof ausgesehen haben, denn ich grinste wirklich wie ein Honigkuchenpferd.

Nun kam der letzte schriftliche Teil des Tests. Die Textwidergabe. Hierzu wurde uns ein Text vorgelesen. Ich dachte irgendwann, dass der Text doch auch ein Ende haben muss, weil der Prüfer gar nicht mehr aufhörte zu lesen. Das Ende kam dann schließlich irgendwann und er las den Text noch ein zweites Mal vor. Dann sagte der Prüfer: »So, Sie haben nun 45 Minuten Zeit den Text so wortwörtlich wie möglich wiederzugeben.« Ähhh, wortwörtlich?! Das ist jetzt nicht sein Ernst, dachte ich und konnte beobachten, dass meine Mitstreiter genauso entrüstet waren wie ich. Doch es war sein Ernst. Half ja alles nichts und so fing ich an zu schreiben. Uns wurde noch ein Blatt gegeben, auf dem vier oder fünf Stichwörter bereits notiert waren. Diese sollten uns helfen, die Reihenfolge der im Text beschriebenen Ereignisse einzuhalten. Zu meinem Erstaunen klappte die Textwidergabe viel besser als erwartet. Zur Kontrolle wurden die Texte dann irgendwo hingeschickt. Keine Ahnung warum. Wahrscheinlich wurde ein komplettes Persönlichkeitsprofil anhand der Schrift erstellt (Scherz, aber zutrauen würde ich es ihnen). Jedenfalls erfuhren wir nicht, ob wir bestanden hatten.

Es ging nun direkt zum Sporttest. Der fand auf einem anderen Gelände statt. Der Weg war in dem Einladungsschreiben gut beschrieben, so dass es kein Problem war, den Weg zu finden. Dort angekommen, mussten wir dann noch warten, weil es dauerte, bis endlich alle eingetrudelt waren. Als dann endlich alle da waren, sollten wir uns umziehen, Schmuck, Piercings usw. ablegen und uns anschließend in der Turnhalle versammeln. Dort stellte sich unser Sportprüfer dann vor und ich dachte, dass ich bei der Armee gelandet wäre. Wir bekamen alle eine Nummer und uns wurde gesagt, dass wir für die Zeit hier alle nur eine Nummer wären und hier niemand mit Namen angesprochen werden würde. Ich kann es ja nachvollziehen, dass sich der Prüfer nicht die Namen von allen merken kann, aber in was für einem Ton der sprach ... Na herzlichen Glückwunsch, dachte ich, das kann ja was werden. So schlimm war der Sportprüfer dann aber gar nicht. Er hatte bloß einen seltsamen Humor, an den ich mich erst gewöhnen musste.

Die Prüfung begann mit einem Hindernisparcours. Der war wirklich zu bewältigen. Nach meiner Einschätzung können hier nur komplett untrainierte Menschen versagen. Nach einer Aufwärmphase erklärte der Prüfer genau, wie jedes Hindernis bewältigt werden musste und danach wurde uns sogar noch Zeit zum Üben an den Geräten gegeben.

Dann kam dann mein ganz persönlicher Feind. Der 2.000-m-Lauf. Da der Eignungstest mitten in meine Abiturklausurenzeit fiel, hatte ich wenig Zeit, um wirklich trainieren zu können. Gerade mal zehn Tage hatte ich den 2.000-m-Lauf trainiert und ich bin bei keinem Training in der vorgegebenen Zeit (11:20 Minuten) geblieben. Dennoch habe ich fest an mich geglaubt und war der Überzeugung, dass ich es heute schaffen würde. Und ich kann Euch sagen, ich rannte, als ginge es um mein Leben! Zwischenzeitlich dachte ich ein paar Mal, dass ich nicht mehr kann und aufgebe, aber dann riss ich mich zusammen: »Nein, die anderen schaffen das auch, dann kann ich das auch!« Nach jeder Runde sagte uns der Prüfer ob wir im grünen (man ist noch in der vorgegebenen Zeit), orangen (man ist noch ganz knapp in der vorgegebenen Zeit) oder im roten (man hat die vorgegebenen Zeit überschritten) Bereich liegen. Das fand ich sehr nützlich. Ich war so froh, als ich endlich die letzte Runde geschafft hatte und durchs Ziel lief. Ich hatte es geschafft, und zwar in 10 Minuten und 47 Sekunden. Ich war so am Ende, dass ich mich gar nicht richtig freuen konnte. Als dann auch die letzten im Ziel ankamen, gab der Prüfer die Nummern der Leute bekannt, die den Sporttest bestanden hatten. Ich freute mich so sehr! Daraufhin wurde mir dann aber erst mal ein Dämpfer verpasst. Der Prüfer sagte, dass wenn wir hier Zensuren von 1 bis 6 bekommen hätten. Ich wäre ich eine glatte 9 gelaufen, wäre also so schlecht gewesen, dass es dafür keine Zensuren mehr geben würde. Das war mir dann aber erst mal egal. Hauptsache ich hatte es geschafft.

Der Test war nun zu Ende. Inzwischen war es nach 16 Uhr. Über 8 Stunden bin ich geprüft worden und dementsprechend fühlte ich mich auch. 8 Stunden stand ich unter Beobachtung und war voller Aufregung. 8 Stunden hatte ich das Beste geben und neue Eindrücke und Erfahrungen gesammelt. 8 Stunden purer Stress! Und 8 Stunden, in denen 27 von 40 Bewerbern ausgeschieden waren.

Zwei Wochen später bekam ich Post. In dem Brief wurde mir mitgeteilt, dass die Kontrolle der Textwidergabe abgeschlossen sei und ich bestanden hätte. Weitere zwei Wochen später bekam ich erneut einen Brief. Ich wurde zum mündlichen Einstellungstest eingeladen. Das motivierte mich zusätzlich.

In der folgenden Woche kaufte ich mir jeden Tag eine oder zwei Zeitungen, um auch ja auf politische und wirtschaftliche Fragen gut vorbereitet zu sein. Ich informierte mich noch genauer über die Kriminalpolizei, ihre Aufgaben und Bereiche, über den Studienablauf, überlegte noch einmal ganz genau, warum ich eigentlich zur Kriminalpolizei will usw. Ich wollte einfach sehr gut vorbereitet sein und mein Bestes zeigen.

2. Teil: Der mündliche Einstellungstest

Der mündliche Einstellungstest begann um 8 Uhr. Zuerst wurden die mitgebrachten Originalunterlagen mit den eingeschickten Kopien abgeglichen. Dann wurden wir ins Prüfungszimmer gerufen. Wir waren eine Fünfergruppe.

Uns gegenüber saßen drei Prüfer: ein Psychologe, ein Hauptkommissar und ein Oberhauptkommissar. Der Hauptkommissar stellte seine Kollegen und sich selbst kurz vor und war wirklich sehr freundlich. Er sagte ein paar nette Worte, so dass ich mich gleich sicherer fühlte und die Aufregung ein bisschen ablegen konnte. Denn ich war dieses Mal noch nervöser als beim schriftlichen Test. Ganz schrecklich. Dann mussten wir uns einzeln vorstellen. Wir haben alle einfach nur kurz gesagt, wer wir sind, was uns ausmacht und warum wir zur Kriminalpolizei möchten.

Danach folgte eine Gruppendiskussion. Uns wurde absolut freie Hand gelassen. Wir durften z. B. die Tische verrücken. Das ist übrigens echt wichtig. Solltet Ihr an solch einer Gruppendiskussion teilnehmen, dann nehmt das Angebot, die Tische verrücken zu können, an. Es diskutiert sich nämlich echt schlecht, wenn man nebeneinander sitzt und gerade mal seinen Nebenmann anschauen kann. Wir entschieden uns dafür, die Tische in eine Art Hufeisenform zu bringen. Bevor wir mit der eigentlichen Diskussion anfingen, sammelte jeder für sich seine Argumente und erst danach legten wir los. Die Atmosphäre war angenehm. Jeder konnte seinen Wortbetrag leisten, niemand hat sich zu stark hervorgehoben oder sich nicht beteiligt. Die Prüfer achten nämlich nicht nur darauf, was jeder einzelne für einen Beitrag an der Diskussion leistet, sondern auch darauf, wie das Klima in der Gruppe ist. Wichtig ist auch, dass Ihr andere aussprechen lasst und Euch an die allgemeinen Diskussionsregeln haltet und Euch vor allem nicht einer Meinung anschließt, die Ihr gar nicht vertretet. Dieser letzte Punkt ist ausgesprochen wichtig. Bei diesem Test kommt es nämlich besonders auf Eure Echtheit an. Das gilt von Anfang bis Ende, bei jeder Aufgabe. Ich habe gleich gemerkt, dass es überhaupt keinen Sinn macht, sich zu verstellen, weil die Prüfer, die da vor mir gesessen haben, echt Ahnung hatten und sich zu jeder Beinstellung, Handbewegung usw. Notizen gemacht haben. Außerdem hatte ich auch gar nicht das Gefühl, mich verstellen zu müssen, denn ich fühlte mich wirklich wohl in meiner eigenen, echten Haut.

Nach der Gruppendiskussion wurde jeder Teilnehmer einzeln in den Prüfungsraum gebeten. Als ich an der Reihe war, sollte ich eine polizeibezogene Aufgabe lösen. Auch hierbei kommt es nicht darauf an, die Aufgabe wie ein ausgebildeter Kriminalbeamter zu lösen, sondern einfach darauf, sich auf die beschriebene Situation einzulassen und mit ein bisschen logischem Menschenverstand an sie heranzugehen. Ich bin nicht sofort auf alle Lösungen gekommen, und da wurden mir dann noch Fragen gestellt, die mich zu der Lösung hingeführt haben. Es hat sogar Spaß gemacht, wenn ich ehrlich bin – und auch genau das ist wichtig. Es war nicht, wie ein stupider Monolog, sondern eher wie ein Dialog zwischen den Prüfern und mir. Meine Antworten schienen ihnen jedenfalls zu gefallen und ich wurde mit einem wirklich positiven Gefühl in den Warteraum entlassen.

Zum Schluss folgte noch ein Einzelinterview mit jedem Bewerber. In diesem Interview stellten die Prüfer Fragen zu Aussagen, die ich in den vorherigen Aufgaben über mich und meine Meinung getroffen hatte. Darüber hinaus wollten sie vieles über meine Hobbys, meine Ansichten zu bestimmten Themen, mein familiäres und freundschaftliches Umfeld, meine Stärken und Schwächen wissen. Mir wurden zwar viele persönliche Fragen gestellt, aber ich fühlte mich nicht ausgequetscht. Es war viel mehr das Gefühl von ernsthaftem Interesse an meiner Person, was mir vermittelt wurde. In diesem Interview war es nicht das Ziel, mich in die Enge zu treiben, sondern mich kennenzulernen. Wie Ihr Euch präsentiert und damit verbunden Eure Echtheit ist ein wichtiger Punkt. Ich würde sogar soweit gehen und sagen, dass diese Echtheit wichtiger ist, als ein umfassendes politisches Wissen. Sicher ist es auch nicht unwesentlich, über aktuelle politische und wirtschaftliche Themen informiert zu sein. Und bei der Frage nach Stärken und Schwächen kann ich Euch nur raten, nicht unbedingt zu erwähnen, dass Ihr morgens manchmal nicht so gut aus dem Bett kommt, unpünktlich seid oder ähnliches. Macht Euch darüber Gedanken, welche Schwächen Ihr habt und nennt eine, die nicht ausschließlich Nachteile hat. Etwa, dass Ihr manchmal zu neugierig seid. Eine solche Schwäche kann gerade im Beruf eines Kriminalbeamten nicht unbedingt nur negativ sein. Wichtig ist allerdings, dass Ihr bei so einer Frage auch eine nennen könnt. Denn jeder Mensch hat Schwächen und wenn Ihr keine von Euch kennt, erscheint das vielleicht so, als wenn Ihr etwas verheimlichen wollt.

Am Ende wurde ich zum letzten Mal in das Prüfungszimmer gerufen. Mir wurde mitgeteilt, dass ich auch diesen Einstellungstest bestanden hatte. Ich freute mich sehr und war fest entschlossen, weiter zu kämpfen. Nach diesem Tag hatte nämlich nicht nur die Polizei einen Eindruck von mir gewonnen, sondern ich hatte auch einen Eindruck von der Polizei bekommen, und der war durchweg positiv.

3. Teil – Die Tauglichkeitsuntersuchung

Nachdem ich die vorherigen Tests gemeistert hatte, wurde ich nun zur Tauglichkeitsuntersuchung eingeladen. Bei dieser Untersuchung soll einfach festgestellt werden, wie fit Ihr seid und ob Ihr den Leistungsansprüchen genügt. Er besteht aus ganz normalen Untersuchungen wie Blutabnahme, Hör- und Sehtest, EKG usw. Darauf kann man sich nicht wirklich vorbereiten, da der Körper ja eh macht, was er will. Einige Mitbewerber hatten einen so hohen Blutdruck vor Aufregung, dass sie das Belastungs-EKG an dem Tag gar nicht machen durften. Also am besten einfach ganz locker an die Sache heran gehen, dann klappt das am besten.

Ich habe auch diese Untersuchung bestanden. Sie war der letzte »Test« und nach dieser ganzen Prozedur befinde ich mich nun auf der Rangliste, die am Ende über meine Zukunft entscheiden wird.

Bundespolizei

Im Vorfeld meiner Bewerbung absolvierte ich zwei Praktika bei der Bundespolizei, was mir zum einen half, einen tieferen Einblick in die Polizeiarbeit zu bekommen, zum anderen bei einer eventuellen Bewerbung mein Interesse an diesem Beruf zu untermauern und somit der Auswahlkommission einen positiven Eindruck von mir zu vermitteln.

Im Juni bewarb ich mich dann für den gehobenen nichttechnischen Dienst bei der Bundespolizei. Meine Bewerbung enthielt einen Lebenslauf, ein Bewerbungsanschreiben mit Foto, mein letztes Zeugnis und einige sportliche Anerkennungen, nach denen zwar nicht gefragt war, die aber einen guten Eindruck machen sollten. Die komplette Bewerbung heftete ich zusammen, steckte sie in eine Klarsichthülle (eher unüblich, hier aber ausdrücklich gefordert) und richtete sie an das zuständige Bundespolizeipräsidium, in meinem Fall das Präsidium Süd.

Ein paar Wochen später erhielt ich ein Schreiben, welches den Eingang meiner Bewerbung bestätigte. Des Weiteren musste ich nun einen Bewerbungsbogen ausfüllen und ihn mit ein paar anderen zu klärenden Formalitäten (Wohnsitz, Führerschein, Einverständniserklärung zur Einholung einer Polizeiauskunft über mich) ans Präsidium zurückschicken.

Da ich im Bewerbungsbogen angegeben hatte, dass ich einen leichten Heuschnupfen habe, bekam ich kurze Zeit später einen Bogen zugeschickt, in dem man mich aufforderte, einen hausärztlichen Bericht zu meiner Pollenallergie von meinem Hausarzt erstellen zu lassen. Dieses besorgte ich mir auch und schickte ihn dann wieder an die Bundespolizei zurück.

Dann bekam ich die Einladung zum ersten Teil des Auswahlverfahrens. Dieses fand in Oerlenbach statt, der Ausbildungsstätte des Bundespolizeipräsidiums Süd. Der Test selbst dauerte 2 Tage, wofür ich mit einem weiteren Bewerber zusammen auch ein Zimmer gestellt bekam. Um gleich am ersten Tag fit zu sein, reiste ich schon einen Tag früher am Vorabend an. Die Bahnkosten wurden übrigens übernommen, dass Essen (gut und günstig) musste ich selbst bezahlen.

Am ersten Tag ging es dann schon sehr früh, pünktlich um 7.30 Uh , los. Wir waren insgesamt nur sieben Bewerber und mussten zunächst einige Fragebögen zur Biografie und Persönlichkeitsstruktur ausfüllen. Alles kein großer Aufwand. Dann wurde ein Intelligenztest bearbeitet, der IST2000, auf den ich gut vorbereitet war. Danach war schon Mittagspause und Zeit zum Essen. Hiernach folgte für die ersten Bewerber das Aus: Jeder, der nicht genügend Punkte gesammelt hatte, wurde nach Hause geschickt.

Als nächstes folgte eine Erörterung. Hierzu durfte ich drei Karten ziehen und mir ein Thema aussuchen. Die Erörterung sollte zwei DIN-A4-Seiten umfassen. Die Atmosphäre empfand ich übrigens als sehr locker und angenehm.

Danach musste ich zum ärztlichen Check. Hier wurde mein Sehvermögen getestet, meine Hörfähigkeit, ein Drogen-Screening usw. Als Ergänzung musste ich noch einen ärztlichen Bogen zu meinem Gesundheitszustand und meiner Krankengeschichte ausfüllen. Anschließend ging es dann noch zum Zahnarzt. Für zwei von uns war auch hier schon Schluss, da sie nicht polizeidiensttauglich waren. Da wir nicht alle zeitlich durchgekommen waren, wurde die ärztliche Untersuchung noch am zweiten Tag fortgesetzt. Gegen Mittag war dann aber auch Schluss. Wir wurden noch belehrt, wie es nun weitergehen würde, mussten ein paar Sachen unterschreiben und konnten Fragen stellen. Uns wurde gesagt, wenn wir gut abgeschnitten hätten, würden wir zum zweiten Teil nach Lübeck in die Bundespolizeiakademie eingeladen werden, wo auch unsere Erörterung korrigiert und der Sporttest stattfinden werden würde.

Ich hatte Glück, hatte bis dahin alles bestanden und war dann ca. 4 Wochen später nach Lübeck unterwegs. Dort erwarteten mich nun erneut zwei Testtage. Ansonsten war alles wie gehabt: Die Bahnkosten trug die Bundespolizei, die Essenskosten ich. Diesmal hatte ich allerdings auch ein Einzelzimmer.

Am ersten Tag erfolgte die Begrüßung und die Durchführung eines computergestützten Testverfahrens zur Messung meiner sozialen Kompetenz, vor allem meiner Führungskompetenz. Hierzu wurden Filme gezeigt und Fragen gestellt, die man mittels Multiple Choice beantworten sollte.

Nach dem Mittagessen wurden wir zur Bundespolizeiakademieunterkunft St. Hubertus gefahren, wo der Sporttest stattfand. Dieser bestand aus einem speziellen Zirkellauf, dem Standweitsprung, einem 12-Minuten-Lauf und einer Tauchübung. Über den Sporttest kann man übrigens auch im Internet schon vorab eine ausführliche Beschreibung finden. Einfach mal nachschauen. Lohnt sich, sich darauf intensiv vorzubereiten. Wer den Test nicht besteht, wird sofort nach Hause geschickt.

Am zweiten Tag wurden wir in das mündliche Auswahlverfahren eingewiesen und belehrt. Es besteht aus einer Gruppendiskussion mit einem vorgegebenen Thema und verfolgt das Ziel, das Argumentationsgeschick, die Durchsetzungsfähigkeit und Führungskompetenz der Bewerber aufzuzeigen. Danach folgte ein Kurzvortrag. Hierzu durfte man aus einem ausgewählten Themenbereich ein Thema ziehen. 20 Minuten gab es zur

Vorbereitung, dann hatte man für den Vortrag selbst 5 Minuten Zeit. Ziel dieses Tests, so wurde mir erklärt, war die Feststellung und Einschätzung der Fähigkeit zur freien Rede, die psychische Belastbarkeit und die Sicherheit im mündlichen Ausdruck und Auftreten. Danach folgte zum Abschluss des mündlichen Testverfahrens ein strukturiertes Interview, bei der die Jury auch noch offene Fragen klären konnte/wollte. Hier sollte die Ausdrucks- und Dialogfähigkeit geprüft und das Persönlichkeitsprofil der Bewerber abgerundet werden. Das Interview dauerte 30 Minuten. Das Wissen zu den Tätigkeiten der Bundespolizei wurde abgefragt und Szenen aus dem Polizeialltag nachgestellt, auf die man reagieren sollte. Zum Schluss folgte ein ungezwungenes Abschlussgespräch – angeblich außerhalb der Wertung. Hier wurde noch mal alles reflektiert und einem das Gesamtergebnis mitgeteilt. Es gibt bei der Bundespolizei auch nur drei Ergebnisse: nicht geeignet, geeignet und gut geeignet. Dann konnte ich noch Fragen stellen und fuhr anschließend nach Hause.

Vier Wochen später bekam ich dann noch mal Post von der Bundespolizei, wo man mir bestätigte, dass ich das Auswahlverfahren erfolgreich bestanden hätte und nun in die Bundesweite Rangliste aufgenommen worden sei. Nochmals ca. vier Wochen später erhielt ich dann meinen Einstellungsbescheid zum nächsten Herbst, verbunden mit der Aufforderung, nun verbindlich zu- oder abzusagen. Ich habe allerdings abgesagt, da ich ein noch interessanteres Angebot einer Länderpolizei bekommen habe, die näher an meinem Wohnort liegt.

Hier noch ein paar Infos, wie ich mich vorbereitet habe:

- Ich habe jede Tag die Nachrichten im Fernsehen und Radio verfolgt.
- Regelmäßiges Zeitungslesen.
- Intensives Training des Sporttests.
- Intensives Durcharbeiten des »Testtraining Polizei und Feuerwehr«.

Polizei Niedersachsen

(höherer Dienst)

Der Beginn meines Testes bei der Deutschen Gesellschaft für Personalwesen zum Aufstieg vom gehobenen in den höheren Dienst der Polizei Niedersachsen war um 9.15 Uhr. Es erfolgten eine allgemeine Begrüßung, eine kurze Erklärung hinsichtlich des neuen Tests (die Erfahrungen von zehn Jahren hätten Veränderungen notwendig gemacht) und das Ausfüllen eines (obligatorischen) Fragebogens.

Die Gruppe meiner Mitbewerber setzte sich insgesamt aus vier männlichen Personen zusammen. Durchgeführt wurde der Test in einer der vielen polizeilichen Einrichtungen in Niedersachsen. Hierzu war ein Lehrsaal, an dem beidseitig Flure waren – der Geräuschpegel war dementsprechend –, für uns reserviert. Die Geräusche aus dem Gang und das ständige Kramen der Testpsychologin in ihrer Handtasche trugen nicht unbedingt zu einer entspannten Arbeitsatmosphäre bei.

Gegen 9.30 Uhr verteilte die Psychologin an jeden von uns ein Aufgabenbuch vom Berliner Intelligenz-Strukturtest (Anmerkung der Autoren: Aufgaben in diesem Buch behandelt!). Der Test begann mit verschiedenen Aufgabentypen, wobei die einzelnen Aufgabenlängen eher recht kurz waren. Ein Aufgabentyp hatte ca. sechs bis zehn Einzelaufgaben. Die einzige Pause erfolgte gegen 10.30 Uhr und dauerte eine Viertelstunde. Danach wurde der Test bis zum Ende gegen 12.30 Uhr fortgesetzt.

Von den Testaufgaben wurde ich geradezu überwältigt. Dies lag daran, dass sie alle recht kurz und mitunter auch sehr schwierig waren. Ferner hatten wir natürlich viel zu wenig Zeit, um alle Aufgaben lösen zu können. Meist wurde das Multiple-Choice-Verfahren angewandt. Dabei muss ich erwähnen, dass immer nur eine Lösung richtig war.

Folgende Testaufgaben mussten wir bearbeiten:

- Wortschatz (angeblich würde hier keine Bewertung stattfinden, so teilte man uns mit, dieser Testteil diene nur zur Einstimmung und um mit dem Ankreuzen zurechtzukommen ...)
- Wortanalogien
- Zeichenanalogien
- Textanalyse
- Schlussfolgerungen
- Schätzen
- Tabellen und Statistiken

- Abwicklungen
- Tests zum räumlichen Vorstellungsvermögen (Zeichnungen wurden gedreht)
- Zeichenreihen fortsetzen
- »Wie sollte ein Frühstück sein …?«, Adjektive aufzählen
- Wissensfragen zu verschiedenen Themenbereichen wie z. B. Geschichte, Geographie etc.

Am gleichen Tag sollte gegen 13.00 Uhr im gleichen Lehrsaal noch ein Test stattfinden. Einen Tag später sollte der mündliche Test erfolgen, wobei ich den aber nicht mehr erleben durfte – mich schickte man schon nach dem ersten Testtag wieder nach Hause.

Polizei Hessen

(Aufstieg in den gehobenen Dienst)

Zunächst möchte ich mich kurz vorstellen. Ich bin 25 Jahre alt, verheiratet und habe zwei Kinder. Seit 7 Jahren bin ich bei der Polizei. Neben meiner Diensttätigkeit habe ich über das Telekolleg II die Fachhochschulreife erworben. Da zum Herbst Stellen im gehobenen Polizeivollzugsdienst in Hessen frei werden sollten, habe ich mich für eine dortige Stelle beworben.

Im März habe ich an einem Auswahlverfahren teilgenommen. Im ersten Teil dieses Auswahlverfahrens ging es um einen Konzentrations-Leistungstest, genauer gesagt um einen so genannten Subtraktionstest, bei dem man das Ergebnis auf seine Richtigkeit überprüfen musste (z. B. 9 – 3 = 6, richtig, also abhaken, oder 7 – 5 = 4, falsch, also durchstreichen usw.). Die Zahlen standen untereinander, was das Rechnen natürlich etwas vereinfachte. Leider habe ich »automatisiert« immer die Gegenprobe gemacht und addiert. Dies kostete mich – trotz preußischer Korrektheit – zu viel Zeit, so dass ich den ersten Teil des Tests nicht bestand.

Der zweite Teil des Verfahrens bestand aus einem Multiple-Choice-Verfahren, in dem Allgemeinbildung, Politik und polizeiliches Wissen abgefragt wurden. Die 75 Fragen waren eigentlich nicht so übel, wenn man sich schon darüber freute, etwas zu wissen, kam man bei den verschiedenen möglichen Antworten doch wieder ins Grübeln und letztendlich stand man dann »trotz Wissen« mit leeren Händen (null Punkte) da.

Abgesehen von diesem Testverfahren finde ich es überhaupt traurig, dass man trotz überdurchschnittlicher Leistungen im Polizeiberuf und dem nebenberuflichem Erwerb der Fachhochschule (Notendurchschnitt 2,1) noch solch einen fragwürdigen »Eignungstest« (Stichwort: Tagesform) machen muss, um studieren zu dürfen. Abiturienten und Schulabgänger dürfen z. B. seit 1993 direkt ohne langjährige Polizeipraxis studieren.

Trotzdem ich im ersten Durchgang durchgefallen bin, werde ich noch einen zweiten Anlauf wagen. Diesmal soll wohl kein Konzentrations-Leistungstest stattfinden, sondern neben dem Multiple-Choice-Verfahren ein so genannter »True-or-False-Test« (richtig/falsch).

Auch wenn ich in allen Dingen eigentlich ein ausgesprochener Optimist bin, habe ich doch ein wenig »Angst« vor dem Auswahlverfahren im Mai. In meiner Freizeit versuche ich mich schon langsam darauf vorzubereiten (Gesetze wälzen, Zeitungen studieren im Hinblick auf Politik und Allgemeinbildung usw.). Ich hoffe, dann den Test zu bestehen und bald als PK (Polizeikommissar) arbeiten zu dürfen.

Polizei Nordrhein-Westfalen 1

(gehobener Dienst)

Seit 1994 gibt es neben der Ausbildung für den mittleren Dienst den so genannten Direkteinstieg in den gehobenen Polizeivollzugsdienst des Landes Nordrhein-Westfalen. Die Ausbildung richtet sich speziell an Abiturienten und Personen mit Fachhochschulreife.

Man wird zunächst für zwei Tage zu einem Auswahlverfahren eingeladen.

1. Tag:

Schriftliche Tests (allgemeine Intelligenz, Diktat, nach einem Film einen Bericht anfertigen, Rechtschreibleistung und Sprachbeherrschung).

Von den anfangs 70 Frauen »durften« gleich ca. 30 gehen. Wenn die Leistungen in allen Bereichen über den festgelegten Normwerten lagen, kam man in den nächsten Teil des Auswahlverfahrens. Dort ging es gleich im Anschluss weiter mit Prüfungen bezüglich psychologischer Spezialfunktionen.

Es kamen u. a. Flussdiagramme, Dominoreihen, Analogien und ein Persönlichkeitstest vor.

Hatte man bis dahin seine Nerven noch beisammen, konnte man sich auf den nächsten Tag freuen. Unterbringung und Verpflegung gab es in der Polizeikaserne. Zum Glück wuchs unsere Gruppe ganz gut zusammen, so fühlte man sich einigermaßen »wohl«.

2. Tag:

Ärztliche Untersuchungen zur Polizeidiensttauglichkeit. Die Untersuchungen zogen sich unendlich hin, und es flogen noch mal ca. 50 Prozent aller übrig gebliebenen Bewerber raus.

Völlig geschlaucht mussten wir restlichen Bewerber dann im Anschluss um 14.00 Uhr zum Sportleistungstest. Doch wenn man es bis dahin geschafft hatte, kriegten einen auch 2.000 m in maximal 12 Minuten, Dreisprung und Wurf nicht mehr klein. Zwei haben trotz guten Willens leider nicht bestanden.

Bis hierhin hatten es noch insgesamt neun von 70 Leuten geschafft zu bestehen.

3. Tag:

Der dritte Tag fand vier Wochen nach der ersten Testprozedur statt. Testform war ein Assessment Center, bei dem die Nervenanspannung noch höher getrieben wurde, indem man uns keinerlei Zwischenergebnisse bekannt gab.

1. Drei Rollenspiele (beobachtet wurde unser Kommunikationsverhalten), Vorbereitung auf x-beliebige Situationen nur durch ein entsprechendes Infoblatt, dann mit (Polizei-)Rollenspielpartner sofort vor die Auswahlkommission. 5 Minuten vorspielen.
2. Vortrag (aus vielen Themen drei verdeckt rausziehen, eins davon auswählen). Themen waren politischer, religiöser und gesellschaftlicher Art. 10 Minuten Vorbereitung (mit Konzeptpapier), Vortragsdauer 5 Minuten. Beobachtet wurde, was man wie in der Zeit zustande gebracht hatte und wie man sich verhält.
3. Interview (beurteilt wurden allgemeine kommunikative Fähigkeiten, Sprachsicherheit). Eigentlich war es ein hartes Bewerbungsgespräch; Rückblick auf die Testinhalte, Kritik und Ausfragen. Nervenstärke wird unter die Lupe genommen!

In diesem Teil flogen noch mal vier von uns raus.

Um 16.00 Uhr endlich erhielt ich dann als Letzte mein Ergebnis aus dem Computer. Leider nicht genügend Punkte, aber der mittlere Dienst ist mir sicher (seit den ersten beiden Tagen). Im April werde ich anfangen.

Die Testerei war hart, aber allein die Erfahrung war es wert. Man muss sich auf Nervenstress, Zeitdruck, Provokationen und beim Arzt auf eine kasernenähnliche Untersuchung gefasst machen.

Beim ellenlangen Arztfragebogen ist Ehrlichkeit angesagt. Es geht um die Glaubwürdigkeit und nicht darum, Verjährtes zu aktualisieren. Übrigens: Sollten bewusst falsche Angaben gemacht werden, kann man auch während der Ausbildung fristlos entlassen werden!

Ansonsten war ich überrascht, dass die meisten der vielen Prüfer, Polizisten etc. uns wirklich menschlich behandelten und trotz der Testproblematik uns nicht in die Pfanne hauen wollten.

Polizei Nordrhein-Westfalen 2

(gehobener Dienst)

Im Frühjahr hatte ich einen Auswahltermin für den gehobenen Polizeivollzugsdienst des Landes NRW, über den ich hier berichten möchte:

Jeder Bewerber kann schon einen Tag vor der Auswahlvorstellung anreisen, um sich am nächsten Morgen ausgeschlafen den Tests stellen zu können. Die Einzelzimmer, in denen man untergebracht ist, sind zwar nicht luxuriös eingerichtet, verfügen aber (jeweils zu zweit) über Dusche und WC.

Der Morgen des ersten Tages beginnt um 7.30 Uhr. Man wartet in einer Gruppe von etwa 30 bis 40 Teilnehmern auf den Beginn der Testreihe, wird jedoch vorher in zwei Gruppen aufgeteilt.

Nach einigen Formalien und Erklärungen muss man in 40 Minuten eine Inhaltsangabe und Verhaltenscharakterisierungen der mitspielenden Personen eines fünfminütigen Videofilmes anfertigen und anschließend ein recht einfaches Diktat von etwa 330 Wörtern Umfang schreiben. Beide Testteile sollten ungefähr je zwei DIN-A4-Seiten umfassen und dürfen nicht schlechter als mit »3« bewertet werden, damit man überhaupt noch eine Chance auf die nächsten Testaufgaben erhält. Dabei wird auf Ausdrucksfähigkeit, Inhalt, Rechtschreibung, Chronologie und Sauberkeit geachtet.

Nach einer kurzen Pause beginnen dann die Intelligenztests: 92 Testaufgaben, angefangen mit äußerst ungewohnten Dominosteinreihen (die Steine sind kreis- bzw. schlangenförmig angeordnet) über recht komplizierte Flussdiagramme (5 Felder sind in einen theoretischen Handlungsablauf einzubauen), Figurenreihen, Symbolrechnen bis hin zu ziemlich einfachen logischen Schlussfolgerungen.

Wer weniger als 53 Aufgaben richtig gelöst hat, darf direkt wieder nach Hause gehen. Nach der folgenden Kurzzeitgedächtnis-Übung, bei der man 42 Wörter aus sechs Geschichten nach 6 Minuten Einprägezeit in der gleichen Zeit in richtiger Reihenfolge aufschreiben musste, fand eine etwa einstündige Mittagspause statt.

Die Auswertung, die wir danach präsentiert bekamen, war ziemlich deprimierend: 20 von 39 Teilnehmern durften gehen.

Beim nun anstehenden Persönlichkeitstest mussten 121 Fragen zur eigenen Person beantwortet werden, wobei es auf die eigene Einschätzung ankam, die man mit einem Kreuzchen auf einer Punkteskala von 1 bis 4 festhielt. Da dieser Test nur wenige verschiedene Fragen enthielt, die aber in allen möglichen Formen gestellt wurden (z. B. verneinte Fragen, Suggestivfragen), musste man aufpassen, dass man nicht in Lügenfallen tappte.

Ein abschließendes Stressinterview, das als »Bewerbungsgespräch« benannt war, beendete den ersten Tag. Wer bei Fragen zum aktuellen Geschehen nicht zu antworten wusste, ständig an die Decke stierte oder erst jetzt sein »Vorstrafenregister« präsentierte, hatte mit einer sehr niedrigen Bewertung zu rechnen.

Der zweite Tag war für die polizeiärztliche Untersuchung und den Sporttest reserviert. Irgendwelche Krankheiten wurden immer gefunden, ob sich der Bewerber nun gesund fühlte oder nicht. Selbst kleinste, in den Augen der Bewerber fast lächerliche »Wehwehchen« führten zum Ausschluss aus dem Verfahren. Wer bestanden hatte (bei uns von 15 übrigens 5!), hatte nun mit Sicherheit keine Krankheit und durfte zum Sporttest antreten, bei dem Klimmzüge, Dreisprung aus dem Stand, Staffellauf (4 × 18 m) und 2.000-m-Lauf auf dem Programm standen, und bei dem lediglich Mindestbedingungen erfüllt werden mussten, die zudem keinen Einfluss auf die Gesamtbewertung hatten. Darauf folgte dann die Einladung zum dritten Tag, zu dem man erneut nach Münster fahren durfte.

Hier waren nun drei Rollenspiele und ein Vortrag angesagt. Jedes Rollenspiel dauerte etwa 5 bis 10 Minuten, nachdem man 2 Minuten zum Durchlesen der Situationsdarstellung zur Verfügung hatte, und bei denen man sicher sein konnte, dass der Rollenspielpartner (übrigens aus den Reihen der Polizei) es einem wirklich nicht leicht macht. Hier sind Eigenschaften wie Kreativität, Ausdrucksvermögen, Analysefähigkeit und Motivationstalent gefragt, mit Hilfe derer man alltägliche Konfliktsituationen lösen muss.

Zum Vortrag hatte man dann 10 Minuten Vorbereitungszeit, nachdem man eines von drei Themen wählen durfte. Bei fünfminütigem Reden zu allgemeinen gesellschaftspolitischen Themen wurde auf Merkmale wie Blickkontakt, Qualität, Körperhaltung und Sprachsicherheit geachtet.

Am dritten Tag konnte keiner mehr »rausfliegen«, jedoch erhielt jeder einen Rangordnungswert, der die Summe der gesammelten Punkte darstellt. Für eine Einstellung sind etwa 50 (schwankt von Jahr zu Jahr) von 80 Punkten nötig.

Eine Zusage habe ich noch nicht, aber es müsste schon einiges passieren, dass meine Punktzahl von knapp unter 60 nicht ausreicht.

Polizei Baden-Württemberg

(gehobener Dienst)

Eine Mitbewerberin und ich hatten das Angebot angenommen und waren bereits am Vorabend zur Übernachtung angereist, was mit Sicherheit das Beste ist, da einem so einiger Stress am Morgen erspart bleibt. Testbeginn ist bereits um 7.30 Uhr. Wir waren diesmal nur Frauen (eingeladen wohl elf, es waren jedoch nur sechs erschienen) und nur Abiturientinnen. Von der Pforte wurden wir von zwei echt netten Polizisten abgeholt und in den Prüfungsraum geführt. Gleich nach einer kurzen Begrüßung ging es los:

77 Aufgaben folgenden Typs, welche in 35 Minuten bearbeitet werden mussten. Mindestvoraussetzung zum Bestehen waren 55 richtige.

- Zahlenreihen ergänzen
- Figurenreihen ergänzen
- Wörter zuordnen bei vier vorgegebenen
  (gleich-gleich, gleich-gegensätzlich)
- Textaufgaben

Nach zehnminütiger Pause:

- sechs Steckbriefe in 3 Minuten ansehen,
  anschließend Fragebögen dazu
- vier »Tatorte« ansehen in 2 Minuten, anschließend Fragebögen
- in 2 Minuten so viele Flüssigkeiten und dann Pflanzen
  wie möglich aufschreiben. Egal was für welche.
  (Das hat mich auch rausgerissen, wie man mir später mitteilte.)

Ende um 9.30 Uhr. Nach 10 Minuten wurde sofort das Ergebnis bekannt gegeben, und von uns sechs mussten drei wieder nach Hause.

Verbringung in das Arztgebäude.

- Erster Arzt: Messung von Gewicht, Größe, Halsumfang, Brustumfang, Taillenumfang, Begutachtung der Zähne bzw. der Plomben.
- Zweiter Arzt: Messung des Atemzugvolumens (in Liter)
- Dritter und vierter Arzt: EKG
- Fünfter und sechster Arzt: Gelenküberprüfungen.
  Suche nach Allergien und Körperhaltungsprüfungen
- Erneut erster Arzt: Seh- und Hörtest, Urintest

Der sechste Arzt entschied im Endeffekt, ob man gesundheitlich tauglich ist oder nicht. Als »Hausaufgabe« muss man daheim zum Gynäkologen (natürlich nur für die Frauen) und sich ein Attest ausstellen lassen, dass man nicht schwanger ist. Ferner müssen alle Bewerber zum Radiologen, um die Lunge überprüfen zu lassen. Eine meiner Mitbewerberinnen musste wieder nach Hause, da sie drei Kilo Untergewicht hatte. Die war ganz schön geschafft und weinte.

Wir zwei Verbliebenen aßen mit den beiden netten Polizisten in der Kantine unentgeltlich zu Mittag. Die Übernachtung kostete übrigens auch nichts. Anschließend ging es in die Sporthalle:

Als Frau mussten folgende Leistungen erbracht werden:

- 4-kg-Kugel 5,50 m (das hängt vom Alter ab) weit werfen
- Standsprung: mindestens 1,60 m
- Laufen: 300 m in 90 Sekunden

Der Sporttest ist echt leicht und kein Grund zur Panik! Die genauen geforderten Werte sind in jedem Infoheft der Polizei zur Berufsaufklärung enthalten.

So weit bestanden wir beide und wurden zum Schluss in ein Veranstaltungsgebäude gebracht, wo uns noch mal genau gesagt wurde, was wir in unseren theoretischen Tests vermasselt hatten, welche zusätzlichen Arztbesuche verlangt werden und welche Noten man bislang erreicht hat. Überragend war meine nicht (3,0), aber ich bin heilfroh, alles geschafft zu haben. Der Mann meinte dann noch auf meine Frage nach dem Schwierigkeitsgrad beim Vorstellungsgespräch, dass ich mich da einfach gut verkaufen müsse, d. h. gut reden. Bange ist mir davor auf jeden Fall, aber jetzt heißt es einfach: abwarten und Tee trinken.

Bundespolizei Nordrhein-Westfalen

(gehobener Polizeivollzugsdienst)

Schon seit langer Zeit war es mein Ziel, mich um einen Direkteinstieg in den gehobenen Dienst der Polizei in Nordrhein-Westfalen zu bewerben. Ich dachte darüber nach, wie ich die in solchen Einrichtungen üblichen Testverfahren üben könnte. So kam ich auf die Idee, mich übungsweise für die Bundespolizei zu bewerben, um gute Einblicke zu bekommen. Ich freute mich über die Einladung zu einem so genannten Eignungsauswahlverfahren, ohne zu wissen, was genau dahintersteckt. Ein wenig mulmig wurde mir dann schon, als ich die ersten Infos erhielt. Der erste Teil des Tests fand in einer Grenzschutzunterkunft in Swisttat-Heimerzheim bei Bonn statt und hatte folgenden wörtlichen (!) Inhalt:

6.45 Uhr. Feststellung der geistigen Fähigkeiten mit Hilfe des »Intelligenz-Struktur-Tests« und eines Tests der Rechenkonzentration. Der IST (Intelligenz-Struktur-Test), der von Rudolf Amthauer erfunden wurde, soll nicht nur den Gesamtwert für die unterschiedlichen intellektuellen Fähigkeiten angeben, sondern auch zeigen, wo persönliche Stärken und Schwächen liegen. Das Verfahren soll auch darüber Aufschluss geben, ob der Bewerber eher praktisch oder eher theoretisch veranlagt ist.

Wer geistig und konzentrationstechnisch für okay befunden wurde, durfte weitermachen. Jetzt ging's zur grenzschutzärztlichen Untersuchung, wo wir vollkommen durchgecheckt und zu unserer bisherigen Krankengeschichte befragt wurden.

Bei mir war eigentlich alles in Ordnung – bis auf eine winzige Kleinigkeit, die für mich allerdings zum riesengroßen Problem wurde. Der »böse Verdacht«: Mein linkes Bein sei 17 mm kürzer als das rechte. Und so was darf natürlich nicht sein. Das sind genau 2 mm zu viel – 15 mm hätten sie hinnehmen können, aber gleich 17!?

Das war ein Unding – und für mich das Aus. Ich wurde nach Hause geschickt. Mit einem solchen »körperlichen Gebrechen« bin ich für den Grenzschutz nicht zu gebrauchen, was mich noch nicht so sehr traf. Schließlich war ich ja nur übungsweise zu dem Bundespolizeitest gekommen, um mich auf ähnliche Testverfahren im gehobenen Dienst vorzubereiten. Aber dann der Hammer: Ich wurde wegen der 17 mm für polizeidienstuntauglich erklärt.

Somit hat nun mein Versuch, einen Test kennen zu lernen, der dem Verfahren der Landespolizei ähnelt, dazu geführt, dass ich gar keine Chance bekommen sollte, mein eigentliches Ziel in Angriff zu nehmen.

An dieser Stelle müsste die traurige Erfahrung eines Bewerbers mit den Auswahlverfahren enden, wenn er sich nicht doch eines Besseren besonnen hätte:

Nachdem ich mich ein wenig von diesem Rückschlag erholt hatte, habe ich gedacht, dass ich mich so leicht nicht von meinem großen Ziel abbringen lasse. Ich suchte Hilfe bei einem Einstellungsberater der Polizei, der mir den entscheidenden Tipp gab: Gehen Sie zu einem Facharzt und lassen Sie sich noch einmal untersuchen. Gesagt, getan: Ich ließ mich von einem Orthopäden röntgen. Ergebnis: Es gibt eine Beinlängendifferenz (wie übrigens bei vielen Menschen) – aber nur von einer Länge von einem Zentimeter. Mit Hilfe dieses Gutachtens kann ich mich nun doch noch für den gehobenen Dienst bei der Polizei bewerben. Hoffentlich bin ich nicht klüger, als die Polizei erlaubt.

Offiziersbewerber bei der Bundeswehr

Vor kurzem nahm ich an einem Einstellungstest für Offiziersbewerber der Bundeswehr in Köln teil und möchte hier meine Erfahrungen schildern:

1. Tag:

Anreise mit der Bahn (die Fahrkarte wurde bezahlt, Zuschläge und Fahrscheine für die Verkehrsverbunde mussten selbst bezahlt werden) bis 15.00 Uhr in die Mudrakaserne in Köln. Dann erfolgte die Einweisung in die Zimmer. Wir waren auf uns allein gestellt und für unsere Termine und Zeitplanung von nun an selbst verantwortlich. Nun folgte die Einführung, Vorstellung der wichtigsten Personen und »neutralen« Betreuer und des Prüfungsablaufes. In einem anschließenden Kurzvortrag teilte man uns (ca. 100 Bewerber) prägnant die Erwartungen an zukünftige Offiziere mit. Man hat außerdem die Möglichkeit, von der Bewerbung sofort zurückzutreten und die Kaserne jederzeit zu verlassen. Nach einer kurzen Pause mussten wir einen biografischen Bogen über uns ausfüllen, was bei mir nichts anderes als mein Lebenslauf in Stichworten war. Der darauf folgende Bogen befragte den Bewerber nach seinen Studienabsichten und wollte diese, ebenfalls in Stichworten, begründet wissen. Bei der Ausfüllung ist Folgendes zu bemerken: Über alles wird später noch einmal im Bewerbungsgespräch und beim Studienberater gesprochen – also Vorsicht bei dem, was man schreibt! Dies war dann auch gleich der erste Test – möglichst lesbar und korrekt schreiben. Der Tag war damit beendet. Es empfiehlt sich, früh schlafen zu gehen, da man am nächsten Morgen um 5.10 Uhr selbstständig aufstehen muss.

2. Tag:

Der zweite Prüftag begann mit dem Aufstehen um 5.10 Uhr; 5.45 bis 6.15 Uhr Frühstück, 6.40 Uhr Aufsatz im großen Saal. Das Frühstück war »chaotisch«. 100 Prüflinge drängten sich um 5.45 Uhr in die Kantine. Ich hatte am Ende der Schlange nach der Wartezeit nur noch fünf Minuten für das Frühstück! Wenigstens war das Essen kostenlos. Für den Aufsatz standen zwei Themen zur Auswahl: Loyalität und Treue bzw. Flexibilität und Anpassung. Es galt, die Begriffe zu definieren, voneinander abzugrenzen und Gemeinsamkeiten festzustellen. Auch hier gilt: lesbar und korrekt auf dem unlinierten Papier der Bundeswehr zu schreiben. Ich habe mir übrigens in aller Weitsichtigkeit ein liniertes Blatt als Unterlage mitgenommen – man sollte sich jedoch nicht dabei erwischen lassen. Es standen für etwa 300 Wörter 30 Minuten Zeit zur Verfügung. Dann folgte für jeden ein anderer Prüfablauf; wegen der großen Anzahl an Bewerbern war dies nicht anders möglich. Für mich folgte der Arztbesuch mit einer Augenuntersuchung (Feststellung der Sehschwäche an einem Gerät und ein Blendtest). Vernarrte Fliegerbewerber versuchten schon im Voraus ihre Kurzsichtigkeit operativ zu beheben und gaben bis zu 3.000 Euro dafür aus. Sie begingen leider den Fehler und tackerten hinter das alte Attest gleich ein neues mit 100 Prozent Sehkraft. Die scheinbare Heilung des Auges innerhalb von drei Monaten schien der Bundeswehr zu unrealistisch zu sein, man merkte den Betrug und wurde ausgemustert. Abgesehen davon wird das Auge nach dem operativen Eingriff lichtempfindlicher, was automatisch zu einem Nichtbestehen des »Blendtestes« führt. Die Untersuchung wurde von Zivilangestellten durchgeführt. Körpergröße, Gewicht und eine Urinprobe folgten. Diejenigen, die am Abend zuvor Eier gegessen hatten, mussten zur Blutprobe (Entnahme aus der Fingerkuppe) wegen des zu hohen Cholesteringehaltes. Zum Abschluss noch die Blutdruckmessung vor und nach 20 Kniebeugen.

Nach dem Mittagessen folgten ein Intelligenz- und ein Psychotest. Anschließend Analogien und Wortverbindungen. Ein Studium von Fremdwörtern ist hier sehr hilfreich. Das Bewerbungsgespräch mit zwei ranghohen Offizieren folgte sogleich. Es stellt eine nicht zu unterschätzende Hürde dar. Denn 50 Prozent der Teilnehmer »flogen« dabei raus. Wer nicht bestand, erfuhr es nach fünf Minuten und konnte gehen. Grundsätzlich ist zu sagen, dass nicht immer ein Psychologe bei dem Gespräch anwesend sein muss. Jedes Gespräch verläuft anders. Wer das Zimmer betritt, sollte den Anweisungen der Offiziere, seine Sachen auf einem bestimmten Stuhl abzulegen, folgen. Ein Mitbewerber schien in diesem Augenblick nicht ganz zu parieren, woraufhin der Offizier beim dritten Mal den Bewerber förmlich »anbrüllte«, so dass man dies mehrere Zimmer weiter weg hören konnte.

In erster Linie kommt es jedoch darauf an, ein politisches Interesse zu haben (wird mündlich durch Fragen abgeprüft, wie z. B. Bosnien, Bundeswehr im 21. Jahrhundert etc.). Übrigens: Man will nicht zur Bundeswehr gehen, um Offizier zu werden und zu fliegen, sondern um ein Beisteuern zum Friedensprozess in der Welt zu seinem Beruf zu machen. Wer da nicht mithält, ist draußen. Ein Studium ist unter anderem ein Bestandteil der Offiziersausbildung, und man will ein Fach aus Spaß studieren – nicht etwa für einen Arbeitsplatz oder fürs Geld. Wichtig ist außerdem das aktuelle politische Zeitgeschehen der letzten sechs Monate. Es empfiehlt sich also, Nachrichten anzuschauen bzw. Zeitungen regelmäßig zu lesen!

Das Gespräch (20 Minuten) verlief sehr aggressiv. Es wurde förmlich auf mir »herumgehackt«. Man sollte möglichst alles ruhig beantworten. Und alles, was man sagt, sollte natürlich gut überlegt sein. Auf eventuelle Rückfragen – bei der Erwähnung von bestimmten Ausdrücken wie z. B. Berufsethik: »Was?«, »Wieso?«, »Was verstehen Sie darunter?« – muss man gefasst sein. Auffallend ist auch, dass bei der Begrüßung und Verabschiedung das Händeschütteln nicht mehr üblich ist. Man ist bei der Verabschiedung ja noch nicht einmal bereit aufzustehen. Ob zudem ein Hubschrauberpilot im Heer in der Lage ist, das Ergebnis eines Intelligenztests zu interpretieren, ist fraglich. Der zweite Tag war jedenfalls geschafft. Von den 100 Bewerbern waren nur noch ca. 45 anwesend, der Rest trat die Heimreise an.

3. Tag:

5.10 Uhr Aufstehen, Frühstück und anschließend ein Mathe- und Konzentrationstest. Der Mathetest enthielt Aufgaben zur Algebra (Rechnen auf dem Schmierzettel ohne Taschenrechner), Geometrie und Analysis (Ableitungen, zwei Aufgaben zur Integralrechnung). Die Antworten werden aus jeweils fünf Möglichkeiten (a, b, c, d, e) ausgesucht und in den Computer eingegeben. Es muss in den meisten Fällen nicht gerechnet werden. Es wird lediglich Wissen abgefragt, z. B.: $3x + 4 = y$ und $-3x - 4 = y$. Sind die Geraden parallel, schneiden sie sich, bilden sie einen spitzen Winkel von 60 Grad oder stehen sie senkrecht zur X-Achse? Testdauer war 30 Minuten, dann folgte ohne Pause ein Konzentrationstest. Dieser bestand aus 20 chinesischen Zeichen, zu denen je eine Zahl zugeordnet wurde (von 0 bis 9), und jeder Zahl wurden zwei Zeichen zugeordnet. Dann folgten senkrecht auf dem Bildschirm diese Zeichen in einer Zeile, ähnlich wie in einer Tabelle, wo im Prinzip die Aufgabe darin bestand, beim untersten Zeichen die zugehörige Zahl zu finden und diese mit dem zweitem Zeichen und der dazugehörigen Zahl zu addieren usw. Die Kolonne setzte sich nach oben fort. Das Ergebnis wurde mit der Tastatur eingegeben. Der Computer gibt einem jedoch nur begrenzt Zeit, dann folgt eine völlig neue Zeichenreihe und eine neue Zuordnung der Zahlen zu den Zeichen. Die Zuordnungsvorschrift konnte man am oberen Bildschirmrand ablesen. Wer diese beiden Tests nicht bestand, kann auch nicht studieren und musste gehen. Das Mittagessen kam anschließend. Aber auch hier gilt: Nicht zu viel essen! Der Sporttest sollte nicht unterschätzt werden.

Das Mittagessen bestand diesmal aus Pommes und Schnitzel (nicht besonders gesund). Ich musste dann an einem Gruppensituationsversuch teilnehmen. Mit zwei anderen Bewerbern soll ein maximal zehnminütiger

Kurzvortrag von jedem frei mit Notizzettel gehalten werden, der 30 Minuten lang vorbereitet werden konnte. Themen: z. B. »Zivildienst – eine Alternative?« oder »Aufrechterhalten einer zerbrochenen Ehe zugunsten der Kinder?« usw. Es stand eine Auswahl für jeden zur Verfügung. Der Raum war diesmal voll besetzt: ein Psychologe, meine Prüfer aus dem Einstellungsgespräch und noch drei andere Offiziere. Nach dem Vortrag (bitte keine dummen Bemerkungen machen – eine Gruppe fiel durch, weil jemand eine dumme Bemerkung machte und die anderen zwei Bewerber nichts dazu gesagt haben) mussten die Bewerber untereinander diskutieren. Thema: »Bundeswehr: Berufsarmee oder Wehrpflichtarmee?« Die Diskussion wurde abgebrochen. Dann folgte ein Planspiel: Wir sollten eine Gruppenfahrt mit 20 Jugendlichen in die Türkei ohne viel Geld planen. Das Gespräch wurde abgebrochen – wie übrigens bei allen anderen Teilnehmern auch.

Nun kam der Studienberater. Ich musste die Studienpläne der jeweiligen Wunschfächer der Bundeswehr genau kennen. Anschließend werden Fragen zum Studium und vorhandenem Wissen gestellt. Dazu ist es hilfreich, sich mit den Fachausdrücken, die in den Broschüren erwähnt werden, genauestens auszukennen (wie z. B. bei Staats- und Sozialwissenschaften: »Mikroökonominell« oder »Empirische Sozialforschung«). Das Gespräch findet alleine mit einem Offizier statt. Wer keine Antworten hat, kann entweder nicht studieren oder wird für ein anderes Studium empfohlen, was letztlich mehrere Bewerber dazu veranlasste, die Bewerbung freiwillig zurückzuziehen. Der nun allerletzte Test war im wahrsten Sinne des Wortes sportlich. Mindestens 2 m Standweitsprung (zweimal), 9 m Pendellauf (zweimal), Liegestützen, mindestens 18 in 40 Sekunden (auf den Boden legen, Hände auf dem Rücken kreuzen, auf »Los« beginnen, eine Hand mit der anderen Hand in der oberen Position abschlagen, auf den Boden zurück, Hände wieder auf dem Rücken kreuzen und das Gleiche von vorne). Sit-ups, mindestens 18 in 40 Sekunden. Dann 12 Minuten Laufen, immer um das Volleyballfeld im Kreis herum, mindestens so etwa 2.000 m, besser mehr. Wer Jetpilot werden will, muss gute Ergebnisse haben. Nach dem Duschen wurden die Ergebnisse bekannt gegeben und ein Einstellungsgespräch vorgenommen. Der Bewerber unterschreibt noch keine Verpflichtung, lediglich eine Erklärung, dass er dem Grundgesetz treu dienen wird. Er hat die Möglichkeit, bis einen Tag vor der Einberufung von dem ZOA- bzw. BOA-Antrag zurückzutreten. Der Tag endete um ca. 19.00 Uhr.

Achtung: Das Bestehen der Tests garantiert keine Einstellung. Es findet eine Bestenauslese statt. Man bedenke, dass pro Jahr etwa 7.000 bis 8.000 Schüler

Offizier werden wollen, von denen nur maximal 1.500 genommen werden. Im Übrigen war ich überrascht, wie naiv manche sich bei der Testsituation verhalten haben. Es waren insgesamt nur sechs Jugendliche mit Schlips und Jackett anwesend, obwohl die Bundeswehr um das Tragen von angemessener Kleidung, der Bedeutung des Anlasses gemäß, in der Einladung gebeten hatte.

Ich habe die Tests auf jeden Fall erfolgreich bestanden und werde demnächst studieren gehen.

Ergänzende Hinweise der Autoren

Im Vorfeld einer Bewerbung bei der Bundeswehr sollte man sich über die Tätigkeit als Soldat und Offizier im Klaren sein, besonders welche Einschränkungen und Gefahren damit verbunden sein könnten. Für und Wider des Soldatenberufes sollten im Gespräch mit Offizieren, Wehrdienstberatern etc. abgeklärt werden. Weiterhin ist es ratsam, jede erdenkliche Informationsmöglichkeit zu nutzen. Ebenso ist es empfehlenswert, mögliche Studien- und Tätigkeitsalternativen als Soldat abzuwägen.

Während der Einstellungsprüfung ist es überaus wichtig, sich der angestrebten Tätigkeit entsprechend zu kleiden, also Anzug, Krawatte und Lederschuhe. In den Gesprächen herrschen seitens der Prüfer korrektes Verhalten und freundlich-bestimmter Ton vor, was auch vom Bewerber erwartet wird. Wichtig sind besonderes Interesse und fundierte Kenntnisse des Zeitgeschehens. Je nach Studienwunsch sind besonders ausgeprägte Mathematikkenntnisse erforderlich, insbesondere bei technischen Studiengängen.

Die Ausbildung zum Offizier beinhaltet zwar ein Studium an einer Hochschule, dieses soll jedoch nicht der Grund für eine Tätigkeit bei der Bundeswehr sein. Im Vordergrund steht die Arbeit als Führungskraft, Vorgesetzter und Ausbilder der Soldaten.

Nachdem sich ein Interessent mit dem Berufsfeld Bundeswehr eingehend auseinander gesetzt hat, sollte er seine Bewerbung so früh wie möglich abschicken, um bei Bedarf rechtzeitig zum Prüfungsverfahren eingeladen werden zu können.

Diese Informationen haben wir von einem ehemaligen Soldaten mit guten Beziehungen zu seiner Einstellungsabteilung erhalten.

Berufsfeuerwehr Berlin

Der Test bei der Berufsfeuerwehr in Berlin findet im K.O.-Verfahren statt, was den Druck bei den einzelnen Testteilen bei uns allen deutlich erhöht hat. Folgende Tests kamen bei mir zum Einsatz:

Technisches Verständnis

Hier kamen ausschließlich Bildaufgaben zum Einsatz, die ich in ihrer Art schon aus dem Testtraining Polizei und Feuerwehr kannte. Insgesamt waren es 50 Technikaufgaben, von denen man mindestens 25, also die Hälfte, korrekt lösen musste, um weiter zu kommen. Eine Besonderheit war hier, dass es für falsch gelöste Aufgaben einen Punktabzug gab.

Mathe ohne Taschenrechner

Hierbei handelte es sich um 8 Aufgaben, die wir in ca. 5 Minuten lösen mussten. Diese waren vom Prinzip her wie folgt:

- 1347 + 1348 + 36 + 19 =
- 5511 : 3 =
- 0,8 × 4 × 5 : 0,25 =
- 13,006 + 14,765 – 13,432 – 1,003 =

Allgemein gesagt handelte es sich bei allen Aufgaben um eher »unangenehme« Zahlen.

Mathe mit Taschenrechner

Zunächst wurden wir in Zahlenreihen getestet (vgl. Seite 87 ff.). Da ich den Test schon gut geübt hatte, hatte ich hier überhaupt gar keine Probleme mit. Danach galt es Abwicklungen aufzulösen. Auch kein Problem, da vorher auch schon gut geübt (vgl. Seite 299 ff.). Warum diese beiden Tests unter »Mathe mit Taschenrechner« liefen, blieb mir schleierhaft, da ich bis dahin keinen benötigt habe. Als nächstes sollten Textaufgaben gelöst werden. Hier war der Rechner dann doch hilfreich. An folgende Aufgabenbeispiele kann ich mich noch erinnern:

- V_{Quader} = Höhe × Breite × Länge
  H = 12,4m
  B = 85,5dm
  L = 250cm
  V = ? m^3
  Die Schwierigkeit bestand darin, dass die Aufgabe(n) in der geforderten Größeneinheit dm^3 gerechnet werden musste. Wurde mit einer anderen Größenordnung gerechnet, so gab es keine Punkte.

- 1940 Euro Guthaben bringen im Jahr 4,5 % Zinsen. Wie viel Guthaben ist nach 9 Monaten auf dem Konto?
- 5 Pumpen brauchen 3 Stunden, um einen Keller leer zu pumpen. Wie lange brauchen 2 Pumpen?
- 6,325 km = ? m
- 1,8 Tage = wie viele Stunden und Minuten?
- Ein Feuerwehrauto braucht 18 Minuten zum Einsatzort mit 36 km/h. Mit Blaulicht und Horn könnte es die gleiche Strecke mit 48 km/h befahren. Wie groß wäre die Zeitersparnis in Minuten?
- $0{,}5 \times 10^{-2}\ cm^2 = ?\ mm^2$
- $3{,}8 \times 10^3\ g = ?$ Kg
- Nimmt man das Doppelte einer Zahl und zählt 6 hinzu und multipliziert diese Summe mit 8, so erhält man 256 mehr als ein Fünftel dieser Zahl. Wie heißt diese Zahl?
  Mein Lösungsansatz war hier $(2x+6) \times 8 = \frac{1}{5}X + 256$
  Die Formel muss dann nur noch nach X aufgelöst werden.
- Eine Klappleiter wird so aufgestellt, dass sie ein gleichschenkliges Dreieck ergibt. Eine Seite ist 1,7 m. Wie lang ist die Grundseite?
- $4X + 16 + 6X + 9 = 9X + 43 - 2X + 3$
  Für welche Zahl steht das X?

Allgemeinwissen

- Wer sind die 5 Weisen?
- Wann entdecke Kolumbus Amerika?
- Welcher Minister traf die Aussage »Wohlstand für alle«?
- Wer war der erste Mensch im Weltraum?
- Wie kann man sein Recht gegenüber der Bundesrepublik einklagen?
  – Bundesgerichtshof
  – Bundesverfassungsgericht
  – Europäischer Gerichtshof
- Wer stellte das Gravitationsgesetz auf?
- Wer war der Erfinder des Penicillins?
- Wie heißt der längste Fluss Europas?
- Die Pyrenäen sind ein …

Naturwissenschaften

- Wozu dient ein Prisma?
- Bremst man Kathodenstrahlen ab, so erhält man …
- Welche Farbe ist nicht im Licht: Violett, Rot, Schwarz, Orange?

- Die Schallgeschwindigkeit beträgt … m/s.
- Der absolute Nullpunkt liegt bei … Grad.
- Die Lichtgeschwindigkeit beträgt … km/h.
- Wie lautet die Umrechnung von Fahrenheit in Grad Celsius?

Deutsch

Zunächst sollten wir die richtige Schreibweise von mehreren Wörtern herausfinden. Das war recht einfach. Hier ein paar Beispiele:

- Hoffnung
- Identifizierung
- Repräsentieren
- Diametral

Danach kam eine kleine Denkaufgabe zum Einsatz: Es galt, in mehreren Sätzen das X und das Y richtig und sinnvoll zu ersetzen. Ein Beispiel: Ich glaube nicht, X Y richtig ist. Hier sollte erkannt werden, dass das X für »dass« und das Y für »das« steht.

In einem weiteren Deutschtest sollten wir dann Sätze auf Sinnhaftigkeit überprüfen. Dazu auch ein Beispiel: »Ich habe am 21.03.09 auf Ihr Schreiben vom 25.03.09 geantwortet.« Der Satz macht natürlich keinen Sinn, weil man nicht am 21. Auf ein Schreiben vom 25. Antworten kann … Hier musste man auch nur Ja oder Nein als richtige Lösung ankreuzen. Insgesamt also kein sehr schwieriger Test.

Als letzter Teil des Deutschtests mussten wir in einem Text Kommata an die richtige Stelle setzen. Vorsicht, hier zählt die neue Rechtschreibung!

Drahtbiegeprobe

Hier galt es, eine Figur von einem Blatt Papier in einen Draht einzubiegen, ohne dass dieser am Schluss total verbogen ist. Hierzu war es nur erlaubt, ausschließlich die Hände – und keine Hilfsmittel – zu nutzen.

Dazu von mir zwei Tipps:

- Immer in der Mitte des Drahtes = Mitte der Figur anfangen
- Nicht verbiegen und dann wieder zurück- und »geradebiegen« wollen: Den Knick bekommt man niemals mehr raus und es gibt so oder so Abzüge.

Die Figuren sahen z. B. so aus:

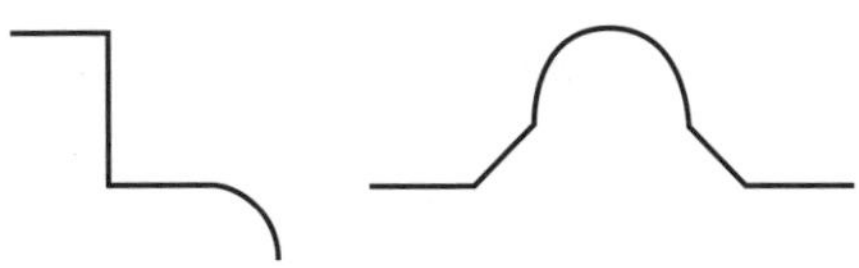

Berufsfeuerwehr bei der Bundeswehr

Der Einstellungstest der Berufsfeuerwehr bei der Bundeswehr findet im K.O.-System statt. Das bedeutet, wenn man einen Test nicht besteht, scheidet man sofort aus. Bei mir hatte der Test folgenden Ablauf:

Sporttest

- Balancieren auf einem Schwebebalken (bis zur Mitte laufen, auf Zehenspitzen stellen, 180°-Drehung, rückwärts weiter laufen)
- Liegestütze
- 100 m Sprint
- 3000-m-Lauf

Deutschtest

Der Deutschtest dauerte 75 Minuten, wobei ich die Zeit als sehr knapp empfunden habe. Der Test bestand u. a. aus einer Erörterung, wobei man aus drei Themen wählen konnte, wie z. B.

- »Lohnt sich das regelmäßige Lesen einer Tageszeitung?« oder »Welche Anforderungen muss eine Tageszeitung erfüllen?«.
- »Konservative behaupten, die traditionelle Familie gibt es nicht mehr. Sie sprechen von einem Werteverfall. Andere sprechen von einer Neuwandlung. Wie stehen Sie dazu?«

Mathetest

Auch der Mathetest dauerte 75 Minuten. Hier war die Zeit – so haben wir es empfunden – ausreichend bemessen. Das Niveau entsprach ungefähr dem einer Hauptschule und auch Taschenrechner waren erlaubt. Aufgaben waren z. B.

- $\left(\frac{24^3 + 100 + 72}{3}\right) + 4{,}5 = ?$
- Diagramme lesen
- Flächen und Volumen berechnen
- Textaufgaben wie »Eine Seilwinde hat einen mittleren Durchmesser von 40 cm und 5.000 Wicklungen. Wie lang ist der Draht?«
- Prozentrechnungen
- Satz des Pythagoras
- Promillerechnung
- X-Gleichungen
- Umrechnen von Maßeinheiten

- Dreisatzaufgaben
- Geschwindigkeitsberechnungen
- Umrechnen von Raumeinheiten in Liter, z. B. »Ein Keller V = L × B × H wird mit einer Pumpe leergepumpt, deren Leistung $\frac{6000\ \text{l}}{15\ \text{min.}}$ beträgt. Wie lange dauert es, bis der Keller leergepumpt ist?«

Berufsfeuerwehr Frankfurt/Main

Auf die rund 20 freien Stellen bewarben sich laut Aussagen der Prüfer 1.400 Leute, von denen rund 1.000 zum schriftlichen Test eingeladen wurden. Kriterien für eine Einladung waren eine geeignete handwerkliche Lehre, die Noten im Gesellenbrief, die Noten im Zeugnis, das Lebensalter, die Frage, ob man Brillenträger ist oder nicht, förderliche Fortbildungen, Sportabzeichen etc.

Pro Tag werden jeweils zwei Gruppen zu je 90 Personen getestet. Die erste Gruppe beginnt um 8 Uhr morgens, die andere um 13 Uhr mittags. Der Test selbst dauert 3 Stunden, doch es wird eine kurze Pause eingelegt. Inhalte sind Rechtschreibung, technisches Verständnis, Mathematik und das Umrechnen von Maßeinheiten. Danach gab es bei mir die Pause. Es folgten Wortanalogien, logische Satzergänzungen, zerschnittene Figuren, Zahlenreihe fortsetzen und als letztes (bewusst an dieser Stelle) ein Konzentrationstest. Nur wer alle Einzelteile für sich bestanden hat, kommt weiter. Ein Durchfallen in nur einem Teil bedeutet damit automatisch das Aus. Aus meiner Gruppe hatten nur 4 Leute, darunter ich, bestanden …

Wer zu den Glücklichen gehört, hat als nächstes den Sporttest vor sich, der an der Feuerwache 1 durchgeführt wurde. Als erstes erfolgt ein Umziehen in einen Blaumann und das Besteigen der Feuerwehrleiter. Hier ist man natürlich abgesichert (angeleint), darf aber nicht zögern oder gar »einfrieren«. Danach muss die Atemschutzstrecke unter einer Maske und mit aufgeschulterter Sauerstoffflasche bewältigt werden. Hier kommt es vor allem auf gegenseitige Unterstützung der Gruppenmitglieder an. Hat man auch diesen Teil bestanden, so folgt der Hindernislauf:

- 8 × über 3 Bänke springen
- 8 × über einen kleinen Bock springen unter einem großen hindurch kriechen
- 20 × nach rechts und links über eine Bank springen
- 8 × einen Barren überwinden
- 8 × Sit-ups vollführen

Abschließend geht's zum Schlauchturm, der »Horrorstrecke«. Beladen mit zwei Schlauchtragen zu je 20 kg, muss man ganz nach oben in den 7. Stock laufen – in maximal 1:20 Min.

Wer alle Einzeltests bestanden hat, erhält anschließend einen Termin für ein Vorstellungsgespräch, bei dem man auch noch mal mündlich psychologisch abgeprüft wird.

Bei meinem Vorstellungsgespräch waren 7 Mitarbeiter der Feuerwehr anwesend: Die Frauenbeauftragte, ein Psychologe, der Personalchef, der Chef des höheren Dienstes, ein Verwaltungsmitarbeiter und zwei Feuerwehrbeamte aus dem höheren Dienst. Von meinem Sitzplatz aus war dies die Reihenfolge von rechts nach links.

Der Personalchef begrüßte mich am Eingang des Raumes mit Handschlag und führte mich zu meinem Platz an einem kleinen Tisch. Dann wurden mir die anwesenden Personen vorgestellt, die mich jeweils mit einem Kopfnicken begrüßten.

Als erstes bekam ich 60 Karten mit verschiedenen Punkten, die ich bewerten musste. Im Endeffekt war es ein ganz simpler Psychologietest, der mir hier noch mal geboten wurde. In der Einteilung »besondere Stärke – Stärke – teils-teils – Schwäche – besondere Schwäche« sollte ich u. a. folgende Fragen/Sätze beantworten bzw. bewerten:

- Ich kann gut mit anderen zusammenarbeiten.
- Ich kann unter Druck richtige und schnelle Entscheidungen treffen.

Nachdem die Karten wieder eingesammelt worden waren, begann mich der Chef des höheren Dienstes zu interviewen:

- Erzählen Sie etwas über sich.
- Was wissen Sie über die Feuerwehr Frankfurt?
- Wie läuft die Ausbildung ab?
- Warum wollen Sie nach Frankfurt?
- …

Nun nahm der Psychologe meinen Lebenslauf und vor allem mich ins Gebet. Hier wurde zunächst erst mal kräftig auf meinen unstetigen Lebenslauf eingegangen, bevor auch »normale« Fragen und ziemlich direkte Aussagen kamen:

- Stimmen Sie mir zu, dass in Ihrem Lebenslauf keine Linie erkennbar ist?
- So naiv hätte ich Sie gar nicht gehalten, dass Sie nach dem Studienabbruch erst mal arbeiten gehen …
- Nach der Bundeswehr standen Sie vor der gleichen Situation, wie schon davor. Wo ist da die Linie?
- Was sind Ihre Motivationsgründe zur Feuerwehr und insbesondere nach Frankfurt gehen zu wollen?
- Warum haben Sie so lange gebraucht zu erkennen, dass Ihre Lebenssituation für Sie nicht befriedigend ist/war?

- Wieso haben Sie nicht wenigstens bis zum Vordiplom studiert?
- Was wären alternative Berufe für Sie?
- Warum bleiben Sie nicht in Ihrem alten Beruf?
- Geben Sie mir in Bezug auf die ausgefüllten Karten Beispiele für Ihre Stärken/Schwächen.
- Warum haben Sie im Theorietest so unterdurchschnittlich abgeschnitten?

Diese Fragen hatten es schon ganz schön in sich ... Nun war als nächstes die Frauenbeauftragte an der Reihe:

- Beschreiben Sie mal Ihr soziales Umfeld.
- Ist Ihnen klar, dass Sie durch den eventuell anstehenden Umzug Ihr soziales Umfeld verlieren werden? Wie wollen Sie damit umgehen?

Die Beamten des höheren Dienstes hatten noch weitere Fragen für mich:

- Warum gehen Sie nicht einfach in die Freiwillige Feuerwehr?
- Was meinen Sie, wie viele Einsätze Sie am Tag haben werden?
- Was machen Sie den restlichen Tag außerhalb der Einsätze?
- Was meinen Sie, wie lange es dauern wird, bis Sie mal eine Gruppe führen?
- Wie stehen Sie zu Tätigkeiten, wie z. B. den Hof zu kehren?
- Sind Sie abenteuerlustig?

Der Verwaltungsbeamte wollte dann nur noch wissen, ob ich mir vorstellen kann, mit dem Beamtenverdienst zufrieden zu sein und glücklich zu werden, bevor abschließend der Personalchef seine Fragen an mich richtete:

- Nur 5% der Einsätze sind echte Notfälle. Ist das okay für Sie und eine genügende Herausforderung?
- Ziehen Sie es in Betracht, die Bewerbung/kommende Ausbildung abzubrechen und was Neues anzufangen?
- Fühlen Sie sich nicht überqualifiziert?
- Wie lange arbeitet man als Feuerwehrmann im Rettungsdienst? Ist das auch was für Sie?
- Wie kommen Sie mit belastenden Situationen/Ereignissen klar? Geben Sie Beispiele aus Ihrem Leben.

Rückblickend bewertet war das Vorstellungsgespräch eine ganz schön harte Nummer. Trotzdem: Ich habe die Situation gemeistert und einen Ausbildungsplatz angeboten bekommen!

Berufsfeuerwehr Heilbronn

Der Einstellungstest der Berufsfeuerwehr Heilbronn beginnt morgens um 7 Uhr und bestand bei mir aus folgenden Teilen:

Schriftlicher Test, bestehend aus

- Technisches Verständnis, Abwicklungen, Körperdarstellung
- Mathetest (ohne Taschenrechner)
- Zwei-d-Konzentrationstest
- Diktat

Hallenbad

- 200 m Schwimmen in maximal 6 Minuten
- Streckentauchen (volle Punktzahl bei 25 m)
- Tieftauchen (einen Ring 2 × aus 4 m Tiefe hochholen)

Leitersteigen

- Erfolgt auf Zeit, wobei Sicherheit Vorrang hat

Belastungstest

- Stockwerkelaufen mit Maske, Helm, Jacke und 2 Schlauchkörben

Rettungstest

- Arbeiten mit einem Spezialgerät (wird vorher erklärt), wobei eine Puppe mit 70 kg Gewicht auf Zeit geborgen werden muss

Handwerkstest

- 3 Nägel sollen möglichst schnell in ein Stück Holz genagelt werden, wobei man vorher einen geeigneten Hammer (Zimmermannshammer) auswählen muss
- Ein Stück Kantstrahl absägen und dafür vorher die geeignete Säge auswählen (Eisensäge)

Schätzaufgaben

- Ein Feuerwehrauto wiegt … Tonnen
- Dieses Gefäß hat … Liter Volumen
- Von hier nach da sind es ca. … Meter
- Höhe/Länge eines Feuerwehrautos

Zeichenerklärungen

- Verschiedene Symbole, z. B. Fluchtweg, Atemschutz/Gehörschutz, Explosionsgefahr etc. sollten erläutert werden

Denkaufgaben

- Sie haben ein DIN-A4-Blatt und als Hilfsmittel Schere, Lineal und Bleistift. Stellen Sie nun aus dem Blatt ein größeres Viereck dar. Überlegen Sie, ob Sie die Hilfsmittel überhaupt benötigen. Sie haben 1 Minute Zeit.

Psychologisches Gespräch mit einem Feuerwehrmann

- Woher kommen Sie?
- Sind Sie bereit, für den Beruf den Wohnort zu wechseln?
- Aktivitäten in der Freiwilligen Feuerwehr
- Wie empfanden Sie den Test bisher?

Sportlicher Test

- Kugelstoßen
- 100-m-Lauf
- Bankdrücken
- Klimmzüge
- Auf einem Schwebebalken balancieren
- 5.000-m-Lauf in max. 23 Minuten
- Weitsprung

Das Ende der Tests war gegen 15.30 Uhr.

Berufsfeuerwehr Salzgitter

Ich habe mich bei der Berufsfeuerwehr Salzgitter für eine Einstellung im mittleren feuerwehrtechnischen Dienst beworben. An einem Freitagmorgen um 8.00 Uhr ging's los. Vielen meiner Leidensgenossen stand die schlaflose Nacht, die sie verbracht hatten, noch ins Gesicht geschrieben. Als Erstes begrüßten uns die Bearbeiter aus dem Personalamt und der Leiter der Berufsfeuerwehr Salzgitter. Danach wurde die Anwesenheit der einzelnen Bewerber namentlich geprüft, wobei wir gleich feststellten, dass acht Bewerber erst gar nicht erschienen waren. Insgesamt waren wir jetzt 37 Bewerber. Nachdem die Formalitäten erledigt waren, wurden wir in Fünfer-Gruppen aufgeteilt. Danach bekamen wir das Testprogramm vorgestellt:

- 3000-m-Lauf
- 200 m Kurzstreckenlauf
- 800 m Schwimmen
- 25 m Tauchen
- mindestens 15 Klimmzüge oder alternativ 35 Liegestützen
- Besteigen einer 30 m hohen Leiter
- handwerklicher Test

Meine Gruppe traf es gleich als Erstes, und wir durften zeigen, was wir für schnelle Läufer waren. Wir wurden mit einem uralten VW-Bus zum Sportplatz gekarrt, und dann ging es los. Danach fuhren wir weiter zum Schwimmen, wo wir dann auch noch zeigen sollten, ob wir das Zeug haben, an den nächsten Olympischen Spielen teilzunehmen.

Um 10.00 Uhr gab es eine kleine Erholungspause von 10 Minuten, bis wir uns den nächsten Teststationen stellen mussten.

Mit weichen Knien ging es weiter zu den Klimmzügen bzw. den Liegestützen. Danach noch mal eine fünfminütige Erholungspause. Eigentlich hätte jetzt der handwerkliche Test stattfinden sollen, aber der wurde auf 12.00 Uhr verschoben, so dass wir uns nun wirklich lange erholen konnten. Endlich hatten wir Zeit, in Ruhe zu essen und zu trinken.

12.10 Uhr: Es geht los! Mit welcher Säge man ein Stück Holz sägt und mit welcher ein Stück Metall, sollte eigentlich jeder wissen. Dann:

- Verbinden zweier Balken mit drei Latten, aber so, dass die Balken sich nicht waagerecht und nicht senkrecht verschieben lassen.

- Aufbau einer Bockleiter aus zwei Steckleiterteilen und mit Leinen zusammenbinden
- Raumvolumen von drei verschiedenen Behältern schätzen (in Liter)
- Aufbau eines Wasserbehälters
- Aufbau eines Flaschenzuges

14.30 Uhr: Eine kleine zusätzliche, unerwartete »Schweinerei« für alle: Durchgehen einer Atemschutzübungsstrecke mit Maske.

15.20 Uhr: Aufbocken eines Kfz mit anschließendem Reifenwechsel (tausche rote Reifen gegen grüne). Das Aufbocken wurde mittels eines Hebebaumes (langer Hebel) durchgeführt. Nun, so schnell wie die Mechaniker bei der Formel 1 waren wir nicht, aber wir haben alle vier Reifen angebracht – es sollte wohl hauptsächlich die Teamarbeit und -kommunikation getestet werden.

Gegen 15.30 Uhr folgte dann die Verabschiedung. In ca. zwei Wochen sollen wir unsere Ergebnisse erhalten, und ich bin guter Dinge, weiter dabei zu sein.

Berufsfeuerwehr Stuttgart

Der Test der Berufsfeuerwehr Stuttgart bestand bei mir aus insgesamt vier Teilen: Mathe, Diktat, Lückentest und Formlegetest. Die meisten Tests bekommen in der Auswertung gleich viele Punkte. Das bedeutet, dass 2 oder 3 Punkte mehr oder weniger entscheiden können, ob man zu einem Vorstellungsgespräch eingeladen wird oder nicht.

Mathe

Der Mathetest hatte nur 6 Aufgaben, die in 45 Minuten gelöst werden sollten. Ein Taschenrechner war nicht erlaubt, ebenso die Verwendung einer Formelsammlung nicht zulässig. Die folgenden Aufgaben habe ich mir ausgedacht, sind vom Prinzip aber genau so, wie im Test.

1. a)

$$\begin{array}{r} 543.294 \\ +\ 47.543 \\ +\ 86.426 \\ +\ 57 \\ +\ \underline{12.345} \\ ? \end{array}$$

b)

$$\begin{array}{r} 796.345 \\ -\ 45.622 \\ -\ 4.532 \\ -\ 1.957 \\ -\ \underline{23.775} \\ ? \end{array}$$

2. a) 8596,5 × 8,7 = ?

   b) 85345 : 6,7 = ?

3. Eine Kugel wurde als Denkmal errichtet und hat einen Durchmesser von 15,75 m. Davor wurde ein Modell im Maßstab 1:175 erstellt. Wie viele mm hatte der Modelldurchmesser?

4. Verringert man das Doppelte einer Zahl um 8, so erhält man dasselbe, wie wenn man das Zwanzigfache dieser Zahl um 9 erniedrigt. Wie lautet diese Zahl?

5. Gegeben ist ein 400 m langer U-Stahlträger.
   a) Berechnen Sie das Volumen in dm^3.
   a) Wie groß ist seine Masse, wenn die Dichte 7,9 g pro cm beträgt?

6. Eine Fläche mit 0,13256 ha wurde für 8569 Euro verkauft. Weitere drei Grundstücke wurden für den identischen Quadratmeterpreis verkauft:
   a) 1.325 Ar
   b) 132 m^2
   c) 5.634 dm^3
   Wie viel kosten alle 4 Grundstücke zusammen?

Diktat

Als nächstes wurde ein Diktat mit ca. 400 Wörtern innerhalb von 30 Minuten geschrieben. Kommas wurden uns mit diktiert. Das Thema war »Poker spielen«. An folgende Wörter/Sätze kann ich mich noch erinnern:

- Er bluffte
- Elfenbein
- Der Mississippi
- Das 13. Jahrhundert
- Das Spiel enthält Elemente des Lebens, des Glückes und des Pechs, das Täuschen und Getäuscht werden.
- Las Vegas
- Er muss
- Er ist in das Spiel wieder eingestiegen
- Professor
- Spielkasino
- Professionell
- Cowboy
- Image
- Das europäische Volk, die chinesischen Völker
- New Orleans

Lückentext

Für eine Din-A4-Seite hatten wir nur 5 Minuten Zeit zum Ausfüllen. Die Aufgabe bestand darin, dass wir fehlende Silben ergänzen sollten, z. B. F*eu*erwehr. Als Problem gestaltete sich, dass so viele Silben weggelassen wurden, dass man häufig den Sinn des Satzes gar nicht mehr erkennen konnte. Also musste man immer über mehrere Silben nachdenken, um einen Sinn zu erkennen. Hierzu hatte man allerdings in den 5 Minuten kaum Zeit … Ich habe mich dann darauf beschränkt, nur die Silben einzusetzen, bei denen ich mir sicher war und somit »auf Lücke« zu setzen. Trotzdem gelang es mir auf diese Weise, mindestens 50 % dieses Tests zu erfüllen.

Formlegetest

Aus vorgegebenen Formen sollen vorgegebene Figuren nachgebaut werden. Für 20 Figuren hatte man 20 Minuten Zeit. Übungsaufgaben hierzu hatte ich mir im Internet unter *www.hiqu4you.com* angesehen und ausreichend geübt. Ich kann jedem nur empfehlen, sich so ein Holzspielpuzzle zuzulegen!

Einstellungstestverlauf

Der Einstellungstestverlauf hat sich in meinem Fall nach Aussagen der Prüfer wie folgt gestaltet:

1. Vorauswahl von 400 Bewerbern
2. Sporttest analog dem Deutschen Sportabzeichen. Nur noch 165 Bewerber übrig.
3. Schriftlicher Test. Es blieben noch 96 Bewerber.
4. Vorstellungsgespräch
5. Ärztliche Untersuchung

Bei den letzten beiden Punkte wurde uns nicht mehr gesagt, wie viele noch übrig geblieben sind. Insgesamt gab es 400 Bewerber (s.o.) und nur 16 freie Stellen.

Kriterien für die Vorauswahl waren

- Der erlernte Beruf
- Alter
- Zusatzqualifikationen
- Brillenträger bzw. nicht

Berufsfeuerwehr Bremen

(mittlerer Dienst)

Ich hatte mich bei der Berufsfeuerwehr Bremen für den mittleren feuerwehrtechnischen Dienst beworben. Um es vorwegzunehmen: Von 200 Bewerbern wurden nur elf inklusive meiner Person eingestellt.

Das so genannte »Eignungsfeststellungsverfahren für den mittleren feuerwehrtechnischen Dienst« begann mit einem Diktat von ca. einer DIN-A4-Seite Länge. Die Tester bemühten sich redlich, für eine entspannte Atmosphäre zu sorgen, und schafften es, allen die Prüfungsangst zu nehmen. Ich habe da schon ganz andere Sachen erlebt und muss hier ausnahmsweise mal ein Lob aussprechen! Nach dem Diktat ging es für ca. 25 Minuten weiter mit dem PTV-Test – dem »Physikalisch-Technischen-Verständnis«. »Wie drehen sich die Zahnräder?«, »Hängen Stromleitungen eher im Sommer oder im Winter durch?«, das sind nur zwei Fragen als Beispiele. Dieser Test war wirklich leicht, wenn man in der Schule nur ein bisschen aufgepasst oder sich mit Testknackbüchern vorbereitet hatte. Nach einer kurzen Pause folgten ein Mathetest (schon etwas schwieriger) und ein Test zum Allgemeinwissen. Dieser Test war auch wirklich allgemein gehalten. Es tauchten Fragen auf wie: »Wer war der erste Bundeskanzler?« und »Wie heißt die Hauptstadt von Australien?« Insgesamt dauerten die schriftlichen Tests knapp 4 Stunden.

Endlich war es Mittag, und wir hatten Zeit, uns mal richtig auszuruhen. Dabei konnten wir uns gleich mental auf einen schönen Blick über Bremen vorbereiten – auf der Spitze der 30 m hohen Drehleiter. Wir bekamen nach der Pause ein Bergsteigergeschirr angelegt und einen Helm verpasst und mussten zügig, ohne Stocken, die Leiter einmal rauf- und wieder runterklettern. Einige kehrten in der Mitte wieder um, und für die war der Test dann bereits vorbei.

Für die Schwindelfreien ging es mit einem sehr ausgiebigen Konditionstest weiter:

1. 10 Klimmzüge
2. Anlegen von zwei Sauerstoffflaschen und einer Atemschutzmaske (die allerdings nicht angeschlossen war). Danach Betreten des Atemschutzparcours. Zu Beginn stimmte man uns ein, indem wir 30 Hammerschläge machen mussten. Das war sozusagen das Aufwärmtraining. Jetzt ging es in den Keller und auf die eigentliche Strecke. Es mussten Schiffsantriebswellen überwunden, Endlosleitern bestiegen, durch so genannte Mannlöcher (enge Löcher, wie sie in Schiffen vorkommen) geklettert,

Fabrikleitern hochgeklettert oder auch Jakobsleitern bezwungen werden. Bei Letzteren (dies sind übrigens Leitern aus Seilen) empfiehlt es sich, die Hände möglichst weit oben anzusetzen. Dabei war das Durchlaufen eines nachgebauten Abwasserkanals noch ein Spaß …

Nach Bezwingen des Parcours mussten wir zum Abschied noch mal 30 Hammerschläge leisten. Man sagte uns, geübte Feuerwehrleute würden die Strecke in ca. 10 Minuten schaffen – wir brauchten alle ca. 15 bis 20 Minuten. Dabei ging es aber auch nur um das Schaffen, nicht um die Zeit. Wer durchkam, kam auch weiter!

Jetzt war der erste Testtag endlich beendet und wir wurden zum Duschen entlassen.

Ein paar Tage später ging es mit dem Sporttest weiter. Zuerst fuhren wir in das Bremer Unibad, wo wir 200 m in weniger als 6 Minuten schwimmen mussten. Das schafften alle problemlos. Beim Streckentauchen (mindestens 25 m) mussten zwei schon nach knapp 10 m aufgeben. Das war aber insoweit (so sagte man denen) kein Problem, da sie anderswo, nämlich beim Besteigen der Drehleiter, sehr gut waren. Es wurde also immer weitergemacht und erst am Ende auf das Gesamtergebnis geschaut.

Jetzt ging es weiter auf einem Sportplatz: Wer den Weitsprung und das Kugelstoßen (mindestens 8 m sollte die Kugel schon fliegen) schaffte, der ging auch mit Freude an den 1.000-m-Lauf: Dafür gab es maximal 3:50 Minuten Zeit.

Zurück bei der Feuerwehr, folgte noch das Abschlussinterview: Dort herrschte auch eine sehr nette Atmosphäre, und meine Mitstreiter und ich hatten das Gefühl, dass man auch als Bewerber nicht nur eine Nummer ist.

Ich habe es geschafft und freue mich, in Kürze als Feuerwehrmann meine Ausbildung zu beginnen.

Auswahlmodalitäten im Überblick

Hart, härter, am härtesten – Einstellungstests bei der Polizei

Wer es heutzutage mit einem »Schutzmann« (oder auch einer -frau) zu tun bekommt, sollte sich über eins im Klaren sein: Das ist die Crème de la Crème. Den Eindruck wenigstens bekommt, wer einen Blick auf die Einstellungsverfahren wirft, mit denen die Polizei ihren Nachwuchs auswählt. Denn die sind ziemlich hart. Trotz der harten Auswahl, ist der Beruf des Polizisten beliebt wie schon lange nicht mehr. Der Run der Bewerber auf die Ausbildungsstellen für den mittleren und gehobenen Dienst ist landauf, landab sehr groß. Und hat in den vergangenen Jahren merklich zugenommen, wie nach einer Umfrage alle Bundesländer mitteilten.

Faszinierend und abwechslungsreich

Was macht den Beruf des Polizeibeamten so erstrebenswert? Lassen wir einen Kommissaranwärter zu Wort kommen. Andreas M. ist im zweiten Jahr Auszubildender bei der Polizei der Hansestadt Hamburg im gehobenen Dienst: »Weshalb ich die Polizistenlaufbahn eingeschlagen habe? Mich fasziniert die Mischung aus Kontakt zu den Menschen und abwechslungsreichen Diensten. Ständig neue Einsätze, neue Situationen, neue Erfahrungen. Das finde ich kaum in einem anderen Beruf. Auch wenn's mal schwierig wird.«

Zurück zu den Einstellungsverfahren. Schon mal davon gehört, dass Bewerber für eine Ausbildung bei einer Versicherung einen Sporttest und eine ärztliche Untersuchung absolvieren müssen? Dann noch diverse Intelligenztests nebst Assessment-Center-ähnlichen Auswahlverfahren bestehen sollen – von einem einwandfreien Leumund und dem Nachweis, dass keine Drogen im Blut sind, ganz zu schweigen –, bevor sie hinter ihrem Schreibtisch Platz nehmen durften? Bei der Polizei läuft das so. Und wie es sich für einen föderalistisch organisierten Staat gehört, rekrutiert jedes einzelne Bundesland seine neuen Azubis auf individuelle Art und Weise. Wäre ja sonst auch langweilig, oder?

Ausgefeilte Auswahlverfahren – je nach Bundesland

Allen gemeinsam ist jedoch, dass die »Polizeien« schon seit Jahren moderne Auswahlinstrumente nutzen, um mit deren Hilfe die vermeintlich besten Bewerber aus der Vielzahl der Kandidaten herauszufiltern. Gleich ist auch, dass jedes Bundesland eine ärztliche Untersuchung und einen Sporttest macht (bei beiden Prüfungen fallen viele Bewerber durch) sowie ein Einzelgespräch führt. Das war's dann aber auch schon mit den Gemeinsamkeiten. Die Unterschiede beginnen bei den ersten Bewerbungskriterien: Während einige Bundesländer wie Baden-Württemberg auf die Mindestnote »gut« in Deutsch achten, legt Mecklenburg-Vorpommern laut Ausbildungsleiter Wolf Pansow zunächst einmal kaum Wert auf Noten. Grund: das Wissen um die Subjektivität der Notengebung. So setzen Pansow und seine Kollegen mehr auf den persönlichen Eindruck, den eine Bewerberin oder ein Bewerber beim Vorstellungsverfahren macht. Ein weiteres Beispiel für kleine, aber feine Unterschiede: die Mindestgröße. Bayern hat die Maße für Polizeibeamte besonders zuungunsten des weiblichen Teils der Bewerber gerade auf mindestens 1,65 Meter hinaufgesetzt. Und in Brandenburg müssen die Männer gar 1,70 Meter groß sein, um überhaupt eine Chance zu bekommen, sich an den Einstellungsverfahren zu beteiligen. Allgemein üblich ist in der übrigen Bundesrepublik eine Mindestgröße von 1,60 Meter für Frauen und 1,65 Meter für Männer. Mecklenburg-Vorpommern indes hat vor einiger Zeit sämtliche Mindestgrößen abgeschafft.

Die Uneinheitlichkeit der Bewerbungsverfahren hört damit nicht auf: So erwarten die Bewerberinnen und Bewerber je nach Land und Laune Auswahlverfahren, die zwischen einem halben Tag und drei Tagen dauern können. Besonders gründlich, an je drei Tagen, schauen sich Rheinland-Pfalz und Nordrhein-Westfalen ihren potentiellen Polizeinachwuchs an. In dieser Zeit werden vom Diktat über diverse Intelligenztests wie Prüfungen zur Allgemeinbildung und zur Konzentration bis hin zu mathematischen Aufgaben sämtliche Grausamkeiten vorgehalten, die die moderne Personalrekrutierungsforschung hergibt. Apropos Forschung: Niedersachsen lässt sich in seinen Bemühungen um die passenden Auszubildenden von der

Universität Göttingen unterstützen, an der ein wissenschaftliches Projekt zum Thema polizeiliche Auswahlverfahren läuft.

Denn da ist so einiges mehr möglich, wie beispielsweise Thüringen, Hessen und Nordrhein-Westfalen beweisen: Dort kommen zusätzlich Assessment-Center-Verfahren zum Einsatz: Gruppendiskussionen, Rollenspiele und Kurzvorträge. Hier sind nicht nur die intellektuellen Fähigkeiten, sondern auch die soziale Kompetenz, die Kommunikations-, Durchsetzungs- und Teamfähigkeit sowie die Stressresistenz gefragt. Wer nach diesem Bewerbungsmarathon noch im Rennen ist, kann sich glücklich schätzen. Doch spätestens bei der ärztlichen Untersuchung und beim Dauerlauf des Sporttests oder den anderen »fiesen« Übungen (eine Spitzen-Kondition ist Grundvoraussetzung!) schlägt für viele Bewerber die Stunde der Wahrheit. Aber wer einmal das Einstellungsverfahren überstanden hat, der schafft in aller Regel auch die Ausbildung: Zwischen 90 und 95 Prozent liegt die Erfolgsquote bundesweit.

Erfolg durch gezielte Vorbereitung

Nun aber keine Angst: Die Hürden für den Einstieg in den Polizeiberuf sind nicht unüberwindbar. Mit gezielter Vorbereitung kann man sogar recht gelassen in das Verfahren gehen. Dabei hilft manchen sogar ein wenig Literatur. Und dafür halten Sie ja jetzt auch dieses Buch in der Hand. »Ich konnte mich damit gut auf die Einstellungstests vorbereiten«, sagt Andreas M. Er hat sich nur einmal bewerben müssen und sofort einen Ausbildungsplatz erhalten. Einige seiner Kollegen mussten in verschiedenen Bundesländern antreten, bis sie letztlich ihren Ausbildungsvertrag unterschreiben konnten. »Bewerbungstourismus« wird das in polizeilichen Fachkreisen mit einem Augenzwinkern bezeichnet. Na, Lust auf mehr bekommen? Welche Voraussetzungen und Verfahren ein bestimmtes Bundesland im Einzelnen für den Einstieg in die Polizei-Laufbahn vorschreibt, ist leicht im Internet abrufbar: Einfach »Polizei« und den Namen des gesuchten Bundeslandes in eine Suchmaschine eingeben und schnell ist die Homepage der jeweiligen Landespolizei gefunden. Dort gibt es in der Regel in der Navigationsleiste Stichwörter wie »Bewerbung« oder »Der Polizeiberuf«, unter denen alle weiteren Infos zur Verfügung gestellt werden.

Im Folgenden werden jetzt die Bewerbungskritierien und die Einstellungsverfahren der einzelnen Bundesländer beschrieben.

Polizei-Einstellungsverfahren im Überblick

Baden-Württemberg

Im Bundesland Baden-Württemberg werden Beamte für den mittleren und den gehobenen Dienst ausgebildet. Folgende Kriterien müssen Bewerberinnen und Bewerber* erfüllen, wenn er oder sie die Chance bekommen möchte, am Einstellungsverfahren teilzunehmen. Die Mindestgröße sowohl für Frauen als auch für Männer beträgt 1,60 Meter. Für den mittleren Dienst gilt ein Höchstalter von 30 Jahren, für den gehobenen Dienst das Höchstalter von 31 Jahren. Ausnahmen bis zu 36 Jahren sind möglich. Außerdem sollte der Bewerber die Fahrerlaubnis Klasse B besitzen und bislang nicht mit dem Gesetz in Konflikt geraten sein. Für den mittleren Dienst gilt darüber hinaus: mittlere Reife oder ein gleichwertiger Abschluss. Notendurchschnitt 3,2 oder besser. Für den gehobenen Dienst gilt: Fachhochschulreife oder ein vergleichbarer Bildungsabschluss. Der Notendurchschnitt sollte mindestens 3,0 betragen. Die Note in Deutsch mindestens befriedigend. Für nichtdeutsche Bewerber gelten alle Einstellungsvoraussetzungen, die bei den deutschen Bewerbern gefordert werden. Darüber hinaus werden zusätzliche Anforderungen gestellt. Sie müssen ihre Muttersprache in Wort und Schrift beherrschen, über eine Aufenthaltsberechtigung oder über eine unbefristete Aufenthaltserlaubnis verfügen und sich seit mindestens zehn Jahren in Deutschland aufhalten. Die schriftlichen Tests gliedern sich in ein Diktat und einen Sprachverständnistest. Außerdem gibt es einen allgemeinen Intelligenztest mit Aufgaben zum Gedächtnis, zur Konzentration und zur Kreativität. Nur diejenigen Bewerber, die den schriftlichen Teil erfolgreich absolvieren, werden später auch vom Arzt untersucht. Zur ärztlichen Untersuchung gehört ein Drogenscreening. Zum Abschluss folgen noch die Sportprüfung und ein Einzelgespräch, das von Psychologen geführt wird.

---

* Der Einfachheit halber wird im folgenden Text immer von dem Bewerber in männlicher Form gesprochen. Damit sind natürlich auch die Bewerberinnen gemeint.

Bayern

Bayern macht es immer ein wenig anders – auch in diesem Fall. Im Gegensatz zu den anderen Bundesländern (außer Brandenburg), hat der Freistaat die Mindestgröße sowohl für die weiblichen als auch die männlichen Auszubildenden auf 1,65 Meter angehoben. Zum Nachteil für die Frauen, nun gut. Doch der Reihe nach: Weitere Kriterien für die Teilnahme an Einstellungsverfahren für den mittleren und gehobenen Dienst sind die deutsche Staatsangehörigkeit, wobei es für den mittleren Dienst auch Ausnahmen geben kann wie beispielsweise für das Sonderprogramm des Polizeipräsidiums München, wo das Alter zwischen 24 und 34 Jahren variieren darf. Ansonsten sollte der Bewerber zwischen 17 und 25 Jahren alt sein, keine Vorstrafen im Sündenregister haben sowie sich gesundheitlich in Topform befinden. Was genau hinter den Kriterien »geordnete wirtschaftliche Verhältnisse und ein guter Ruf« steckt, muss sich offenbar jeder selbst denken. Die werden aber nicht nur von den Bayern, sondern auch von anderen Bundesländern verlangt.

Bewerber für den mittleren Dienst sollten entweder einen qualifizierenden Hauptschulabschluss mit abgeschlossener Berufsausbildung, einen qualifizierten beruflichen Bildungsabschluss, mittlere Reife oder Abitur vorweisen können. Wer in den gehobenen Dienst einsteigen will, der sollte die allgemeine Hochschulreife oder Fachabitur besitzen.

Im Freistaat werden die Einstellungstests für den mittleren Dienst und den gehobenen Dienst getrennt durchgeführt. Bewerber für den mittleren Dienst machen einen Sprachtest (Groß- und Kleinschreibung, Zeichensetzung, Getrennt- und Zusammenschreibung, Allgemeines Sprachverständnis und -gefühl, Grammatik u.Ä.) und einen Grundfähigkeitstest (logisches Denken, Orientierungsaufgabe, Merkfähigkeitsaufgabe, Kombinationsaufgabe, Zuordnungsaufgabe), beides am PC. Im Anschluss daran folgt eine Gruppenaufgabe, innerhalb derer die Gruppe ein Problem gemeinsam diskutieren und lösen muss. Geprüft wird hier die Kommunikationsfähigkeit, die Initiative und das Kooperationsvermögen des Bewerbers. Es folgt eine Sportprüfung mit Pendellauf, Schwimmen, Sit-ups, Bankdrücken, Springen über eine Kleinbank sowie eine mündliche Prüfung beziehungsweise ein strukturiertes Interview. In dem Interview sollen die soziale Kompetenz, die Belastbarkeit und die Leistungsmotivation des Bewerbers festgestellt werden. Diese Tests dauern ingesamt zwei Tage, während derer auch die ärztliche Untersuchung gemacht wird.

Das Einstellungsverfahren für den gehobenen Dienst ist um einiges anspruchsvoller. Es gibt zwar ähnlich wie beim mittleren Dienst eine Gruppenaufgabe. Bei der für den gehobenen Dienst wird aber besonderer Wert auf die Führungsqualitäten des Bewerbers gelegt, da er nach Abschluss der Ausbildung dem mittleren Management angehören wird. Zu guter Letzt kommen die Sportprüfung und die mündliche Prüfung beziehungsweise das strukturierte Interview. In jedem Abschnitt des Einstellungsverfahrens wird nach dem K.O.-Prinzip verfahren, das heißt, wer eine Prüfung nicht besteht, fällt automatisch raus.

Berlin

»Personalagentur« wird die Behörde in schönstem Neudeutsch genannt, die sich in der Hauptstadt Berlin um Einstellungsverfahren kümmert (auch wenn das Bundesland im Moment aus Geldmangel keine neuen Beamten ausbildet. Doch das kommt vermutlich ja wieder.).

Um zu einem Einstellungstest für den mittleren und den gehobenen Dienst in der Hauptstadt eingeladen zu werden, braucht man die Staatsangehörigkeit eines EU-Staates und einen einwandfreien Leumund. Bewerber, die aus der Türkei oder dem ehemaligen Jugoslawien stammen, werden dann berücksichtigt, wenn sie in Berlin aufgewachsen und zur Schule gegangen sind sowie bis spätestens zum Ende ihrer Ausbildung die deutsche Staatsangehörigkeit besitzen. Außerdem ist Schwimmenkönnen eine Vorbedingung. Die Mindestgröße für Frauen liegt bei 1,60 Meter, für Männer bei 1,65 Meter.

Anwärter für den mittleren Dienst müssen zwischen 16 und 24 Jahre alt sein. Ausnahmen bis 39 Jahre sind dann möglich, wenn der Bewerber eine abgeschlossene Berufsausbildung und mindestens zwei Jahre Berufstätigkeit nachweisen kann. Bewerber brauchen mindestens die mittlere Reife oder einen vergleichbaren Schulabschluss. Der Notendurchschnitt muss 3,0 oder darunter betragen. Für Bewerber im gehobenen Dienst gilt ein Höchstalter von 31 Jahren, es ist mindestens Fachhochschulreife oder ein gleichwertiger Bildungsstand mit einer Note von 3,0 oder darunter vonnöten.

Die Einstellungstests werden in Berlin nach dem angestrebten Dienstweg unterschieden. Für den mittleren Dienst beginnt das dreitägige Verfahren mit einem Diktat und 50 Fragen zur Allgemeinbildung. Im Anschluss daran gibt es einen Merkfähigkeitstest. Im Assessment-Center-ähnlichen Auswahlgespräch stellt sich der Bewerber vor, beteiligt sich an der Gruppendiskussion, wird danach aufgefordert, ein Statement zu einem aktuellen Thema abzugeben, und bekommt dann noch die Aufgabe, »einen Fall zu lösen«.

Dann folgt der Sporttest mit einem Hindernisparcours und einem 2.000-Meter-Lauf sowie die ärztliche Untersuchung.

Die Auszubildenden in spe für den gehobenen Dienst absolvieren zunächst ein Diktat, lösen 100 Fragen zur Allgemeinbildung und müssen dann einen Text, der ihnen vorgelesen wurde, zusammengefasst wiedergeben. Danach folgt ein Intelligenzstrukturtest, der aus neun Teilen mit je 20 Aufgaben besteht. Das Auswahlgespräch, Sporttest und Untersuchung sind analog zu den Auswahlverfahren der Bewerber für den mittleren Dienst.

Brandenburg

Das Bundesland Brandenburg bildet für den mittleren und den gehobenen Dienst aus. Die Kriterien für die Dienstwege unterscheiden sich wie folgt: Bewerber für den mittleren Dienst müssen zwischen 16 und (zum Zeitpunkt der Einstellung) 25 Jahre alt sein. Sie sollten mindestens die mittlere Reife, die Fachhochschulreife oder einen gleichwertigen Bildungsstand besitzen. Es ist auch möglich, sich mit Hauptschulabschluss plus einem als gleichwertig anerkannten Bildungsstand zu bewerben.

Bewerber für den gehobenen Dienst dürfen zum Zeitpunkt der Einstellung das 32. Lebensjahr noch nicht vollendet haben, und sie müssen eine zu einem Hochschulstudium berechtigende Schulbildung oder einen als gleichwertig anerkannten Bildungsstand vorweisen können. In Bezug auf das Höchstalter sind unter bestimmten Bedingungen Ausnahmen zugelassen.

Das Land Brandenburg hat die im wahrsten Sinne des Wortes höchsten Ansprüche an seine späteren Beamten: Frauen müssen mindestens 1,65 Meter und Männer mindestens 1,70 Meter groß sein. Dafür ist es, was die Staatsangehörigkeit anbelangt, sehr offen. Es gibt keine bestimmten Voraussetzungen für die Herkunft der Bewerber, sie sollten allerdings über gute sprachliche und schriftliche Deutschkenntnisse verfügen. Diese beiden Kriterien gelten für den mittleren und den gehobenen Dienst.

Das Auswahlverfahren gliedert sich in vier Teile: das psychologische Messverfahren »Jobfidence«, bei dem Eigenschaften wie Intelligenz, Hartnäckigkeit und Ausdrucksvermögen überprüft werden, ein Diktat, den sportlichen Leistungstest und die ärztliche Untersuchung. Zum Abschluss des Einstellungsverfahrens gibt es noch eine Gruppendiskussion sowie ein Einzelgespräch. Alle sechs Testteile werden in zwei aufeinander folgenden Tagen absolviert.

Bremen

In der Hansestadt Bremen werden ausschließlich Beamte für den gehobenen Dienst eingestellt. Neben der Schutzpolizei werden aber auch für die Wasserschutzpolizei Bewerber gesucht. Das Höchstalter liegt mit 25 Jahren im Vergleich zu anderen Bundesländern sehr niedrig. Ausnahmen gibt es natürlich auch hier, so beispielsweise, wenn sich ein Zeitsoldat bewerben will. Ausdrücklich gewünscht werden Bewerbungen von ausländischen Mitbürgern aus EU-, aber auch aus Nicht-EU-Staaten. Voraussetzung ist allerdings, dass die Bewerber die deutsche Sprache in Wort und Schrift sicher beherrschen.

Als weiteres Bewerbungskriterium gilt das Abitur, die Fachhochschulreife oder ein vom Senat für Bildung und Wissenschaft als gleichwertig anerkannter Abschluss. Bewerber für die Wasserschutzpolizei sollten außerdem über nautische Kenntnisse verfügen.

Die schriftliche Prüfung umfasst einen Aufsatz sowie einen Text, der von den Prüflingen nach Fehlern abgesucht werden muss. Des Weiteren wird die Intelligenz mit Hilfe eines IQ-Tests (Zahlenreihen u. Ä.) überprüft. Außerdem gibt es Gedächtnisübungen und eine Aufgabe zum Leseverständnis. Im Anschluss an den schriftlichen Teil geht es auf den Sportplatz, wo ein Dauerlauf absolviert werden muss.

Diejenigen, die die Tests erfolgreich hinter sich gebracht haben, werden zur mündlichen Prüfung eingeladen, die Anteile von Assessment Centern hat. So erwartet die Bewerber neben einem Rollenspiel auch eine Gruppendiskussion. Ein Einzelgespräch rundet das Einstellungsverfahren ab. Haben mehr Bewerber die Einstellungsprüfung geschafft, als Ausbildungsplätze vorhanden sind, wird ein Ranking aufgestellt.

Hamburg

Ganz neudeutsch, ähnlich wie Berlin, gibt sich die Hamburger Polizei: Hier heißt die Rekrutierungsstelle für den polizeilichen Nachwuchs bei der Landespolizeischule gleich knackig-flott »Personal-Auswahl-Center«. Die Polizei der Hansestadt bildet für den mittleren als auch für den gehobenen Dienst aus. Wer sich für den gehobenen Dienst ausbilden lässt, kann sich in der Ausbildung für den Dienstweg der Kriminalpolizei entscheiden. Folgende Kriterien muss der Bewerber vorab erfüllen, um zum Einstellungstest eingeladen zu werden:

Für den mittleren Dienst müssen die Bewerber zwischen 16 und 24 Jahre alt sein, sofern sie keine Berufsausbildung abgeschlossen haben. Wer bereits einen Beruf erlernt hat, darf höchstens 34 Jahre alt sein. Als Schulabschluss wird entweder Hauptschulabschluss mit abgeschlossener Berufsausbildung, mittlere Reife oder Abitur erwartet.

Für den gehobenen Dienst gilt ein Höchstalter von 31 Jahren, ob mit oder ohne Berufsausbildung (im Einzelfall sind Ausnahmen möglich), außerdem Fachhochschulreife mit einjährigem Berufspraktikum beziehungsweise Berufsausbildung oder Abitur. Für beide Dienstwege gilt ein Notendurchschnitt von mindestens 3,0. Darüber hinaus müssen die Bewerber einen Schwimmnachweis vorlegen können.

Drei Tage dauern die Einstellungstests bei der Hamburger Polizei. Es beginnt mit einem Deutschtest, das heißt einem Lückendiktat und einer Bildbeschreibung. Es folgt ein allgemeiner kognitiver Leistungstest, ein spezieller kognitiver Leistungstest und eine Textaufgabe. Hinzu kommt die Sportprüfung. Mit diesen Verfahren soll überprüft werden, inwieweit ein Bewerber die erforderlichen geistigen, körperlichen und persönlichen Voraussetzungen für die Polizei vorweisen kann. Die persönliche Eignung wird vertiefend überprüft mit Hilfe des persönlichen Vorstellungsgesprächs, zu dem diejenigen Bewerber gebeten werden, die zuvor den schriftlichen Test bestanden haben. In dem Gespräch sollen Erkenntnisse über die soziale Kompetenz des Bewerbers gewonnen werden. Im Anschluss daran folgt, sofern das Vorstellungsgespräch erfolgreich verlaufen ist, die ärztliche Untersuchung.

Hessen

Das Bundesland Hessen legt die Auswahl seiner Bewerber, die ausschließlich für den gehobenen Dienst ausgebildet werden, in die Hände von Psychologen. Als Voraussetzungen für eine Bewerbung gilt: Der Bewerber sollte mindestens 1,60 Meter groß und nicht älter als 34 Jahre sein. Der Notendurchschnitt darf höchstens 3,0 betragen. Eigentlich ist Abitur oder Fachhochschulreife als Abschluss verlangt, es können sich aber auch Absolventen mit Realschulabschluss bewerben. Es wird dann geprüft, ob sie für das Einstellungsverfahren geeignet sind.

Das Auswahlverfahren beginnt mit schriftlichen Tests am Computer, in denen Intelligenz, Aufmerksamkeit und Konzentrationsfähigkeit überprüft werden. Es gibt kein Diktat und keinen Aufsatz. Stattdessen werden die Bewerber zu einer Gruppendiskussion in Assessment-Center-Manier gebeten, in der ein Thema aus der praktischen Polizeiarbeit diskutiert werden soll. Im Anschluss daran folgt ein strukturiertes Interview, in dem die Motivation und die Erwartung des Bewerbers erörtert wird. Ein Sporttest und die ärztliche Untersuchung, die ganz am Schluss des Verfahrens durchgeführt werden, kommen noch hinzu. Das Auswahlverfahren dauert eineinhalb Tage.

Mecklenburg-Vorpommern

Wer sich bei der Polizei in Mecklenburg Vorpommern bewerben möchte, muss zwar keine Mindestgröße erfüllen, jedoch einen bestimmten Numerus Clausus im letzten Zeugnis vorweisen. Für den mittleren Dienst wird ein NC von mind. 3,0 verlangt, wobei die Note im Fach Deutsch ebenfalls mindestens eine 3 oder besser sein muss. Für die Anwärter des gehobenen Dienstes muss der Notendurchschnitt des letzten Zeugnisses mindestens 8,0 betragen bzw. im Abitur eine 3,2. Im Fach Deutsch werden dann 7 Punkte bzw. eine 3 erwartet.

Das Land Mecklenburg-Vorpommern bildet für den mittleren und den gehobenen Dienst aus. Bewerber für den mittleren Dienst sollten nicht älter als 28 Jahre alt, für den gehobenen Dienst nicht älter als 32 Jahre alt sein. Ausnahmen werden zugelassen. Es gibt, wie schon erwähnt, keine Mindestgrößen mehr für Bewerber, auch die Schulnoten sind unwesentlich. Für den mittleren Dienst sind der Realschulabschluss oder Hauptschulabschluss mit abgeschlossener Berufsausbildung erwünscht, für den gehobenen Dienst sind Abitur oder Fachhochschulreife Voraussetzung.

Die einzelnen Tests gliedern sich in ein Diktat, einen so genannten psychologischen Leistungstest, in dem die Intelligenz, sprachliche Ausdrucksfähigkeit, mathematisches sowie figurales Vermögen und die Merkfähigkeit überprüft werden. Hinzu kommen ein Sporttest, eine medizinische Untersuchung, eine Gruppendiskussion und ein strukturiertes Einzelgespräch, in dem sich der Bewerber präsentieren muss. Es sind also auch Elemente aus dem Bereich Assessment Center vorhanden. Abiturienten werden tendenziell härter getestet als Bewerber mit mittlerer Reife.

Niedersachsen

Niedersachsen bildet Beamte für den gehobenen Dienst aus. Das Bundesland hat vor drei Jahren ein neues Einstellungsverfahren eingeführt, das sich an der Arbeitswirklichkeit von Polizisten orientiert und gemeinsam mit Studenten der Universität Göttingen erarbeitet wurde. Grundlage war laut Polizeihauptkommissar Heinz Peter Ulbricht ein zuvor erstelltes Anforderungsprofil für Polizeibeamte. Doch der Reihe nach. Kriterien für eine erfolgreiche Bewerbung sind: Männliche Bewerber müssen mindestens 1,68 Meter, weibliche mindestens 1,63 Meter groß sein. Die Größen können, sollte sich der Bewerber ansonsten als geeignet herausstellen, um vier Zentimeter nach unten abweichen.

Das Höchstalter für Bewerber beträgt 31 Jahre, in Ausnahmefällen kann die Altersgrenze bis 35 Jahre angehoben werden. Ein einwandfreier Leumund wird ebenso verlangt wie die Studienberechtigung für die Fachhochschule. In den Fächern Deutsch und Mathematik sollte im letzten Zeugnis mindestens eine 3 erreicht worden sein, wobei der Gesamtnotendurchschnitt des Zeugnisses nicht schlechter als 3,3 sein darf. Im Fach »Sozialverhalten« muss mindestens ein »Entspricht den Erwartungen« erreicht werden. Wichtig ist Niedersachsen, schon bei der Sichtung der Bewerbungen, der Gesundheitszustand der Ausbildungsanwärter. So werden sie aufgefordert, aussagekräftige medizinische Unterlagen gleich mit der ersten Bewerbung einzureichen sowie das Jugendschwimmabzeichen in Bronze vorzuweisen.

Nach der Vorauswahl lädt man die Bewerber zu einem eintägigen Einstellungstest ein. Zunächst wird eine schriftliche Prüfung durchgeführt, die sich in zwei Segmente unterteilt. Der erste Teil umfasst Denkübungen und eine Postkorbaufgabe. Die Aufgabe könnte folgendermaßen aussehen: Es gibt vier Polizeivorgänge aus der Praxis und es werden dazu Lösungsvorschläge gemacht, von denen der Bewerber den richtigen auswählen muss. Oder es werden verschiedene Polizeifotos, mit Namen versehen, gezeigt, die sich der Prüfling einprägen soll. Einige Minuten später werden sie noch einmal präsentiert, allerdings mit vertauschten Namen, die dann wieder dem ursprünglichen Bild zugeordnet werden sollen. Oder es wird der Ausschnitt eines Stadtplans vorgelegt. Nach kurzer Zeit bekommt man denselben Stadtplan, nur ohne Straßennamen, gezeigt, und der Bewerber soll sich an die Namen erinnern. Zusätzlich gibt es noch Zahlenreihen und figurale Aufgaben zu lösen.

Der zweite Teil befasst sich mit Sprach- und Ausdrucksübungen. So müssen durcheinander gewürfelte Buchstaben von Hauptwörtern sinnvoll zusammengesetzt werden. Außerdem gibt es einen Text, in den Fehler eingebaut wurden, der von den Bewerbern korrigiert werden muss. Des Weiteren wird ein mehrseitiger Text mit vielen überflüssigen Einzelheiten vorgelesen, der dann aus der Erinnerung heraus schriftlich sinnvoll zusammengefasst werden soll.

Neben den o. a. Testverfahren erwarten Sie weitere Intelligenz- und Logiktestaufgaben. Die Polizei Niedersachsen hat hierzu auch Übungsaufgaben ins Internet gestellt (Stand: April 2009).

Beim Sporttest, der im Anschluss an die schriftlichen Prüfungen erfolgt, müssen die Bewerber einen Geschicklichkeitsparcours, einen Pendellauf, Weitsprung aus dem Stand, Klimmzüge und einen Dauerlauf absolvieren.

Wer die Prüfungen mindestens mit einer befriedigenden Note bestanden hat, wird zu einem strukturierten Interview eingeladen, bei dem es darum geht, Kommunikationsfähigkeit, Stressresistenz und Präsentationsfähigkeit zu überprüfen. Den Abschluss des Einstellungsverfahrens bildet die ärztliche Untersuchung.

Nordrhein-Westfalen

Immerhin drei Tage dauert es, bis sich ein Bewerber in dem vergleichsweise harten Verfahren für die Ausbildung im gehobenen Dienst der Polizei in Nordrhein-Westfalen durchgesetzt hat. Doch bevor er zu dem Einstellungsverfahren eingeladen wird, muss er folgende Voraussetzungen erfüllen: unter 32 Jahre alt sein, das Abitur oder die Fachhochschulreife besitzen, grundsätzlich 6 Jahre Englischunterricht absolviert haben (Leistungsstufe B1, d. h. bis zur 10. Klasse Realschule), das Deutsche Sportabzeichen mindestens in Bronze besitzen (nicht älter als 6 Monate), bis zum 01.08. des Einstellungsjahres das Deutsche Rettungsschwimmabzeichen in Bronze vorweisen, die Fahrerlaubnis der Klasse B haben, mindestens 168 cm (Männer) bzw. 163 cm (Frauen) groß sein und einen Body-Mass-Index (BMI) zwischen 18 und 27,5 vorweisen, wobei ein Wert zwischen 20 und 25 gewünscht wird. Nicht für die Einstellung, aber für den Erfolg des Studiums wird eine bestandene Schnellschreibarbeit bis zum 01. Februar des dem Einstellungsjahr folgenden Jahres verlangt, bei der 80 Anschläge pro Minute an einem PC zu erreichen sind. Das eigentliche Auswahlverfahren findet an 2,5 Tagen und mit computergestützten Testverfahren statt. Hierbei werden u. a. analytischen Fähigkeiten (Flussdiagramme, Logische Schlüsse, Zahlensymbole, Datenanalyse, Tatsache vs. Meinung, Wortanalogien), Gedächtnisleistung/Lernfähigkeit (Steckbriefe, Fotos von Verkehrssituationen, Texte), schriftliche Kommunikationsfähigkeit (Korrektur von Wörtern, Sätzen oder Texten) und soziale/persönliche Kompetenzen (Berufsmotivation, Eigenständigkeit, Innovation, Fähigkeit zum strategischen Denken, Werteorientierung, Konfliktfähigkeit, Kooperationsfähigkeit, Teamfähigkeit, Entscheidungs- und Umsetzungsfähigkeit) an Hand von Situationen aus dem Polizeiberuf an Hand vorgegebener Antwortalternativen bewertet. Abschließend werden weiter am PC die Reaktionsschnelligkeit, Aufmerksamkeit und Konzentrationsfähigkeit überprüft.

Am zweiten Auswahltag findet grundsätzlich die polizeiärztliche Untersuchung statt, bei der u. a. Hör- und Sehtests durchgeführt und ein EKG geschrieben werden.

Den Abschluss des Einstellungsverfahrens bildet das Assessment Center, zu dem man gesondert eingeladen wird. Zur Überprüfung von analytischen Fähigkeiten, Einfühlungsvermögen, Ergebnisorientierung/Leistungsmotivation, der Fähigkeit zum strategischen Denken, Flexibilität im Handeln, Kommunikationsfähigkeit (mündlich), Konfliktfähigkeit, Kooperationsfähigkeit, psychischen Belastbarkeit, Selbstsicherheit und Teamfähigkeit finden ein Rollenspiel (Kollegenkonflikt), eine Präsentation (Vortrag mit freier Rede) und ein weiteres Rollenspiel (Praktikant im Büro) statt. Abgeschlossen wird der Tag durch das strukturierte Auswahlgespräch, das mit einer kurzen Einführung und Selbstdarstellung des Bewerbers beginnt und sowohl biografische (Lebenslauf) und situative Fragen (»Blick nach vorn«) beinhaltet. Hierbei geht es dann noch mal um Auftreten/Repräsentation, Berufsmotivation, Eigenständigkeit, Ergebnisorientierung/Leistungsmotivation, grundlegende Arbeitsmethoden, Neutralität, Teamfähigkeit und Werteorientierung.

Rheinland-Pfalz

Das Bundesland Rheinland-Pfalz bildet seit 1996 nur noch für den gehobenen Dienst aus. Ausbildungsort ist ausgerechnet der Flughafen Hahn, auch besser bekannt heutzutage als einer der deutschen Startflughäfen der Fluggesellschaft Ryanair.

Ein Kriterium, um zu dem Einstellungsverfahren eingeladen zu werden, ist unter anderem, dass der Bewerber zum Studium an rheinland-pfälzischen Fachhochschulen berechtigt sein muss. Das bedeutet, dass der Bewerber entweder Abitur, Fachhochschulreife oder einen Meisterbrief vorweisen können muss. Oder er hat eine Berufsausbildung mit einem Notendurchschnitt von mindestens 2,5 abgeschlossen und zwei Jahre in dem Beruf gearbeitet. Außerdem müssen die in dem Bundesland geltenden beamtenrechtlichen Laufbahnvoraussetzungen erfüllt sein.

Die Mindestgröße der Bewerber sollte bei 1,62 Meter liegen. Das Höchstalter ist mit 31 Jahren angegeben, Zeitsoldaten dürfen bis zu 34 Jahre alt sein. Auch die Schulnoten spielen eine Rolle, der Notendurchschnitt und dabei explizit die Note in Deutsch werden berücksichtigt.

Das dreitägige Auswahlverfahren beinhaltet eine ärztliche Untersuchung sowie einen Sporttest, in dem besonders auf Ausdauer und Geschicklichkeit geachtet wird. Darüber hinaus gibt es eine Reihe psychologischer Tests, die sich in Leistungs-, Wissens- und Intelligenztests aufgliedern. Ferner wird die soziale Kompetenz und die Kommunikationsfähigkeit in einer Gruppendiskussion begutachtet. Den Abschluss bildet ein teilstandardisiertes Interview. Interessant ist hierbei, dass in Rheinland-Pfalz ausdrücklich auch auf das äußere Erscheinungsbild der Bewerber und auf deren soziales und kulturelles Engagement Wert gelegt wird.

Saarland

Seit 1996 bildet das Saarland ausschließlich Beamte im gehobenen Dienst aus. Die Kriterien für eine Bewerbung sind im Vergleich zu anderen Bundesländern dehnbar. So ist eine Voraussetzung für die Ausbildung die Fachhochschulreife beziehungsweise das Abitur. Der Notendurchschnitt ist dem Auswahlgremium nicht so wichtig, was eher zählt, ist die Lebenserfahrung des Bewerbers. Zugelassen werden auch Bewerber, die eine Berufsausbildung im technischen oder kaufmännischen Bereich vorzuweisen haben. Das Höchstalter beträgt 28 Jahre, Ausnahmen, so beispielsweise für Soldaten, sind aber möglich. Und: Der Leumund sollte unbeschadet sein. Die Mindestgröße beträgt für Frauen 1,62 Meter, für die Männer 1,65 Meter.

In vier Stationen gliedert sich das Einstellungsverfahren im Saarland. Los geht es mit dem Sporttest. Er beinhaltet Standweitsprung, Wendelauf, einen Parcours, der mit einem Medizinball zurückzulegen ist, und einen Test nach dem Circuit-Prinzip. Wer den Sporttest überlebt hat, wird anschließend ärztlich untersucht, bevor er weiter zum schriftlichen Test darf. Am schriftlichen Teil nehmen in aller Regel nur noch rund 40 Prozent der ursprünglichen Bewerber teil. In der schriftlichen Prüfung werden Intelligenz sowie die Konzentrationsfähigkeit gecheckt. Der Allgemeinbildungstest umfasst Bereiche wie Deutsch, Politik, Geschichte und Sozialkunde. Liegt dieser Abschnitt hinter den Bewerbern, folgt als Letztes ein persönliches Gespräch, das von erfahrenen Polizeibeamten geführt wird.

Es wird ausdrücklich betont, dass es keine Persönlichkeitstests gibt. Testverfahren mit Assessment-Center-Charakter waren früher üblich, werden heute aber nicht mehr eingesetzt. Nach dem dreitägigen Prüfungsmarathon werden die Bewerber in einem Ranking zusammengefasst und nach dieser Rangliste eingestellt.

Sachsen

Im Freistaat Sachsen werden Beamte für den mittleren und gehobenen Dienst ausgebildet. Voraussetzungen für eine erfolgreiche Bewerbung sind eine Mindestgröße von 1,63 Meter (für weibliche und männliche Bewerber gleichermaßen), eine gute sportliche und gesundheitliche Verfassung sowie örtliche Mobilität. Des Weiteren sollte der Bewerber entweder Deutscher sein oder Angehöriger eines anderen Mitgliedstaates der EU.

Speziell für den mittleren Dienst gilt eine Altergrenze von 25 Jahren. Voraussetzung ist der Realschulabschluss beziehungsweise ein als gleichwertig anerkannter Bildungsstand. Die Durchschnittsnoten in den Fächern Deutsch, Mathematik, Sport, Geographie und einer Fremdsprache sollten 2,8 oder besser betragen.

Für den gehobenen Dienst dürfen die Bewerber nicht älter als 31 Jahre sein und müssen eine zu einem Fachhochschulstudium berechtigende Schulbildung oder einen gleichwertigen Abschluss besitzen. Der Notendurchschnitt sollte 2,5 oder besser sein. Über Ausnahmen von den Notenvorgaben entscheidet das Präsidium der Bereitschaftspolizei Sachsen.

Zwei Tage sind für das Einstellungsverfahren vorgesehen. Der schriftliche Eignungstest (computergestützt) dauert dreieinhalb Stunden und umfasst die Überprüfung der intellektuellen Leistungsfähigkeit, des Arbeitsverhaltens und der Allgemeinbildung. Die Sportprüfung, die nur mit ärztlichem Attest gemacht werden darf, beinhaltet einen Sprung aus dem Stand, Rumpfaufrichten am Schrägbrett, Liegestütze, Beugestütze am Barren, 60-Meter-Lauf, Wurf mit einem 600 Gramm schweren Ball sowie einen 1.000-Meter-Lauf. Danach folgt die ärztliche Untersuchung und zum Abschluss ein Einzelgespräch, bei dem die Motivation, die Belastbarkeit, die Kontaktfähigkeit und das eigenverantwortliche Handeln getestet wird.

Sachsen-Anhalt

In Sachsen-Anhalt können sich junge Leute für den mittleren und gehobenen Dienst ausbilden lassen. Die körperlichen Voraussetzungen, die ein Bewerber vorweisen muss, sind ausgesprochen bemerkenswert. Die Bewerber müssen unter anderem mindestens 1,63 Meter groß sein und dürfen kein Übergewicht haben. Des Weiteren sollten sie keine auffälligen Hautveränderungen wie große Narben oder Tätowierungen haben, keinen störenden Sprachfehler und stabile Kreislaufverhältnisse besitzen.

Ferner gelten folgende Einstellungsvoraussetzungen: im Besitz der deutschen Staatsangehörigkeit oder EU-Bürger sein (für Bürger anderer Staaten sind im Einzelfall Ausnahmen möglich). Für den mittleren Dienst darf das 25. Lebensjahr noch nicht vollendet sein, für den gehobenen sollte der Bewerber das 28. Lebensjahr noch nicht vollendet haben. Bewerber für den mittleren Dienst müssen mindestens den Realschulabschluss vorweisen können, für den gehobenen Dienst mindestens Fachhochschulreife. Ein besonderer Notendurchschnitt wird nicht verlangt. Außerdem sollten die Bewerber in geordneten wirtschaftlichen Verhältnissen leben und nicht vorbestraft sein.

Nur die Besten – das hat sich Sachsen-Anhalt ausdrücklich auf die Fahnen geschrieben. Und so sieht das dreitägige Einstellungsverfahren für den mittleren Dienst aus:

Am ersten Tag treten die Bewerber zu einem Lückendiktat und einem so genannten Intelligenzstrukturtest an, in dem die verbale, numerische, figurale Intelligenz, das schlussfolgernde Denken, die Merkfähigkeit und das Allgemeinwissen geprüft werden. Der Sporttest beinhaltet einen Wendelauf, Klimmzüge, einen Standweitsprung, einen so genannten Kasten-Bumerang-Test und einen 12-minütigen Dauerlauf. Am zweiten Tag folgt die ärztliche Untersuchung. Und am dritten Teil gibt es noch eine Gruppendiskussion plus ein Einzelgespräch. Für den gehobenen Dienst gelten dieselben Auswahlverfahren wie für den mittleren Dienst. Hinzu kommt aber noch eine Präsentation, die vor einer Auswahlkommission gemacht werden muss. Im Anschluss an die Prüfungen wird ein Ranking erstellt.

Schleswig-Holstein

Das nördlichste Bundesland bildet für den mittleren und den gehobenen Dienst sowie für die Wasserschutzpolizei aus. Wer sich hier bewerben will, sollte folgende Voraussetzungen erfüllen: Frauen müssen mindestens 1,60 Meter, Männer mindestens 1,65 Meter groß sein. Das Höchstalter für den mittleren Dienst beträgt 26 Jahre, für den gehobenen Dienst und die Wasserschutzpolizei 31 Jahre. In den Fächern Deutsch, Englisch, Wirtschaft/Politik (alternativ: Geschichte) und Sport muss im Abschlusszeugnis mindestens eine 3,0 erreicht werden, wobei ein Ausgleich nicht möglich ist.

Bei der Wasserschutzpolizei wird auch zwischen mittlerem und gehobenem Dienst unterschieden. Bewerber für den mittleren Dienst sollten neben einem der genannten Schulabschlüsse eine Berufsausbildung vorweisen können. Gesucht werden also Seeleute mit Matrosenbrief, Bordelektroniker oder Technische Offiziersassistenten. Bewerber für den gehobenen Dienst bei der Wasserschutzpolizei müssen beispielsweise im Besitz des nautischen Befähigungszeugnisses Erster Offizier sein oder über eine abgeschlossene Ausbildung verfügen, die für die Wasserschutzpolizei notwendig ist, wie sie beispielsweise Ingenieure und Marineoffiziere vorweisen können.

Das Einstellungsverfahren gliedert sich in ein Diktat und einen Intelligenz-Leistungstest mit 160 Aufgaben, die in 90 Minuten beantwortet werden müssen. Die Bewerber für den gehobenen Dienst müssen sich darüber hinaus noch einem allgemeinen Wissenstest unterziehen, in dem Kenntnisse über Politik, Naturwissenschaften und Deutsch überprüft werden.

Thüringen

Die Polizei Thüringen bildet sowohl für den mittleren, als auch den gehobenen Polizeivollzugsdienst aus. Dabei gelten folgende Einstellungsvoraussetzungen: Bewerber dürfen nicht älter als 31 Jahre alt, mindestens 1,63 Meter groß und »nach der Gesamtpersönlichkeit für die angestrebte Laufbahn geeignet« sowie nach ärztlichem Gutachten diensttauglich sein. Für den mittleren Dienst gilt darüber hinaus, dass die Bewerber mindestens Hauptschulabschluss mit einer abgeschlossenen Ausbildung, Realschulabschluss oder einen gleichwertigen anerkannten Bildungsstand vorweisen müssen. Für den gehobenen Dienst werden Fachhochschulreife, eine andere zu einem Hochschulstudium berechtigende Schulbildung oder ein als gleichwertig anerkannter Bildungsstand verlangt.

Nun zu dem Eignungsauswahlverfahren: Dieses besteht neben dem obligatorischen Sporttest aus einer Rechtschreibprüfung und einem psychologischen Verfahrensteil. Bei der Rechtschreibprüfung geht es in ca. 30 Minuten vornehmlich um Groß- und Kleinschreibung, Getrennt- und Zusammenschreibung (Wörter mit Zahlen, Adjektive mit Verben/Partizipien, Tageszeiten), Fremdwörter, Kommasetzung, Rechtschreibung der Laute (b-p; d-t; g-k; s-ss-ß) und Grammatik (Endungen von Artikeln, vorangestellten Attributen). Der ca. 2 Stunden dauernde psychologische Teil umfasst die Bereiche sprachliches Denken (gleiche/ähnliche/gegensätzliche Wortbedeutungen; übergeordnete Begriffe), rechnerisches Denken (Grundrechnen – u. a. in Form von Zahlenreihen, Textaufgaben), räumliches Denken (Spiegelbilder, Figuren), Merkfähigkeit (Einprägen von Dingen, Personen, Zahlen, Bildern), Arbeitseffizienz (Bearbeiten von E-Mails) und Allgemeinwissen (Wirtschaft, Informationstechnologie). Diese Teile werden auch am Computer absolviert. Am zweiten Tag steht die Sportprüfung an, bei der die Teilnehmer Medizinballstoßen, Bankdrücken, Dreisprung sowie einen Zwölf-

Minuten-Dauerlauf absolvieren müssen. Im Anschluss an den Sporttest gibt es ein Interview.

Für Bewerber des gehobenen Dienstes geht der Marathon nach erfolgreichem Abschluss der beiden ersten Prüfungstage noch weiter. Sie absolvieren ein Assessment Center, das einen Vortrag, eine Gruppendiskussion und ein Rollenspiel beinhaltet.

Bundespolizei

Interessenten für die Bundespolizei können sich dort für den mittleren und den gehobenen Polizeivollzugsdienst bewerben, wenn sie mind. 1,63 Meter (Frauen) bzw. 1,65 Meter (Männer) und höchstens 1,95 Meter groß sind. Dazu sollten sie die Fahrerlaubnis der Klasse B (bzw. 3) mitbringen und dürfen bisher nicht gerichtlich bestraft worden sein. Für den mittleren Dienst haben oder erwerben sie in Kürze den mittleren Bildungsabschluss bzw. haben die Hauptschule erfolgreich besucht und verfügen über eine (in Kürze) abgeschlossene Berufsausbildung. Dazu dürfen sie nicht älter als 24 Jahre sein und können sich in Englisch verständigen.

Für den gehobenen Dienst haben oder erwerben sie in Kürze die Hochschulreife bzw. Fachhochschulreife und sind am Tag der Einstellung nicht älter als 31 Jahre. Auch sie sollen sich in Englisch verständigen können und verfügen möglichst noch über Grundkenntnisse einer weiteren Fremdsprache.

Die Auswahlverfahren für den mittleren Dienst dauern zwei Tage und bestehen u. a. aus einem schriftlichen Test (Konzentration, Allgemeinwissen, verbale Intelligenz, Diktat, Englisch), einer polizeiärztlichen Untersuchung, einem Sporttest und einem Vorstellungsgespräch. Für den gehobenen Polizeidienst dauern die Testverfahren insgesamt vier Tage. Nähere Hinweise zum Verfahren und die Inhalte des Sporttests finden sich im Internet unter *http://www.bundespolizei.de*.

Feuerwehr-Einstellungsverfahren im Überblick

Feuerwehrmann – kaum ein anderer Beruf liegt in der Beliebtheitsskala vieler kleiner Jungs bei der Frage »Was willst Du mal später werden?« so weit vorne wie dieser. Die Vorliebe scheint sich über die Jahre zu halten. Über mangelndes Interesse der Bewerber müssen sich die Berufsfeuerwehren jedenfalls nicht beklagen.

Kein Wunder, denn dieser Beruf ist so abwechslungsreich und verantwortungsvoll wie kaum ein anderer. Neben der Brandbekämpfung im üblichen Sinn kann sich ein Feuerwehrmann nach einer zusätzlichen Ausbildung beispielsweise als Rettungstaucher einsetzen. Vielerorts ist in die Ausbildung zum Feuerwehrmann auch die zum Rettungsassistenten integriert. Damit kann er Menschen nicht nur helfen, sich aus misslichen Situationen zu befreien, sondern sie auch mit Erster Hilfe unterstützen. Er betreibt Präventivarbeit in Schulen und trägt auch ansonsten in der Öffentlichkeit zur Aufklärung etc. bei. Innerhalb der Feuerwehr besteht zusätzlich die Möglichkeit einer Karriere, die bis zum Brandreferendar und in den höheren Dienst führen kann.

Die Bewerber sind vorzugsweise männlich. Alle im Folgenden genannten Berufsfeuerwehren würden das gerne ändern. Frauen scheitern jedoch – nach Rückfrage mit allen aufgeführten Berufsfeuerwehren – häufig an den harten körperlichen Anforderungen, die aus Gründen der Sicherheit nicht gesenkt werden können, oder an der fehlenden vorherigen feuerwehrtauglichen Berufsausbildung. Trotzdem: Das Werben um das weibliche Geschlecht ist ungebrochen. Denn die Berufsfeuerwehren halten Frauen sehr wohl für geeignet, in ihrem Metier mit Bravour bestehen zu können.

Die Voraussetzungen für eine Ausbildung als Feuerwehrmann sind hoch und von Bundesland zu Bundesland verschieden. Damit nicht genug – die Gestaltung des Einstellungsverfahrens ist jeder Berufsfeuerwehr selbst überlassen. Und davon gibt es in Deutschland immerhin 100 an der Zahl. Es ist also empfehlenswert, sich bei der jeweiligen Berufsfeuerwehr nach dem Ablauf eines solchen Verfahrens zu erkundigen. Das gilt auch für die Einstellungstests der Berufsfeuerwehren, die im Folgenden beschrieben werden, denn sie sind nicht unverrückbar festgeschrieben. Die Berufsfeuerwehren sind immer interessiert daran, ihre Tests zu vervollkommnen. So gibt es einige, die mit der Gesellschaft für Psychologie kooperieren, um auf diese Weise sicherzugehen, stressfeste und zuverlässige Kandidaten einzustellen.

Andere geben der körperlichen Fitness und praktischen Veranlagung den Vorzug, wieder andere legen Wert auf eine Kombination aus beidem.

Die meisten Berufsfeuerwehren nutzen mittlerweile das Internet, um über ihre Bewerbungsvoraussetzungen und Testverfahren zu informieren. Auf diesen Seiten sind die jeweils gültigen Bewerbungsfristen und Informationen darüber genannt, ob es für das laufende Jahr Bedarf an Bewerbern gibt, und wenn ja, für welche Laufbahn. Die Stellen werden nach Bedarf ermittelt. Die Feuerwehren erstellen einen Brandschutzbedarfsplan mit dem voraussichtlichen Stellenbedarf, der von der jeweiligen Stadt abgesegnet werden muss. Das bedeutet, dass nicht in jedem Jahr automatisch Stellen ausgeschrieben werden. Neben dem Internet empfiehlt sich ein Telefonanruf bei den jeweiligen Feuerwehren.

Grundvoraussetzungen für den mittleren feuerwehrtechnischen Dienst sind auf alle Fälle eine abgeschlossene Hauptschul- oder Berufsausbildung, eine gute Allgemeinbildung und eine ebensolche körperliche Verfassung. Entscheidend sind auch eine hohe praktische Veranlagung, Teamfähigkeit und vor allem eine hohe Sozialkompetenz. Einsatzbereitschaft und Idealismus sind für alle Feuerwehren wichtige Einstellungskriterien.

Bezüglich der Ausbildung wird ausdrücklich in den meisten Fällen auch ein »anerkannt gleichwertiger Bildungsstand« akzeptiert. Damit ist zum Beispiel eine Schulausbildung in einer Waldorfschule, einer anderen anerkannten Schulinstitution oder eine Lehre mit Berufsschule gemeint.

Bewerber für den gehobenen feuerwehrtechnischen Dienst benötigen den Nachweis eines Studiums mit feuerwehrgeeignetem Inhalt, sprich: ein Ingenieursstudium oder ein Studium in Chemie, Physik etc. Beamte in dieser Laufbahn sind Gruppen- oder Staffelführer, bilden aus und übernehmen die Verwaltungstätigkeit auf ihrer Dienststelle.

Obligatorisch ist übrigens bei jeder Feuerwehr die amtsärztliche Untersuchung. Der Bewerber wird hier buchstäblich auf Herz und Nieren geprüft, ob er den harten körperlichen Anforderungen gewachsen ist – und aufgrund der Übernahme in das Beamtenverhältnis – auch eine angemessen lange Zeit bleiben wird. Denn eine diesbezügliche Fehlprognose kann den Staat nach vollzogener Verbeamtung teuer zu stehen kommen.

Der höhere feuerwehrtechnische Dienst entspricht in etwa der Position eines Managers. Das Berufsbild beinhaltet einerseits Personalführung und -verwaltung, die Entwicklung neuer Taktiken und Feuerwehrtechniken, finanztechnische Aufgaben und Ausbildung, andererseits aber auch die Leitung und Organisation bei Großeinsätzen und die Außenrepräsentation der

Feuerwehr. Wichtig ist die Fähigkeit, interdisziplinär arbeiten zu können, um dem immer komplexer werdenden Aufgabenbereich der Feuerwehr gerecht zu werden.
Wer sich zum höheren feuerwehrtechnischen Dienst berufen fühlt, muss den Weg über den Deutschen Städtetag in Köln beschreiten. Dort wird über jeden Antrag eines Bewerbers nach Tauglichkeit entschieden und dem Bewerber anschließend mitgeteilt, in welcher Stadt eine entsprechende Stelle zu besetzen ist. Diese Stellen sind rar gesät und entsprechend heiß begehrt. Nur einmal im Jahr, zum 1. April, beginnt eine solche Ausbildung.

Interessierte benötigen die folgenden Bewerbungsunterlagen: einen Lebenslauf, die Geburtsurkunde, 2 Lichtbilder, das letzte Schulzeugnis, Zeugnis des Studienabschlusses, Zeugnisse über die Zeit nach dem Studium, Nachweis der deutschen Staatsbürgerschaft, Führungszeugnis (zur Vorlage bei den Behörden), Erklärungen über Vorstrafen, Fahrerlaubnisse, Deutsches Sportabzeichen, Rettungsschwimmer in Bronze, Schulden, ein Gesundheitszeugnis. Die Bewerbungsadresse lautet:

Deutscher Städtetag
Lindenallee 13–17
50968 Köln
Tel.: 0221/377 1254

Bei positiver Prüfung erfolgt ein Vorstellungsgespräch vor einer Auswahlkommission des Städtetages. Termine sind meistens im Mai oder Oktober in Nürnberg oder in Wuppertal. Nähere Informationen zum Verlauf der Ausbildung finden sich auf der Seite der Interessengemeinschaft der Brandreferendare und Aufstiegsbeamten für den höheren feuerwehrtechnischen Dienst (IG Bref), unter *www.igbref.de.*

Festzuhalten ist, dass die Bewerbungsverfahren sämtlicher Feuerwehren durch ihren hohen Standard gewährleisten, dass im Bedarfsfall nur Kräfte zum Einsatz kommen, die bestmöglich die Sicherheit der Betroffenen schützen können.

Berlin

Die Berufsfeuerwehr Berlin, mit ca. 2.400 Bewerbungen für den mittleren und ca. 100 Bewerbungen für den gehobenen Dienst im Jahr 2007 einer der bewerberstärksten der hier interviewten Berufsfeuerwehren, hat den Entschluss gefasst, ihr gesamtes Einstellungsverfahren völlig neu zu konzipieren. Deswegen kann an dieser Stelle momentan nichts über ihren Ablauf gesagt werden. Der Prozess ist noch nicht abgeschlossen, Informationen zu den Änderungen konnten die Berliner noch nicht geben.

Zumindest die Einstellungsvoraussetzungen und die notwendigen Bewerbungsunterlagen für die verschiedenen Laufbahnen sollen aber im Folgenden aufgelistet werden. Wer sich dafür und für die (jetzt veralteten) Testbedingungen interessiert, findet detaillierte Informationen unter *www.berliner-feuerwehr.de/bewerbungsbuero.html*.

Der mittlere Dienst

Um sich für den mittleren Dienst bewerben zu können, muss ein Bewerber folgende Zugangsvoraussetzungen erfüllen: Höchstalter 30 Jahre (31. Lebensjahr noch nicht vollendet), Mindestgröße: 1,65 m, Deutscher im Sinne des Artikels 116 des Grundgesetzes oder EU-Staatsbürger, die Gewährleistung, jederzeit für freiheitliche demokratische Grundordnung im Sinne des Grundgesetzes und der Verfassung von Berlin einzutreten, mindestens Abschluss der 9. Klasse Hauptschule oder ein als gleichwertig anerkannter Bildungsstand, abgeschlossene Ausbildung in einem möglichst technischen, anerkannten Ausbildungsberuf, eine Berufsausbildung an einer technischen Fach(ober-)schule, Schwimmzeugnis, Fahrerlaubnis der Klasse 3 oder B, sportliche und soziale Kompentenz, erfolgreiche schriftliche, sportlich/praktische und mündliche Eignungsprüfung, Feuerwehrdiensttauglichkeit nach feuerwehrärztlicher Untersuchung, unkorrigierte Sehschärfe nicht unter 0,7 auf dem einen, 0,5 auf dem anderen Auge, mit korrigierender Sehhilfe auf einem Auge mindestens 1,0 und auf dem anderen 0,8, Eignung für Feuerwehrdienst nach Persönlichkeit (u. a. einwandfreier Leumund, insbesondere keine Vorstrafen und geordnete wirtschaftliche Verhältnisse).

Folgende Bewerbungsunterlagen muss er einreichen: entweder ein Bewerbungsschreiben mit Lebenslauf oder (vorzugsweise) den Bewerbungsbogen der Berliner Berufsfeuerwehr (siehe Internetauftritt der Berliner Feuerwehr), eine Kopie des Gesellenbriefs oder des Zeugnisses des Studienabschlusses (beidseitig), die Kopie des Personalausweises (beidseitig) und die Kopie des Führerscheins (beidseitig). Das Besondere in Berlin: Über ein Online-Formular (siehe unter *www.berliner-feuerwehr.de/onlinebewer*

bung.html) kann die Bewerbung auch via Internet verschickt werden. Der Bewerbungsbogen kann auch ausgedruckt und per Post verschickt werden bzw. telefonisch vom Berliner Bewerbungsbüro angefordert werden. Zu einem späteren Zeitpunkt können noch weitere Unterlagen angefordert werden. Bewerber mit Sehhilfe müssen den ausgefüllten augenärztlichen Befundbericht mitschicken. Diese Unterlagen gehen an folgende Adresse:

Berliner Feuerwehr
Bewerbungsbüro
Ruppiner Chaussee 268
13503 Berlin
Tel.: 030/387 10 888

Ganz wichtig: Die Unterlagen müssen vor der theoretischen Eignungsprüfung im Bewerbungsbüro vorliegen!

Der gehobene Dienst

Ein Bewerber für den gehobenen Dienst muss folgende Voraussetzungen erfüllen: Höchstalter 35 Jahre (36. Lebensjahr noch nicht vollendet), Deutscher im Sinne des Artikels 116 des Grundgesetzes oder EU-Staatsbürger, die Gewährleistung, jederzeit für freiheitliche demokratische Grundordnung im Sinne des Grundgesetzes und der Verfassung von Berlin einzutreten, den Diplomabschluss eines technischen oder naturwissenschaftlichen Studiums mit Regelstudienzeit von mehr als 7 Semestern an Universität, TH oder anderer wissenschaftlichen Hochschule oder Abschluss eines Studiums in einer anderen Fachrichtung plus technisches Studium FH mit Regelstudienzeit von mindestens 6 Semestern (Ausnahmefälle erlaubt durch Beschluss der Auswahlkommissionen), Fahrerlaubnis der Klasse 3 oder B, sportliche und soziale Kompentenz, die Eignung für den Feuerwehrdienst nach Persönlichkeit (u. a. einwandfreier Leumund, insbesondere keine Vorstrafen und geordnete wirtschaftliche Verhältnisse), das Deutsche Sportabzeichen und den Grundschein der DLRG oder Erwerb bis Ende des Vorbereitungsdienstes und erfolgreiche schriftliche und mündliche Eignungsprüfung. Brillenträger müssen eine unkorrigierte Sehschärfe nicht unter 0,7 auf dem einen, 0,5 auf dem anderen Auge, mit korrigierender Sehhilfe auf einem Auge mindestens 1,0 und auf dem anderen 0,8 nachweisen (keine Kontaktlinsen, nur Brille).

Folgende Unterlagen braucht er für eine erfolgreiche Bewerbung: ein Bewerbungsschreiben (mit eigenhändiger Unterschrift), einen tabellarischer Lebenslauf (mit eigenhändiger Unterschrift) mit schulischer Qualifikation,

Art und Dauer der Beschäftigungszeiten bei Arbeitgebern oder Dienstherren), drei Passbilder, Kopie der Geburtsurkunde, Kopie des Führerscheins mindestens Klasse 3 oder B (beidseitig), Deutsches Sportabzeichen und der Grundschein der Deutschen Lebensrettungsgesellschaft, Zeugnis über die Ablegung der Ingenieursprüfung (Diplom), Beschäftigungsnachweise und Zeugnisse der Arbeitgeber seitdem, Einverständniserklärung zur Personalakteneinsicht (nur bei vorhergehender Tätigkeit im öffentlichen Dienst) und eine ärztliche Unbedenklichkeitsbescheinigung eines Hausarztes (für die Sportprüfung im Bereich Kraft, Motorik und Ausdauer. Bescheinigung einer normalen, altersgemäßen körperlichen Verfassung ohne gesundheitliche Auffälligkeiten; Bescheinigung nicht älter als 14 Tage, erst zur Eignungsprüfung mitzubringen). Die Unterlagen sind an dieselbe Adresse, die für Bewerber für den mittleren Dienst gilt, zu schicken.

Der höhere Dienst

Wer sich für den höheren Dienst bewerben will, muss in Berlin folgende Voraussetzungen erfüllen: Höchstalter 35 Jahre, 36. Lebensjahr noch nicht vollendet, Deutscher im Sinne des Artikels 116 des Grundgesetzes oder EU-Staatsbürger, eine Gewährleistung erbringen, jederzeit für freiheitliche demokratische Grundordnung im Sinne des Grundgesetzes und der Verfassung von Berlin einzutreten, einen Diplomabschluss eines technischen oder naturwissenschaftlichen Studiums mit Regelstudienzeit von mehr als 7 Semestern an Universität, TH oder anderer wissenschaftlichen Hochschule oder Abschluss eines Studiums in einer anderen Fachrichtung plus technisches Studium FH mit Regelstudienzeit von mindestens 6 Semestern (Ausnahmefälle erlaubt durch Beschluss der Auswahlkommissionen), eine Zulassung zum Vorbereitungsdienst für die Laufbahn des höheren feuerwehrtechnischen Dienstes durch Deutschen Städtetag (Lindenallee 13 bis 17 in 50968 Köln), eine Fahrerlaubnis der Klasse 3 oder B, sportliche und soziale Kompetenz, die Eignung für Feuerwehrdienst nach Persönlichkeit (u. a. einwandfreier Leumund, insbesondere keine Vorstrafen und geordnete wirtschaftliche Verhältnisse), das Deutsche Sportabzeichen und den Grundschein der DLRG oder Erwerb bis Ende des Vorbereitungsdienstes, eine erfolgreiche schriftliche und mündliche Eignungsprüfung. Brillenträger müssen eine unkorrigierte Sehschärfe nicht unter 0,7 auf dem einen, 0,5 auf dem anderen Auge, mit korrigierender Sehhilfe auf einem Auge mindestens 1,0 und auf dem anderen 0,8 nachweisen (keine Kontaktlinsen, nur Brille).

Die notwendigen Bewerbungsunterlagen sind: der Antrag an den Deutschen Städtetag auf Zulassung zum Vorbereitungsdienst des höhreren feuerwehrtechnischen Dienstes, ein tabellarischer Lebenslauf (unterschrieben!) mit schulischer Qualifikation, Art und Dauer der Beschäftigungszeiten bei Arbeitgebern oder Dienstherren), drei Passbilder, eine Kopie der Geburtsurkunde, die Kopie des Führerscheins (beidseitig) mindestens Klasse 3 oder B, das Deutsche Sportabzeichen und der Grundschein der Deutschen Lebensrettungsgesellschaft, das Zeugnis über die Ablegung der Diplom-Hauptprüfung oder der ersten Staatsprüfung, Zeugnisse und Beschäftigungsnachweise der Arbeitgeber nach Abschluss des Studiums und Einverständniserklärung zur Personalakteneinsicht (bei vorhergehender Tätigkeit im öffentlichen Dienst). Die Unterlagen schicken Sie dann an:

Berliner Feuerwehr
Serviceeinheit Finanzen und Innere Dienste
Personalservice
10150 Berlin
Tel.: 030/387 10 530

Bremen

Die Berufsfeuerwehr Bremen gehört zu den Feuerwehren, die bereits auf ihrer Internetseite viel Aufklärung für ihre Bewerber betreiben. Die Seite *www.feuerwehr-bremen.org* bietet sehr detaillierte Informationen zu den Einstellungsvoraussetzungen und den Eignungsfeststellungsverfahren. Besonders bewerberfreundlich: Die Informationen gibt es auch als kostenlose PDF-Broschüre zum Herunterladen und Ausdrucken.

Eine Prognose der Beliebtheit ihres Berufsstandes bei den Bewerbern können die Bremer nach der momentanen Wirtschaftslage ablesen. Ist die Wirtschaftslage schlecht, haben sie 400 Bewerber im Jahr. »Ein leidlich bezahlter Beamtenjob ist besser als gar keiner.« So scheinen die Überlegungen der Bremer Bewerber zu sein. Nur 200 sind es, wenn die Wirtschaft boomt. Dann bevorzugen junge Leute eher die Jobs, in denen sich die Bezahlung nach Leistung und Glück richtet. Ca. 20 bis 25 Stellen sind jedes Jahr zu vergeben. Wie überall sind Frauen auch bei der Berufsfeuerwehr Bremen rar. Das Mischungsverhältnis liegt bei 9:1.

Bewerber haben die Wahl zwischen dem mittleren und dem gehobenen Dienst. Eine Ausbildung zum höheren Dienst gibt es momentan nicht.

Wer sich in Bremen bewerben will, hat eine ganze Menge Voraussetzungen erfüllen: er muss Deutsche(r) im Sinne des Art. 116 GG oder Staatsbürger eines Mitgliedsstaates der EU sein, ein makelloses, weil leeres Vorstrafenregister besitzen und gewährleisten, jederzeit für die freiheitlich-demokratische Grundordnung im Sinne des GG einzutreten. Er darf nicht älter als 26 Jahre sein und muss den Nachweis der uneingeschränkten Tauglichkeit für den feuerwehrtechnischen Dienst besitzen. Diese wird ihm nur nach eingehender arbeitsmedizinischer und amtsärztlicher Prüfung attestiert. Brillenträger dürfen folgende Grenzwerte für Sehschärfe (Ferne) nicht unterschreiten: ohne Korrektur 0,3/0,3 mit Korrektur 0,8/0,5. Schlussendlich muss der Bewerber mindestens Hauptschulabschluss haben oder einen als gleichwertig anerkannter Bildungsstand und eine Ausbildung in einem für den Feuerwehrdienst geeigneten Beruf oder eine sonstige abgeschlossene Ausbildung, die dem Feuerwehrdienst förderlich ist. Zusätzlich muss er zwei Jahre in diesem Bereich tätig gewesen sein. Ein Nachweis von Grundwehr-, Zivil- oder Ersatzdienst ist ebenfalls Pflicht. Die schwierigste Voraussetzung ist jedoch die erfolgreiche Absolvierung des Eignungsfeststellungsverfahrens.

Für seine Bewerbung benötigt ein Bewerber einen tabellarischen Lebenslauf mit Lichtbild, die Kopie seines Schulabschlusszeugnisses, die Kopie seines Berufsschulabschlusszeugnis, die Kopie seines Diploms bzw. Berufsabschlusszertifikates, seinen Führerschein, den Schwimmausweis und den Nachweis über Grundwehr-, Zivil- oder Ersatzdienst. Die Bewerbung geht an:

Feuerwehr Bremen
Am Wandrahm 24
28195 Bremen
Tel.: 0421/3030

Nach erfolgreicher Bewerbung kann sich der Bewerber für folgende Aufgaben rüsten, die über zwei Tage verteilt sind:

In einem schriftlichen Teil muss er zunächst vier Tests bestehen, meistens im Multiple-Choice-Verfahren. Dazu gehört, in den verschiedensten Bereichen des Allgemeinwissens 60 bis 80 Fragen richtig zu beantworten. Sein physikalisches Verständnis zeigt er im Ankreuzen richtiger Schaubilder. Der Rechtschreibtest besteht im Erkennen von Fehlern und falschen Satzzeichen in einem vorgegebenen Text. Er dauert ca. 30 Minuten. Zu guter Letzt werden in ca. 70 Minuten seine mathematischen Kenntnisse in Sachen Grundrechnen und Lösen von Textaufgaben getestet.

Der praktische Teil dient den Prüfern dazu, Geschicklichkeit und Teamfähigkeit des Bewerbers zu testen – z. B. beim Sichern und Abstützen eines Türsturzes zu zweit. Sehen wollen die Prüfer dabei, wie die Absprache innerhalb des Teams und das reibungslose Miteinander funktioniert, das Improvisationsgeschick des Einzelnen (z. B. das Einsetzen herumliegender Teile als Hilfsmaterial) und die Stressfestigkeit unter großem Druck.

Anschließend muss der Bewerber einen eingehenden feuerwehrdienstlichen Eignungstest bestehen. Dazu gehört als Erstes der Drehleitertest, also das Besteigen einer vollausgefahrenen 30 m hohen Drehleiter im Freistand. Anschließend wird er über die Atemschutzübungsstrecke geschickt. Dies ist eine kurze enge Strecke mit Hindernissen und (ungefährlichem) Rauch, die es mit nicht angeschlossener Atemschutzmaske- und Gerät zu bewältigen gilt. Zweck der Übung: Der Bewerber soll so ein Gefühl für die Maske und ihr Gewicht bekommen. Natürlich ist das auch ein Test einer eventuellen Platzangst des Bewerbers. Durch die Nähe zum Meer gehören Einsätze auf Schiffen zum Standardprogramm der Bremer Feuerwehr. Sie bieten besondere Herausforderungen. So werden Bewerber durch ein sogenanntes Mannloch geschickt – verplombte Luken, die so schmal sind, dass nur ein einzelner Mann durch passt.

Am zweiten Tag steht die sportliche Eignung des Bewerbers im Mittelpunkt – u. a. mit Liegestützen, Seilklettern, 50 m Spurt (Zeitvorgabe 8 Sekunden) und einem 400-m-Lauf (Zeitvorgabe 75 Sekunden). Der mögliche Einsatz auf Schiffen erfordert eine gewisse Fitness auch im Wasser. Deswegen gehören auch Streckentauchen (Vorgabe 25 m) und Streckenschwimmen zum Programm.

Im Anschluss daran findet ein Auswahlgespräch statt. Nähere Angaben zu Anzahl und Funktion der Prüfer und genauem Ablauf des Gesprächs wurden nicht gemacht.

Der gehobene Dienst

Für die Bewerbung in den gehobenen Dienst hat der Bewerber dieselben Voraussetzungen wie für die Bewerbung in den mittleren Dienst zu erfüllen. Das Höchstalter liegt dabei bei 35 Jahren, statt dem Hauptschulabschluss muss der Bewerber den Abschluss eines für die Laufbahn geeigneten Fachhochschulstudiums mit Ingenieursprüfung nachweisen.

Auch die Bewerbungsunterlagen sind fast identisch, statt des Schulabschlusszeugnisses wird das Berufsschulabschlusszeugnis und das Diplom bzw. das Berufsabschlusszertifikat verlangt.

Das Eignungsfeststellungsverfahren verläuft genau so wie das Verfahren für Bewerber für den mittleren Dienst. Lediglich die Ansprüche im schriftlichen Test sind höher. Die Fragen zum Allgemeinwissen beziehen sich auf Bereiche wie Staatsbürgerkunde, Geographie, Geschichte, Biologie, Physik, Chemie. Der Mathematiktest prüft über 70 Minuten Kenntnisse in Grundrechnen, Flächen- und Volumenberechnung, einfache Gleichungen, Geometrie, Textaufgaben und Berechnungen mit physikalischen Einheiten.

Nach dem Sporttest am zweiten Tag erfolgt ebenfalls ein Auswahlgespräch. Auch in diesem Fall gibt es zum genaueren Verlauf keine Angaben.

Düsseldorf

Die Berufsfeuerwehr Düsseldorf macht alles etwas anders als andere Feuerwehren. Sie hat in puncto Ausbildung einen Sonderweg beschritten und einen in Deutschland einzigartigen Modellversuch gestartet – eine Stufenausbildung zur/zum Brandmeisterin/Brandmeister, die bereits direkt nach der Schule (mindestens FOS-Abschluss) beginnt. Damit wird den Bewerbern eine handwerkliche Ausbildung und auch sonst jede Menge Zeitverlust erspart. Nach Abschluss der Stufenausbildung erfolgt eine Laufbahnabschlussprüfung. Diese Prüfung stellt einen Feuerwehrmann, der sich für die Stufenausbildung entschieden hat, beamtenrechtlich gleich mit den traditionell ausgebildeten Kollegen. Vorteil: mehr weibliche Bewerberinnen, die allerdings meistens am körperlichen Eignungstest scheitern, und eine Möglichkeit, den Folgen des demografischen Wandels zu begegnen, indem man die Bewerber früher an sich bindet.

Die Stufenausbildung wird parallel zur traditionellen Ausbildung getestet und bis 2011 erprobt. Für 2012 wird eine Entscheidung über die Zukunft des Modells erwartet. Die BF Düsseldorf und die Werksfeuerwehr von Henkel (Düsseldorf) sind momentan noch die Einzigen, die diese Stufenausbildung anbieten.

Unter *www.duesseldorf.de/feuerwehr* »Aus- und Fortbildung«, Stichwort »Job« finden Interessenten sehr detailliert und klar geschriebene PDF-Dateien zum Downloaden zu den Voraussetzungen und zum theoretischen und sportlichen Eignungstest.

Der Mittlere Dienst

Genauere Informationen zum mittleren Dienst gibt es unter *www.duesseldorf.de/feuerwehr/pdf/job/Einstellung_Brandmeister.pdf*. Die Düsseldorfer verlangen die Erfüllung folgender Voraussetzungen: Höchstalter 28,5 Jahre, deutsche Staatsangehörigkeit oder Angehörigkeit eines Mitgliedstaates der EU, Hauptschulabschluss oder einen als gleichwertig anerkannten Bildungsstand (z. B. Waldorfschule etc.), Gesellenprüfung in einem Handwerk oder eine entsprechende förderliche, abgeschlossene Berufsausbildung, Führerschein der Klasse B oder III, keine Vorstrafen, persönliche und gesundheitliche Eignung (Sehstärke: 100% mit Korrektur, d. h. Brille oder Kontaktlinsen) auf beiden Seiten; 80% ohne Korrektur auf beiden Seiten) und die erfolgreiche Teilnahme am Auswahlverfahren. Eine festgesetzte Körpergröße gibt es nicht.

Die notwendigen Bewerbungsunterlagen sind: ein Bewerbungsschreiben, ein Lichtbild, tabellarischer Lebenslauf mit Monatsangaben, Kopie des Schulabschlusszeugnisses, Kopie des letzten Halbjahreszeugnisses, Kopie des Nachweises über den Berufsabschluss (Berufsabschlusszeugnis, Prüfungszeugnis, Gesellenbrief und qualifiziertes Ausbildungszeugnis), Belege über Beschäftigungsverhältnisse (lückenlos!) und eine Kopie des Führerscheins. Die Unterlagen gehen an das:

Amt 11/33
Sachgebiet Ausbildung
40200 Düsseldorf
Tel.: 0211/8994952

Der Einstellungstest selbst findet an drei Tagen statt. Genauere Informationen finden sich unter *www.duesseldorf.de/feuerwehr/pdf/job/info_ablauf 0103.pdf*. Der erste Tag beginnt mit dem theoretischen Teil. Er findet im Studieninstitut der BF Düsseldorf statt und wurde konzipiert vom Institut für Personalauslese Köln. Für die Stufenausbildung sind die Anforderungen im theoretischen Teil wegen des jüngeren Alters der Bewerber niedriger als bei der traditionellen Ausbildung.

Die folgenden Aufgaben müssen bearbeitet werden: das Verfassen zweier Kurzaufsätze zu aktuellen Themen, das richtige Setzen von Satzzeichen (in einem Fließtext müssen Kommata richtig gesetzt werden), Korrekturlesen (Finden und Verbessern von Fehlern in mehreren Wörtern), Namen- und Zahlenvergleich (Paaren von Namen und Zahlen, die unterschiedlich oder gleich sein können), das Bilden von Gegensatzpaaren (zu einem vorgegebenen Begriff muss aus fünf Wahlwörtern der passende Gegenbegriff gefunden werden), das Finden von Wortgruppen (in einer Reihe von fünf Wörtern sind vier einem Oberbegriff zuzuordnen), Figurentest (fünf Figuren, von denen vier ähnliche Merkmale haben; die, die herausfällt, muss gefunden werden), Überschlagrechnen (das Ergebnis beim Rechnen mit vielziffrigen Zahlen soll überschlagen und geschätzt werden), Mathematik (Stoff bis 10. Klasse, Arithmetik, Text- und Prozentaufgaben, Bruchrechnen und einfache Gleichungen; Taschenrechner nicht erlaubt) und naturwissenschaftliches Grundverständnis (Fragen zu Physik, Biologie und Chemie).

Am zweiten Tag steht die Fitness im Mittelpunkt (zu den Mindestanforderungen des Sporttests (mit jeweiligen Zeiten und Weiten) und zusätzliche Informationen dazu siehe *www.duesseldorf.de/feuerwehr/pdf/auf/mindest-*

anforderungen_sporttest.pdf) nach Einteilung in Altersgruppen: 15/16 Jahre // 17 Jahre // 18 Jahre und älter. Die Anforderungen des Sporttests richten sich nach dem NRW-Sporttest, der als Empfehlung für alle Sporttests an den Berufsfeuerwehren in NRW gilt. Dieser wiederum richtet sich nach den Anforderungen des Deutschen Sportabzeichens. Für Bewerber der Stufenausbildung sind die Anforderungen wegen des jüngeren Alters entsprechend niedriger.

Folgende Übungen sind zu absolvieren: Schwebebalken, Fünfersprung, Liegestütz, Jump-and-Reach-Test, kombinierte Übung: Pferdsprung aus kurzem Anlauf, Kriechen durch ein Kastenteil, 3 Rollen vorwärts, Seilklettern, zurücklaufen und wiederholen, 50-m-Sprint, 3.000-m-Lauf, Sitzhocke, Schiebeleitersteigen, Drehleitersteigen.

Nach der sportlichen Betätigung braucht es noch Konzentration für die Gesprächsrunde vor einer Kommission. Daran nehmen ein Mitarbeiter des Haupt(Personal-)amtes, der Ausbildungsleiter, der Leiter der Feuerwehrschule, ein Personalrat, die Frauenbeauftragte und ein Mitarbeiter der Jugend- und Azubi-Vertretung teil. Es handelt sich um Einzelgespräche. Es werden Interviews geführt zum den Themen Selbstdarstellung (»Kann sich der Bewerber im Notfall durchsetzen?«) und Berufsmotivation. Wer sich für die Stufenausbildung bewirbt, muss sich dem Ganzen nur etwa 20 Minuten stellen.

Der dritte Tag steht ganz im Zeichen der amtsärztlichen Untersuchung.

Der gehobene Dienst

Die freien Stellen im gehobenen Dienst richten sich ebenso wie die des mittleren Dienstes nach dem Bedarf. Um sich für den gehobenen Dienst bewerben zu können, braucht der Bewerber den Nachweis eines FH-Studiums, das möglichst feuerwehrtauglich sein sollte. Alle anderen Voraussetzungen sind zu erfragen.

Als Bewerbungsunterlagen genügen ein Anschreiben, ein tabellarischer Lebenslauf, ein Schulabschlusszeugnis, Diplomzeugnis, Tätigkeitsnachweise, Praktikumsnachweise (z. B. bei der Freiwilligen Feuerwehr).

Der Ablauf des Eignungstests für den gehobenen Dienst gestaltet sich wie folgt: Kandidaten für den gehobenen Dienst müssen keinen schriftlichen Test absolvieren, weil man in Erfurt davon ausgeht, dass der Besitz eines Diplomzeugnisses ausreicht, um die notwendige Qualifikation für eine solche Laufbahn zu beweisen. Der Sporttest basiert ebenfalls auf den Anforderungen des NRW-Tests. Dafür haben Sie sich einem ausführlicheren Interview vor der Kommission zu stellen. Auch Ihr Einstellungsverfahren endet mit der amtsärztlichen Untersuchung.

Der höhere Dienst

Jedes zweite Jahr wird ein Bewerber zum höheren Dienst ausgebildet. Nach dem positiven Votum des Deutschen Städtetags beginnt die Ausbildung zum höheren Dienst mit einer Laufzeit von 24 Monaten. Davon sind die Kandidaten allerdings nur 3 bis 4 Monate in Düsseldorf, den Hauptteil der Ausbildung verbringen sie an Berufsfeuerwehren der unterschiedlichsten Ausrichtungen in NRW, um einen größtmöglichen Überblick über die Bandbreite zu bekommen.

Erfurt

Die Berufsfeuerwehr Erfurt ist eine der wenigen Feuerwehren, die über keine eigene Internetseite verfügt. Das ist jedoch kein Manko, weil Interessenten sehr kompetent und ausführlich telefonisch zu jeder Frage rund um den Test beraten werden. Stellenausschreibungen für Erfurt sind über das Personalamt im Internet zu erfahren.

Erfurt gehört mit seinen 1000 Bewerbern in den letzten fünf Jahren (jährlich!) für den mittleren und 150 für den gehobenen Dienst zu den beliebteren Feuerwehren. Stellen werden über den Brandschutzbedarfsplan ermittelt und bereitgestellt. Der Anteil der weiblichen Bewerber wird dabei immer höher – er liegt im Moment bei 40%. Das schlägt sich leider nicht auf die Einstellungsquote nieder. Nur eine Frau hat es im letzten Jahr geschafft. Der Grund: die körperlichen Voraussetzungen. In der Theorie sind Frauen oft besser als Männer – nach den Erfahrungen der Erfurter.

Der mittlere Dienst

Die Voraussetzungen und erforderlichen Nachweise sowie die Bewerbungsadresse sowohl für den mittleren als auch für den gehobenen Dienst sind den Stellenausschreibungen zu entnehmen. Für den mittleren Dienst sind sie im Internet auf der Seite der Stadt Erfurt (*www.erfurt.de*), in der Regionalpresse und im Amtsblatt, für den gehobenen Dienst daneben auch in der Fachpresse zu finden.

Der Ablauf des Einstellungsverfahrens für den mittleren Dienst sieht so aus: Das Einstellungsverfahrens in Erfurt dauert drei Tage. Es beginnt mit einer kurzen Vorstellung und der Schilderung des Ablaufs. Dabei werden auch alle erforderlichen Nachweise kontrolliert. Das »Test-Gremium« besteht aus vier bis sechs Personen in wechselnder Besetzung (Amtsleiter, Personalrat etc.)

Am ersten Tag findet ausschließlich der Sporttest statt. Auf dem Programm stehen Schwimmen (25 Meter Streckentauchen, 3 Meter Tieftauchen nebst 2 × 5 kg Gewicht vom Boden heben, 100 Meter (in 1 Min. 50 Sek.) und 200 Meter (in 4 Minuten 30 Sek. Schwimmen) und Leichtathletik (100 Meter-Lauf in 13,40 Sekunden, 3.000 Meter in 12 Minuten, Weitsprung (4,50 m) und Kugelstoßen mit Mindestweite 7,80 m. Frauen stoßen mit einer kleineren Kugel.

Es gibt immer eine kleine Kulanz in den Zeiten, abhängig von den Wetterverhältnissen o. Ä. Wer den Sporttest nicht besteht, muss leider gehen.

Der zweite Tag beginnt mit dem schriftlichen, zweistündigen Test. Geprüft werden Allgemeinwissen, Kenntnisse der Staatsbürgerkunde, Biologie, Chemie und medizinische Grundkenntnisse. Es werden zu jedem Bereich maximal zehn Fragen gestellt, mal mehr, mal weniger. Mathematische Fähigkeiten werden mit Sachaufgaben getestet. Im Anschluss folgen Logik-Kombinations-Tests. Themen sind z. B. Figurenkombinationen, Erklären von Schaubildern etc. Die Tests sind natürlich nicht in jedem Jahr gleich.

In einem schriftlichen Aufsatz (die Beantwortung einer Mail mit einem Auftrag) wurden letztes Jahr Ausdrucksweise, aber auch das Schriftbild der Bewerber getestet. Letzteres fließt aber eher in eine »Im-Nachhinein-Bewertung« ein, denn für eine sachliche Bewertung ist die Beurteilung eines Schriftbild auch für die Erfurter zu subjektiv. Zum Schluss wird das technisch-physikalische Verständnis geprüft, z. B. mit der Beschreibung eines Getriebes.

Nach der Theorie folgt die Praxis im »Stationsbetrieb« – ein Parcours, an dem an fünf oder mehr Stationen die praktischen Fähigkeiten der Kandidaten getestet werden. Für jede Station gibt es max. 10 Punkte. Dazu gehören beispielsweise: ein Radwechsel, die Überprüfung der Verkehrssicherheit eines Fahrzeugs, das An- und Abflanschen mittels eines Schraubschlüssels an großen Schrauben (ein Flansch ist die Verbindung zweier Metallstücke mittels großer Schrauben oder eine Art Verbindungsstutzen), das Anheben von Lasten (auf einem Dummy liegend), das Herstellen eines Mischungsverhältnisses z. B. aus Kraftstoff und Öl, der sichere Transport eines Verletzten, das Leisten von Erster Hilfe und natürlich der Drehleitertest (das Ersteigen einer voll ausgefahrenen 30-Meter-Leiter im Freistand).

Der dritte Tag hat eine Besonderheit zu bieten – das Erstellen des Firefighter-Fitness-Indexes (siehe auch: *www.fire-fighter-fitness-test.de/pdf/wie%20fit.pdf*). Diese Methode der »Fitness«-Messung wurde von dem amerikanischen Arzt Dr. Loren Myhre erfunden und wertet die Zusammenhänge zwischen körperlicher Fitness und der diesbezüglichen Ansprüche im Job aus. Weiterentwickelt wurde sie von der Stuttgarter Bosch-Werksfeuerwehr. Sie ist bereits seit längerem bei der Mannheimer Feuerwehr üblich und wurde jetzt auch in Erfurt eingeführt. Aus den Ergebnissen eines Fahrrad-Ergometers mit Pulsmessung (Ausdauer) und Übungen mit Langhanteln (Kraft) wird der FFI ermittelt. Es wird geschlechtsneutral gewertet, denn die beruflichen Anforderungen sind für alle gleich.

Wegen der Ausführlichkeit der Tests entfällt das persönliche Vorstellungsgespräch. Die drei Tage bieten Aufschluss genug. Entscheidend ist dann der Besuch beim Amtsarzt, der die Beamtentauglichkeit der Kandidaten feststellt.

Der gehobene Dienst

Die Tests für den gehobenen Dienst sind im Ablauf dem für den mittleren Dienst fast gleich. Lediglich die Anforderungen im schriftlichen Bereich sind höher, auch die Gewichtung in der Bewertung verschiebt sich. Im praktischen und sportlichen Teil müssen Kandidaten für den mittleren Dienst 65 % der Anforderungen erfüllen, Kandidaten für den gehobenen Dienst 55 %. Im Schriftlichen liegt die Latte für Kandidaten für den mittleren Dienst bei mindestens 50 %, bei den Kandidaten für den gehobenen Dienst bei mindestens 60 %.

Allerdings müssen die Kandidaten für den gehobenen Dienst eine zusätzliche Hürde bewältigen – einen Assessment-Center-Tag. Dieses AC wurde extern konzipiert, wird aber in den Räumen der Feuerwehr durchgeführt. Es ist in einen schriftlichen und einen mündlichen Teil gegliedert. Im schriftlichen Teil gibt es verschiedene Tests zu lösen, u. a. eine Transaktionsanalyse oder den Test nach Lorenz. Außerdem wird ein Egogramm erstellt. Im mündlichen Teil gibt es zwar ein Rollenspiel (z. B. ein Konfliktgespräch), doch werden Teamaufgaben bevorzugt, um die Teamfähigkeit zu testen. Nach einer Selbstpräsentation von zehn Minuten gibt es noch eine Fallstudie zu lösen (»Stellen Sie sich vor, ein Mitglied Ihres Zuges, ein junger Mann, hat ein Alkoholproblem. Was tun Sie?«)

Auch hier entfällt das einzelne Vorstellungsgespräch.

Hamburg

Die Hamburger Berufsfeuerwehr scheint sich größter Beliebtheit zu erfreuen. 1.500 bis 1.700 Bewerber bemühen sich um die freien Stellen, die von Jahr zu Jahr nach Bedarf festgesetzt werden. Zwischen 25 und 30 theoretische Testtermine jährlich sprechen Bände. Ausgesprochen vorbildlich bemühen sich die Hamburger, ihren Bewerbern die beste Vorbereitung zu ermöglichen. Auf ihrer Website finden sich detaillierteste Informationen rund um die notwendigen Voraussetzungen und um das Eignungsfeststellungsverfahren. Beispielaufgaben nehmen die Angst vor dem Unbekannten ebenso wie diverse Erfahrungsberichte sowohl von Seiten der Bewerber als auch von Seiten der Prüfer.

Bewerbungen von Frauen fallen jedoch im Vergleich zu den männlichen Kandidaten mit lediglich 60 bis 80 Mutigen fast spärlich aus. Die Zahl der erfolgreichen Bewerbungen tendiert gegen Null. Gründe sind die harten körperlichen Voraussetzungen. Trotzdem wirbt die Hamburger Feuerwehr ausdrücklich weiterhin beharrlich um das weibliche Geschlecht.

Der mittlere Dienst

Wer sich für den mittleren Dienst interessiert, findet ausführliche Informationen unter *http://fhh.hamburg.de*. Die Voraussetzungen für die Bewerbung zum mittleren Dienst sind neben der Erfüllung der allgemein beamtenrechtlichen Voraussetzungen der Hauptschulabschluss oder ein entsprechender Bildungsstand, eine abgeschlossene handwerklich-technische Berufsausbildung, die erfolgreiche Teilnahme am Auswahlverfahren und die gesundheitliche Eignung für den Feuerwehrdienst. Brillenträger brauchen ein ärztliches Attest über Sehleistung mit und ohne Sehhilfen und Farbsehen nach dem ISHIHARA-Test. Drei Dioptrien sind die Höchstgrenze. Bewerber dürfen am Tag der Einstellung höchstens 30 Jahre alt sein. In Hamburg gibt es eine festgesetzte Körpergröße: Frauen müssen demnach mindestens 1,60 m, die Männer mindestens 1,70 m groß sein.

Sportliche Aktivität ist in Hamburg ebenso erwünscht wie der Führerschein der Klasse C.

Bei den Bewerbungsunterlagen warten die Hamburger gleich mit zwei Besonderheiten auf – mit dem Ausfüllen eines vorgegebenen Bewerbungsbogens, der auf der Internetseite downgeloadet werden muss, und mit einem ausführlichen Lebenslauf – handgeschrieben. Dazu gehört noch ein Bewerbungsschreiben, ein Passbild, das Schulabschlusszeugnis, ein Schwimmnachweis (mindestens Freischwimmer), der Gesellen- oder Facharbeiterbrief und die Fahrerlaubnis, mindestens Klasse B. Die Bewerbungsunterlagen gehen dann an die

Behörde für Inneres
Feuerwehr
Personalauswahlzentrum
Westphalensweg 1
20099 Hamburg

Hat der Bewerber seine Einladung zum Eignungstest erhalten, erwartet ihn nach sechs bis acht Wochen an zwei Tagen ein anspruchsvolles Programm – anspruchsvoller als bei manch anderen Feuerwehren.

Der Ablauf des Einstellungsverfahrens beim mittleren Dienst sieht so aus: Am ersten Tag hat man den theoretischen Teil zu bewältigen. Dieser beginnt mit einem Diktattest, der wiederum aus zwei Teilen besteht: dem Schreiben einzelner Wörter nach Satzzusammenhang (z. B. »Oma saß im Lehnstuhl und schlief.« – zu schreiben: Lehnstuhl) und einem Lückentext, in dem es lediglich auf einzelne Wörter ankommt. Im anschließenden Mathematiktest sind 14 Aufgaben aus den Bereichen Bruchrechnung, Prozentrechnung, Dreisatz und Geometrie in 15 Minuten zu lösen. Hinter dem Begriff »DA-Test«, der nächsten Aufgabe, verbirgt sich eine schriftliche Beschreibung in Aufsatzform eines einfachen technischen Vorgangs in 15 Minuten. Danach ist logisches Denken gefragt. Im IDE-Test (induktives, logisches Denken) sollen Symbole und Zahlenkombinationen erkannt und vervollständigt werden. Bei der Feuerwehr kommt es auf Schnelligkeit an. Dazu gehört auch, im Notfall auf dem schnellsten Weg zum Einsatzort zu kommen. Diese Fähigkeit steht im Mittelpunkt des Orientierungstests (PL-Test). Der Bewerber sollte auf einem schematisierten Stadtplan logische Verbindungen zwischen verschiedenen Punkten herstellen können. Zum Abschluss des theoretischen Teils wird das physikalische Verständnis geprüft. Im Mathematisch-Technisch-Physikalischen Test (MTP-Test) werden Fragen zu gezeichneten technisch-physikalischen Vorgängen gestellt.

Nach dem theoretischen Teil wird es praktisch mit dem Höhentauglichkeitstest auf der freistehenden voll ausgefahrenen Drehleiter, die der Bewerber – allerdings gesichert – zu besteigen hat.

Der Tag endet mit einem Vorstellungsgespräch. Überzeugten sich früher drei Angehörige der Berufsfeuerwehr im persönlichen Gespräch von der geeigneten Persönlichkeit des Bewerbers, muss dieser heute nur noch einem in der Funktion nicht näher benannten Prüfer Rede und Antwort stehen.

Der zweite Tag hat einen rein sportlichen Charakter. Geprüft werden Ausdauer, Kraftausdauer, Kraft, Bewegungskoordination, Schnelligkeit und Geschicklichkeit. Empfohlen wird eine Vorbereitung durch Jogging, Krafttraining, Seilspringen und evtl. Gymnastik.

Der gehobene Dienst

Interessenten für den gehobenen Dienst müssen dieselben Voraussetzungen wie Bewerber für den mittleren Dienst erfüllen. Statt des Hauptschulabschlusses muss man jedoch ein Fachhochschul- oder Bachelorstudium (bevorzugt technische Ausrichtung) nachweisen. Auch die Bewerbungsunterlagen sind gleich – statt des Hauptschulabschlusses ist hier natürlich das Diplomzeugnis vorzulegen.

Der Ablauf des Eignungstestes entspricht in etwa dem Verfahren für den mittleren Dienst – allerdings mit höheren Ansprüchen. Zum Verlauf des Vorstellungsgespräches gab es zur Zeit der Drucklegung keine näheren Informationen.

Hannover

Das Beispiel der Berufsfeuerwehr Hannover macht deutlich, wie wenig vorhersehbar der Bedarf an Nachwuchs ist. 2008 gab es kaum Einstellungen, 2007 sah das ganz anders aus. Denn aufgrund eines EU-Grundsatzurteils musste die Arbeitszeit von 56 Stunden (inklusive Rufbereitschaft) auf 48 Stunden gesenkt werden. Ein erhöhter Einstellungsbedarf war die Folge.

Die Berufsfeuerwehr Hannover bildet grundsätzlich im mittleren, gehobenen und höheren Dienst aus. 2007 bewarben sich 450 Bewerber um 18 Stellen, davon 29 Frauen. Keine der Bewerberinnen hat den Test bedauerlicherweise bestanden. Im Moment ist auch nur eine Frau aktiv.

Wie viele Feuerwehren nutzt auch Hannover das Internet als Möglichkeit, potentielle Bewerber über Berufsbild, Voraussetzungen und detaillierte Informationen zu Bewerbung und Einstellungsverfahren zu informieren.

Folgende Voraussetzungen gelten für eine erfolgreiche Bewerbung für den mittleren Dienst: Der Bewerber muss Staatsangehöriger eines EU-Staates und mindestens 18 Jahre alt sein. Bewerber, die vor dem 01.01.1981 geboren sind, können nicht berücksichtigt werden (Ausnahmefälle: Soldaten auf Zeit (mindestens 12 Jahre), die zur Teilnahme an Berufsförderungsmaßnahmen berechtigt sind (Eingliederungs-/Zulassungsschein). In diesen Fällen muss die Bewerbung dem Berufsförderungsdienst der Bundeswehr mitgeteilt werden. Der Bewerber braucht mindestens den Hauptschulabschluss, eine abgeschlossene Berufsausbildung, eine Fahrerlaubnis für Kraftfahrzeuge und den Nachweis über seine Feuerwehrdiensttauglichkeit (= uneingeschränkte körperliche Tauglichkeit) für den Einsatz auf Brand- und anderen Gefahrenstellen. Brillenträger brauchen den Nachweis über ihren regelrechten Farbsinn nach dem ISHIHARA-bzw. Velhagen-Test. Eine entsprechende Prüfung muss vor Abgabe der Bewerbung erfolgen. Unerlässlich ist ein makelloses Vorstrafenregister. Sportliche Betätigung ist ausdrücklich erwünscht. Der Bewerber sollte möglichst aktiver Sportler sein. Wie überall ist zudem das Bestehen der schriftlichen Eignungsprüfung und des körperlichen Eignungstests Grundvoraussetzung. Eine Hannoveranische Besonderheit ist die Wohnsitznahmeregelung, nach der sich der Bewerber zu richten hat.

Die erforderlichen Nachweise sind das amtliches Führungszeugnis, die Geburtsurkunde, das Abschlusszeugnis, der Gesellenbrief Abschluss/Prüfungszeugnis, mindestens der Führerschein Klasse B, das Ergebnis der Untersuchung durch den Feuerwehrarzt, das Ergebnis der Eignungsprüfungen, das Deutsche Sportabzeichen und das Deutsche Rettungsschwimmabzeichen. Beide dürfen nicht älter als zwei Jahre sein, die Urkunden müssen bis zum Beginn des körperlichen Eignungstests vorliegen.

Die Bewerbungsunterlagen müssen in Hannover in zwei Etappen eingereicht werden. Vor Beginn des Auswahlverfahrens werden der tabellarische Lebenslauf, ein beglaubigtes Schulabschlusszeugnis, ein beglaubigtes Berufsschulzeugnis, das Deutsche Sportabzeichen (nicht älter als 2 Jahre) und das Deutsche Rettungsschwimmabzeichen (nicht älter als 2 Jahre) benötigt. Dazu kommt noch der Bewerbungsbogen mit 2 Lichtbildern. Er steht auf der Internetseite zum Download bereit. Nach der erfolgreichen ärztlichen Eignungsprüfung werden dann die Geburtsurkunde, der Gesellenbrief, Tätigkeitsnachweise aller Arbeitgeber seit der Schulentlassung, außer dem aktuellen, 2 Lichtbilder (mit dem Namen auf der Rückseite), Führerschein mindestens Fahrerlaubnis Klasse B, eine Dienstzeitbescheinigung über Bundeswehr-, Zivildienst- oder Katastrophenschutzzeiten, evtl. eine Heiratsurkunde, evtl. die Geburtsurkunde für jedes Kind und das amtliche Führungszeugnis – Belegart 0 – geeignet zur Vorlage bei Behörden benötigt. Die Unterlagen werden eingereicht bei der

Feuerwehr Hannover
Feuerwehrstraße 1
30169 Hannover

Das Eignungsfeststellungsverfahren in Hannover erstreckt sich über zwei bis drei Tage und beginnt mit eintägigem körperlichem Eignungstest. Dieser besteht aus der Balkenübung (10 Meter über den Schwebebalken gehen), dem Fünfer-Sprung (fünf Sprünge aus der Hocke hintereinander – mindestens 12 m), mindestens 12 Liegestütze, dem Jump-and-Reach-Test (maximaler Sprung aus der Halbhocke), einem Kurzstreckenlauf 50 m und dem Cooper-Test. Nach einem 12-Minuten-Lauf muss der Bewerber mindestens 2.400 m absolviert haben. Anschließend geht es ins Wasser zum Rückenschwimmen mit Grätschschwung und zum Tauchen. Vom Beckenrand ab muss der Bewerber mindestens 15 Meter unter Wasser bleiben und nach Auftauchen bis zum Bahnende (25 m) schwimmen. Anschließend erfolgt der Drehleitertest, das Besteigen einer vollständig ausgefahrenen Drehleiter im Freistand. Der Tag endet mit einem Test des handwerklichen Geschicks (z. B. den Umgang mit einfachen Werkzeugen).

Tag 2 beginnt mit einer Besonderheit, die es so nur in Hannover gibt – mit dem psychologischen Eignungstest. Dieser schriftliche Test wird durchgeführt von der Deutschen Gesellschaft für Personalwesen und dauert drei Stunden. Es gibt keine Gruppendiskussion oder Fallstudien. Unter *www.dgp.de*, »Downloads« gibt es eine Info-Broschüre für Bewerber (»BewerberInnen fragen – die DGP antwortet) mit einer Aufklärung über den Ablauf dieses Tests und mit potentiellen Beispielaufgaben für einen Eignungstest der Feuerwehr.

Im Anschluss daran findet eine ärztliche Eignungsuntersuchung von ca. 3 bis 4 Stunden Länge statt.

Gibt es von Seiten des Arztes keine Einwände, endet der Tag mit einem Einzelvorstellungsgespräch. Dessen Dauer variiert von 20 Minuten bis zu einer Stunde. Kommissionsteilnehmer sind der Bereichsleiter der Brandabwehr, der Ausbildungsleiter, ein Personalrat, eine Gleichstellungsbeauftragte und der Verwaltungsleiter. Themen sind die Berufsmotivation des Bewerbers, Detailfragen zum Kenntnisstand über Berufsfeuerwehr Hannover, die Aufgaben einer Berufsfeuerwehr generell und zur Ausbildung. Außerdem werden Fragen gestellt, die soziale Kompetenzen wie z. B. Teamfähigkeit testen sollen.

Zum gehobenen Dienst gibt es nicht in jedem Jahr Auswahlverfahren. Aktuelle Infos werden auf der Internetseite der Berufsfeuerwehr Hannover bekannt gegeben. Selbiges gilt für die Laufbahn im höheren Dienst. Sollte es in beiden Fällen Auswahlverfahren geben, werden beide durch die Deutsche Gesellschaft für Personalwesen ausgeführt.

Kiel

Zum Brandmeisteranwärter (resp. -in) im mittleren Dienst und für eine Laufbahn im gehobenen Dienst kann man sich in Kiel ausbilden lassen. 2005 interessierten sich 350 Bewerber dafür, danach gab es zwei Jahre lang keine Einstellungen mehr. Das änderte sich zum 1. Oktober 2008: Kiel suchte wieder nach Unterstützung – auch, wenn möglich, von Seiten weiblicher Bewerberinnen. Fünf Frauen hatten sich beim letzten Einstellungsverfahren beworben, keine hatte bestanden. Der Grund – wie bei fast allen Feuerwehren auch – die Latte der erwarteten körperlichen Leistung liegt hoch. Generell hat der Einstellungstest der Kieler einige Überraschungen zu bieten.

Der mittlere Dienst

Um sich für eine Laufbahn als Brandmeisteranwärter/-in bewerben zu können, müssen Bewerber folgende Voraussetzungen mitbringen: das 29. Lebensjahr darf am Einstellungstag noch nicht vollendet sein (Ausnahmen sind unter bestimmten Voraussetzungen möglich), die gesetzlichen Voraussetzungen für die Ernennung zur Beamtin oder zum Beamten, der Nachweis eines erfolgreichen Abschlusses einer Haupt- oder Realschule oder eines gleichwertig anerkannten Bildungsstandes, der Nachweis eines für die Feuerwehr geeigneten Gesellenbriefs oder einer abgeschlossenen Spezialausbildung, die körperliche Eignung, der Besitz einer Fahrerlaubnis mindestens der Klasse B, der Besitz des Deutschen Jugendschwimmabzeichens in Bronze und – für Brillenträger – eine Gläserstärke von höchstens +/– 3 Dioptrien. Eine Mindestgröße ist nicht erforderlich.

Die erwähnte »Spezialausbildung« umfasst alle Fähigkeiten, die ein Bewerber erhalten hat, der gleich nach der Schule zur Bundeswehr gegangen ist und die für die Berufsfeuerwehr von Nutzen sind, z. B. Funk oder Radar-Kenntnisse.

Die Bewerbung (die üblichen Bewerbungsunterlagen nebst den angeführten Nachweisen) geht an das

Personal- und Organisationsamt
z. Hd. Herrn Weidel
Kehdenstraße 2–10
24103 Kiel

Fragen zur Bewerbung werden unter der Telefonnummer 0431/901 2204 beantwortet.

Die Bewerber für den mittleren Dienst absolvieren als Erstes einen schriftlichen Teil, bestehend aus einem Diktat und dem Wilde-Intelligenz-Test. Letzterer besteht aus verschiedenen Modulen zu den Themen Arbeitseffizienz, Merkfähigkeit, und sprachliches, schlussfolgerndes bzw. logisches Denken. Den Testern ist es dabei natürlich vorbehalten, welche Module für sie besonders wichtig sind. Mit dabei sind z. B. Aufgaben aus der Mathematik (Grundrechenarten und Textaufgaben), getestet werden das Sprachverständnis (Analogien finden wie z. B. »Kopf« und »Haupt«), das logische Denken (Vervollständigen von Zahlenreihen), das figurale Denken (Abwicklungen und Spiegelbilder) und die Merkfähigkeit (kurzer Text unter Verwendung von Symbolen, der später wieder abgefragt wird).

Daran schließt sich ein Sporttest an. Beim Cooper-Test wird die Strecke gemessen, die ein Bewerber nach 12 Minuten Laufen absolviert hat. Männer sollten in dieser Zeit 2.400 m laufen können, Frauen 2.000 m. Dieser Test gilt als sehr anstrengend und erfordert einige vorherige Trainingseinheiten. Danach geht es zum Circuit von 9 Stationen, einer Art Zirkeltraining – u. a. mit Bockspringen, Gewichtheben, Klimmzügen und Arbeiten am Medizinball. Es folgt der obligatorische Drehleiter-Test – das Besteigen einer freistehenden, voll ausgefahrenen Drehleiter. Auf diese Weise wird die Schwindelfreiheit getestet. Zum Abschluss muss man die Atemschutzstrecke bewältigen. Das Durchqueren der relativ engen Strecke mit einem nicht angeschlossenen Atemschutzgerät auf dem Rücken ist ein Test des Orientierungsvermögens und der Platzangst.

Da es bei Einsätzen sehr auf die Geschicklichkeit ankommt, gibt es auch hierfür einen Test. Aufgaben sind z. B. ein Radwechsel oder Holz zu bearbeiten (zwei gleich große Stücke schneiden). Dabei hat der Bewerber die Auswahl unter verschiedenen Sägen, Metall, Holz- oder Bügelsäge. Anschließend müssen die Hölzer im rechten Winkel mit zwei Nägeln sicher vernageln werden. Neben der handwerklichen Fähigkeit wollen die Kieler sehen, welches Gerät der Bewerber wählt. Dasselbe gilt für den Umgang mit der Bohrmaschine. Ein Loch soll in den Stein gebohrt werden. Wichtig ist, welcher Bohrer gewählt, ob die Maschine auf Schlag gestellt ist etc.

Hat der Bewerber das alles absolviert, muss er sich in einem mündlichen Gespräch den Fragen einer fünfköpfigen Prüfungskommission stellen. Zum Vergleich: Beim letzten Einstellungsverfahren waren das von 350 Bewerbern noch 60. Die Anforderungen sind also hoch.

Die Kommission besteht aus dem Chef der Berufsfeuerwehr, dem Ausbildungsleiter, einem Personaler, einem Personalrat und der Gleichstellungsbeauftragten.

In ca. 20 Minuten wird der Bewerber nach der Motivation seiner Berufswahl befragt. Auch seine Verhaltensweisen in fiktiven Situationen ist für die Prüfer interessant. »Wie würden Sie reagieren, wenn Sie sehen, es brennt und Freunde befinden sich im Haus?« oder »Wie verhalten Sie sich, wenn eine alte Frau auf der Straße zusammenbricht?«. Sinn dieser Beispielfragen: die Sozialkompetenz.

Am Ende steht die amtsärztliche Untersuchung zur Überprüfung der körperlichen Tauglichkeit.

Das Einstellungsverfahren zum gehobenen Dienst gleicht dem des mittleren Dienstes und unterscheidet sich lediglich in den höheren Anforderungen im schriftlichen Test.

Magdeburg

Die Magdeburger Berufsfeuerwehr hat sich für ihre Auswahl der Bewerber mit Experten der Berufsauswahl zusammengetan. Ein Teil ihres Bewerbungsverfahrens wird von der Deutschen Gesellschaft für Personalwesen durchgeführt. 400 Bewerber haben sich der Herausforderung 2007 gestellt. Zehn Stellen waren zu besetzen. Das Verhältnis der männlichen und weiblichen Bewerber betrug 80:20 – auch in Magdeburg wird dieser Umstand sehr bedauert.

Im Internet finden Interessierte am besten unter den Suchstichwörtern »Berufsfeuerwehr Magdeburg + Ausbildung« die notwendigen Informationen zur Bewerbung und zur Ausbildung.

Der mittlere Dienst

Um sich für die mittlere Laufbahn in Magdeburg bewerben zu können, braucht ein Interessent folgende Voraussetzungen: Höchstalter 35 Jahre, mindestens den Hauptschulabschluss sowie eine abgeschlossene Berufsausbildung in einem für den feuerwehrtechnischen Dienst geeigneten Handwerk oder einem entsprechenden Ausbildungsberuf, die Ableistung des Wehr- oder Zivildienstes, eine uneingeschränkte gesundheitliche Eignung, Teamfähigkeit und den Führerschein. Eine Mindestgröße ist nicht erforderlich. Die erforderlichen Bewerbungsunterlagen gehen an die

Landeshauptstadt Magdeburg
Amt für Brand- und Katastrophenschutz
Ernst-Reuter-Allee 42
39104 Magdeburg

Die erste Hürde des Einstellungsverfahrens ist der psychologische Test der Deutschen Gesellschaft für Personalwesen. Sie hat Tests für die unterschiedlichsten Berufsgruppen entwickelt. Um den Bewerbern die Möglichkeit zu geben, sich vorzubereiten, gibt es eine Broschüre (»Bewerber/innen fragen, die DGP antwortet«), die im Internet auf deren Seite *www.dgp.de* unter dem Stichwort »Downloads« heruntergeladen werden kann.

Der erste, schriftliche Teil für die Feuerwehranwärter testet in drei bis sechs Stunden die Verarbeitungskapazität, das logische Denken (anhand von sprachlichem, numerischem und figürlichem Anschauungsmaterial). Es müssen Textanalysen erstellt, ähnliche Wortbedeutungen herausgefunden und Schlussfolgerungen gezogen werden. »Numerisch« bedeutet, Buchstaben- und Zahlenreihen sinnvoll zu ergänzen, Tabellen und Statistiken zu bearbeiten, Aufgaben zu den Grundrechenarten bzw. Textaufgaben zu lösen und Zahlenmatrizen zu bearbeiten. Im »figuralen« Teil sind Figurenmatrizen zu bearbeiten.

Auch die Bearbeitungsgeschwindigkeit wird getestet – wieder in sprachlichen, numerischen und figuralen Aufgaben (Teilen von Zahlen, Vergleichen von Figuren etc.). Die Merkfähigkeit ist ebenfalls ein Kriterium. Die Kandidaten müssen sich Wörter und Zahlenkombinationen merken, um sie später zu ergänzen. Zudem sollen Zahlen herausgefunden werden, die bestimmten Kriterien entsprechen. Die Rechtschreibung wird anhand verschiedener Schreibweisen von Wörtern geprüft. Des Weiteren gibt es Tests zur Allgemeinbildung und zum praktisch-technischen Verständnis, die allerdings nicht weiter erläutert werden.

Danach müssen sich die Kandidaten in einem Einzelgespräch den Psychologen stellen und sich in einer Gruppe von vier bis sieben Bewerbern in einer Gruppendiskussion behaupten. Bewertet werden Einfallsreichtum, Kontaktfähigkeit, Kooperationsbereitschaft, Teamfähigkeit, Sachbezogenheit und zielorientierte Initiative, sprachlicher Ausdruck/Kommunikationsfähigkeit, die Sicherheit im Auftreten bzw. die Belastbarkeit und die Berufsmotivation.

Wer diesen Einstieg geschafft hat, unterzieht sich der »physischen Eignungsdiagnostik«. An 16 Stationen werden Grundschnelligkeit (100-m-Lauf), Ausdauer (Cooper-Test, d. h. in 12 Minuten mindestens 2.400 m laufen), rücklings im Liegestütz die Beine anziehen etc. getestet. Auch Schwimmen und Tauchen werden bewertet.

Danach erfolgt die »Überprüfung der polytechnischen Fähigkeit«, sprich: der Geschicklichkeit beim Nageln, Sägen, Anbinden und Hochziehen von Gegenständen oder auch beim Radwechsel.

Der Drehleitertest (Besteigen der vollausgefahrenen, freistehenden Drehleiter) und die Begehung der Atemschutzübungsstrecke mit dem nicht angeschlossenen Atemschutzgerät dienen der Überprüfung der feuerwehrtechnischen Fähigkeiten wie der Schwindelfreiheit und Orientierungsvermögen bzw. dem Ausschluss von Platzangst.

Wer so weit gekommen ist, unterzieht sich der amtsärztlichen Untersuchung, um die Vorgaben der körperlichen Tauglichkeit für die bevorstehende Verbeamtung zu überprüfen.

Die letzte Hürde in Magdeburg ist ein halbstündiges Vorstellungsgespräch vor einer Kommission, die aus Mitgliedern der Personalabteilung, Fachbereich Feuerwehr, besteht. Interessant ist für die Bewerter die berufliche Motivation und die Einschätzung der eigenen Chancen für eine künftige Laufbahn bei der Feuerwehr.

Der gehobene Dienst

Die Voraussetzungen, die Laufbahn für den gehobenen Dienst einschlagen zu können, sind in Magdeburg: ein Studienabschluss an einer Fachhochschule oder ein vergleichbarer Abschluss in den Studiengängen Architektur, Bauingenieurwesen, Bergbau, Brandschutz, Chemie, Elektrotechnik, Hüttenwesen, Maschinenbau, Physik, Schiffstechnik, Sicherheitstechnik oder Versorgungstechnik, die Ableistung des Wehr- bzw. Zivildienstes, die uneingeschränkte gesundheitliche Eignung, Teamfähigkeit und der Besitz des Führerscheins.

Die Bewerbungsunterlagen werden an die oben genannte Adresse (siehe mittlerer Dienst) geschickt.

Der Ablauf des Einstellungsverfahrens entspricht dem des mittleren Dienstes, mit entsprechend höheren Anforderungen beim Test der Deutschen Gesellschaft für Personalwesen.

Die glücklichen Gewinner der Entscheidung haben sich erfolgreich durch eines der anspruchsvollsten Einstellungsverfahren der befragten Feuerwehren gekämpft.

Mainz

Die Berufsfeuerwehr Mainz führt einmal im Jahr ihr Einstellungsverfahren durch. Im Jahr 2007 interessierten sich ca. 100 Bewerber dafür – eine Ausnahme, denn es wurden auch wegen erhöhten Bedarfs mehr Stellen ausgeschrieben. Das Mischungsverhältnis von Männern und Frauen liegt bei 90:10, weniger als 10 Prozent der Bewerberinnen schaffen normalerweise den Test. Im letzten Jahr war es genau eine Frau. Der Grund wie fast überall – die körperlichen Voraussetzungen. In der Theorie sind Frauen ebenso gut wie ihre männlichen Kollegen.

Interessenten finden auf der Seite *http://berufsfeuerwehr-mainz.de/ausb.htm* unter »job@« alle für die Bewerbung wichtigen Voraussetzungen aufgelistet. Details zu den Tests hat sie zwar nicht zu bieten, dafür aber jede Menge Ausbildungsunterlagen, Fotos und Beschreibungen zur künftigen Ausbildung etc.

Der mittlere Dienst

Um sich für den mittleren Dienst in Mainz bewerben zu können, müssen Kandidaten folgende Voraussetzungen erfüllen: Höchstalter: 30. Lebensjahr zum Zeitpunkt der Einstellung noch nicht vollendet, Deutscher im Sinne des Art. 116 des GG oder Staatsangehöriger eines Mitgliedstaates der EU, eine abgeschlossene, für die Feuerwehr geeignete Ausbildung, ein Wohnort in Mainz oder näherer Umgebung (Umkreis 30 km), Pkw-Führerschein der Klasse 3 oder B, und die körperliche und geistige Eignung für den Feuerwehrdienst.

Benötigt werden noch: Lebenslauf, Abschlusszeugnisse der besuchten Schulen, Nachweis über Berufsausbildung (Gesellenbrief), Zeugnisse über Beschäftigungen seit Beendigung der Schulverhältnisse, Lichtbild, Führerschein, ggf. Sportabzeichen. Die Unterlagen gehen an die

Stadtverwaltung Mainz
10 – Amt für Steuerung und Personal
Postfach 3820
55028 Mainz

Das Einstellungsverfahren für den mittleren Dienst erstreckt sich über zwei Tage. Am ersten Tag stehen der Sporttest, der schriftliche und der praktische Test auf dem Programm.

Um den Sporttest zu bestehen, müssen die Bewerber zunächst 200 m Schwimmen und Streckentauchen. Danach geht es um die Leichtathletik mit Bankdrücken, Sprint und Weitsprung. Die Ausdauer wird mit dem Cooper-Test überprüft (nach 12 Minuten Laufzeit wird die zurückgelegte Strecke gemessen). Die Bewerber müssen zum Zeitpunkt des Sporttests noch nicht unbedingt das Sportabzeichen nachweisen, es empfiehlt sich aber, dessen Bedingungen halbwegs erfüllen zu können. Denn während der Ausbildung ist der Erwerb des Sportabzeichens Pflicht. Die Dauer des Sporttests beträgt einen halben Tag.

Danach werden die praktischen Fähigkeiten der Bewerber unter die Lupe genommen – beim Radwechsel (Geschicklichkeit) oder Holzbalken sägen (Kraft) beispielsweise. Ihre Orientierungsfähigkeit und ihre Neigung zur Platzangst werden auf der Atemschutzübungsstrecke getestet. Dazu durchqueren sie mit einem nicht angeschlossenen Atemschutzgerät einen engen

Gang. Zum Abschluss wird ihre Schwindelfreiheit auf der voll ausgefahrenen Drehleiter im Freistand getestet – sie muss bis zur Spitze erklommen werden.

Der schriftliche Test dauert zwei bis zweieinhalb Stunden. Er besteht aus einem Fragenkatalog zum Allgemeinwissen, zur Rechtschreibung, zur Mathematik und zum technischen Verständnis. Die Kenntnisse in der Rechtschreibung testen die Mainzer, indem sie den Bewerbern ca. 50 Wörter in drei verschiedenen Schreibweisen anbieten und sie die richtige Lösung ankreuzen lassen. Die mathematischen Kenntnisse werden mit Aufgaben in den Grundrechenarten und Textaufgaben geprüft. Für den Test des technischen Verständnisses zeigen die Mainzer ca. 26 technische Zeichnungen mit verschiedenen Lösungen, von denen nur eine richtig ist.

Wer den ersten Tag bestanden hat, muss noch die amtsärztliche Untersuchung und das ca. halbstündige Auswahlgespräch überstehen. Letzteres findet vor einer Kommission aus fünf bis sechs Leuten statt – z. B. dem Abteilungsleiter, dem Amtsleiter und einem Personalrat. In einem Einzelgespräch geht es beispielsweise um die Person des Bewerbers, seine Motivation und die Gründe für die Wahl seines erlernten Berufes.

Der gehobene Dienst

Die Zugangsvoraussetzungen für den gehobenen Dienst sind: Höchstalter 35 Jahre, Mindestgröße 1,65 m, Deutscher im Sinne des Art. 116 des GG oder Staatsangehöriger eines Mitgliedstaates der EU, abgeschlossenes, für die Feuerwehr geeignetes Fachhochschulstudium, Wohnort in Mainz oder näherer Umgebung (Umkreis 30 km), Pkw-Führerschein der Klasse 3 oder B, und die körperliche und geistige Eignung für den Feuerwehrdienst. Die Mainzer können Bewerber mit allzu großem Übergewicht und Bartträger leider nicht berücksichtigen.

Als Bewerbungsunterlagen benötigen die Mainzer: einen Lebenslauf, Abschlusszeugnisse der besuchten Schulen, Nachweis über Berufsausbildung (Gesellenbrief), Zeugnisse über Beschäftigungen seit Beendigung der Schulverhältnisse, Lichtbild, Führerschein und die Kopie des Diplomzeugnisses.

Der Einstellungstest für Kandidaten für den gehobenen Dienst dauert drei Tage – nach dem Sporttest, dem schriftlichen und praktischen Teil (Tag 1) und dem Besuch beim Amtsarzt (Tag 2) steht eine Art Assessment-Center-Tag an.

Die Anforderungen für den sportlichen und den praktischen Teil sind gegenüber denen des mittleren Dienstes reduziert, die Anforderungen des schriftlichen Tests sind dem Diplomabschluss entsprechend erhöht. So sind beispielsweise Kenntnisse in angewandter Mathematik wichtig.

Nach dem erfolgreichen Besuch beim Amtsarzt geht es dann vor die fünf- bis sechsköpfige Kommission (Abteilungsleiter, Amtsleiter, Personalrat etc.). zu einer Art AC. Auf dem Prüfstand – die eigene Person, die Motivation und mögliche Verhaltensweisen, zum Beispiel über Rollenspiele wie ein fingiertes Konfliktgespräch mit einem Teammitglied oder über eine Fallstudie (»Stellen Sie sich vor ... Was würden Sie tun?«).

München

Die Münchner Berufsfeuerwehr ist das, was man »kundenfreundlich« nennt. Auf ihrer Internetseite bietet sie Interessenten alle notwendigen Informationen zu allen drei Laufbahnen, die möglich sind – detailliert sind dort sämtliche Zugangsvoraussetzungen, notwendigen Bewerbungsunterlagen, eine Beschreibung des Einstellungstests und vor allem des Sporttests (mit Fotos) aufgelistet (siehe unter *www.feuerwehr.muenchen.de*). »Kundenfreundlich« ist auch die Verteilung des zweitägigen Tests auf zwei aufeinanderfolgende Samstage. Der Kandidat halt also jede Menge Zeit, sich zu erholen und vorzubereiten.

Übers Jahr verteilt haben die Münchner ca. 700 Bewerber. Im Gegensatz zu anderen Berufsfeuerwehren hat sich München übrigens für alle Berufsgruppen geöffnet, die Interesse an der Feuerwehr zeigen. Kaufmännische Berufsausbildungen sind also ebenso erwünscht wie »feuerwehrgeeignete« Berufe aus dem Handwerk.

Wie bei allen anderen Feuerwehren auch ist die Zahl der weiblichen Feuerwehrleute in München sehr gering. Von 306 Bewerbungen für den letzten Einstellungstermin waren nur acht von Frauen, von denen zwei erschienen und keine bestanden hat. Es gibt zwar Überlegungen, die Anforderungen für Frauen zu ändern, aber das Argument, vor Ort Bedingungen vorzufinden, die für alle gleich sind, wiegt wohl schwerer.

Der mittlere Dienst

Für die Bewerbung zum mittleren Dienst muss ein Bewerber in München folgende Voraussetzungen erfüllen: Höchstalter 26 Jahre zum Zeitpunkt der Einstellung, Mindestgröße 165 cm, die Staatsbürgerschaft eines Mitgliedstaates der EU, keine Vorstrafen, einwandfreier Leumund, mindestens den Hauptschulabschluss und den erfolgreichen Abschluss einer mindestens zweijährigen Berufsausbildung, Führerschein der Klasse B, Deutsches Schwimmabzeichen in Bronze oder Nachweis einer gleichwertigen Leistung, keine gesundheitlichen Einschränkungen (Sehstärke: Sehleistung auf jedem Auge ohne Korrektur mindestens 50%, mit Brille auf einem Auge voll, auf dem anderen auf 70% korrigierbar, keine Kontaktlinsenträger); Erfüllung der Anforderungen des berufsgenossenschaftlichen Grundsatzes G 26.3 (Verrichtung einer körperlichen Arbeit von 3 Watt/kg, mindestens aber Nachweis von 200 Watt), Nachweis der Schwindelfreiheit: in 70 Sekunden Besteigen der freistehenden voll ausgefahrenen Drehleiter und die erfolgreiche Absolvierung der schriftlichen, sportlichen und praktischen Einstellungsprüfung.

Die Bewerbung besteht aus dem ausgefüllten Bewerbungsbogen, der als Download auf der Seite bereit steht, und einem detaillierten Lebenslauf mit Lichtbild. Der Bewerbungsbogen enthält Fragen zur Schul- und Berufsausbildung, zum Besitz von Nachweisen wie Führerschein, Schwimmnachweis, zum Führungszeugnis etc. Die Bewerbungsadresse lautet:

Landeshauptstadt München
Kreisverwaltungsreferat HA IV
Branddirektion, Personalabteilung
An der Hauptfeuerwache 8
80331 München

Der eigentliche Test beginnt mit dem eintägigen Sporttest (Bankdrücken, Klimmzüge, Wechselsprünge, Kasten-Bumerang-Test, 1000-m-Lauf, 50 m Schwimmen, Streckentauchen) und dem Drehleitertest. Der Sporttest ist im Internet ausführlich geschildert unter Angaben der erforderlichen Zeiten und Weiten und mit Fotos zur Erklärung. Besteht ein Kandidat den Sporttest nicht, ist das Einstellungsverfahren an dieser Stelle für ihn beendet.

Der zweite Teil eine Woche später besteht aus einem schriftlichen und einem praktischen Teil. Für den schriftlichen Teil sind keine Hilfsmittel wie Taschenrechner, Formelsammlungen etc. gestattet. Aufgaben des schriftlichen Tests sind: ein Aufsatz in Form einer Erörterung zu einem von drei gestellten Themen (Dauer eine Stunde), die Lösung von ca. zehn mathematischen Aufgaben (Grundrechenarten, Dreisatz, Bruchrechnen, Prozentrechnen; Dauer eine Stunde), ein Logiktest (Schaubilder, logische Verbindung zwischen zwei Punkten auf dem Stadtplan, Test des räumlichen Denkens; die Übungen sind ähnlich den entsprechenden Tests in diesem Buch) und Fragen zum Allgemeinwissen. Die Münchner haben diesbezüglich einige Kritik einstecken müssen, weil sich einige Fragen wohl zu detailliert auf die deutsche Geschichte bezogen. Mittlerweile wurde das geändert.

Im anschließenden Praxistest werden Geschicklichkeit, physikalisches Verständnis, Improvisationstalent und medizinische Grundkenntnisse getestet.

In einer Art Parcours von mindestens vier Stationen können folgende Aufgaben vorkommen: Aus einem Holz sollen die Kandidaten Stücke schneiden und einen Winkel bauen (Hilfsmittel erlaubt). Sie werden dabei unter Zeitdruck gestellt und nebenbei zu ihrer Person und Berufsmotivation befragt. Letzteres dient dem Test ihrer Stressfähigkeit. Weitere mögliche Aufgaben sind: die Erklärung eines Flaschenzug-Modells, die Umfüllung von Flüssigkeit über einen Schlauch von einem Becher in einen anderen bis zu einer Markierung, das Bewegen einer Betonplatte mittels einer Stange oder ähnlichen Hilfsmitteln, das Ableisten Erster-Hilfe-Leistungen an einem Probanden etc.

Nicht nur die Ergebnisse dieser beiden Tests sind für ein erfolgreiches Abschneiden entscheidend, sondern auch das Auftreten, die Ausdrucksweise und das gepflegte Erscheinungsbild der Kandidaten. Es ist den Münchnern wichtig, ob der Kandidat »ihre Sprache spricht«, sprich: sich gut in das Team einfügen kann.

Ist das Ergebnis der Tests positiv, folgt die Untersuchung beim Amtsarzt. Hat auch er »grünes Licht« gegeben, wird über die Einstellung eines Kandidaten entschieden. Ein Auswahlgespräch gibt es für den mittleren Dienst nicht. Alles Wissenswerte über die Person haben die Bewerter ja bereits im Praxistest erfahren. Nach der Zusage erfährt der Kandidat in einem Einstellungsgespräch alles Wissenswerte über seine künftige Ausbildung, den Beamtenstatus etc.

Der gehobene Dienst

Die Zugangsvoraussetzungen für den gehobenen Dienst entsprechen außer den erforderlichen Schulabschlüssen denen des mittleren Dienstes. Statt des Hauptschulabschlusses ist natürlich das Diplom in einem Studium an einer (Technischen) Universität oder Technischen Hochschule (vorzugsweise Ingenieursstudium) vorzuweisen. Das Höchstalter beträgt 31 Jahre.

Die notwendigen Bewerbungsunterlagen sind: Lebenslauf, Lichtbild, Diplomzeugnis, Zeugnis über evtl. Berufsausbildung, Kopie des Führerscheins und des Schwimmnachweises und weitere Nachweise über feuerwehrgeeignete Qualifikationen. Die Bewerbung für den gehobenen Dienst geht an:

Landeshauptstadt München
Branddirektion
An der Hauptfeuerwache 8
80331 München

Auch die Kandidaten für den gehobenen Dienst werden an zwei Tagen getestet. Der Sporttest für Kandidaten des gehobenen Dienstes besteht aus dem PWC-Test, Schwimmen und dem Drehleitertest. Der PWC-Test ist ein Fitness-Test, der auf einem Fahrradergometer absolviert wird. Dabei geht es allem um die Ausdauer der Kandidaten geht. Mehr zum Thema »PWC-Test« ist unter *www.tacx.com* unter dem entsprechenden Stichwort nachzulesen.

Wenn dieser Test bestanden ist und auch der Amtsarzt seine Zustimmung gegeben hat, wird man zum Auswahlgespräch geladen. Auf den schriftlichen und praktischen Test wird verzichtet. Die Münchner gehen davon aus, dass der erfolgreiche Abschluss eines Diplom-Studienganges Beweis genug für die Eignung eines Kandidaten ist.

Das Auswahlgespräch findet vor einem Gremium statt, das meist aus dem Personalrat, dem Dienststellenleiter, dem Ausbildungsleiter und anderen entscheidungsbefugten Personen besteht. Es handelt sich um ein Einzelgespräch, bei dem es in erster Linie um die Person des Bewerbers geht. Getestet werden seine Berufsmotivation, seine Herangehensweise an Problematiken, sein Auftreten, sein fachliches Wissen etc. Dies geschieht z. B. über Fallstudien (»Was würden Sie tun, wenn ...?«).

Der höhere Dienst

Die Berufsfeuerwehr München bildet auch zum höheren Dienst aus. Voraussetzung dafür ist die erfolgreiche Bewerbung beim Deutschen Städtetag in Köln. Dieser wiederum teilt ihm die momentan freien Stellen bei den Berufsfeuerwehren mit, bei denen er sich dann bewirbt. Ausschlaggebend ist ein Auswahlgespräch vor einer Kommission, die ähnlich zusammengesetzt ist wie für die Kandidaten des gehobenen Dienstes. Ausführliche Informationen zur Bewerbung siehe unter *www.igbref.de*.

Potsdam

Die Berufsfeuerwehr Potsdam bildet nur für den mittleren Dienst aus. Auf ihrer Internetseite gibt es keine Angaben zum Thema Bewerbung, Stellenausschreibungen o. Ä. Diese finden sich auf der Seite der Stadtverwaltung Potsdam oder in den Ausgaben der Märkischen Allgemeinen Zeitung. Pro Jahr bewerben sich ca. 100 Kandidaten in Potsdam, der Frauenanteil ist denkbar gering. Der Einstellungstest in Potsdam funktioniert nach dem K.O.-System. Nur, wer die einzelnen Teile besteht, ist in der nächsten Runde. Beim Ablauf gibt es in Potsdam eine Besonderheit. Normalerweise findet das Vorstellungsgespräch am zweiten Tag statt, doch wer außerhalb von Potsdam wohnt, erhält am Abend des ersten Tages die Möglichkeit, sich den Fragen der Kommission zu stellen. Das ist ein Entgegenkommen der Potsdamer, um den Aufwand für den Bewerber möglichst gering zu halten. Ansonsten findet das Gespräch einen Tag später statt, um zu gewährleisten, dass jeder Bewerber eine gute ausführliche Beurteilung ohne Zeitdruck erhält.

Die Zulassungsvoraussetzungen für den mittleren Dienst sind in den Stellenausschreibungen der Feuerwehr zu finden. Das Höchstalter beträgt 30 Jahre, es gibt keine festgelegte Körpergröße. Die Bewerber sollten keine ständigen Brillenträger sein. In den Stellenausschreibungen sind auch die notwendigen Bewerbungsunterlagen aufgeführt. Grundsätzlich gilt: Zu den üblichen Bewerbungsunterlagen gehört alles, was die Befähigung zum Feuerwehrdienst unterstreicht. Wer z. B. bereits bei der Freiwilligen Feuerwehr seinen Dienst geleistet hat, sollte dies über einen Nachweis seiner Tätigkeiten belegen. Ein Nachweis eines Schwimmabzeichens ist genauso nützlich wie die Bestätigung einer Ausbildung zum Rettungsassistenten o. Ä.

Der eigentliche Test beginnt mit einem 50- bis 60-minütigen schriftlichen Teil. Im Multiple-Choice-Verfahren müssen Fragen zu den Themen Mathematik, Physik, Chemie, Biologie, Erster Hilfe und feuerwehrspezifischen Themen beantwortet werden. Sie entsprechen dem Hauptschulniveau oder dem Bildungsstand eines Bewerbers, der eine abgeschlossene Berufsausbildung vorweisen kann.

Nach dem Test wird sofort ausgewertet, wer bestanden hat und in die nächste Runde geht. Dort wartet der Sporttest. Getestet werden Leistungen beim Schwimmen, Laufen und bei Kraftübungen. Auch die Atemschutzübungsstrecke müssen die Bewerber absolvieren: Mit einem (nicht angeschlossenen) Atemschutzgerät gilt es, eine als engen Gang präparierte Strecke zu durchlaufen, getestet werden Orientierungsvermögen und eine evtl. Platzangst. Im Anschluss erfolgt der Drehleitertest, das Ersteigen einer voll ausgefahrenen Drehleiter im Freistand zum Test der Schwindelfreiheit.

Auch nach dieser Runde kommen nur die erfolgreichen Kandidaten weiter. Sie müssen sich in einem Vorstellungsgespräch einer bis zu zehnköpfigen Kommission stellen. Darunter sind z. B. der Fachbereichsleiter, der Wachabteilungsleiter, ein Personalrat, die Gleichstellungsbeauftragte, evtl. der Behindertenbeauftragte etc. Es gibt Fragen zur Person und zur Motivation. Auch theoretisches Wissen wird geprüft. Es wird zu bestimmten Fragen oder

Verhaltensweisen beim Test noch einmal nachgehakt. Auch wird den Bewerbern erklärt, an welchen Stellen es eventuellen Nachholbedarf gibt. Die Fragen werden so gestellt, dass sie von allen gleich zu beantworten sind, von Bewerbern mit und ohne Feuerwehrerfahrung gleichermaßen. Nach der amtsärztlichen Untersuchung entscheiden sich die Potsdamer für ihre Wunschkandidaten.

Schwerin

Wer sich für die Ausbildung bei der Feuerwehr in Schwerin im mittleren Dienst interessiert, wird im Internet nicht sehr viel dazu finden. Das macht aber nichts, weil er telefonisch sehr kompetent und hilfsbereit beraten werden wird (Adresse siehe Seite 532).

Zugelassen zum Einstellungsverfahren wurden 2007 in Schwerin 74 Bewerber, davon leider nur eine einzige Frau. Damit verhält es sich dort nicht sehr viel anders als bei anderen Feuerwehren. Eingestellt wird in Schwerin nur alle zwei Jahre.

Für die Zulassung zum Einstellungstest für den mittleren Dienst haben die Schweriner folgende Voraussetzungen: Höchstalter am Einstellungstag 32 Jahre (nicht gültig für Besitzer eines Eingliederungs- oder Zulassungsscheins und Betroffene des §7 Abs. 2 des Soldatenversorgungsgesetzes), die Erfüllung der gesetzlichen Voraussetzungen für die Ernennung zum Beamten gemäß §8 LBG M-V), den erfolgreichen Abschluss einer Haupt- oder Realschule oder Nachweis eines gleichwertigen Bildungsstandes oder Abschluss eines zweijährigen öffentlich-rechtlichen Ausbildungsverhältnisses, die Gesellenprüfung oder eine für die Feuerwehr geeignete Abschlussprüfung im Sinne des § 37 Abs. 1 des Berufsbildungsgesetzes vom 23.03.2005 bzw. abgeschlossene Spezialausbildung, eine zweijährige praktische Tätigkeit in diesen Berufen (auch innerhalb der Bundeswehr, Bundespolizei oder anderen öffentlich-rechtlichen Einrichtungen oder gleichgestellten Einrichtungen, den Führerschein Klasse 3 oder B und das Jugendschwimmabzeichen in Bronze (Freischwimmer).

Die notwendigen Bewerbungsunterlagen sind: eine ausführliche Bewerbung mit Lebenslauf, eine Kopie des Schulabschlusszeugnisses, eine Kopie des Gesellen- oder Facharbeiterbriefs, das Prüfungszeugnis, ein lückenloser Nachweis bisheriger Tätigkeiten, eine Kopie der Geburts- bzw. Abstammungsurkunde, eine Kopie des Führerscheins, eine Kopie des Schwimm-Nachweis, ggf. weitere relevante Zeugnisse oder Belege. Die Bewerbungsadresse lautet:

Landeshauptstadt Schwerin
Hauptverwaltungsamt
Organisation, Personal, Statistik
Aus- und Fortbildung
Am Packhof 2-6
19053 Schwerin

Antworten zu Fragen zur Bewerbung und zur Ausbildung gibt es unter der Telefonnummer 0385 / 5000-109.

Das Einstellungsverfahren wird an einem Tag durchgeführt. Es beginnt am Vormittag mit dem schriftlichen Teil. In einem 45-minütigen Test werden in einem Diktat nach der neuen Rechtschreibung und Ergänzungssätzen die Deutschkenntnisse geprüft. Die Zusammenstellung des Tests wird im Vorfeld von der VHS Schwerin übernommen. Der Mathematik-Test (eine Stunde) besteht zum großen Teil aus Textaufgaben auf Grundrechenarten-Niveau (inklusive Prozentrechnen). Die besondere Herausforderung: Taschenrechner und andere Hilfsmittel sind nicht gestattet. Es lohnt sich also, im Vorfeld zu trainieren, denn viele Teilnehmer bekommen nach den Erfahrungen der Schweriner an dieser Stelle erhebliche Probleme. Auch Allgemeinbildung ist den Schwerinern wichtig. Dazu stellen sie u. a. in einem 30-minütigen Test Fragen nach dem Namen des jetziges Bundeskanzlers, aber auch zu landesinternen geografischen und geschichtlichen Themen (»Wie heißt der längste Fluss in Mecklenburg-Vorpommern?«). Ein Auge wird dabei auch auf die Handschrift geworfen, um sich auch auf diese Weise ein Bild des Bewerbers machen zu können. Sorgfalt zahlt sich aus.

Im Anschluss kommt ein praktisch-technischer Test (30 Minuten). Anhand verschiedener Bilderfolgen sollen die Bewerber ihr diesbezügliches Verständnis unter Beweis stellen. So werden z. B. acht Zahnräder in verschiedenen Drehrichtungen gezeigt. Herauszufinden ist, wie das Zahnrad am Ende steht. Dazu gibt es Fragen, wie viel Flüssigkeit in welches Behältnis geht etc.

Der obligatorische Drehleitertest (das Besteigen einer freistehenden, vollausgefahrenen Drehleiter in gesichertem Zustand) gibt Aufschluss über die Höhentauglichkeit des Bewerbers.

Der Sporttest bietet mancherlei Besonderheiten im Gegensatz zu anderen Feuerwehren. Es gibt zwei Laufdisziplinen – den 100-m- und den 3.000-m-Lauf. Letzterer findet allerdings erst zum Schluss statt, mit der Begründung, dass sonst aufgrund der erhöhten Anstrengung alle Ergebnisse der vorigen Übungen nicht den tatsächlichen Werten entsprechen. Bei der nächsten Übung haben die Kandidaten die – einzige – Wahl: Klimmzüge oder Liegestützen. Letztere werden erfahrungsgemäß bevorzugt. Die nächste Herausforderung besteht im Tauklettern – eine Übung, die kaum noch einer der Bewerber kennt und entsprechend irritiert. Der Dreisprung beschließt den Sporttest.

Die Bewertung aller Testteile fließen in ein Punktesystem ein. Die Wertung des Sporttests macht ca. 30 Prozent für das Gesamtergebnis, das Ergebnis des Allgemeinbildungstests dagegen nur ca. 5 Prozent.

Wer den Test bestanden hat, wird zum Amtsarzt zur Bestätigung der Diensttauglichkeit geschickt. Zum Erschrecken der Schweriner ist die Quote derer, die dieses Ziel nicht erreichen, ziemlich hoch. Atemerkrankungen, Herz-Kreislauf-Schwächen oder zu geringe Belastbarkeit sind häufige Ursachen.

Diejenigen, die grünes Licht erhalten haben, müssen noch im Vorstellungsgespräch bestehen. Eine fünfköpfige Kommission aus Personalrat, einem Mitglied des Personalamts etc. stellen Fragen zur Berufsmotivation und zum persönlichen Werdegang bezüglich der Neigung zur Feuerwehr (Zugehörigkeit zur Freiwilligen Feuerwehr etc.). Letzteres ist zwar nicht entscheidend, kann aber das Zünglein an der Waage sein, wenn es in der Entscheidung eng wird.

Stuttgart

Die Berufsfeuerwehr Stuttgart gehört zu den zwei von 16 befragten Berufsfeuerwehren, für die eine Prüfung noch eine Prüfung ist. Dazu gehört nach Meinung der Stuttgarter auch, eben nicht zu wissen, was und vor allem wie im Einzelnen geprüft wird. Das Resultat: keinerlei Informationen zu den Details ihrer Einstellungstests. Die Interpretation, die man daraus ziehen könnte: Für sie zählt offensichtlich auch der Umstand, wie ein Bewerber mit einer ihm unbekannten Situation umgeht, denn auf die Örtlichkeiten und Szenarien im Ernstfall können sich die Feuerwehrleute auch nicht im Detail vorbereiten. Über alles andere können sich die Bewerber auf der Internetseite *www.feuerwehr-stuttgart.de* für den mittleren, gehobenen und höheren Dienst informieren. Außer den Einstellungstest behandeln sie sehr ausführlich, worum es bei diesem Beruf geht, was den Stuttgartern wichtig ist und wie die Ausbildung verlaufen wird.

Laut Internetseite bewerben sich pro Jahr ca. 400 Bewerber, von denen sich letztendlich nur etwa 100 Chancen auf die weniger als 20 freien Stellen Hoffnung machen können. (Angaben nur für den mittleren Dienst). Zum Verhältnis Männer und Frauen bei den Bewerbern gab es keine Auskünfte.

Der mittlere Dienst

Um sich für den mittleren Dienst in Stuttgart bewerben zu können, gelten folgende Voraussetzungen: noch keine 32 Jahre zum Einstellungsdatum, die EU-Staatsbürgerschaft, Hauptschulabschluss nebst abgeschlossener Berufsausbildung (erwünscht: ein Handwerk).

Notwendige Bewerbungsunterlagen sind: ein Bewerbungsschreiben, ein Lebenslauf mit Bild, Schulabschlusszeugnis, Ausbildungsabschlusszeugnis und Gesellenbrief. Diese Unterlagen gehen an die

Branddirektion Stuttgart
Personalabteilung
Mercedesstraße 35
70372 Stuttgart

Die Einstellungstests finden an einem Tag statt. Für den mittleren Dienst müssen die Bewerber nach einem schriftlichen Eignungstest ihre Fitness und sportlichen Fähigkeiten unter Beweis stellen und den Drehleitertest bestehen (das Erklimmen einer voll ausgefahrenen, freistehenden Drehleiter).

Für die Bewerbungsunterlagen und Zulassungsvoraussetzungen der anderen beiden Laufbahnen und für sonstigen Fragen rund um die Bewerbung empfiehlt sich ein Anruf unter der Tel.: 0711 / 5066-3101. Darüber und über den Ablauf der Test für die anderen beiden Laufbahnen ist auch auf der Internetseite der Stuttgarter Berufsfeuerwehr nichts zu erfahren.

Wer sich nach dieser Runde als geeignet erwiesen hat, erhält eine schriftliche Einladung zu einem Vorstellungsgespräch. Anwesend sind dabei der Amtsleiter der Branddirektion bzw. sein Stellvertreter, die Leiterin der Personalabteilung und der Personalratsvorsitzende.

Hat ein Bewerber auch diese Hürde genommen, geht es zur amtsärztlichen Untersuchung. Danach entscheiden die Stuttgarter, wem sie den Weg freimachen zum erklärten Traumjob.

Wiesbaden

Nachwuchssorgen hat die Berufsfeuerwehr nicht. Das kann auch die Berufsfeuerwehr Wiesbaden bestätigen, mit 450 Bewerbern im vorletzten Jahr (nur für den mittleren Dienst) – auf ganze 21 Stellen. 16 davon waren Frauen. Leider hat es nur eine von ihnen geschafft. Der Grund für diese magere Erfolgsquote ist für die Wiesbadener anhand der Ergebnisse klar: die Anforderung, die der mathematisch-physikalisch-technische Test an die Bewerber stellt. Trotz dieser Tatsache wünscht sich die Berufsfeuerwehr möglichst viele weibliche Bewerber.

Auf ihrer Internetseite *www.feuerwehr-wiesbaden.de* ist zwar unter dem Stichwort »Abteilungen«, »Einsatzdienst« und da in »Aus- und Fortbildung« nichts über das Einstellungsverfahren, aber viel über die Ausbildung für den mittleren und gehobenen Dienst zu erfahren.

Der mittlere Dienst

Um sich in Wiesbaden für den mittleren Dienst bewerben zu können, gibt es folgende Zugangsvoraussetzungen: Höchstalter 30 Jahre, EU-Staatsbürger, mindestens Hauptschulabschluss oder als gleichwertig anerkannter Bildungsstand, eine Gesellen-, Gehilfen- oder Abschlussprüfung in einem anerkannten, für den Brandschutzdienst geeigneten Ausbildungsberuf, das Deutsche Schwimmabzeichen in Silber (zum Zeitpunkt der Eignungsprüfung nicht älter als 1 Jahr), Diensttauglichkeit nach amtsärztlichem Gutachten (inkl. Tragen eines Atemschutzgerätes).

Die Wiesbadener verlangen eine aussagekräftige Bewerbung inklusive Schul- und Ausbildungsnachweisen. Die Bewerbungsunterlagen gehen an den

Magistrat der Landeshauptstadt Wiesbaden
Personalamt – 110120
Postfach 3920
65029 Wiesbaden

Das Wiesbadener Einstellungsverfahren findet an einem Tag statt. Es beginnt mit dem Test des mathematisch-technisch-physikalischen Verständnisses. Nach Aussage der Wiesbadener kann man sich darauf nicht wirklich vorbereiten: »Man kann es oder kann es nicht!« Selbst ausgebildete Handwerker sollen da schon versagt haben. Was man kann oder nicht, ist beispielsweise, die Drehrichtung von Zahnrädern oder das Gewicht von Stoffen zu bestimmen. Der Mathematik-Test besteht aus Übungen in den Grundrechenarten auf Hauptschulniveau. Danach folgt ein Rechtschreibtest im Multiple-Choice-Verfahren und Fragen zum Thema Staatsbürgerkunde.

Im Anschluss folgt ein praktischer Test auf einer Art Parcours. Dort muss die Atemschutzübungsstrecke, eine eng gebaute Röhre, absolviert werden – mit einem nicht angeschlossenen Atemschutzgerät auf dem Rücken. So soll Platzangst ausgeschlossen werden. Auch die Geschicklichkeit wird hier getestet.

Der obligatorische Sporttest findet in Wiesbaden als Parcours in der Halle statt. Getestet werden Koordination, Ausdauer und die Schnellkraft.

Weiter geht es mit dem Vorstellungsgespräch vor einer mehrköpfigen Kommission – bestehend aus dem Amtsleiter, dem Leiter der Ausbildung, der Gleichstellungsbeauftragten, dem Personalamtsvertreter und einem Personalrat. In einem Einzelgespräch werden u. a. die Berufsmotivation und die persönlichen Vorstellungen vom Feuerwehrberuf überprüft.

Wer das alles überstanden hat, wird von einem Amtsarzt auf seine körperliche Tauglichkeit für die Beamtenlaufbahn getestet. Grünes Licht bekommen meist zwei oder drei Kandidaten mehr als Stellen vorgesehen sind, sollte ein Bewerber ausfallen.

Der gehobene Dienst

Für den gehobenen Dienst gibt es in Wiesbaden die folgenden Voraussetzungen: Höchstalter 35 Jahre (Ausnahmen möglich), Staatsangehöriger eines EU-Mitgliedstaates, Abschlussprüfung an einer FH in einer geeigneten Fachrichtung (insbesondere Bauingenieurwesen, Maschinenbau, Elektrotechnik, Chemie oder Physikalische Technik), eine erfolgreiche Eignungsprüfung und die Diensttauglichkeit nach amtsärztlichem Gutachten.

Für die Bewerbung verlangen die Wiesbadener aussagekräftige Bewerbungsunterlagen mit allen Nachweisen zu Schul-, Studiums- und Ausbildungsnachweisen. Die Bewerbungsadresse entspricht der obigen für den mittleren Dienst.

Das Einstellungsverfahren verläuft wie das für den mittleren Dienst, nur im Mathematischen sind die Ansprüche entsprechend höher. Auch das Vorstellungsgespräch ist etwas anspruchsvoller. Die Kandidaten werden mit Fachfragen aus ihrem Studienbereich konfrontiert und müssen Fallstudien lösen (»Was würden Sie tun, wenn …?«). Auch sie werden im Anschluss vom Amtsarzt auf ihre Tauglichkeit geprüft.

Lösungsverzeichnis

Logik und Abstraktion

Figurenreihen fortsetzen (Seite 51 ff.)

1. d	**2.** b	**3.** c	**4.** e	**5.** e	**6.** a	**7.** d	**8.** a	**9.** c	**10.** b
11. d	**12.** e								

Zugehörigkeiten identifizieren (Seite 56 ff.)

1. Aufgabe	**1.** A	**2.** A	**3.** B	**4.** B	**5.** A
2. Aufgabe	**1.** A	**2.** B	**3.** B	**4.** A	**5.** A
3. Aufgabe	**1.** A	**2.** B	**3.** B	**4.** B	**5.** A

Sprachgefühl (Seite 61 ff.)

1. Teil

1. e	**2.** e	**3.** e	**4.** e	**5.** c	**6.** d	**7.** d	**8.** b	**9.** d	**10.** b
11. c	**12.** d	**13.** c	**14.** d	**15.** d	**16.** c	**17.** c	**18.** a	**19.** e	

2. Teil

1. c	**2.** e	**3.** b	**4.** c	**5.** e	**6.** f	**7.** c	**8.** e	**9.** d	**10.** d
11. b	**12.** c	**13.** a	**14.** c	**15.** d	**16.** b	**17.** c	**18.** c	**19.** b	**20.** c
21. c 2	**22.** b 3	**23.** c 1	**24.** b 1	**25.** c 2					

Grafik-Analogien (Seite 68 ff.)

1. d	**2.** e	**3.** b	**4.** a	**5.** e	**6.** b	**7.** a	**8.** c	**9.** e	**10.** c
11. a	**12.** b	**13.** d	**14.** e	**15.** b	**16.** c	**17.** d	**18.** e	**19.** e	**20.** b
21. d	**22.** d	**23.** c	**24.** a						

Schlussfolgerungen (Seite 72 ff.)

1. Teil

1. a **2.** d **3.** c **4.** d **5.** c

2. Teil

1. a) stimmt nicht
b) stimmt
c) stimmt nicht
d) stimmt nicht

2. a) stimmt nicht
b) stimmt
c) stimmt nicht
d) stimmt nicht

3. a) stimmt nicht
b) stimmt nicht
c) stimmt nicht
d) stimmt nicht

4. a) stimmt nicht
b) stimmt
c) stimmt nicht
d) stimmt

5. a) stimmt nicht
b) stimmt
c) stimmt nicht
d) stimmt

Absurde Schlussfolgerungen (Seite 78 ff.)

1. Teil

1. b **2.** b **3.** a **4.** b **5.** a

2. Teil

6. a) a b) b c) a d) b e) a f) a
7. a) b b) b c) a d) a e) a f) a g) a h) a
8. a) b b) a c) a d) b e) b f) b g) a h) b i) b

3. Teil

9. d, e R **10.** b, d R **11.** b, d, e R **12.** a R
13. b R **14.** kein R **15.** a, c R **16.** kein R

Tatsache oder Meinung (Seite 83 f.)

1. M **2.** T **3.** M **4.** M **5.** T **6.** T **7.** T **8.** M **9.** T **10.** M
11. T **12.** M **13.** M **14.** T **15.** M **16.** T **17.** T **18.** M **19.** T **20.** M

Buchstabenreihen fortsetzen (Seite 85 f.)

1. C A **2.** F L **3.** Q T **4.** N S **5.** P L **6.** V T **7.** N R **8.** P A **9.** L G **10.** M P
11. B **12.** E **13.** H **14.** N **15.** X **16.** O **17.** J **18.** L **19.** G **20.** L

Zahlenreihen knacken (Seite 87 f.)

a)	13	+2 +2 +2 +2 +2 usw.
b)	22	+1 +2 +3 +4 +5 usw.
c)	16	+5 −3 +5 −3 +5 −3 usw.
d)	5	+5 −4 +5 −4 +5 −4 usw.
e)	13	−1 +2 −1 +2 −1 +2 usw.
f)	55	−10 −9 −8 −7 −6 usw.
g)	14,25	+2 :2 +2 :2 +2 :2 usw.
h)	100	×2 :2 ×2 :2 ×2 :2 usw.
i)	92	:4 + 4 x 4 usw.
j)	77	+4 +6 +8 +10 +12 usw.
k)	100	−9 ×4 −8 ×4 −7 ×4 usw.
l)	24	:3 −7 −5 usw.
m)	30	:4 ×3 +2 −1 usw.
n)	879	−2 ×3 +3 usw.
o)	139,5	−3 :2 ×3 usw.
p)	20	+7 −4 ×1 usw.
q)	675	−3 ×3 −4 ×4 −5 ×5 usw.
r)	63	−10 +5 +20 usw.
s)	15	:2 +5 :3 +5 :4 +5 :5 usw.
t)	100	−49 −42 −35 −28 usw.

Wörter erkennen (Seite 89)

1.	K	König
2.	W	Wasser
3.	K	Kaffee
4.	S	Suppe
5.	P	Pilz
6.	B	Ballon
7.	F	Feuerwehr
8.	R	Rettungsdienst
9.	K	Kran
10.	K	Kranführer
11.	Z	Zug
12.	P	Polizei
13.	K	Kirche
14.	L	Lautsprecher
15.	C	Computer
16.	A	Auto
17.	S	Straßenbahn
18.	T	Tisch
19.	R	Regal *oder* Lager
20.	B	Baum
21.	F	Fahrstuhl
22.	A	Ampel *oder* Lampe *oder* Palme
23.	H	Hochhaus
24.	F	Flugzeug

Aufsteigertest für den gehobenen Polizeidienst (Case Study) (Seite 90)

Lösungsskizze

1. Aufgabe: Bestimmung der Todeszeit

- Leichentemperatur mit kurzen Erläuterungen
  - Umgebungstemperatur
  - Körperkerntemperatur (rektal gemessen)
- Leichenstarre mit kurzen Erläuterungen
  - Ausprägung
  - Lösung
- Totenflecke mit kurzen Erläuterungen
  - Ausprägung
  - Umlagerungsfähigkeit
  - Wegdrückbarkeit
- Andere Methoden
- Erreichbare Punktzahl: 30

2. Aufgabe: Lebend/tot auf die Gleise gekommen

- Untypische Verletzungen
- Veränderungen an der Leiche
- Untersuchung am Hals
- Korrespondenz der Leichenflecken mit vorgefundener Position
- Feingewebliche Untersuchungen, Nachweis von Adrenalinausschüttungen
- Vitale Reaktionen im Bereich der Verletzungen
- Erreichbare Punktzahl: 25

3. Aufgabe: Erscheinungen am Hals

- Drosselmarke möglich, dann Hinweis auf Mord
- Im Zusammenhang mit Auffindesituation von Fremdtötung auszugehen
- Allgemeine Erstickungszeichen, Blaufärbungen, Einblutungen in die Schleimhäute
- Erreichbare Punktzahl: 30

4. Aufgabe: Suizid durch Erdrosseln (fallunabhängig)

- Im Gegensatz zum Erwürgen Suizid durch Erdrosseln möglich
- Drosselwerk fixiert/verknotet
- Erreichbare Punktzahl: 10

Form/kriminalistische Schlüssigkeit

- Erreichbare Punktzahl: 5

Bearbeitungsgeschwindigkeit und Konzentration

Buchstaben ergänzen (Seite 91 f.)

1. Radar
2. Telefon
3. Hut (alternativ Hit)
4. Lautsprecher
5. Fernseher
6. Bischof
7. Schreibtisch
8. Handy
9. Sport
10. Bus
11. Tastatur
12. Herd
13. Schublade
14. Papier
15. Treppe
16. Raupe
17. Gedanke
18. Verlag
19. Vogel
20. Bilderrahmen
21. Kugelschreiber
22. Kirche
23. Haus
24. Vitrine
25. Maus
26. Test
27. Federhalter
28. Kabel
29. Meister
30. Schiff
31. Festplatte
32. Kalender
33. Schlüssel
34. Kasten
35. Fortbildung
36. Urlaub
37. Uhrmacher
38. Goldschmied
39. Rettungswagen
40. Hubschrauber
41. Rakete
42. Ellenbogen
43. Straße
44. Flugzeug
45. Couch
46. Video
47. Hausarzt
48. Laterne
49. Burg
50. Fisch
51. Tablett
52. Musik
53. Fernweh
54. Motorroller
55. Antenne
56. Schild
57. Drucker
58. Waschmaschine
59. Bank
60. Frisur

Zugehörigkeiten erkennen (Seite 93 f.)

X	T-Shirt	X	Computer		Regal
	Baumwolle		Festplatte		Farbe
X	Fisch		Kassette		Dose
	Schuppen	X	Arzt	X	Pudding
	Lager		Kittel		Milch
	Radio		Flasche	X	Feld
	Fernseher		Auto		Blume
	Radar		Kühlschrank	X	Flugzeug
X	Heizung		Teppich		Tragflächen
	Wasser		Türklinke	X	Fenster
	Hut	X	Bär		Gardine
	Eimer		Fell		Nagel
	Sense	X	Auge		Schuhe
	Schere		Linse		Schlips
X	Messer		Bett		Bild
	Klinge		Fenster	X	Bahn
	Wasser		Trockner		Schiene
	Tisch		Eis		Karte
	Tür		Strom		Mensch
	Pullover		Decke		Flohmarkt
	Kissen		Motor		Hose
	Treppe		Arbeit		Gemüse
	Ampel	X	Buch		Obst
	Wolken		Seite		Mop
	Uhr		Frosch	X	Schloss
	Urlaub		Markt		Schlüssel

Genaues Beobachten (Seite 95 ff.)

1. b **2.** a **3.** b **4.** c **5.** a **6.** c **7.** c **8.** a **9.** b **10.** c
11. a **12.** a **13.** c **14.** b **15.** b **16.** a **17.** b **18.** c **19.** a **20.** c
21. b **22.** a **23.** c **24.** c **25.** c **26.** b **27.** b **28.** a **29.** b **30.** a
31. c **32.** a **33.** b **34.** a **35.** b **36.** b **37.** a **38.** a **39.** c **40.** b
41. a **42.** c **43.** b **44.** a **45.** c **46.** b **47.** a **48.** c **49.** b **50.** c
51. b **52.** a **53.** a **54.** c **55.** c **56.** b **57.** a **58.** c **59.** b **60.** c
61. b **62.** a **63.** c **64.** c **65.** a **66.** b **67.** c **68.** b **69.** a **70.** c
71. c **72.** b **73.** a **74.** c **75.** b **76.** b **77.** a **78.** b **79.** a **80.** c

Muster vergleichen (Seite 101 ff.)

1. c, 5. Zeile **2.** c, 3. Zeile **3.** a, 4. Zeile **4.** b, 4. Zeile
5. c, 3. Zeile **6.** a, 4. Zeile **7.** b, 6. Zeile **8.** a, 6. Zeile
9. c, 4. Zeile **10.** c, 6. Zeile **11.** a, 6. Zeile **12.** c, 4. Zeile
13. b, 2. Zeile **14.** a, 6. Zeile **15.** c, 5. Zeile **16.** a, 6. Zeile

Zwei-d/bq-Test (Seite 106 ff.)

1. 7 **2.** 13 **3.** 6 **4.** 7 **5.** 11 **6.** 8 **7.** 11 **8.** 13 **9.** 7 **10.** 13
11. 6 **12.** 7 **13.** 11 **14.** 8 **15.** 11 **16.** 7 **17.** 13 **18.** 6 **19.** 6 **20.** 11
21. 8 **22.** 11 **23.** 13 **24.** 7 **25.** 13 **26.** 6 **27.** 7 **28.** 11 **29.** 8 **30.** 11

Buchstaben zählen (Seite 109 f.)

1. Block

	A	G	C	T	U
1.	0	2	0	3	0
2.	0	2	0	2	1
3.	0	2	0	2	2
4.	2	3	1	2	1
5.	3	0	3	0	1
6.	1	1	2	4	1
7.	1	3	3	2	0
8.	0	2	1	2	1
9.	0	3	0	2	0
10.	0	3	0	1	1

	S	G	E	T	Q	A	F
11.	1	2	0	1	1	2	1
12.	1	3	0	2	0	0	2
13.	1	2	0	2	1	1	2
14.	1	2	0	0	3	2	2
15.	2	2	0	1	1	1	0
16.	1	2	1	2	0	1	1
17.	1	2	0	1	0	0	3
18.	1	0	1	0	1	1	1
19.	0	2	0	1	0	0	1
20.	2	1	0	0	3	4	2

2. Block

	D	E	S	A	H
1.	1	2	1	4	3
2.	2	1	2	1	1
3.	3	1	0	2	4
4.	2	0	3	2	4
5.	0	0	0	1	1
6.	0	1	0	1	3
7.	2	0	0	2	0
8.	1	0	0	0	3
9.	1	1	0	1	2
10.	3	3	0	0	2

	S	K	T	D	A	L	F
11.	2	0	1	2	2	2	1
12.	1	1	3	1	0	0	2
13.	1	0	1	1	1	0	2
14.	2	1	0	2	2	0	1
15.	3	1	0	1	1	0	0
16.	1	0	0	3	2	1	0
17.	0	0	1	3	1	1	1
18.	2	2	0	3	1	2	1
19.	1	2	1	1	1	2	1
20.	2	0	0	2	3	0	2

Zahlen suchen (Seite 111 ff.)

1. d **2.** bc **3.** bc **4.** cg **5.** afg **6.** ae **7.** c **8.** de **9.** g **10.** dg
11. bc **12.** cg **13.** afg **14.** ae **15.** c **16.** de **17.** g **18.** dg **19.** e **20.** a

Symbole zuordnen (Seite 114 f.)

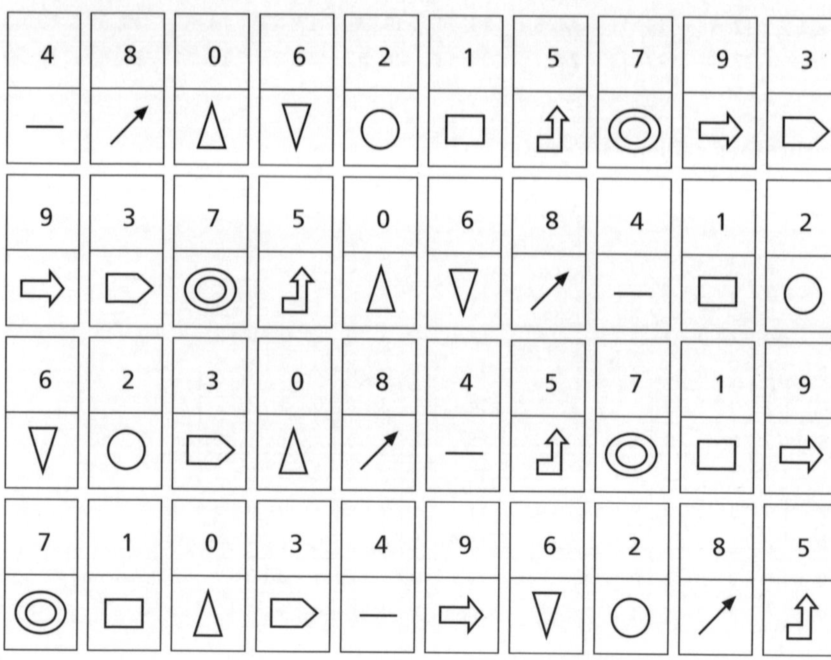

Zahlen markieren (Seite 116 f.)

1. Aufgabe

66	32	97	85	345	132	654	87	934	6321	74
264	74	56	3	24	21	98	77	64	4265	75
47	876	654	87	232	897	32	54	234	8776	76
76	45	23	67	98	9	33	33	562	6	21
345	15	96	476	3	983	74	853	74	24	27
65	35	96	46	24	653	625	9734	63	254	426
74	245	753	32	56	886	563	875	97	755	764
43	54	332	657	878	976	65	232	465	8756	87
785	458	9876	342	76	875	9754	426	74	845	65
865	54	3258	908	5	754	425	854	54	32	9

2. Aufgabe

56	62	54	5	77	83	88	54	2	9	12
55	60	66	72	78	83	89	5	10	15	20
20	37	40	64	45	33	39	46	55	62	66
44	50	55	78	84	132	137	143	150	6	12
56	34	56	42	48	87	34	65	71	56	62
78	84	43	67	43	324	30	334	340	345	632
561	647	653	687	695	701	864	870	887	892	900
67	765	534	540	755	770	785	790	796	800	806
6453	6559	6564	6670	6673	6679	6680	6758	6764	6453	6754
7777	7778	7784	8534	8550	8566	4099	4104	4111	4117	4212

Postporto berechnen (Seite 118 ff.)

1. 3,00	**2.** 7,90	**3.** 5,00	**4.** 5,10	**5.** 7,50
6. 7,50	**7.** 6,10	**8.** 6,80	**9.** 22,60	**10.** 5,00
11. 19,60	**12.** 4,70	**13.** 22,20	**14.** 19,20	**15.** 7,10
16. 22,90	**17.** 20,90			

Rechenarten einfügen – I (Seite 121 f.)

a) $2 + 4 + 10 = 16$
b) $25 - 6 + 1 = 20$
c) $7 + 7 - 10 = 4$
d) $19 - 7 + 2 = 14$
e) $20 + 30 + 7 = 57$
f) $17 - 9 - 2 = 6$
g) $13 + 1 - 5 = 9$
h) $6 + 4 - 3 = 7$
i) $4 + 3 + 3 = 10$
j) $9 - 7 + 11 = 13$
k) $6 + 6 - 2 = 10$
l) $11 - 7 - 3 = 1$
m) $17 - 5 - 3 = 9$
n) $13 - 7 + 3 = 9$
o) $4 + 8 - 5 = 7$
p) $13 + 4 + 5 = 22$
q) $9 + 3 + 3 = 15$
r) $17 + 17 - 20 = 14$
s) $12 + 3 - 7 = 8$
t) $8 + 4 + 2 = 14$

Rechenarten einfügen – II (Seite 123 f.)

a) $2 + 3 = 5$
b) $2 \times 3 = 6$
c) $6 + 4 + 4 = 14$
d) $4 \times 2 + 4 = 12$
e) $15 \times 3 : 5 = 9$
f) $26 \times 3 \times 2 = 156$
g) $12 : 3 + 4 - 2 = 6$
h) $17 + 3 - 10 \times 2 = 0$
i) $25 - 6 \times 2 + 33 = 46$
j) $20 + 12 \times 5 : 10 = 26$
k) $8 \times 3 + 5 - 2 + 8 = 35$
l) $3 + 5 \times 6 - 2 : 2 = 32$
m) $5 \times 8 \times 7 : 4 - 22 = 48$
n) $17 + 5 \times 2 - 17 - 7 = 3$
o) $89 + 45 - 8 : 2 \times 7 = 106$
p) $17 \times 7 - 30 + 12 : 2 = 95$
q) $5 \times 7 + 2 + 7 \times 8 - 17 = 76$
r) $2 \times 5 : 4 + 6 + 10 : 4 = 11$
s) $7 \times 8 + 4 + 40 : 2 \times 3 = 120$
t) $45 + 45 : 9 \times 10 + 40 - 76 = 59$

Speed-Rechnen – I (Seite 125 f.)

1. Block

a) 1	b) 3	c) 2	d) 6	e) 4	f) 4	g) 2	h) 6	i) 3	j) 2
k) 2	l) 2	m) 2	n) 6	o) 2	p) 0	q) 1	r) 11	s) 6	t) 1

2. Block

a) 2	b) 3	c) 2	d) 8	e) 5	f) 2	g) 8	h) 3	i) 3	j) 9
k) 21	l) 1	m) 7	n) 5	o) 2	p) 11	q) 12	r) 3	s) 3	t) 5

Speed-Rechnen – II (Seite 127 f.)

1. Block

a) 23	**b)** 2	**c)** 5	**d)** 23	**e)** 24	**f)** 19	**g)** 13	**h)** 26	**i)** 30	**j)** 23
k) 7	**l)** 32	**m)** 16	**n)** 1	**o)** 15	**p)** 2	**q)** 28	**r)** 28	**s)** 20	**t)** 21

2. Block

a) 16	**b)** 8	**c)** 2	**d)** 9	**e)** 7	**f)** 10	**g)** 6	**h)** 8	**i)** 8	**j)** 4
k) 2	**l)** 8	**m)** 3	**n)** 4	**o)** 1	**p)** 7	**q)** 16	**r)** 8	**s)** 7	**t)** 29

Kopfrechnen (Seite 132 f.)

1. 1460	**2.** –7	**3.** 2464	**4.** 46,25	**5.** 4
6. 25	**7.** 456	**8.** 86	**9.** 3348	**10.** 156
11. 515	**12.** 143	**13.** 221	**14.** 7	**15.** 142,5
16. 371	**17.** 124	**18.** 181	**19.** 9	**20.** 8
21. 8	**22.** 60	**23.** 811	**24.** 21	**25.** 169
26. 144	**27.** 1635	**28.** 78	**29.** 292	**30.** 66
31. 37	**32.** 289	**33.** 27	**34.** 576	**35.** 144
36. 12	**37.** 120	**38.** 18	**39.** 221	**40.** 7
41. 4	**42.** 16	**43.** 112	**44.** 52	**45.** 81
46. 128	**47.** 96	**48.** 4		

Kurzzeitgedächtnis und Merkfähigkeit

Türkische Vokabeln (Seite 135 f.)

1. a	**2.** a	**3.** c	**4.** b	**5.** c	**6.** d	**7.** a	**8.** d	**9.** d	**10.** b
11. a	**12.** b	**13.** c	**14.** d	**15.** a	**16.** c	**17.** b	**18.** d	**19.** a	**20.** d

Einzelheiten merken (Seite 137 f.)

1. Mario
2. Gummibärchen
3. Schokoladenwarenfabrik
Schuhladen
Bierbrauerei
Spedition
Autohaus Stellmann
4. Bürobote
5. 50 Jahre
6. Parkhotel Bremen
7. Hela Roelecke
Marion Räßler
8. vier Familienmitglieder
9. Ehefrau
Tochter
Schwager
Enkeltochter
10. bis 2 Uhr nachts
11. auf die Malediven
12. 3 Wochen

Zahlen wiedererkennen (Seite 140)

73362	98964	76453	75637	97842	65432
54216	76532	<u>74554</u>	43197	64113	32345
98643	75982	53213	54321	76642	54227
<u>98432</u>	23455	75652	42114	<u>28378</u>	76543
85643	87654	43678	63212	63323	42578
98664	36325	45232	67432	25335	43527
98965	54323	74346	86532	<u>74554</u>	42313
<u>93857</u>	<u>78634</u>	<u>83522</u>	32534	53425	52532
86754	36355	35744	53426	63425	54226
87644	74346	63525	67578	<u>93857</u>	33433

Zahlenpaare merken (Seite 141 f.)

84 –	745	628	112	452	**629**
83 –	**012**	678	565	637	986
96 –	845	**474**	666	132	087
16 –	976	667	**248**	452	811
11 –	111	723	810	894	**085**
45 –	**743**	734	853	642	841
82 –	**001**	765	932	010	764
66 –	**911**	752	134	532	671
13 –	643	965	245	**999**	535
77 –	947	532	**358**	865	614
46 –	252	521	**783**	445	245
28 –	564	643	**329**	642	532

Hinweis:
Üben Sie Ihr Zahlen-Kurzzeitgedächtnis und stellen Sie sich selbst Zahlen (auch dreistellige) zusammen.

Ergebnis:
6 Zahlen = durchschnittlich
ab 8 = sehr ordentlich
ab 10 = sehr gut

Buchstaben merken (Seite 156 f.)

Aufgabe	1	2	3	4	5	6	7	8	9	10	11	12	13	14	15	16	17	18	19	20
Ergebnis	12	50	86	40	6	38	24	17	46	12	9	64	99	11	13	17	18	6	36	11
Buchstaben	A	G	J	K	U	U	P	Z	Z	R	Z	H	I	U	R	T	O	Z	K	R
		H	U	G	G	F	I	T	G	D	G	A	O	T	E	U	P	U	L	U
			R	U	R	G	B	Z	S	H	B	B	P	R	G	Z	L	N	J	S
				F	P	W	Y	T	O	K	K	E	E	F	F	H	H	F	H	T
					K	A	W	R	P	U	J	R	T	W	U	P	U	R	U	F
						K	Q	E	H	I	H	V	U	A	J	O	S	E	G	A
							U	W	J	R	N	A	F	S	I	L	T	H	M	S
								G	F	G	F	W	G	X	O	O	A	G	N	T

Erinnern und identifizieren (Seite 163 ff.)

1. Falsch: b, e, h, i, j, k, m

2. 5 **3.** Kinderärztin **4.** Modezeichner **5.** 19 Jahre
6. Wepp **7.** Gaststätte **8.** Lehrer **9.** 4 Jahre **10.** 4

11. d **12.** a **13.** b **14.** a **15.** b **16.** a **17.** c **18.** d

Fotos:

1. 11 **2.** unbekannt **3.** 19 **4.** unbekannt **5.** unbekannt
6. unbekannt **7.** 20 **8.** 13 **9.** 5 **10.** unbekannt

Polizeiorientierte Merkfähigkeit (Case Study) (Seite 166 f.)

Verständlicherweise können wir Ihnen hier keine ganz genaue Lösung anbieten. Trotzdem an dieser Stelle einige Daten, die sich in Ihrem Bericht wiederfinden sollten:

- Tatzeit/Tatort
- Art/Beschreibung der erfolgten Tathandlung
- Name, Geburtsdatum und Geburtsort des Opfers (weitere personenbezogene Daten lassen sich über die polizeilichen Informationssysteme erlangen)
- Beschreibung des Stehlguts/Inhalt der Tasche
- Beschreibung des Tatverdächtigen
- Antreffzeit und Antreffort des Tatverdächtigen
- Erfolgte Maßnahmen vor Ort mit dem Tatverdächtigen
- Name, Geburtsdatum und Geburtsort des Tatverdächtigen (weitere personenbezogene Daten lassen sich über die polizeilichen Informationssysteme erlangen)
- Erste Aussage des Tatverdächtigen nach erfolgter Belehrung
- Erfolgte Maßnahmen an Wache

Achten Sie bei Ihren Schilderungen auf eine chronologische Reihenfolge und Rechtschreibung.

Allgemeinwissen und Sozialwissen

Satzergänzung (Seite 169 ff.)

1. e	**2.** d	**3.** d	**4.** f	**5.** c	**6.** d	**7.** d	**8.** b	**9.** c	**10.** f
11. e	**12.** e	**13.** a	**14.** e	**15.** f	**16.** f	**17.** d	**18.** c	**19.** e	**20.** a
21. c	**22.** e	**23.** d	**24.** a	**25.** b	**26.** b	**27.** b	**28.** d	**29.** b	**30.** d
31. a	**32.** b	**33.** e	**34.** b	**35.** b	**36.** f	**37.** d	**38.** a	**39.** c	**40.** d
41. c	**42.** c	**43.** b	**44.** b	**45.** f	**46.** e	**47.** c	**48.** f	**49.** c	

Einzelne Wissensgebiete

Staat und Politik (Seite 177 ff.)

1. c	**2.** d	**3.** b	**4.** d	**5.** c	**6.** c	**7.** d	**8.** a	**9.** d	**10.** b
11. c	**12.** b	**13.** b	**14.** c	**15.** b	**16.** c	**17.** d	**18.** b	**19.** d	**20.** c

Geschichte (Seite 181 ff.)

1. c	**2.** b	**3.** d	**4.** c	**5.** b	**6.** b	**7.** b	**8.** a	**9.** c	**10.** a
11. a	**12.** b	**13.** c	**14.** b	**15.** c	**16.** d	**17.** b	**18.** b	**19.** c	**20.** a

Wirtschaft (Seite 185 f.)

1. b	**2.** b	**3.** c	**4.** a	**5.** b	**6.** d	**7.** b	**8.** c	**9.** a	**10.** a

Geographie (Seite 187 f.)

1. b	**2.** d	**3.** a	**4.** d	**5.** d	**6.** d	**7.** b	**8.** c	**9.** c	**10.** b
11. b	**12.** c	**13.** b	**14.** c	**15.** b					

Physik (Seite 190 f.)

1. b	**2.** a	**3.** b	**4.** a	**5.** a	**6.** b	**7.** a	**8.** a	**9.** c	**10.** c

Biologie (Seite 192 f.)

1. a	**2.** b	**3.** c	**4.** b	**5.** b	**6.** c	**7.** a	**8.** c	**9.** b	**10.** b

Chemie (Seite 194 f.)

1. a	**2.** a	**3.** b	**4.** a	**5.** b	**6.** a	**7.** b	**8.** a	**9.** c	**10.** b

Deutsch und Mathematik

Texte korrigieren (Seite 199 f.)

»Der Bankreuber betrat gegen 10 uhr die filale der Bank Bremen. Allen wurde

Bankräuber Uhr Filiale

angst und Bange als sie die grohze Pistohle in seiner Hand sahen. Erst allmehlich

bange, große Pistole allmählich

kehrte wieder Leben in die steifen Glieder der Kunden. Andree der Filialleiter,

,

erkannte sofort den ernst der Lage. Währent die Kassiererin das Geld in den

Ernst Während

rhododendronfarbenen Leinenbeutel des Reubers packte drückte der Filialleiter

rhododendronfarbenen Räubers ,

heimlich den Alarmknopf. Schon kurze Zeit später rasten fier Streifenwagen der

vier

Polizei und drei Wagen des Sondereinsatzkomandos vor die Bank. Die Scharf-

Sondereinsatzkommandos Scharf-

schuetzen gingen in Bereitstellung , und auch ein Rettungswagen hielt sich bereit.

schützen #

Viele Schaulustige versammelten sich möglichst nah an den Polizeiabspärrungen

Polizeiabsperrungen,

um besser sehen zu können. Erst drei Stunden nach dem sich der Räuber in der

nachdem

Bank verschanzt hatte, konnte er von einem Polizeipsüchologen zur Aufgahbe

Polizeipsychologen Aufgabe

überredet werden. Alle Gaiseln konnten unverletzt befreit werden.«

Geiseln

Richtige Schreibweise (Seite 201 ff.)

1. e **2.** a **3.** d **4.** c **5.** b **6.** a **7.** e **8.** d **9.** a **10.** b
11. a **12.** d **13.** e **14.** d **15.** b **16.** c **17.** e **18.** c **19.** a **20.** e
21. b **22.** e **23.** a **24.** c **25.** d

Laut-Buchstaben-Zuordnung (Seite 204)

Christian kaufte sich einen neuen Computer. Als er zu Hause [österreichisch und schweizerisch auch: zuhause] ankam, öffnete er zuerst behände die Verpackungskartons und stellte die gesamte Hardware auf seinen Schreibtisch. Dann begann er damit(,) die Programme zu installieren. Es war viel aufwändiger/aufwendiger, als er zuerst gedacht hatte. Zu allem Überfluss bekam er auch plötzlich einen Schnupfenanfall und musste sich dauernd schnäuzen. Aber wie immer hatte er ein Quäntchen Glück(,) und bald funktionierte der Computer. Um dieses Ereignis zu feiern(,) ging er mit seiner Freundin in eine Schänke/Schenke und trank ein Glas Wein mit ihr. Bei einem Rosenverkäufer erstand er eine duftende Blume, die er ihr schenkte. Leider aber fasste sie den Stängel ungeschickt an und verletzte sich an den Dornen.

Getrennt- und Zusammenschreibung (Einzelfälle) (Seite 205)

Johannes sah sich völlig außerstande/außer Stande, außer Landes zu gehen, obwohl ihm irgendjemand gesagt hatte, überall woanders wäre es schöner als hier. Aber er war einfach nicht imstande/im Stande, an einem anderen Punkt auf der Erde irgendetwas zustande/zu Stande zu bringen. Wenn er sich nicht in seinem kleinen Heimatdorf aufhielt, war ihm gar nicht gut zumute/zu Mute. Auch mithilfe/mit Hilfe eines kleinen Ratgebers, den er sich extra zu diesem Thema gekauft hatte, kam er nicht zurande/zu Rande. Deshalb blieb er am liebsten, auch wenn es zuungunsten/zu Ungunsten seiner Karriere sein mochte, zu Hause [österreichisch und schweizerisch auch: zuhause]. Er sagte immer: »So kann ich mir wenigstens nichts zuschulden/zu Schulden kommen lassen.«

Multiple-Choice-Übung (Seite 206)

1. a **2.** b **3.** d **4.** c **5.** b **6.** b **7.** d

Laut-Buchstaben-Zuordnung:
aufeinander treffende Konsonanten (Seite 207)

Sabine ist in einer großen Flanelllappenfirma/Flanell-Lappen-Firma tätig. Sie hat es durchgesetzt, ihre Arbeit zu Hause zu erledigen. So kann sie sich nebenbei ihre Wohnung renovieren lassen. Die Wände wurden mit Dämmmaterial/Dämm-Material abgedichtet und dann mit einer Kunststofffolie/Kunststoff-Folie überklebt. Dann kam der Elektriker und machte sich mit einem Stemmmeißel/Stemm-Meißel an die Arbeit, um die Leitungen neu verlegen zu können. Als Sabine ihm einen Kaffee anbot, lehnte er dankend ab. Er sagte, er würde nur Kaffeeersatz/Kaffee-Ersatz aus seiner über alles geliebten und zudem auch noch grifffesten Kunststoffflasche/Kunststoff-Flasche trinken. Sabine, die selbst keinen Kaffee trinkt, bereitete für sich allein einen Brennnesseltee/Brenn-Nessel-Tee zu.

Laut-Buchstaben-Zuordnung:
ss- beziehungsweise ß-Schreibung (Seite 208)

Tina und Ernst haben einen überaus wissbegierigen Sohn. Der kleine Spross setzt sich immer bei seiner Mutter oder seinem Vater auf den Schoß und fragt ihnen buchstäblich Löcher in den Bauch. Er gibt noch nicht einmal Ruhe, wenn sie ihm sagen, dass sie müde sind oder ihnen seine Fragerei aus anderen Gründen nicht passt. Er will zum Beispiel, dass seine Eltern ihm erklären, wie viel Wasser die Spree vor 100 Jahren hinunterfloss, warum ein Mörder einen Mann erschoss, warum Klöße rund sind oder warum ihm früher eine Hose noch passte und heute nicht mehr. Obwohl sich Tina und Ernst darüber freuen, dass ihr Sohn so interessiert an allem ist, bereiten ihnen seine Fragen doch manchmal im Überfluss Verdruss, und sie sagen: »Jetzt ist Schluss!«

Rechtschreibung allgemein (Seite 209)

Elisabeth ist Meteorologin und arbeitet für das Fernsehen. Trotz ihres qualifizierten Studiums fällt es ihr manchmal schwer, exakte Wetterprognosen zu erstellen. Das Schlimme ist, dass sie nach kurzer Zeit niemand mehr ernst nimmt, wenn sie mit ihren ernst gemeinten Vorhersagen einmal nicht ins Schwarze trifft. An einem Abend sagte sie aus Spaß, es würde ein Unwetter aufkommen, dessen Wogen das ganze Land überschwemmen würden. Die Zuschauer nahmen den Scherz für Ernst und rüsteten sich für die Katastrophe. Allen Ernstes beschwerten sie sich bei ihr, als am nächsten Tag kein Tröpfchen Regen fiel. Als Elisabeth sich rechtfertigte und sagte, es sei doch der erste April gewesen und ihr Beitrag sei deshalb nicht ernst gemeint gewesen, drohte man ihr im vollen Ernst ein gerichtliches Verfahren an.

Getrennt- und Zusammenschreibung (Text) (Seite 210)

In einer mondbeschienenen Nacht machte der Aufsicht führende Museumswächter eine folgenreiche Entdeckung: Bis dahin hatte er immer gedacht, dass es sich bei den Legenden, die sich um bei Vollmond ihr Unwesen treibende Gestalten rankten, um reine Fantasiegebilde/Phantasiegebilde handelte. Nun aber sah er plötzlich auf einer dem Firmengelände nahe liegenden Wiese ein bläulich grün schimmerndes Wesen, das ganz offensichtlich eine ernst zu nehmende Bedrohung für die gesamte Menschheit darstellte. Obwohl er den Außerirdischen genau genommen nicht wirklich klar erkennen konnte, war er doch imstande/im Stande, die weit reichenden Folgen dieser Erscheinung sofort zu erkennen.

Getrennt- und Zusammenschreibung (Multiple-Choice) (Seite 211 f.)

1. b **2.** a **3.** a **4.** b **5.** d **6.** a **7.** b **8.** c **9.** b **10.** d

Schreibung von Fremdwörtern (Seite 213 f.)

1. a b **2.** a c **3.** c d **4.** a d **5.** c **6.** a c **7.** b c **8.** c d **9.** b **10.** a
11. a d **12.** a b **13.** b c **14.** b c **15.** a d **16.** a b c **17.** a b **18.** b c **19.** b **20.** a c
21. b c **22.** c **23.** d **24.** a **25.** c d **26.** c **27.** a b

Zeichensetzung (Seite 215 f.)

1. Für eine verbindliche Antwort (0) wäre ich Ihnen äußerst zu Dank verpflichtet.
2. Er sattelte das Pferd (0) und ritt nach Hause.
3. Er sang (0) und sang (0) immer tiefer (,) bis es nicht mehr weiterging.
4. Bei Vertragsabschluss (0) ist es am sichersten (,) alle Vereinbarungen schriftlich festzuhalten.
5. Im Zusammenhang mit der steigenden Kriminalität (0) nehmen die Verdächtigungen (,) insbesondere was Ausländer anbetrifft (,) beträchtlich zu.
6. Der Mannheimer Drehorgelmann (,) von Hause aus mit der Rechtschreibung auf Kriegsfuß (,) machte sein Instrument zu (,) schloss den Wagen ein (0) und fühlte den unwiderstehlichen Drang (,) ein Bier trinken zu müssen (0) oder wenigstens (0) in ein Gasthaus einzukehren.
7. »Ich darf es nicht vergessen« (,) dachte der Mann bei sich (,) bevor er endlich einschlief (,) und schon klingelte das Telefon.
8. Sie ist keine zart besaitete Maid (,) dachte er (0) und nahm noch eine Beruhigungstablette (,) bevor er sich weiter mit ihr unterhielt.

9. Ohne es zu wollen (,) kam er der Lösung des Rätsels fast schon auf die Spur (,) als er durch das Telefon abgelenkt wurde.
10. Er fuhr (,) ohne zu gucken (,) geradewegs (0) mit seinem schönen neuen Fahrrad (0) in die Hecke.
11. Für eine baldige Zusage (0) wäre ich Ihnen sehr verbunden.
12. Aus diesem Grund (0) sind gerade Pinguine geeignete Testobjekte (0) für das Studium von Ausmaß (,) Dauer (0) und Bedingungen der Kältegewöhnung.
13. In der Bundesregierung hält sich leider niemand (,) nicht einmal der Bundeskanzler (,) für kompetent genug (,) um eine derartige Prognose zu wagen.
14. Seine einzige Unterstützung bestand in dem Funkgerät (,) falls dieses überhaupt funktionieren würde.
15. Am Aktienmarkt überwogen die Gewinne (,) was namentlich für die Autopapiere und Chemiewerte galt.
16. Bei Vertragsabschluss ist es am besten (,) sich alle gewünschten Zusätze schriftlich bestätigen zu lassen.
17. Die unmittelbare Nähe des Meeres (0) garantierte immer eine frische Brise (0) und versprach bei starker Hitze Kühlung.
18. In Zusammenhang mit den steigenden Produktionszahlen (0) können auch die inländischen Unternehmen (,) allen voran unsere Firma (,) größere Aufträge verbuchen.
19. Wir hoffen (,) mit diesem Buch (0) ein deutlicheres Bewusstsein für die Lage der Auszubildenden geschaffen zu haben.
20. Wir hoffen sehr (,) nun allseits (0) Unterstützung zu finden.

Grundrechnen (Seite 217)

1. d **2.** a **3.** d **4.** d **5.** c **6.** b **7.** d **8.** b

Dezimal- und Bruchrechnung (Seite 218)

1. b **2.** b **3.** a **4.** e **5.** a **6.** a **7.** c **8.** d **9.** a **10.** b
11. a **12.** e **13.** d **14.** d **15.** c

Maße und Gewichte (Seite 219)

1. e **2.** d **3.** b **4.** b **5.** a **6.** b

Textaufgaben (Seite 220 ff.)

1. 15 l, 400 km	**2.** 24,75 m^2	**3.** 35	**4.** 1.187,50 Euro	**5.** 26 $\frac{2}{3}$ m
6. 36 m	**7.** 40 Minuten	**8.** 26 km	**9.** 43 m	**10.** 50 %
11. 2 Monate	**12.** 31,28	**13.** 32 Tage	**14.** 25.000	**15.** 120 dm^3
16. 40 Jahre	**17.** 13.000 Euro	**18.** 256.000 Euro	**19.** 60 %	**20.** 37 %
21. 50 l	**22.** 50 %	**23.** 144-mal	**24.** 5 %	**25.** 48 Euro
26. 35 Cent	**27.** 280 km	**28.** 205 kg	**29.** 26 Tage	**30.** 30
31. 70 m	**32.** 45 m	**33.** 50 Euro	**34.** 84	**35.** 78 cm
36. 19	**37.** 6 g	**38.** 75 Euro	**39.** 90 m	**40.** 12 Euro
41. 17	**42.** 24 m			

Ergebnisse schätzen (Seite 224 f.)

1. c	**2.** f	**3.** c	**4.** b	**5.** b	**6.** c	**7.** d	**8.** c	**9.** c	**10.** c
11. a	**12.** f	**13.** d	**14.** d						

Tabellen auswerten (Seite 226 f.)

1. c **2.** e **3.** e **4.** a **5.** d

Interpretation von Schaubildern (Seite 228 ff.)

A. Schöne Wirtschaft

a)

1. Die Exporte sinken, die Importe nehmen zu, bei wieder steigenden Exporten bleiben im Verlauf die Importe auf einem höheren Niveau.
2. Die Teilzeitarbeitsplätze sinken mit der Exportrate und steigen aber vor der Erhöhung der Exporte wieder deutlich an.
3. Das Bruttosozialprodukt und das Durchschnittseinkommen bleiben stabil, kein dritter Wert.

b)

1. s **2.** sn **3.** sn **4.** sn **5.** s **6.** s **7.** s **8.** s **9.** s **10.** sn

s = stimmt sn = stimmt nicht

B. Test-ament

1. Ende der 70er-/Anfang der 80er-Jahre kreuzen sich die beiden Kurven und die Gesamtsterblichkeitsrate übersteigt die Geburtenrate.
2. die Neugeborenen-Sterblichkeitsrate
3. tödliche Verkehrsunfälle, Aids, Drogentod und die Gesamtsterblichkeitsrate internistischer Krankheiten
4. Mitte der 80er-Jahre
5. keine
6. Aids
7. Drogentod
8. gegen Ende 2250
9. Aids
10. deutlich steigend

Technisches Verständnis und räumliches Vorstellungsvermögen

Technisches Verständnis (Seite 233 ff.)

1. Flaschenzug mit 2 Rollen und 4 Seilen.					**2.** A	**3.** B	**4.** D	**5.** B	**6.** B
7. B	**8.** B	**9.** A	**10.** C	**11.** C	**12.** A	**13.** B	**14.** B	**15.** A	**16.** B
17. B	**18.** A	**19.** D	**20.** B	**21.** C	**22.** A	**23.** B	**24.** C	**25.** B	**26.** B
27. A	**28.** A	**29.** A	**30.** C	**31.** A	**32.** B	**33.** B	**34.** B	**35.** A	**36.** A
37. B	**38.** A	**39.** B	**40.** B	**41.** A	**42.** A	**43.** D	**44.** 12579 cm^3		**45.** D
46. B	**47.** B	**48.** A	**49.** D	**50.** B	**51.** A	**52.** C	**53.** B	**54.** B	**55.** C
56. A	**57.** A	**58.** D	**59.** C	**60.** A	**61.** C	**62.** B	**63.** C	**64.** C	**65.** B
66. D	**67.** C	**68.** B	**69.** A	**70.** B	**71.** A	**72.** B	**73.** B	**74.** C	**75.** D
76. B	**77.** C	**78.** A	**79.** B	**80.** C	**81.** A	**82.** D	**83.** A	**84.** B	**85.** C
86. A	**87.** C	**88.** B	**89.** D	**90.** A	**91.** D	**92.** C	**93.** B	**94.** A	**95.** C
96. A	**97.** B	**98.** C	**99.** C	**100.** A	**101.** C	**102.** B	**103.** C	**104.** A	**105.** C
106. D	**107.** B	**108.** A	**109.** C	**110.** B	**111.** C	**112.** C	**113.** B	**114.** B	**115.** C
116. A	**117.** B	**118.** A	**119.** C	**120.** B					

(Hinweis: Erläuterungen zu den Lösungen finden Sie im Internet unter *www.testtraining-spezial.de*)

80 Fragen aus den Naturwissenschaften (Seite 264 ff.)

1. c	**2.** d	**3.** a	**4.** b	**5.** d	**6.** d	**7.** c	**8.** c	**9.** d	**10.** a
11. b	**12.** c	**13.** d	**14.** c	**15.** a	**16.** d	**17.** d	**18.** c	**19.** d	**20.** d
21. a	**22.** b	**23.** c	**24.** c	**25.** a	**26.** b	**27.** d	**28.** d	**29.** a	**30.** b
31. b	**32.** c	**33.** d	**34.** b	**35.** c	**36.** c	**37.** a	**38.** d	**39.** b	**40.** c
41. a	**42.** b	**43.** d	**44.** a	**45.** c	**46.** b	**47.** c	**48.** d	**49.** b	**50.** a
51. b	**52.** c	**53.** a	**54.** d	**55.** c	**56.** b	**57.** d	**58.** a	**59.** d	**60.** c
61. a	**62.** c	**63.** b	**64.** b	**65.** d	**66.** d	**67.** a	**68.** c	**69.** a	**70.** b
71. a	**72.** d	**73.** d	**74.** b	**75.** a	**76.** d	**77.** a	**78.** a	**79.** a	**80.** c

Physik (Seite 279 ff.)

1. b	**2.** c	**3.** b	**4.** d	**5.** a

6. A) Der Schmelzpunkt des Eises ist druckabhängig. Ist der Druck auf die Eisoberfläche höher als der Atmosphärendruck (beim Schlittschuhlaufen), schmilzt das Eis und es bildet sich eine Wasserschicht zwischen den Kufen und der Eisoberfläche. Diese Wasserschicht verringert die Gleitreibung und ermöglicht so das Schlittschuhlaufen.

6. **B)** Der Siedepunkt des Wassers ist – genauso wie sein Schmelzpunkt – druckabhängig. Je höher man über dem Meeresspiegel ist, umso niedriger ist der Luftdruck und umso früher siedet das Wasser.

7. c **8.** a **9.** c **10.** c **11.** a **12.** b **13.** a **14.** b
15. an den Polen **16.** 45 mm
17. c **18.** b **19.** d **20.** d **21.** b **22.** c **23.** d **24.** d

25. Erwärmt man 0 °C kaltes Wasser, so nimmt das Volumen nicht wie bei anderen Stoffen zu, sondern zunächst ab, bis 4 °C erreicht sind. Erst bei weiterem Erwärmen nimmt das Volumen zu. Wasser hat daher bei 4 °C das kleinste Volumen und somit die größte Dichte. Folge: Eis schwimmt auf Wasser, Seen gefrieren von oben zu.

26. Dampf ist ein Gas, das mit der Flüssigkeit oder dem Feststoff desselben Stoffes noch in Kontakt steht, so dass ein Gleichgewicht besteht zwischen Verdampfung und Rekondensation.

27. c **28.** a **29.** c **30.** b

31. A) $1{,}6 \times 10^{-19}$ C (die sog. Elementarladung)
31. B) 1 eV (Elektronenvolt)
32. a
33. A) I = 4,55 A
33. B) 4 kWh kosten 20 Cent

34. d **35.** a **36.** c **37.** d **38.** a

39. Mechanische Longitudinal(Längs)wellen, die sich in Form von Druckschwankungen ausbreiten. Schallwellen sind also Druckwellen.

40. Das Licht breitet sich schneller aus als der Schall.

41. Schallwellen sind – im Gegensatz zu Lichtwellen – an Materie gebunden, um sich fortpflanzen zu können. Ein Vakuum ist jedoch ein materiefreier Raum.

42. a **43.** a **44.** Totalreflexion
45. A) b **45. B)** a **45. C)** b
45. D) Weil die Gegenstandsweite innerhalb der einfachen und doppelten Brennweite liegt.

46. d **47.** d **48.** c **49.** a **50.** b **51.** c **52.** Die elektrische Spannung.
53. c **54.** a **55.** a **56.** a **57.** b **58.** c **59.** c

60. Dioden sind Gleichrichter für Wechselströme.

61. In Hertz (Hz) misst man die Frequenz des Wechselstroms, d. h., wie oft der Wechselstrom in der Sekunde die Richtung wechselt (1 Hz = $1/s$).

62. c **63.** 0,45 Ω **64.** 5,4 KW **65.** b **66.** a **67.** d **68.** d

Spiegelbilder wiedererkennen (Seite 293 ff.)

1. c	**2.** e	**3.** a	**4.** d	**5.** b	**6.** f	**7.** a	**8.** e	**9.** f	**10.** c
11. f	**12.** b	**13.** d	**14.** a	**15.** e	**16.** c	**17.** d	**18.** a	**19.** f	**20.** c
21. b	**22.** e	**23.** c	**24.** d	**25.** a	**26.** e	**27.** b	**28.** f	**29.** d	**30.** b
31. c	**32.** a	**33.** f	**34.** d	**35.** b	**36.** e	**37.** d	**38.** a	**39.** c	**40.** f
41. e	**42.** c	**43.** b	**44.** d	**45.** f	**46.** d	**47.** a	**48.** c	**49.** e	**50.** b

Figuren abwickeln (Seite 299 ff.)

1. d	**2.** c	**3.** b	**4.** b	**5.** c	**6.** c	**7.** b	**8.** d	**9.** a	**10.** c
11. d	**12.** a	**13.** c	**14.** b	**15.** c	**16.** a	**17.** d	**18.** c	**19.** b	**20.** d

Formlegetest (Seite 304 ff.)

1. Aufgabe:
Hering

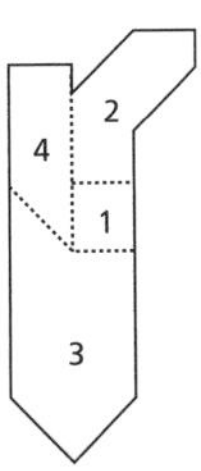

2. Aufgabe:
Pfeil

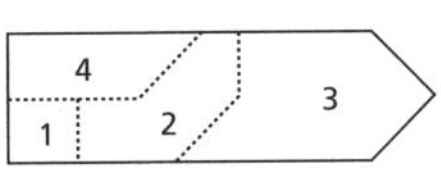

3. Aufgabe:
Boot

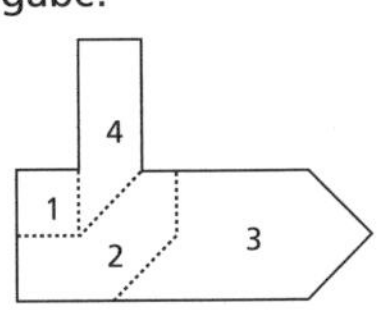

4. Aufgabe:
Schwert

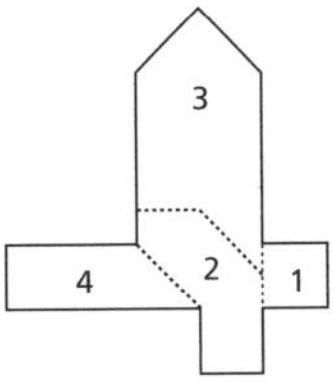

5. Aufgabe:
Laserpistole

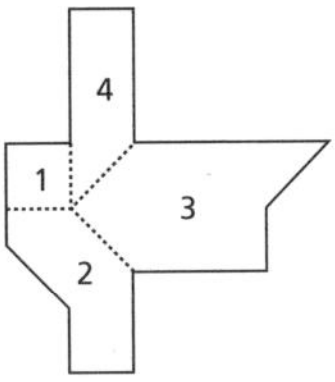

6. Aufgabe:
Buchstabe »C«

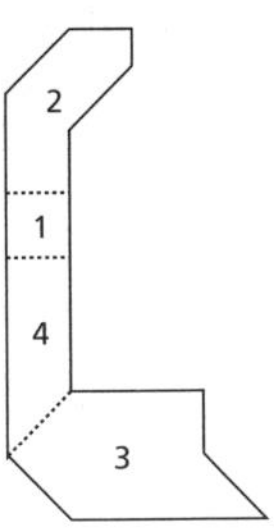

Assessment Center und Persönlichkeit

Allgemeine Fragen zur Persönlichkeit (Seite 353 ff.)

Zur Auswertung des Persönlichkeitstests dient die folgende Aufstellung (Angabe der Persönlichkeitsmerkmale sowie der Punktzahlen für die a/b/c-Ankreuzungen):

Item	Persönlichkeits-merkmal	Punkte a	b	c	Item	Persönlichkeits-merkmal	Punkte a	b	c
1	Kontakt	2	1	0	34	Kontakt	0	1	2
2	Leistung	0	1	2	35	Ausgeglichenheit	2	1	0
3	Kontakt	2	1	0	36	Ausgeglichenheit	0	1	2
4	Leistung	2	1	0	37	Ausgeglichenheit	0	1	2
5	Durchsetzung	2	1	0	38	Kontakt	0	1	2
6	Vertrauen	2	1	0	39	Kontakt	2	1	0
7	Veränderung	2	1	0	40	Leistung	2	1	0
8	Veränderung	2	1	0	41	Kontakt	2	1	0
9	Vertrauen	2	1	0	42	Durchsetzung	0	1	2
10	Durchsetzung	0	1	2	43	Vertrauen	2	1	0
11	Leistung	2	1	0	44	Leistung	0	1	2
12	Kontakt	2	1	0	45	Durchsetzung	2	1	0
13	Ausgeglichenheit	2	1	0	46	Veränderung	2	1	0
14	Kontakt	2	1	0	47	Vertrauen	2	1	0
15	Leistung	0	1	2	48	Durchsetzung	2	1	0
16	Durchsetzung	0	1	2	49	Veränderung	2	1	0
17	Vertrauen	2	1	0	50	Veränderung	2	1	0
18	Veränderung	2	1	0	51	Leistung	0	1	2
19	Vertrauen	0	1	2	52	Veränderung	2	1	0
20	Vertrauen	2	1	0	53	Ausgeglichenheit	2	1	0
21	Durchsetzung	0	1	2	54	Kontakt	2	1	0
22	Durchsetzung	2	1	0	55	Ausgeglichenheit	0	1	2
23	Leistung	0	1	2	56	Veränderung	0	1	2
24	Ausgeglichenheit	2	1	0	57	Durchsetzung	0	1	2
25	Ausgeglichenheit	0	1	2	58	Ausgeglichenheit	2	1	0
26	Vertrauen	2	1	0	59	Leistung	0	1	2
27	Veränderung	2	1	0	60	Ausgeglichenheit	2	1	0
28	Vertrauen	2	1	0	61	Ausgeglichenheit	0	1	2
29	Veränderung	2	1	0	62	Kontakt	2	1	0
30	Durchsetzung	0	1	2	63	Leistung	2	1	0
31	Vertrauen	0	1	2	64	Durchsetzung	2	1	0
32	Leistung	2	1	0	65	Vertrauen	2	1	0
33	Kontakt	0	1	2	66	Veränderung	0	1	2

Addieren Sie bitte die Punktwerte für Ihre Ankreuzungen pro Persönlichkeitsmerkmal:

A Kontakt		B Leistung		C Durchsetzung	
Item 1	_____	Item 2	_____	Item 5	_____
3	_____	4	_____	10	_____
12	_____	11	_____	16	_____
14	_____	15	_____	21	_____
33	_____	23	_____	22	_____
34	_____	32	_____	30	_____
38	_____	40	_____	42	_____
39	_____	44	_____	45	_____
41	_____	51	_____	48	_____
54	_____	59	_____	57	_____
Summe:	_____	Summe:	_____	Summe:	_____

D Vertrauen		E Ausgeglichenheit		F Veränderung	
Item 6	_____	Item 13	_____	Item 7	_____
9	_____	24	_____	8	_____
17	_____	25	_____	18	_____
19	_____	35	_____	27	_____
20	_____	36	_____	29	_____
26	_____	37	_____	46	_____
28	_____	53	_____	49	_____
31	_____	55	_____	50	_____
43	_____	58	_____	52	_____
47	_____	60	_____	56	_____
Summe:	_____	Summe:	_____	Summe:	_____

Tragen Sie jetzt bitte Ihre Punktwerte hier ein:

A	Kontaktfähigkeit	_____
B	Leistungsbereitschaft	_____
C	Durchsetzungsvermögen	_____
D	Vertrauensbereitschaft	_____
E	Ausgeglichenheit	_____
F	Veränderungsbereitschaft	_____

Sie müssen pro Persönlichkeitsmerkmal jeweils einen Punktwert zwischen 0 und 20 erreicht haben. Tragen Sie jetzt bitte Ihre Punktwerte für die Themenbereiche A–F auf der nachstehenden Tabelle ein und verbinden Sie die Punkte durch eine Linie:

Profil

	0	1	2	3	4	5	6	7	8	9	10	11	12	13	14	15	16	17	18	19	20	
A Kontaktfähigkeit																						Kontaktunfähigkeit
B Leistungsbereitschaft																						Leistungsvermeidung
C Durchsetzungsbereitschaft																						Unterordnungsbereitschaft
D Vertrauensbereitschaft																						Misstrauensbereitschaft
E Ausgeglichenheit																						Unausgeglichenheit
F Veränderungsbereitschaft																						Sicherheitsdenken

Wie sieht Ihre »Persönlichkeits-Linie« aus? Ein Blitz mit extremen Zacken (nahe an 0 oder 20), eine Diagonale wie im Firmenzeichen der Deutschen Bank, eine Senkrechte in der Mitte (10) oder mehr rechts bzw. links davon?

Die Form Ihrer Linie – man kann auch von einem (Persönlichkeits-)Profil sprechen – hat eine Bedeutung. Wie bzw. was hier aus dem Verlauf der Linie herausgelesen wird, wollen wir Ihnen jetzt demonstrieren:

Es wäre denkbar, dass Sie z. B. beim Persönlichkeitsmerkmal A »Kontakt« 20 Punkte haben, was zum Ausdruck bringen würde: Sie sind – vorsichtig formuliert – ein sehr kontaktscheuer, ein Kontakt vermeidender Mensch.

Das andere Extrem wäre ein Punktwert von 0, der für eine extrem hohe Kontaktbereitschaft spräche. Beide Extremwerte sind sicherlich selten. Verdeutlichen Sie sich, dass der Persönlichkeitsbereich »Kontaktfähigkeit« aus zwei gegenüberliegenden Positionen auf einer Achse bzw. Skala besteht (vereinfacht: vergleichbar der Ost-West-Achse auf einem Kompass). Es geht um die extremen Pole »heiß« und »kalt« und alles, was an Abstufungen dazwischen denkbar ist.

Wie kommt der Punktwert auf der Skala »Kontaktfähigkeit« zustande? Für eine Ankreuzung, die für Kontaktfähigkeit spricht, haben Sie 0 Punkte erhalten, für eine Antwort in Richtung Kontaktvermeidung 2 Punkte, für eine mittlere Position (»teils-teils«) 1 Punkt. 10 Items zum Thema »Kontakt« ergeben den von Ihnen oben addierten Gesamtpunktwert.

Diese Vorgehens-, Aufbau- und Auswertungsweise trifft für alle aus gegensätzlichen Positionen aufgebauten Persönlichkeitsmerkmale zu:

A Kontakt: Kontaktfähigkeit – Kontaktunfähigkeit
B Leistung: Leistungsbereitschaft – Leistungsvermeidung/-unwilligkeit
C Durchsetzung: Durchsetzungsvermögen – Unterordnungsbereitschaft
D Vertrauen: Vertrauensbereitschaft – Misstrauensbereitschaft
E Ausgeglichenheit: Ausgeglichenheit – Unausgeglichenheit
F Veränderung: Veränderungsbereitschaft – Sicherheitsdenken

Sie merken schon, dass die auf den ersten Blick relativ wertfreien Themen- bzw. Persönlichkeitsmerkmale zunehmend mehr Inhalt bekommen und ein Charakterbild ermöglichen, wenn auch im Sinne einer etwas groben »Schwarz-Weiß-Malerei«.

Klingt der Themenbereich A »Kontakt« noch recht harmlos, gilt das für die beiden Pole »kontaktfähig« gegenüber »kontaktunfähig« nicht mehr. »Kontaktfähig« bedeutet im Extrem (Punktwert: 0 oder 1) eine hochgradige, übertriebene Kontaktsucht oder -gier, »Kontaktunfähigkeit« (20 oder 19 Punkte) eine Kontaktstörung, für die die Charakterisierung »kontaktscheu« noch eine Untertreibung darstellen würde.

Die mittleren Werte 7–13 (in der genauen Mitte 10 bzw. 9 und 11) zeigen eine unauffällige neutrale Position auf der Skala zwischen »heiß« und »kalt« (kontaktbesessen – kontaktgestört). Hätten Sie bei den Entscheidungsfragen zum Themenbereich »Kontakt« immer die ausgewogene Mitte (b = teils-teils etc.) angekreuzt, wäre die Punktzahl 10 das Ergebnis.

Die Punktwerte 12 und 13 geben ebenso wie 8 und 7 eine Tendenz an – im Sinne einer Ausprägung in Richtung weniger oder stärker kontaktorientiert.

6 und 5, auf der anderen Seite 14 und 15 zeigen deutlicher, in welche Richtung Ihre Persönlichkeit in Sachen Kontaktverhalten »ausschlägt«.

4 und 3 als Punktwerte einerseits bzw. 16 und 17 andererseits sind in diesem Persönlichkeitstest sehr deutliche Hinweise auf die Art Ihres Kontaktverhaltens (bis hin zum extremen Rand: 2 bzw. 18).

Schauen wir uns jetzt einmal inhaltlich an, wie sich ein extrem kontaktbetonter Mensch in diesem Test beschreibt: Er arbeitet bevorzugt als Manager im Hotel, Lehrer oder Kellner (Items 1, 34, 38), grundsätzlich jedenfalls eher mit Menschen als mit Zahlen (3) und kennt somit keine Einsamkeitsgefühle (12); er unterhält sich lieber mit anderen als zu lesen (14, 33); klar, dass dieser Mensch und Testankreuzer sich mehr für die Personalabteilung als für den Maschinenpark interessiert (39) und viel lieber telefoniert als Briefe schreibt (41).

Wer sich als dermaßen kontaktorientiert beschreibt, sammelt 0 Punkte und riskiert damit (auch bei 1 Punkt) die eben erwähnte Charakterisierung als »hochgradig kontaktsüchtig«.

Nun das andere Extrem: Der Kontakt vermeidende Mensch arbeitet bevorzugt als Förster, Koch oder Chemiker (34, 38, 1), in jedem Fall lieber mit Zahlen als mit Menschen (3); in einem Unternehmen möchte er eher für den Maschinenpark als für das Personal verantwortlich sein (39); es macht ihm keinen Spaß, mit Leuten zu reden (33), er ist lieber mit einem guten Buch (14) allein für sich (60), kennt Einsamkeitsgefühle (12), und in schwierigen Situationen schreibt er lieber, als zu telefonieren (41).

Klar – wer alle diese Items so ankreuzt (20 Punkte), stellt sich als völlig kontaktuninteressiert, im Psycho-Klartext gesprochen: als extrem kontaktgestört dar (gilt auch für das Ergebnis 19 Punkte).

Überblick

Das Persönlichkeitsmerkmal A »Kontakt« bedeutet
Kontaktfähigkeit – Kontaktunfähigkeit
in den extremen Punktwerten:
Kontaktbesessenheit gegenüber schwerer Kontaktstörung (wie beschrieben)

Das Persönlichkeitsmerkmal B »Leistung« bedeutet
Leistungsbereitschaft – Leistungsvermeidung
in den extremen Punktwerten:
absolute Leistungsorientierung gegenüber Leistungsverweigerung

- übermotiviert sein
- mehr wollen als können

- Drückebergerei
- Faulheit

Das Persönlichkeitsmerkmal C »Durchsetzung« bedeutet
Durchsetzungsvermögen – Unterordnungsbereitschaft
in den extremen Punktwerten:
starkes Dominanzstreben gegenüber ausgeprägter Gefügigkeit

- Selbstbehauptung, Selbstbewusstsein
- Egoismus, Unnachgiebigkeit

- Anpassungsbereitschaft
- Unterwürfigkeit, Kriecherei

Das Persönlichkeitsmerkmal D »Vertrauen« bedeutet
Vertrauensbereitschaft – Misstrauensbereitschaft
in den extremen Punktwerten:
Vertrauensseligkeit gegenüber misstrauischem Argwohn

- Vertrauensduselei
- dümmliche Naivität

- kritische Skepsis
- Nörgelsucht

Das Persönlichkeitsmerkmal E »Ausgeglichenheit« bedeutet
Ausgeglichenheit – Unausgeglichenheit
in den extremen Punktwerten:
extreme Dickfelligkeit gegenüber psychischer Gestörtheit

- kühle Robustheit
- seelische Unberührbarkeit

- extreme Stimmungsschwankungen
- »hysterische« Charakterzüge

Das Persönlichkeitsmerkmal F »Veränderung« bedeutet
Veränderungsbereitschaft – Sicherheitsdenken
in den extremen Punktwerten:
hohe Risikobereitschaft gegenüber starrem Konservatismus

- Radikalismus
- revolutionäre Tendenzen

- keine Flexibilität
- absolute Starrheit

Hier eine Kurzinterpretation im Überblick:

A Kontakt

0–1 Punkt:
Was ist mit Ihnen los? Sie stürzen sich ja auf alles, was sich bewegt, so kontaktbesessen sind Sie. Stimmt das wirklich? Können Sie nicht mal fünf Minuten für sich alleine sein?

2–4 Punkte:
Sie sind sehr, sehr kontaktfreudig. Das macht Sie vielen Leuten sympathisch, manche reagieren aber auch mit deutlicher Zurückhaltung darauf. Bei denen kommen Sie trotz aller Bemühungen nicht besonders gut an.

5–7 Punkte:
Sie sind ein wirklich aufgeschlossener und überzeugend kontaktfreudiger, sympathischer Mensch. Das spürt man, und so kommt man Ihnen gerne näher.

8–9 Punkte:
Sie sind kontaktfreudig, aber in Grenzen.

10 Punkte:
Bei Ihnen herrscht eine ausgewogene Balance. Sie mögen die Kontaktaufnahme mit anderen, wenn Ihnen der Sinn danach steht. Aber Sie sind auch gerne für sich.

11–12 Punkte:
Sie sind im Kontakt mit Ihren Mitmenschen ein wenig zurückhaltend. Warum auch nicht?

13–15 Punkte:
Sie sind eher abwartend, was das Anknüpfen von Kontakten betrifft. Vielleicht sind Sie nur einfach wählerisch und suchen sich Ihre Mitmenschen besonders gut aus. Oder haben Sie gewisse Hemmungen, auf andere zuzugehen?

16–18 Punkte:
Sie sind deutlich kontaktscheu. Dadurch wirken Sie vielleicht eher kühl bzw. reserviert. Woher kommt Ihre Angst vor Menschen?

19–20 Punkte:
Was ist mit Ihnen los? Sind Sie eine im eigenen Haus gefangene Schnecke? Lehnen Sie wirklich alle Kontakte so rigoros ab und möchten Sie nur für sich bleiben?

B Leistung

0–1 Punkt:
Sie sind ohne Rast und Ruhe, wie ein Löwe auf der Jagd, und wollen stets Größtes leisten. Gelingt Ihnen das wirklich oder übernehmen Sie sich damit nicht ein wenig? Zählt bei Ihnen wirklich nur Leistung?

2–4 Punkte:
Sie sind ausgesprochen stark leistungsorientiert. Ruhepausen sind nichts für Sie und Ihre Schaffenskraft. Ziele, die Sie sich vornehmen, verwirklichen Sie in der Regel – koste es, was es wolle.

5–7 Punkte:
Sie leisten etwas und fühlen sich dabei wohl. Leistung macht Ihnen einfach Spaß. Sie scheuen keine Aufgabe.

8–9 Punkte:
Leistung ist für Sie kein Fremdwort. Man kann sich diesbezüglich auf Sie verlassen.

10 Punkte:
Sie zeigen eine ausgewogene Leistungsbalance. »Nicht zu viel und nicht zu wenig« könnte Ihr Motto sein.

11–12 Punkte:
Bevor Sie drauflosarbeiten, überlegen Sie zunächst, wie Sie sich die anstehende Aufgabe erleichtern könnten.

13–15 Punkte:
Sie stehen Leistungsanforderungen kritisch gegenüber. Bevor Sie sich anstrengen, wollen Sie erst mal wissen, wofür und ob sich die Mühe denn auch wirklich lohnt.

16–18 Punkte:
Die Arbeit wurde für Sie nicht unbedingt erfunden. Wenn es nicht sein muss, kommen Sie bestens ohne aus. Leistungsvermeidung ist das Stichwort.

19–20 Punkte:
Sie stellen sich als ausgesprochen faul dar. Stimmt das denn so, sind Sie wirklich ein Leistungsverweigerer und rechter Tunichtgut? Gibt es wirklich rein gar nichts, was Sie anspornen kann?

C *Durchsetzung*

0–1 Punkt:
So manch einer hält Sie für einen unnachgiebigen Egoisten, der sich absolut um jeden Preis durchsetzen muss. Sehen Sie sich auch so machtbesessen?

2–4 Punkte:
Sie scheinen ausgesprochen willensstark zu sein. Deshalb bestimmen Sie gerne und fast immer, wo es langgeht. Sie sind ein »Leader«-Typ.

5–7 Punkte:
Sie wissen, was Sie wollen und wie Sie es bekommen. Sie lassen sich die Butter nicht vom Brot nehmen.

8–9 Punkte:
Wenn Sie etwas Wichtiges für sich wollen, schaffen Sie es meistens auch. Sie wissen recht gut, wie Sie Ihre Vorhaben durchsetzen können.

10 Punkte:
Sie können sich einfügen oder führen – je nach Situation. Dabei haben Sie ein ausgewogenes Verhältnis zu Befehl und Gehorsam.

11–12 Punkte:
Sie sind gerne bereit sich anzupassen, wenn es Sinn macht. Damit haben Sie keine Probleme und machen keine.

13–15 Punkte:
Anpassungs- und Einordnungsbereitschaft gehört zu Ihren starken Seiten. Dabei kommt Ihr Durchsetzungsvermögen logischerweise zu kurz. Schade.

16–18 Punkte:
Sie sind wirklich extrem anpassungswillig, häufig auf Kosten Ihrer eigenen Person. Ist Ihnen das bewusst?

19–20 Punkte:
Diese unterwürfige Anpassungsbereitschaft kann bis zur (A …-)Kriecherei gehen. Haben Sie sich verrechnet?

D Vertrauen

0–1 Punkt:
Sie sind das ideale Opfer für jeden Trickbetrüger und fallen wegen Ihrer hochgradigen Vertrauensseligkeit wirklich auf alles rein.

2–4 Punkte:
Ein unerschütterliches Vertrauenspotenzial zeichnet Sie aus, und mit Ihrem Glauben an das Gute können Sie Berge versetzen.

5–7 Punkte:
Ihr Vertrauen hilft Ihnen und anderen. Das gibt und macht Mut.

8–9 Punkte:
In der Beziehung zu anderen Menschen sind Sie von einer positiven, vertrauensbereiten Grundstimmung getragen.

10 Punkte:
Vertrauen und Misstrauen halten sich bei Ihnen die Waage.

11–12 Punkte:
Kein blindes Vertrauen, sondern eine gesunde Portion Skepsis beschreibt Ihre Grundhaltung.

13–15 Punkte:
Eine deutlich kritische Skepsis zeichnet Sie aus. Sicherlich haben Sie Ihre Erfahrungen gemacht.

16–18 Punkte:
»Vertrauen ist gut, Kontrolle ist besser«, lautet Ihre Devise. Diese Art von ständigem Misstrauen steigert nicht gerade Ihre Beliebtheit bei anderen.

19–20 Punkte:
Sind Sie wirklich ein so misstrauischer, argwöhnischer und nörgelnder Typ? Kaum zu glauben!

E Ausgeglichenheit

0–1 Punkt:
Sie sind wirklich »cool wie die Tagesschau«, nichts berührt Sie. Oder ist das alles nur »Mache«?

2–4 Punkte:
Sie haben ein dickes Fell und lassen sich überhaupt nicht aufregen. So kommt es, dass Sie mit einer ausgeprägten seelischen Robustheit durchs Leben gehen.

5–7 Punkte:
Gelassenheit ist eine Ihrer wichtigsten Charaktereigenschaften. Sie behalten die Nerven, wenn andere ihre verlieren.

8–9 Punkte:
Eine gewisse innere Ruhe nennen Sie Ihr Eigen. Es gibt viele Menschen, die Sie deshalb bewundern.

10 Punkte:
Zwischen Aufregung und Ruhe halten Sie die Balance.

11–12 Punkte:
Sie können mitfühlen, ohne den Boden unter den Füßen zu verlieren.

13–15 Punkte:
Sie geraten schon mal aus dem Gleichgewicht – auch bei kleineren Anlässen.

16–18 Punkte:
Sie wissen, was Stimmungsschwankungen bedeuten – Ihre Umwelt auch. Wünschen Sie sich nicht manchmal etwas mehr seelische Stabilität?

19–20 Punkte:
Wie ein Grashalm im Wind schwanken Sie von Krise zu Krise. Sind Sie wirklich ein solches Sensibelchen?

F Veränderung

0–1 Punkt:
Sie geben sich wirklich total revolutionär. Sind Sie wirklich so radikal oder möchten Sie nur so erscheinen?

2–4 Punkte:
Sie nehmen jedes Risiko auf sich und zeigen einen extremen Mut zur Veränderung. Alles Bestehende wird kritisch hinterfragt.

5–7 Punkte:
Neuem stehen Sie stets aufgeschlossen und interessiert gegenüber.

8–9 Punkte:
Auf Veränderungen reagieren Sie mit Gelassenheit.
Sie kommen schon klar.

10 Punkte:
Zwischen Verändern und Bewahren halten Sie die Balance.

11–12 Punkte:
Sie sind kein großer Freund von Veränderungen. Warum auch nicht?

13–15 Punkte:
Sie lieben das Bestehende und beklagen den Wandel. Aber immerhin kommen Sie mit der Realität noch klar.

16–18 Punkte:
Sie sind erzkonservativ. Haben Sie schon einmal an eine politische Karriere gedacht? Zu großes Risiko? Klar.

19–20 Punkte:
Sie wollen nun wirklich alles beim Alten belassen und klammern sich an bestehende Verhältnisse, die möglicherweise längst passé sind.
Stimmt das?

Lügenfallen

Bisher haben Sie sich mit den 60 Items beschäftigt, die als Auswertungsgrundlage dem Ziel dienten, Licht in Ihre Persönlichkeitsmerkmale »Kontakt«, »Leistung« usw. zu bringen.

Vielleicht ist Ihnen aufgefallen, dass die letzten Items des Fragebogens (61–66) bisher noch nicht in die Auswertung einbezogen wurden. Dies wollen wir jetzt nachholen. Dabei handelt es sich um so genannte »Lügenfragen«. Damit bezeichnen die Persönlichkeitstester Items, die der Überprüfung Ihrer Glaubwürdigkeit dienen. Fangen wir an:

Da gibt es das Item 35 (aus der Persönlichkeitsdimension »Ausgeglichenheit«):

Bei mir läuft manches schief.
a) oft (2 Punkte)
b) manchmal (1 Punkt)
c) selten (0 Punkte)

Für welche Ankreuzung hatten Sie sich entschieden?
Bitte vergleichen Sie jetzt dazu Ihre Ankreuzung bei Item 61:

Mir geht im Leben manches daneben.
a) selten (0 Punkte)
b) manchmal (1 Punkt)
c) oft (2 Punkte)

Im Wesentlichen sind beide Aussagen gleich und Sie sollten deshalb bei den Ankreuzungen keine große Abweichung in der Punktzahl haben. Das bedeutet: Wer in Item 35 2 Punkte hat, sollte auch in Item 61 2 Punkte (wenigstens aber 1 Punkt) haben. Eine etwaige Differenz notieren Sie sich bitte auf einem gesonderten Blatt.

Bitte vergleichen Sie nun Ihre Ankreuzungen bei den folgenden 5 Item-Paaren und ermitteln Sie die etwaige Differenz in den Punktwerten:

Vergleichen Sie Item 12 (»Kontakt«) → *mit Item 62:*

Ich fühle mich öfters einsam.
a) stimmt (2 Punkte)
b) teils-teils (1 Punkt)
c) stimmt nicht (0 Punkte)

Oftmals leide ich unter einem Gefühl des Alleinseins.
a) stimmt (2 Punkte)
b) teils-teils (1 Punkt)
c) stimmt nicht (0 Punkte)

Vergleichen Sie Item 4 (»Leistung«) → *mit Item 63:*

Karriere ist nicht alles im Leben.
a) stimmt (2 Punkte)
b) teils-teils (1 Punkt)
c) stimmt nicht (0 Punkte)

Der berufliche Aufstieg ist nicht das Wichtigste im Leben.
a) stimmt (2 Punkte)
b) teils-teils (1 Punkt)
c) stimmt nicht (0 Punkte)

Vergleichen Sie Item 5 (»Durchsetzung«) → *mit Item 64:*

Ich vermeide es, mich mit Leuten herumzustreiten.
a) ja (2 Punkte)
b) manchmal (1 Punkt)
c) nein (0 Punkte)

Ich streite nicht gern mit anderen Menschen.
a) stimmt (2 Punkte)
b) teils-teils (1 Punkt)
c) stimmt nicht (0 Punkte)

Vergleichen Sie Item 26 (»Vertrauen«) →

Es passiert mir häufiger,
dass ich die Arbeit anderer kritisiere.

a) stimmt (2 Punkte)
b) teils-teils (1 Punkt)
c) stimmt nicht (0 Punkte)

mit Item 65:

Öfter kann ich an den Leistungen anderer kein gutes Haar lassen.

a) stimmt (2 Punkte)
b) teils-teils (1 Punkt)
c) stimmt nicht (0 Punkte)

Vergleichen Sie Item 7 (»Veränderung«) →

In unserer Wirtschaftsordnung sollte im Prinzip alles so bleiben, wie es ist.

a) stimmt (2 Punkte)
b) teils-teils (1 Punkt)
c) stimmt nicht (0 Punkte)

mit Item 66:

Am System der sozialen Marktwirtschaft gibt es viel zu reformieren.

a) stimmt (0 Punkte)
b) teils-teils (1 Punkt)
c) stimmt nicht (2 Punkte)

Sie haben jetzt bei den sechs Item-Paaren eine maximale Differenz von 12 Punkten ausrechnen können bzw. – wenn Sie immer gleich geantwortet haben – 0 Punkte. Tragen Sie Ihren Punktwert auf der nachstehenden Skala (der so genannten »Lügenskala«) ein:

Überein-stimmung	0	1	2	3	[4]	5	[6]	7	8	9	10	11	12	Abweichung
	__	__	__	__	__	__	__	__	__	__	__	__	__	

Sollte Ihr Abweichungswert bis zu 4 betragen, würde man Ihnen in der Testinterpretation noch eine relativ hohe »Wahrheitstendenz in Ihrem Antwortverhalten« bescheinigen.

Bei mehr als 6 Punkten ist die »Ehrlichkeit« beim Bearbeiten des Tests infrage zu stellen, so dass eine Interpretation eigentlich fragwürdig ist.

Was Sie noch wissen sollten ...

Das Autorenteam Hesse/Schrader ist seit über 25 Jahren auf dem Sektor der Bewerbungsratgeber sowie zu weiteren Themen aus der Arbeitswelt publizistisch tätig und hat im Laufe dieser Zeit mehr als 90 Bücher veröffentlicht. Am Anfang stand die erstmalige Veröffentlichung aller gängigen so genannten Intelligenztests und deren kritische Reflexion in dem Buch *Testtraining für Ausbildungsplatzsuchende* (1985). Ebenfalls Neuland zum Bereich »Überleben in der Arbeitswelt« erschloss ihr Buch *Die Neurosen der Chefs – die seelischen Kosten der Karriere.*

Beide Autoren verfügen über eine langjährige Erfahrung als Seminarleiter bei Bewerbungstrainings. Ein besonderes Interesse gilt der gewerkschaftlichen Bildungsarbeit in Form von Anti-Mobbing- und Konfliktmanagement-Seminaren.

1992 gründeten sie in Berlin das *Büro für Berufsstrategie*, das ausschließlich Arbeitnehmer in allen erdenklichen beruflichen Fragen berät und unterstützt. Mehr als 25 Jahre Buchpublikationen und über 15 Jahre tagtägliche Beratungsarbeit mit Kandidatinnen und Kandidaten, die das *Büro für Berufsstrategie* in Berlin aufsuchen, zeichnen die Autoren als kompetent und praxiserfahren aus.

Wenn Sie persönliche Anregungen wünschen, Rat und Unterstützung brauchen, wenden Sie sich bitte an das *Büro für Berufsstrategie* in Berlin:

Büro für Berufsstrategie
Oranienburger Straße 4–5
10178 Berlin
Tel. 030/28 88 57-0
Fax 030/28 88 57-36

Das große Testtraining der Allgemeinbildung

So erweitern Sie Ihr Wissen

■ ***Hesse/Schrader***

Wie gut ist Ihre Allgemeinbildung?
Eine gute Allgemeinbildung ist zentrales Element aller gängigen Einstellungs- und Eignungstests. Wer sich auskennt, besteht leichter und wird eher eingestellt. Auch wenn es um berufliche Aufstiegschancen geht, ist Allgemeinbildung ein zentrales Auswahlkriterium und wichtiger Schlüssel zum Erfolg. Von Politik, Wirtschaft und Geschichte über Physik und Mathematik zu Literatur und Kunst: Hesse/Schrader haben mehr als 1000 Fragen in 23 Kategorien zum Thema Allgemeinbildung im Multiple-Choice-Verfahren zusammengestellt. Jede vorgeschlagene Antwort wird ausführlich und mit vielen Zusatzinformationen erklärt. In welchem Jahr entdeckte Kolumbus Amerika? Was ist die OPEC? Und wann wurde der Bikini erfunden? Finden Sie es heraus – und erweitern Sie Ihr Allgemeinwissen! Auf der beiliegenden CD-ROM finden Sie 15 interaktive Allgemeinwissenstests zur optimalen Vorbereitung auf computer- oder webgesteuerte Auswahlverfahren.

424 Seiten, 15 x 22 cm,
Broschur, mit CD-ROM

Best.-Nr. E10209

€ 19,95 (D/A) / sFr 27,50

ISBN 978-3-86668-599-4

Der Testknacker

Einstellungstests verstehen und lösen

■ ***Hesse/Schrader***

In Auswahlverfahren kommt es vor allem darauf an, das Prinzip der Tests zu begreifen und die Aufgaben dadurch schneller und besser zu lösen. Der Testknacker hilft dabei. Er entschlüsselt Aufbau und Struktur der heute üblichen Testverfahren aus den Bereichen Logik, Mathematik, Technik, räumliches Vorstellungsvermögen, Einfallsgeschwindigkeit, Kreativität und Merkfähigkeit.

232 Seiten, 15 x 22 cm,
Broschur

Best.-Nr. E10406

€ 17,95 (D/A) / sFr 24,80

ISBN 978-3-86668-410-2

Bestellungen bitte direkt an:
STARK Verlag · Postfach 1852 · D-85318 Freising · Tel. 0180 3 179000*
Fax 0180 3 179001* · www.berufundkarriere.de · info@berufundkarriere.de
*9 Cent pro Min. aus dem deutschen Festnetz, Mobilfunk bis 42 Cent pro Min.
Aus dem Mobilfunknetz wählen Sie die Festnetznummer 08167 9573-0

STARK

21-BK-R014

Können wir noch mehr für Sie tun?

Unser erfahrenes Berater- und Trainerteam bietet Ihnen professionelle Beratung zu allen beruflichen Themen und Fragestellungen an. Wir wissen, worauf es ankommt und unterstützen Mitarbeiter und Führungskräfte bei der Umsetzung ihrer beruflichen Wünsche und Ziele. Ebenso beraten wir Berufsanfänger, Wiedereinsteiger, bei Veränderungen oder Kündigungen.

Jürgen Hesse und Hans Christian Schrader

Gerne beraten wir Sie auch persönlich und telefonisch

Wobei benötigen Sie Unterstützung?

Beratung & Coaching zu

- Karriereplanung
- Potenzialanalyse
- Coaching
- Bewerbungsstrategien
- Berufsorientierung
- Bewerbungsunterlagen
- Vorstellungsgespräche
- Assessment Center-Training
- Arbeitszeugnisse
- Outplacement & Kündigung

Seminare & Trainings zu

- Bewerbung & Karriereentwicklung
- Kommunikation & Arbeitstechniken
- Verhandeln & Verkauf
- Führung & Personal
- Umgang mit Anderen
- Gesund im Job

Sie finden auf unserer Homepage unter

www.berufsstrategie.de

viele Texte, praktische Tipps und Informationen zu Job & Beruf.

Außerdem können Sie sich dort über unsere individuellen Beratungsangebote und alle Seminartermine informieren, E-Books und Mustervorlagen downloaden oder weitere Bücher von Hesse/Schrader bestellen.

Möchten Sie regelmäßig unser Hesse/Schrader-Telegramm erhalten? Dann melden Sie sich gleich an:

www.berufsstrategie.de

Büro für Berufsstrategie Hesse/Schrader
Oranienburger Straße 4-5
10178 Berlin
Telefon 030 2888570
E-Mail info@berufsstrategie.de

Berlin • Frankfurt • Hamburg • München
Köln • Leipzig • Stuttgart • Wiesbaden

Büro für Berufsstrategie
Hesse/Schrader
Die Karrieremacher.